質疑成說
重述灋史

西北大学法文化交流丛书

杨一凡 陈灵海 ◎ 主编

重述中国法律史

第二辑

社会科学文献出版社
SOCIAL SCIENCES ACADEMIC PRESS (CHINA)

《重述中国法律史》编辑委员会

目　录

重述中国法律思想史

杨一凡[*]

摘要：重述中国法律思想史，是重述法史的一个重要方面。本文从突破"糖葫芦"复述模式、突破"以刑为主"和"法律儒家化"论的局限、实事求是地进行理论创新等方面，就重新认识和阐述中国法律思想史提出见解。采取宏观理论阐发与具体法律思想分析相结合的方法，对"明刑弼教"思想的发展变化、律学是儒法诸家思想融合的结晶、先秦诸子各家法律思想的区别与会通、西汉以后的社会思潮和法律思想、区分古人法律思想的精华与糟粕等重要命题作了论证，就开拓"大经大法"思想、"律例关系"思想、"食货法律思想"、"军政法律思想"、"立法思想"，以及"大法""常法""权变之法"关系思想等陈述建言，对成案"司法判例"说、"从令至例形成明代律例体系"说、清代条例"专指刑事法规"说和"通行"性质"法律形式"说等作了修正。提议改进研究思维和方法，拓宽研究领域，撰写体现融合诸子各家思想的、发展变化的法律思想史。

关键词：中国法律思想史　大经大法　律例关系　食货法律思想

中国法律史学经几代学者历时百年的辛勤耕耘，不断拓宽研究领域和提升学术水平，不断自我完善，现今已进入了"重述法史"新的发展阶段。

---

[*]　本文作者系中国社会科学院荣誉学部委员，法学研究所研究员，博士生导师，西北大学法史创新工程首席专家。

重述法史，是法史学科的自我革命和完善，是在充分尊重以往学术成果的基础上，坚持对的，修正错的，完善有缺陷的，开拓新领域，创立新说，力求更加全面、正确地阐述中国法律史。

为什么要重述法史？简言之，是科研和现实两个方面向我们提出了挑战：一是新出土、新发现的大量法律资料和传世法律文献整理的丰硕成果表明，以往法史研究存在严重缺陷，认识误区较多，未能全面、正确阐述古代法制和法律思想；二是传统的法史研究思维模式已不适应法律教学和文化建设的需要。要挖掘传统法文化的精华，借鉴和吸收古代法制的优良成分为当代法治建设服务，必须进一步开拓学术视野，改进研究方法，否则将很难交出令人满意的答卷。

一部中华法律文明发展史，是法律思想和法律制度紧密结合不断向前推进、不断完善的历史。法律史学是法律思想与法律制度有机结合的学科。重述中国法律制度史，必然涉及重新审视法律思想史的问题，只有把二者结合起来研究，才能对整个法律史学做出全面、系统的重述。因此，重新认识中国法律思想史，是重述法史不可忽视的重要方面，应予以特别重视。

百余年来，多位前辈学者为创建中国法律思想史这门学科做出了历史性的贡献。1936 年出版的杨鸿烈著《中国法律思想史》①，1984 年、1987 年出版的张国华、饶鑫贤主编《中国法律思想史纲》（上下册）②，2000 年、2001 年出版的李光灿、张国华总主编《中国法律思想通史》（4 册）③，2011 年出版的杨鹤皋著《中国法律思想通史》（上下册）④，为形成中国法律思想史学科体系发挥了重要作用。进入改革开放新的历史时期后，中国法律思想史研究曾在 20 多年间出现了前所未有的繁荣和发展。中国法律思想史作为高等法学院校的一门课程，在近 10 多年越来越不受重视，但对它的研究仍未停止，一些阐发传统法律文化的著述，就对古代法律思想作了不少新的探讨，建树颇多。然而，结合丰富的法律思想资料重新审视中国法律思想史，就会发现法律思想研究还存在"五重五轻"的缺陷，即：重儒家法律思想轻诸子各家的法律思想，重少数思想家的法律思想轻主持或参与

---

① 杨鸿烈：《中国法律思想史》，商务印书馆，1936。
② 张国华、饶鑫贤主编《中国法律思想史纲》（上下册），甘肃人民出版社，1984、1987。
③ 李光灿、张国华总主编《中国法律思想通史》（4 册），山西人民出版社，2000、2001。
④ 杨鹤皋：《中国法律思想通史》（上下册），湘潭大学出版社，2011。

重大立法、司法活动的官僚的法律思想，重刑法思想轻多领域法律思想的全面挖掘，研读资料重少数文集轻基本法律文献，重代表性人物法律思想的介绍轻结合法律实践阐发法律思想。所有这些，都不利于开拓法律思想史研究的广度和深度，难以实现全面、正确地阐述中国法律思想发展史的学术目标。本文仅就重述中国法律思想史谈四点浅见。

一　突破"糖葫芦"复述模式，撰写发展变化的刑法思想史

以往研究中国法律思想史的著述，就内容而言，大多局限于刑法思想研究，会让人误以为中国古代法律思想史就是刑法思想史。就研究深度而论，对先秦时期法律思想的探讨相对较好，而对西汉以后法律思想的研究大多是套用先秦儒家、法家的观点"照葫芦画瓢"，很多学者形象地把这种研究方法比喻为"糖葫芦"式复述。这些以复述方式形成的成果，会让人误以为西汉以后刑法思想没有多大发展。这不符合历史的实际。

（一）论述西汉以后的刑法思想，应重发展，重特色

任何重大的法制变革和法律的制定，都是以法律思想的发展为先导。法律制度不断完善，法律思想也在不断发展，即使同一法律术语，也随着法律实践的深化，内涵或更丰富，或发生变异，呈现出时代特色。西汉以后刑法思想的发展变化亦是这样。

以"明刑弼教"思想发展变化为例。"明刑弼教"一语，源于《尚书·大禹谟》。原文曰"明于五刑，以弼五教"，[①] 后人概括为"明刑弼教"。宋代以前，"明刑弼教"与"德主刑辅"原则相联系，强调"先教后刑"和"轻刑"。到南宋时，经朱熹阐发，认为在治国实践中，教化与刑罚二者同等重要，不必拘泥于"先教后刑"，主张"刑罚立而教化行"。他说："明刑以弼五教，而期于无刑焉。盖三纲五常，天理名彝之大节，而治道之本根也。故圣人之治，为之教以明之，为之刑以弼之，虽其所施或先或后或缓或急，而其丁宁深切之意未尝不在乎此也。"[②] 朱熹的阐发使"明刑弼教"在不背离伦理纲常的大前提下，增添了新意，意味着刑罚的指导原则沿着

---

① （清）阮元校刻《十三经注疏》之二《尚书正义》，中华书局，1980 年影印本，第 134 页。
② 《朱文公文集》卷一四《戊申廷和奏札一》。

"德主刑辅—刑教并重"的发展轨迹进入了一个新的阶段，这就为"先刑后教"开辟了道路。明代时，朱元璋进一步发展了"明刑弼教"思想，强调"以重刑惩戒奸顽"，成为明清重刑主义的理论基础。显然，古代"明刑弼教"思想随着时代的变迁，内涵有重大改变，绝不能以古代前期的"明刑弼教"理念替代中后期的"明刑弼教"思想。

从魏晋到明清，刑事法律制度的发展、完善历时1600余年之久。在此期间，刑名、罪名多有新创，立法内容日益健全，司法制度逐步发展，律典的法律地位和刑事法律体系也有变化，各代都曾结合国情实际，在刑事法制建设方面有所变革，与此相适应，刑法思想也多有变化和发展。因此，西汉以后刑法思想的挖掘，应当重发展，重特色。比如，魏晋至隋唐时期形成的律令关系思想，有关新创刑名、罪名的法律思想，"礼法结合"思想，就值得深入挖掘。明清两代在刑事立法、司法实践过程中，形成的"律例关系"思想、"重典治国"思想、会审思想、秋审中的慎刑思想、反对宦官司法专横思想等，就是有时代特色的刑法思想。

（二）结合律典地位和法律体系的变化，阐发与此相关的重大法律思想

律典是刑事法律的代表，法律体系表述的是一代法律规范的全貌及体系内各种法律形式、立法成果之间的有机联系。魏晋至宋代，"律典""令典"两典并重，同为国家"大法"，分别构成了以典为纲、以其他法律形式为目的律令法律体系。元代弃律用格、例。明代变革传统的律令法律体系，建立了以典为纲、以例和其他法律为目的法律体系。与此相适应，律的编纂方式及法律地位，经历了《诸司职掌》之目（明朝前期）—《会典》之目（明朝中后期至清乾隆年间）—列入《会典事例》（清嘉庆年间至清末）的变化。明清律与刑例的关系，经历了以例为主（明洪武年间）—律主例辅（明永乐年间至弘治十三年《问刑条例》颁行）—律例并行（明弘治十三年至清）的演变，清代审判实践中，绝大多数案件实际上是以例为法律依据判决的。这些重要的变化，都是在统治者立法思想指导下进行的，其中以"大经大法"思想、"律例关系"思想和"大法""常法""权变之法"关系思想影响最大。

"大经大法"思想及"大法""常法""权变之法"关系思想。古汉语中，"经"是个多义字，常在表述"常道""经久""经典"等多种不同意

义上使用。对于"大经""大法""常法"的内涵，先秦诸子已有论述。①"大经"，有"经典"和"大法、常规"等含义；"大法"，是指国家最重要的基本法律规范；"常法"，亦称"常经之法"，是指经常施行的法律。"权变之法"，亦称"变通之法""权宜之法"，是指因时因事制定且可变通的法律。"权"者，"变通""机变"也，常与"经"相对。古称道之至当不变者为"经"，"权者反于经，然后有善者也"②。明人薛甲云："圣人立法，有经有权。经者，一定之常。权者，不测之用。"③魏晋至宋代，统治者在立法过程中，以"大法""常法""权变之法"关系思想为指导，不断完善律令法律体系。明初在创建典例法律体系时，也遵循这一立法原则，于洪武二十六年（1393）颁行了《诸司职掌》。《诸司职掌》以职官制度为纲，下分十门，分述吏、户、礼、兵、刑、工六部和都察院、通政司、大理寺、五军都督府的官制及职掌，把《大明律》门目收入其内，全面规范了国家的根本法律制度，是国家的"大法"。明人程敏政对明初几部最重要的法律在法律体系中的地位作了这样的概括："仰惟我太祖高皇帝，以武功定海内，以文德开太平，其所以贻谋垂宪者，有《皇明祖训》以著一代家法，有《诸司职掌》以昭一代治典，有《大明集礼》以备一代仪文，有《大明律》以定一代刑制。"④显然，《诸司职掌》是居于"一代治典"地位的国家根本大法，是"上位法"，而《大明律》是"一代刑制"，与《大明集礼》《皇明祖训》一样，是"下位法"，即"常经之法"。

"大经大法"一词最早出于唐代韩愈的《与孟尚书书》："二帝三王群圣人之道，于是大坏。……其大经大法，皆亡灭而不救，坏烂而不收。"⑤宋、元、明、清史籍中，有关"大经大法"的论述甚多。它作为一个独立的学术用语，通常是在表述古人"治世之大道"、"治世之经典"和"宏纲大法"的意义上使用。在明清立法文献中，"大经大法"作为有特定内涵的法律用语，专指在国家法律体系中居于"纲"的地位、"经久常行"的最高法典。正德《会典》颁行后，明清人称《会典》为"大经大法"。明清两代

---

① 如《左传·昭公十五年》："礼，王之大经也。一动而失二礼，无大经矣。"《荀子·儒效》："法后王，一制度，隆礼义而杀《诗》《书》，其言行已有大法矣。"《韩非子·饰邪》："国有常法，虽危不亡。"

② 《春秋公羊传》桓公十一年。

③ （明）薛甲撰《艺文类稿》续集卷一，明隆庆刻本。

④ （明）程敏政撰《篁墩集》卷十，明正德二年刻本。

⑤ 《韩愈全集》，上海古籍出版社，1997，第194页。

在完善典例法律体系的过程中，形成了一套完整的"大经大法"思想和"大法""常法""权变之法"关系理论。其要义是，国家要建立完善的法律制度，既要制定"大经大法"以规范国家的各项根本制度，也要以"常经之法"为则，规定各种具体的法律制度，并随事势变化制定各类权宜性质的"变通之法"，以补充"大经大法""常经之法"之不足。这一历史时期，《大明律》《大清律例》是《会典》之目，属于"常经之法"，其在国家法律体系中的地位较之唐、宋有所降低。

近年来，关于明清法律体系是"典例法律体系"还是"律例法律体系"，学界存在争议。律典与《会典》，哪个是国家的最高法典？是争议的焦点。阅孝宗、武宗、世宗、神宗撰写的《会典》御制序可知，"成一代画一经常之典"是明代统治者对《明会典》法律地位的定位。① 纂修万历《会典》时张居正《请专官纂修疏》云："窃以《会典》所载，乃昭代致治之大经大法。"② 关于《清会典》是国家"大经大法"的定位，乾隆《大清会典·凡例》明确规定："以典章会要为义，所载必经久常行之制。兹编于国家大经大法，官司所守，朝野所遵，皆总括纲领，勒为完书。"③ 既然《会典》是"大经大法"，刑律是《会典》的组成部分，例是法律的核心内容，称其为"典例法律体系"就比较妥当。如将其称为"律例法律体系"，就存在两个致命的缺陷：其一，《会典》和《诸司职掌》、《大明集礼》、《大清通礼》、《宪纲》等很多基本法律及吏、户、礼、兵、工诸例等三分之二以上的法律，都会被排除在外。其二，《大明律》先后被列入明代大法

---

① 关于《明会典》编纂的宗旨，正德《会典》书首载明孝宗于弘治十五年（1502）十二月二十一日发布的《御制大明会典序》云："斟酌古今足法万世者……而世守之。"该书前载明武宗于正德四年（1509）十二月十九日发布的《明会典序》云："以《职掌》为主，类以颁降群书，附以历年事例，使领其事，事归于职，以备一代之制。"万历《会典》书首载世宗皇帝嘉靖八年（1529）四月初六日敕谕："其修书后，二十八年之事，务要悉心考究。凡损益同异，具事繁年，条分类列，通前粹为一书，以成一代完典，使天下臣民知所趋向。"该书首载神宗皇帝万历四年（1576）六月二十一日敕谕："务令诸司一体，前后相贯用，不失我祖宗立法初意，以成一代画一经常之典。"
② （明）张居正撰《张太岳先生文集》卷四十，明万历四十年唐国达刻本；又见（明）过庭训撰《本朝分省人物考》卷五，明天启刻本。又，清人孙承泽在《春明梦馀录》一书中，对《明会典》的性质作了精辟的概括："弘治五年，命内阁诸臣仿唐、宋《会要》及元人《经世大典》《大元通例》，编成一书，赐名《大明会典》。其书以《诸司职掌》为纲，以度数名物仪文等级为目，附以历年事例，使官各领其属，而事皆归于职用，备一代定制，以便稽考。嘉靖二十八年修之，万历十五年再修之，一代之大经大法备焉。其余诸书不具载。"
③ （清）允裪等纂《大清会典（乾隆朝）》书首《凡例》，李春光校点，杨一凡、宋北平主编，凤凰出版社，2018。

《诸司职掌》和《明会典》，《大清律例》先后被列入康熙、雍正两朝《会典》和嘉庆、光绪两朝《会典事例》，此说与当时的立法实际和明清人的论述大相径庭。

"律例关系"思想。明清法律文献中，"律"是指刑律，"例"是指刑例。律例关系是指刑律与刑例的关系。明清例有吏、户、礼、兵、刑、工六例之别，律与刑例之外的其他五例没有从属关系，许多著述以"刑例"概述"六例"，似为不妥。

明清两代，随着法制变革和刑事法律体系的发展演变，律例关系思想内涵也多有发展和完善。明初，明太祖朱元璋认为："法令者，防民之具、辅治之术耳，有经有权。"① 在刑事法律的制定和实施方面，从"用重典以惩一时，酌中制以垂后世"指导思想出发，在按"贵存中道""可贻于后世"要求多次修订《大明律》的同时，"为治乱世"和惩治"奸顽"，行用"重典"，以"事例"形式颁布了大量的苛法峻令。② 洪武年间，名义上律为"常经之法"、"例以辅律"，很多年间法律的实施情况实际上是"以例为主"。朱元璋死前留下遗训："已成立法，一字不可改易"③，"群臣有稍议更改，即坐以变乱祖制之罪"④。故《大明律》作为祖宗成法，至明末未改。然刑书所载有限，天下之情无穷。从永乐年间到弘治十三年（1500）颁行《问刑条例》的近百年间，各朝为解决刑律无法适应审判需要的问题，颁行了大量的刑事事例，出现了"事例冗繁"的弊端。在这种情况下，要求制定《问刑条例》的呼声越来越高，并形成了一套更加完善的律例关系思想。这一思想的核心内容可概括为三点：一是"贵依律以定例"，即刑例的制定必须符合律意；二是"立例以辅律"⑤；三是"律例并行"⑥。前两点是从立法角度讲的，后一点是从司法角度讲的。正是在这一思想指导下，《问刑条例》成为与《大明律》并重并行的刑事法律，通过三次修订

---

① （明）吕本等辑《明太祖宝训》卷三，中国国家图书馆藏明万历三十年秣陵周氏大有堂刻本。
② 详见杨一凡《洪武朝峻令、重刑禁例和法外用刑补考》，载杨一凡《明代立法研究》，中国社会科学出版社，2013，第109~137页。
③ 《皇明祖训》序，载杨一凡、田涛主编《中国珍稀法律典籍续编》第3册，黑龙江人民出版社，2002，第483页。
④ 《明史》卷九三《刑法一》，中华书局，1974，第2279页。
⑤ （明）舒化：《重修问刑条例题稿》，载杨一凡编《中国律学文献》第3辑第2册，黑龙江人民出版社，2006年影印本，第119~121页。
⑥ 《明孝宗实录》卷四八。

《问刑条例》实现了明代刑法的完善，并于万历十三年（1585）将《大明律》与《问刑条例》合编，以《大明律例》之名颁行天下。清朝沿袭了明朝的律例关系理论，将其作为刑事立法的指导思想。《大清律例》自乾隆五年（1740）颁行后，律文恒存，至清末未改。清代刑法的完善，主要是通过22次续纂《大清律纂修条例》（乾隆二十六年前称《续纂条例》）实现的。《问刑条例》和《大清律例》中的律后附例，是刑律的有机组成部分，律与条例具有同等法律效力。在司法审判中，以例为依据判决的刑事案件数量居多。这一历史时期的刑事立法，能够较好地解决"以例破律"的难题，与贯彻了律例关系思想确立的立法原则有关。

二　突破"以刑为主"论局限，开辟法律思想研究的新领域

传统的"以刑为主"说，误导人们仅从刑法角度阐述法律思想和法律制度发展史，曾长期成为开拓法史研究的巨大认识障碍。现今，虽然"以刑为主"说在理论上被抛弃，但在其影响下形成的惯性思维仍未彻底清除，致使刑法思想以外的法律思想大多没有被深入研究，有些还未被涉及。因此，拓宽研究领域，是深化传统法律思想研究的重大课题。

（一）古代法律思想多元、丰富，领域宽广

在中国古代法律体系中，各种法律形式并存，吏政、食货、礼制、军政、刑事、民事等各类法律并存，中央立法与地方立法并存，共同组成完整的法律体系。多元法律思想各具特色，既有历代都关注、具有普遍指导意义的学说，如"经学与律学""礼与法""德与刑""人治与法治"等，也有与各类法律相关的法律思想，如吏政法律思想、食货法律思想、礼法思想、军政法律思想、民事法律思想，以及司法思想、监察法思想、地方立法思想和关于法律编纂、立法技术的论述，还有关于创建各种具体法律制度的学术观点等等。

古代的每一种法律思想，都有与其他法律思想不同的内涵和特色。以"军政法律思想"为例，它是与吏政、食货、礼制、刑事诸方面法律思想既有联系又有区别的相对独立的法律思想体系。中国古代法律起源于祭祀和战争。"刑起于兵"，最初的刑法是军法。历代颁行的法律中，军政类法律

占相当比重。《周礼》采用"六卿分职，各率其属"①的编纂体例，《夏官司马》为六典之一，开记述军政制度之先河。《大唐六典》仿效《周礼》，设"兵部"专卷，记载唐朝的军政制度。此为后世效法，《元典章》、明初的《诸司职掌》、明清《会典》均设"兵部"，为国家军政"大法"，并以典为纲，以其他军政法律为目，形成了系统的军政法律体系。如明清两代颁行了《军政条例》《兵部则例》《中枢政考》《兵部处分则例》等"常经之法"和诸多的军政条例、事例。随着军政立法的逐步发展，古人还撰写了许多论证军政法律思想的著述。研读这些文献可知，先秦法家、兵家的"富国强兵""以兵辅政""以法治军""上下合同""以民为本""任贤能，明赏罚"等法律主张，不仅为西汉以前的军政立法所遵循，而且在西汉以后融入正统法律思想，对完善各代军政法律制度发挥了重大作用。就先秦诸子学术思想对古代军政法制的影响看，兵、法、儒三家思想的影响相对较大，兵家尤为突出。

每一种法律思想，在立法、司法实践中，内涵也不断丰富和变化。以明代刑事立法思想为例。《大明律》《大诰》《问刑条例》是明代三部代表性的刑事法律，因彼此的功能不同，立法思想也各具特色。编纂《大明律》的目的是"传之万世"，"令子孙守之"，立法以"当适时宜，当计远患""明礼以导民，定律以绳顽""法贵简当""贵存中道，轻重适宜"为指导原则。颁行《大诰》的用意是"警省和惩创奸顽"，立法以"乱世用重典""明刑弼教""以刑去刑"为指导原则。制定《问刑条例》是为了革除前朝"条例冗繁"的弊端，立法以"革冗琐难行""立例以辅律""情法适中""经久可行"为指导原则。

古代法律思想领域宽广，内涵丰富。要全面揭示古代法律思想的面貌，需要几代人坚持不懈地探索。当代学者肩负的首要责任，是解决妨碍法律思想研究的重大问题，构建科学的学科体系框架。为此，必须打破"以刑为主"论的束缚，注重法律思想新领域的开拓；要加强对非刑事法律思想的研究，注重对法律编纂原则、立法技术等方面论述的研究；要选择对于学科发展、法律文化建设有重大学术和现实意义的课题，作为研究重点。

---

① （清）伊桑阿等纂《大清会典（康熙朝）》书前《御制大清会典序》，关志国等校点，杨一凡、宋北平主编，凤凰出版社，2016。

（二）开拓法律思想研究新领域，食货法律思想研究是最佳突破口

"食货"一词，是古代经济、财政、金融的统称。笔者之所以提出开拓法律思想研究新领域以"食货法律思想研究"为突破口，是基于以下考虑：一是食货法律与国计民生休戚相关，历代治国"莫不以谷货为本"，[①] 都很重视健全食货法制，食货立法无论是立法总数还是在社会生活中的重要性，都远远超过刑法；二是较之刑事法律，食货法律受"三纲五常""礼治"思想的影响相对较小，食货法律思想和管理经验中可借鉴的优秀成分也相对丰硕；三是可供研究的古代食货法律资料极其丰富，浩瀚的明清食货法律文献大多存世，明代以前的食货法律虽已失传，但通过辑佚仍可揭示古代食货法制和法律思想的概貌。近年来，笔者约请十多位学者进行了金文、简牍、碑刻石刻中食货法律资料辑佚，秦汉至元代食货法律一些重要领域的专题辑佚，明代食货则例辑佚。辑佚的成果表明，这些文献中记载了极其丰富的食货法律思想。开拓食货法律思想研究，不仅有重大的学术价值和现实意义，也较易取得重大收获。

从出土法律资料和秦汉传世文献的记载看，先秦时期，随着食货法令的颁布和食货制度的形成，产生了相适应的食货法律思想。春秋战国社会大变革时期，各国为富国强兵，争夺霸主地位，改革、变法不断。在经济管理领域，提出了一系列新的经济政策和法律思想。比如，公元前 685 年，齐桓公即位后，重用管仲主持国政，管仲在变革食货制度过程中，针对"井田制"日渐崩溃的状况，提出了"均地分力"等土地改革思想，其内容是在重新丈量、规划土地疆界，依据土地肥瘠公平合理折算后，把土地直接分给农民耕种；在赋税立法方面提出了"薄赋敛"、"立关市之赋"和"相地而衰征"（即按照土地肥瘠分等级征税）等主张；为增加国家财政收入提出了"官山海"（即盐铁由国家专营）的主张；为坚持"以农为本"，稳定农业阶层，防止人口逃离，提出了士、农、工、商"四民定居"思想。在管仲的上述思想指导下，齐国食货法制变革取得成功，一跃成为强国。又如，战国后期，商鞅主持了秦

---

① 《魏书》卷一一○《食货六》，中华书局，1974，第 2849 页。

国的两次变法。如果把变法的内容和他的法律思想结合起来研究，可知"坏井田，开阡陌"①"奖励农战""重农抑商"是他最重要的食货法律思想。秦国变法采取的有关确立土地私有制、鼓励农业生产、统一税收标准及重关市之赋、重税于商等的法律措施，就是在他的食货法制变革思想指导下制定的。秦行商鞅之法，很短时间内由弱变强，成为战国七雄之首。

先秦时期，除法家外，儒、兵、墨、道、农、杂等各家的学术思想中，也有不少食货法律思想或与食货法制相关的论述，其中以儒家、农家论述最多。儒家的食货法律思想主要是"重农"、"富国裕民"、"义利并举"、"薄赋敛"和提倡工商业等。"农家"是战国时期一个有相当影响的学派，以研究农业生产和农业与国家关系为学术要旨，主张"民本""上农""君民同耕""任地""审时""市贾不二"，其学说系借鉴诸家学术观点而成，其学术观点除"君民同耕"外，农家的新见又多为法家、儒家、杂家、墨家等诸子各家所吸收。先秦农家著述虽已失传，但被儒、法、墨、杂等各家著作所记载，如《管子》《孟子》《墨子》《吕氏春秋》等书中就有不少关于农家思想的记载。

西汉以后正统法律思想中的食货法律思想，是在融合先秦诸子各家食货法律思想的精华的基础上形成的。魏晋以降，各朝都重视根据经济发展的需要，变革食货法制，不仅适时颁布了大量的食货法律法令，而且在完善田制、赋役、漕运、仓库、商税、捐纳、赈济等各项具体食货制度和健全盐法、茶法、钱法、钞法的过程中，提出了各种有时代特色的食货法律思想。清以前各代何以在各地自然条件千变万化且未编纂食货法典的情况下，能够运用食货令、例调节各种复杂的经济关系？为什么中国古代的商业和对外贸易的发展受到抑制？都与当时奉行的食货法律思想有密切关系。清代乾隆时期，形成了以《会典》户部为纲，以《户部则例》为基本法律，以食货条例、事例为变通之法的新食货法律体系，并形成一套系统的食货法理论。古代的食货法律思想极其丰富，在不同时期又多有发展和变化，闪烁着古人智慧的光芒，有许多法律主张和立法经验可供借鉴，值得我们认真研究和总结。

---

① （汉）班固撰，（唐）颜师古注《汉书》卷二四上《食货志》，中华书局，1983，第1126页。

三　突破"法律儒家化"论束缚，全面挖掘法家及各家的法律思想

以往中国法律思想史研究长期停滞不前，还与"法律儒家化"论的影响密切相关。这一论断引导人们忽视法律思想、法律制度发展演变的实际，仅限于从儒家理论中挖掘法律思想，把不断深化、丰富多彩的法律思想史，演绎为"糖葫芦"式的复述儒家思想的历史。如不从"法律儒家化"论的束缚下解放出来，法律思想研究就很难前进一步。

关于瞿同祖先生提出"法律儒家化"的本意、后人的误读泛用及"古代法律并不是都儒家化了"等问题，笔者在《质疑成说，重述法史》①一文中已陈述己见，本部分仅就如何打破这一成说的局限，全面挖掘法家及各家的法律思想这一议题作些探讨。

（一）西汉以后的正统法律思想是儒、法等各家思想融合的结晶，用"法律儒家化"表述难以自圆其说

古文献中的"儒家"，是指孔子学派。长期以来，一些著述认为，自汉武帝采用董仲舒的建议，推行"罢黜百家，独尊儒术"以后，历代师承孔孟道统治国，法律也"儒家化"了。然而，全面阅读古代法律，可发现"法律儒家化"论存在以下三大缺陷。

其一，西汉以后各代统治者奉行的正统法律思想，是在吸收、融合先秦诸子各家思想的基础上形成的。从先秦诸家思想对后世法律的影响看，儒、法两家影响巨大，儒家思想在吏政类法律、礼制类法律、刑事类法律领域的影响占主导地位，而户、兵、工类法律绝大多数没有"儒家化"特色。阴阳、墨、名、道、农、兵、医、杂等诸子各家，都不同程度地影响了法律制度和法律文化。比如，户类法律就深受法家、农家思想的影响，兵类法律深受法家、兵家思想影响，法医类文献则受医家影响较多。至于工类法律的立法指导思想，以往学界未曾涉及，笔者最近作了初步探讨，发现墨家"节用""尚俭""摹略万物之然""巧传则求其故"和道家"道法自然""好道进技"等思想，对这一领域法律的制定影响颇大。如此等

---

① 见杨一凡、陈灵海主编《重述中国法律史》第一辑，中国政法大学出版社，2020，第4~5页。

等，简单地用"儒家化"表述似过于绝对。

其二，西汉以后的许多法律思想，属于后人的新创，与先秦儒家思想没有密切的传承关系。比如，与变革法律体系相关的"典例""律例"关系思想，创新法律形式的思想，与创建新的行政、军政、经济管理具体制度相关的许多法律思想，健全少数民族地区法制的思想，及清代的"行政处分与刑罚分离"思想等等。这一历史时期统治者奉行的正统法律思想，有些还与先秦孔孟儒家思想相对立。比如，西汉以后的各代食货立法，都以"重农抑商"思想为指导，颁行了大量的限制商业发展、禁止与域外民族通商、海禁方面的法律法令。"重农抑商"思想由商鞅首先提出，是先秦法家的重要治国主张，与儒家提倡工商业的主张相对立。又如，明清刑律采用"轻其轻罪，重其重罪"的刑罚原则。"轻其轻罪"，是对于不直接威胁君主统治的"典礼及风俗教化之事"量刑减轻，这与儒家的"重礼"思想相背离。"重其重罪"，是对"贼盗及有关帑项钱粮"等直接威胁君主专制统治和经济利益的犯罪，加重处刑，这一立法指导思想是李悝《法经》中"王者之政，莫急于盗贼"[①] 主张的翻版。如此等等，把这些法律思想不加分析地附会于儒家就不够合适。

其三，"法律儒家化"论与古人的论述不相吻合。"法律儒家化"这一表述在古籍中从未出现过，是近代前辈学者的首创。且不说提出此论依据的仅是刑事法律资料，用研究刑事法律的结论表述全部法律规范的特质本身属于硬伤，就以刑事法律而言，"法律儒家化"论也与古人的论述相抵牾。以古代律学为例，笔者查阅了唐至明清 200 余种古代律学和司法文献序跋，[②] 其中出现"法家""儒家"字样 52 处，内有"儒家" 2 处，"法家" 50 处。详阅这些文献序跋可知，不少律学著述的作者自称属于"法家"，有些律学成果索性以"法家"命名，如《法家体要》《法家裒集》《新镌法家透胆寒》等。这些"法家"人士也都很"重礼"，其"礼、法观"与儒家毫无二致，并常以"外法内儒"相标榜。秦汉至宋元古籍中所见"法家"一词，除极少数仍作为先秦诸子之

---

① （战国）李悝：《法经·盗律》，见（唐）房玄龄等撰《晋书》卷三〇《刑法志》，中华书局，1982，第 922 页。

② 张松、张群整理《古代法律文献序跋选辑》（收入杨一凡主编《古代法律资料钩沉》，即将由社会科学文献出版社出版），收入古代法律文献序跋 213 篇，其中律例、律学类 67 篇，案例判牍类 57 篇，司法检验类 19 篇，官箴政书类 60 篇，其他 10 篇。笔者在撰写此文时统计了该书中的"法家""儒家"出现次数。在此向两位整理者致谢。

一的"法家"学派词义使用外，大多指称"典狱职官"。明清人通常把从事法律职业且有贡献的人士称为"法家"，把注释律学有重要成果的人士称为"律家"或"法家"。如《办案要略》张廷骧序云："王荫庭先生为乾隆中叶法家老手，著有《刑钱必览》《钱谷备考》《政治集要》等书行世。"① 金师文《律例歌诀序》云："此《律例歌诀》一书，不详编者姓氏，大抵名法家先辈之所为也。"② 如此等等。元人柳赟在论及儒、法关系时说："法家之律，犹儒者之经。五经载道以行万世，十二律垂法以正人心。"③ 认为二者是"道"与"法"融合的关系。既然古人同时肯定儒、法等各学术流派在完善刑事法律中的作用，我们在研究律学时，就应按历史的本貌去阐述各种学派的法律思想。

考察西汉以后的法律思想，无论是立法思想，还是司法思想，无论是律学，还是统治集团代表人物的法律思想，几乎都具有融先秦儒、法等诸家法律思想为一体的特征。

古代法律思想是中华传统文化的组成部分。西汉以后，虽然儒家学说在统治集团奉行的正统法律思想中居主导地位，但各种社会思潮此起彼伏，从未间断，如西汉后期和东汉初中期对谶纬神学的批评，汉末魏初的社会批判和"名法"思潮，魏晋时期玄学、法哲学思想和无君论思潮、东晋、南北朝、隋唐时期佛教、道教的传播，北宋仁宗、神宗时期的变法改革思潮，明清时期批判理学和宦官司法专横、反对君主专制的启蒙思想等。随着各种社会思潮的兴起及统治集团的法制变革，出现了许多与"独尊儒术"不同调乃至对立的法律思想，如桓谭、王充反谶纬神学的法律思想，王符兼重儒法的思想，曹操、诸葛亮的"名法"思想，嵇康"越名教而任自然"的法哲学思想，刘颂的重法思想，鲍敬言否定礼法的无君论思想，葛洪的道本儒末、舍儒从道思想，隋文帝的重法轻儒思想，范仲淹、王安石的变法思想，陈亮、叶适反理学的法律思想，辽圣宗的贵贱同法思想，朱元璋的重典治国思想，李贽、戴震批判理学的法律思想，黄宗羲、王夫之、顾炎武、唐甄反对君主"独治"的法律思想，辽、金、元各少数民族执政者带有民族特色的一些法律思想等。所有这些，表明古代法律思想具有多元的特色。要正确阐述中国法

---

① （清）王又槐撰《办案要略》卷首张廷骧序，清光绪十八年浙江书局刻本。
② （清）佚名辑《律例歌诀》卷首金师文《律例歌诀序》，清光绪刻本。
③ （唐）长孙无忌等撰《唐律疏议》卷首柳赟《唐律疏议序》，元至正崇化余志安勤有堂刻本。

律思想发展史，就应充分揭示不同历史时期社会思潮对正统法律思想的影响，全面评述观点相异的各种法律思想。在这方面，杨鹤皋先生《中国法律思想通史》作了有益的探索，提出了不少独特的见解，其研究法律思想所持的批判分析方法值得后学效法。

（二）再识先秦法家，加强先秦诸子各家法律思想比较研究，为重述中国法律思想史开辟道路

当前，研究法家特别是先秦法家思想成为法史学术探讨的一大热点。2017 年，武树臣教授著《法家法律文化通论》① 出版，该书从中国法的原始基因探索法家法律文化的源头，从春秋战国儒家的沿革厘清与法家的师承脉络，从法家法治思想的古代中国特质寻找其社会历史内涵，从数千年的法律实践论证法家思想对古代法制和法文化的影响，可视为重新审视法家法律文化的首倡之作。在此之后，学界发表了数十篇探讨先秦法家思想的论文，提出了不少新的见解。近读段秋关教授撰《再识先秦法家》② 一文，该文认为应从法家称谓、治国思想、法的价值、学术成就等多个方面重新评述先秦法家及其法律思想，提出"法家非时人自称，实后人所授"，"法家之'法'不等于今语法律"，"法家人士特立独行，无组织有共识"，"'法治'与'德治'的斗争亦属虚构"等新的论断。所有这些，使笔者深切感到，先秦法家思想虽然经过了几代学者探讨，仍有重新认识的必要。"再识先秦法家"，就是要摒弃"文革"以来在"评法"问题上的实用主义、形而上学的思维和方法，全面地、客观地评价先秦法家的学术观点。为此，评价先秦法家思想有必要强调两点。一是先秦法家的"法"不只是表述行为规则，还用以表述他们主张的统治策略和方法。再识先秦法家，就要既重视研究其政治法律思想，也要重视研究其食货、军政等方面的政策和法律主张，要从多元的视角全面挖掘法家的法律思想。二是要紧密结合春秋战国时期法制变革及以后约 2000 年帝制时代法制建设的实际，正确地评价法家人物的学术观点及其历史作用，既要肯定法家的学术贡献和对古代法制建设的积极影响，又要揭示法家学术观点的糟粕及对古代法制建设的消极影响。"再识先秦法家"的重大意义，不只是正确阐述法家思想，

---

① 武树臣：《法家法律文化通论》，商务印书馆，2017。
② 段秋关：《再识先秦法家》，收入本辑《重述中国法律史》。

而且必将为重述先秦各家思想、西汉以后正统法律思想开辟道路。

这里还需要强调指出，在重述先秦法家思想的同时，加强对诸子各家法律思想的研究，特别是开展对先秦诸子各家法律思想的比较研究，对于正确认识西汉以后正统法律思想有重大意义。西汉以后形成的正统法律思想，是融合先秦儒家、法家等诸子各家法律思想的成果。要正确揭示各代正统法律思想的内容、特色及思想渊源，就必须首先对先秦诸子各家法律思想的区别与会通有清晰的认识。

先秦诸子各学派的学术要义有别，然求"治"的目标相通。各家思想从形成之日起，就各有所长，各有所短，亦有互相吸收和会通之处。当时诸子各家实是各说各话。"儒家"和"法家"是后人据其学术思想进行的人为划分，含有主观因素，此两家也是观点相异，至多可称为"争鸣"，不存在所谓的"斗争"。

司马谈对阴阳、儒、墨、法、名、道六家的评论是："此务为治者也，直所从言之异路，有省不省耳。尝窃观阴阳之术，大祥而众忌讳，使人拘而多所畏；然其序四时之大顺，不可失也。儒者博而寡要，劳而少功，是以其事难尽从；然其序君臣父子之礼，列夫妇长幼之别，不可易也。墨者俭而难遵，是以其事不可遍循，然其强本节用，不可废也。法家严而少恩；然其正君臣上下之分，不可改矣。名家使人俭而善失真；然其正名实，不可不察也。道家使人精神专一，动合无形，赡足万物。"① 从这段评论看，司马谈对阴阳、儒、墨、名、法五家的看法比较客观，受当时盛行的黄老思想影响，偏爱道家。司马谈评论阴阳、儒、墨、名、法五家所持的客观态度和分析比较的方法，可作为研究法律思想史的借鉴。

司马谈评价道家时说："其为术也，因阴阳之大顺，采儒、墨之善，撮名、法之要，与时迁移，应物变化，立俗施事，无所不宜，指约而易操，事少而功多。"② 在他看来，"道家之术"的优点，是吸收了阴阳家关于四时运行顺序之说，儒家、墨家之长，名家、法家之精要。其实，先秦诸家法律思想在形成过程中都吸收了其他各家的思想。比如，兵家与法家的主要区别是关注领域的宽窄不同，而产生的渊源相同，持共同的法治观，都强调树立君主、将领的权威，对"势""术"的认识大体一致，属于同一思想

---

① 《史记》卷一三〇《太史公自序第七十》，中华书局，1999，第3288~3289页。
② 《史记》卷一三〇《太史公自序第七十》，中华书局，1999，第3289页。

体系脉络下的思想学说。杂家作为战国末至汉初的哲学学派，也是博采各家之说而成。就以思想观点分歧较大的儒、法两家法律思想而论，它们既有区别，又有互相吸收和会通之处。儒家重"礼"，强调道德教化的作用，主张"德治"；法家重"法"，强调刑罚的作用，主张"法治"，"刑无等级"，"以刑去刑"。但儒家并不否定政令刑罚的作用，法家也不是全盘否定道德的作用，两家在建立统一国家和维护父权、夫权家庭秩序方面的认识是一致的，正由于儒、法两家有会通之处，后经荀子、董仲舒等重新整合，吸收儒、法两家及其他各家法律思想，才形成了正统法律思想。

四　尊重历史，实事求是地进行理论创新

创新法律史学，是当代法史学者的历史责任。要实现这个学术目标，不仅要全面揭示古代法制的面貌，准确论证古人的法律思想，还需进行理论创新，即：正确阐述古代法制和法律思想发展演变的规律，科学地总结古代法制建设的历史经验和教训，提炼和归纳传统法文化的精华，在颠覆和修正旧说的基础上创建经得起历史检验的学科理论。理论创新的意义，是既可为当代中国法治建设提供借鉴，又能为后代留下宝贵的精神财富。

中国法律史学是法学与历史学的交叉学科。注重史料，坚定法律实践与法律思想相互作用的认识论，是治史的基本要求。法律思想和法律制度研究的理论创新，应是尊重历史前提下的创新，这就要求我们在探讨某一个命题时，必须尽可能地穷尽资料，把法律制度和法律思想结合起来研究，多方论证，去伪存真，得出符合历史实际的结论。

在以往的法史研究中，或因资料匮乏，或因受"以刑为主""法律儒家化"论的影响，或因未认真坚持"论从史出"的写作原则，出现了不少论断的失误。这些认识上的误区，严重地妨碍着法史研究的继续开拓。显然，修正误判的旧说，创立新说，是重述法史、创新法史理论首先应解决的重大问题。法史理论创新是通过对历史上法律制度、法律思想的全面考察实现的。唯有确凿的证据，才能推翻支撑不实之论的依据；只有洞悉古人的法律学说，才能准确地进行理论概括。因此，在法史理论创新过程中，绝不可把法律制度与法律思想割裂开来研究。颠覆旧说、创立新说本身就是理论创新，它是法律制度史研究和法律思想史研究共同承担的任务。这里，仅对与重述中国法律思想史密切相关的四种观点提出修正。

（一）成案性质"司法判例"说

以往的一些著述，把"成案"的性质界定为"司法判例"，然查阅现存的判牍案例文献，"成案"一词，在古代通常是指已办结的公文卷宗，也指诉讼中判定的案件或办理的行政、经济诸事务的先例。古代成案有以刑案为主的司法成案，更多的是行政公务类成案，把"成案"的概念和性质表述为"司法判例"无疑是不妥当的。现存的古代成案集有上百种，成案以数百万计。何以判断失误？皆因只阅读了《刑案汇览》等几种文献，而未及其他文献。

（二）"从令至例形成明代律例体系"说

这种观点认为："弘治《大明会典》的问世标志着例正式取代令成为了明代法律的基本且主要形式，明代律例法体系进而由此生成"，"明代的令到例的转变在《大明会典》编纂之前即有一个缓慢发展的过程"。① 首部《大明会典》成书于弘治十五年（1502），于正德六年（1511）颁行。按照作者的观点，从明初到《大明会典》问世，律例法律体系的形成经历了从令到例 140 年左右的演变。且不说用"律例法律体系"概括明代法律体系能否成立，也不说对令的内涵的解释是否正确，仅就明代的令、例关系而言，自洪武元年（1368）正月初一日颁行《大明令》后，所有颁行的法律都不再以"令"命名。以"例"代"令"，从洪武初到明末都是如此，并不存在由令到例形成法律体系的事实。何以判断失误？一是作者未能全面研读明代法律文献。在明代，"著为令"与"著为例"是同义语，《明实录》中记载的一些"著为令"，也是"著为例"，在法律颁行时都是以"例"命名。二是作者未结合明代立法实际深入研究，而是不加分析地套用学界对令的一些论述来描绘明代法律体系。这样得出的结论，很难经得起推敲。

（三）清代条例"专指刑事法规"说

已出版的中国法律史教材、法学辞典、著作和发表的论文，凡论及"条例"内涵和性质者，除个别表述为"主要指刑事法规"外，几乎都把它

---

① 李贵连、程晶：《从令到例：论明代律例法律体系的生成》，《学术界》2020 年第 10 期。

界定为"专指刑事法规"。① 然考察清代的立法实际，这一论断不能成立。史实的本相是，从清开国到清末，不仅以"上谕"形式发布了大量的各类条例，中央各部院还就管辖的各类事务，不曾间断地制定和颁布了各类条例。清代颁行的单行条例很多已失传，现存于世的有《都察院拟监察职权条例》②《礼部题准更定科场条例》③《钦定服色条例》④《吏部条例》⑤ 等上百种。现存的清代条例汇编集也甚多，具有代表性的有《各部院条例册》《上谕条例》《颁发条例》《汇刊条例册》《汇总条例》《四季条例》《条例约编》《各部条例》等多种。这些条例集收入条例上万件，其中多数为非刑事条例。如《上谕条例》嘉庆元年刻本记乾隆元年至十年条例共 1214 件，其中刑事条例 272 件，占 22.4%；非刑事条例 942 件，占 77.6%。乾隆、嘉庆、道光、咸丰、同治五朝各部院条例册，收入条例 1381 件，内有刑部条例 561 件，占40.6%。从目前见到的 200 余种独立成书的条例文献看，虽然清廷很重视刑事条例的编纂，但刑法毕竟是法律体系中的部门之一，所占比重有限，故清代颁布的条例，多数仍为吏、户、礼、兵、工类条例。清代条例"专指刑事法规"说长期流行而未得到修正，应是在"以刑为主"说影响下，学者注重刑例研究、忽视对清例进行全面研究的结果。

（四）清代"通行"性质"成案"说、"条例"说、"章程"说、"折衷"说、"法律形式"说

清代法律文书中，"通行"作为学术用语被广泛使用，颁行的"通行条例""通行章程""通行成案"数量巨大。关于"通行"的性质，学界众说纷纭，有"成案"说、"条例"说、"章程"说、"折衷"说、"法律形式"

---

① 如陈浩、杜鹏编《法制史学习小词典》："清代最主要的法律形式是例，例是统称，可分为条例、则例、事例、成例等目。条例是专指刑事单行法规。"（中国法制出版社，2006，第89 页）陈一容《清"例"简论》："'条例'是清'例'中最重要的组成部分和最主要的类型之一，指的是与作为清代刑事基本法律的律文相匹配的刑事法规。"（《福建论坛》2007 年第 7 期，第 65 页）谢车《清代条例研究》："条例是刑事法规，也即通常所说的'例'。"（安徽大学硕士学位论文，2007）最近几年出版的法史教材、法学辞典和发表的论文，凡是涉及清代条例者，都持清代条例是刑事法规专称的观点。
② 北京大学图书馆藏《都察院拟监察职权条例》，清顺治十八年刻本。
③ 中国社会科学院图书馆法学分馆藏《礼部题准更定科场条例》，清康熙初年刻本。
④ 北京大学图书馆、宁波天一阁博物馆藏《钦定服色条例》，清康熙十八年刻本。
⑤ 北京大学图书馆藏《吏部条例》，清抄本。

说。① 然查阅现存的清朝法律文献，这五种论断都需商榷。"通行"的本义是"通令遵行"。就"通行条例"而言，经皇帝钦准的例，有些是因特定的人或事而立，只适用于特定的对象，有些则具有普遍的适用性，在全国或某一地区、某一领域通用。所谓"通行"，是专指后者。就"通行章程"而言，清朝颁行的章程，既有朝廷制定的，也有地方官府制定的，有些章程只适用于特定的狭小地区或某一地方事务，而有些章程则可在全国或某一省区适用。所谓"通行"，是专指后者。至于"通行成案"，是在律例无文或定期修例期间，为应急需要，经皇帝钦准，把一些适用于全国的典型案例冠以"通行"称谓，在司法和行政事务中援引适用。"通行成案"虽保留了"案"的外部结构形式，却被赋予类似定例的法律效力，不再具有纯粹"案"的性质，而属于制定法的范畴。由此可见，"通行"是朝廷下达单行法规法令的一种颁布形式，清代"通行条例""通行章程""通行成案"中"通行"二字的本义，主要是表述法律法令的效力和适用范围，而不是指一种法律形式。其实，以"通行"方式颁布法规法令，至迟在唐代已经出现，明代治国实践中就曾广泛行用"通行条例"。清代沿袭明制，只是扩大了"通行"法律文书的称谓和适用范围。何以在界定"通行"的性质时出现诸多歧义？也是由未充分阅读有关"通行"的法律资料造成的。

要全面准确地阐述中国法律思想发展史，实现学科理论的创新，除修正误导后人的不实之论外，还应特别注意以下两点。

其一，规范学术用语。

任何一门学问要形成科学体系，都需要对学科的研究对象、范畴，支撑学科的重大学术观点、学术术语进行准确的界定或阐发。法律思想史研究也是这样。从已发表的成果看，有关法律术语的使用比较混乱，歧义较大。这些术语包括"法律体系""儒家""法家""人治""法治""礼治""礼法""德治""经济法""判例法""条例""令""成案""习惯法""平民法"等。其中，有些是概念混淆不清，一词多义；有些是借用现代法学术语表述古代概念时，内涵与外延不一；有些是用古代前期的法律术语和学术观点，推论、描述中后期法制，而忽视了中国历史上法律术语及其内涵也在发展变化；有些则是未阅读基本史料，凭想象匆忙下的结

---

① 参见胡震《清代"通行"考论》，《比较法研究》2010年第5期。

论。如此等等，都使我们深深感到，要正确阐述法律思想史，非常有必要通过学术讨论和争鸣，去偏存正，形成共识，实现法律术语使用的科学化。

要实现法律术语使用的科学化，首先需要确定为学界公认的、大家共同遵循的学术概念界定原则。笔者以为，"古代法史研究中使用学术概念有必要坚持两个原则：一是凡是今人能够读懂的古代法律术语，最好仍使用古人的法言法语，不必用西方现代法律用语替代；二是如果有些法律现象、法律问题的概括只能借用现代法律术语才能表达清楚，使用现代法律术语表述时，概念的内涵、外延应完全一致"①。

其二，准确区分古代法律思想的精华与糟粕。

重述中国法律思想史，是对古代的法律观点、理论、学说的系统梳理和总结。从总体上看，古代的法律思想是与当时的政治、经济、法律制度相适应的。从现代法学的观点看，是精华与糟粕并存。中国历史上法律思想的许多优良成分，比如，重视法律在治国中作用的"以法治国""明法申令"思想，"审势立法""变法改革"思想，法制"以民为本""令顺民心""法信于民"思想，"法律划一""法贵简当、稳定"思想，立法"法贵中道""情法适中""宽严适中"思想，注重道德教化的"先教后刑""教法兼行"思想，"去严法苛刑"、反对重刑的思想，"正身守法""明正赏罚"思想，"扶弱抑强""轻徭薄赋"思想，"罪刑法定""刑无等级""详审刑狱，纠正冤案""公正执法""慎杀恤刑"思想，重视民事调解和预防犯罪的思想等等，它们对当代法治建设有重要的借鉴价值，需要我们认真研究、汲取和发扬。然而，古代法律思想毕竟是旧时代的产物，其主导思想是为维护统治者的政权和利益服务，许多思想理念与现代法治观念对立。其"皇权至上，法自君出""君为臣纲，父为子纲，夫为妻纲""人治、礼治重于法治""贵贱有别，良贱异法""法为防民之具""重惩愚顽""族诛连坐""以法抑商"等及其他旨在维护君主专制、等级特权和愚民、弱民、苦民、残民的法律思想，都应坚决予以摒弃。准确区分古代法律思想的精华与糟粕，是重述法律思想史的重大任务。

以往的法史研究，在评价古代法制和法律文化时，曾出现过两种偏颇。一种是以现代法学理念和评价标准为坐标，全面否定传统法律文化，把古

---

① 杨一凡：《质疑成说，重述法史》，载杨一凡、陈灵海主编《重述中国法律史》第一辑，中国政法大学出版社，2020，第13~14页。

代法制和法律思想描绘得一无是处；一种是挖掘传统法律文化的优良成分时，只讲精华不讲糟粕。这两种倾向都偏离了实事求是的认识论，不可能客观反映历史的真实。因此，研究中国法律思想史，必须摒弃实用主义和形而上学的研究方法，坚持批判、吸收的态度，准确区分其"精华"与"糟粕"。论述历史上各种学派和不同历史时期的法律思想时，对其形成背景、内容及积极或消极作用，都应当恰如其分地分析评判。只有这样，才能正确总结古代法制建设的经验和挖掘古人法律思想的精华，古为今用，法律思想史研究才更具学术价值和现实意义。

结　语

重述中国法律思想史，是法史学人自觉进行的学科革命，其学术目标是重建学科的科学体系，全面正确地阐述中国法律思想发展史。解放思想是实现学术大飞跃的前提。只有破除"以刑为主""法律儒家化"论的束缚，修正误导后人的成说，才能够为"重述"铺平前行的道路。

重述中国法律思想史，是从事法律制度史、法律思想史两个专业研究方向的学者共同肩负的使命。离开法制变革无法深入挖掘法律思想，形成的结论也苍白无力。离开法律思想去研究法律制度，便无法揭示法制变革的内在动因和指导思想，形成的结论只能是材料的堆砌，转化不成传世的精神财富。只有把法律思想与法律制度结合起来研究，并正确地区分古代法制和法文化的精华与糟粕，法律史学才能真正成为科学。

重述中国法律思想史，也是法史学人研究思维和方法的自我改造。套用先秦诸子学术观点，或不加分析地以儒家经学、礼治思想概括后代发展变化的法律思想，难成信史；无视史实，望文生义，套用西方现代法学术语表述中国古代法律思想，这种贴标签式的理论创新，只能是误判迭出，祸及学林。法律思想的产生和发展，缘于法制变革和法律实践，只有尊重历史，注重史料，坚持"论从史出"，在扎实研究的基础上创新理论，才能推动法律史学走向科学。

重述中国法律思想史，是长期的艰辛的探索。本文所述，系一家之言，写作的初衷是抛砖引玉。法律思想研究中的许多重大疑义或争论问题，需要反复地探索、争鸣才可能达成共识。笔者相信，学科将在探索中不断成熟、完善，只要学界同仁不懈努力，重述中国法律思想史的学术目标就必定能够实现。

再识先秦法家

段秋关[*]

摘要： 本文从十个方面重述先秦法家，以正误解。法家称谓非时人自称，实后人所授；法家之"法"不等于今语法律；法家人士特立独行，无组织有共识；诸子有思想，法家成学说，是形式法治的典型表达；"法、术、势"三结合为统一国度的治理方法；确立"法"的立公弃私、平等正直价值；历史上只有儒法争鸣，不存在儒法斗争；"法治"与"德治"的斗争亦属虚构，道德不能治国；大秦帝国并非亡于法家。

关键词： 先秦法家　诸子百家　形式法冶　儒家　墨家

自古及今，法家不绝于史；治国智慧，当数"以法治国"；执法如山，法家首屈一指；先秦商韩，法家代表人物；儒法斗争，错居历史主线；千秋功罪，法家冤屈谁说！

四十多年前师从张国华先生初读先秦法家著述，研习其思想主张（当时对法家的认识，反映在《法学研究》1980 年第 5 期《试论秦汉之际法律思想的变化》一文中）。十多年前重新梳理其渊流延展，叙说其学术贡献（详见中国政法大学出版社 2008 年《新编中国法律思想史纲》相关章节）。如今回顾反思，可谓陈因成说者多，刨根问底者鲜。仔细想来，当下关于先秦法家的见解虽有定论，但亦存在不少误读、误解、误导、误判之处，

---

* 本文作者系西北大学教授。

故斗胆以《再识先秦法家》为题，抛出十点看法，以期争鸣正误，求教各位方家。

一　法家称谓：非时人自称，实后人所授

战国时代的商鞅、慎到、申不害均在不同国度各自为政，韩非与李斯虽同事秦始皇却相互倾轧，他们也从未承认共属一家。或许只有齐法家即《管子》学派有些例外，他们可能时常在一起切磋学术，但《管子》成书已是汉代的事了，战国时的具体活动尚不可考。韩非被喻为法家的殿军人物和思想的集大成者，他只将上述的同道、同行以"法术之士"相称，并未用"法家"冠名。实际上，"法家"之名，肇始于汉初司马谈的《论六家要旨》，经司马迁的《史记》而广传于世。际后续史的《汉书·艺文志》又将其归入"九流十家"之中。接着，著史者们便将主张或重视以"法"治国理政与研习"法、律、令"的人划进法家行列。

然而，汉晋以降有两种历史现象应予注意。一是随着儒、法、道等思想合流，尤其是儒学的独大与律学的形成，作为先秦的一个学术派别，法家毕竟是不存在了，而且在一定程度上，商、韩法家还常被视为异端，作贬义词使用。二是在整个古代社会中，重视法、律、令、制的思想家、政治家代有其人，他们常常引用、发挥先秦法家的某些思想与主张。在汉晋隋唐以及宋元明清的官方文献，尤其是民间法律著述之中，时不时地将于定国、张释之、张汤、刘颂、杜预、张斐、曹操、诸葛亮、长孙无忌、魏徵、狄仁杰、包拯、宋慈、王安石等专务立法、司法或变法改制的职业家称为法家。

可见，现今的法家一词，乃后世研究者，如近人薛允升、沈家本、梁启超、程树德等为了叙史或研究方便而沿袭古人创设的词语。我们不宜将法家一词视同现代汉语的"法律人士"或"法学大家"，使用时还应注意先秦法家与后世法家的区别。

二　勿望文生义：法家之"法"不等于今语法律

由于现今仍然使用"法"字来表示具有国家强制力的、以权利和义务

为内容的社会行为规范，今人容易习惯地将古文"法"与"律"视为中国古代全部的法律。

众所周知，在中国古代，"法"字最早并不具有行为规范的含义，而是一种公平判断是非曲直的方法和惩罚方式。春秋之前，法在"刑"的基础上使用，指刑罚适用的定制；还用来表示有别于不成文之"礼"的那类成文的规定，如"文王之法""唐叔之所受法度"等。

战国之后，随着成文法令的制定公布和各国变法修律的进行，法家之法与儒家之礼日趋并行，并将祭祀仪式、仁义礼教、风俗习惯、个人言行等排除在外；法与刑逐渐区分，只能由君主制定，包括制度、政令、用刑与功赏等多个方面。

法家不仅用"法"表示行为的规则，还多用来表示他们所主张的统治策略与方法。故"法"有广、狭二义：广义之"法"泛指一切制度，所谓"变法""壹法"，远大于当今法律的范围；狭义之"法"即刑罚的规定，与现代刑法的内容类似，但还包括赏施以及诉讼方面的规定，范围也更大一些。

因此，虽然法家在中国历史上最早用"法"字来概括国家制定的行为规则，"法律"二字作为一个专有名词使用也是从法家开始的，但还应当注意，不宜在法家之"法"与现代汉语的"法律"概念之间画等号，要看其使用的具体场合。如古之"变法"相近于今之"改制"，古之"律"相似于今之刑法，古之"典"可喻为今之制度汇编，古之"令"可视为今之单行法规，古之"礼制"相当于今之组织法规与程序规定。古之"法治"实指君主以法治国，今之法治则要求国家权力依照体现公民意志的法律运行。二者不可同日而语。

三　特立独行：法家人士无组织有共识

先秦儒、墨、道、法四大家宗旨不同，主张有异，争鸣相诘，各具特色。从内容宗旨看，儒家讲人际关系，做人之要；道家讲处世之道，深奥玄妙；法家讲以法治国，现实有效；墨家讲博爱互利，为民呼号。

在组织结构、活动方式方面，儒家有师承，师生结伴，弟子相依，孔、孟虽标榜"有教无类""君子不党"，但亦是师徒聚合，设坛讲学，车随马从，周游列国，可称"有组织、无纪律"。

墨家喜欢抱团结伙，"墨者"们常分为百余人或七八十人的队伍，在其首领"钜子"的带领下，扶弱抗强，行侠仗义，进退有度，勇于牺牲，堪称一个"有组织、有纪律"、敢打能拼的团体。

道家者流非同一般，本来就属隐士或逍遥派，当然羞于与官吏乡绅为伍，亦与士人商贾不合，独自著述讲经，世人只闻其道而不知其人，能见其文而难识真容，真个是"无组织、无纪律"。

法家并无谱系相沿，"法术之士"或"能法之士"（韩非语）多受黄老道学熏染且独树一帜，既闻达于诸侯，又不拉帮结派，均以思想、主张和能力打拼，靠本事、才干立业。他们多系个人主义者，观点相近而各有侧重，学术一致而互不结伙，各为其主，充当君主的臣僚或谋士，可谓"无组织、有共识"。

这种单打独斗不抱团、志同道合不相帮、失去组织力量的行为方式和状态，使变法改革者除靠君主信任之外，往往孤立无援，惨遭诬陷，亡于非命。其先驱吴起、邓析如是，前期代表商鞅，后期代表韩非、李斯亦如是，以致后人常发"出师未捷身先死，长使英雄泪满襟"之感叹。

四 学术成就：诸子有思想，法家成学说

人类是有思想的动物，思想是思维的产物。存在决定思维，即对真理的认识与思考。思维产生观点，观点组成思想，系统的思想与经论证的观点形成理论，理论的系统化与有机组合，则为学说。

在中国古代，尤其是先秦诸子百家思想之中，能够自成体系、以学说形态传世的不多。例如孔子《论语》，仅是语录汇编、观点集合；《孟子》虽然成书，实乃对话辑要，亦属观点阐发。《荀子》倒是有阐明有论述，形成理论形态。儒家学说应该说是汉唐以后形成的。

道家《老子》言简意赅，宏大深髓，属抽象概括性的哲学思想；《庄子》进而扩展到哲学、文学、历史、人生、社会、自然、宇宙等诸多方面，想象奇幻玄妙，文笔汪洋恣肆，堪称道家思想大全，但理论建树不多，道学之称亦应是东汉（道教）之后形成的。

唯数墨家、法家所论所著，既观点显明、论述全面，又分析深入、持之有据；既从原理、原则角度发论，又从制度措施方面发力；从而形成了独特的思想体系和理论学说。墨子后学们将各自受教于墨翟的言论汇编成集，但因秦汉之后散佚，现在只能从近人孙贻让所辑《墨子间诂》与先秦

诸子的言语中一窥真谛。虽成学说体系，却多有重复，略显芜杂。法家自春秋到战国，几百年来有先驱、前期与后期的代表人物前赴后继，阐发主张、论证原委、付诸实践、分析总结，每个时期、每个人物皆有著述传世。前期法家的观点、主张、所据已形成"一家之言"即思想理论，经后期法家的归纳总结与发挥建构了系统、成规模的学说体系。

法家学说以"法治"为中心内容，系从"法"的概念入手，明确"法"本身是什么或应该是什么；在总结前人治国、理政、平天下之模式与方法的基础上，提出"以法治国"的主张和方略。他们从人性论、历史观、人口论、价值观等方面论证"法治"的必然，从"法"的性质、作用、社会效果等方面论证"法治"的必要，进而详述"法、势、术"三结合、立法执法原则等推行"法治"的具体方法，形成了完整的"法治国"学说。由于他们集中论"法"，又是从理论角度进行发挥，这一学说奠定了中华法系的理论基础，构成了中国古代法理学乃至古典法治的主要内容。

五　现代价值：形式法治的典型表达

学界在阐述法治的现实表现时，往往区分为形式法治与实质法治两种类型进行分析。前者重视法治的外部表现形式和技术条件，强调法治的工具性；后者注重权利神圣、法律至上、控制权力等原则，强调法治的目的性。

美国当代学者富勒在《法律的道德性》一书中提出"法治八原则"：①法的普遍性，②法应公布，③法不溯及既往，④法的明确性，⑤法不自相矛盾，⑥法不要求做不到的事情，⑦法的稳定性，⑧官方行动与法的一致性。这些原则，被学界视为与"实质法治"相对应的"形式法治"的主要表现。无独有偶，在两千多年前的战国时期，一批"法术之士"早已为他们的"法"赋予了这些性质与功能。

慎到说"法者，所以齐天下之动"，《管子》指出"法者，天下之程式也，万事之仪表也"，指向其普遍性。韩非的"法者，编著之图籍，设之于官府，而布之于百姓者也"，强调其必须成文且公布。"圣人立法，必使明白易知"和"明其法禁，必其赏罚"说的正是明确性。商鞅指出"当时而立法"，韩非认为"法与时转则治，治与世宜则有功"，蕴含了不溯及既往之深意；而"法莫如一而固"，"不别亲疏，不殊贵贱，一断于法"表现了统一性和稳定性。《管子》的"明主度量人力之所能为，而后使焉"，"毋强不能"，以及"明主立可为之赏，设可避之罚"，均体现"法不要求做不到的事情"的原则。商鞅强调"法之不行，自上犯之"，"圣人之为国也，一赏，一刑，一教"表达了有法必依、言行一致的强烈要求。韩非主张力避法令"故新相反，前后相悖"，正是"不自相矛盾"的古典表述。

可见，如果将法家的观点与富勒的观点仔细对照，便会发现，尽管时代有别、语境相异，但二者的表述竟然惊人的相似。先秦法家们用自己的智慧和卓识，显示了中国古典法治的绚丽风采和超凡魅力。

六　统一国度的治理方法："法、势、术"三结合

一般认为，前期法家在论述"以法治国"时各有侧重，所谓商鞅重"法"、慎到重"势"、申不害重"术"。后期法家中，齐法家提出应将三者结合起来，却未展开说明。韩非从理论上分析了各重一端的得失，强调必须"以法为本"，集权、用术，使三者密切配合，才能在统一大国中真正实现"法治"。

此处的"法"宜作狭义解，系指法令，似今语之法律法规，也可释为法律制度；"势"指权位，似今语之国家权力，也可释为中央权威、最高权力；"术"指策略和手段，也可释为政策谋略、技术措施。他们洞悉法令与权势、策略之间的密切联系，认为"法治"的实现必须依靠集中的政治权力和灵活的统治权术，并将此作为治国理政的关键举措与主要方法。

具体地说，君主治国应该同用并重，一个也不能少，即抱"法"、处"势"、任（用）"术"。通俗点讲，君主应该坐在权势上，要"独制"，即大权独揽，不与"臣共"。治国理政则"以法"，主要目的是"治吏"，法在治民时则"君臣共操"。官狡猾民刁蛮，就必须巧谋诈略，玩权弄术。

三者之中，法宜优先，即"以法为本"，否则，缺乏保障君权的制度，失去对臣民的规制、督察和赏罚，将会导致篡权和动乱。权力应集中行使，由君主独掌、专用。"凡人君之所以为君者，势也"，权势既是制服臣、民的根本条件，又是"令行禁止"的有效保证，所以在维护"权重位尊""定于一尊"的同时，还要做到"权制独断于君"。法家言术，狭义指君主制驭官吏的权术，广义即统治方法。要求"君道无为""臣道有为"，以法"循名责实"、奖功罚罪，这是可以公开的"明术"。还主张采用不宜公开的

"暗术"，包括掩饰真情、深藏不露，"倒言以尝所疑，论反以得阴奸"，"挟知而问"，"握明以问所暗"等权术。

因此，从应用的角度，"法治"实际上是为君主设计的，是以治国理政为目标，以集权"独制"为关键，以"治吏""治民"为重点，以"赏罚""任术"为手段的统治模式。儒家主张圣贤在位、"礼治"仁政，好说好听却不实用。法家的"法、势、术"三结合主张，正中君主下怀，还能操作，所以深得各国统治集团的青睐，用以变法图强，争当霸主。

七　确立"法"的价值：立公弃私，平等正直

从思想价值方面看，儒家的"贵和""中庸""己所不欲，勿施于人"，墨家的博爱互利、平民情怀，道家的顺应自然、回归理性，是先秦各"显学"重要的历史贡献。法家思想最值称道的，应推公私分明、公正执法，尤其是慎到的国家高于君主、公法大于君意的"立公弃私"思想。

首先，在法家看来，"法"之所以能够满足君主治国、"富国强兵"、一统天下的要求，原因就在于它具有礼、德、道、"天志"所缺乏的"公正""平直""齐一""明分"等价值要求。"公正"的含义与今语相同，"平直"指平等相待、不偏不倚，"齐一"指统一的标准，"明分"含有确定权利义务之意。也可以说，法家的公正与平直，就是西方法学家所理解的正义；齐一与明分，则相当于西方说的秩序。可见，虽然时代与国情有别，人类社会仍能形成并实际存在着共同价值观。

在中国古代，人们将整体意志、国家利益、共同要求称为"公"，而将与之相对的个人意愿、利益或欲望称为"私"。法家之前，公、私的概念只具有道德和财产、利益的含义；经过法家的论述，它们成为政治、法律术语。韩非先从字形字义解读，"自环者，谓之私，背私谓之公"，二者并存且对立。指出应该明察和区别二者，分别予以处置。君主在提防和控制臣吏的私心私行，以"法"去其"私心"，兴"公义"的同时，更要"公私有分"，警惕和控制自己，不让私欲乱公利。所谓"明主之道，必明于公私之分，明法制，去私恩"者是。

慎到认为只有"法"才能体现"公义"，只有通过"法治"才能维护"公利"。他把集中了国家意志和整体利益的"法"称为"公"，而将包括君主在内的个人的利益与言行称为"私"；以"至公大正之道"为定义，直

接称"法"为"公法"，指出"法之功莫大使私不行"。与"公法"相比，作为"私"的君主个人应屈居其下；与国相比，臣民们也应该"为国"而不"为君"。认为国家的强弱治乱取决于"公法"，而不是任何个人的言行和智慧（"私行"）。他还将儒家的圣贤治国和发挥个人才智能力的主张归于"逆乱之道"，斥为"心治""身治""私论""私议"。认为"任贤"会损害君主权威，"任智"会破坏法令贯彻，"仁义"虚伪无效，"忠孝"是亡国之道。

《管子》也强调，"令行于民"的前提是"禁胜于身"，只有"置法以自治，立仪以自正"的君主才是"有道之君"；"法令"应该高于君主个人的爱好与见解，"不为君欲变其令，令尊于君"。法家在主张并创建中央集权官僚制度的同时，又提出并强调这种国家重于君主个人，法令高于君主言论，君主必须严格守法、以法治己的思想，是十分难能可贵的。

其次，中国古代的平等观念与"天道"观紧密相连。墨子将"兼相爱"视为"天志"最主要的表现，兼爱就是平等地、无差别地爱。老子认为"天道无亲""天地不仁"，将万物平等对待。法家身居其国，心仪天下，视国家与法制为天下人所共有。作为"国之权衡"和"天下之程式"的"法"，对包括君臣上下、庶人百姓在内的所有的人都应当平等对待，不偏不倚。

韩非比喻说，工匠用大锤与砧板，是为了将凸凹部分弄平，用垂线、矩尺等器具是为了将弯曲物件矫直，"圣人之为法也，所以平不夷，矫不直也"。因为"法"本身体现着平等不偏、正直不曲的价值。他还比喻道，对于一般人来说，墨斗线直了木板就不会弯曲，称具精准了就能够分出轻重，升斗准确了就能量出体积。这样才能达到交换、贸易的公正。同样的道理，对于君主来说，"以法治国，举措而已。法不阿贵，绳不挠曲。法之所加，智者弗能辞，勇者弗敢争。……一民之轨，莫如法"。《管子》更将平等、公正执法作为"法治"的重要标志，"君臣、上下、贵贱皆从法，此之谓大治"。

当然，法家的公平、正义均是站在君主治国的角度发论的，与现代政治、法治的价值目标相去甚远，这是历史局限所致。但应该肯定，法家的公私论与平等观在古代的哲学、政治学和法学思想中独树一帜，深植于古典法治的根基之中，对后代的"天下为公"与平等执法思想产生了不可忽视的重要影响。

八　历史上只有儒法争鸣，不存在儒法斗争

　　长期以来，学界充斥着一种定论，即儒法斗争是中国古代思想领域的一条线。有趣的是，明明先秦诸子主张不同、观点各异，又相互交织、沟通融合，但却不说儒道或孔老斗争，反而认定儒、道两家是互补关系，进取尚儒学，失意崇道家。孔子"不语怪力乱神"，但汉代儒者却大谈阴阳五行、天命神学，儒学与阴阳学几于联姻成为一家。似乎唯有儒、法两家天生有仇，要斗得你死我活。

　　论者能举出的"斗争"事件，不外乎孔丘杀少正卯，秦"焚书坑儒"，贾谊《过秦论》，桑弘羊《盐铁论》，"白虎观会议"，以及历代变法者多死于非命，曹操、王安石等皆留骂名等。其实，无论孔子与少正卯有无过节、少正卯是否该杀，少正卯肯定不属于法家行列。说这表现了儒法斗争，明显为张冠李戴。

　　秦始皇"焚书坑儒"确为一个重大的历史事件，但很难说它是儒法"斗争"的产物。"焚书"是实行"焚书令"的结果。李斯提议的原意是烧掉那些古代书籍，让人们只看反映秦帝国现实的著述。秦始皇则认为应烧掉那些"无用"之书。儒家的"诗、书"亦在焚毁之列，而李斯又是法家代表人物，所以将"焚书"定为儒法斗争似无不当。限制思想传播、禁绝思想成果，是秦法家文化专制主义的表现。

　　"坑儒"之名，与史实不合，是汉儒们强加在法家身上的。坑杀众生，缘起于始皇帝出巡途中数遭刺杀，直接来源于几次讨论郡县制与分封制的朝廷会议。一些主张实行"王道"、"吕览"国策，追求神道长生的生员与官员，以及儒学"博士"等，因受斥责或追究，发泄不满、妄议朝政。始皇遂以"妖言"治罪，追捕460余人，坑杀于咸阳。其中大多数是方士，也有儒生。而文通君孔鲋，儒博士侯生、淳于越、叔孙通等均逃亡在外。汉兴之后，批法尊儒，这些死里逃生的大儒自然要奋起反击，于是才有了"焚书坑儒"之说。孙皓晖认为，焚书与杀士是秦始皇铁血政策的反映，背后的主因是反复辟。非要以"斗争"冠名，也只能说是场复辟与反复辟的斗争，与儒、法两家思想何干?! 毛泽东对此亦存异议，有"劝君少骂秦始皇，焚坑事业要商量"之诗句为证。

　　至于《盐铁论》、"白虎观会议"等，确实记载了儒、法思想与主张在

汉代的诘难和交锋。但这仅是不同观点的表达，目的都是繁荣经济、富民强国。自春秋战国直到宋元明清，儒、法两家思想长期并存，与其他学术思想，构成了今之"国学"。司马谈很客观，他在《论六家要旨》中指出，正如《易·大传》所说，虽然看起来有近百种不同的思想，但其目标却是一致的，这叫作殊途同归。认为儒、墨、名、法、道、阴阳六大学派，都是为了求"治"而努力。可见在司马迁父子笔下，诸子之间，尤其是儒、法两家的关系，是"殊途同归"，仅有别而互诘、有争而无斗的。后来的王莽改制，要效仿周礼，却并未与法家相抗；晋代的"三玄"，"不是礼义"、放荡不羁，打的是道家旗号，与法家无半点关系；王安石、张居正等主持"变法"者本身乃当世大儒，无论其"变法"是否有效，怎么也和儒法斗争沾不上边。

依笔者之见，将儒法斗争定为古代思想的主线，与"人治与法治的斗争"一样，是"以阶级斗争为历史发展主线"在法思想史研究中的翻版。似乎人与人和睦相处，历史就会停滞或倒退，而没有斗争、残杀人们便活不下去了。这种"斗争"哲学与价值观自有其积极意义，但非要将儒法之争界定为儒法斗争，将领导人之间的意见分歧定性为路线斗争，是对历史的误判。

九 "法治"与"德治"的斗争亦属虚构，道德不能治国

学界还有一种倾向，认为法律治国不全面，应该与道德治国结合起来。故常引"明德慎罚""以德服人"等名句，批韩非"不务德而务法"之偏颇。进而认定古代一直存在着儒法两家的"德治"与"法治"斗争，用以论证现今的"依法治国"与"以德治国"相结合。这是一种误导。

该种误导，实出于对古、今文字与用语的误读与误解，即先入为主地将古文之"德"当成今语之道德，将"为政以德"之德政等同于道德教化。"德治"即德政，属政治范畴，是一种执政与行政的方式；道德教化属思想领域，是一种教育方法。二者不应混同，更不容混淆。

然而，误读取代了本义，曲解掩盖了真相。打开"百度百科"，主流观点将"德治"解释为，要求统治者以道德自律和对民众进行道德教化，是中国古代的治国理论和主要方法。一位声名显赫的法史大家也发文说，德法共治是中国古代的治国方略，而德治的功用主要表现为以德治国和以德

化民两个方面。都把"德治"作道德治国解，同时认为儒家主张的"德治"与法家"法治"水火不容。

首先应弄清"德治"与"法治"分属不同的治国主张，并非指思想道德与政治法律的对立。

法家之"法"与"法治"的含义，上文已述，不再重复。儒家之"德"，古人早有定解。《尚书·大禹谟》明确指出"德惟善政，政在养民"，即德是养民的善政。周公的"以德配天"，宣示能受天命的佑护既不靠血缘关系，因为"皇天无亲"，也不在于个人道德品质的高尚，而是其政治能得到民心民力的拥戴。"明德"与"慎罚"都是执政、司法的行为，并非道德优劣的信条。"明德""慎罚"将谨慎用刑置于善政之中，强调了刑罚的政治性。可知夏、周之"德"，与今语道德品质无关。

老子《道德经》上篇讲"道"，即自然规律，下篇讲"德"，即"道"在治国理政中的体现。孔子将"为国以礼"和"为政以德"相提并论，也已把"礼"是国家的制度，"德"是执政的方式的意思表达得十分清楚。他说"为政以德，譬如北辰"，认为德政是其他政治活动的中心。孟子说"以德行仁者王"，"以德服人者，中心悦而诚服也"，将"德"从"善政"提升为"仁政"。孔、孟都不排斥行政强制与刑罚制裁，认为君子既要"怀德"，又要"怀刑"。"德、礼、政、刑"是治国四要，缺一不可，只是重点不同、功效相异而已。他们也都很清楚"德"是政治行为，并非思想道德。孟子还强调："善政不如善教之得民也。"前者为政治，后者才包含现今道德教化之意。因此，先秦文献中的"道德"没有今语道德的涵义，二字单独使用时，"道"指规律而非思想精神，"德"指德政而非品质。若不分古今差异，望文生义地将《道德经》译为"关于思想品德的经典"，则不仅荒谬无知，而且贻笑大方。

其次应知晓古代只有"礼治"与"法治"之别，却无"德治与法治斗争"。

"礼治"，本指西周"以礼治国"的状态或方式，对其加以总结提高，使其成为政治和法律学说的是儒家。"法治"是法家力推的国家治理学说，即在实行君主集权、官僚等级、郡县制度、统一国家的基础上，对于法、律、令、刑的制定、适用、推行、维护等各方面进行阐发论证的成果，是法家的口号和旗帜。

比照起来，"礼"是按照血缘宗法关系实行的一整套贵族等级制度及伦理规范，而"法"主要是按照政治权力的从属关系实行的一整套官僚等级制度及命令规则。"礼治"学说以家族宗法为基础，论证贵族共和与分封制，而"法治"学说的核心是君主集权乃至专制的法律观。二者在维护君主制、等级制方面是一致的。

它们的分歧，主要表现在对宗法制的态度上。"礼治"坚持贵族的身份特权，而"法治"主张新兴地主、业主要与之分权、平权；"礼治"坚持分封世袭制、井田制，而"法治"主张实行中央集权的郡县制；"礼治"采取贵族共和、诸侯分立的天子制，而"法治"主张君主集权的官僚制。体现了两种制度（主要是政体）的区别。

同时，"礼治"强调"国之命在礼"，而"法治"强调"治之本"是"法"；"礼治"强调"君臣父子"，主张国与家的结合，而"法治"强调"君臣上下"，主张国与家相分割，君主直接以法治民；"礼治"强调"世卿世禄"贵族世袭特权，而"法治"强调论功授官爵，奖励耕战；"礼治"强调亲疏有别，"刑不上大夫"，而"法治"强调"不别亲疏，不殊贵贱"，"刑无等级"；"礼治"强调"礼"的不成文与自我节制，而"法治"强调"法"的成文公布和外部强制；等等。体现了两种治国方策的区别。

还需注意的是，先秦文献中并无"德治"一词。它亦是近代学人为回应西方法治文化的冲击，遂将孔孟关于"为政以德"的观点简缩而来。作为儒家倡导的执政与行政方式，"德治"是"礼治"在政治方面的表现。法家认为对于治国、治民来说，这种"仁政"中看不中用，行之无益。"为政以德"要求以"宽惠"之举行"仁政"，以礼义原则指导刑罚适用，甚至主张"民贵君轻"；"缘法而治"则从"胜民之本在制民"出发，对人对事均"一断于法"，依靠赏罚"二柄"，突出刑罚的强制和恐吓作用。二者在承认强制与教化是治国的重要手段方面是一致的。但是儒家重视宗法原则和宽惠政策的作用，相对轻视刑法及其强制作用，法家则强调以国家政权及其暴力为后盾的法令的强制作用，认为"服之以法"是最有效的统治方法。

因此，不宜把孟轲的"以德服人"简单地理解为以良好的德行使百姓服从统治者，将"以力服人"释为"法律强制"，从而预设"德治与法治斗争"的前提。不宜把商鞅的"禁奸止过，莫若重刑"和"以刑去刑"的具体用刑方法与法家的"奖励耕战"制度、"赏功罚罪"原则割裂，或者将"重刑"作为法家"服之以法"的全部内容。不宜把韩非旨在否定"礼治"陈旧和批判"仁政"无效的"不务德而务法"主张，视为对伦理道德的否定，从而得出儒家"以德治国"与法家"以法治国"一直"斗争"的结论。

最后应了解道德不能治国，只有教育功能，即"以德育人"。

如今，以德治国，已成为人人耳熟能详、与依法治国并列并重的概念。关键在于如何解读"德"。若说"德"指要求领导人与管理者具有先进的思想和优良的品德，并以优良的道德育才树人，对此笔者无异议。但若将"德"说成道德，甚至认定自周、秦起古人一直主张以思想道德治国，则实属误解误判，既强加于古人，又误导今众。

其一，道德只调整人际（个人之间的）关系，没有控制、管理国家活动的功能。道德的主体是个人，只有个人才能进行价值选择或者信仰教育，群众或者人民替代不了公民的个人意识，组织或团体更谈不上内心信念，根本不具备思维能力。也就是说，道德不涉及、不包括诸如政权的建立与维持，国家的权力及其行使，市场的调配与运转等政治、法律、经济领域的具体问题。道德的客体是人际关系，表现在社会各方面，如家庭、家族、行业、层级、阶级，以及社区、地区、国家、国际社会等领域，是处理个人与个人关系的准则。如"父慈子孝，兄友弟恭"，"君臣有义，朋友有信"。它不涉及也做不到管控国家，尤其是政治权力的运行与活动。那种希望用道德伦理来调整、规范国家体制或社会运行模式的观点，从形式上看是将"鸭头"当成"丫头"，可谓概念混淆；从实质上说如同缘木求鱼，或者属无的放矢。

其二，道德规范表现为原则性的要求，如尊师爱生、全心全意、见义勇为，其中的尊、爱、心、意、义，均为抽象而不具体、笼统而不确定、形态多样而不统一的词语。它又表现为应达到的目标，如"一身正气，两袖清风"、大公无私、实事求是等。"正气"与"清风"是比喻式的判断，很难用证据证实；"大公"与"求是"只是褒扬性的要求，未涉及过程效率，因此很难成为具体的规定。何况，不同时代、不同国家，甚至同一国家的同一时期，都会有不同的道德要求。道德规范的原则性和抽象性、不确定性与标准多样性、时代性与地域性，决定了它无法采取明确、具体、成文、统一的规则和方式，无法形成制度，也没有任何机构能够统一各种道德规范及其价值判断标准。因此，道德准则与道德规范都不是法律意义上的规则，道德不能作为表达国家制度、国家体制或治国方略的术语。

其三，法治要求"依法治国"，这个"治"字当然是管理、治理、统治的意思。但"以德治国"却不能理解为以"道德"管理、治理或统治国家。

道德只能律己、治己，不能去律他、律人。"为政"者可以用道德影响人、引导人、教育人，但不能用道德去管理人，去治国理政。若明确地界定"以德治国"的"德治"是指用高尚的道德要求自己、引导民众、教育民众，对民施以德政，则符合"为政以德"的本义。笔者认为，正确的思想和良好的道德是公民以及公务人员应该具备的品质，尤其是诚实信用、廉洁奉公、尊老爱幼、公平正义等价值原则应该入法，即以法律规定与法律制度的形式予以体现。道德也是对现行的法律、政治、经济制度进行评价的一种准则。然而，对于国家治理和国家体制来说，德治即道德治国是个伪命题。

十　蒙冤千古：秦非亡于法家

大秦帝国，二世而亡，原因何在？这是历史课题。无论正史野史、学界社会，似乎已达成共识，古以贾谊《过秦论》、柳宗元《封建论》为标帜，今以郭沫若、翦伯赞为代表，都认为秦因"不施仁义"、实行法家的严刑峻法而亡。所谓"为国者以仁为宗，以刑为助。周用仁而昌，秦用刑而亡"（《旧唐书·酷吏传》）；"暴其威刑，竭其货贿"，"酷刑苦役……失在于政"（柳宗元《封建论》）。也有一些学者对此提出质疑，少数学者将始皇的"好大喜功"或楚秦文化冲突作为主因。笔者的首篇法学论文《试论秦汉之际法律思想的变化》，认为秦由弱变强，统一六国是实施法家主张与"以法治国"的结果；虽然没有完全采纳主流观点，但亦将二世而亡的责任归于嬴政父子并李斯、赵高等将法家思想推向极端。

有趣的是，笔者结识的两位法史大家，都曾任教于西北大学。一位是秦汉史家林剑鸣先生，他是当今主流观点之领军。一位是学者型作家孙皓晖先生，他另辟蹊径，将秦亡原因概括为"求治太急、善后无方"。本文既以《再识先秦法家》为题，自应对四十多年前的观点有所修正。如今看来，秦亡的主因很难用一语概括，但一定要给法家思想洗冤平反，即秦非亡于法家。

笔者以为，似可从时代潮流（历史逻辑）、反对力量、国力使用、主因次因诸方面探讨大秦帝国二世而亡的主要原因。其一，未使社会安定，民心安宁。春秋闹割据，战国务兼并，争斗与动乱持续了几百年，国家统一和社会安定是人心所向和历史要求。"时代潮流，浩浩荡荡，顺之者昌，逆之者亡"，此语古今皆宜。秦实现了统一，却未带来安定。始皇修长城、建阿房、造陵墓、通道路、兴水利（所建都江堰、灵渠、郑国渠迄今仍发挥作用），十年内六次巡游全国，封禅刻石，加上北防匈奴、南平百越的军需兵员等，这些均要靠增徭征役、提供壮丁劳力才能办到。目标虽为强国，但必取之于民。这些举措，与民心思定，即"黎民得离战国之苦，君臣俱欲休息乎无为"愿望大相径庭。秦帝国如此大兴土木、大动干戈、大肆折腾，百姓怎能安定、怎能忍受、怎能不乱呢？违反历史发展逻辑，政权必然难以长久。

其二，复辟力量太强。复辟是君主制、帝制时代的特殊现象，一般指旧君主的复位、旧制度的复活或旧势力的反攻倒算。一种新制度、一个新政权，在初始时期，总会与拥护旧政权旧制度的复辟势力反复较量，结果是有输有赢。春秋战国的各诸侯国，在外争霸称雄，其内不断上演复辟活剧。仅存十三年的大秦帝国，正处在复辟与反复辟激烈较量时期。

大致说来，秦统一之后，复辟势力一直存在并渐行积聚。诸如：帝国始立，六国虽灭，王族达贵遗民仍在；统一了法令文字度量，旧国制令典籍仍存；中央集权郡县直管，封地食邑余留未绝；秦军主力外重内虚，零散反抗力量联合集结；逃囚刺客苦役起事，楚人楚国复仇心切；世仇未雪，新老复辟首领或汇于楚地，或散居故里。据史料的粗略记载，反秦复辟活动表现为暗地复仇、公开造反两大方式。最早是"新郑反"，据说为张良所策划；接着派刺客数次暗杀始皇。在朝会上论争恢复"王道分封"遭拒之后，部分方士儒生被坑杀，逃离者与旧族遗民结合，成为复辟骨干。继而谣言四起，社会动荡，黥布率修陵工役暴动，刘邦释放刑徒、聚众待反。胡亥、赵高变本加厉，过度征发，大泽乡揭竿而起，"天下云集响应"。复辟势力从秘密活动转向公开造反。

陈、吴首义立国"张楚"，又先后恢复魏、齐、赵的国号。项梁起兵，第一件事也是恢复楚国，复立楚王；刘邦率部打下沛县，归并大楚项梁。可见趁势而起的各地武装，高举的依然是六国旧旗帜，心仪的依然是统一帝国之前的七雄格局。说他们是复辟势力，一点也不过分。但历史不能重演，虽各方势力以六国为名号，但真正掌权者并非六国王族权贵，而是新兴的地方实力派，即各地豪强。

强秦亡于一旦，令人震撼，发人深思。其中两点，颇值一提。一是力量悬殊，起义军队远大于平叛兵力。当此之时，帝国实力仍强，但都用在大型工程和基础建设上；军事力量很大，但留在中原的不多。区区10万咸阳守军，根本对付不了散布各地的起义造反士众。后来虽有章邯率领主要由修陵刑徒组建的 20 万大军力克张楚，但也敌不过项羽训练有素、设备精良的楚军冲杀，被歼于巨鹿。二是胜秦者楚。秦亡二世，楚汉相争，这一时期中的标志性事件多为楚人所创。细查其出身，首义者陈胜、吴广，率先攻入咸阳近郊者周文，歼灭秦军主力者项羽，打下咸阳、灭秦者刘邦，均为楚国人氏。从各国旧部依附张楚起兵，攻击三川、咸阳，到项梁反击秦军救齐、魏，项羽救赵，与秦主力决战，后命刘邦西取咸阳等，楚国在灭秦过程中起着关键或核心作用。陈胜、吴广、项梁、项羽、刘邦、张良、韩信、萧何、周勃、范增、英布、龙且等领袖或将士，功勋卓著，居各国之首。

其三，重基建轻民怨，重边防轻内患，军事部署外强中虚，国难当头无力应对。如上所述，大秦国力盛、军力强，却为何不能做到平时防范除隐患、危时出手克强敌，战胜复辟力量，延续帝国呢？这得从两方面说起。先看国力运用。嬴政统一六国，自称始皇帝，欲成就传世伟业、千古政绩。帝国方立，百业待整，百废待兴，始皇把治国重心和主要精力都放在统一国家制度与国家基本建设方面。如"拓疆域"，大秦全盛时期疆域东起辽东，西有今甘肃、四川大部，北达阴山，南抵越南的中北部。"修长城"，为防北方匈奴，将六国原长城相连重建。"通川防"，包括拆除废墟、恢复农田，重新规划修建堤坝、疏通已有漕渠、兴建三大水利工程。"修官道"，按统一标准修补旧路、连接断路、建造"驰道"与专用"直道"。更重要的是，统一法律、度量标准，创设集权政体、国家机构，推行郡县、户籍、土地、食货（经贸）制度等。他每不到两年还要去全国各地巡视一遭，已建的阿房宫、陵墓继续扩展，加快竣工。这些重大举措与大型工程，不仅劳民费时伤财，而且几乎耗费了全部国力。

再说军事部署。"秦，虎狼之国"，能征善战，遂灭六国。帝国据称有百万雄师，统一后并未歇息，继续西进东防、北战南征。依史载粗算，蒙恬率军 30 多万在北方（今榆林、包头以北）防守匈奴，任嚣、赵佗统领 50 万大军南征百越（今浙、赣、闽、两广地区），关中仅余 10 万人驻守，加上长城、陵墓、阿房诸工程，皆需军士、防卫、监工，百万军队已被分流将尽。这样在各地起事、相继攻秦之时，岭南大军除损伤外，所剩 30 万人留驻当地，无力北上救援；北部戍边大军仅有王翦之孙王离率领的 10 万兵士南下，加上留守咸阳的军士和章邯临时组建的 20 万刑徒队伍，所以实际参与平叛的只有这三支约 40 万人的主力部队。若只从平叛镇反需求考察，这种安排肯定不能消解当时亡国之难；但作长远历史审视，如此部署却扩展了中华版图，保证了两汉的国防安全。孰是孰非，需正确评判。

其四，分清主因次因，严刑苛法只是秦亡诱因。

陆贾说"秦以刑罚为巢，故有覆巢破卵之患"。司马迁道，始皇"刚戾毅深，事皆决于法。刻削，毋仁恩和义"。班固言"专任刑、法"，"天下愁怨，溃而叛之"。均将秦亡归于秦法。以前，我们只能从此类史书的叙述中探知帝国法制的情况，以为历史真的如此。后来，借助于《云梦秦简》等相关的出土文物，才了解到真相，原来"秦律"并不酷烈荼毒，绝非"恶法"之属，也明白了上述记载不过是汉初学者或史家论述秦亡的观点、评论或诠释。

尼采批评一些历史著述"没有真相，只有诠释"，我们确实在很多时候将诠释当作真相。例如一号召"评法批儒"，秦始皇忽然伟大起来，连儒学大师荀况也成了大法家，而一旦恢复祭孔，儒学竟取代了国学，将法家主张铁定为秦亡的主因。实际上，秦代的法律制度真实地体现了法家的思想与主张，"诸产得宜，皆有法式"，史家多肯定与赞扬。统一之后实行了铁血政策，"妖言治罪""焚书坑儒"，尤其秦二世颁行禁止妄议、"违期者斩"等苛刻法令，招致刘邦放囚、藏匿谋反者，引发陈胜、吴广"大泽振臂"。这些举措，确实为反秦复辟者提供了有力的理由和号召的大旗。但从全局视角实事求是地看，严刑苛法只是秦亡的直接诱因（孙皓晖称为偶因）。不分主次，将西汉以降出于批秦贬法立场的评论与批判当成史实，把诱因作主因看待，正是主流观点的论断失误之处。

因此，事实比立场重要，史料比文件可靠。不为权势左右，不向名利倾斜，不被现象蒙蔽，坚持复原历史真相，客观理性地进行研究，探寻历史演进的客观事实和客观规律，应该是治史者的初心与使命。

其五，不宜把思想理论作为政权灭亡的原因。

先说原理。马克思主义认为，思想理论属于意识形态，而意识形态与政治、法律制度，道德规范等构成由经济基础决定的社会上层建筑。意识形态与国家政权是并列互补关系，思想理论可以影响政权的巩固或衰败，但绝不可能去建立或推翻某个政权。如同政府不能取代法制、法律不能打倒政府那样，古今中外，没有哪个国家政权是被"思想"推翻的。毛泽东断言"凡是要推翻一个政权，总要先造成舆论，总要先搞意识形态方面的工作"[①]，旨在强调意识形态的重要性，并非将思想观念作为国家政权被推

---

① 《毛泽东年谱（一九四九—一九七六）》第五卷，中央文献出版社，2013，第153页。

翻的原因。无论秦统治者怎样尊崇、反秦者如何批判，法家思想仍旧以"意识形态"的状态存在。它不是起义造反者，也没有参与复辟。将法家或其思想作为秦亡主因，违背原理，不合逻辑，更无史实证据。

再看实际。主流观点也承认秦因实施"以法治国"等法家主张由弱变强，进而统一六国，但同时又说它是秦亡的主因，所谓"成也法家，败也法家"。同一种思想主张，何以会在同一国家对同一政权产生截然相反的两种作用呢？论者有二解。一是法家思想的精华内容成就了大秦，而其糟粕部分导致了亡国。此说难以服众，因为精华与糟粕始终同在，思想本身是无法区分并让其分别发挥作用的。如"文革"这场政治运动，虽然与"以阶级斗争为纲""无产阶级专政下继续革命理论"有着直接关系，但《关于建国以来党的若干历史问题的决议》却明确将其定性为"一场由领导者错误发动，被反革命集团利用，给党、国家和各族人民带来严重灾难的内乱"，并未归责于思想意识。

二是嬴政、李斯、胡亥、赵高将法家思想推向极端所致。此说貌似成立，实则不然。一方面，思想理论属精神层面，将其变成现实力量需要很多社会条件，极端的思想主张未必能成为极端的行为活动。战国儒、墨、道、法、阴阳诸家各执一端，同谋国治。各国诸侯参酌百说，各有取舍。采纳并实施法家主张的并非秦国一家，自孝公时商鞅变法起历经百余年才由弱渐强。秦历代统治集团对法家主张多有增减，还采用了其他学派的很多主张，怎么能将秦亡之责独归于法家思想呢？另一方面，这种说法不合逻辑。认定秦亡是李斯、赵高、胡亥等把法家思想推向极端的结果，无疑是宣布秦统治集团自己"推翻"了自己，不仅抹杀了陈、吴起义，项羽、刘邦的功绩，而且随意无厘头地把亡秦罪名套在法家头上。说李斯为法家人物不错，怎么能毫无依据地把胡、赵二人塞进法家之中呢？

因此，秦法虽多虽严，法家思想无罪。将朝代更迭、政权易帜之因归于思想理论，是站不住脚的。细察古今中外，皆无因思想而建立或因思想而灭亡的政权。西汉陆贾、贾谊、司马迁、班固等认为秦政、秦法与法家思想是秦亡的主因，并非历史真相，只是运用诠释或评议方式，总结反思秦亡教训，论史鉴今的一种认识。史学重纪实、求具体，文学多虚构、易想象。贾谊乃文学家，文学家探讨秦亡不免虚构与发挥；司马迁欲纪实叙史却有浓烈的文学气质。他们站在自己的立场指斥法家合乎历史逻辑，但所说并非历史真相。

　　总之，未带来社会安定、复辟力量强大、外强内虚难应急需这三大主因显然与商韩无关，亦非法家思想过错。误将诱因当主因，思想学说不能改朝换代恰恰是给法家平反昭雪的理由。主流观点执此一端，误解误判，未免失之偏颇。如今应当为先秦法家正名：秦亡自有其因，绝非法家之过。

法家学术的三个历史性贡献

——兼论商鞅变法的法文化意义

武树臣[*]

摘要： 法家学术特指战国时期伴随社会变革和法治思潮兴起而形成的法家思想体系。其中，商鞅变法对法家学术的形成具有直接的推动作用。法家学术的问世具有三个历史性贡献：一是清除"世卿世禄"的血缘贵族政体，缔造"尊君尚法"的地缘集权君主政体；二是否定"议重以制"的"先例法"法体，确立"事断于法"的"制定法"法体；三是继承周礼之宗旨，维护小家庭秩序，完善父权夫权并行的男系家体。法家学术成为中国传统法律文化的重要组成部分。

关键词： 法家学术　先例法　制定法　夫权

法家产生于礼崩乐坏的战国乱世，他们继承以往治国理政的思想、方法，针对当时混乱无序的社会现实，提出强化君权、厉行法治、富国强兵的策略方针。法家学术既包括理论阐释，即法律一般理论，更包括治国、变法、立法、司法等社会重大实践活动。法家学术不是法家人物闭门造车的艺术品，它是当时的社会实践、社会变革和社会思潮的产物。如果说，儒家学术可以从儒家经典中去寻找的话，那么，法家学术则不仅应当从他们的著述中去发掘，还应当从他们主持的变法实践、政策或法条中去发掘。从某种意义上来说，法家学术是随着当时的社会变

---

* 本文作者系西北大学特聘教授。

革而问世和发展的理论体系。法家学术所要完成的历史使命是异常艰巨的。因为，当时的社会变革是自殷周大变革以来最深刻最广泛的变革，它所面临的既是一场政治革命——政体之变、法律革命——法体之变，同时又是一场社会革命——家体之变。先秦法家的学术和实践为中国传统法律文化做出三大历史性贡献：清除"世卿世禄"的贵族政体，缔造集权君主政体；否定"议事以制"的"先例法"法体，确立"制定法"法体；继承周礼之宗旨，维护小家庭秩序，完善父权夫权并行的男系家体。商鞅是早期的集著述和变法实践于一身的著名法家代表人物，法家学术的三大贡献在商鞅变法的实践中已初见端倪并初见成效。

一　清除"世卿世禄"的血缘贵族政体，缔造 "尊君尚法"的地缘集权君主政体

（一）郡县制与集权君主制携手同来

自西周至春秋，以血缘为纽带的亲贵一体的世袭分封制一直占据主导地位。春秋后期在一些诸侯国已产生局部的郡县设置，如楚之县制、晋之郡县制。战国时魏、赵、燕、秦等诸侯国相继设立县、郡。① 自商鞅变法以后，秦国领土不断扩大，郡县制也得到长足发展，超血缘的地域性的官僚制终于上升到诸侯国政体层面，其结果就是缔造了集权君主政体。

在政体，即政权形式问题上，儒家法家的立场是对立的。面对春秋礼崩乐坏、诸侯兼并、政在家门、陪臣执国命的社会现实，儒家要求"正名""为国以礼"，重建"礼乐征伐自天子出"的统一的宗法贵族政体。法家认为儒家的主张虽然很美好，但是却无法实现。法家认为诸侯国内争权夺利，天下征战不已，就是因为天下失去权威和秩序。其原因就是臣弑其君、以下犯上。"尧、舜、汤、武或反君臣之义，乱后世之教者也。尧为人君而君其臣，舜为人臣而臣其君，汤武为人臣而弑其主，刑其尸，而天下誉之，此天下所以至今不治者也。"（《韩非子·忠孝》）法家主张实行变法，废止世袭、赏功任能、奖励耕战、富国强兵。其基本措施就是实行法治、尊君

① 参见童书业《春秋左传研究》，上海人民出版社，1980，第184～185页；杨宽《战国史》，上海人民出版社，2003，第209～214页。

尚法，建立超血缘的集权君主政体。在法家看来，"尚法"的前提是"尊君"。君臣上下之序是绝对不可颠倒、不可动摇的。正所谓"夫冠虽贱，头必戴之，履虽贵，足必践之"，"冠虽穿弊，必戴于头，履虽五彩，必践之于地"（《韩非子·外储说左下》），故"人主虽不肖，臣不敢侵也"（《韩非子·忠孝》）。为避免臣下夺权，君主应当时刻把握住国家权力，即所谓"国之利器不可以假人"，应处处防备大臣属下的反叛阴谋。"故明主者，不恃其不我判也，恃吾不可判也；不恃其不我欺也，恃吾不可欺也。"（《韩非子·外储说左下》）其办法就是施行法势术三结合。法家否定儒家的"礼治""人政"主张，① 实质在于否定以宗法血缘为纽带的世袭分封制的贵族政体。法家认为这种政体已经落后于时代，无可救药了。

（二）商鞅变法以确立集权君主政体为主线

从某种角度来看，商鞅变法许多措施的目的都是围绕着破除贵族政体确立集权君主政体这一主线进行的。商鞅在秦国先后主持过两次变法，是先秦法家变法中成效最著者。第一次开始于公元前356年，主要内容是：其一，"改法为律"，增加"连坐法"，即"令民为什伍而相收司连坐，不告奸者腰斩，告奸者与斩敌首同赏"（《史记·商君列传》），作为秦律之一颁行秦国。其二，奖励军功，禁止私斗。商鞅变法，令"宗室非有军功论不得为属籍"（《史记·商君列传》），"斩一首者爵一级，欲为官者为五十石之官"，"官爵之迁与斩首之功相称也"（《韩非子·定法》），"为私斗者各以轻重被刑"，使人民"勇于公战，怯于私斗"（《史记·商君列传》）。太子犯法，"刑其傅公子虔，黥其师公孙贾"（《史记·商君列传》）。其三，奖励耕织，重农抑商。实行新法令，"僇力本业，耕织致粟帛多者复其身，事末利及怠而贫者，举以为收孥"。此处的"怠而贫者"应当包括赘婿。《汉书·贾谊传》：秦人之俗"家贫子壮则出赘"，可证。第二次变法开始于公元前350年，主要内容是：其一，确立土地私有制，"开阡陌封疆"，"改帝王之制，除井田，民得买卖"（《汉书·食货志》）。其二，推行县制，"集

---

① 著者未使用"人治"术语，因为它带有舶来的痕迹，即亚里士多德所谓"一人之治"和孟德斯鸠的君主"为所欲为"。故学界长期存在"人治"即"暴君""专制""独裁"的观点。在中国古代文化语境中，"人治"的实质含义是"贤人政治"，即《礼记·中庸》所谓"为政在人"："其人存则其政举，其人亡则其政息。"这种观念在一定程度上带有轻视法律作用的倾向。因此，"为政在人"的"人政"是本土语言，符合历史认知。参见武树臣《法家法律文化通论》，商务印书馆，2017，第551~562页。

小都、乡、邑、聚（村落）为县，置令、丞凡三十一县（又说四十一县或三十县）"（《史记·商君列传》）。县令、县丞等地方官由国君直接任免，集权中央，并统一度量衡制度。其三，按户口征收军赋，"舍地而税人"（《通典·食货典·赋税上》），以利开垦荒地和增加赋税收入，明令"民有二男以上不分异者倍其赋"（《史记·商君列传》）。这些通过秦律而进行的改革措施，一方面清理了贵族政体及其政治经济势力，一方面巩固了新兴地主阶级的经济基础和政治统治，从而使秦国从不被人重视的"夷狄之邦"，一跃而成为令东方诸国望而生畏的"虎狼之国"。

（三）秦制为中国古代集权君主政体之滥觞

郡县制无疑是对历史传统的反动，自然受到传统势力的批评。战国末期《吕氏春秋》的作者仍然建议恢复封建制："观于上世，其封建众者，其福长，其名彰"，"权轻重，审大小，多建封，所以便其势也"（《吕氏春秋·慎势》）。这一建议可谓逆历史之道而行。

公元前 221 年，秦王嬴政即位 25 年之后，终于统一六国，建立了统一的秦帝国，秦王嬴政成为中国历史上第一任皇帝——秦始皇。秦帝国成立之后遇到的一个重大课题，是采用分封制还是郡县制的政体来统治这个泱泱大国。对此，曾经有过一次争议。《史记·秦始皇本纪》载："丞相绾等言：'诸侯初破，燕齐荆地远，不为置王，毋以填（镇）之。请立诸子，唯上幸许。'始皇下其议于群臣，群臣皆以为便。廷尉李斯议曰：'周文武所封子弟同姓甚众，然后属疏远，相攻击如仇寇，诸侯更相诛伐，周天子弗能禁止。今海内赖陛下神灵一统，皆为郡县，诸子功臣以公赋税重赏赐之，甚足易制。天下无异意，则安宁之术也。置诸侯不便。'始皇曰：'天下共苦战斗不休，以有侯王。赖宗庙，天下初定，又复立国，是树兵也，而求其宁息，岂不难哉！廷尉议是。'"紧接着分天下为 36 郡，郡设都、尉、监，"一法度衡石丈尺，车同轨，书同文字"。秦始皇显然接受了晋人所总结的历史教训——"唯有诸侯，故扰扰焉，凡诸侯，难之本也！"（《国语·晋语六》）

郡县制实行数年之后，又遭到儒生的非议："博士齐人淳于越进曰：'臣闻殷周之王千余岁，封子弟功臣，自为枝辅。今陛下有海内，而子弟为匹夫，卒有田常六卿之臣，无辅拂，何以相救哉？事不师古而能长久者，非所闻也……'始皇下其议。丞相李斯曰：'五帝不相复，三代不相袭，各以治，非其相反，时变异也……今皇帝并有天下，别黑白而定一尊。私学而相与非法教，人闻令下，则各以其学议之，入则心非，出则巷议，夸主以为名，异取以为高，率群下以造谤。如此弗禁，则主势降乎上，党羽成乎下。禁之便。臣请史官非秦记皆烧之。非博士官所职，天下敢有藏《诗》《书》百家语者，悉诣守尉杂烧之。有敢偶语《诗》《书》者弃市，以古非今者族。吏见知不举者与同罪。令下三十日不烧，黥为城旦。所不去者，医药卜筮种树之书。若欲有学法令，以吏为师。'制曰：'可'。"（《史记·秦始皇本纪》）经过禁私学、焚诗书的强制措施之后，这种非议才被压制下去。法家精神与集权政治的精髓就是"事皆决于上""事皆决于法"。秦以后的历代封建统治者都延续了集权君主政体。

战国晚期，结束诸侯割据状态，建立统一的中央集权制国家，恢复安定的社会秩序，就成了大势所趋、人心所向。与儒家倡言实行仁政使天下归之如流水不同，法家代表人物敏锐地把握了这一时代脉搏，提出了"富国强兵"的统一方略。秦始皇以法家思想为指导，通过兼并战争完成了统一大业，建立了中国历史上第一个具有统一文字、法律、职官、道路、度量衡的中央集权制国家。秦以后，中国一直实行统一的中央集权制，尽管有过短暂的分裂和战争状态，但统一始终是主流。其间，少数民族不仅建立过一些地区性国家政权，而且数次入主中原。但无论是汉族还是边疆少数民族建立的王朝都以中国正统自居，实现文化融合，把中华各民族纳入辽阔版图之中。

秦二世亡，汉承秦制。尽管汉初知识界总结秦亡教训之一是不分封子弟功臣，但是，西汉仍然延续了秦朝的官僚政体。特别是平定吴楚七国之乱以后，中央集权的官僚政体得到加强。西汉以降，历朝无不延续中央集权的官僚政体。西晋时，刘颂曾经建议局部恢复封建制，其疏曰："今宜反汉之弊，修周旧迹"；"善为天下者，任势而不任人：任势者，诸侯是也；任人者郡县是也。郡县之察，小政理而大政危；诸侯为邦，近多违而远虑固"；"若乃兼建诸侯而树藩屏，深根固蒂，则祚延无穷，可以比迹三代"（《晋书·刘颂传》）。但是未能实行。及至唐朝，柳宗元著《封建论》，总结郡县制的历史合理性。其文曰："封建非圣人意也，势也。""秦有天下，裂都会而为之郡邑，废侯卫而为之守宰……此其所以为得也。"至秦末，天下大乱，"时则有叛人而无叛吏"。"汉有天下，矫秦之枉，循周之制"，设立王国，发生诸国叛乱，"时则有叛国而无叛郡"。可见，"秦制之得"，在于郡县，秦之失"在于政，不在于制"。① 柳宗元以为秦失于施政，而非郡县制，并认为郡县制适应时代要求而产生，并非源于个人意志，这些看法可谓真知灼见。后世学人，如南宋朱熹出于抑制君主专断目的，曾建议将封建之国"杂建于郡县之间"，② 明末清初黄宗羲出于巩固边防的需要，建议加强方镇："今封建之事远矣，因时乘势，则方镇可复。……是故封建之弊，强弱吞并，天子之政教有所不加；郡县之弊，疆场之害苦无已时。欲去两者之弊，使其并行不悖，则延边之方镇乎？"③ 此外，罕见恢复分封制之论。具有法家思想倾向者则始终坚持中央集权的郡县制。即使朱熹也并不反对郡县制，他说："若使秦能宽刑薄赋，与民休息，而以郡县治之，虽与三代比隆可也。封建实是不可行。"④

可见，先秦法家尊君尚法思想以及变法实践活动之影响十分深远。

二　否定"议事以制"的"先例法"法体，确立"事断于法"的"制定法"法体

法体即法律样式，指立法审判活动的总体方式，如判例法、制定法、混合法等。笔者将西周春秋时代的法体称为"先例法"，而不使用"判例法"一词。因为"判例法"是舶来术语，使用该术语往往使人误以为中国古代曾经有过英国那样的法律制度。制定法或称"成文法"，笔者也不使用"成文法"而使用"制定法"术语。因为"成文法"的概念常常与"习惯法"相对应，又与是否具有文字形式搅在一起。关于"制定法"的概念，法家有专门界定。因此使用"先例法""制定法"也许更符合中国法史的实际。⑤

（一）　西周春秋时期的"先例法"法体

战国时期的制定法是对西周春秋时期"先例法"的否定。西周春秋时期的"先例法"有三个基本特征：在立法上是"二项分离"，在司法上是

---

① 柳宗元：《柳河东全集》，中国书店，1991，第 32~33 页。
② 朱熹：《经筵留身再陈四事札子》，《朱子文集》卷十四。
③ 黄宗羲：《明夷待访录·方镇》，中华书局，1981，第 21 页。
④ 朱熹：《封建》，《朱子全书》卷六十三《治道一》。
⑤ 关于成文法的概念，可参阅上海社会科学院法学研究所编译《法学总论》，知识出版社，1981，第 20~23 页。

"议事以制"，在法律编纂方法上是"以刑统例"。

首先，西周春秋时期的非制定法源于法律规范的"二项分离"，即违法犯罪之概念与具体制裁之方式这二项内容彼此分离，既没有明确规定何种行为系违法犯罪，也没有明确规定违法犯罪行为人应当承担何种责任。西周春秋时期有许多单项立法，这些立法归纳起来有两种类型。一是有罪名而无相应的刑名。如《兮甲盘铭文》："其唯我诸侯、百姓，厥贾毋敢不即市，毋敢或有人蛮贾，则亦刑。"《尚书·费誓》："无敢寇攘、逾垣墙、窃马牛、诱臣妾，汝则有常刑。"虽明确规定了不可为的行为，但是既没有明示这种行为违了什么法、犯了什么罪，又没有明示对此种行为具体如何处罚。二是虽然明示某种行为违了什么法、犯了什么罪，但是仍然没有明示对此种行为具体如何处罚。如《左传·文公十八年》记："毁则为贼，掩贼为藏，窃贿为盗，盗器为奸，主藏之名，赖奸之用，为大凶德，有常无赦，在《九刑》不忘。"可见，在当时行为、罪名、刑罚这三项内容之间还没有发生联系。而后世所谓"罪名之制"尚在萌芽状态，罪名的概念尚未抽象出来，还隐藏在一个个具体的判决先例、故事或古训当中。

其次，"二项分离"的立法决定着司法的特征，就是"议事以制"（《左传·昭公六年》）的"先例法"。"议"是选择，"事"是先例故事，"制"是裁量。"议事以制"，即在审理案件时，从以往的先例、故事当中选择一个最相类似的样板，从中抽象出某种原则，并作为审理当时案件的依据。"议事以制"的"事"是否指正在审理的案件的具体情节，即根据案件情节来进行裁判？如果是这样的话，法官在判断案件的情节时仍然缺少可以作为依据的标准和法律原则。而这种标准和法律原则是法官们无法灵机一动凭空创造的。法律原则只能从长期积累的先例故事当中去寻找，而不预先制定包括什么是违法犯罪又当如何处分这些内容的法典。先例故事既是司法的结果，又是立法的产物。这就使得法官处于十分关键的地位。当时优秀法官的标准是"直"和"博"："直能端辨之，博能上下比之。"（《国语·晋语八》）"上下比之"即全面参酌以往判例之义。即《礼记·王制》所谓"必察小大之比以成文"。先例法的条件是：社会上存在着普遍公认的法律原则，这在当时就是"礼"；有一批善于在司法中立法的高水平法官；一个允许法官独立进行立法司法活动的政治法制环境，这在当时就是宗法贵族政体。西周春秋时期的司法带有"刑不可知则威不可测"的"秘密法"的色彩，但这不是人为所致，而是罪名与刑罚相分离的立法所致。战国时，一旦罪名与刑罚结合起来，就预示着制定法的崛起。

最后，西周春秋时期法律文献编纂方式是"以刑统例"。所谓"以刑统例"，即在诸种刑罚后面分别罗列曾经受此刑罚的大量先例故事。《尚书·吕刑》中说："无疆之辞，属于五极"，"墨罚之属千，劓罚之属千，剕罚之属五百，宫罚之属三百，大辟之罚，其属二百。五刑之属三千"。《周礼·秋官司寇·司刑》中说："以五刑之法诏刑罚而以辨罪之轻重。""以刑统例"可以表述如下：

墨刑——先例贼 A，盗 A，诈 A，违命 A……

劓刑——先例贼 B，盗 B，诈 B，违命 B……

剕刑——先例贼 C，盗 C，诈 C，违命 C……

宫刑——先例贼 D，盗 D，诈 D，违命 D……

大辟——先例贼 E，盗 E，诈 E，违命 E……

"以刑统例"的模式掩盖着不可调和的矛盾。即在同一刑罚所属的先例的违法犯罪的性质截然不同的情况下，必然造成同罪异罚。当抽象的罪名概念分别从同一性质先例的基础上被合并而产生时，"以刑统例"的旧模式便走到尽头了。

春秋时代已经出现制定法的萌芽。其表现在三个方面。首先，从诸侯国内角度来看，就是郑国子产所作的"刑书"和晋国赵鞅所铸的"刑鼎"。其内容大约是规定禁止做什么以及相应的处分。叔向批评子产"刑书"公布之后，人民将"弃礼而征于书"，孔子批评赵鞅公布"刑鼎"，就是这个原因。可见，制定法的关键是冲击贵族的特权和礼的统治地位。其次，从诸侯国际角度来看，就是亳之盟誓和葵丘之盟誓。亳之盟誓："凡我同盟，毋蕴年，毋壅利，毋保奸，毋留慝，救灾患，恤祸乱，同好恶，奖王室。"（《左传·襄公十一年》）葵丘之盟誓："初命曰：诛不孝，无易树子，无以妾为妻；再命曰：尊贤育才，以彰有德；三命曰：敬老慈幼，无忘宾旅；四命曰：士无世官，官事无摄，取士必得，无专杀大夫；五命曰：无曲防，无遏籴，无有封而不告。"（《孟子·告子下》）其内容既包括应当做什么又包括不得做什么。最后，西周以降，为了提高统治效率，统治者开始制定新的法律原则，如："凡盗贼军乡邑及家人，杀之无罪"；"凡报仇者书于士，杀之无罪"；"凡伤人见血而不以告者，攘狱者，遏讼者，以告而诛之"；"作言语而不信者，以告而诛之"（《周礼·秋官司寇》朝士、掌戮、禁杀戮、禁暴氏）。而且，西周又有"悬政象之法于象魏，使民观政象"

（《周礼·夏官司马·大司马》），"悬刑象之法于象魏，使万民观刑象"（《周礼·秋官司寇·大司寇》）的做法，不断公布新的法律原则。

制定法的萌芽所体现的基本精神就是"事断于法"。为进一步说明"议事以制"的随意性与"事断于法"的制定法的确定性，我们可以将西周伯禽伐淮夷、徐戎时所作的《费誓》与春秋时赵鞅伐郑所作的《铁之誓》作一个比较。《尚书·费誓》："无敢寇攘、逾垣墙、窃马牛、诱臣妾，汝则有常刑。"寇攘、逾垣墙、窃马牛、诱臣妾皆明确规定为犯罪之举，但究竟如何处刑，则需先议而后定。《左传·哀公二年》载，晋国赵鞅将战于铁（河南淮阳县西北），战前宣誓："克敌者，上大夫受县，下大夫受郡，士田十万，庶人工商遂，人臣隶圉免。"其赏数之具体，无可"议"之余地。人们只需守令行事。春秋时这种明确、具体的法令日益增多，以至于思想家总结道："发宪出令，设以为赏罚。"（《墨子·非命上》）"设"就是预先设定。这种罪名与赏罚相结合的法令，标志着制定法的产生。法的客观性与确定性不仅使官吏、人民有法可依，而且剥夺了旧贵族随意处置的特权。明确的法律条款，使断狱者失去了"议"的机会和权力，从而也使旧贵族丧失了在"议"中所享有的一切轻刑、免刑的特权。相对于庞杂无章、重视等级的礼来说，制定法表现在形式上的公平性和公开性是毋庸置疑的。正如"法"字字义所表现的"平之如水"那样。也正因如此，战国以后，"法"才取代了"礼"成为新时代的旗帜。

（二）战国时期的制定法及其成果

制定法有两个显著的特点。第一，从微观角度看，它是违法犯罪之概念与制裁之方式二项合一的法律规范，即明确规定了何种行为系违法犯罪、行为人应当承担何种责任以及依何种程序来追究这种责任。第二，从宏观角度看，制定法具有法典或准法典的特征，它是由一定数量和一定形式的法条所构成的法律规范群。当然，它们是在针对某一类或某一领域的单一立法成果不断积累的基础上逐渐形成的。这两个本质特征，是制定法与非制定法的分水岭。制定法是否用文字写成以及是否公布，只涉及制定法的表现形式和实施方法，不是决定制定法是否成立的实质性条件。

战国时期的法是制定法，制定法是在继承春秋时期制定法萌芽的基础之上，经过各个诸侯国变法实践活动而发展起来的。制定法的表述方式是"以罪统刑"。其产生经过两个步骤：

一是先例的集约化产生罪名：

先例　贼 A 贼 B 贼 C 贼 D 贼 E——罪名贼

先例　盗 A 盗 B 盗 C 盗 D 盗 E——罪名盗

先例　诈 A 诈 B 诈 C 诈 D 诈 E——罪名诈

先例　逆 A 逆 B 逆 C 逆 D 逆 E——罪名违命

二是在罪名之后列出可能适用的几种刑罚：

贼——墨刑·劓刑·刖刑·宫刑·大辟

盗——墨刑·劓刑·刖刑·宫刑·大辟

诈——墨刑·劓刑·刖刑·宫刑·大辟

违命——墨刑·劓刑·刖刑·宫刑·大辟

这种制定法是公开的，告诉人民什么行为属于违法犯罪，又应当承担何种刑罚。春秋的制定法可以从子产刑书、赵鞅刑鼎中略见一斑。战国时期制定法受到社会的认可，也是这个原因。"以罪统刑"体例的相对科学，是其长盛不衰的原因所在。这种制定法的核心内容是"罪名"，即区别罪与非罪、判定此罪与彼罪的逻辑系统。春秋时期"同罪异罚，非刑也"（《左传·襄公六年》）的批评之声，即直指"罪名"。而李悝《法经》即罪名之制。战国时代所确立的"以罪统刑"的样式，开中国古代社会法律样式之先河，在中国法律制度发展史上具有划时代的意义。

法家人物曾经这样描述制定法的特征。首先，制定法是国家制定的行为规范，不是以往的"先例法"，也不是以往被视为"礼"的风俗习惯。《韩非子·难三》："法者，编著之图籍，设之于官府，而布之于百姓者也。"《韩非子·定法》："法者，宪令著于官府，赏罚必于民心，赏存乎慎法，而罚加乎奸令者也。"其次，制定法是文字描述的客观的行为规范。《管子·七法篇》："尺寸也，绳墨也，规矩也，衡石也，斗斛也，角量也，谓之法。"制定法具有客观性与确定性，不因个人好恶而改变。法的确定性即法家所谓"名分"。用商鞅的话说，"土地货财男女之分"（《商君书·开塞》）；"君臣上下之义，父子兄弟之礼，夫妇妃匹之合［分］"（《商君书·君臣》）；"圣人必为法令置官也，置吏也，为天下师，所以定名分也"，"名分已定，贫盗不取"，"名分定，势治之道也，名分不定，势乱之道也"（《商君书·定分》）。法家要求把"名分"法律化，叫作"立法明分"，即以法律明确所谓"公私之分"（《商君书·修权》）。再次，制定法是公开的行为规范。法律是公开的，因此，法律必须用百姓熟知的通俗语言书写。商鞅反对以往那种含糊不定的法律术语，他说："夫微妙意志之言，上智之所难也"，"夫智者而后能知之，不可以为法，民不尽智"，"圣人为法必使之明白易知，名正，愚智遍能知之"（《商君书·定分》）。为了使"天下之吏民无不知法者"，必须进行法律宣传教育。《商君书·定分》载："公孙鞅曰：为法令置官吏，朴足以知法令之谓者，以为天下正……吏民［欲］知法令者，皆问法官，故天下之吏民无不知法者。吏明知民知法令也，故吏不敢以非法遇民，民不敢犯法以干法官也。"这正是"以法为教"，"以吏为师"（《韩非子·五蠹》）的滥觞。法律宣传教育的结果是使全民知法。《韩非子·五蠹》载："今境内之民皆言治，藏商管之法者家有之。"《战国策·秦策一》载："妇人婴儿皆言商君之法。"就是证明。这就彻底打破了以往"先例法"时代那种"刑不可知则威不可测"（《左传·昭公六年》注）的神秘色彩。最后，制定法是两项合一的行为规范。它不仅告诉人们应当做什么和禁止做什么，还明示其后果，即"赏罚之数"："凡将举事，令必先出。曰：事将为，其赏罚之数必先明之。立事者谨守令以行赏罚，计事致令，复赏罚之所加，有不合于令之所谓者，虽有功利，则谓之专制，罪死不赦。"（《管子·立政》）《墨子·非命上》中也说："发宪出令，设为赏罚以劝贤。"这种守法有过不免于赏、违法立功不免于罚的做法，实际上是杜绝以往贵族临事处断的习惯，使国家法律成为判别人们行为是非功过的唯一准则。

战国初期魏国李悝所编纂的《法经》具备了制定法的一切特征，可称得上制定法法典的雏形。第一，在量刑定罪方面，《法经》具有罪、刑合一的特点。《晋书·刑法志》记："秦汉旧律，其文起自魏文侯师（李）悝。悝撰次诸国法，著《法经》……商君受之以相秦。"从出土的秦简《法律答问》来看，秦律的内容与《法经》六篇的内容相合。这些起于李悝之时的刑律条款的解答，对罪名及刑名都作了准确而具体的规定。如"殴大父母，黥为城旦舂，今殴高大父母，何论？比大父母。""擅杀子，黥为城旦舂。""五人盗，赃一钱以上，斩左趾。又黥为城旦舂。"此外，据《七国考》引汉代桓谭之语，《法经》中有"盗符者诛，籍其家"等内容。可见《法经》是罪名与刑名合二为一的。第二，《法经》是一部自成体系的法典，而不是一时一事的单项立法。从《法经》的六篇篇名来看，其与以刑名作篇名的《九刑》有着本质的不同。它打破了西周"以刑统罪"的刑书格局，代之以"以罪统刑"，由"刑名之制"转为"罪名之制"。《晋书·刑法志》谓李悝所著六篇——《盗》《贼》《囚》《捕》《杂》《具》，"是皆罪名之制也"。《法经》的内容及编纂方式一直为后世统治者所效法。因此，程树德在作《九朝律考》时，便将《法经》列于"律系表"之首。《法经》确实是一部划时代的法典。

综上所述，中国法律制度的发展，及至战国初期已完成了由"先例法"向制定法的转变。《法经》便是完成这一转变的标志。作为法律变革成果的《法经》，不仅为司法者准确适用法律定罪科刑提供了依据，而且对君主集权政体的形成起了促进作用。

《法经》作为划时代的产物标志着中国法律的发展跨入了制定法时代。但它远不是制定法的源头，要论述制定法的起源，还必须追溯到与《法经》有着密切联系的春秋时代的各诸侯国的法律，因为《法经》并不是凭空产生的，也不是李悝个人的独创。战国之时，法已不言而喻地含有罪名与刑罚两项内容。"以刑统罪"的刑书随着时代的发展变为"以罪统刑"的法典。《商君书·定法》破天荒地宣布"法"的另一个社会价值："使吏不敢以非法遇民"，"民不敢以非法干法官"。其中多少含有限制君主任意妄为和贵戚豪强干预司法的意味。

（三）商鞅"改法为律"是对战国制定法的继承和发展

关于商鞅"改法为律"事件，《魏书·刑罚志》《晋书·刑法志》《唐律疏议·名例律》《唐六典》均有间接或直接的记述。如：李悝"撰次诸国法，著《法经》"，"商君受之以相秦"（《晋书·刑法志》）；"商鞅传授，改法为律"（《唐律疏议·名例律》）；"商鞅传之，改法为律以相秦"（《唐六典》）。此论成为中国法史学界的通说。当然，学术界亦有持怀疑意见者。笔者的立场是在没有新的否定证据的情况下，尊重历史文献记录的真实性。[①] 商鞅"改法为律"是先秦法体变革中的典型事件，它标志着西周春秋"议事以制"的"先例法"退出历史舞台，而"妇孺皆知"的制定法正式确立并发展到初步成熟的阶段。

商鞅"改法为律"对春秋战国的制定法成果既是一种继承，又是一种发展。战国各诸侯国相继变法并颁布制定法，李悝集其大成而撰《法经》。商鞅持之入秦，二度主持秦国变法。其变法政策措施均以制定法加以推动。商鞅

---

① 参见武树臣《法家法律文化通论》，商务印书馆，2017，第395~403页。

"改法为律"的"法"特指《法经》。商鞅"改法为律"与商鞅少好刑名之学有关，与商鞅曾居魏国熟悉魏法有关，与军律在秦国的支配地位有关，与秦推行新法与民更始有关，也与秦人效法先祖皋陶作律的传统有关。①

秦国"改法为律"是一个不争的事实。"改法为律"的"法"，盖指李悝在整理诸国法律实践成果基础上编纂的《法经》；"改法为律"的"律"即指秦律。尽管学界对《法经》是否真实存在，以及"改法为律"是否始自商鞅，尚存争议，但否定的意见至今仍提不出可靠的证据。秦国"改法为律"是将异国之《法经》与秦国具体国情相结合的长期立法司法实践的产物。秦国"改法为律"的开先河者即商鞅。甲骨文已有"律"字，其字义为击鼓、击鼓者、击鼓所发出的音调节拍，用以指挥军队、互通信息。②"在商鞅改法为律之前，律字已经具有军纪、军令的含义，在军队里广泛使用。"律作为法律、法令的意义出现，至晚不迟于商代，它肇始于战争中的军律，而军律来源于音律。③秦国"改法为律"则是将军纪、军令之律的法律形式拓展到国家法律的各个领域。即所谓"以军法之律，移刑典之称"。④之所以这样，不仅是因为在战争年月，军纪、军令之律具有极大权威，容易统一全体臣民的言论行为，更是因为律具有其他法律样式所不具备的"诸项合一"的优点。

商鞅（约公元前 390~公元前 338 年），少好刑名之学，又长于兵法。曾在魏为官，熟悉李悝、吴起在魏国变法的实践。秦孝公时携带《法经》入秦。公元前 359 年任大良造，主持秦国变法二十余载。他以《法经》为依据，增连坐、垦草、分户、军爵等新令，形成秦国独特的法律样式。今版《商君书》中"律"字凡五见：《战法》"兵大律在谨"；《徕民》"先王制土分民之律也"，"秦四境之内……不起十年征，著于律也"；《算地》"此先王之正律也"，"此所谓任地待役之律也"。《商君书》多言"律"，其所谓"律"已非乐律，乃兵律、法律也。此五处之"律"，与土地相关者居其四，非偶然也。作为兵律之"律"本来就与军功赏赐有关。《商君书·境内》："能得甲首一者，赏爵一级，益田一顷，益宅九亩，除庶子一人，乃

---

① 参见武树臣《秦改法为律原因考》，《法学家》2011 年第 2 期。

② 武树臣：《寻找最初的律——对古"律"字形成过程的法文化考察》，《法学杂志》2010 年第 3 期。

③ 马小红：《礼与法：法的历史连接》，北京大学出版社，2004，第 74 页。

④ 陈顾远：《中国法制史概要》，三民书局，1964，第 360 页。

得入兵官之吏";"以战故，暴首三日，乃校三日，将军以不疑致士大夫劳爵";"能攻城围邑，所斩首八千已上，则盈论。野战，斩首二千，则盈论。吏自操及校以上大将尽赏"。这些内容，也许正是对《史记·商君列传》"有军功者各以率受上爵"之"军功率"的具体描述。在战争年月，军律具有极大权威，它多以战前誓命为形式，鼓舞约束将官战士，它规定了庆赏诛罚的条件，有时还通过审判定功过。军律施行的必然结果，是不断进行普遍的身份、财产、权利的再分配，从而直接或间接地影响到社会生活的各个领域。因此，在特殊的时期和特殊的国度，军律差不多就等于国家法律了。古人也许远远不像我们今天的学者这样在到底是军律之律还是法律之律的概念上面纠缠不休。戏剧排练早已就绪，只等开场锣鼓了。这个开场锣鼓就是商鞅主持的变法。商鞅在变法成功之际死去，他留给后世的重要遗产就是秦律。

（四）商鞅"改法为律"发生于何时

既然《睡虎地秦墓竹简》的大量律名律文是秦律存在的铁证，那么，完全可以通过秦墓竹简内容对商鞅"改法为律"的大概时间做出推测。《睡虎地秦墓竹简》律文涉及地方行政机构及官吏，绝大部分称"县""令""丞"，未见"丞相"之名。据《史记·秦本纪》《六国年表·秦表》载，秦孝公十二年（公元前350年）始"集小都乡邑聚为县，置令、丞，凡县三十一"；秦武王二年（公元前309年）"初置丞相"。"这些情况也从一个侧面反映了出土秦律在颇大程度上保留了商鞅秦律的内容。"[1] 而且，据1980年在四川青川县郝家坪出土的战国秦墓木牍载，秦武王二年王命丞相"修《为田律》"。《为田律》当在此前制定颁布，行之既久，故修订之。[2]

这是关于秦律的最早的可靠记载。那么，秦律出现的年份是否与商鞅主持变法的时间（公元前359~公元前338年）大体一致呢？《睡虎地秦墓竹简》的《法律答问》引律文"公祠未阕，盗其具，当赀以下耐为隶臣。……以律论"；"可谓盗埱圭？王室祠，狸其具，是谓圭"。下面的解释则把"公祠"改为"王室祠"。睡虎地秦墓竹简整理小组在《法律答问》的"说明"中指出：《法律答问》所引用的某些律文的形成年代是很早的。

---

[1] 高敏：《商鞅秦律与云梦出土秦律的区别和联系》，载杨一凡总主编、马小红卷主编《中国法制史考证》甲编第二卷，中国社会科学出版社，2003，第400页。

[2] 于豪亮：《释青川秦墓木牍》，《文物》1982年第1期。

例如律文说公祠，解释的部分则说王室祠。看来律文应形成于秦称王以前，很可能是商鞅时期制定的原文。"① 据此，吴建璠先生指出："研究秦简的学者认为，律本文是在秦称王前制定的，故称公祠，解释则作于称王之后，故改称王室祠。我们知道，秦孝公之子惠文王于公元前324年称王，这条律文的制定时间不应晚于此年，也可能是秦孝公在位时制定的。"② 秦惠文王称王于公元前324年，与商鞅任大良造的公元前359年隔了35年，与商鞅被车裂的公元前338年只隔14年。由此是否可以推断，秦"改法为律"活动即施行于商鞅变法期间？

《史记·田敬仲完世家》载，齐威王（？～公元前320年，公元前356～公元前320年在位）时，邹忌答淳于髡曰："请谨修法律而督奸吏。"这是"法律"一词出现的最早记录。秦武王二年（公元前309年）"修为田律"，是秦律存在的最早记载。《睡虎地秦墓竹简·为吏之道》抄录了《魏户律》律文"假门逆旅，赘婿后父，勿令为户"；《魏奔命律》律文"假门逆旅，赘婿后父……今遣从军，将军勿恤视"。两律文颁行于魏安釐王二十五年（公元前252年）。③《韩非子·饰邪》谓："舍法律而言先王明君之功"，"当赵之方明国律，从大军之时，人众兵强，辟地齐燕。及国律慢，用者弱，而国日削矣"。可见，此间，律的形式和与律相联系的"法律"这一词语已经扩展至秦国之外。秦的"改法为律"活动作为一种文化运动成果已经扩散到各个诸侯国的社会生活领域。

（五）商鞅"改法为律"对后世的影响

史称魏国李悝总结各国变法成果，作《法经》，商鞅改法为律。商鞅以《法经》为蓝本，结合秦国的具体情况加以修订、扩充，"改法为律"，从而奠定"秦法经"的雏形。《晋书·刑法志》引《魏律·序》云："旧律因秦《法经》。"可证。尽管我们无法得知商鞅"改法为律"的具体情况，但是，通过《商君书·定法》，我们可以推测，当时的法律、法令是用"妇孺皆知"的语言写成的，"法官"负责解答民众咨询。直到韩非时，人们仍然记得商鞅之法——"今境内之民皆言治，藏管商之法者家有之。"（《韩非子·

---

① 《睡虎地秦墓竹简》，文物出版社，1978，第149页。
② 吴建璠：《商鞅改法为律考》，载韩延龙主编《法律史论集》第4卷，法律出版社，2002，第47页。
③ 《睡虎地秦墓竹简》，文物出版社，1978，第292～294页。

五蠹》）那些涉及社会生活各个领域的用普通民众熟知的文字写就的，兼而明示何种行为为违法犯罪又应当承担何种责任的法律，与"议事以制""刑不可知则威不可测"的古老法律相比，已经是一种全新的法体。制定法法体既是集权君主政体的产物，又是拱卫集权君主政体的屏障。制定法法体既是指导庞大国家机器正常运转的武器，又是指导全体民众言论行为和维护社会秩序的基本规范。因此可以说，制定法法体是中华法系最基本的特征之一。正如唐人孔颖达所言："李悝作法，萧何造律，颁于天下，悬示兆民，秦、汉以来，莫之能革，以今观之，不可一日而无律也。"（《左传正义·昭公六年》）制定法的诞生是历史发展的必然产物，是新社会取代旧社会的必然产物。

三　继承周礼之宗旨，维护小家庭秩序，完善　父权夫权并行的男系家体

从某种意义上来说，法家学术是随着当时的社会变革而问世和发展的理论体系。法家学术所要完成的历史使命是异常艰巨的。因为，当时的社会变革是自殷周大变革以来最深刻最广泛的变革，它所面临的既是一场政治革命——政体之变、法律革命——法体之变，同时又是一场社会革命——家体之变。

（一）家体之变是春秋战国社会变革的一个侧面

家体即家庭秩序或家庭制度。在中国古代，父系家庭秩序的确立，经历了漫长的过程。张荫麟说："夏朝历年约莫四百。其君位是父死子继而不是兄终弟及"；"商朝王位的继承，自第二传以下，以兄终弟及为原则。……最后的四传皆是以子继父"。① 这种文化差异或源于夷夏东西之别，而延至殷周之际。王国维说："中国政治与文化之变革，莫剧于殷周之际"；"周人制度之大异于商者，一曰立子立嫡之制……二曰庙数之制，三曰同姓不婚之制"。② "在周代严格的宗法制度下，祭祀十分强调纯粹的父系血缘关系，非其祖先者不在祭祀之列"；"制礼作乐是西周统治者完善德治的一个

---

① 张荫麟：《中国史纲》，中华书局，2009，第12、7~8页。
② 王国维：《殷周制度论》，载氏著《观堂集林》（上），中华书局，1959，第451、453~454页。

根本措施，在制度上将政治宗教伦理化"。① "宗法制本是由氏族社会演变下来的以血缘关系为基础的族制系统，周人把它与嫡长制结合起来，使族的纵（嫡长继承）横（宗法系统）两面，都生联系。"② 从某种角度而言，殷周之际的剧烈变革的本质，是建立父系婚姻家庭制度以取代具有母系特征的婚姻家庭制度。西周初期的"制礼作乐"及禁止"群饮"③，可能与此政策有关。但是，由于历史的和地域文化传统的原因，周初实行的变革并非在各个地方都立即奏效。秦国甚至晋国可能就属于成效甚微的国度。但是，建立以周礼为代表的父系婚姻制度的变革浪潮迟早会到来。

战国以后，各诸侯国的变法活动促进新制度的形成。此间，铁质工具的普遍使用，极大提高了生产力，致使小家庭得以成为基本的生产单位。而"开阡陌封疆"，"改帝王之制，除井田，民得买卖"（《史记·商君列传》）的改革，又给以夫妻为基础的小家庭提供了坚实的物质基础，从而导致以夫权为代表的小家庭新秩序的出现和夫妻伦理的问世。夫权初起多少带有挑战父权的色彩。但是，一方面父权的历史影响力无法克服，另一方面夫权的延续又回归父权。于是，父权与夫权握手言和，终于实现了父权与夫权并行的男系家庭制度。

（二）改革风俗是商鞅变法的内容之一

从中国历史长河的角度来看，商鞅变法可与魏孝文帝变法齐美，它们皆以中原农耕文化为目标。商鞅变法以移风易俗为标志。商鞅变法时推行的一些新法令，涉及风俗习惯和婚姻家庭。这些法令具有双重意义：第一个意义是以中原农耕习俗为榜样改变秦人游牧的居住习惯；第二个意义是清除秦人的母系氏族残留的婚姻风俗。最终目的是实现周礼确立的男系（父权、夫权）家庭秩序。诚如蒙文通先生所云："是岂知商君之为，缘饰秦人戎狄之旧俗，而使渐进于华夏之文邪？"④

商鞅注意到法律与风俗之间的关系问题。他的态度是：法律可以改变风俗，同时，法律也应当尊重风俗。《商君书·立本》："俗生于法"，"错法而俗成"。这是强调法律可以改变旧风俗，建立新风俗。那么，什么是旧风

---

① 张岂之：《中国思想学说史》先秦卷上，广西师范大学出版社，2008，第175、178页。
② 郭宝均：《中国青铜器时代》，生活·读书·新知三联书店，1968，第202页。
③ "群饮"指母系制度下比较自由的婚姻习俗，《礼记·乐记》："酒食者所以合欢也。"
④ 蒙文通：《古史甄微》，巴蜀书社，1999，第237页。

俗呢？

　　第一个旧风俗是游牧习俗。秦人世居西陲，与诸戎杂居，故世人称秦族为"秦戎"（《管子·小匡》），颇含贬义。及至秦孝公之世，秦人仍行"戎翟（狄）之教"，父子同居一室。商鞅变法，令"民有二男以上不分异者倍其赋"。孝公十二年，"令民父子兄弟同室内息者为禁"。颇具效仿东方诸国改革游牧民族传统风俗之色彩。这样，秦始"为其男女之别。大筑冀阙，营如鲁卫"（《史记·商君列传》）。

　　第二个旧风俗就是以"赘婿"为代表的母系婚姻残余。商鞅变法之前，秦人可能在一定程度上保留着以女性为中心的族外婚制，男子成年之后嫁到女家，如此世代类推，遍布部落各氏族的男子，都是源于一族的兄弟，固有"四海之内皆兄弟"之说。殷商前期"兄终弟及"继承制抑或与此有关。这种女婿即后来所谓"赘婿"。这种以女性为中心的族外婚制可能源于东夷民族。东夷民族素有收养外族人之习俗。《左传·襄公四年》载：寒浞为伯明氏所弃，"夷羿收之，信而使之"。这也是氏族社会中收养义子的习惯。[1] 联想到殷王朝重用异族人伊尹，将伊尹与殷先王同列祭祀，联想到殷人珍视兄弟之谊，"商人祀其先王，兄弟同礼，即先王兄弟之未立者，其礼亦同"，[2] 联想到殷人对女性的尊重（牝鸡司晨），可知，殷商之制与西周之制的差别超出我们的想象。

　　我们再分析一下商鞅变法的主要内容："令民父子兄弟同室内息者为禁"，"民有二男以上不分异者倍其赋"，"始秦戎狄之教，父子无别，同室而居。今我更制其教，而为其男女之别。大筑冀阙，营如鲁卫"（《史记·商君列传》）。"戎狄之教"盖指母系氏族残留的婚姻风俗。我们是否可以这样推测：在秦国的游牧地区，秦法禁止"父子兄弟同室内息"的旧习惯，强迫"父子兄弟"别居；在秦国的农耕地区，实行父子别居，儿子立户。"父子"可以指父亲与儿子，似乎也可以指岳父与女婿。因此，"二男"不仅指儿子，也包括女婿。"分异"指分家，如果家中只有一个儿子或女婿，将来儿子、女婿可以继承家业，就不必分家。相反，如果家中有两个成年儿子、两个女婿或一个儿子加一个女婿，那就必须分家。从《睡虎地秦墓竹简·日书》来看，分户令应当得到实际推行。由于不能招赘，如果父母

① 王玉哲：《中华远古史》，上海人民出版社，2004，第148页。
② 王国维：《殷周制度论》，载氏著《观堂集林》（上），中华书局，1959，第455页。

无男只有女儿，只能跟随已出嫁的女儿到女婿家居住生活，叫作"父母从居"。① 这就使男性即丈夫在小家庭中处于主导地位。这一现实反映到风俗上就是《韩非子·五蠹》所谓"产男则相贺，产女则杀之"。而《秦律》就有"擅杀子，黥为城旦舂"的规定。小家庭和父系大家庭还保持着各种联系，小家庭还受到夫权的某种支配，如秦律"非公室告"的规定。《睡虎地秦墓竹简·法律答问》："子告父母，臣妾告主，非公室告，勿听。何谓非公室告？主擅杀、刑、髡其子、臣妾，是谓非公室告，勿听。而行告，告者罪。"② 但是，春秋时代那种"父与夫孰亲"，"人尽夫也，父一而已"（《左传·桓公十五年》）的观念毕竟已经成为历史。依礼，"风俗之美，男女自不取（聚）于涂"（《荀子·正论》）。而违礼之行，如"不待父母之命，媒妁之言，钻穴隙相窥，逾墙相从"（《孟子·滕文公下》），是无视传统礼仪自由结合而组成个体家庭的行为，从产生之际就带有挑战父权的色彩。

"男女之别"则不仅包括父与女、父与子媳、母与子、母与女婿之间的界限，还包括兄弟与姐妹、兄与弟媳、弟与嫂、姐与妹夫、妹与姐夫等之间的界限。以此类推，这种男女之大防就可以扩大到所有家庭成员的范围。商鞅主张严惩的"怠而贫者"，应当包括赘婿。

秦人强调"男女之别"的主张见于泰山刻石："贵贱分明，男女礼顺，慎遵职事。昭隔内外，靡不清净，施于后嗣。"（《史记·秦始皇本纪》）从文化革命的角度来看，商鞅变法的意义，就在于使秦人从世代沿袭殷礼（以女性为中心的族外婚制），转而实行周礼（以男性为中心的家庭制度）。

秦律的功能之一是确立和推行周礼所倡导的父系家庭秩序。以法律手段维护父系家庭秩序，此旨在《睡虎地秦墓竹简·法律答问》中得到较为充分的反映。其中有"非公室告"的规定："父母擅杀、刑、髡子及奴妾，不为公室告"，"非公室告，勿听"。③ 甚至"子告父母，告者罪"。这些规定与西周春秋时代所推崇的"孝""君臣无狱""父子无讼"的古老礼制原则，甚至儒家"父子相隐"都是一脉相承的。秦律又规定："免老告人以不孝，谒杀……亟执勿失。"《封诊式·告子》："甲告曰甲亲子同里士伍丙不孝，谒杀，敢告。即令令史已往执。"《封诊式·迁子》："某里士伍甲告曰：

---

① 吴小强：《秦简日书集释》，岳麓书社，2000，第316页。
② 《睡虎地秦墓竹简》，文物出版社，1978，第196页。
③ 《睡虎地秦墓竹简》，文物出版社，1978，第195、196页。

谒鋈亲子同里士伍丙足，迁蜀边县，令终身毋得去迁所，敢告。……今鋈丙足……以县次传诣成都。"《封诊式》中的《黥妾》记载着主人要求官府对其婢女施行黥劓之刑的请示公文，《迁子》记载着父母要求官府对其亲子实施鋈足流放的请示公文。① 可见，即使在子壮分户的情况下，父的权力仍然得到国家法律的拱卫。

（三）分户令的关键是确认夫权

关于商鞅变法推出的分户令的具体情况，我们知之甚少。只有一句："民有二男以上不分异者倍其赋。"可以推测，"二男"不仅指儿子，也包括女婿。作为有两个儿子的父母，必须努力耕战，积累财产，才能为自己的儿子娶媳妇。作为有两个女儿的父母，宁肯把女儿嫁出去，也不愿意因招婿而不得已分割财产。

"分户令"的直接作用是驱使成年男子独立门户、努力耕作、娶妻生子。其文化意义是清除体现母系氏族残余影响的"入赘"婚制，确立男系家庭秩序。"分户令"得到实际的推行。政治经济生活的变革直接影响婚姻家庭的存在形式。特别是商鞅变法，如果说"舍地而税人"（《通典·食货典·赋税上》）强化了人与人的地域联系的话，那么，"民有二男以上不分异者倍其赋"的法令，则为新式小家庭的发展提供了法律基础。商鞅"分户令"的目的，不仅在于扩大赋税，还在于移风易俗，清除带有母系氏族残余影响的"赘婿"习惯，其间接目的是禁绝"怠而贫者"。依秦之俗，"家贫子壮则出赘"（《汉书·贾谊传》）。由于懒惰，既不勤于耕作，又不勇于战斗，而贫穷者，常常以入赘来逃避服役，故必须禁绝之。商鞅的"分户令"在客观上起到了禁绝"赘婿"的作用。商鞅变法的影响波及其他诸侯国，终于出现严禁"赘婿"的政策。尽管在秦律中未见关于"赘婿"的直接规定，但是秦简《为吏之道》摘录了两条魏律条文，因其与秦律的精神相一致，故被官吏特意抄录引为参考。《魏户律》："廿五年闰再十二月丙午朔辛亥，（王）告相邦：民或弃邑居野，入人孤寡，徼人妇女，非邦之故也。自今以来，假门逆旅，赘婿后父，勿令为户，勿予田宇。三世之后，欲仕仕之，仍署其籍曰：故某闾赘婿某叟之乃孙。"《魏奔命律》："廿五年闰再十二月丙午朔辛亥，（王）告将军：假门逆旅，赘婿后父，或率民不

---

① 《睡虎地秦墓竹简》，文物出版社，1978，第 195、263、261、260 页。

作，不治屋室，寡人弗欲。且杀之，不忍其宗族昆弟。今遣从军，将军勿恤视。烹牛食士，赐之三饭而勿与毂。攻城用其不足，将军以掩壕。"① 可见，魏律对"赘婿"惩罚之严厉。这也说明，"弃邑居野，入人孤寡，微人妇女""率民不作，不治屋室"的"赘婿"风俗，与父系家庭秩序是不能并存的，而这种古老风俗曾经长久地存在于广大地区。在社会变革之际，那些母系氏族的古老风俗被无情地置于非法的地位，并遭受严厉打击。这就使男性即丈夫在小家庭中处于主导地位，使女性处于从属地位。家有女儿不仅得不到好处，反而还要付出一笔嫁奁。这一现实反映到风俗上就是《韩非子·五蠹》所谓"产男则相贺，产女则杀之"的风俗。而《睡虎地秦墓竹简·法律答问》就有"擅杀子，黥为城旦舂"的规定。在维护父权的同时，秦律还注意维护夫权。秦律规定，缔结婚姻必须向官府登记才有效，否则，不受法律保护。《法律答问》："女子甲为人妻，去亡，得及自出，小未盈六尺，当论不当？已官，当论。未官，不当论。"女子甲为人之妻，私逃，被捕或自首，如年少，身高不满六尺，应否论处？婚姻经官府认可的，应论处；未经认可，不应论处。"弃妻不书，赀二甲。"丈夫休弃其妻而不报官登记，罚二甲。夫妻与第三方通奸是被严禁的，重婚也是被禁止的。"女子去夫亡"，与他人"相夫妻"，要"黥为城旦舂"。

远在成文法还未诞生之前，古老的礼制就已经发挥着后世法律那样的功能。秦律公开维护父系家长的特权和家族秩序，无异于首开礼制局部成文法化之先河。因此，这一过程是很难以儒家化、法家化来命名的。在这种所谓"纳礼入律"的实践过程中，似乎并没有引起大的思想交锋，一切都平平静静理所当然地进行着。这说明，在法家的思想深处，仍然为古老的礼治留有极大的空间，或者说，在法家的心目中，那些与贵族特权无干的民间之礼，自始就没有被视为敌人。先秦法家的变法和"法治"自始就不意味着必然全部排斥文化传统。事实上法家不仅没有一般地否定父系家族伦理秩序，反而十分注意用法律手段维护这种秩序。同时，这一现象也反映了法家所代表的新兴地主阶级的一个愿望，即借用古老的宗法家族的行为规范来维系新国家的社会基础。

除了秦律，秦推行的一系列政策也起着重要作用。《泰山刻石铭文》："贵贱分明，男女礼顺，慎遵职事。昭隔内外，靡不清净，施于后嗣。"《狼

---

① 《睡虎地秦墓竹简》，文物出版社，1978，第292～294页。

邪刻石铭文》："尊卑贵贱，不逾行次"，"六亲相保，终无寇贼"。《会稽刻石铭文》："饰省宣义，有子而嫁，倍死不贞；防隔内外，禁止淫佚，男女絜诚；夫为寄豭，杀之无罪，男秉义程；妻为逃嫁，子不得母，咸化廉清。"《碣石刻石铭文》："男乐其畴，女修其业，事各有序。"而且，"三十三年，发诸尝逋亡人、赘婿、贾人，略取陆梁地，为桂林、象郡、南海，以适遣戍"（《史记·秦始皇本纪》）。《史记·货殖列传》："清，寡妇也，能守其业"，"秦始皇以为贞妇而客之，为筑女怀清台"。用行政手段旌表"贞妇"，自秦始。"有子而嫁，倍死不贞""妻为逃嫁，子不得母"的寓意就是"从一而终"。故顾炎武《日知录·秦纪会稽山刻石》谓："秦之任刑虽过，而其坊民正俗之意，固未始异于三王也。"①

（四）商鞅变法促进了夫妻伦理的确立

古老礼俗的制定法化或刑法化，自商鞅变法时代就首开其端了。从文化演进的角度而言，商鞅变法未必不是一场深刻的社会革命——运用法律手段改革"父子同穹庐卧"的游牧习俗，向中原农耕文明靠拢；值得注意的是，秦律在维护君权、父权的同时，兼而注意维护夫权。《大学》所谓"止于至善"的"至善"境界，包括："为人君止于仁，为人臣止于敬，为人子止于孝，为人父止于慈，与国人交止于信。"并不包括夫妇一伦。韩非所谓"三事"说的创新之处就是确立夫权。这是儒家未曾注意故而未曾完成的。法家之所以重视夫妇一伦，原因是多方面的：在生产关系上，由于铁质工具的普遍使用，三口五口之家成为基本的生产单位，以往"千耦其耘"的生产方式已经退出历史舞台。正如《吕氏春秋·上农》所谓："公作则迟，有所匿其力也，分地则速，无所匿迟也。"由于长期的战争，男性成年成为国家的主力，他们有机会因战功而获得良田美宅。总之，个体自然人已经在相当程度上摆脱了旧时家族的羁绊，与国家社会建立了直接的联系，这种新的权利义务关系已经清楚地被法律所确定。存在决定意识。如果说，儒家尊崇孝慈的意识是宗法家族的产物，那么，法家提倡夫权，则是农耕小家庭充分发展的产物。从"人尽夫也，父一而已"（《左传·桓公十五年》）到"未嫁从父，既嫁从夫"（《仪礼·丧服》），夫权在大家庭式微、小家庭茁壮发达之际悄悄地孕育成长。西汉贾谊述秦人之风俗曰：

---

① （清）顾炎武著，黄汝成集释《日知录集释》（中），上海古籍出版社，2006，第 752 页。

"秦人家富子壮则出分，家贫子壮则出赘。借父穰锄，虑有德色；母取箕帚，立而谇语；抱哺其子，与公并倨；妇姑不相说，则反唇而相稽。"（《汉书·贾谊传》）据礼，"子女无私财"，而秦有"子盗父""父盗子"者；据礼，"父子无狱""君臣无狱"，而秦有"子告父""父告子"者。可见当时父与子在财产权上已经划分得十分清晰了。追想荀况游秦，谓秦民"慢于礼义"，"于父子之义，夫妇之别，不如齐鲁之孝具（共）敬文"（《荀子·性恶》），诚如是也。值得注意的是，夫权的问世，一方面在一定程度上削弱着父权，另一方面又借助国家的力量无形中提高了个体自然人的地位，从而使夫权的成长过程似乎与社会的进步达成某种默契。回首韩非"三纲"（三事）的形成过程，我们看到，儒家运用民间教育拱卫父权，法家运用法律确认夫权，儒家法家共同完善了自西周倡导的男系家庭伦理观。如果是这样的话，所谓"中国法律儒家化"就是一个虚拟的判断。

春秋多言"夫妇"，不见"夫妻"一词。"夫妻"一词最早出现于《商君书》。如《商君书·君臣》："夫妻交友不能相为弃恶盖非，而不害于亲，民人不能相为隐。"《韩非子·备内》："夫妻者，非有骨肉之恩也，爱则亲，不爱则疏。"《易经》出现"夫妻反目"。"夫妻""夫妻反目"都是战国时的语言，因此，《易经》可能最终成书于战国时代。① 小家庭普遍存在，夫妻关系的重要性突出了。《易经》出现"夫妻反目"一词不是偶然的。《易经》的"夫妻反目"盖指夫妻不睦，包括夫妻矛盾和夫妻离异。它反映了当时社会真实情况，即个体小家庭夫妻已经普遍存在，组成小家庭的夫妻关系还没有理顺，夫妻关系还比较紧张。"夫妻反目"的原因也是多方面的，如："妻悍""妻多舌""喜宫斗"。特别是"妻悍"。即妻不服从丈夫管束。《睡虎地秦墓竹简·法律答问》："妻悍，夫殴治（笞）之，夬（决）其耳，若折支（肢）指、肤体，问夫何论？当耐。""妻悍"这一社会现象，不是个人教养问题，更不只是女性的修养问题。其产生的原因有二：一是"赘婿"婚制的残余影响依然存在，妻子在丈夫（赘婿）面前的历史优越感还没有被时光消磨殆尽；二是《仪礼·丧服》所谓"妇人有三从之义，无专用之道，故未嫁从父，既嫁从夫，夫死从子。故父者，子之天也，夫者妻之天也"，《礼记·郊特牲》所谓"信，妇德也，一与之齐，终身不改，故夫死不嫁"，这些伦理道德说教尚未完全奏效。《韩非子·忠孝》提倡的

---

① 参见武树臣《易经成书于战国说——时代词汇互证的启示》，《周易研究》2020年第6期。

"臣事君，子事父，妻事夫"的"三从"，《礼记·坊记》称"家无二主"，《礼记·丧服四制》又称"家无二尊"，要求妻子对丈夫"从一而终"的道德境界，是后世才逐渐形成的。因为，个体家庭秩序的最终确立是以夫权对妻子的支配为标志的。秦律规定：女子背夫逃亡，与他人结婚，应处"黥城旦春"（刺面后，男筑守边城，女春米服役）；丈夫犯罪被处以流放之刑，即使妻子事先揭发丈夫的犯罪行为，也必须随同丈夫一同迁往流放地点。① 可见，当时的法律已经开始悄悄地拱卫夫权了。

　　与此同时，关于"夫妇"关系的重要性以及稳定"夫妇"关系的迫切性逐渐形成社会共识。其表现就是"夫妇"被提升到伦理层面。如《孟子·滕文公上》："教以人伦：父子有亲，君臣有义，夫妇有别，长幼有序，朋友有信。"《战国策·秦策三》："父慈子孝，夫信妇贞，家之福也。"《礼记·中庸》："君臣也，父子也，夫妇也，昆弟也，朋友之交也，五者天下之达道也。""夫妇"一伦的确立，可能与《易传》的出现和传播相关。《荀子·大略》："《易》之《咸》，见夫妇，夫妇之道不可不正也，君臣父子之本也。"《序卦》："有天地然后有万物，有万物然后有男女，有男女然后有夫妇，有夫妇然后有父子，有父子然后有君臣，有君臣然后有上下，有上下然后礼义有所错。"有其义便有其礼，于是，关于"夫妇"的礼仪特别是丧仪便顺理成章地完善起来了。于是"夫妻之礼"必然落实到"夫妇之礼"。如《仪礼·丧服》："父子一体也，夫妻一体也，昆弟一体也。"《礼记·丧大记》："凡冯尸者，父母先、妻子后……妻于夫拘之，夫于妻于昆弟执之。"

　　在秦律中，"夫妻"关系必须经政府登记批准才生效，离婚必须经过政府批准才终止，否则属于违法行为。《睡虎地秦墓竹简·法律答问》："弃妻不书，赀二甲。""女子甲去夫亡，男子乙亦阑亡，相夫妻。""甲娶人亡妻以为妻。""妻有罪以收，妻媵臣妾衣器当收且畀夫？畀夫。""夫盗三百钱，告妻，妻与共饮食之。""夫有罪妻先告，不收。"《秦律十八种·司空》："隶臣有妻，妻更及有外妻者责衣。"《军爵律》："免故妻隶妾一人者许之。"《封诊式》："大女子某未有夫。"

　　如果说，周公"制礼作乐"的措施之一是以"父死子继"的继统制取代殷商"兄终弟及"的继统制，从而确立了父权的统治，使父权成为周礼

---

① 参见《睡虎地秦墓竹简》，文物出版社，1978，第223、178页。

的重要组成部分，那么，儒家则是周礼的忠实继承者，儒家思想的重要内容之一"孝"就在于维护父权。法家则在新的社会条件下确立和维护夫权。可以说，儒家法家共同延续了周礼的伦理宗旨，共同缔造了以父权夫权为核心的家庭秩序。儒家以风俗和教育为手段，法家则以法律为手段。这是秦汉以后所谓"法律儒家化"的逻辑延伸，也是《唐律疏议》"半准乎礼""半准乎法"的逻辑终点。

结束语：法家三问

　　法家学术的核心是以法治国的法治，其历史性贡献是：清除"世卿世禄"的贵族政体，缔造集权君主政体；否定"议事以制"的"先例法"法体，确立"制定法"法体；继承周礼之宗旨，维护小家庭秩序，完善父权夫权并行的男系家体。今天，我们如何评价法家法治的历史地位及其现代价值？需要回答以下三个问题。一问：在礼崩乐坏、战争频仍的春秋战国时代，相对于法家的尊君尚法、厉行法治、奖励耕战、任贤使能，儒家的人政礼治，墨家的尚同非攻，道家的清静无为，农家的躬耕自足等，哪一家的学说可以终止乱世、统一天下？二问：在秦汉至清末的两千余年当中，维系泱泱大国之国家机器正常运转的，是儒家尊尊亲亲、亲疏有别的礼，还是诸产得宜、皆有法式的法？三问：在深入开展社会主义法治建设的今天，在评判和选择中国传统法律文化成果之际，我们是应当在总体上借鉴儒家为政在人，其人存则其政举，其人亡则其政息的人政精神，还是应当在总体上借鉴法家定分止争、信赏必罚、君臣上下贵贱皆从法的法治精神？这三个问题可以称为"法家三问"。我们在建设法治中国，我们需要法治的本土资源。我们不必望洋兴叹，更不必妄自菲薄。努力发掘中国固有的法治传统，取其精华，去其糟粕，真正树立国家法律的无上权威，这就是我们的学术宗旨和立场。

刑鼎、宗族法令与成文法公布[*]

——以两周铭文为基础的研究

王　沛[**]

摘要： 通过对两周金文资料进行系统分析可发现，西周至春秋时期的礼器铭文具有鲜明的宗族性特征，而法令铭文亦具此属性。鼎的功能和铜器铭文的性质在战国时期出现了剧烈的变动，这是由社会组织结构的变革引发的。《左传》所载孔子反对铸刑鼎的言论，正发生在剧变的前夜。探讨春秋时期铸刑鼎事件，应在此种背景下理解论争言辞的真实含义。战国以后，青铜铭文的性质加速走向平民化、生活化。不体现宗族性的法令铭文在战国后成为常态，以致中古以降的学者为《左传》作注时，径以自身时代之特征加以分析，从而误解了古代文献的含义。春秋晚期铸造刑鼎争论的真正价值在于，它显示出宗族治理社会的模式行将崩溃，立法者的身份亟须重新界定，法令适用群体亟须超越宗族范围，此时宗族礼器及其铭文无法承载更多的社会功能。简言之，这是法律治理模式的转变问题，而不是成文法律首次制定或公布的问题。宗族法令时代将结束，集权律令时代将到来，这才是铸刑鼎争议产生的原因，而铸刑鼎事件本身与法律公开问题并无关联。

关键词： 铸刑鼎　金文　成文法

---

[*]　本文为国家社会科学基金项目"新出金文、简牍所见周秦法制变革研究"（项目号为16BFX018）的阶段性成果。

[**]　本文作者系华东政法大学教授。

一　问题的提出

春秋后期出现的"铸刑鼎"事件，通常被认为是中国古代公布成文法的开端，故而具有重大的历史意义，但学界对此事件性质的争论从未停息。按通行观点，春秋"铸刑鼎"之事出现过两次，均记录在《左传》中。一次发生在郑国，《左传·昭公六年》载："三月，郑人铸刑书。"① 这件事情遭到了晋国贵族叔向的反对。郑国"铸刑书"被古今权威学者直接阐释为铸刑鼎，如晋代的杜预便说这是指郑国的执政子产"铸刑书于鼎，以为国之常法"。② 另一次发生在晋国，《左传·昭公二十九年》载："冬，晋赵鞅、荀寅帅师城汝滨，遂赋晋国一鼓铁，以铸刑鼎，著范宣子所为刑书焉。"③《左传》同时说这件事情遭到了孔子的反对。以上史料被法制史教科书及各种论著普遍引用，很久以前就被学者们视作中国古代法律公开化的标志，④ 20 世纪"进化论"学说盛行东亚后，又有学者试图将中国传统法律纳入世界上所有社会共同经历的从"秘密法"演变至"公布法"的"法律进化"规律中，以求与西方法律演进节拍一致；⑤ 近三十年来，中国学界关于铸刑鼎、公布成文法，以及叔向、孔子言论真实含义之类问题的探讨仍然很多，但是总体论调已从批判叔向、孔子的因循守旧，转为对其加以"同情的理解"，如试图证明叔向、孔子其实并未反对公布成文法，铸刑鼎和公布成文法是两回事；⑥ 之后的研究更扩展到对铸刑鼎事件进行立法学、

---

① 杨伯峻编著《春秋左传注》第 4 册，中华书局，1990，第 1274 页。

② （晋）杜预：《春秋经传集解》，上海古籍出版社，1988，第 1276 页。

③ 杨伯峻编著《春秋左传注》第 4 册，中华书局，1990，第 1504 页。

④ 参见童书业《春秋史》，上海古籍出版社，2003，第 248～249 页。近年来具有代表意义的讨论参见邢义田《秦汉的律令学——兼论曹魏律博士的出现》，载氏著《治国安邦：法制、行政与军事》，中华书局，2011，第 7～12 页；李峰《中国古代国家形态的变迁和成文法律形成的社会基础》，《华东政法大学学报》2016 年第 4 期。

⑤ 这种观点认为铸刑鼎的意义正如同古罗马"十二铜表法"的出现一般。相关论述参见〔日〕穗积陈重《法律进化论》，黄尊三、萨孟武等译，中国政法大学出版社，1997，第 121 页。穗积陈重认为，全世界的法律演进，普遍经历了从潜势法、秘密法到颁布法、公布法的历程。这种观念在法律史、法理学界已成通识。

⑥ 参见庆明《"铸刑鼎"辨正》，《法学研究》1985 年第 3 期；俞荣根《晋刑鼎再议——兼向庆明同志请教》，《法学研究》1986 年第 3 期。

法理学甚至宪法学角度的分析。① 然而，在研究铸刑鼎事件的法律史意义时，必须解决一系列前提性问题，即金文作为法律的载体，有无特殊之处？两周时代铭文的性质是怎样的？鼎作为重要礼器，其铭文是否有独特意蕴？将法律条文铸在鼎上，就会引起巨大的争议，若不铸造在鼎上，争议是否会减少甚至不存在？这些问题仅从法学领域研究是无法得到答案的，所以综合法学、历史学、考古学、文字学方法来加以讨论分析就显得尤为必要了。

在两条铸刑鼎的资料中，郑国子产铸刑鼎之说充满疑点，令人费解。首先，《左传》原文从未说明郑国有"刑鼎"存在，而仅言"三月，郑人铸刑书"。"郑人铸刑书"有可能指郑人将刑书铸造在金属载体上，也有可能指郑人将刑书铸造在青铜礼器之上，但我们并不能确定刑书必然铸造于鼎上。后人之所以将"郑人铸刑书"理解为"郑人铸刑鼎"，是因为权威的解释如晋代杜预注、唐代孔颖达疏都这样说。如前文所引，杜预将《左传》文意引申为"铸刑书于鼎，以为国之常法"，并说"刑器，鼎也"，并未解释其中的"鼎"字是从何而来的。② 孔颖达在《春秋左传正义》中倒是给出一个相当牵强的理由："二十九年《传》云，'晋赵鞅、荀寅赋晋国一鼓铁，以铸刑鼎，著范宣子所为刑书焉'，彼是铸之于鼎，知此亦是鼎也。"③ 因为《左传》后文说晋国铸造过刑鼎，所以断定郑国铸造的一定也是刑鼎，这种推论实在牵强。

其次，郑国铸刑书后，晋国叔向去信批评了此事。叔向的那封著名信件保留在《左传·昭公六年》中，其表述矛盾之处很多，与其他上古史料记载的状况并不一致，如叔向说：

　　昔先王议事以制，不为刑辟，惧民之有争心也。④

---

① 参见郝铁川《从多元立法权和司法权到一元立法权和司法权的转折——春秋时期"铸刑书""铸刑鼎"辨析》，《华东政法学院学报》2005年第5期；黄东海、范忠信《春秋铸刑书刑鼎究竟昭示了什么巨变》，《法学》2008年第2期；于明《法律规则、社会规范与转型社会中的司法——〈叔向使诒子产书〉的法理学解读》，《北大法律评论》2009年第2期；张维新《先秦"铸刑书""铸刑鼎"之争的宪政思维新论》，《河南师范大学学报》（哲学社会科学版）2011年第2期。

② （晋）杜预：《春秋经传集解》，上海古籍出版社，1988，第1276、1278页。

③ （唐）孔颖达：《春秋左传正义》，北京大学出版社，1999，第1225页。

④ 杨伯峻编著《春秋左传注》第4册，中华书局，1990，第1274页。

　　学界常以这段资料证明上古并不公布成文法，特别是孔颖达发挥道，叔向言论的深层含义是"不豫设定法，告示下民，令不测其浅深，常畏威而惧罪也"，几乎让人以为不制定、公开成文法，以此来体现统治者权威，乃是春秋以前的法律常态了。① 实则这种理解与上古资料所反映的情形有巨大差异。

　　无论传世文献还是出土资料都表明春秋末期以前制定、颁布、贯彻"刑辟"的情况十分普遍，"秘密法"时代并不存在。就传世文献而言，《周礼·大宰》中有"悬法象魏"的记载，对此郑玄注释得很清楚，说这是"至正岁，又书而县于象魏，振木铎以徇之，使万民观焉"；② 《逸周书·尝麦》篇更是详细记述了西周某代周王"令大正正刑书"过程。③ 两周出土资料中关于颁布政令、依法断狱的记载也很常见，④ 如西周早期铜器作册令方彝之铭文记录了西周某代周公受天子册令治理三事四方，遂颁布"三事令""四方令"的过程，⑤ 其程序正可与《逸周书·尝麦》对读。西周中期铜器牧簋之铭文中，周天子命令牧管理百僚，特别指出当时有很多"不用先王作刑"之现象，这是天子所不能容忍的；无论是处理行政事务还是审理狱

---

① （唐）孔颖达：《春秋左传正义》，北京大学出版社，1999，第1226页。这也是学术界理解《左传》的通行观点，参见白寿彝《中国通史》第3册，上海人民出版社，1999，第415页；童书业《春秋史》，上海古籍出版社，2003，第248页。同时需看到孔颖达注意到《吕刑》《周礼》等古文献中都有预先制刑的记载，对此史料不可全然否认，所以他又调和解释道，古代圣王虽制刑法，但共犯一法时的情节不同，所以"虽依准旧条，而断有出入"，这体现出孔颖达的慎重之处。

② （清）孙诒让：《周礼正义》第1册，中华书局，1987，第117页。与曶鼎、包山楚简等出土资料对照可知，"悬法象魏"是两周时代颇有影响力的制度，参见王沛《西周邦国的法秩序构建：以新出金文为中心》，《法学研究》2016年第6期。

③ 参见黄怀信、张懋镕、田旭东《逸周书汇校集释》下册，上海古籍出版社，2007，第719~950页。根据李学勤先生的研究，《逸周书·尝麦》篇文辞具有鲜明的西周特征。参见李学勤《〈尝麦〉篇研究》，载氏著《古文献论丛》，上海远东出版社，1996，第87~94页。

④ 传世文献中的"刑"，在出土文献中写作"井"，该字最早见于甲骨文中，用作人名或方国名，至西周始出现名词"法度"之义。东周时代，特别是战国时代，"井"字分化出更多的字形和义项，"刑罚"含义当出现于此时。将上古的"刑书"看作"刑罚之书"是不确切的，从"规则之书""准则之书"的角度来解释当更为准确。据《左传·文公六年》，赵宣子所制定的刑书内容也是就此而言的。参见杨伯峻编著《春秋左传注》第2册，中华书局，1990，第545~546页。关于"刑"字的解释参见王沛《"刑"字古义辨正》，《上海师范大学学报》（哲学社会科学版）2013年第4期；王沛《刑名学与中国古代法典的形成——以清华简、〈黄帝书〉资料为线索》，《历史研究》2013年第4期；李力《百年反思：甲骨文与商代法制研究》，《上海师范大学学报》（哲学社会科学版）2011年第5期。

⑤ 参见中国社会科学院考古研究所编《殷周金文集成》第6册，中华书局，2007，第512~513页。

讼案件都"毋敢弗帅先王作明井（刑）用"，即要严格依照先王制定的既有法度行事。① "先王作明井（刑）"的类似表述还见于西周晚期铜器四十三年逨鼎及毛公鼎铭文。② 延至春秋，关于诸侯国君主或贵族公布法律的记载亦时而出现在铭文中。铸造于春秋晚期的秦公镈铭文，说当时的秦公"睿尃（敷）明井（刑）"，即圣明地公布法律；③ 大致同时期的叔夷镈铭文更是记载了齐灵公命令叔夷任三军之长，处理庶民讼罚，担任正卿，掌管内外之事的举措，叔夷的职权中就包括"中尃（敷）明井（刑）"，④ 即公布法律。即便由叔夷这样的贵族公布法律，在当时看来也并无不妥，何故叔向要非难子产呢？

新近公布的清华简《子产》篇也为我们了解此问题提供了宝贵的历史信息。清华简《子产》篇写道，子产之立法包括"郑令""野令""郑刑""野刑"，其立法建立于旧有"三邦之令""三邦之刑"的基础上，所谓"三邦"，即指夏商周三代。⑤ 在春秋晚期，采撷三代旧法，制定、颁布新法是顺理成章之事，《子产》篇说此次立法"为民刑程，上下维辑"，颇受国内认可。诸种材料都显示，颁布法律本是先秦传统，《子产》篇中也丝毫看不出"秘密法"向"公布法"的跳跃式进化。清华简诸篇的抄录时代大致在战国中后期之前，成书年代则更早，据学者研究，有些篇章的形成时间可能还会早于《左传》，⑥ 其史料价值自然不可低估。传世古籍、金文、简牍都表明先秦时代并不存在所谓"秘密法"传统，要以存在大量疑点的《左传》"子

① 参见中国社会科学院考古研究所编《殷周金文集成》第 4 册，中华书局，2007，第 2748～2749 页。
② 四十三年逨鼎铭文参见杨家村联合考古队《陕西眉县杨家村西周青铜器窖藏发掘简报》，《文物》2003 年第 6 期。毛公鼎铭文参见中国社会科学院考古研究所编《殷周金文集成》第 2 册，中华书局，2007，第 1541～1543 页。
③ 这里的"秦公镈"指著录于北宋《考古图》中的秦公镈，参见中国社会科学院考古研究所编《殷周金文集成》第 1 册，中华书局，2007，第 318～319 页。关于铭文中的秦公身份考证，学界观点不同。笔者倾向认为此秦公当为秦景公，参见王辉《论秦景公》，《史学月刊》1989 年第 3 期；陈昭容《秦系文字研究：从汉字史的角度考察》，乐学书局有限公司，2003，第 171～191 页；王辉、陈昭容、王伟《秦文字通论》，中华书局，2016，第 40～43 页。
④ 参见中国社会科学院考古研究所编《殷周金文集成》第 1 册，中华书局，2007，第 339～346 页。
⑤ 参见李学勤主编《清华大学藏战国竹简》（陆），中西书局，2016，第 136～144 页；李学勤《有关春秋史事的清华简五种综述》，《文物》2016 年第 3 期。需要注意的是，清华简《子产》篇中并未提及子产有铸鼎的举措。
⑥ 参见郭永秉《清华简〈系年〉抄写时代之估测——兼从文字形体角度看战国楚文字区域性特征形成的复杂过程》，《文史》第 3 辑，中华书局，2016。

产铸刑书"事件来讨论"刑鼎"问题，就显得十分困难了。

相较而言，《左传》关于晋国铸刑鼎的叙述就要清晰得多。《左传·昭公二十九年》明确记载晋国赵鞅、荀寅将范宣子制定的刑书铸造在鼎上，而且这种做法遭到孔子的反对。孔子说"民在鼎矣，何以尊贵"，杨伯峻注曰"'在'读为察，谓民察鼎以知刑"，[①] 将这句话理解为孔子反对人民通过查看鼎以知道法律内容，应未偏离本义。既然"作明刑""敷明刑"久已为周人传统，那么恪守周礼的孔子反对铸刑书于鼎的原因又在哪里？在对两周鼎类铭文进行整理后我们发现，孔子所反对者，应为人民"察鼎"，而非人民"知刑"——作为礼器的鼎，其铭文有特定的阅读对象，[②] 有特定的约束群体，通过此类礼器公布面向全社会的法令，是不适当的，也自然是违背礼制的。在此文化背景下分析晋国铸刑鼎事件可看出，铸刑鼎争议焦点并不在于是否公布成文法，争议的价值在于从一个侧面揭示出宗族法令治理社会的模式行将结束，集权律令时代的大幕就要开启。要厘清此问题，就要从各类青铜礼器铭文性质说起。

二　两周礼器铭文性质的演变

我们通过研究发现，以青铜鼎为向社会公布法律条文的载体，在西周至春秋末期都是相当奇特的现象，因为鼎或鼎类礼器铭文的功能并不在此，这与杜预、孔颖达生活的晋、唐时代是大异其趣的。作为礼器的青铜器，其功能在战国和汉代曾经历两次巨变，至杜预生活的魏晋时期已经完全生活化，沦为日常用器，宗法气息渐趋消散。[③] 故后世为《左传》作注者难以

---

① 参见杨伯峻编著《春秋左传注》第 4 册，中华书局，1990，第 1504 页。先秦古籍中，训"在"为"察"很普遍，如《尔雅·释诂》"在，察也"，《尚书·酒诰》"在昔殷先哲王迪畏天显小民"。孙星衍即引《尔雅》训"在"为"察"，参见孙星衍《尚书今古文注疏》，中华书局，1986，第 378 页。

② 事实上，西周、春秋时期鼎、簋、尊、盉等铜器的铭文一般铸造在器物的内壁，若非使用它们，很难从外部看到铭文的内容。

③ 就礼器铭文内容来看，战国时期与春秋时期有很大的不同，"伐阅之辞"减少，"物勒工名"开始占据主流。东汉以后又从"物勒工名"转为日常生活中的普通祝福语言。关于战国时代的转变，后文将有论述。关于两汉时代的转变，吴小平先生已有研究。参见吴小平《从礼器到日常用器——论两汉时期青铜容器的变化》，《厦门大学学报》（社会科学版）2006 年第 3 期。

体会春秋时代青铜器铭文的撰写背景。为了进一步说明这个问题，笔者将西周至战国时期所有 15 字以上（含）的鼎类铭文加以整理分析。之所以要选取 15 字以上（含）的铭文，是因为字数过少的铭文篇章无法展示较多的信息量。如要将法律公布于鼎，需要一定字数方可完成。①

现在已公布的有字商周青铜鼎有 2000 余件，具有一定篇幅的铭文几乎都集中在周代。② 通过研究两周金文资料我们发现，鼎类铭文在西周时代体现出强烈的宗族性，③ 预设的阅读者为神灵、祖宗、子孙或与宗族相关的人，而并非针对全社会的普罗大众。这种性质在战国后发生了急剧变化。

我们对已公布的两周 15 字以上（含）鼎类铭文进行整理，制作成表 1，以考察其宗族性特征。为了更清晰地分析铭文的时代差异，将西周、春秋、战国三个时期各区分为早、中、晚三期，分期基本参考《商周青铜器铭文暨图像集成》的意见。④ 该表是为了展现铭文内容特征之时代变迁，故而对少数不能明确断代的金文资料暂不计在内。表中的 A 类铭文明确指出制作该鼎的使用目的与宗族相关，如在宗族祭祀、陪嫁、宴飨等场合中使用，镌刻着"用作朕文考某某尊彝"，或"用作宝鼎，用飨朋友"之类的话语，⑤ 或缀以"子子孙孙永宝（保）用"类的愿望。由于我们可以从"子子孙孙永宝（保）用"这类套语中发现鼎之所有权属于宗族，并期冀永传万代的观念，所以表 1 又将此类铭文单独列出，作为 B 类铭文，B 类铭文包含于 A 类铭文中。

---

① 15 字以内的铭文几乎只能记录作器者姓名、为何而作器等基本信息。
② 已公布的商代铭文中，超过 15 字者仅十余篇。
③ 《尔雅·释亲》说"父之党为宗族"。见郝懿行《尔雅义疏》，上海古籍出版社，1983，第 618 页。本文对"宗族"的界定采用朱凤瀚先生的观点，指具有明确父系祖先与谱系，包含若干分支家族的亲属组织。本文也会涉及"家族"的概念，"家族"是宗族下的分支组织。最基本的家族形态即已婚夫妻及未婚子女构成个体家庭，若干个体家庭可构成伸展家族，若干伸展家族可共同构成宗族。宗族与家族的共性在于同为父系亲属组织，而区别则在于规模级别。一般而言，宗族是"同宗于祖庙"的所有家族之集合，按杜预说，祖庙即"始封君之庙"〔（晋）杜预：《春秋经传集解》，上海古籍出版社，1988，第 892 页〕，但在先秦社会其区分界限还要视具体情况而定。相关论述请参阅朱凤瀚《商周家族形态研究》，天津古籍出版社，2004，第 7~12 页。
④ 部分铭文的断代参考了马承源《商周青铜器铭文选》，文物出版社，1990；唐兰《西周青铜器铭文分代史征》，上海古籍出版社，2016；〔日〕白川静《金文通释》，白鹤美术馆，1962。以及其他学者的观点。此类铭文数量较少，对表中百分比的整体构成影响不大。
⑤ 西周青铜器铭文中的"朋友"是对亲族成员的称谓，参见朱凤瀚《商周家族形态研究》，天津古籍出版社，2004，第 293 页。

表 1　两周鼎类铭文情况

单位：篇，%

时代	铭文数量	A 类铭文	B 类铭文	A、B 类铭文占总数百分比
西周早期	76	63	6	83、8
西周中期	83	78	53	94、64
西周晚期	153	151	150	99、98
春秋早期	86	83	79	97、92
春秋中期	9	8	5	89、56
春秋晚期	33	33	24	100、73
战国早期	5	2	2	40、40
战国中期	12	2	2	17、17
战国晚期	13	0	0	0、0

注：资料截止时间为 2014 年 3 月。

资料来源：中国社会科学院考古研究所编《殷周金文集成》，中华书局，2007；刘雨、卢岩：《近出殷周金文录》，中华书局，2002；刘雨、严志斌：《近出殷周金文集录二编》，中华书局，2010；钟柏生、陈昭容、黄铭崇、袁国华：《新收殷周青铜器铭文暨器影汇编》，艺文印书馆，2006；吴镇烽：《商周青铜器铭文暨图像集成》，上海古籍出版社，2012。同时去除了少数著录信息不全或内容残损的铭文资料，并补充以《文物》《考古》《考古与文物》《中国国家博物馆馆刊》等刊物新公布的资料。

从表 1 中可以看出，明确指出制作鼎是为了宗族使用的 A 类铭文，其百分比在西周早期就已很高了，达到 83%，之后此数字又不断攀升，到西周晚期达到了 99%。A 类铭文所占的较高比例在整个春秋时期尚能维持，在《左传》记载铸刑鼎的春秋晚期甚至达到了 100%，但是进入战国时期则急剧下降。特别是战国中晚期，很少有鼎类铭文再行如此之宣示。与之可以对照的数据是，期望宝鼎能够在宗族中世代相传的 B 类铭文，从西周初期的 8% 开始上升，到西周晚期达到 98% 的高峰。春秋时代此类铭文依旧占有不小的比例，而到了战国时期亦趋于消亡。同时我们还要注意到，鼎的数量在西周时代不断上升，到西周晚期达到高峰，而进入春秋时期以后，有铭青铜鼎的数量开始大幅减少。至战国时期有铭青铜鼎的数量已远远无法和西周甚至春秋时期比肩了。虽然在战国时期偶尔有中山王鼎那样铸刻长篇铭文的铜鼎出现，但是总体来看，铭文越来越少，到战国晚期，基本只存在"物勒工名"的铭文而已。

在西周晚期至整个春秋时期，绝大多数 15 字以上（含）的鼎类铭文都以宗族成员或者已去世的先祖为阅读对象，以在宗族中永远珍藏为其愿望。鼎类铭文的内容各有不同，但这个特点却一以贯之。马承源先生根据格式对铭文进行分类，认为其涉及祭辞、册命、训诰、记事、追孝、约剂、律令等十二方面，①　实则就内容而言，大都可归入记事类。如记录册命之铭文，其内容并非册命文书本身，而是记录接受册命这件事。铭文虽然抄录或者提炼出册命辞的相关内容，但这个册命辞已不是原始文件的模样了。记录册命过程后，通常会写因此荣光之事而制作了礼器，以之祭祀祖考，并祈求子孙永宝用。再如约剂，也非原始的契约文书，而是在购买了田土或诉讼取得了胜利后，将此事记录下来。铭文里虽然包含有契约或者判决书的部分节录，但这也不是原始文件的面貌。作器者的目的同样是将这样的大事记载下来，告之祖先，传之后世。记事类铭文的完整格式是由（1）事件、（2）作祖考器、（3）子孙永宝用三部分组成，**趞簋**铭文较为典型地反映出铭文的普遍格式：

> （1）……王若曰：**趞**，命女（汝）作**趞**师冢司马，啻（适）官仆、射、士，讯小大有邻，取征五乎，易（锡）女（汝）赤市（韍）……
> （2）**趞**拜稽首，对扬王休，用乍（作）季姜尊簋。
> （3）其子子孙孙万年宝用。②

第（1）部分是天子的册命，册命**趞**担任带有司法职能的职官，并赐物；第（2）部分是**趞**赞扬王的休美，并因此制作了祭祀本族季姜的这件簋；第（3）部分是希望子子孙孙永远珍藏使用。

从商周铭文的发展历程来看，最早出现的是（1）+（2）的模式，其中商代铭文中的（1），也即事件部分比较简单，而进入西周后日趋详密。西周中期后大量出现（1）+（2）+（3）模式。在西周早、中期有少数铭文篇章只有（1），而没有（2）或（3），我们推测这是完整格式的省略模式，其仍有将此重大事件告知先祖、传之后世的功用，只是将诸如（2）、（3）这种众所周知的套语简省去了，如铸造于西周中期偏早、和法律史密切相关的师旂鼎铭文即是如此。师旂鼎铭文记录了师旂诉讼胜利的事

①　马承源：《中国青铜器》，上海古籍出版社，1988，第360~383页。
②　中国社会科学院考古研究所编《殷周金文集成》第4册，中华书局，2007，第2596页。

件，我们从铭文里可以获知西周时代关于军法及相关刑罚的内容，但铸造铭文的目的在于彰显师旂胜诉。铭文最后说"旂对乒（厥）劼于尊彝"，①即师旂为对扬审判官制作的判决而铸造了此鼎。与之类似的西周早、中期铭文还有10余篇，大多为记录作器者受到赏赐之事项，性质与师旂鼎铭文相同。当然我们也可以更谨慎地推测，这些铭文并非采用省略格式，其铸造目的可能仅是表明纪念意义。但即使这样，其私人属性还是可以相当明确地判定，即铭文表明其为了个人的某些目的而制作此器，这与《左传》所言之某贵族为国家、社会公共事务而铸造刑鼎的行为截然不同。进入西周中期之后，此类只有（1）的模式则变得相当罕见，直至春秋晚期，绝大多数鼎类铭文都增加（2）、（3）类套语以明确其宗族性特征。

从表1中同时可知，在晋国铸刑鼎之后，也就是春秋晚期以后，铭文的性质突然起了变化。体现宗族性质的铭文篇章所占铭文总数的比重，从春秋晚期的100%骤然下降到战国早期的40%，继而又下降到战国中期的17%，进入战国晚期，这样的鼎类铭文全部消失了。大多数战国鼎类铭文都是简单的"物勒工名"，即记录铸造作坊的职官、工匠之名，或者写明器物的放置地点以及容量、重量。杨升南先生在《金文法律文献译注》中罗列了6篇法令类铭文，实则其性质都属于"物勒工名"，并不属于"法令"。如杨先生所列的"公朱鼎"铭文如下：

> 十一年十一月乙巳朔，左官冶大夫林命冶喜铸鼎，容一斛，公（宫）朱（厨）左官。②

其大意为，某年月日，宫厨左官冶大夫林下令让喜铸造了一件鼎，容积是一斛。杨先生说此鼎为量器，是量度向王室缴纳赋税的标准法器，故其铭文具有法令性质。若依杨说，此鼎即是"刑鼎"，即镌刻着法度规则的鼎了。然而该铭只是陈述铸鼎事件，载明时间、人物、容积，并没有体现法令条文的特征。战国时期稍具篇幅的青铜铭文，无论是镌刻在食器上，还是镌刻在酒器、水器上，内容大多数仅标识自身的重量容积，其例

---

① 中国社会科学院考古研究所编《殷周金文集成》第2册，中华书局，2007，第1478页。
② 即公朱左官鼎，收录于刘海年、杨一凡主编《中国珍稀法律典籍集成》甲编第一册，科学出版社，1994，第243页。铭文考释参见黄盛璋《公朱鼎及相关诸器综考》，《中原文物》1981年第4期。

甚多，与本铭类似，不一一具引。这是时代的特色，与法令并无关系。当然少数量器的铭文如子禾子釜铭，明确说其容量为法定容量，不从令者将被制裁（详见后文），行文格式、性质都与"物勒工名"不同，就又另当别论了。

若要区分战国前后鼎类铭文的最大不同，莫过于宗族性质存在与否。从战国公朱鼎铭文可以看出，其中已毫无用诸宗族、传以子孙的含义了。鼎的功能和铭文的性质在此时出现了剧烈的变动，晋国铸刑鼎正发生在剧烈变动的前夜。鼎类铭文既然有如此之特征，那么其他种类的青铜器铭文是否有所不同呢？根据综合分析考察，非鼎类铭文的性质与鼎类铭文并无太多差异。

两周时代有铭青铜器种类繁多，涵盖食器、酒器、水器、乐器、兵器、用器等几大类，数十个品种。乐器、兵器、用器铭文比较特殊，具有独特的格式和内容特征，故笔者以食器、酒器、水器中最重要，且可能铸造长铭的鬲、簋、甗、簠、敦、豆、盨、铺、尊、壶、卣、罍、彝、缶、觯、爵、觥、盘、盉、匜、鉴、盂、盆等23种礼器为考察对象，将其铭文与鼎类铭文进行比较。在这23种礼器中，铸刻有15字以上（含）铭文者，其情况如表2所示。

表2　两周礼器铭文情况

单位：篇，%

时代	铭文数量	A 类铭文	B 类铭文	A、B 类铭文占总数百分比
西周早期	100	79	18	79、18
西周中期	376	343	303	91、81
西周晚期	247	240	239	97、97
春秋早期	249	247	242	99、97
春秋中期	28	28	28	100、100
春秋晚期	101	86	76	85、75
战国早期	10	9	9	90、90
战国中期	28	10	3	36、11
战国晚期	15	4	2	27、13

从表2中可以看出，非鼎类铭文在西周早期也已体现出明显的宗族性特

征，其中 A 类铭文的比重在西周晚期到春秋中期时达到全盛，占铭文总数的比重接近或达到百分之百。之后逐步下降，到战国晚期趋于消失。表示宗族所用、铸有"子孙永保用"套语的 B 类铭文亦大体呈现出同样的演变趋势。和表 1 相比较，表 2 的不同之处体现在两方面。

第一，表 2 中 A 类铭文的比重在春秋早期便超过了表 1，但到春秋晚期，其比重却比表 1 更早地出现下降的趋势。换句话说，就是和鼎类铭文相比较，非鼎类铭文的宗族性特征全盛期来得早而去得也早。

第二，进入战国时期，无论是鼎类铭文还是非鼎类铭文的宗族性特征都在下降，但是非鼎类铭文宗族性比重还出现少许反弹，即在战国早期达到了 90% 的水平，而直至战国晚期，其宗族性特征亦未全然消失。尽管有这些不同之处，就总体的演变轨迹而言，鼎类铭文和非鼎类铭文还是相似的。在具有代表性的礼器中，宗族性铭文所占该类礼器铭文总数的百分比变化如图 1 所示。

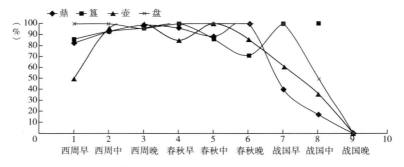

图 1　宗族性铭文所占该类礼器铭文总数的百分比变化

图 1 所列的非鼎类青铜器，分别为食器中的簋、酒器中的壶、水器中的盘。这三种礼器发现数量多、持续时代长，且体量较大，易于铸造长篇铭文，故具有一定的代表性。① 图 1 显示，西周早期到中期，铭文的宗族性质迅速攀升到极高位。西周中期到西周晚期，是曲线高位运行的平稳期。春秋时代，总体来看，曲线仍在高位，但是已表现出上下波动的趋势，且波

---

① 不过除了鼎以外，鲜少有某种铸造长铭的礼器得以出现在每个时间段者，这三种礼器亦不例外。拥有 15 字以上（含）铭文的簋在春秋中期和战国晚期都难觅其踪；战国早期的壶和战国中期的盘也遇到同样的境况。因此图 1 中簋类铭文之曲线截止于战国中期。

动幅度由小变大。战国早期以后，则曲线全面走低。① 图 1 中曲线的变化，可为晋国铸刑鼎事件提供较为形象的背景：西周铭文内容较为平稳，春秋铭文内容出现波动，战国铭文内容发生巨变。而铸刑鼎的争议，就发生在波动期到巨变期的转折处。

　　从内容来看，鼎类铭文和非鼎类特别是鬲、簋、尊、盘、盉等礼器上的铭文性质并无显著不同。如麦方鼎、麦方彝、麦方尊、麦盉等器虽然分别是食器、酒器、水器，但铭文都记录了邢侯对贵族麦的册命、赏赐。在 1976 年陕西董家村出土的属于裘卫家族礼器的铭文中，买卖田土的铭文有镌刻在鼎上的（九年卫鼎），也有镌刻在盉上的（卫盉）；记录诉讼纠纷的铭文，有镌刻在鼎上的（五祀卫鼎），也有镌刻在匜上的（儵匜）；将同样的铭文铸造在不同的礼器上的现象，也时有出现。至于各种非鼎类铭文之间，此现象更是常见。如裒盘、裒簋之铭文全然相同，都是记录了册命文书内容；五年琱生簋和六年琱生簋共同叙述了一则完整的涉讼、涉宗族田土分割的事件。既然各类以礼器为载体的铭文性质区别不大，所以在研究铸刑鼎现象时，我们可以进一步将非鼎类的礼器纳入考察对象，以便掌握更多的相关材料，并从更广阔的范围综合分析。从非鼎类礼器上铸造的法令铭文来看，其预设阅读者仅限宗族的传统同样延续到了春秋。无论是鼎类铭文还是非鼎类铭文，在春秋时期标明宗族使用性质的比重，都接近或者达到百分之百。2005 年 5 月河南上蔡县大路李乡郭庄 1 号春秋楚墓中出土的竞孙𦉢也鬲铭文，在陈述完主张贯彻的准则之后，更是直接写明"子孙是则"的字样，显示其宗族性特征：

　　　　正月尽期，吉晨（辰）不贰（忒），竞孙𦉢也乍（作）铸鬻彝，追孝屖（缵）尝，龚（恭）寺（持）明德，卲事辟王，禽哉不服，羔

---

① 图 1 中出现例外的簋类铭文，在战国中期突然达到 100% 的高峰。需作说明的是，在已公布资料中，符合条件的战国中期簋只有一件，即陈侯午簋。因为数量极少，所以其 100% 的比例并不具有统计学上的意义。与之对应的是，西周晚期的长铭簋有 312 件（远多于同类鼎的数量），其中 300 件以上的铭文有家族属性，这样才能体现当时的风尚。另外，陈侯午簋铭文虽写明是为祭祀其皇妣所作，但格式套语亦不同于西周时代的家族性铭文，该铭以"诸侯献金"开头，以"保有齐邦，永世勿忘"结尾，体现出鲜明的战国特征。陈侯午簋铭文参见中国社会科学院考古研究所编《殷周金文集成》第 3 册，中华书局，2007，第 2321 页。

（永）保之用享，子孙是则。①

而不涉及宗族性的法令类铭文，则出现于战国时期。目前所见此类法令，全部镌刻在量器而非礼器之上。我们发现，铸造在量器上的法令款式，和礼器上的完全不同。请看铸造于战国初期的子禾子釜上的铭文：

> （襫）月丙午，子禾子□□内者御栖（莒）市，□命诐陈得：左关釜节于廪釜，关（铸）节于廪半，关人筑杆戚釜，闭料于□外，鹾釜而车人制之，而以发退汝关人，不用命则寅之，御关人□□其事，中刑斤惩，赎以金半钧，□□其贿，厥辟□惩，赎以□犀，□命者，于其事区夫，丘关之釜。②

铭文大意是，在立事岁襫月丙午这天，齐太公子禾子之内者奉命往告于陈得：左关釜之量制要受节制于官方仓廪之釜，关铸之量制要以官方廪釜为标准。如果关人不执行此命令，则依照法令惩处。从铭文可知，此釜是齐国左关征税时使用的标准量器。在这篇铭文里，法令是核心内容，不再依附于赏赐、册命等事件；祭祀祖考、子孙永宝用的套语也没有了踪影。量器不是礼器，不用在祭祀场合，所以不会出现告诸祖先、传之后世的内容。子禾子釜所载铭文的阅读者不再限于宗族成员，而是使用此量器的官员。类似的铭文还出现在陈纯釜、商鞅方升上。虽然这类铭文只是出现在非礼器上，但还是和西周、春秋时代有绝大的不同，毕竟战国之前，任何青铜器都没有出现过这种铭文。直接将无宗族性质的法令镌刻在青铜器上，在西周、春秋时期都是难以想象的。③ 至于战国那些镌刻在青铜符节类用器如鄂君启节、各种虎符上的法令，其性质更是与礼器铭文完全不同，毫无宗

---

① 参见吴镇烽《商周青铜器铭文暨图像集成》第 6 册，上海古籍出版社，2012，第 489 页。

② 中国社会科学院考古研究所编《殷周金文集成》第 7 册，中华书局，2007，第 5592~5593 页。

③ 战国时期青铜器铭文最为例外的是中山国诸器，文辞体现出复古色彩，且最具刑鼎特征。中山王鼎铭文中出现了对法度、规则的尊重，而其对规则、法度的用字就是"型"，即传世文献中的"刑"。铭文推崇"考度唯型（刑）"，且广列规则，甚至直接镌刻法令，称其为刑鼎类铜器，亦不为过。而我们从中山王器铭文获知，其铸造的目的是将这些规则法度"明则之于壶"，"以戒嗣王"（中山王方壶），"念之哉，子子孙孙永定保之"（中山王鼎），或告之先王，表明"子子孙孙，毋有不敬，寅祗蒸祀"（中山王圆壶），符合礼器铭文阅读者为宗族成员的特征。因此，在研究古代铸刑鼎问题时，中山国诸器是极其难得的珍贵资料，堪称管窥上古刑鼎的"化石"。

族特性了。如前所述，战国时期的非鼎类铭文同样体现出宗族性特征骤减的趋势，到战国中晚期更是如此。与之相应的是，战国以后的铭文不像西周、春秋时期那样绝大多数镌刻于器物内壁等不易看到的部位，而是直接刻在最容易观看到的器物外壁上。这也似乎意味着铭文的预设读者群由内而转外，变得公开起来。铭文性质在春秋战国之际发生了重大变化，而在此背景下看待春秋末期孔子反对铸造刑鼎的言论，或将更能体会其深意所在。

三 铸刑鼎事件的宗族政治背景

在对青铜礼器使用规则演变的大背景有所了解之后，我们就要重新审视春秋后期晋国铸刑鼎的意蕴了，鼎既为宗族之礼器，那么解读铸刑鼎争论也要从宗族政治出发。我们先将《左传·昭公二十九年》所载铸刑鼎事件全文抄录如下，以便于讨论。

> 冬，晋赵鞅、荀寅帅师城汝滨，遂赋晋国一鼓铁，以铸刑鼎，著范宣子所为刑书焉。
> 仲尼曰：“晋其亡乎！失其度矣。夫晋国将守唐叔之所受法度，以经纬其民，卿大夫以序守之，民是以能尊其贵，贵是以能守其业。贵贱不愆，所谓度也。文公是以作执秩之官，为被庐之法，以为盟主。今弃是度也，而为刑鼎，民在鼎矣，何以尊贵？贵何业之守？贵贱无序，何以为国？且夫宣子之刑，夷之搜也，晋国之乱制也，若之何以为法？”蔡史墨曰：“范氏、中行氏其亡乎！中行寅为下卿，而干上令，擅作刑器，以为国法，是法奸也。又加范氏焉，易之，亡也。其及赵氏，赵孟与焉。然不得已，若德，可以免。”①

在这场铸刑鼎的风波中，赵氏、范氏、中行氏是被责难的对象，我们有必要梳理这三人所属之宗族与铸刑鼎的关系。

“晋赵鞅、荀寅帅师城汝滨，遂赋晋国一鼓铁，以铸刑鼎，著范宣子所为刑书焉”，这句话指明赵氏、中行氏、范氏都与铸刑鼎有关，而鼎是属于谁的，文中却未曾直言。《左传》文句给人的印象是赵鞅和荀寅共同铸造了铁

---

① 杨伯峻编著《春秋左传注》第4册，中华书局，1990，第1504~1505页。

鼎，但根据礼器铭文的宗族性特征，这件鼎不可能同时属于两个宗族。我们根据后文"中行寅为下卿，而干上令，擅作刑器"推测，此鼎应当是荀寅所铸；"其及赵氏，赵孟与焉"，则是说赵鞅（赵孟）参与了这件事。所谓参与，应当是指协助征收铁料或者放任铸鼎行为的发生，况且赵鞅的态度是"然不得已"。至于范氏，本身并未参与到铸刑鼎中，却因鼎上铸造了与之相关的立法而受到了最严厉的批评——《左传》中蔡史墨对铸刑鼎的谴责力度是依照范氏、中行氏、赵氏的顺序递减的，"范氏、中行氏其亡乎"，而赵氏则"若德，可以免"。如果知悉三氏背景，我们或可理解其中之奥妙。

首先来看"宣子之刑"背后的赵氏与范氏。引文中的两个宣子并不是同一个人，他们分别是指范宣子与赵宣子，两宣子的生活年代相隔半个多世纪，而赵宣子作刑书距晋国铸刑鼎有 108 年之遥。晋国刑鼎上铸刻了范宣子所作的刑书，而范宣子刑书又本诸赵鞅之祖赵宣子所作的刑书，孔子的批判，乃是从本质上指责所有刑书的蓝本，也即赵宣子所作的刑书是乱制。所谓乱制，是就这部刑书的合法性而言的。赵宣子即赵盾，赵盾作刑书，是其专擅国政的标志性事件。赵盾的专政地位是在"夷之蒐"后，即夷地举办的大蒐礼后确立的。这个礼仪场合本欲安排狐射姑为中军，赵盾佐之。晋国素以中军秉国政，故赵盾无法取得执政地位。而此时任太傅的阳处父曾为赵盾父亲赵衰之旧属，在此关键时刻以国老之身份宣布在董地重新举行大蒐礼，改易赵盾任中军，反让狐射姑佐之，赵盾得以执政，制定刑书，并将此刑书交给太傅阳处父和太师贾佗颁行晋国以为常法。法律的合法性源自立法者的合法性，我们清楚地看到，立法者赵盾的合法性充满争议，所以这部刑书被孔子判为"晋国之乱制"。

与赵宣子立法的争议性相反，范宣子立法却名正言顺，名正言顺来自其与生俱来的家族世袭权力：范宣子之家族以司法权为世代之职掌，同时又享有世袭的立法权力，这是春秋世卿世禄制在法律领域的体现。范宣子名"士匄"，属于"士氏"一族。[①]"士氏"之得名，是据其世官之称谓。先秦称法官为士，典籍中多见。[②]士氏出自西周末年的祁姓杜氏，其先祖隰

---

① 士氏为祁姓杜氏的一支，参见（汉）宋衷注、（清）秦嘉谟辑《世本八种·秦嘉谟辑补本》，中华书局，2008，第 239~242 页。士氏繁衍至士会时封范邑，始分出范氏一支，是为以邑名为氏，范宣子便属于此系。
② 如《周礼·春官·序官》郑玄注"士师"曰："士，察也，主察狱讼之事。"《周礼·秋官·序官》贾公彦疏："训士为察者，义取察理狱讼，是以刑官多称士。"

叔自周奔晋，担任士师，故为"士氏"，[1] 士氏家族世代执掌晋国司法，多有建树。隰叔之子士蒍担任审判官，"以正于朝，朝无奸官"；[2] 士蒍之孙士会任太傅，曾赴周王室平定卿士之间的纠纷，且"端刑法，集训典，国无奸民，晋国之盗逃奔于秦"；[3] 士会之孙士匄，也就是范宣子曾赴王室担任法官，处理王叔陈生与伯舆之讼；[4] 士匄之子士景伯本当审理晋邢侯与雍子争田一案，只是他出使楚国，故改为叔鱼摄理。[5] 此外，这个家族在晋国的立法中扮演的角色同样引人注目。

从士蒍始，这个家族的成员开始担任晋国的大司空，[6] 此后便以司空之官为氏，累世为司空。士蒍任司空时，曾就此职权而立法，此法既被家族守之，又被国家认可，称为"士蒍之法"。至晋悼公时，其家族中的右行辛任司空，晋悼公命其"修士蒍之法"，[7] "修"当解作循，是遵循的意思。[8] 是为循家族之旧法以理政务之例证。士蒍之孙士会（范武子）任太傅时曾"讲聚三代之典礼，于是乎修执秩以为晋法"，[9] 至士会（范武子）之侄辈士渥浊任太傅时，晋悼公复命其"修范武子之法"，即遵循其父辈士会之法，是亦为循家族之旧法以理政务之例证。据《左传》记载，士会之孙士匄，也就是范宣子著有刑书，即"范宣子所为刑书"，就其家族之世职而言，范宣子作刑书行于晋国是名正言顺的，正如其祖上累作法度行用全国，[10] 而中行氏刑鼎所镌刻的刑书，正是范氏之刑书。

---

① 参见（宋）郑樵《通志》卷三十，商务印书馆，1935，第482页。

② 参见《国语》下册，上海古籍出版社，1978，第458页。

③ 杨伯峻编著《春秋左传注》第2册，中华书局，1990，第769~770页。相关记载又见《潜夫论·志氏姓》，载彭铎《潜夫论笺校正》，中华书局，第432页。

④ 杨伯峻编著《春秋左传注》第3册，中华书局，1990，第983~984页。

⑤ 杨伯峻编著《春秋左传注》第4册，中华书局，1990，第1366页。

⑥ 杨伯峻编著《春秋左传注》第1册，中华书局，1990，第234页。

⑦ 杨伯峻编著《春秋左传注》第2册，中华书局，1990，第909页。据《世本八种·秦嘉谟辑补本》考证，右行氏出自屠击，屠、杜古通，故右行氏与士氏同隰叔属奔晋后的杜氏家族。参见（汉）宋衷注、（宋）秦嘉谟辑《世本八种·秦嘉谟辑补本》，中华书局，2008，第241页。

⑧ 参见（清）王引之《经义述闻》"谨修其法"条，凤凰出版社，2000，第318页。

⑨ 杨伯峻编著《春秋左传注》第2册，中华书局，1990，第770页。

⑩ 这个以"士"为氏名的家族之职权也许不仅限于司法与立法。《左传·僖公二十八年》所载卫侯与贵族元咺在晋国打官司，卫侯派出了庞大的诉讼团队，其中为首者名"士荣"，官称为"大士"。这位大士的身份此时既非立法者也非司法者，而是类似现在的首席律师。他打输官司后被卫侯所杀。参见杨伯峻编著《春秋左传注》第1册，中华书局，1990，第9472~9474页。我们由此可知"士"之为官，其职守或为全面负责与法律相关的事务，从这个角度来说，称"士氏"家族为法律世家，亦不为过。

接下来再看中行氏。中行氏由荀氏分衍而来。荀氏宗族比较松散，影响相对较小。晋文公时初作三军，三军分为左、中、右三行，其中荀林父将中行，中行氏始立。① 中行氏在荀林父后渐渐发展壮大，至荀寅的父亲荀吴时，中行氏采取交好范氏的策略，力图攀附范氏以缔结政治联盟。《左传》引文中的中行寅，也就是荀寅娶了范氏之女为妻，但自己地位并不高，仅为下卿。然而他却僭越自己的权限，将地位尊贵且有立法、司法之世权的范氏家族所立之法律铸造在自己家族的礼器上，这实际是大幅扩张自己家族权力的举动。若根据金文格式通例，其刑鼎即便铸有"子子孙孙永宝用"之类的套语也属正常。借助礼器以扩张、宣示权力，在同时期的礼器铭文中已有反映。春秋晚期的陈喜壶铭尤其值得引起我们的关注，其文云：

> 陈喜再立（莅）事岁，觋月己酉，为左（佐）大族，台（以）寺（持）民巽，宗词客敢为尊壶九。

陈喜壶铭文径直写明了铸造礼器的原因。做器者陈喜，即《史记》中的田乞；铭文所谓"再立事岁"，为其担任齐相、专齐国之政的第二年，即公元前488年，早晋国铸刑鼎25年。铭文说田乞铸造这九件尊壶的目的就是辅佐大族，也就是齐君之姜氏大族，从而使人民顺从。② 铸造礼器是为了让人民服从，这正是新兴贵族为了提高自己地位，进而掌控国家的表现。试图拥有更多国家权力的中行氏铸造与其地位不符的刑鼎，具有与田乞相同的目的，即通过僭越礼制昭示自己的地位：将范氏之法铸刻于中行氏之礼器，使范氏之法成为中行氏之法，继而使中行氏之法如范氏之法那样成为国法。事实上，中行氏铸刑鼎的时候，已经处于用鼎制度全面崩坏之际，范氏也在僭越其身份制作礼器。考古资料显示，范氏、中行氏的领地位于今天河南的淇县、辉县一带。这里发掘的春秋中、后期的贵族墓地中，已出现僭越礼制、使用九鼎的现象，学者认为是为范氏僭越之证据。③ 结合上述对铭文的分析，便可知道孔子所叹的"失其度"的举措，在晋国的用鼎

---

① 杨伯峻编著《春秋左传注》第1册，中华书局，1990，第474页。
② "巽"有恭顺之义，从马承源说。参见马承源《陈喜壶》，《文物》1961年第2期。铭文考释参见陈邦怀《对〈陈喜壶〉一文的补充》，《文物》1961年第10期。
③ 俞伟超、高明：《周代用鼎制度研究（下）》，《北京大学学报》（哲学社会科学版）1979年第1期。

方式上早已发生。《左传》等古书记载，中行氏与范氏此时结成铁盟，存亡与共，而中行氏铸范氏之法于鼎，正是二氏结盟且礼崩乐坏的产物。

重新审视《左传》所载的言论，我们发现孔子举唐叔之法、文公之法来批驳赵宣子作刑书与中行寅铸刑鼎，其用意在于宣扬唐叔、文公之法蕴含的贵贱各守其业的理念，谴责赵氏、中行氏对此理念的破坏。唐叔为晋国开创者，其法度之精神在于使社会成员各安本分，贵贱不愆；文公之法的目的与之类似，其在大蒐礼中立法，力图示民以礼，以正其官。[①] 与之对照，赵宣子之法确立于破坏秩序、以非正当方式夺得官位的大搜之礼后；中行寅铸刑鼎更是通过破坏礼器使用规则获取更多政治权力，孔子之谴责正基于此。蔡史墨更进一步指出，中行氏这种通过铸刑鼎获取政治权力的行为，还会殃及范氏，即"又加范氏焉，易之，亡也"。"易之"，是说将范氏之法移于中行氏之器，相应的权力亦随之转移，[②] 如此当然祸莫大焉。无论孔子还是蔡史墨，他们矛头所指，都集中在破坏权力秩序、贵贱等级的行为，而不在法律是否公之于众之类的问题上。

四　宗族社会及宗族法令的衰落

铸刑鼎争论之表象为用鼎制度及相关礼制的崩坏，其实质则是社会结构与统治模式即将发生根本性改变。宗族社会解体，而新的治理方式尚未确立，这才是铸刑鼎争论发生的缘由，此状况在法律演变中的表现，就是宗族法令的衰落。

春秋以前的传统社会，以宗族治理模式为基本特征。天子的政令及于诸侯，诸侯的政令及于卿大夫，卿大夫的政令及于其宗族，宗族权力依次下达，直到最基层的社会生产组织，也即具有血缘关系的公社群体。在层

---

① 杨伯峻编著《春秋左传注》第4册，中华书局，1990，第447页。
② 《左传》"又加范氏焉，易之，亡也"中的"易之"，历来难解。杜预将"易"理解为"改变"，其注曰："范宣子刑书中既废矣，今复兴之，是成其咎。"（晋）杜预：《春秋经传集解》，上海古籍出版社，1988，第1583页。但杨伯峻已指出，范氏之法废，《经》《传》未载，不知是否杜氏揣测之言。杨伯峻编著《春秋左传注》，中华书局，1981，第1504~1505页。杨伯峻认为"易"是"改易"的意思，指范氏之法改易了被庐之法。但范氏之法改易被庐之法的行为，《经》《传》同样未载。通过上下文及背景分析，此处的"易"应当是"转移"的意思。《战国策·齐策六》"不如易余粮于宋"，鲍彪注"易，移与之"。参见《战国策》上册，上海古籍出版社，1985，第470页。《经义述闻·通说上·易》："移、易二字同义"，参见（清）王引之《经义述闻》，凤凰出版社，2000，第726页。

层叠叠的封建关系中，政令多以逐级而非越级的方式发挥作用。如与天子政令关系最为密切的，乃是王家（即周王自己的宗族）自身，以及由王室分封形成的诸侯邦君本人，而并非诸侯邦君的属下。至于最基层的公社庶民，他们受自己上级领主政令的管辖，与隔级领主或者周王的关系极为疏远。又如以丰镐、周原为核心的王畿，是周王"直辖"统治的区域，但即便在王畿地区，周王直接控制的社会组织仍是王室的"邑"，而对于王室之外其他宗族控制的"邑"，王权的力量就减弱了。李峰教授的研究表明，王的都城是大邑，而其他宗族贵族的权力可控制的则是其族邑，族邑周围是众多受宗族控制的属邑。① 整个西周国家的构成，是以宗族为基础的。理论上，周王是所有领主的宗主；实际上，各宗族依照真实或拟制的血缘关系管辖自己的固有领地。在法律领域亦是如此。

我们从金文资料中可看到族内司法权的存在，如蔡簋铭文显示，贵族蔡接受册命，担任王家的"宰"，其职责如下：

> 王若曰：蔡，昔先王既令汝作宰，司王家，今余佳（唯）申爨乃令，令汝眔智斲胥对，各从司王家外内，毋敢有不闻，司百工，出入姜氏令，厥有见有即令，厥非先告蔡，毋敢侯有入告，汝毋弗善效姜氏人，勿使敢有侯止纵狱。②

铭文告诉我们，蔡执掌着王家内外各种具体事务，管理王家的手工作坊百工，并且处理、传达王后的命令。若有觐见王后者，都得先禀告蔡。最值得引起注意的是，铭文明确写道，王后的机构也有审判狱讼之功能。在铭文里，周王告诫蔡，让蔡一定要亲自教导王后的左右，让他们不能为非作歹，放纵刑狱。这种司法权力是基于王室对其家族管理而产生的，而其他贵族对自己家族的管理，实际与王家大同小异，只是结构更加简单，规模相对狭小而已。

我们也能从金文资料中发现即使在宗族内部，不同分支的血缘群体也颇见壁垒，越界管辖困难不小。在珊生诸器铭文中，召氏大宗召伯虎受理大小宗间的仆庸诉讼，而处理结果是其宗族之小宗珊生接受了由大宗转让

---

① 参见李峰《西周的政体：中国早期的官僚制度和国家》，吴敏娜、胡晓军、许景昭、侯昱文译，生活·读书·新知三联书店，2010，第300页。

② 中国社会科学院考古研究所编《殷周金文集成》第4册，中华书局，2007，第2741页。

来的田土仆庸，而新依附来的仆庸似乎对小宗的管辖并不完全服从，以致小宗需要重申宗君的法令，以儆效尤。① 而九年卫鼎铭文记载，裘卫从贵族矩伯那里买来了一片林地，这片林地称为"颜林"，是因为该片林地上居住着颜姓的血缘部落，作为社会生产的最基层单位，颜氏部族应当是自治的，因为铭文说他们由所谓的"颜有司"来实施自我管理。特别是铭文显示，在买地之后，裘卫还得赠予颜氏部族首领、夫人、颜有司成员礼物，通过礼仪的程序建立起新的宗主关系。② 封建体系下的权力管辖隔阂，由此可知。

至于族内的司法权力和族外公共司法权力的并行，在西周至春秋时期均属常态。春秋早期，卫国发生州吁之乱，公子州吁杀死卫桓公，自己当了国君，大夫石碏之子石厚参与作乱。后来石碏通过陈国人捉拿了州吁，卫国派右宰丑将州吁处死，而石碏则派自己的家宰獳羊肩将其子石厚处死，是为宗族社会司法的典型案例。③ 而到了春秋晚期，那位"铸刑书"的子产，在处理贵族公孙楚、公孙黑之间的诉讼时，还要征求当事人宗族之主大叔的意见，这亦是宗族社会司法之表现。④

金文资料同时显示，在王朝的公共权力运作部门，亦存在相当程度的宗族治理色彩。我们知道，西周中央政府最重要的部门为卿事寮和太史寮，下设机构则有司土、司马、司工等。这些部门多被重要的权贵家族把持，世世代代垄断经营，世卿世禄极为普遍。当然家族对公共职能的把持会随其自身实力、核心成员的能力而增减起伏，有些家族或贵族个人逐步衰落乃至退出历史舞台，而有些新兴家族或贵族则逐步崛起，具体掌控的权力也会调整，但从总体看来，由宗族把持公共权力的特征在西周至春秋时期是相当明显的。在这样的背景之下，行政规则制定和实施中的宗族色彩也就体现出来了。

在金文册命文书中，政府行政行为的宗族色彩亦随处可见。西周重要职位的获得，要经过王朝的册命，而被册命者通常就是继承其先人的职位。在很多册命文书里都会强调，受册命者将在职务活动中效仿其先人行事，

① 参见王沛《瑅生诸器与西周宗族内部诉讼》，《上海师范大学学报》（哲学社会科学版）2017年第1期。

② 参见王沛《裘卫器铭中的公社与礼制——西周时期法律关系设立的再思考》，《上海师范大学学报》（哲学社会科学版）2011年第5期。

③ 杨伯峻编著《春秋左传注》第1册，中华书局，1990，第38页。

④ 杨伯峻编著《春秋左传注》第4册，中华书局，1990，第1213页。

其术语为"帅井（刑-型）皇考""用井乃圣祖考"，大盂鼎铭文便是很好的例子：

> 今我唯即井（刑-型）禀于文王正（政）德，若文王令二三正，今余唯令汝盂绍荣，敬拥德经，敏朝夕入谏，享奔走，畏天威。王曰：而，令命汝盂井（刑-型）乃嗣祖南公。王曰：盂，乃绍夹尸司戎、敏谏罚讼，夙夕绍我一人烝四方，雩我其遹省先王受民受强（疆）土。①

如前文所说，"井"在文献中写作"刑""型"，是效法的意思。而铭文中的"德"为周人所崇尚的行为准则，亦有规范、制度的内涵。② 周王说他本人将"井禀于文王正德"，即以自己祖先文王的为政之德为效法规范，而盂要"井乃嗣祖南公"，即盂要效法其先祖南公。同时周王又说，他如此要求盂的理由在于"若文王令二三正"，"正"指官员，即周王是效法文王对群臣的命令而为此命令。周王要求盂必须"敬拥德经"，"德经"者，德之纲纪也。所遵循的准则为先王先公的"德"，所遵循的方式为"井"（即效法），是为西周确立社会秩序的重要方式。至于盂的具体职责，则是"绍夹尸司戎、敏谏罚讼"，即协助管理兵戎、实施惩罚和处理争讼。无疑，盂在履行其职责时，要以南公以来各个先祖的行事模式是瞻。我们在铭文中看到，从周王到盂，每级统治阶层成员均强调效法自己的先祖以处理政事，是为宗族较为独立的体现，相应地，政府公共权力运作时，宗族传承的特征会明确表现出来，晋国士氏家族的司法、立法之世职，正是西周家族政治的余绪。

在宗族分割管理社会的大背景下，管理宗族事务、约束宗族成员、掌控世袭职守的法令带有浓厚的宗族色彩，我们将这种法令称为"宗族法令"，其特点是强调对宗族先祖的效仿，通过血缘纽带治理社会。宗族法令为宗族成员所恪守，其被铸造于"子孙永宝用"的铜器上以传之后世，乃是自然而然的。而到东周，特别是战国以后，宗族社会瓦解，社会成员需要受到统一的、跨越宗族的国家政权来管理，此刻，直接适用于每个社会成员的法律呼之欲出，其最终演进结果便是"集权律令"时代的到来。集权律令模式在商鞅变法之后的秦国得到确立，并随着武力征伐而逐步扩张。

---

① 中国社会科学院考古研究所编《殷周金文集成》第2册，中华书局，2007，第1517页。

② 参见王沛《〈论语〉法观念的再认识：结合出土文献的考察》，《华东政法大学学报》2012年第1期。

"集权律令"的特点是立法权高度集中，以最高统治者颁布的"律""令"为法律主干，强调法律要普遍、统一地适用到所有社会成员、地域与部门之中，以往的宗族壁垒都被扫清。我们从战国以后的青铜礼器上很少看到宗族政治与宗族法令的内容，甚至"子孙永宝用"的字样都鲜少出现，原因就在这里。

　　根据传统政治模式，没有相应世职的中行氏并不能获得以"家规"管理其他社会成员的权力，这既是中行氏铸刑鼎的动因，又是其遭到批判的缘由。晋国铸刑鼎之时，正是晋国六卿专政、宗族交锋最为激烈的时期。此时晋国的公室已极度衰微，世家大族竞相争夺政权。反对郑国铸刑书的叔向曾对齐国的晏婴说："晋之公族尽矣！肸闻之，公室将卑，其宗族枝叶先落，则公室从之。肸之宗十一族，唯羊舌氏在而已。"[1] 羊舌氏即叔向自己所在之族。继而韩、赵、魏、智、范、中行这六家异姓贵族争夺国家权力。中行氏铸刑鼎，废弃了晋自唐叔、文公以来的先公法度，在体现宗族权威的礼器上铸造自己认同的范氏法令，并以之为国法来遵循，这种举措遭到非议，是无法避免的。之后的历史则是耳熟能详的：中行氏、范氏被赵氏彻底消灭，继而赵、魏、韩三家分晋。新兴的战国列强一扫旧弊，极力推行中央集权、摧毁宗族政治。在三晋国家中，魏国首先任用李悝变法，其中"务尽地力"与"平籴法"措施的贯彻，都显示出魏有足够强大的公共权力掌控全国的土地，以政府的力量重新划分土地，由政府按照年成好坏以籴进粜出农民余粮，此举措表明国家力量已跨越宗族，直抵最基层的劳动者个人。《汉书·地理志》说魏国人"薄恩礼，好生分"，体现出魏国宗法制度衰落的状况；而《史记·平准书》中说"魏用李克，尽地力为强君"，正是国家力量提升的标志。李悝继而"撰此诸国法，著《法经》"，则使"法"突破宗族的界限，成为国家规范每一位社会成员的准则。中国古代律令社会的形成，正由三晋《法经》发源。

　　《法经》内容久已失传，但我们不难从《法经》的继承者秦律身上看到其特点。商鞅携《法经》入秦，以之为蓝本进行变法，"集小乡邑聚为县，置令、丞，凡三十一县"，进一步加强了中央的权力。《睡虎地秦墓竹简》中所能看到的秦律若干种，均体现出国家对社会成员个人的

---

[1]　杨伯峻编著《春秋左传注》第 4 册，中华书局，1990，第 1237 页。

管控，宗族式分散管理已毫无踪影。不仅如此，《睡虎地秦墓竹简·语书》中明确写着：

> 今法律令已布，闻吏民犯法为间私者不止，私好、乡俗之心不变，自从令、丞以下智（知）而弗举论，是即避明主之明法殹（也），而养匿邪避（僻）之民。如此，则为人臣亦不忠矣。若弗智（知），是即不胜任、不智殹（也）；智（知）而弗敢论，是即不廉殹（也）。此皆大罪殹（也）。①

在由中央政权构建的律令社会里，任何导致法律不能贯彻至社会成员的中间因素都要予以清除，只有国君颁布的"明法"才是社会成员的行为准则，私好、乡俗必须涤荡一空。若要违背国君之"明法"，定会受到严惩。世卿世禄制度被取消，宗族垄断政府部门现象不再出现，效仿祖先、依家规行政被依法律行政替代。天子政令至贵族，贵族政令至下级领主，下级领主至基层公社的模式已改为最高权力机关发布的政令直接抵达人民的模式。国君颁布的"明法"替代了宗族世守的"明刑"，一字之差，反映了时代变革。在礼崩乐坏的战国社会，铭文失去了原有的性质，"法令滋彰"的时代已然来临。铸刑鼎争论的背景不再出现，《左传》中寥寥数语究竟何指，就变得难以理解了。而正在此时，与宗族性无关的法令类铭文开始出现在青铜器上了。

进入秦汉，青铜器铭文的性质更加平民化、生活化。1993 年河南永城南山 1 号汉墓 1 号陪葬坑出土了一件铜钟，在其肩部和腹部宽带纹之间阴刻铭文九字，无作器者姓名、无"子孙永宝用"的宗族性套语，而是直接摘录一条法令："上御钟常从盗者弃市"，字体呈西汉早期隶书特点。铭文所谓"御"，是指皇帝御用物品，或宗庙使用的物品，② 故知其亦为礼器。"盗者弃市"，是说盗窃这些御用物品的人将被施以死刑，这种铭文的格式和阅读对象迥异于西周春秋。不再体现宗族性的法令铭文在秦汉后变得普遍，以致中古以降的学者为《左传》作注时，径以其生活时代的特征加以理解，鲜少考虑截然不同的上古宗

---

① 睡虎地秦墓竹简整理小组编《睡虎地秦墓竹简》，文物出版社，1978，第 15~16 页。

② 参见永城市文物工作队《河南永城市西汉梁王陵陪葬器物坑的清理》，《考古》2004 年第 12 期；郑清森《永城南山一号汉墓 1 号陪葬坑出土铜锺铭文考释》，《中国国家博物馆馆刊》2013 年第 2 期。

族社会背景，这种背景是生活在律令时代的中古学者难以体会到的。

结　语

铸刑鼎争论发生后，各诸侯国普遍展开了立法活动，但这不意味着此前中国的法律处于秘而不宣的状态，此后才得以公之于众。在世界法律文明演进史中，某些社会曾出现过法律垄断于特定阶层、特定集团而不予公开的时期，而这并不是法律发展的必经阶段。铸刑鼎争论无关乎"成文法制定"或"成文法公布"这类法理问题，其真正价值在于，各方争论集中暴露出法律发展进程中的矛盾症结：宗族治理社会的模式行将崩溃，立法者的身份混淆不清，法令适用群体亟须突破宗族范围，此时宗族礼器及其铭文无法承载更多的社会功能，由最高权力机关集中发布法令，并将其直接适用在每个社会成员身上的趋势又成定局。简言之，是为法律治理模式的转变问题，而非法律首次制定或公开的问题。

从中国立法史的视角来看，铸刑鼎事件意义在于除旧，不在于立新。传世史籍与新出土文献明确揭示铸刑鼎事件之后中国成文法规数量激增，但这些成文法规并不像古罗马社会那样是平民阶层争取权利的结果，而是宗族社会解体后，国家公权力需要直接高效地管理社会成员、调动社会资源的产物。此趋势几经演进，最后崭新而庞大的秦律令体系终于出现。出土简牍所见的秦律令，条文绵密而规定清晰、崇尚绝对法定刑主义，如是特征充分满足了公权力全面精准控制社会的需求。至战国后，刑鼎所体现出的宗族分治、效法祖考、各自为政的旧式风格早已过时，礼器上铸造国法是否乖违礼制的喋喋争论近乎绝迹。礼制本身更是发生了巨变：青铜礼器走下宗族神坛而被各色人等所使用；奉之先祖、永传子孙的铭文内容被铜器容量、重量、工匠名甚至购买地、价格等世俗信息所取代。春秋后期的铸刑鼎事件在中国立法史上当然具有里程碑式的意义，只不过这座里程碑所标志的是旧时代之终结，而非新时代之开启，此后以铸刑鼎为代表的法律治理模式遂淹没于历史洪流之中。

铸刑鼎事件同时表明，中国古代法制有其独到的演进方式。中国本无秘密法传统，东周新社会关系的产生不是成文法公开的原因，而是成文法激增的原因。通观东西方社会可发现：权利诉求会要求公布成文法，集权伸张也会要求公布成文法。尽管两类成文法的性质大相径庭，但其成文形式及公开方式又无根本差异。世界文明发展路径各有千秋，或同因而异果，或同果而异因；或殊途同归，或同源歧路。单纯观察现象，难以认知其实质，将某种文明形态奉为普适标准来验证、分析乃至评判所有社会的做法更不可取，在法制史研究中，这点尤其需要注意。

中国古代专职法官源起新探

黄　海[*]

摘要： 无论在何种法律文化当中，专职法官之出现都是需要认真探讨的重要现象。中国古代的专职法官虽然本质上只是依托于政治权力的官僚机构之一员，但其出现仍是中国特有法律传统的一大进步。关于中国古代专职法官的出现时间，传世文献与出土文献的记载存在很大矛盾，这应该是因为传世文献当中包含着后世之人追溯前代时的想象。中国古代专职法官出现的时间当在集权社会初成的战国时代，他们的出现与战国时期社会形态的变迁存在紧密的联系。具体而言，专职法官出现的原因，正在于宗族社会之解体和集权社会之形成所造成的司法事务数量剧增。

关键词： 专职法官　司寇　理　士　宗族社会

专职法官是社会发展到一定阶段的产物，代表着整个社会的司法意识与社会分工已经达到了一定的程度。正因为如此，厘清中国专职法官出现的时间对于我们更好地理解中国古代法律发展过程具有重要的意义。

传说中，尧舜时期的皋陶是中国历史上第一位可称为专职法官之人，他借以断案的神兽獬豸现在仍然是法官的标志之一。在传统的认识中，从皋陶开始，中国已经出现了专职法官，并在夏商周时期一直存在。但是，近年来大量新见的出土文献似乎与传世文献所载有一些差异。故而，我们

---

　　*　本文作者系中国社会科学院法学研究所助理研究员。

或许可以重新考虑专职法官在中国古代出现于何时这一问题。

关于此问题，之前的通说多依据传世文献的记载，认为中国专职法官出现时间甚早，在三代之时便已存在。[①] 近年来，学者或仍以传世文献为依据认为专职法官在先秦时期一直存在，[②] 或在讨论其他问题时，结合出土文献对此略有涉及。[③] 但对于该问题本身，始终缺少将出土文献与传世文献相结合，进行全面研究的作品。[④] 故而，本文试图结合现有的出土文献与传世文献，对中国古代专职法官的出现时间及其出现原因进行系统的分析。

在开始论证之前，首先应该就本文所言的"专职法官"略作说明。本文所言的"专职法官"，并不是指现代法治社会中的法官。中国古代并非现代所言的法治社会，并没有所谓独立的司法权。中国古代的"专职法官"是依托于政治权力而存在的职官，与现代社会中的法官并不相同。本文所言"专职法官"，是指主要工作为审判等司法事务的职官。

一　古文献对专职法官起源的矛盾记载

在目前所见的文献当中，先秦时期可能的专职法官主要有三种，分别是司寇、理（李）、士。《礼记·月令》"命理瞻伤"，郑玄注云"有虞氏曰士，夏曰大理，周曰大司寇"，认为这三种官名分别是专职法官在三个时代的称呼，但在文献当中，似乎并没有这种严格的时代区分。这三种职官在传世文献中多次出现，且在大部分传世文献当中均被当作起源于三代的专职法官。但是在出土文献当中，他们作为专职法官的出现时间似乎并没有那么早，这与传世文献所载存在矛盾。下面，我们将分别对司寇、理

---

① 参见蒲坚主编《中国法制通史》第1卷，法律出版社，1999，第117、170、329页。
② 参见范忠信《专职法司的起源与中国传统司法的特征》，《中国法学》2009年第5期。
③ 例如，对于《周礼》当中出现的西周时期专职法官"司寇"，近年来多有讨论。学者多认为西周时期并无作为专职法官的司寇，并在此基础之上对于东周时期"司寇"是否为专职法官有所议论。但遗憾的是，这些讨论多止于"司寇"本身，并未进一步讨论专职法官本身是否存在，以及怎样存在的问题。关于"司寇"问题，详见本文第二部分。参见王贻梁《周官"司寇"考辨》，《考古与文物》1993年第4期；李力《〈九刑〉、司寇考辨》，《法学研究》1999年第2期；徐祥民《春秋时期的司寇是法官吗?》，《郑州大学学报》（哲学社会科学版）2002年第1期；陈絜、李晶《夆季鼎、扬簋与西周法制、官制研究中的相关问题》，《南开学报》（哲学社会科学版）2007年第2期；朱腾《也论先秦时代的司寇》，《法学家》2015年第2期。
④ 目前笔者所见，仅有罗新慧先生对此问题有专文论述，参见罗新慧《士与理——先秦时期刑狱之官的起源与发展》，《陕西师范大学学报》（哲学社会科学版）2010年第5期。

（李）、士三者在传世文献与出土文献中的信息进行分析比对，以将这种矛盾具体呈现。

（一）司寇

司寇的专职法官形象因为《周礼·秋官》的记载而广为人知，在《周礼》当中，大司寇是西周时期全国最高的司法官员，小司寇则是仅次于大司寇的司法官。大司寇主管着包括审判在内的一切司法事务。《周礼·大司寇》云："凡诸侯之狱讼，以邦典定之；凡卿大夫之狱讼，以邦法断之；凡庶民之狱讼，以邦成弊之。"即《周礼》中的司寇掌有审判之权。

《周礼》的这种记载，深刻影响了后世对于司寇的认识。除了《周礼》之外，司寇还散见于其他一些传世典籍，后世学者对这些传世典籍的注疏大多依据《周礼》所载，认为司寇确实是西周时期的法官。中古以后，更是出现了将主管司法事务的刑部官员尊称为司寇的现象。

直至近现代，学界依然按照《周礼》所载，认为司寇是西周时期的法官，例如陈顾远先生认为"周，法官统名秋官，或泛言理官"；[1] 蒲坚先生认为"（西周时的）大司寇是大法官，同时掌管全国的司法工作"。[2]

那么，司寇在出土文献当中又是怎样的存在呢？

"司寇"一词根据目前所见，在西周中期的金文中便已出现，凡两见：

　　用左右俗父司寇。（庚季鼎）[3]

　　王若曰：扬，作司工，官司量田佃、眔司位、眔司刍、眔司寇。（扬簋）[4]

在这两器的铭文中，"司寇"均是作为动宾结构出现，而并非官名。[5] 两器当中的"司寇"仍然只是职事，庚季鼎"用左右俗父司寇"意思是"帮助俗父处理寇事"，而扬簋中的"司寇"亦只是周王在册命扬为司工的

---

① 陈顾远：《中国法制史概要》，三民书局，1964，第 120 页。

② 蒲坚主编《中国法制通史》第 1 卷，法律出版社，1999，第 329 页。

③ 中国社会科学院考古研究所编《殷周金文集成》编号 02781，中华书局，2007，第 1448 页。

④ 中国社会科学院考古研究所编《殷周金文集成》编号 04295，中华书局，2007，第 2640～2641 页。

⑤ 参见陈絜、李晶《夅季鼎、扬簋与西周法制、官制研究中的相关问题》，《南开学报》（哲学社会科学版）2007 年第 2 期。

基础上，让其兼为处理寇事之意。由此可见，直至西周中期，"司寇"是否作为职官名仍然没有出土文献上的实证。很可能在西周中期时，"司寇"仍然只是临时性的职事，而并非常设的职官。既然仍非职官，那作为专职法官更是无从谈起了。

司寇作为职官出现于金文当中，要晚至西周晚期。例如：

> 司寇良父作为卫姬簋。（司寇良父簋）①
> 虞司寇伯吹作宝壶。（虞司寇伯吹壶）②

根据这些材料，我们可以确定西周晚期时的"司寇"已经成为一种职官。但是，我们仍然无法确定这时的司寇是否具有审判职能。相反，以西周时期的狱讼类金文来看，司寇在这一时期并未作为审判者出现过，似乎与审判没有关系。③ 这与以《周礼》为主的传世典籍所载的专职法官形象大相径庭。

（二）理

理，又作李。④ 在传世典籍的记载中，早在尧舜时期理便作为专职法官出现了。《史记·五帝本纪》云"皋陶为大理，平，民各伏得其实"，《正义》云"皋陶作士，正平天下罪恶也"，《管子·法法》亦有"皋陶为李"的记载。可见在战国秦汉时人看来，尧舜时期便已有了作为专职法官的"大理"。

在传世典籍之中亦不断出现关于春秋时期的理作为专职法官的记载。《左传·昭公十四年》云"晋邢侯与雍子争鄐田，久而无成。士景伯如楚，叔鱼摄理"，杜预注云"摄代景伯"。景伯为晋之理官，此处的叔鱼便是代替景伯暂摄理官，以审理案件。《吕氏春秋·审分览》亦记有管仲对齐桓公之言："决狱折中，不杀不辜，不诬无罪，臣不若弦章，请置以为大理。"此处的大理所掌正是"决狱折中"的审判事务。

可以看到，在传世典籍当中，理作为专职法官出现于尧舜时期，且在后世一直作为专职法官存在。那么，在出土文献当中，情况又如何呢？

---

① 吴镇烽：《商周青铜器铭文暨图像集成》第 10 册，上海古籍出版社，2012，第 95 页。
② 中国社会科学院考古研究所编《殷周金文集成》编号 09694，中华书局，2007，第 5079 页。
③ 参照松丸道雄、竹内康浩《西周金文中的法制史料》，载滋贺秀三《中国法制史——基本资料的研究》，东京大学出版会，1993。
④ "理""李"在文献中多互通。参见何琳仪《包山竹简选释》，《江汉考古》1993 年第 4 期；范忠信《专职司的起源与中国传统司法的特征》，《中国法学》2009 年第 5 期。

理（李）作为传世典籍记载的专职法官之一，从未出现在西周金文当中，其在出土文献当中有迹可循，但要晚至战国时期的简牍。

包山楚简的法律文书简当中，屡于文书之末见到"某某为李"的记载。① 例如简85的"疋吉戠（识）之，秀淖为李"、简84的"正义强戠（识）之，秀期为李"。② 有学者认为此处的"李"即为理官，"某某为李"意为某某为案件的主审之人。有的学者则指出，包山简诸案例中，可以确定的审判者与"为李"之人均不相同，所以"李"在包山简中并非法官，只是辅助司法工作的小吏或者文书的校验人而已，其地位远远低于审判者。③ 细观简文，后一种说法应该更有道理，包山简中的"理"的确并非所谓的法官。

除包山简之外，上博简《容成氏》也有关于"李"的记载。《容成氏》云："乃立皋陶以为李，皋陶既已受命，乃辨阴阳之气，而圣（听）其讼狱。三年而天下之人无讼狱者。"④ 其所记为尧舜时事，无法直接证明战国时期的"理"为法官，不过通过这条记载，可以看到在战国时人的观念中，理（李）是可以为法官的。但是即便如此，理在出土文献当中的形象仍与传世典籍所载大为不同。

（三）士

士在传世典籍中，亦早在尧舜时期便已作为专职法官出现。《尚书·尧典》云"帝曰：皋陶，蛮夷猾夏，寇贼奸宄，汝作士。五刑有服"，伪孔传云"士，理官也"。可见在传世典籍中，士与理被视为相同的角色，且在尧舜之时便已存在。同时，在典籍中，与士相关的职官还有士师、大士等。

《周礼》记载，在大司寇之下，有士师、乡士、遂士等司法官，均与审判工作相关。郑玄注云："士，察也，主察狱讼之事者。"《周礼·士师》记其职掌包括"察狱讼之辞，以诏司寇断狱弊讼，致邦令"。可见，按《周礼》所载，西周时期亦有名为士的法官。

春秋战国时期，传世典籍当中关于士为法官的记载也有不少。《左传·

---

① 关于"李"字的释字，另有几种不同观点。参见王捷《包山楚司法简考论》，上海人民出版社，2015，第94~97页。
② 参见陈伟等《楚地出土战国简册（十四种）》，经济科学出版社，2009。
③ 参见张伯元《包山楚简案例举隅》，上海人民出版社，2014，第283~284页；王捷《包山楚司法简考论》，上海人民出版社，2015，第97页。
④ 马承源主编《上海博物馆藏战国楚竹书》（二），上海古籍出版社，2002，第273~274页。

僖公二十八年》云："卫侯与元咺讼，宁武子为辅，针庄子为坐，士荣为大士。"杜预注"大士，治狱官也"。同时，晋国尚有士氏，世代为士，以理刑狱。

可见，士在传世典籍中的形象与理相类，均是自皋陶开始便作为专职法官而存在。那么，出土文献中的士是否也是如此呢？

士在金文当中比较多见，自西周早期便作为职官出现在了金文当中。[①]不过与狱讼或有关联的，目前所见只有两例，兹罗列分析如下。

西周中期趩簋：

> 王在宗周，戊寅，王格于大庙，密叔右趩即位，内史即命。王若曰：命汝作齵师冢司马，啻（适）官仆、射、士，讯小大右邻，取遣五锊……[②]

该铭文给人的第一印象，的确是"士"可以"讯小大右邻，取遣五锊"，即士具有审判权，但细细揣摩铭文，事实恐非如此。可以看到，在铭文中，趩被册命的职位是冢司马，明确之后的"仆、射、士"和趩的关系，重点在于对"啻（适）官"一词的理解。唐兰先生认为"啻"读为"适"，而"适"又通"敌"，"敌"在古代有"匹""辈"等意思，故而此处的"适官"指同辈的官。[③] 若确实如此的话，则"仆、射、士"是与"冢司马"同辈之官，与此处的趩并无关系，而"讯小大右邻，取遣五锊"则是趩被任命的"冢司马"的职权，自然也与士没有什么关系。[④]

西周中期牧簋：

> 王若曰：牧，昔先王既命汝作司士，今余唯或䣄改，命汝辟百寮，有炯事包乃多乱，不用先王作刑，亦多虐庶民，厥讯庶右邻，不刑不中，乃侯之籍，以今䚄司服厥罪厥辜，王曰：牧，汝毋敢（不惟）先王作明刑用，雩乃讯庶右邻，毋敢不明不中不刑，乃毋政事，毋敢不

① 参见罗新慧《士与理——先秦时期刑狱之官的起源与发展》，《陕西师范大学学报》（哲学社会科学版）2010 年第 5 期。

② 中国社会科学院考古研究所编《殷周金文集成》编号 04266，中华书局，2007，第 2596 页。

③ 唐兰：《西周青铜器铭文分代史征》，上海古籍出版社，2016，第 319 页。

④ 张亚初、刘雨二位先生亦认为本铭中的"士"与狱讼无关，而是勇力披甲之士。参见张亚初、刘雨《西周金文官制研究》，中华书局，2004，第 38 页。

尹人不中不刑，今余唯申就乃命……①

因为牧簋铭文中出现了"司士"，而铭文后半部分当中明确提到了牧的工作内容包括"零乃讯庶右邻"，所以多数学者认为其足以证明"司士"在此时为狱讼之官，有审判权限。但是细细观察铭文，仍然会产生一些疑问。可以看到，"司士"是牧在先王时期的职位，而该铭文是周王改变了牧的职位并重新对牧进行册命，即所谓的"唯或馘改"。② 牧被册命的新职位是"辟百寮"，即管理百官。故而，铭文后半部分包括审判工作（"零乃讯庶右邻"）在内的所有职权，均是基于牧"辟百寮"的职位，而并非基于"司士"的职位。所以，牧簋铭文似乎无法证明司士所掌职权包括审判工作。

综上所述，我们发现，在传世典籍当中，司寇、士、理三者均是自三代开始便作为专职法官出现。但是，在出土文献当中，司寇、士与理三者的形象与传世文献所载具有不小的矛盾。司寇的职官化要晚至西周晚期，更不用说在此之前作为专职法官而存在；而士作为职官，在西周时期似乎与狱讼并无关联；理甚至没有出现于西周金文之中，只是在战国简牍中才有一丝作为专职法官的踪迹可寻。这与传世文献当中，三者产生于尧舜时期或商周时期，且地位甚高的记载大相径庭，这是为什么呢？

二　想象还是真相？

司寇、士与理作为专职法官的形象，在出土文献与传世文献当中呈现出了很大的矛盾，既然如此，肯定有一方的记载存在问题。真相到底是什么样的呢？就文本性质而言，出土文献可信度当大于传世文献，传世文献很可能包含着后人对前世的想象。但是，将传世文献的记载全部归咎于想象显然过于武断。

通过出土文献与一些可靠的传世文献，我们仍能一窥真相。本节将以司寇为例，分析历史当中真实的司寇到底是怎么样的，并以此为基础，解释传世文献与出土文献产生矛盾的原因。

---

① 中国社会科学院考古研究所编《殷周金文集成》编号 04343，中华书局，2007，2748~2749 页。

② 李学勤先生将此句释为"唯或升改"，意为"又行擢升"。参见李学勤《四十三年佐鼎与牧簋》，《中国史研究》2003 年第 2 期。

（一）真实的司寇：不管审判的治安官

前文已述及，根据西周金文，在西周晚期之前，司寇应该还不是一种职官，在这一阶段，"司寇"很可能处于由临时性的职事向常设的职官发展的过渡时期。而在西周晚期，其虽已是职官，但职掌仍然无法确定。

近年来，有学者认为西周时期的司法事务并无专官管理，主管狱讼的司寇似乎并不存在。例如张亚初、刘雨两位先生认为："西周的刑讯诉讼诸事，并无专官管理。"① 李力先生认为："西周时期社会分工还很粗，执法官吏并不十分固定，也不需要固定；司寇一职专司审判并进一步分化出大、小司寇，是东周时期的事情。"② 这种观点与西周金文所反映的实际情况相符。由此可见，西周时期的司寇应该并不是所谓的专职法官。

关于东周时期的司寇，有学者认为是主管狱讼的法官，一如《周礼·秋官》所载，例如张亚初与刘雨两位先生认为："文献记载各国制定法律条文，以法治讼，设专职管理，乃是春秋战国以后的事情。所以，《周礼》所反映的情况亦为东周的制度。"③ 另有学者认为，东周时期的司寇是主管治安的官员，主除盗贼，并不是法官。④ 还有学者认为，东周之时的司寇在主管治安的同时，其职权亦已扩大至司法领域。⑤

那么，东周时期的司寇，其职掌究竟为何？通过分析，笔者认为，这时的司寇职掌主要有二，一是维持社会治安，二是执行刑罚；另外，此时的司寇与西周时相同，仍然没有审判之类的司法职能。也即，东周时期的司寇并无刑罚的决定权。

1. 司寇负责维持社会治安

《国语·周语中》云："司寇诘奸。""诘"，治也。意即司寇需要治理奸宄，在《左传》中可以找到与此相应的记载。

> 季孙谓臧武仲曰："子盍诘盗？"武仲曰："不可诘也，纥又不能。"
> 季孙曰："我有四封，而诘其盗，何故不可？子为司寇，将盗是务去，

---

① 张亚初、刘雨：《西周金文官制研究》，中华书局，1986，第39页。
② 李力：《〈九刑〉、司寇考辨》，《法学研究》1999年第2期。
③ 张亚初、刘雨：《西周金文官制研究》，中华书局，1986，第39页。
④ 参见徐祥民《春秋时期的司寇是法官吗？》，《郑州大学学报》（哲学社会科学版）2002年第1期。
⑤ 参见朱腾《也论先秦时代的司寇》，《法学家》2015年第2期。

若之何不能？"（《左传·襄公二十一年》）①

鲁国的执政季孙要求司寇臧武仲"诘盗"，在司寇表示自己没有办法时，季孙又责问道："子为司寇，将盗是务去，若之何不能？"由此可知，司寇的一项重要职掌便是治理盗贼，维持治安。

与此同时，应该注意到，治理盗贼并非维持治安工作的全部。例如《左传·昭公十八年》记载了郑国的一场大火。

> 火作，子产辞晋公子、公孙于东门，使司寇出新客，禁旧客勿出于宫。使子宽、子上巡群屏摄，至于大宫。使公孙登徙大龟，使祝史徙主祏于周庙，告于先君。使府人、库人各儆其事。商成公儆司宫，出旧宫人，置诸火所不及。司马、司寇列居火道，行火所焮。城下之人伍列登城。明日，使野司寇各保其征。郊人助祝史，除于国北，禳火于玄冥、回禄，祈于四鄘。书焚室而宽其征，与之材。三日哭，国不市。使行人告于诸侯。②

在处理这场大火的过程中，司寇主要做了以下工作：第一，"（子产）使司寇出新客，禁旧客勿出于宫"，即保护他国来访贵族的人身安全；第二，"司马、司寇列居火道"，杨伯峻先生认为司寇在此处的作用是"禁盗"；③ 第三，"使野司寇各保其征"，即"使所征发之徒役不散"。④ 由此可以看到，禁盗虽为司寇的工作重点之一，但其目的在于保证社会治安。《左传》中数见的"以靖国人"⑤ 句多与司寇相关，正是因为如此。

2. 司寇负责执行刑罚

在维持社会治安的同时，东周时期司寇的职掌还包括刑罚的执行。

《韩非子·五蠹》云"司寇行刑，君为之不举乐；闻死刑之报，君为流涕"，《左传》和《国语》都有类似的语句。⑥ 这些记载表明，当时的司寇

---

① 杨伯峻编著《春秋左传注》，中华书局，2009，第 1056~1057 页。
② 杨伯峻编著《春秋左传注》，中华书局，2009，第 1395~1396 页。
③ 杨伯峻编著《春秋左传注》，中华书局，2009，第 1396 页。
④ 杨伯峻编著《春秋左传注》，中华书局，2009，第 1396 页。
⑤ 例如《左传·文公十八年》云："使乐吕为司寇，以靖国人。"
⑥ 《左传·庄公二十年》："夫司寇行戮，君为之不举。"《国语·周语上》："司寇行戮，君为之不举。"

确实掌管着刑罚的执行，① 史籍之中，还有很多的记载可以对此予以证实。以下试举一例。

> 晋侯之弟扬干，乱行于曲梁，魏绛戮其仆。晋侯怒，谓羊舌赤曰：“合诸侯，以为荣也，扬干为戮，何辱如之？必杀魏绛，无失也！”对曰：“绛无贰志，事君不辟难，有罪不逃刑，其将来辞，何辱命焉？”言终，魏绛至，授仆人书，将伏剑，士鲂、张老止之。公读其书曰：“日君之使，使臣斯司马。臣闻师众以顺为武，军事有死无犯为敬。君合诸侯，臣敢不敬？君师不武，执事不敬，罪莫大焉。臣惧其死，以及扬干，无所逃罪。不能致训，至于用钺，臣之罪重，敢有不从，以怒君心？请归死于司寇。”公跣而出，曰：“寡人之言，亲爱也，吾子之讨，军礼也。寡人有弟，弗能教训，使干大命，寡人之过也。子无重寡人之过，敢以为请。”（《左传·襄公三年》）②

晋国的大臣魏绛杀死了晋侯之弟的仆从，晋侯大怒，欲处死魏绛，魏绛上书认罪（实际上是在自辩），愿意“归死于司寇”。可以看出，在当时人的观念中，司寇掌管着死刑的执行。③

类似的记载还有不少，比如《左传·昭公二年》子产云“不速死，司寇将至”，《国语·晋语八》辛俞行云“臣敢忘其死而叛其君，以烦司寇”。从这些言行中，我们可以看到，当时人将司寇执行死刑视为理所当然之事。

东周时期只有司寇拥有死刑的执行权，不通过司寇来执行死刑被视为犯罪。

> 士景伯如楚，叔鱼为赞理。邢侯与雍子争田，雍子纳其女于叔鱼以求直。及断狱之日，叔鱼抑邢侯，邢侯杀叔鱼与雍子于朝。韩宣子患之，叔向曰：“三奸同罪，请杀其生者而戮其死者。”宣子曰：“若何？”对曰：“鲋也鬻狱，雍子贾之以其子，邢侯非其官也而干之。夫

---

① 当然，刑罚的具体执行很可能是交由司寇的下属执行，而并非司寇亲自动手。
② 杨伯峻编著《春秋左传注》，中华书局，2009，第 928~930 页。
③ 朱腾先生认为“归死于司寇”的意思是“把犯有某罪的自己交给司寇审讯并接受处罚”，即司寇有审判权，但目前所见材料似乎难以支持这一点。参见朱腾《也论先秦时代的司寇》，《法学家》2015 年第 2 期。

以回鬻国之中，与绝亲以买直，与非司寇而擅杀，其罪一也。"（《国语·晋语九》）①

邢侯与雍子因争夺田产引发诉讼，雍子将自己的女儿送予裁判官叔鱼，从而使叔鱼作出了对自己有利的判决，邢侯一怒之下将雍子与叔鱼杀死。对于此事，叔向的看法是三人均有罪，而邢侯的罪名正是"非司寇而擅杀"。邢侯所杀的二人本已构成死罪，所以邢侯被处理的原因是"非其官也而干之"，可见构成死罪之后，死刑的执行必须交由司寇，否则便是犯罪。

史籍中的材料多指向司寇的死刑执行权，那么，在死刑之外，司寇是否还执掌着其他刑罚的执行权呢？笔者认为答案是肯定的，《荀子·王制》云"扰急禁悍，防淫除邪，戮之以五刑，使暴悍以变，奸邪不作，司寇之事也"，其中的"戮之以五刑"正表明司寇对于死刑之外的其余刑罚也有执行权。《国语·周语上》"土不备垦，辟在司寇"也是一例，"土不备垦"应该并非全部是死罪，但其处理却全部交由司寇，由此可见司寇不是仅仅拥有死刑的执行权。

3. 司寇不参与审判

对于司寇在东周时是否确如《周礼》所说，具有审判之权，争议颇大，学界传统上依据《周礼·秋官》断定司寇主狱讼。近年来，依据其他材料，徐祥民先生认为东周时期的司寇主管治安，不主狱讼；② 朱腾先生则不同意这种观点，认为此时的司寇职能有所扩大，已经进入司法领域，有一定的审判权。③ 笔者认为，依照现有材料，徐祥民先生的观点更有说服力。

《左传·襄公十年》记载了一次诉讼：

> 晋侯使士匄平王室，王叔与伯舆讼焉，王叔之宰，与伯舆之大夫瑕禽，坐狱于王庭，士匄听之。王叔之宰曰："篳门闺窦之人，而皆陵其上，其难为上矣。"瑕禽曰："昔平王东迁，吾七姓从王……唯大国图之！下而无直，则何谓正矣？"范宣子曰："天子所右，寡君亦右之，所左亦左之。"使王叔氏与伯舆合要，王叔氏不能举其契。④

---

① 徐元诰：《国语集解》，中华书局，2002，第443页。
② 徐祥民：《春秋时期的司寇是法官吗?》，《郑州大学学报》（哲学社会科学版）2002年第1期。
③ 朱腾：《也论先秦时代的司寇》，《法学家》2015年第2期。
④ 杨伯峻编著《春秋左传注》，中华书局，2009，第983~984页。

周王室内部的王叔与伯舆有所纠纷，周王不能决，故请晋国处理纠纷，所以有此讼案。在这起诉讼之中，诉讼双方当事人是王叔与伯舆，二者均有自己的代理人参与诉讼，而裁判者则是晋国的士匄。在双方的代理人分别呈辞之后，晋国的执政者范宣子公布审判结果，伯舆获胜。

在这次的诉讼中，案件的裁判者是晋国的贵族，并非司寇，而且整个诉讼和裁判的过程中，均未看到司寇的身影，这与西周时期的情况非常类似。在春秋时期，这不是特例，在《左传》《国语》等史籍所载为数不少的诉讼中，① 我们均未看到司寇作为审判者出现，上文所引《国语·晋语九》所载"邢侯与雍子争田案"便是一例。

《左传》《国语》等书所载，均为贵族之间的诉讼，那么在非贵族之间的诉讼中，司寇处于何种地位呢？我们可以看到，当时非贵族之间的诉讼同样不归司寇执掌。

> 李悝为魏文侯上地之守，而欲人之善射也，乃下令曰："人之有狐疑之讼者，令之射的，中之者胜，不中者负。"令下而人皆疾习射，日夜不休。及与秦人战，大败之，以人之善射也。（《韩非子·内储说上》）②

李悝作为一地长官，不仅掌管着诉讼，而且可以将诉讼的方式定为比赛射箭，由此可知当时非贵族间的诉讼由地方长官执掌，且其权限很大，与司寇无涉。又如，《韩非子·外储说左上》云："有相与讼者，子产离之而毋使通辞，到至其言以告而知也。"③ 此处非贵族间的诉讼由执政者子产执掌，同样不见司寇的踪影。

目前所见的东周传世文献中，与司寇相关的诉讼仅有一例，④ 即《荀

---

① 参照滋賀秀三「左伝に現われる訴訟事例の解説」『國家學會雜誌』102（1）、1989；籾山明「春秋訴訟論」『法制史研究』37、1987。

② （清）王先慎撰《韩非子集解》，中华书局，1998，第230页。

③ （清）王先慎撰《韩非子集解》，中华书局，1998，第288页。

④ 出土文献中有一例司寇管审判之例，即包山楚简简102中有人状告右司寇正陈得断案不法，参见陈伟等《楚地出土战国简册（十四种）》，经济科学出版社，2009，第38页。但是，司法简众多的包山简只出现了这一处"司寇"让人心生疑惑。在包山简中，最普遍出现的参与狱讼的官员是"司败"，传统看法认为楚国的司败即他国的司寇，而在包山简中，其并不参与审判事务。对于此问题，张伯元先生认为："右司寇正，很可能是陈得早年在他国所任官职，入楚后，人们按习惯仍以旧官名称之。"参见张伯元《出土法律文献丛考》，上海人民出版社，2013，第180页注释。

子·宥坐》所载"孔子为鲁司寇，有父子讼者，孔子拘之，三月不别。其父请止，孔子舍之"。① 朱腾先生以此条材料为依据，认为当时的司寇可以主狱讼之事。但是，这一材料作为孤例，其证明力本来便已有限，何况细查史籍，我们可以发现孔子此处所为很可能并非基于司寇的职权。

《史记·孔子世家》云："定公十四年，孔子年五十六，以大司寇行摄相事……齐人闻而惧，曰：孔子为政必霸。"由此可见，孔子在鲁国为大司寇的同时还兼领国政，即齐人所谓的"孔子为政"。按照上文的分析，非贵族间的诉讼归执政者管辖，所以《荀子·宥坐》所载孔子处理父子之讼的事情，应该是基于执政者的职权，而非基于司寇的职权。

综上所述，东周时的司寇职掌主要有二，一是维持社会治安，二是负责刑罚的执行。与此同时，与传统看法不同，东周的司寇并不参与诉讼、审判等司法事务，并非传世文献所谓的专职法官。换言之，东周时期的司寇并无刑罚的决定权，只有刑罚的执行权，与此同时，司寇还负责管理社会治安。这种观点在出土文献当中亦可以寻找到佐证。

在一些战国兵器铭文中，出现了身份为"司寇"的官员，从铭文格式来看，他们应当是兵器的监造者（或称为督造者）。② 为何其身份几乎均为监造者呢？这应该与当时司寇的职掌有关。从现有的战国兵器铭文来看，监造者、主造者和铸造者的职官和身份是比较固定的，③ 而其中的职官和身份多与兵器直接相关。④ 这说明司寇作为职官，其职掌也与兵器有关。

司寇的两项职掌，即维持社会治安与执行刑罚，均需要使用到武器，所以其出现在监造者当中并不奇怪。正如《国语·晋语六》所云"今吾司寇之刀锯日弊，而斧钺不行"。在当时人的观念中，司寇使用武器是一种常态，所以在内部治安不佳时，会有"司寇之刀锯日弊，而斧钺不行"的话语。而司寇之所以会经常用到武器，正是因为其在当时的两项职掌。司寇

---

① （清）王先谦：《荀子集解》，中华书局，1988，第 521~522 页。

② 参见黄盛璋《试论三晋兵器的国别和年代及其相关问题》，《考古学报》1974 年第 1 期；秦晓华《战国三晋兵器铭辞格式特点研究》，《中山大学学报》（社会科学版）2015 年第 3 期。

③ 监造者主要有三类：第一类是"相"，有相邦、守相、代相等；第二类是"司寇"，有邦司寇和地方司寇；第三类是地方长官"令""守"。除此之外，还偶见"啬夫""冢子"等。主造者主要是"工师"；铸造者则主要是"冶"。参见黄盛璋《试论三晋兵器的国别和年代及其相关问题》，《考古学报》1974 年第 1 期；秦晓华《战国三晋兵器铭辞格式特点研究》，《中山大学学报》（社会科学版）2015 年第 3 期。

④ 主造者"工师"和铸造者"冶"自不待言。监造者中，"相"是国家最高官员之一，名义上无所不统，自然可以管理兵器铸造，地方长官与此情况相同。

作为监造者出现在战国时期兵器铭文之中，正是司寇在当时维持治安和执行刑罚的具体表现，与现代的警察在工作时需要警棍、手枪，执行死刑之人需要用枪处决罪犯是同一个道理。

（二）传世文献中的司寇：追溯与想象

明确了司寇并非专职法官，而是治安官这一事实之后，又有一个问题呈现在我们面前。即，为什么在《周礼》等传世文献当中，司寇会被认为是专职法官呢？这应当与后世之人的追溯与想象有关。

细审传世文献可以发现，在所有可能是先秦时期的传世典籍当中，除《周礼》之外，均未明确言及司寇具有审判权限。上节所列举的《左传》《国语》等文献正反映了这一点。在这些传世典籍中出现的司寇，被理解为专职法官，均源于后世的注疏，而这些注疏的依据，大多包含着《周礼》的身影。例如，《尚书·立政》云："司寇苏公式敬尔由狱，以长我王国。兹式有慎，以列用中罚。"孔疏云："治狱必有定法，此定法有所慎行。《周礼·大司寇》云：'刑新国用轻典，刑平国用中典，刑乱国用重典。'轻重各有体式行列，周公言然之时，是法为平国，故必以其列用中罚，使不轻不重。"其实便是依照《周礼》之言，径直将司寇视为有审判权限的司法官。

既然如此，我们可以猜测，关于司寇具有审判职能的记载，最早可能出自《周礼》，而后世大多依照《周礼》所载来注释文献中的司寇，使得这种观点进一步深入人心，如此互相影响，最终使得司寇成为所谓的专职法官。

《周礼》中出现如此的记载，应该是出于后世对西周的想象与追溯。或是因为在其成书年代，专职法官（不一定是司寇）的存在已经成为一种常态，故而后人以自己时代的事实为基础，加以当时可见的早期材料，想象并追溯了西周时期的司寇这一形象。关于《周礼》的成书年代，虽有数种说法，但现在学界基本认为，其成书最早也在战国时期，[①] 也就是说，在战国时期，司寇作为专职法官的印象才开始形成。

当然，若《周礼》真的成书于战国时代，这里又会有一个问题。即按

---

① 参见沈长云、李晶《春秋官制与〈周礼〉比较研究——〈周礼〉成书年代再探讨》，《历史研究》2004 年第 6 期。

照我们上文的论证，司寇在东周时期事实上只是治安官，而并非法官，为何时人会在著述当中将其描写为法官呢？其实，人们观念中的形象与现实中的形象不同也并不奇怪。正如上文所说，《周礼》中的想象和重构应该是基于其成书年代的事实与当时可见的早期材料。专职法官的形象很可能是基于成书年代的事实，而司寇则是基于当时见到的早期材料，如《尚书》《春秋》等。① 在《尚书》《春秋》等材料当中，司寇是可以见到的最早与司法相关的重要职官之一，所以后世之人在《周礼》中将其想象和重塑成了全国最高的司法官员的形象。因为在其成书年代，专职法官已经成为一种普遍的社会事实，所以在重塑司寇的形象之时，司寇的职能被加入了本不存在的审判职能，从而在文献中成为具有审判权限的法官。

　　《周礼》为何会选择司寇作为专职法官进行重塑，而不是径直使用当时已经存在的专职法官？这或许是因为专职法官在初步出现之时，其作为一项制度并不成熟，而且列国对于专职法官的称呼可能并不一致，故而《周礼》的编写者选择了早期文献当中，以及当时各国之间较为常见的司法官员司寇作为想象中的法官。

　　通过对司寇的分析，我们可以发现，真实的司寇与传统文献中的司寇形象存在不小的差异。真实的司寇作为职官，应该形成于西周晚期，且并无审判权，只是治安官而已，并非《周礼》等文献中所言的那样具有审判权限。而这种与真实情况不同的记载，很可能出自后世人对前世的想象与重塑。司寇如此，士与理的情况也很可能与此类似，所以对于专职法官具体的诞生时间，我们仍需要慎重考虑。

三　专职法官是怎样诞生的？

　　既然传世文献中的记载夹杂着后世的想象与重塑，很可能与真相有一定的距离，而出土文献提供的信息又呈现碎片化的趋势，那么，到底如何才能确定专职法官在中国古代是何时出现的呢？关于这一点，我们有必要先仔细考虑中国古代专职法官的本质为何，然后基于其本质探讨其出现的社会条件，进而结合中国历史的发展过程来确定专职法官出现的时间。

_____

① 当然，这些材料也不一定是真实的早期材料。只是后人认为这些材料就是早期的材料。

（一）中国古代专职法官的本质与出现的条件

中国古代专职法官依托政治权力而存在，这与司法权独立下的西方法官具有本质区别。中国的专职法官，就其本质来说，只是政治权力的拥有者将司法事务委托于他人，让专职法官代表统治者来处理审判事务，实际上的最高审判权仍然在政治权力拥有者之处。换言之，中国的专职法官只是官僚的一员而已。所以，专职法官的存在与国家政治权力的形态息息相关。

在早期国家当中，国家制度仍比较简单，对于许多不是很常见的事务，统治者会在事发时候临时委派人员处理，而不会设置专门的官僚。而某种官僚的形成，一般是因为某项事务在国家事务中的比重达到了一定程度，而且长期存在，使得统治者需要长期有人帮助自己处理这种事务。久而久之，就形成了处理该项事务的固定官僚。

专职法官的形成过程，应该也是如此。这一过程应该有如下两个阶段：第一，司法工作在国家事务当中的比例不大时，审判事务由统治者直接处理，或由其临时委派专人处理，不需要固定的司法官僚；第二，司法工作在国家事务当中的比例大到一定程度，且长期存在，故而统治者设置专职法官来处理司法事务，自己只是在必要时才行使手中的权力干预审判。

那么，为何在某一个阶段，司法事务的数量会急剧增加，从而造成专职法官的诞生呢？这应该与社会形态的演变有关。司法事务的增多，标志着需要由统治者直接处理的纠纷增多，这种数量的纠纷，在原来并非不存在，只是不需要由最高统治者直接处理罢了。所以，需要由统治者直接处理的纠纷增多，意味着统治者权力的上升以及直接管辖区域的扩大。正是在这种条件下，司法事务才会大幅度增加。这种推论，正好可以与中国历史的发展对应起来，从而帮助我们最终确定中国专职法官的出现时间，并了解到其出现的深层原因。

（二）专职法官的出现：集权社会初成的战国时期

中国历史之中，统治者权力急剧上升的阶段，正是集权社会初步形成的战国时期。

在商与西周时期，社会的形态是以宗族为基本单位的宗族社会。商代的宗族长在宗族内拥有祭祀权、武装指挥权、经济权等一切权力，是宗族的支配者，在宗族内实行一种父家长式的统治。① 在西周时期，情况并未有多大的变化，虽然周人通过移民改变了商人以血缘聚居的局面，但其统治仍然以所谓的贵族家族与庶民家族为基本单位，且在宗族之内，贵族家主与异姓家臣以拟制血缘的关系紧密结合在一起。②

在这种以宗族为基本单位的社会形态当中，个人与个人之间的纠纷，只需要在宗族内由族长解决便可，不需要由最高统治者亲自处理。例如西周时期的珊生诸器，便很好地反映了宗族内部自行解决纠纷的过程。③ 在宗族社会当中，王朝中央所需要解决的司法纠纷，并非个人为单位，而是以宗族为单位。这一点在西周金文当中也有所表现。

西周中期的曶鼎铭中，记录了一件案例，即所谓的"寇禾"案，其内容如下。

> 昔馑岁，匡众厥臣廿夫，寇曶禾十秭。以匡季告东宫，东宫乃曰：求乃人，乃弗得，汝匡罚大。匡乃頴（稽）首，于曶用五田，用众一夫，曰嗌，用臣曰疐、朏、曰奠，曰用兹四夫。頴（稽）首曰：余无卤（由）具寇正（足），不出，俊（鞭）余。曶或（又）以匡季告东宫，曶曰：弋唯朕赏（偿）。东宫乃曰：赏（偿）曶禾十秭，馈（遗）十秭，为廿秭，□来岁弗赏（偿），则付卌秭。乃或（又）即曶，用田二，又臣，凡用即曶田七田、人五夫，曶觅匡卅秭。④

该案大意是说，在某一个饥馑之年，被告方匡的下属共二十人抢掠了原告方曶十秭的禾，曶因此起诉至裁判者东宫。东宫第一次裁决，要求被告方交出参与寇禾之人，但被告方的匡没有交出他们，并提出了一个赔偿方案，意图和原告方曶达成和解。曶没有和被告方匡和解，而是再次向东宫起诉，要求对方赔偿自己损失的禾。裁判者东宫的第二次裁决满足了曶的请求，要求被告方匡进行赔偿，匡再次提出了一个赔偿方案，双方最终

---

① 参见朱凤瀚《商周家族形态研究》，天津古籍出版社，1990，第 220 页。
② 参见朱凤瀚《商周家族形态研究》，天津古籍出版社，1990，第 445~499 页。
③ 参见王沛《珊生诸器与西周宗族内部诉讼》，《上海师范大学学报》（哲学社会科学版）2017 年第 1 期。
④ 中国社会科学院考古研究所编《殷周金文集成》编号 02838，中华书局，2007，第 1521 页。

达成一致，和解了案。①

可以看到，在该案中，发生了寇盗之事，即被告方匡的下属抢掠了原告方曶十秭的禾。解决这一纠纷的方式，是由双方宗族的代表人（该案中为匡与曶），而非当事人本人（匡的下属）出面，通过诉讼、协商等方式来解决。可以看到，整个事件的解决过程完全是以宗族为单位，这正是宗族社会的特点之一。在这种情况下，需要由统治者出面解决的司法纠纷自然数量有限。

正如李峰先生所言，"在西周时期，宗族成员间的争议由宗族长来解决。宗族之间的争议由王朝官员来解决，而这种解决与其说是按法律原则，还不如说是根据政治现实来决定的游戏规则"。② 在宗族社会当中，王朝中央的司法事务远远少于后世，所以在产生纠纷之时，统治者只需临时指派专人解决便可，并不需要设置专职法官。

春秋战国时期，列国战争初起，大国对小国的不断兼并，使得小的宗族不断消失，进而使得宗族社会逐渐解体。这种兼并的过程在春秋时期，因为大国内部宗族力量仍然强大的关系，表现得并不明显。在春秋时期，大国君主在灭掉小国，并将其变为县以后，很多时候会派遣大夫进行世袭管理，这与宗族社会中的采邑制并没有本质的区别。③ 而到了战国时期，君主通过向县派遣作为官僚的县令，最终将县变成了君主的直辖地。④

换言之，宗族社会在春秋时期开始瓦解，"春秋时期的错综复杂的国内斗争实际上是贵族宗族的自我消耗和毁灭的过程，这其中可能有大量的土地被以'县'的形式重新占有和分配"。⑤ 通过春秋时期的过渡，最终在战国时期，各国初步形成了集权社会。在集权社会当中，君主作为统治者要直接面对个人，二者之间不再有宗族这一中间环节，故而在宗族社会中大量由宗族内部自行解决的事务变为国家事务，需要统治者亲自处理，其中

---

① 关于"寇禾"案的详细经过，参见黄海《曶鼎铭"寇禾"案所见西周诉讼程序及其启示》，《山东科技大学学报》（社会科学版）2017 年第 4 期。

② 李峰：《中国古代国家形态的变迁和成文法律形成的社会基础》，《华东政法大学学报》2016 年第 4 期。

③ 参照平势隆郎『左傳の史料批判の研究』、第二章「春秋時代の縣——春秋戰國時代の劃期」汲古書院、1998。

④ 参照江村治樹『戰國秦漢時代の都市と國家』白帝社、2005。

⑤ 李峰：《中国古代国家形态的变迁和成文法律形成的社会基础》，《华东政法大学学报》2016 年第 4 期。

自然也包括司法事务。在集权社会之中，个人产生纠纷，自然会直接诉诸统治者或统治者委派的官吏，而个人间的纠纷，其数量当然远远大于以宗族为单位的纠纷。故而，出于统治的需要，代表君主处理司法纠纷的专职法官便登上了历史舞台。

战国时期国家所面对的司法事务剧增，于文献当中亦有所反映。早在春秋时期，叔向在与子产争论铸刑鼎之事时，便已预言了这一情况。其云："民知争端矣，将弃礼而征于书，锥刀之末，将尽争之。"所谓的"锥刀之末，将尽争之"其实便表示了司法事务的急剧增长。《荀子·宥坐》云："今之世则不然……是以刑弥繁，而邪不胜。"更清楚地表明了战国时期司法事务数量的剧增。

专职法官产生于战国时期，无论是在传世文献还是出土文献中，都有迹可循。《韩非子·外储说左下》云："桓公问置吏于管仲，管仲曰：辩察于辞，清洁于货，习人情，夷吾不如弦商，请立以为大理……"类似的记载亦见于《吕氏春秋·审分览》。《韩非子》与《吕氏春秋》作为战国时书，其所言春秋时期管仲与桓公之事虽然可能有所想象与加工，但正反映了战国时人的观念中专职法官的存在。而在出土文献当中，上博简《容成氏》云："乃立皋陶以为李，皋陶既已受命，乃辨阴阳之气，而圣（听）其讼狱。三年而天下之人无讼狱者。"① 该记载亦为战国时人对先世的想象与重塑，但也恰好反映了战国时人观念中专职法官的存在。

综上所述，中国专职法官的诞生，是因为集权社会初步形成后，国家统治者需要直面的司法事务大为增加。其产生应该是在宗族社会几乎完全瓦解，集权社会初步形成的战国时期。对于当时专职法官的具体情况，因为各国间的差异以及史料的不足，我们仍然难以断言，但是其存在应该并无疑问。

结　语

专职法官的出现无论是在哪一种文明当中，均是法律史研究需要探讨的问题。在中国，因为自身文明的特殊性，所以与法律相关概念的定义均与西方文明截然不同，专职法官自然也不例外。中国的专职法官作为官僚

---

① 马承源主编《上海博物馆藏战国楚竹书》（二），上海古籍出版社，2002，第273~274页。

机构的一员，本质上是依托于政治权力的存在，但其出现仍然标志着中国特有司法传统的发展。

根据目前所见的出土文献，拥有审判权的专职法官在东周以前很可能仍未出现。这或许是因为商周时期为宗族社会，社会以宗族为单位，统治者只需管理好各个宗族即可，有很多的纠纷在宗族内部已自行解决，国家只需要出面解决宗族之间的纠纷。在这种社会结构中，中央需要处理的司法纠纷相比于后世数量有限，所以在目前所见的金文等资料当中，司法事务多由其他官员兼职处理，而未见专职法官的身影。广大传世文献当中所言的商周甚至尧舜时期就已存在的专职法官，很可能只是后人对前世的想象与重构。

专职法官的产生与宗族社会的瓦解密切相关。因为宗族社会的瓦解意味着统治者需要面对社会上的每一个个人，如此一来，个人之间的纠纷自然也需统治者解决，这意味着国家需要处理的司法事务数量激增。在这种情况下，统治者需要专门的官僚代表自己处理数量激增的司法事务，专职法官应运而生。在中国的历史上，宗族社会的瓦解正是在春秋战国时期，战国时期更是初步形成了集权社会。在战国，君主通过设置郡县将广大的领域统治在自己的手中，直接统治着每一个个人。所以，战国时期的文献中会出现专职法官的痕迹。综上，我们认为，中国的专职法官出现于宗族社会不断瓦解、集权社会初步形成的战国时期，专职法官正是官僚体制适应复杂社会治理需求、趋向细化分工的产物。

律令形成史[*]

——先秦法律形式之变迁

朱　腾[**]

摘要：商周时代以族居之邑为社会基本单位。以此为背景，周人的封建一方面以周王为天命的拥有者，另一方面又承认各邑的独立性。与之相适应，周王极有可能不会以全域为范围制定法律，西周时代的法则表现为诸邑之主的逐条命令。至春秋时代，随着社会结构的变动，变革旧制、推出新政的命令频发，令遂作为一种法律形式登上列国政坛。然而，时人为令寻找权威来源的努力却归于失败。到战国时期，集权君主以其威势保证令的效力，而在君臣的文书往来中又形成了令的固定样态，令遂逐渐走向成熟。与此同时，由于君与国的适度分离，作为国"法"的一种形式的律也开始出现，律与令的并存成为先秦法律形式之变迁的最重要成果。

关键词：法律形式　命令　令　律　权威

绪　论

众所周知，中国古代的法律形式或者说法的表现样态是中国法律史学

---

* 本文的节略版曾以《从君主命令到令、律之别——先秦法律形式变迁史纲》为题，发表于《清华法学》2020 年第 2 期。

** 本文作者系中国人民大学副教授。

的重要研究领域，而在诸多法律形式中，律与令无疑占据着极为重要的地位。正因为此，沈家本在其总结传统中国法制的巨著《历代刑法考》中专列《律令》九卷；日本学者中田薰则于 1951 年在《法制史研究》《比较法研究》上先后发表了「古法雜観」「支那における律令法系の発達について」二文，正式提出了“律令法”的概念并将其引入中国法律史研究中。[①]之后，国内外学者也广泛接受了这一概念。[②] 应当指出，任何概念都具有主观建构性及由此带来的局限性，近年来“律令法”之说也确实屡遭批评，[③]但无论如何，在研究唐以前（包括唐）各断代的法律形式时，律与令无疑仍是关键所在，“律令法”依然不失为有解释力的术语。当然，这并不是说唐以前的“律令法”是一以贯之的；相反，变化可谓主旋律，[④] 至少秦汉律令就与唐律令明显不同：在内容上未形成“正刑定罪”与“设范立制”的分野，在形态上不似法典，在相互关系上令可转化为律，等等。可是，秦汉律令的独特性又从何而来？此为理解“律令法”之发展历程时不得不面对的问题，亦促使先秦法律形式的变迁及其最终样态自然地进入了学者们的研究视野。沈家本、浅井虎夫、杨鸿烈、中田薰等先贤就曾因综论先秦

---

① 中田氏的两篇长文均收入其著作《法制史论集》第四卷（中）。有关中田氏在“律令法”研究上的学术贡献的评述，亦可参见徐世虹《秦汉法律研究百年（二）——1920~1970 年代中期：律令体系研究的发展时期》，载中国政法大学法律古籍整理研究所编《中国古代法律文献研究》第六辑，社会科学文献出版社，2012，第 82~84 页；池田温《律令法》，载杨一凡、〔日〕寺田浩明主编《日本学者中国法制史论著选译·先秦秦汉卷》，徐世虹译，中华书局，2016，第 87 页。

② 代表性论述参见大庭脩『秦汉法制史の研究』，创文社，1982，第 5~9 页；堀敏一『律令制と東アジア世界——私の中国史学（二）』，汲古书院，1994，第 33 页；张建国《帝制时代的中国法》，法律出版社，1999，第 4 页；滋贺秀三『中国法制史論集法典と刑罰』，创文社，2003，第 402 页；郑显文《唐代律令制研究》，北京大学出版社，2004，第 1 页；高明士《律令法与天下法》，上海古籍出版社，2013，第 4 页；冨谷至『漢唐法制史研究』，创文社，2016，第 3 页；等等。

③ 参见广濑薰雄『秦漢律令研究』，汲古书院，2011，第 24 页；刘广安《中国古代法律体系新论》，高等教育出版社，2012，第 75~77 页；刘笃才《律令法体系向律例法体系的转换》，《法学研究》2012 年第 6 期；杨一凡《明代典例法律体系的确立与令的变迁——“律例法律体系”说、“无令”说修正》，《华东政法大学学报》2017 年第 1 期；陈灵海《〈大清会典〉与清代“典例”法律体系》，《中外法学》2017 年第 2 期；俞荣根、秦涛《律令体制抑或礼法体制？——重新认识中国古代法》，《法律科学》2018 年第 2 期；等等。

④ 如，中田薰就指出：“回顾汉以来至唐的十朝八百年律令发达史，可以说，虽在某些时代或多或少地呈现出发展停顿的姿态，但大的趋势则是历朝被驱驰而骎骎乎行于向前之大道上。就中推动律令之发达且卓有功绩者乃魏、晋、北齐、隋四朝。简言之，可将四者之功绩概括为后汉草创之、魏整齐之、晋分别之、齐简约之、隋集大成。”中田薰『法制史論集』第四卷，岩波书店，1964，第 238~239 页。

法制而提及对该时期的法、刑、令等问题的认识。① 以此为基础，各类中国法制史通论性著作、教材及论文均各抒己见以推进先贤的研究，但通观既有成果，即便暂时搁置较为显眼的有关具体问题（如《法经》真伪、"改法为律"的意义等）的争论以待后文的评述并转向相对宏观的文字，可商榷之处似乎仍然是存在的。

第一，长期以来，阶级斗争学说及恩格斯的《家庭、私有制和国家的起源》所提出的国家形成理论②一直是法律史学界探讨先秦时代法的出现及其发展的知识背景，但正如历史学者已指出的那样，"马克思、恩格斯就古希腊罗马及日耳曼国家提出的国家形成的两个标志，尽管用于衡量一般地域国家的产生是可行的，但是对于许多早期国家来说，却不见得合适"，③以马恩学说为指导思想而形成的对先秦法律史的叙述自然也具有浓厚的"以论代史"的色彩，与历史真相本身是有一定距离的。事实上，从 20 世纪 90 年代开始，学界就已对这种研究范式有所反思，④ 但由于未能对国内外考古、历史学界有关先秦社会及国家之形成与演变的诸多学说保持密切关注，⑤ 遂缺乏一种比马恩的国家论更贴近古代中国的本相且能对先秦法律形式之变迁的各个阶段予以通盘考察的宏观视野。这并不是说要以某理论取代马恩学说以至进入新的"以论代史"之中，而是说在研究先秦法律形式时，通过严谨地分析资料得出的有关中国古代社会与国家之形态的认识

---

① 参见中田薰『法制史論集』第四卷，岩波书店，1964，第 6~10、69~74 页；沈家本《历代刑法考》（二），邓经元、骈宇骞点校，中华书局，1985，第 809~847 页；〔日〕浅井虎夫《中国法典编纂沿革史》，陈重民译，中国政法大学出版社，2007，第 1~10 页；杨鸿烈《中国法律发达史》，中国政法大学出版社，2009，第 12~61 页。

② 恩格斯以希腊人、罗马人和日耳曼人国家的成立为标本，指出了国家和氏族组织的两点不同之处，亦即判断国家形成的两个标志：按地区而非血缘来划分其国民；公共权力的设立。参见〔德〕恩格斯《家庭、私有制和国家的起源》，人民出版社，2018，第 188~191 页。

③ 沈长云、张渭莲：《中国古代国家起源与形成研究》，人民出版社，2009，第 71 页。

④ 如，梁治平和张中秋均参照了张光直对中国青铜时代的整体认识来分析中国古代国家的起源，进而对先秦时代的"刑"等法律现象详加考察。参见梁治平《寻求自然秩序中的和谐》，中国政法大学出版社，2002，第 7~61 页；张中秋《中西法律文化比较研究》，法律出版社，2019，第 2~20 页。

⑤ 相关学说的总结，参见李峰《西周的政体：中国早期的官僚制度和国家》，吴敏娜等译，生活·读书·新知三联书店，2010，第 270~296 页；王震中《中国古代国家的起源与王权的形成》，中国社会科学出版社，2013，第 16~66 页；高江《试论中国早期国家形成的模式与动力》，《史学月刊》2019 年第 6 期。

是具有相当的参考价值的，[①] 而这恰恰是法律史学界对先秦法律形式的整体论述稍显不足之处。

第二，虽然法律史学界的研究成果几无遗留地罗列了在先秦法律形式发展史上具有重要意义的事件，如铸刑书、铸刑鼎等，但各事件的内在联系究竟如何，它们又怎样推动先秦法律的演进逻辑的展开等问题却并未得到足够清晰的解答，一应事件遂呈现出碎片化倾向。其之所以如此，固然可归因于史料所限，但也与上述所谓宏观视野欠缺以至于在对各事件的认识深度上出现了比例失衡不无关联。

第三，法律史学不仅致力于在社会系统中界定法律的角色，更以阐明法律自身的发展轨迹为任务，因此学者们又持续地试图以一种内在视角观察先秦法律形式的变迁，其具体方式则大致可归结为两种。其一，以现代法学概念如"判例法"等解释先秦的某种法律形式并构建起先秦法制的前行之路。[②] 诚然，以强势西方文化影响下形成的我国目前的学科划分模式论，完全不使用现代法学概念来研究中国法律史无疑等同于"拔着自己的头发离开地球"，学者们在古今之间搭起的若隐若现的吊桥似乎也确能帮助法律史的门外汉尽快掌握先秦法制的表面形象。可是，一旦深究现代法学概念的生成史及含义，就会发现它们与古代中国人的生活世界有着明显的隔阂，率性地古今比附往往使古代法成为现代法的怪异同行者，所以对先秦这样一个即便是现代中国人都很难透彻理解的时代，以现代法言法语来研究其法律形式必须慎之又慎。其二，进入中国法律史自身，解明先秦时代的法律形式与后世尤其是秦汉法制样态的关联性，亦即本文之前所设定的问题——"秦汉律令的独特性又从何而来"。在近年来法律史学界已发表的相关成果中，秉持此研究态度且较见功力者或为郑显文的《从秦〈法经〉到汉萧何作〈九章律〉和傍章律——秦汉律典体系演进新论》及王沛的《刑鼎、宗族法令与成文法公布——以两周铭文为基础的研究》二文。前者正如其题目所示，为考察

---

① 近年来，李峰就依托其对考古遗迹、金文及传世文献的综合理解，将成文法公布问题纳入先秦国家形态变迁的整体历史语境中展开考察，其尝试不得不说是具有一定的启发性的。参见李峰《中国古代国家形态的变迁和成文法律形成的社会基础》，《华东政法大学学报》2016 年第 4 期；Li Feng, "The Western Zhou State," in Paul R. Goldin edited, *Routledge Handbook of Early Chinese History*, Routledge, 2018, pp. 104-105。

② 较有代表性的论述，参见武树臣《中国法律思想史》，法律出版社，2004，第 39~40 页；陈涛《中国法制史学》，中国政法大学出版社，2007，第 17~22 页。

秦汉法律体系而追溯至战国时代，并通过对传世文献及睡虎地秦简（以下简称"睡简"）所载信息的考证，以魏《法经》与所谓秦《法经》之间的传承为基础，认为法与律、律与令之间均存在着主体与追加的关系，因此以法律形式为观察点，战国至统一秦的历史实际上就是所谓"法律令体系"的形成史。[①] 此说以对中田薰、大庭脩等学者的观点的补强和修正为目标，提出了有关战国秦汉法律体系的新认识，但并非不刊之论。比如，睡简《语书》所载"凡灋（法）律令者……"云云乃郑氏得出其结论的根据之一，但事实上，以"法"为秦的法律之泛称者也不在少数，[②] 此类记载中的"法"能否被视为与"律""令"并立的法律形式似乎还是可以再讨论的。后者延续了马承源等文博名家对青铜器的研究成果，并以西周至战国青铜器地位的逐渐下降为背景来思考铸刑鼎的历史意义，主张铸刑鼎乃宗族法令逐渐让位于集权律令的一种象征，进而以概括性语句阐发了集权律令的发展及其对宗族式分散管理的沉重打击。[③] 王氏诸论使铸刑鼎事件真正被嵌入先秦法律史的逻辑链中，揭示了先秦与秦汉在法律形式之变化上的连续性，但不得不指出，所谓"概括性语句"其实也意味着对律令之形成这一复杂问题的简单化处理，律令在战国时代的正式出现及其相互关系等仍有待进一步说明。总而言之，无论是以现代法学概念为思考利器，还是立足于古代中国的法律语言，法律史学界根据法律自身的演进方向来考察先秦法律形式之发达史的努力都难言无可挑剔。

第四，在先秦法律形式的研究中，还有一个无法回避的问题，即所谓先秦尤其是三代至春秋的法律形式究竟包括哪些。在此问题上，学者们的罗列从简至诰、誓，到繁至诰、誓、典、常、制、则、法、礼、刑、律、

---

① 参见郑显文《从秦〈法经〉到汉萧何作〈九章律〉和傍章律——秦汉律典体系演进新论》，（台湾）《法制史研究》2013 年第 23 期，第 35～52 页。

② 对"凡灋（法）律令者……"中的"法律令"之含义的各种解说，参见中国政法大学中国法制史基础史料研读会《睡虎地秦简法律文书集释（一）：〈语书〉（上）》，载中国政法大学法律古籍整理研究所编《中国古代法律文献研究》第六辑，社会科学文献出版社，2012，第 181～182 页。

③ 参见王沛《刑鼎、宗族法令与成文法公布——以两周铭文为基础的研究》，《中国社会科学》2019 年第 3 期。

令等十余种，① 不可谓不精彩，但细思之，其中亦不乏需辨明之处。其一，从文字学上说，无论是以传世文献还是以金文文献为例，常、制、则、法、刑等在先秦时代确有"规则"之意，② 但似乎皆为抽象词，缺乏具体的规范内容，因此认为某词乃"规则"之同义语，进而将其视为法律形式的做法无疑等同于对法律形式的泛化理解。退一步讲，即便是以学界经常提及的"禹刑""汤刑""九刑"等为例来论证"刑"为法律形式，由于其可信性、具体含义等皆极难确定，结论能否成立仍可以说是明显的未知数。③ 其二，尽管古史研究者们已对"周公制礼"提出质疑并认为周礼的体系化、制度

---

① 参见 Laura A. Skosey，"The Legal System of Western Zhou，"（Ph. D Dissertaiton，the University of Chicago，1996）pp. 155-157；徐进《战国前法的形式、生成及其时代特点》，《吉林大学社会科学学报》1997 年第 6 期；张晋藩《中华法制文明的演进》，中国政法大学出版社，1999，第 25~26、45~47 页；徐祥民《春秋时期法律形式的特点及其成文化趋势》，《中国法学》2000 年第 1 期；马小红《礼与法：法的历史连接》，北京大学出版社，2004，第 76~84 页；胡留元、冯卓慧《夏商西周法制史》，商务印书馆，2006，第 47~55、328~357 页；郭建、姚荣涛、王志强《中国法制史》，上海人民出版社，2006，第 18~23、81 页；范忠信、陈景良主编《中国法制史》，北京大学出版社，2010，第 29、54~55 页；邓建鹏《中国法制史》，北京大学出版社，2011，第 20~29 页；武树臣《甲骨文所见法律形式及其起源》，载杨一凡主编《中国古代法律形式研究》，社会科学文献出版社，2011，第 1~40 页；尤韶华《〈尚书〉所见的法律形式——〈周书·吕刑〉辨析》，载杨一凡主编《中国古代法律形式研究》，社会科学文献出版社，2011，第 64~82 页；陈晓枫、柳正权《中国法制史》上册，武汉大学出版社，2012，第 248~250 页；赵晓耕主编《中国法律史》，高等教育出版社，2019，第 14~15 页；等等。

② 有关这些字之语义与"规则"的关联性，参见李力《追本溯源："刑"、"法"、"律"字的语源学考察》，《河北法学》2010 年第 10 期；王沛《〈尔雅·释诂〉与上古法律形式》，载杨一凡主编《中国古代法律形式研究》，社会科学文献出版社，2011，第 41~63 页；李平《"法"义新论》，《现代法学》2013 年第 2 期。

③ 日本学者竹内康浩就曾对以"禹刑""汤刑"为资料来研究先秦法制史的做法表达强烈质疑："近年在中国发表的中国法制史著作，都普遍地把夏朝的存在作为理所当然的前提来从夏朝开始研究。其主要以引用如'夏有乱政，而作禹刑'（《左传·昭公六年》）这样的战国以后编纂的文献资料，作为刑法在夏代就已经存在的证据。然而，对于从这样的地方开始，中国的法律制度的产生与发展，是否感到不安呢？从运用这样的方法而得到的结论出发，相关的中国的法律制度、法律意识如何产生、怎样发展等问题，大概都不能得到一个确实的结论。况且，在作为通史同汉代以后连续考察或者比较的情况下，丝毫没有任何脉络可言，也是可以充分想象的到的。"〔日〕竹内康浩：《商周时期法制史研究的若干问题》，载〔日〕佐竹靖彦主编《殷周秦汉史学的基本问题》，张爱萍译，中华书局，2008，第 90 页。至于"九刑"，古往今来的学者们提出了"正刑一、议刑八""刑书九篇""九种刑罚"诸说，很难断定何者为胜。参见杨伯峻编著《春秋左传注》（二），中华书局，1990，第 635 页。

化始于西周中期，^① 但在春秋之前，礼为重要的行为规范亦可谓不争的事实，因此部分法律史学者往往会在三代之礼尤其是周礼与法律之间画等号。但是，"引礼入法" 等经典命题的存在表明，法律史学者至少是将战国之后的礼与法视为国家典制的两个有所区别的组成部分的。之所以周礼的法律属性被高度强调，就是因为西周时代作为礼之并立物的国家法的形象并不明晰。然而，同样不能忽视的是，周礼实为一套固定的用以标识贵族身份的语言、动作，它所构筑起来的行礼场景能引发法律制定、裁判确立等结果，因此对西周时代（甚至可以说三代）的礼法关系，以 "法生于礼"^② 来概括或许比直接把礼纳入法律形式的范畴更为贴切，正如礼学家陈戍国所说："礼……不等同于道德范畴和典章制度。礼就是缘饰化了的现实生活，就是在人类社会各阶段被视为言行正确的对各种关系的处理，这种正确的处理是通过由礼物和礼仪组成的各个场面公开表现出来的。礼就是礼！"^③ 其三，有关将誓、诰、典等视为法律形式这一点，学者们多以《尚书》的《甘誓》《大诰》 等篇为论证依据。诚然，一应文字确实记载了王者之言，以誓、诰等为西周乃至夏商周三代的法律形式似乎也是顺理成章的，不过，即使暂不考虑史料的断代问题而只分析此类文献的性质，这种认识也难免略显随意。如陈梦家对册命礼的研究所示，在行礼时，王南向而史在其右，宣命之史在东，

① 参见童书业《春秋史》，上海古籍出版社，2003，第37~40页，注［61］；刘雨《金文论集》，紫禁城出版社，2008，第47页；Vogt Paul Nicholas，"Between Kin and King: Social Aspects of Western Zhou Ritual,"（Ph. D. Dissertation, Columbia University, 2012）pp. 350-356；黄铭崇《"殷周革命" 新论——迈向 "人文的" 国家》，载黄铭崇主编《中国史新论——古代文明的形成分册》，联经出版事业股份有限公司，2016，第304~305、339~340页；〔美〕罗泰《宗子维城：从考古材料的角度看公元前1000至前250年的中国社会》，吴长青、张莉、彭鹏等译，上海古籍出版社，2017，第72页。

② 武树臣曾主张 "刑起于礼"，该说在形式上或与此处所概括的 "法生于礼" 相似，但在实质内容上则有较大差别。具体参见武树臣《甲骨文所见法律形式及其起源》，载杨一凡主编《中国古代法律形式研究》，社会科学文献出版社，2011，第38~39页。

③ 陈戍国：《中国礼制史·先秦卷》，湖南教育出版社，2011，第8~9页。此外，滋贺秀三在思考传统中国法的基本特征时专门提到了礼，彭林从七个层面来理解传统中国的礼，但二者均未将礼直接视为法；王沛则把周礼的内容限定为 "'名物度数' 的器物和 '揖让周旋' 的礼仪"。参见滋贺秀三『中国法制史論集法典と刑罰』，创文社，2003，第7~9页；彭林《中国古代礼仪文明》，中华书局，2013，第3~9页；王沛《刑书与道术：大变局下的早期中国法》，法律出版社，2018，第37页。

执策之史在西，王及受命者的礼仪性动作、语言都会被史官记录下来。①
这种史官记言记事的现象应该不是册命礼场景的专有物，② 因此《礼记·
玉藻》云："动则左史书之，言则右史书之。" 同时，因为需要记录的
各种场景内含不同的宗教、政治意义，所以史官们在记录时会采用与某
场景相对应的文体。如此，史官所撰诸多文字的汇集就形成了《尚书》
之类古书的原型，誓、诰、典等则作为与各场景相联系的文体的概称来
区分古书的各篇，正如伪孔安国《尚书序》所言："典、谟、训、诰、
誓、命之文，凡百篇。"③ 也就是说，被冠以某誓、某诰等名称的篇章在
本质上是官文书或官方档案的整理物，虽时而载有王者的命令或训示，
也有可能在当时或春秋时期被援引以裁决政治问题或诉讼事件以至于产
生法的效力，④ 但毕竟不同于法律本身，以某誓、某诰为法律形式的论
断无疑是把记载王者之言的文书档案与法律混为一谈了。综合上述三个
方面的评述，可以认为，法律史学界有关先秦法律形式的罗列是有可调
整的余地的。然而，这并不意味着先贤们的论著毫无意义，它们或正面
或侧面指明，与三代、春秋时期相关且载有相对具体的规范内容的所谓
"法律形式"其实就是王者或执政者之命，以某誓、某诰、某书等为名
的文献只不过是其记录，所以对先秦法律形式之变迁的思考应以王者之
命为出发点，如梁启超在其《论中国成文法编制之沿革得失》中所说，

① 对册命礼之细节及史官于行礼过程中发挥的作用的介绍，参见陈梦家《尚书通论》，中华
书局，2005，第159~160页。
② 有关这一点的更详细的说明，参见高木智见「春秋左氏伝——歴史と法の源流」，载滋贺
秀三编『中国法制史基本资料の研究』，东京大学出版会，1993，第58~63页；阎步克
《乐师与史官：传统政治文化与政治制度论集》，生活·读书·新知三联书店，2001，第
33~82页；王国维《观堂集林》（外二种）（上），河北教育出版社，2001，第159~166
页；胡厚宣、胡振宇《殷商史》，上海人民出版社，2003，第104~106页；杨宽《西周
史》，上海人民出版社，2003，第483页；钱存训《钱存训文集》第一卷，国家图书馆出
版社，2012，第11页。
③ 李学勤主编《十三经注疏·尚书正义》，北京大学出版社，1999，第10页。应当指出，当
代学者如刘起釪、李零等对所谓文体问题也有着清晰的认识，叶修成更明确地指出了各种
文体所对应的礼制场景。参见李零《简帛古书与学术源流》，生活·读书·新知三联书店，
2008，第69~70页；刘起釪《尚书学史》，中华书局，2017，第9页；叶修成《西周礼制
与〈尚书〉文体研究》，中国社会科学出版社，2016，第196~199页。
④ 日本学者高木智见在考察了春秋时代历史记录被援引为谏言或国交之理据、执政之参考的
诸多事例后指出："历史记录拥有规制现实的巨大力量，它作为制约现实的'法'而发挥
其作用。"高木智见「春秋左氏伝——歴史と法の源流」，载滋贺秀三编『中国法制史基本
资料の研究』，东京大学出版会，1993，第77页。

"我国成文法之起原，不可确指。然以数千年来之思想，往往视法律与命令同为一物。盖君主之诏敕，得称之为实质的法律"。①

　　然则，正如前文对所谓宏观视野的强调，我们应当在什么样的整体历史语境中探讨王者之命的演变及其结果呢？毋庸赘言，法律与国家、政治密切相关，在根源上无非是对社会的反馈，而在先秦时代，从宗族社会向编户民社会的转变可谓极为重要的线索，官僚体制的发展与统治手段的调整皆以此社会结构之跃动为基础，因此本文将以先秦社会结构的变迁为背景思考法律形式的演变。不过，在正式展开探讨之前，还有三个前提需要说明。第一，由于夏的史料欠缺，商的所谓甲骨法律史料也有慎重对待之必要，② 本文的考察将从文献相对较多的西周时代开始。第二，在春秋与战国的分界点上，历史学界有各种观点，本文采用顾德融、朱顺龙所著《春秋史》所强调的公元前 453 年一说，因为韩、赵、魏灭智氏而基本形成战国七雄并列之大局是在这一年，而且《左传》最后提及的历史事件也正是三家灭智氏。③ 第三，关于先秦的法律形式，即便剔除上文所列常、制、则等未尽合理的各项，至战国时期，如睡简简文所示，至少也有廷行事、课、

①　梁启超：《梁启超法学文集》，中国政法大学出版社，2000，第 123 页。
②　毋庸置疑，甲骨文记载的信息极为宏富，之前也有学者撷取其中的所谓法律史料来研究商代法制，但也有学者从对具体事例的探讨出发引申出颇值注意的反思意见。如，裘锡圭曾以"赵佩馨"为名发表《甲骨文中所见的商代五刑——并释"刖""刵"》一文，指出了甲骨文中与"墨、劓、宫、刖、杀"五刑相对应的文字（参见裘锡圭《裘锡圭学术文集（1）：甲骨文卷》，复旦大学出版社，2012，第 1~6 页）。但是，日本学者籾山明注意到，甲骨文所载"刑罚"的对象多为异族，甚至还有牛之类的牺牲，而且多与祭名并记，因此所谓适用"刑罚"似乎更应被理解为用异族举行人祭的行为（参见籾山明「甲骨文中の"五刑"をめぐって」，《信大史学》1980 年第 5 号，第 21~27 页）。其说也得到了日本的另一位先秦史学者竹内康浩的再次肯定（参见〔日〕竹内康浩《商周时期法制史研究的若干问题》，载〔日〕佐竹靖彦主编《殷周秦汉史学的基本问题》，张爱萍译，中华书局，2008，第 93~95 页）。又如，各类法制史教科书经常引用"兹人井不""贞王闻不惟辟，贞王闻惟辟"等甲骨文句来论证商王借助神明的力量来实施刑罚这一点，但李力的详细考证已指明二者皆与刑罚无关，乃文字释读、理解错误所导致的以讹传讹（参见李力《先秦法制研究之批判》，载杨一凡总主编、马小红卷主编《中国法制史考证》甲编第一卷，中国社会科学出版社，2003，第 381~384 页）。近年，李氏又整理了商代甲骨法律史料研究的学术史，明确论道，因为"今见商代甲骨文主要是卜辞，是商代后期因'尊神'所进行之占卜活动的一种记录，但其形式单一、内容有限"，所以对所谓甲骨文法律文献的使用还有待更为深入的考证（参见李力《从〈挈契枝谭〉到〈甲骨文法律文献译注〉——关于商代甲骨文法律史料整理研究的学术史考察》，载中国政法大学法律古籍整理研究所《中国古代法律文献研究》第四辑，法律出版社，2010，第 18~23 页）。由上述论争观之，在对待所谓甲骨文法律史料的问题上持慎之又慎的态度可以说是应该的。
③　参见顾德融、朱顺龙《春秋史》，上海人民出版社，2003，第 2~3 页。

式等法律形式存在，① 但因为本文只试图论述先秦法律形式变迁的基本逻辑，而廷行事之类实际上是由律、令等主体性法律规范衍生出来的，所以本文将暂时搁置对廷行事等的探讨，以免只见树木，不见森林。

一　西周时代：族居、邑制与令的雏形

从考古材料来看，在距今 180 万年前，中国大地上已有人类活动的痕迹，但与先秦社会结构的起始样态直接相关的是自公元前 5000 年前后的仰韶文化前期以来的聚落形态的持续变化。陕西临潼姜寨村落遗址是较有代表性的仰韶文化前期的聚落遗存。该村落遗址由围沟划定边界，在围沟内，有五组建筑群环绕着中间的广场，每一组建筑群由若干中小型房屋和一个大房屋组成；在围沟外本应有五片墓地从遗址西北往东环绕着围沟内的土地，但现在已发掘的墓地只有东部的三片，西北部的一片为姜寨村所压，北部偏东的一片则被破坏殆尽。据考古、古史学家分析，围沟内的小型房屋为对偶家庭的居所，中型房屋可能是氏族内家族长的居所，大型房屋为整个氏族举行集体活动（如集会、议事、举行宗教仪式等）的场所，每一个建筑群应为一个氏族的所在地。考虑到建筑群与墓葬在数量及地理位置上的对应性，再加上遗址内的储藏窖穴置于屋外以示食物及其他消费物品的氏族共有，整个村落遗址展现了同一部族的五个分支相互协作、共居合葬的生活场景。② 换句话说，在仰韶文化前期，族居是最基本的生活状态，人们是作为族的成员而非独立个体存在的。自仰韶文化中后期开始，经大汶口文化阶段至龙山文化时期，随着版筑城垣技术由兴起至盛行，垣壕聚落（或称"环壕土城聚落"）也逐渐增多，③ 并形成了以一个或两个大型聚落为中心的三级或四级制聚落群，而在中心聚落的遗迹内又有可被视为宫室或宗庙类建筑之遗存的大型夯土台基，但社会的基本

---

① 参见张晋藩总主编、徐世虹卷主编《中国法制通史（第二卷战国秦汉）》，法律出版社，1999，第 65~66 页；徐世虹等《秦律研究》，武汉大学出版社，2017，第 106~148 页。
② 参见半坡博物馆、陕西省考古研究所、临潼县博物馆编《姜寨——新石器时代遗址发掘报告》（上），文物出版社，1988，第 68~69 页；沈长云、张渭莲《中国古代国家起源与形成研究》，人民出版社，2009，第 189~190 页；张忠培《仰韶时代——史前社会的繁荣与向文明时代的转变》，载苏秉琦主编《中国远古时代》，上海人民出版社，2010，第 411~413 页；王震中《中国古代国家的起源与王权的形成》，中国社会科学出版社，2013，第 89~94 页。
③ 参见许宏《先秦城邑考古》上编，西苑出版社，2017，第 24 页。

构成单位仍然是族。① 在甲骨文、金文中，"邑"经常写作""或""，像人踞坐于城墙之下。由此看来，环壕聚落就是"邑"，而且在史前阶段，作为族居空间的"邑"已呈星罗棋布之势，若干邑之间还存在着某种凝聚性。带着这样的历史记忆，约公元前 2000 年之后，古代中国步入了青铜时代。②

在青铜时代尤其是商周时期，正如国内外众多古史名家所指出的那样，大至王都，小至分散在田野间的居住聚落，皆被称为邑。呈点状分布的邑并未连成一片，其周围都有田地可供耕种和狩猎，相互间甚至还有大片空地，③ 因此它们都具有一定的经济乃至政治独立性。最小的邑的居民为有血缘关系的族众，邑的创立者是从某氏族中分出的，因此若干这样的邑就从属于作为其来源的氏族之邑；进而，氏族之邑基于同样的原因而从属于大邑，亦即殷周王室的所在地。④ 这种既有独立性又互相关联的层累的邑的集合在形态上很显然是史前时

---

① 有关聚落群及其社会结构，参见裴安平《史前聚落的群聚形态研究》，《考古》2007 年第 8 期；冈村秀典『中国文明農業と礼制の考古学』，京都大学学术出版会，2008，第 40~62 页；沈长云、张渭莲《中国古代国家起源与形成研究》，人民出版社，2009，第 192~198、201~212 页；严文明《黄河与长江：东方文明的摇篮》，载苏秉琦主编《中国远古时代》，上海人民出版社，2010，第 488~498 页；〔日〕渡边信一郎《中国第一次古代帝国的形成——以龙山文化时期到汉代的聚落形态研究为视角》，魏永康译，《中国史研究》2013 年第 4 期；王震中《中国古代国家的起源与王权的形成》，中国社会科学出版社，2013，第 503~518 页；等等。

② 有关青铜时代的起始点，参见张光直《中国青铜时代》，生活·读书·新知三联书店，2013，第 2 页。

③ 有关这一点，童书业很早就曾指出："周代的中国，不曾开辟的地方正不知有多少；当时的所谓'蛮夷'之区不必去说它，就是中原（那时人称为'中国'）之地未开辟的所在也到处都是。"（童书业：《春秋史》，上海古籍出版社，2003，第 92 页。）后，朱凤瀚、李峰等做出了更为详细的说明，参见朱凤瀚《商周家族形态研究》，天津古籍出版社，2004，第 322 页；李峰《西周的政体：中国早期的官僚制度和国家》，吴敏娜等译，生活·读书·新知三联书店，2010，第 160 页。

④ 参见松丸道雄「殷周国家の構造」，载『岩波講座世界歴史 4 東アジア世界の形成 I』，岩波书店，1970，第 57~59 页；丁山《甲骨文所见氏族及其制度》，中华书局，1988，第 33~37 页；宋镇豪《夏商社会生活史》（上），中国社会科学出版社，1994，第 48~49、59~72 页；王玉哲《中华远古史》，上海人民出版社，2003，第 337 页；杨宽《西周史》，上海人民出版社，2003，第 197~198 页；张光直《中国考古学上的聚落形态——一个青铜时代的例子》，载邢义田、黄宽重、邓小南总主编，王建文主编《台湾学者中国史研究论丛·政治与权力》，中国大百科全书出版社，2005，第 2~3 页；杨升南《甲骨文商史丛考》，线装书局，2007，第 160 页；晁福林《夏商西周的社会变迁》，中国人民大学出版社，2010，第 202 页；宋镇豪主编，王宇信、徐义华《商代史》卷四《商代国家与社会》，中国社会科学出版社，2011，第 363~366 页；黄铭崇《晚商王朝的政治地景》，载黄铭崇主编《中国史新论——古代文明的形成分册》，联经出版事业股份有限公司，2016，第 304~305 页；等等。应当指出，在青铜时代尤其是商周时期，比此处所述大邑—族邑—属邑的层累关系更复杂的四层结构也是存在的，但其基本组织原理则是一致的。

代已出现的三级或四级聚落群的延续，可谓商周时代国家的基本存在方式，而血缘则对每个邑、邑制国家的整体都起着至关重要的秩序维持作用。① 在甲骨卜辞中出现的王族、被称为"子某"的子族、不称"子某"的王的同姓之族及其他商人家族正是根据血缘亲疏形成的商族的分类，而且也相应地确立了各邑的层级及上下统属关系。② 商王通过祭祀、占卜为各邑祈福、禳灾，凝聚商人的力量以维持部族的统治，但不知何故，自祖甲时代始，商王对礼制进行改革，其卜问内容有所限缩，祭祀对象则不仅把上甲微之前的先公远祖摒弃，更把先臣、山川社稷之祭也一概废除。③ 此种做法削弱了商王权的包容性及王族在整个商人家族中的血缘核心地位，以至于商人在"小邦周"伐"大邑商"之际似乎均作壁上观，更在周代商之后为周所用。④《尚书·牧誓》记载了周武王罗列的商纣王的各条罪状，其中之一就是"昏弃厥肆祀，弗答；昏弃厥遗王父母弟，不迪"。《牧誓》虽被认为是战国时人的述古之作，但未必不能被视为发自周武王内心的戒惧之声。因此，置身于邑制国家之中且对血缘纽带的重要性、族居状态有着明确感知的周人在经历了伐纣之役后开始务实地建设自己的国家，西周的政制与法律也在此过程中发展起来。

据说，公元前 1059 年曾出现"五星聚于房"⑤ 的异常天象，周人将其

---

① 考古资料显示，商周时代的王都是一个特殊的邑，其在政治、宗教方面的辐射力使较多人口涌入其内以致出现了所谓"大杂居"现象，似乎血缘在形塑社会秩序方面的作用呈下滑之势，但考古资料同样指出，王都内的人们还是习惯以族为单位同居共葬。因此，所谓"大杂居"并不意味着血缘对社会的凝聚力弱化。参见宋镇豪《夏商社会生活史》（上），中国社会科学出版社，1994，第 171~199 页；王震中《中国古代国家的起源与王权的形成》，中国社会科学出版社，2013，第 12 页；张光直《商文明》，张良仁等译，生活·读书·新知三联书店，2019，第 165~174 页。

② 有关商人家族的分类及与之相关的诸邑的经济、政治地位，参见白川静『甲骨文の世界：古代殷王朝の構造』，平凡社，1972，第 110~116 页；朱凤瀚《商周家族形态研究》，天津古籍出版社，2004，第 81、138~174、178~208 页；裘锡圭《裘锡圭学术文集 5 古代历史、思想、民俗卷》，复旦大学出版社，2012，第 132 页。

③ 董作宾通过研究卜辞将商的礼制划分为保守派和革新派或者说旧派和新派两种类型，此处所说的祖甲时代开始的礼制改革就是新派的出现。参见董作宾《甲骨学六十年》，载刘梦溪主编《中国现代学术经典·董作宾卷》，河北教育出版社，1996，第 243~258 页。

④ 有关始于祖甲的礼制改革对商王朝统治之负面影响的更详细论述，参见伊藤道治『中國古代王朝の形成—出土資料を中心とする殷周史の研究—』，创文社，1975，第 76~77 页；许倬云《西周史》，生活·读书·新知三联书店，2012，第 124 页。另外，有关周初商人的待遇，参见杜正胜《古代社会与国家》，允晨文化实业股份有限公司，1992，第 510~542 页；朱凤瀚《商周家族形态研究》，天津古籍出版社，2004，第 261~285 页。

⑤ 方诗铭、王修龄：《古本竹书纪年辑证》，上海古籍出版社，1981，第 231 页。

视为周受有天命的吉兆。① 但是，由于"小邦周"的实力有限，在灭商之后，周人一方面继续宣扬文王（及武王）受命之说，所谓"周虽旧邦，其命维新……文王陟降，在帝左右……仪刑文王，万邦作孚"；② 另一方面，又联合归附的商人，以族为单位向东开拓领土，由于凡军事力量之所及即筑城而居，③ 王畿内外皆呈现出诸邑层累的样态。同时，由于人口增长及领土扩张带来的族的分裂，周人完善了殷周之际就已模糊存在的根据血缘亲疏划分大小宗的宗法制，以便既界定各邑的层级，又达收族之效果，④ 如《礼记》所说，"亲亲故尊祖，尊祖故敬宗，敬宗故收族，收族故宗庙严，宗庙严故重社稷"。⑤ 宗法与邑制相维乃西周封建之本质，但如前所述，当时的诸邑具有一定的独立性，周人则不仅在王畿内维持着邑的族居状态，而且在东进过程中也并未破坏当地的氏族结构，因此所谓分封只不过是把文武所受之天命层层分授下去，从而使各级贵族获得统治其封地的正当性，⑥ 并不意味着大宗对所有小宗、大邑对所有小邑均能直接行使权力。之

① 有关所谓"五星聚会"对周初政治思想之发展及伐商策略的影响，参见 David Pankenier, "The Cosmo-Political Background of Heaven's Mandate," *Early China*（20），1995，pp. 121~176。

② 《诗经·大雅·文王》。应当指出，日本学者白川静认为，《诗经》中歌颂文武受命的诗篇如《大雅·文王》等乃西周后期周王室面对严峻的统治危机，为避免先王遗业失坠而创制的强调建国精神的作品。参见〔日〕白川静《诗经的世界》，黄铮译，四川人民出版社，2019，第 163~164 页。白川氏据金文文献等考证《诗经》中诗篇的创作年代，其结论自有一定的合理性，但事实上，在周初文献中已能见到众多阐发文武受命的语句，如《尚书·大诰》就说"天休于宁王，兴我小邦周"，何尊铭文亦曰"文王受兹大命"（中国社会科学院考古研究所编《殷周金文集成》第五册，中华书局，2007，第 3703 页）。因此，认为《大雅·文王》等为周后期之诗恐怕还是略显武断，而著名经史学者屈万里在为《诗经》作注时也认为《大雅·文王》等为周初之诗。参见屈万里《诗经诠释》，上海辞书出版社，2016，第 324 页。

③ 《左传·定公四年》所载祝佗的回忆之辞就是对这一过程的概述。不过，因为下文还会集中分析这段史料，所以此处不再俱引。

④ 通说认为，周初即实行较为严格的宗法制，但正如杜正胜、管东贵等的颇具说服力的论证所指出的那样，周人的宗法制其实是随着周民族的人口增长和领土扩张而逐渐走向成熟的。具体参见杜正胜《古代社会与国家》，允晨文化实业股份有限公司，1992，第 396~412 页；管东贵《从宗法封建制到皇帝郡县制的演变：以血缘解纽为脉络》，中华书局，2010，第 50~52 页。

⑤ 《礼记·大传》。

⑥ 有关天命分授的详细论述，参见小南一郎『古代中国天命と青銅器』，京都大学学术出版会，2006，第 165、168 页。李峰更是结合天命分授、邑制、宗法等，把西周的国家形态概括为"权力代理的亲族邑制国家"（Delegatory Kin-ordered Settlement State），参见李峰《西周的政体：中国早期的官僚制度和国家》，吴敏娜等译，生活·读书·新知三联书店，2010，第 302 页；Li Feng, "The Western Zhou State," in Paul R. Goldin edited, *Routledge Handbook of Early Chinese History*, Routledge, 2018, pp. 95~98。

前，法史学界虽然对这一点也有所认识，但并未用有说服力的史料来证明。事实上，金文文献中就不乏值得重视者，如被《商周青铜器铭文暨图像集成》断为夷王时器①的多友鼎的铭文记载：

> 唯十月，用严（狝）允（狁）放𤞷，广伐京师，告追于王。命武公遣乃元士，羞追于京师。武公命多友率公车，羞追于京师……多友乃献俘馘讯于公，武公乃献于王。乃曰武公曰：女（汝）既静（靖）京师，𧶀（赉）女（汝），赐女（汝）土田。丁酉，武公在献宫，乃命向父（禹）召多友，乃徙（延）于献宫。公寴（亲）曰多友曰：余肇事（使）女（汝），休不逆，又（有）成事，多禽（擒），女（汝）静（靖）京师，赐女（汝）圭瓒一、汤（钖）钟一𨡤（肆）、𨥫鋚百匀（钧）。多友敢对扬公休，用乍（作）尊鼎，用倗用啻（友），其子子孙永宝用。②

这篇铭文描述了狝狁犯境、王室危难、兴师抵抗、献捷受赏的整个过程，其中有几个问题颇值玩味。（1）既然最终率众勤王的是多友，为何周王不直接要求多友出兵，而是"命武公遣乃元士"？这当然可归因于即将出征的军队乃武公之族兵，且多友为武公之族属，周王或许不知其存在。（2）若果真如此，在献捷时，为何多友不直接向周王请功，而是要经武公呈上战争所获？难道多友不期望自己为周王所知并赏识吗？（3）在受赏的环节，周王并未赏赐多友或同时赏赐武公、多友，而是只以武公为赏赐对象，难道在战争进行或献捷之时，武公从未向周王提及多友，因此多友仍不为周王所知？或者，虽然武公曾提及多友，但周王竟有意识地忽略前线将领的辛劳？无独有偶，在记载周与南淮夷之战的禹鼎铭文中，周王命武公"𨒦（扑）伐噩（鄂）侯驭方，勿遗寿幼"，武公则以第一发命者而非周王之传命者的身份对禹曰"于匡朕肃慕，叀（惟）西六师、殷八师伐噩（鄂）侯驭方，勿遗寿幼"；最后，禹也因接受了武公的赏赐，"敢对扬武公不（丕）显耿光，用乍（作）大宝鼎"。③ 这似乎表明禹也被周王忽略，

---

① 参见吴镇烽编著《商周青铜器铭文暨图像集成》第五卷，上海古籍出版社，2012，第392页。
② 中国社会科学院考古研究所编《殷周金文集成》第二册，中华书局，2007，第1513页。
③ 中国社会科学院考古研究所编《殷周金文集成》第二册，中华书局，2007，第1509页。

难道周王真的毫不担心前线将领会有怨言吗？之所以会有这些难解的疑问，其根本原因就在于我们对西周政权结构的认识脱离了当时的历史环境。此处应当回顾一下上文所说的天命分授这一点，即在西周年代，由于天命的逐层分割，包括天下大宗周王在内的授命者只能对直接受其命者行使权力，反过来，下对上的行为也只能逐层进行。周王—武公—多友或禹的出征之命及赏赐的流程、多友或禹—武公—周王的献捷方式无非是由天命分授引申出来的必然的政治实践，其背后则是宗法等级与族居之邑的相对独立性的平衡。另外，值得注意的是，多友鼎和禹鼎铭文都涉及军事，而《左传·成公十三年》曰"国之大事，在祀与戎"，周王对军事尚且不采取统一支配的态度，就更不必说其他事项了。当然，多友鼎和禹鼎皆为西周中晚期器且出土于王畿所在地，其证明力有时间和空间上的局限性，但族居、宗法和邑制作为形塑西周政制的关键要素则呈较为稳定的存在样态，所以有理由认为，天命分授及政治行为的逐层展开乃西周权力运行的基本模式。

以上文的论述为立足点，重新审视法史学界经常提及的传世文献中的西周法制史料，或能对以西周全域为范围的法律制定问题形成更为深刻的理解。《左传·定公四年》所载祝佗对周初封建的追忆提到：

> 分鲁公以大路、大旂，夏后氏之璜，封父之繁弱，殷民六族，条氏、徐氏、萧氏、索氏、长勺氏、尾勺氏，使帅其宗氏，辑其分族，将其类丑，以法则周公……因商奄之民，命以伯禽，而封于少皞之虚。分康叔以大路、少帛、綪茷、旃旌、大吕，殷民七族，陶氏、施氏、繁氏、锜氏、樊氏、饥氏、终葵氏……命以《康诰》，而封于殷虚。皆启以商政，疆以周索。分唐叔以大路、密须之鼓，阙巩、沽洗，怀姓九宗，职官五正，命以《唐诰》，而封于夏虚，启以夏政，疆以戎索。

观上引文字，只要对西周册命金文略有了解，就能知道赏赐、分族、分土地等乃册命文书所常见，而文书的主体部分则以文书篇名"康诰""唐诰"来指代。那么，所谓"命以《康诰》……启以商政""命以《唐诰》……启以夏政"的含义究竟如何？虽然《唐诰》早已佚失，但《尚书》却留存了被学者们认为可信度极高的《康诰》。该篇所收入的语重心长的训诫之辞以"王若曰"三字起首，表明其为记录王命的档案文书，① 虽然这些训诫之辞长期以来都被认为是周公代成王为之的。周公首先对卫康叔论道，"天乃大命文王……乃寡兄勖，肆汝小子封，在兹东土"，这是向康叔传达分授文王之命以赋予康叔统治卫地的正当性的意思。然后，周公以"往敷求于殷先哲王""敬明乃罚""汝陈时臬司，师兹殷罚有伦""汝陈时臬事，罚蔽殷彝，用其义刑义杀""元恶大憝，矧惟不孝不友"等语句引领他对康叔的几段嘱托。尽管法史学界经常从此类语句中引申出对西周的所谓刑罚原则的陈述，但这些语句极为概括，且从其上下语境观之，与其说它们是刑罚原则，不如说是一种施政纲领、为政思想。至于具体的法或行为规范，则很少涉及，正如"往敷求于殷先哲王""罚蔽殷彝"等数语所示，可谓统统交给康叔到达卫地之后再做规划。这很可能就是"命以《康诰》……启以商政"的真实含义，符合册命类文书中周王之语的风格，也是西周天命分授及政治行为逐层展开的权力运行模式所使然。易言之，因为周王只对诸侯和王朝官员授命，于封地或政事的具体情况可能并不了解，所以除了阐述一些抽象的为政准则之外，又能如何呢？进一步说，在西周的层层分封体制下，此种情形不会只适用于周王与诸侯之间，更可能普遍存在于每一层上下级关系中，所以，可以想见的是，以西周全域为范围的法律制定活动是极其少见的，现有传世文献及金文文献缺乏相关记载即可谓明证。②

　　然而，如果将视野聚焦于受有文武之命的诸邑尤其是都邑的统治者与居住在该邑中的族属之间的关系上，所谓法律制定问题似乎又会呈现出与

---

① 有关"王若曰"三字在金文文书中的格式及实质意义，参见彭裕商《"王若曰"新考》，《四川大学学报》（哲学社会科学版）2014 年第 6 期。

② 矢令方彝铭文载："唯八月，辰在甲申，王令（命）周公子明保，尹三事四方，受（授）卿事寮。丁亥，令矢告于周公宫，公令𦎧（诞）同卿事寮。唯十月月吉癸未，明公朝至于成周，𦎧（诞）令舍三事令，眔卿事寮、眔者（诸）尹、眔里君、眔百工、眔者（诸）侯：侯、田（甸）、男，舍四方令。既咸令，甲申，明公用牲于京宫；乙酉，用牲于康宫；咸既，用牲于王。"（中国社会科学院考古研究所编《殷周金文集成》第六册，中华书局，2007，第 5213 页。）王沛据铭文中的"三事令""四方令"等语词指出，"令"作为法律形式已清晰可辨，且由中央至地方层层推进（参见王沛《刑书与道术：大变局下的早期中国法》，法律出版社，2018，第 301~302 页）。以王氏之说来看，矢令方彝铭文似与此处的结论相抵牾。但事实上，矢令方彝铭文属于册命金文，其中的"令"字多与"命"相通；铭文的核心意思则为周公之子明保因接受册命而被周王委以重任，并试图使"三事""四方"皆知自己被册命的消息。因此，将"三事令""四方令"等中的"令"解释为一种法律形式或可商榷，至于"层层推进"云云似也有质疑余地，认为以西周全域为范围的法令的制定和公布极为少见应当说仍然是成立的。

上述情况有别的另一番景象。考古学者指出，史前聚落遗址中存在的大型夯土台基在商周时期较大规模的邑的遗迹中仍然存在，此乃商周时代大邑的宫庙一体城市布局的反映，但这并不意味着宫殿和宗庙在城市布局中地位相当，宗庙往往是宫殿宗庙区乃至整个城市的核心所在。其之所以如此，不用说，就是为了凸显祖先在族居之邑中的权威地位。① 为了维系祖先血食，从而永续祖先的护佑，如前引"国之大事，在祀与戎"所示，以军事保护祖先和以祭祀敬奉祖先就会成为邑中族众不可推卸的责任，而邑的统治者也会在军事和祭祀时以族之领袖的身份发布约束族众言行的命令。以军事为例，在春秋时代，出征前要告祖，在祖庙分发兵器并誓师；② 出征时携祖先木主而行，以旗为军门，在阵营周围设置"壁垒"，将木主置于"壁垒"之内，由此形成以祖先宗庙为中心的邑的缩微模型，③ 将领（往往就是某邑的主君）则以祖先之名在阵前誓师；出征归来，在祖庙举行振旅、献俘、饮至、行赏等仪节。④ 春秋时代的礼制或习俗往往是西周的延续，而被断为康王时器⑤的小盂鼎的长篇铭文就记载了盂在结束讨伐鬼方之战后至周庙献馘、振旅、燎祭、饮至、受赏的一系列仪节。⑥ 据此，可以认为，西周的征战习俗与春秋时期雷同，祖先则同样参与征战的各个主要环节。另外，当时的战争以车战为主要方式，且不以杀戮为唯一目的，更期望弘扬参战者们作为士的武德，因此当时的主要军事行动并非只有战争，还包括可被视为重要军事演习的大蒐礼，如《左传·隐公五年》所载臧僖伯对鲁隐公的劝谏之辞就提到：

---

① 参见宋镇豪《夏商社会生活史》（上），中国社会科学出版社，1994，第 99~100 页；许宏《先秦城邑考古》，西苑出版社，2017，第 235~238 页。

② 有关出征前的告祖等行为，史料多有记载。关于告祖，如《左传·闵公二年》载"帅师者，受命于庙，受脤于社"；关于在祖庙分发兵器，如《左传·隐公十一年》曰"郑伯将伐许。五月甲辰，授兵于大宫"；关于在祖庙誓师，如《国语·晋语五》云"乃发令于大庙，召军史而戒乐正"。

③ 有关出征之时的阵营设计及其内涵，参见〔日〕高木智见《关于春秋时代的军礼》，载刘俊文主编《日本中青年学者论中国史（上古秦汉卷）》，徐世虹译，上海古籍出版社，1995，第 143~145 页。

④ 如，《左传·隐公五年》载"三年而治兵，入而振旅，归而饮至"，《左传·僖公二十八年》曰"秋七月丙申，振旅，恺以入于晋。献俘授馘，饮至大赏，征会讨贰"。

⑤ 参见吴镇烽编著《商周青铜器铭文暨图像集成》第五卷，上海古籍出版社，2012，第 451 页。

⑥ 有关小盂鼎铭文所示诸仪节，参见刘雨《金文论集》，紫禁城出版社，2008，第 96~97 页。

凡物不足以讲大事，其材不足以备器用，则君不举焉……故春蒐、夏苗、秋狝、冬狩，皆于农隙以讲事也……古之制也。

至于分季节举行的大蒐礼的具体仪节，杨宽曾据《周礼》《春秋穀梁传》及《诗经》所载予以复原，①复原结果与征战礼仪基本相同，这既说明了大蒐礼与实战的内在同质性，也再次展现出与族居相适应的尊祖意识对时人的深刻影响。无论是征战，还是举行大蒐礼，君主基本在誓师环节发布军令，史官则以誓类文体记录君主之言。被学者们认为是周初鲁公伯禽之誓词的记录的《尚书·费誓》即为一例。②该篇所载誓词曰：

嗟！人无哗，听命！徂兹淮夷、徐戎并兴，善敹乃甲胄，敿乃干，无敢不吊。备乃弓矢，锻乃戈矛，砺乃锋刃，无敢不善。今惟淫舍牿牛马，杜乃擭，敜乃阱，无敢伤牿。牿之伤，汝则有常刑。马牛其风，臣妾逋逃，无敢越逐，祗复之，我商赉汝。乃越逐不复，汝则有常刑。无敢寇攘：逾垣墙，窃马牛，诱臣妾，汝则有常刑。甲戌，我惟征徐戎。峙乃糗粮，无敢不逮，汝则有大刑。鲁人三郊三遂，峙乃桢干。甲戌，我惟筑。无敢不供，汝则有无余刑，非杀。鲁人三郊三遂，峙乃刍茭，无敢不多，汝则有大刑。

可见，以"汝则有常刑（大刑）"等为结句的每一条军令在规范内容上都是明确而具体的，与前文所说的《康诰》中的抽象为政准则完全不同。而且，由于军事牵连较广，伯禽遂对臣妾逋逃、盗窃、赋税等一应问题全部做出了规定，可谓通过一次战争而确立了社会治理的各项法度。此类内涵丰富的誓词在《左传·文公十八年》所载鲁大史克对周公事迹的回忆中也有提及：

先君周公制《周礼》曰："则以观德，德以处事，事以度功，功以

---

① 参见杨宽《古史新探》，上海人民出版社，2016，第260~265页。
② 虽然从《史记》起，《尚书·费誓》就被认为是周初鲁公伯禽之誓词的摘录，但也有学者如余永梁等将其视为记录鲁僖公之誓词的文书档案。不过，支撑该说的两条主要论据都已被顾颉刚、刘起釪驳斥〔参见顾颉刚、刘起釪《尚书校释译论》（四），中华书局，2018，第2284~2290页〕，因此有关《尚书·费誓》的断代，仍当以伯禽说为优。

食民。"作《誓命》曰："毁则为贼，掩贼为藏，窃贿为盗，盗器为奸。主藏之名，赖奸之用，为大凶德，有常，无赦，在九刑不忘。"

　　其之所以如此，是因为在西周时期，人口不算太多①的族乃社会的基本构成单位，邑内族众或者说国人的经常性共同行为之一就是军事行动，故在军事行动的过程中制定并公布法律以使其为族众所知显然是高效、便捷且顺理成章的秩序形成机理，而在祖先面前誓师则表明，祖先权威乃法律对族众之约束力的根源，如刘永平所说，"既然'誓'的仪式经常在祖庙中进行，且参与者皆为有着共同血脉的族人，那么，祖先崇拜和共同血脉很可能成为誓言得到履行的最可靠的保证"。②《费誓》及《誓命》所蕴藏的重要信息还不限于上述种种，至少《费誓》中的"鲁人三郊三遂"一语就值得深挖。①"鲁人"二字表明，伯禽通过誓词所确立的行为规范并非源自王朝政府，是专属于鲁地的；换句话说，在册封伯禽时，周王无疑会像《康诰》所示的那样对伯禽口授为政方针，但具体如何治鲁想必全部交由伯禽因地制宜。②"三郊三遂"四字不可能涵盖鲁国的全境，毋宁说是专指都邑；进一步论，鲁公直接管理的区域其实只有都邑，而对居住于都邑之下位的各邑中的族众来说，其行为规范极有可能是由作为族之领袖的本邑之主通过军事行动中的誓师等确立起来的。这样看来，既然周公曾辅政于成王，那么《左传·文公十八年》中的所谓周公的誓词也很有可能是以王畿为适用范围的法律条文。鲁大史克之所以会援引该条文来劝谏鲁文公，或许只是因为周公与鲁国的特殊关系。在此，倘若再回顾一下前文多次强调的天命分授的权力结构，就会发现如《费誓》所载的誓词那样具有属人、属地局限性的法律条文的出现可以说正是与这种权力结构相适应的。也就是说，原则

---

① 对战国之前的邑的人口，童书业曾做过如下推测："战国以前的人口数目是极难考核的，据我们的推测，大约最大的都邑不过一二万户（一户大致五口），最小的县邑或许有不满百户以至于只有十户的。至于中等的都邑，大致在几百户以至一二千户之谱。若问当时全中国的人口究竟有多少，我们却苦于无法回答（大略估计起来，或许有一二千万之谱）。"童书业：《春秋史》，上海古籍出版社，2003，第91页。

② Yongping Liu, *Origins of Chinese Law: Penal and Administrative Law in its Early Development*, Oxford University Press, 1998, p. 149. 滋贺秀三在考察誓与命令的关联性时虽未明言在"誓"的仪式背后亡立的祖先的存在，但也十分强调此种仪式的宗教因素。参见滋贺秀三『中国法制史論集法典と刑罰』，创文社，2003，第526页。

上，周王乃天下之大宗、诸邑之共主，但事实上，由于诸邑具有一定的独立性，周王只是将天命分赐给诸侯，使他们获得统治封地的正当性，并把具体政务托付给了诸侯；从诸侯往下的各层贵族之间，情形当然也是一样。于是，获得了统治正当性的诸邑之主依托始受命之祖的权威口授具体的命令来确立约束邑内族众的法律规范，某一次军事或祭祀礼仪成为法律规范生成的场景。如本文"绪论"所言，"对先秦法律形式之变迁的思考应以王者之命为出发点"，而西周的法律无疑就等同于分散的诸邑之主的逐条命令。

可以想见，命令发布作为某种仪式的副产品难免具有一定的偶然性、随意性，也表明诸邑之主很可能自始或根本就缺乏以其命令全面管理社会的意图。但是，这样一来，政务处理尤其是纠纷解决是否会面临困境以至促成统治者对命令详加规划呢？要解答此问题，不妨先了解一下金文文献所展示出来的西周狱讼处理的若干特征。表1根据曶鼎等涉及狱讼事宜的青铜器铭文的记载所制。

表1　金文所载西周狱讼案件

器名	案件的审理者	案件的最终处理
师旂鼎	伯懋父	懋父令曰……旂对厥𧢩（劾）于尊彝
𩵋攸比鼎	虢叔旅	虢旅乃事（使）攸卫牧誓曰……攸卫牧则誓
五祀卫鼎	井伯、伯邑父、定伯等五人	厉乃许曰：余审贮田五田……事（使）厉誓……
曶鼎	井叔、东宫	井叔：才（裁），王人乃卖（赎）用征，不逆付，曶毋卑（俾）成式于氐。曶则拜稽首，受兹五夫……；东宫乃曰：求乃人，乃弗得，女（汝）匡罚大……稽首曰：余无卤（由）具寇正（足）[秭]，不出，俊（鞭）余
六年琱生簋	召伯虎	召伯虎告曰：余告庆……今余既讯，有司曰：厦令。今余既一名典献，伯氏则报璧
㑥匜	伯扬父	伯扬父乃成𧢩（劾）……伯扬父乃或事（使）牧牛誓曰……牧牛则誓……成，罚金……
鸟形盉	未知	乞誓曰……身笰传出，报厥誓……

资料来源：有关本表所引青铜器铭文的详细内容，鼎类铭文依表中所列从上到下的顺序，参见中国社会科学院考古研究所编《殷周金文集成》第二册，中华书局，2007，第1478、1488、1507、1521页；六年琱生簋铭文参见同书第四册，第2639页；㑥匜铭文参见同书第七册，第5541~5542页；鸟形盉铭文参见吴镇烽编著《商周青铜器铭文暨图像集成》第二十六卷，上海古籍出版社，2012，第220页。

　　与后世相比，西周在狱讼处理方面至少有以下几点值得注意：案件的裁决者具有临时派遣的性质，并无如《周礼》所提及的"司寇"那样的职官专门负责狱讼事宜；[①] 案件审理既有在王朝卿士的主导下展开的，也有如六年琱生簋铭文所示，在宗族内部进行的；[②] 裁决的达成往往采取原告提议，被告表示认可，或者案件审理者拟定誓词，当事人大致重复审理者之语以为立誓的方式。如此种种表明，西周政府对狱讼的处理并不诉诸相对固定的程序规则，而是具有明显的具体问题具体分析的色彩。智鼎铭文所载的第一个案件之所以要在作为议政场所的"王参门"之外来解决，㑌匜铭文中的伯扬父之所以率性地数次调整处罚意见，其原因皆无外乎此。进一步说，无论是史前时代聚落遗址中的大型房屋、中央广场，还是《尚书·盘庚》所描述的议政场景，以及文献所载西周时代的"五门三朝"、中庭，[③] 都表明在人口有限的族的聚居状态下，邑的政务想必较为简单，又多等同于族内之事，[④] 因此一旦出现诸邑之主的法令未能预先规定的新问题，通过众人议政尤其是宗族内商议的方式寻求恰当的解决途径毋宁说是非常自然的，狱讼之议不过是"议事以制"在狱讼方面的展现而已。在这种情况下，即便统治者只是在某次军事或祭祀活动中发布有限的几条法令，仍不妨碍各邑社会治理的展开，西周法律的概貌亦即诸邑之主的逐条命令遂得以维持下来。

---

① 有关这一点的详细说明，参见拙文《也论先秦时代的司寇》，《法学家》2015 年第 2 期。不过，美国学者顾立雅（Herrlee Glessner Creel）曾在论及西周政府的整体特征时提到"司法是主管官员的众多职能的外溢"。参见 Herrlee Glessner Creel, "Legal Institution and Procedures During the *Chou* Dynasty," in Jerome Alan Cohen etc. eds., *Essays on China's Legal Tradition*, Princeton University Press, 1980, p. 31。不过，其论述较为简略。日本学者松井嘉德特别关注铭文中的"嗣某"这一动宾结构词语，认为"嗣某"是西周创设新职官的重要途径，而西周的"行政"则主要表现为具体职事的横向分割。参见松井嘉德『周代国制の研究』，汲古书院，2002，第 146 ~ 154 页。可见，"司寇"究竟为何之类的问题牵涉面甚广，今后还值得再关注。

② 晁福林认为，史载春秋时期的诉讼案件之所以多为贵族间事，固然有史载不记普通民众的狱讼之事的缘故，但更重要的还在于作为宗族组织内部成员的民众的狱讼之事多数可以在宗族内解决和处置。参见晁福林《春秋战国的社会变迁》下册，商务印书馆，2011，第 780 ~ 781 页。此论或亦适用于西周年代，六年琱生簋铭文可谓一例。

③ 有关西周时代的"五门三朝"、中庭及其与议政的关系，参见杜正胜《古代社会与国家》，允晨文化实业股份有限公司，1992，第 183 ~ 186 页；马楠《西周"五门三朝"刍议》，载李学勤主编《出土文献》第一辑，中西书局，2010，第 143 页。

④ 谢乃和的研究表明，即便在人口规模相对较大的王畿范围内，王家与王朝也没有根本性差异。参见谢乃和《古代社会与政治——周代的政体及其变迁》，黑龙江人民出版社，2011，第 36 ~ 58 页。

总之，西周的法律是由族居之邑汇集而成的国家样态及与之配套的权力运行方式的生成物，其实质就是王者之命，其效力之维系则从根本上源于祖先权威。沈家本曾云："令者，上敕下之词，命令、教令、号令，其义同。"① 由此看来，西周时代的王命与后世的令之间是一脉相承的。不过，尽管所谓王命经常用"命""令"等来引领具体的规范内容，但它们在多数情况下都是作为动词来表示"役使"的意思，并非制度意义上的法律形式的专名。② 我们甚至可以说，西周时代的王命根本就没有固定的表现形式，且在内容的具体性、制定及颁布的随意性等方面皆远胜于后世的令，因此可被视为"令的雏形"。那么，继承西周之遗产的春秋时代在法律形式问题上又有何发展呢？

二　春秋时代：族的逐步解体与立盟、铸刑鼎

虽然上一节反复强调，族居乃西周社会生活的基本样态，但这并不意味着毫无变化。上文已指出，西周的分封并未否定此前或此后出现的族居之邑的独立性，但如《诗经·小雅·北山》所云，"普天之下，莫非王土"，天下土地的所有权原则上归周王，贵族们的封地从根本上当然也都源自周王，所以被赏赐的土地一般都会有明确的"四至"（如散氏盘等彝器铭文所示③），而且不能进入流通领域，所谓"田里不鬻"④。然而，以曶鼎、裘卫诸器等彝器铭文观之，或以贵族内部经济实力之涨落的缘故，至迟从西周中期开始，土地已用于交易、赔偿。⑤ 在当时土地呈点状分布的情形下，所谓交易、赔偿固然有加剧土地权属之分散化的可能，但毫无疑问也会引发分散的土地被集中于某贵族一人之手以致连成一片的状况。某族由于附着

---

① 沈家本：《历代刑法考·律令一》，邓经元、骈宇骞点校，中华书局，1985，第 812 页。

② 参见高山节也「西周國家における「天命」の機能」，载松丸道雄編『西周青銅器とその國家』，东京大学出版会，1980，第 333~334 页；徐世虹等《秦律研究》，武汉大学出版社，2017，第 56 页。

③ 有关散氏盘铭文，参见中国社会科学院考古研究所编《殷周金文集成》第七册，中华书局，2007，第 5487 页。

④ 《礼记·王制》。

⑤ 如，裘卫盉铭文载："矩伯庶人取堇（瑾）章（璋）于裘卫，才（裁）八十朋，厥貯（贾）其舍田十田。"中国社会科学院考古研究所编《殷周金文集成》第六册，中华书局，2007，第 4973 页。

于土地之上，亦随土地一并被转让，① 因此若土地集中，居于各地的各族也难以避免地只能生活在一起；久而久之，族与族之间的融合就是自然之事。另外，大克鼎铭文所载"赐女（汝）井人奔于量"② 一语及《诗经·小雅·黄鸟》中的"言旋言归，复我邦族"云云表明，西周中晚期还存在着人口流动现象。这无疑也是对诸邑之族居状态的挑战，必然会导致管理困难以至于周宣王不顾仲山父之谏而"料民于太原"③，亦即检核人口。这样看来，在西周，族居这一主旋律其实掩盖了破坏族居的各种潜在因素。

西周灭亡后，周王的权威持续下滑，社会、政治环境发生剧变，原本就已存在的破坏族居的潜在因素及新问题遂缓缓浮出水面。首先，为了增强实力以图生存或进取，无论是一国，还是一族，对邑周围土地的开发都是不遗余力的，甚至连此前坐落于邑与邑之间的空隙地带的土地也都被利用起来；④ 土地的交易和转让变得较为平常，⑤ 战争又强有力地推动了土地兼并。这些情况使西周时代散落在土地上的呈点状分布的诸邑逐渐连接起来，为各族的交流与融合提供了便利。其次，内乱所导致的灭族惨祸、战争、社会阶层的沉浮⑥往往会使人口流动更为频繁。人们或似鸟兽散般逃逸，⑦ 至旷野各处耕作而居；或涌入城市，形成新的各色人等：在城邑的郭区内居住的部分经商者和农民、⑧ 在城邑的城区内徘徊的无业游民和向统治者兜售知识的士人等。无论是前者，还是后者，人们在未迁徙前所属的族自然已面临分裂，而族居在新住所中的存在感无疑也是极为薄弱的。最后，

---

① 如，在九年卫鼎铭文中，矩伯就用名为"林酉里"的整个里与裘卫交换"省车"等物品。参见中国社会科学院考古研究所编《殷周金文集成》第二册，中华书局，2007，第1505页。

② 中国社会科学院考古研究所编《殷周金文集成》第二册，中华书局，2007，第1515页。

③ 《国语·周语上》。

④ 如，《左传·哀公十二年》载："宋、郑之间有隙地焉，曰弥作、顷丘、玉畅、岩、戈、锡。子产与宋人为成，曰：'勿有是。'及宋平、元之族自萧奔郑，郑人为之城岩、戈、锡。"

⑤ 如，《左传·隐公八年》载："郑伯请释泰山之祀而祀周公，以泰山之祊易许田。"

⑥ 有关这方面问题，许倬云曾在详细分析相关史料并绘制数张表格的基础上指出，春秋时期有频繁的社会流动，而且在公元前5世纪以后，社会结构也已基本改变。参见许倬云《中国古代社会史论——春秋战国时代的社会流动》，邹水杰译，广西师范大学出版社，2006，第27~46页。

⑦ 如，《左传·僖公十九年》载："初，梁伯好土功，亟城而弗处，民罢而弗堪，则曰：'某寇将至。'乃沟公宫，曰：'秦将袭我。'民惧而溃，秦遂取梁。"

⑧ 有关战争及人口流动与春秋时代城市之内城外郭格局的形成的关系，参见杜正胜《古代社会与国家》，允晨文化实业股份有限公司，1992，第647~674页；杨宽《中国古代都城制度史研究》，上海人民出版社，2016，第87~90页；许宏《先秦城邑考古》，西苑出版社，2017，第343~350页。

为了管理新占领地、开发地、受赐地，一种新的行政建制——县开始为部分诸侯国的统治者所采纳。春秋时代的县基本都是从原来的邑改造而来，改造方式则各不相同。① 其中之一就是如晋对阳樊等邑的"出其民"② 之举一般，强制居于当地的民众举族迁出（当然，也伴随着新居民的迁入），这显然也是对族居的强劲挑战。③ 总之，以上几个方面都指向了一个结论，即虽然如国内外史家所说，族对春秋社会的影响力依然不容忽视，④ 但族的解体确实也是当时社会的真实写照。⑤ 春秋时代之所以动荡不安，其深层次原因未必不可归结于此。

社会结构的新旧交替使众多个体摆脱了族的束缚，直接面对职掌国政的统治者。这与西周时代的阶层统属关系完全不同，政制上的大幅度调整也就难以避免。比如，春秋诸国改变了"雨我公田，遂及我私"⑥ 的传统，开始对民众普遍授田，故民众的经济地位有所提高，但作为代价，租税取代了被称为"助法"的为族服务的力役，兵役也向庶民普及而非仅仅是某族成员的责任。⑦ 可见，新政务已因社会变动而产生，⑧ 其惯常化则进一步强调了个人相对于族的某种独立性。毋庸赘言，以现有资料观之，春秋时代的法的实质与西周的情况一样，仍是君主或执政者之命，而所谓新政务正是通过君主或执政者之命加以明确的。比如，据杨宽研究，在《左传》

---

① 有关这方面问题的各种论述，日本学者松井嘉德及土口史记已做出颇为全面的总结。参见松井嘉德『周代国制の研究』，汲古书院，2002，第260~268页；土口史记『先秦时代の领域支配』，京都大学学术出版会，2011，第14~19页。

② 《左传·僖公二十五年》。

③ 参见增渊龙夫『中国古代の社会と国家』，岩波书店，1996，第469页。

④ 参见童书业《春秋史》，上海古籍出版社，2003，第66~74页；晁福林《春秋战国的社会变迁》（下），商务印书馆，2011，第616~624页；（日）渡边信一郎《中国第一次古代帝国的形成——以龙山文化时期到汉代的聚落形态研究为视角》，魏永康译，《中国史研究》2013年第4期；等等。

⑤ 如，在《左传·昭公三年》所载叔向与晏子的对话中，叔向就以晋国公族的衰败为据哀叹晋国前景的黯淡："晋之公族尽矣。肸闻之，公室将卑，其宗族枝叶先落，则公从之。肸之宗十一族，唯羊舌氏在而已。肸又无子，公室无度，幸而得死，岂其获祀？"

⑥ 《诗经·小雅·大田》。

⑦ 有关春秋时期赋役、租税之变革，参见《宫崎市定全集》3，岩波书店，1991，第57~97页；杜正胜《编户齐民：传统政治社会结构之形成》，联经出版事业股份有限公司，2018，第50~61、174~186页。

⑧ 刘永平和英国学者 Earnest Caldwell 均曾表达了类似的观点，但皆未展开论述。参见 Yongping Liu, *Origins of Chinese Law: Penal and Administrative Law in its Early Development*, Oxford University Press, 1998, p.52; Earnest Caldwell, "Social Change and Written Law in Early Chinese Legal Thought," *Law and History Review*, 2014, p.8。

所载晋国的几次"大蒐礼"上，居于中军主帅之位的执政者就发布了变更军制、处理重大政事的命令。① 实际上，这并非仅发生在晋国，《左传·昭公十四年》也提到了楚国通过"简兵"而改革政制的做法：

> 夏，楚子使然丹简上国之兵于宗丘，且抚其民，分贫振穷，长孤幼，养老疾，收介特，救灾患，宥孤寡，赦罪庚，诘奸慝，举淹滞，礼新叙旧，禄勋合亲，任良物官。

当然，在春秋时代，除了"大蒐礼"，君主还有可能在"听朔"、即位②等场合发布命令。可以想见，以彼时社会问题之复杂多变论，这种可能性往往会成为现实；进一步说，或许，正是因为涉及旧制度之改革或新制度之创设的君主之命的频繁发布，原本用于引领王者之言的具体内容的"命""令"（尤其是"令"）越来越明显地从以往的"使役"意义之外表现出制度内涵，以至于最终成为一种法律形式，亦即君主之命的一种较为固定的载体。不过，此处所言"令"因制度多变而成为法律形式云云仅为推论，缺乏与之直接相关的史料来证明，但若综合分析春秋史料对"令"的记载，确实又能发现，"令"在春秋时期越往后越被习以为常地用作表示法律形式之意的名词：

> 作内政而寄军令焉。（《国语·齐语》）
>
> 教之令，使访物官。（《国语·楚语上》）
>
> 鲁之有季、孟，犹晋之有栾、范也，政令于是乎成。（《左传·成公十六年》）
>
> 以大国政令之无常……岂敢忘职？（《左传·襄公二十二年》）
>
> 此君之宪令，而小国之望也。（《左传·襄公二十八年》）
>
> 王伯之令也，引其封疆，而树之官。举之表旗，而著之制令。

---

① 参见杨宽《古史新探》，上海人民出版社，2016，第274~278页。

② 有关"听朔"，《左传·文公十六年》载"夏五月，公四不视朔"，杨伯峻注曰："诸侯于每月初一以特羊告庙，谓之告朔，亦谓之告月。告朔毕，因听治此月之政，谓之亲朔，亦谓之听朔。"杨伯峻编著《春秋左传注》（二），中华书局，1990，第615页。君主既然"听治此月之政"，就很有可能发布命令。关于即位时发布命令，《左传·成公十八年》就提到："二月乙酉朔，晋悼公即位于朝。始命百官，施舍、已责，逮鳏寡，振废滞，匡乏困，救灾患，禁淫慝，薄赋敛，宥罪庚，节器用，时用民，欲无犯时。"

（《左传·昭公元年》）

　　发命之不衷，出令之不信……侨之耻也。（《左传·昭公十六年》）

　　事实上，春秋社会的动荡程度是愈演愈烈的，主要变革如"初税亩""作丘甲""作丘赋"等也都发生在春秋中后期。这与"令"的法律形式之意被强化几乎是同步的，上文的推论似亦可据此成立。前文曾指出，西周的王命缺乏固定的表现形式，所以令成为命令的惯常载体可谓春秋时代对法律形式之发展的一大推进。

　　不过，在以下凌上之事频频上演的时代，令的发布往往是强权者僭用其上位者之权力的表现，所以与令成为法律形式紧密相连的是时人对令的约束力之来源的探索。如前所述，西周君命的效力是依托祖先权威来维系的。至春秋时期，尽管祖先对政治生活的影响仍不容忽视，如上文所提及的"听朔"就是在宗庙中进行的，但在族的瓦解及混同、个人意识的显露成为社会变迁之大势的情况下，连与祖先祭祀或宗族血脉之传承有关的各种礼都时常被破坏，① 以祖先权威来维持法律的效力自然也难以继续。不过，族居及隐藏于其中的血脉意识已成为时人难以随意抛弃的传统，因此人们首先考虑的就是如何改造传统以便为命令注入新的权威，第一种改造方式即为立盟。据学者研究，作为一种祭祀仪式的盟在新石器时代就已出现，频繁地利用此种祭祀仪式达成某种约定，从而令"盟"获得结盟立誓之意却是在春秋时代。② 那么，所谓祭祀仪式的具体环节如何？综合孔颖达对《礼记·曲礼下》中"约信曰誓，莅牲曰盟"一语的注疏及《左传》的

---

① 如，《左传》载，"夏五月，葬桓王，缓也"（《庄公三年》）；"葬僖公，缓作主，非礼也"（《僖公三十三年》）；"秋八月丁卯，大事于大庙，跻僖公，逆祀也"（《文公二年》）。似此先人已逝，而葬仪或制作木主严重推迟，以及颠倒祭祀顺序的行为无疑是对祭礼的破坏。又，《左传·隐公七年》云："四月甲辰，郑公子忽如陈逆妇妫……先配而后祖。"婚礼是与宗族血脉传承相关的重要礼仪，如郑公子忽那样未经庙见即同床共寝的行为可谓对婚礼的蔑视，也可能带来妻妾乃至嫡长子身份不明的严重问题。更为全面的解说，参见顾德融、朱顺龙《春秋史》，上海人民出版社，2003，第 474~488 页。

② 参见徐连城《春秋初年"盟"的探讨》，《文史哲》1957 年第 11 期；高木智见『春秋時代の結盟習俗について』，《史林》1985 年第 86 卷第 6 号，第 43 页；李力《东周盟书与法制》，载杨一凡总主编、马小红卷主编《中国法制史考证》甲编第一卷，中国社会科学出版社，2003，第 284~286 页；吕静《春秋时期的盟誓研究：神灵崇拜下的社会秩序再构建》，上海古籍出版社，2007，第 66~67 页。

相关记载，可将立盟的程序概括如下：①

　　1、凿地为穴或洞，以牺牲置于坎上并杀之；

　　2、割去牺牲的左耳而以盘盛之，且取其血而以敦（一种容器）盛之；

　　3、歃血，并读载书（即载有盟辞的盟约）以告神；

　　4、以载书正本置于牺牲之上而埋之，副本则与盟者各持归并保藏。

在上列所有动作中，最具实质意义的无疑是歃血和对神明宣读盟辞这二者，以下将分别对歃血、神明和盟辞略作解说。第一，歃血。《左传·隐公七年》"孔疏"指出，"歃谓口含血也"，② 似与陈梦家、杨伯峻所说"饮血"或"微饮血"相当。③ 通过饮血，参盟者间将形成拟制的血缘关系；某方若毁盟，自然会伤及他方，反过来也因血缘纽带的存在而为害己身，歃血之于盟约履行的重要性由此可见一斑。第二，神明。在会盟时，参盟者期望神明见证仪式的举行并在会盟后监督各方遵守盟约的规定。颇值注意的是，在春秋时人的会盟中，作为祈告对象的神明颇为多样，甚至到了无所不包的程度，如《左传·襄公十一年》所载亳之盟的载书就提到：

　　凡我同盟，毋蕴年，毋雍利，毋保奸，毋留慝，救灾患，恤祸乱，同好恶，奖王室。或间兹命，司慎、司盟，名山、名川，群神、群祀，先王、先公，七姓、十二国之祖，明神殛之，俾失其民，队命亡氏，踣其国家。

其之所以如此，原因无外乎参盟者族属不一，为了强化盟约的效力，只能求助于超越祖先神的天神、山川神等的力量。④ 第三，盟辞。虽然会盟

---

① 有关立盟程序的更详细的介绍，参见拙作《早期中国礼的演变：以春秋三传为中心》，商务印书馆，2018，第114~116页。

② 李学勤主编《十三经注疏·春秋左传正义》（上），北京大学出版社，1999，第107页。

③ 参见陈梦家《东周盟誓与出土载书》，《考古》1966年第5期；杨伯峻编著《春秋左传注》（一），中华书局，1990，第7页。

④ 对这一点，高木智见曾做出颇为详细和深刻的论述，参见高木智见「春秋時代の結盟習俗について」，《史林》1985年第86卷第6号，第58~60、67页。

各方原则上是平等的，盟约内容也应是协商的结果，但在春秋时代，实力决定话语权的趋向越来越明显，因此在确定列国行为规范、重建某国内部秩序的各类立盟活动中，主盟者尤其是霸主、君主或强有力的卿大夫的意志其实是能决定盟辞的内容的。如，《左传·襄公二十三年》记载了季孙氏通过立盟驱逐臧孙纥一事：

> 将盟臧氏，季孙召外史掌恶臣而问盟首焉。对曰："盟东门氏也，曰：'毋或如东门遂不听公命，杀嫡立庶。'盟叔孙氏也，曰：'毋或如叔孙侨如欲废国常，荡覆公室。'"季孙曰："臧孙之罪，皆不及此。"孟椒曰："盍以其犯门斩关？"季孙用之，乃盟臧氏，曰："毋或如臧孙纥干国之纪，犯门斩关！"臧孙闻之，曰："国有人焉！谁居？其孟椒乎！"

虽然立盟的参与者应为包括季孙氏、臧孙纥等在内的众人，但盟辞是在季孙氏的主导下确定的，代表了他的意图，并在仪式举行时通过宣读而为参盟者所知，从而形成了具体的行为规范。换句话说，所谓盟辞等同于强权者的命令。[①]

从以上三个方面的分析来看，如果意识到西周时代诸邑之主的命令是在军事、祭祀等族的集体行动中发布的，因而得到了祖先神的认可，那么春秋时代的立盟显然反映了既被强权者的崛起、宗族或血缘纽带的崩解往前引，又被久已有之的血族意识往后拖的时人所做出的改革尝试：以歃血虚构同族关系，由天神等扮演祖先神的角色，从而使强权者的命令为旧的外衣所包裹，其效力来源也得以明确。

然而，面对现实，这种旧瓶装新酒的尝试逐渐陷入了窘境。一方面，如前所述，"社会结构的新旧交替使众多个体摆脱了族的束缚"，他们不得

---

① 能证明这一结论的事例还有不少，如《左传·定公八年》载："晋师将盟卫侯于鄟泽，赵简子曰：'群臣谁敢盟卫君者？'涉佗、成何曰：'我能盟之。'卫人请执牛耳。成何曰：'卫，吾温、原也，焉得视诸侯？'将歃，涉佗捘卫侯之手，及捥。卫侯怒，王孙贾趋进，曰：'盟以信礼也，有如卫君，其敢不唯礼是事而受此盟也？'"可见，此次晋卫之盟显然是在霸主晋国的主导下进行的。另外，吕静注意到了史料中频繁出现的"作某誓"三字，认为其意乃"单方面制作盟辞"，因此也表明，立盟隐藏着一种权威要素的介入。参见吕静《春秋时期的盟誓研究：神灵崇拜下的社会秩序再构建》，上海古籍出版社，2007，第237~243页。

不在接受强权君主或执政者之统治的同时建设与以往的族内成员关系有别的新型人际关系，遂亦通过立盟来确立行为规范，《左传》所载春秋中后期"国人""百工"以及拥有自由身份的末端人群相互间立盟的众多事例正可为其明证。[①] 这样一来，立盟的频率必然迅速提升，甚至突发性立盟也会出现。如《左传》对鲁庄公与孟任之盟等事例的记载所示，[②] 在随时立盟的情况下，即便是贵族们也难以保证每次立盟都严格执行其程序要求，经济实力有限的普罗大众恐怕更难顾及立盟的复杂仪式尤其是杀牲以歃血，盟誓的神圣性也就大打折扣了。如此一来，违背誓言而未见不良后果应该不会是个别现象，对立盟之有效性的疑惑则成为一种普遍观念。另一方面，更为重要的是，重天命的思想在西周末期就遭到了从精英至平民的质疑，[③] 到春秋时期尤其是春秋中后期更被重人事的认识所超越。与此相适应，包括祖先神在内的神明对人们的精神世界的影响力也不断下滑。[④] 如，在《左传》对春秋中前期史事的记载中就能见到众多虽未否定神的力量，却只把神意视为人之德性优劣的被动反馈的言论，以下仅撷取二例：

> 虢其亡乎！吾闻之：国将兴，听于民；将亡，听于神。神，聪明正直而一者也，依人而行。虢多凉德，其何土之能得！（《左传·庄公三十二年》）

---

① 参见 Yongping Liu, *Origins of Chinese Law：Penal and Administrative Law in its Early Development*, Oxford University Press, 1998, p. 168；吕静《春秋时期的盟誓研究：神灵崇拜下的社会秩序再构建》，上海古籍出版社，2007，第 247 页。另外，侯马盟书也值得一提。有关侯马盟书的时代，学界有各种观点，但近年来越来越倾向于认为，侯马盟书乃战国初期（公元前 424 年）赵桓子与赵献子之间的争位斗争的反映。参见冯时《侯马、温县文书年代考》，《考古》2002 年第 8 期；石小力《据清华简考证侯马盟书的"赵尼"——兼说侯马盟书的时代》，《中山大学学报》（社会科学版）2018 年第 1 期。盟书的宗盟类部分的参与者很可能是主盟者赵桓子的宗人。这表明，在春秋战国之际，即便是在宗族内部，血缘纽带的约束力也呈严重弱化之势，以至于不得不通过立盟确立有约束力的行为规范。参见赵瑞民、郎保利《宗族与宗法制解体在〈侯马盟书〉中的反映》，《晋阳学刊》2007 年第 3 期。

② 《左传·庄公三十二年》："初，公筑台临党氏，见孟任，从之。閟，而以夫人言许之。割臂盟公，生子般焉。"

③ 参见郭沫若《中国古代社会研究》（外二种），河北教育出版社，2004，第 264 页。

④ 有关祖先观念在春秋战国时代的崩溃，高木智见从祭祀之时令祖先形象实体化的"尸"被祖先画像取代、作为神人交流之媒介的"祝"的数量的大幅度减少、都城布局从祭政一体转向祭政分离、祭祀礼器功能的世俗化等四个方面做出了颇为精彩的论述，颇值关注。参见高木智见『先秦の社会と思想——中国文化の核心』，创文社，2001，第 165～168 页。

> 龟，象也；筮，数也。物生而后有象，象而后有滋，滋而后有数。
> 先君之败德，及可数乎？（《左传·僖公十五年》）

至孔子，竟至"不语怪力乱神"；①即便对鬼神略言一二，也基本是否
定之辞，所谓"未能事人，焉能事鬼"。②在这种情况下，神明→血脉→参
盟者的关系链从源头上就被破坏了，用神意和血来迫使人们守信履约无异
于梦呓。时人对此当然是心知肚明的，所以他们对履约与否采取了无视由
仪式带来的形式约束力，关注在盟辞中贯彻其命令意图的强权者之实力强
弱的务实态度。如在鲁襄公九年（公元前 564 年），与晋国结盟之后旋即又
与其敌楚国结盟的郑国卿大夫子驷、子展就理直气壮地为郑国的背约行为
辩护道：

> 吾盟固云"唯强是从"，今楚师至，晋不我救，则楚强矣。盟誓之
> 言，岂敢背之？且要盟无质，神弗临也……明神不蠲要盟，背之，可
> 也。（《左传·襄公九年》）

更值得玩味的是，在发生于此后一年的郑国的一场内乱被平定之后，
新当政者子孔通过与群卿、诸司、国人立盟来宣扬其命令，进而确立其统
治地位，但"大夫、诸司、门子弗顺"，子孔"将诛之"。子产劝子孔将载
书焚毁，针对其疑问"为书以定国，众怒而焚之，是众为政也，国不亦难
乎"，子产答曰：

> 众怒难犯，专欲难成，合二难以安国，危之道也。不如焚书以安
> 众，子得所欲，众亦得安，不亦可乎？（《左传·襄公十年》）

显然，深知"天道远，人道迩"③之理的子产清晰地认识到，若子孔的
执政地位不牢固，仅仅依靠立盟仪式是无法确保其政令被遵守并"安国"
的。结合上述两个方面的考察，可以认为，《左传·桓公十二年》"君子曰"

---

① 《论语·述而》。
② 《论语·先进》。
③ 《左传·昭公十八年》。

中的"苟信不继，盟无益也"数语尽管极有可能是战国时人的言辞，[1] 却真切地道破了春秋时人对立盟行为之效用的总体判断，所以通过立盟来确立、强化命令或令之权威的尝试终究只是昙花一现，而人们则不得不另辟蹊径，此即铸刑书与铸刑鼎。

铸刑书、铸刑鼎二事分别见于《左传·昭公六年》和《左传·昭公二十九年》的相关记载；[2] 近年来，曾伯陭钺铭文和清华大学藏战国竹简《子产》篇似乎又为学者们提供了创作的新契机。然而，因为学者们仍在争论两种新出文献究竟是否与铸刑书或铸刑鼎相关，且否定说似较为合理，[3] 更兼二事本身颇为相似，所以这里仍将以《左传》的两处记载为基础，并把二者合并起来考察。第一个问题为郑的子产和晋的赵鞅、荀寅究竟为何要铸刑书、铸刑鼎。欲回答此问题，可以先看看叔向对铸刑书、孔子对铸刑鼎的批评意见：

> 昔先王议事以制，不为刑辟，惧民之有争心也……民知有辟，则不忌于上，并有争心，以征于书，而徼幸以成之，弗可为矣……民知争端矣，将弃礼而征于书。锥刀之末，将尽争之。

> 夫晋国将守唐叔之所受法度，以经纬其民，卿大夫以序守之。民是以能尊其贵，贵是以能守其业。贵贱不愆，所谓度也……今弃是度也，而为刑鼎，民在鼎矣，何以尊贵？……贵贱无序，何以为国？且夫宣子之刑，夷之蒐也，晋国之乱制也，若之何以为法？

---

[1] 有关《左传》中的"君子曰"部分的成文年代，参见小仓芳彦『中国古代政治思想研究：『左伝』研究ノート』，青木书店，1970，第75~76页。

[2] 铸刑书、铸刑鼎一直是法律史学界关注的重要问题，学者们对《左传》中《昭公六年》《昭公二十九年》的相关记载也颇为熟悉，因此对这两处记载的一应内容，以下不再一一注明。

[3] 有关曾伯陭钺铭文与铸刑鼎的相关性问题，肯定说参见王沛《刑书与道术：大变局下的早期中国法》，法律出版社，2018，第79~113页。否定说参见李力《"鼎"、"殿"、"历"三字的疑难与困惑：枣阳曾伯陭钺铭文之再研读》，载中国政法大学法律古籍整理研究所编《中国古代法律文献研究》第八辑，社会科学文献出版社，2014，第1~21页；郭永秉《曾伯陭钺铭文平议》，载中国政法大学法律古籍整理研究所编《中国古代法律文献研究》第十辑，社会科学文献出版社，2016，第1~19页。有关《子产》篇与铸刑书的相关性问题，肯定说参见王捷《清华简〈子产〉篇与"刑书"新析》，《上海师范大学学报》（哲学社会科学版）2017年第4期；王沛《刑书与道术：大变局下的早期中国法》，法律出版社，2018，第114~130页。否定说参见李力《从法制史角度解读清华简（六）〈子产〉篇》，载《简帛》第十七辑，上海古籍出版社，2018，第37~54页。

　　以往，学者们往往根据上引文字把铸刑书、铸刑鼎与公布成文法联系在一起，[①] 但冨谷至认为，根据当时铸刻铭文的习惯，郑、晋的刑书都应被铸于器皿内壁，难为民众所见，而且民众未必能理解以篆书体镌刻的法律的内容，因此铸于刑器上的法律条文很可能仍是以神而非民为对象的誓言、誓约；[②] 王沛则在主张郑、晋之刑书的受众并非民众的基础上明言铸刑书、铸刑鼎与法律公开之类的问题无关。[③] 然而，若果真如此，"民知争端矣，将弃礼而征于书""民在鼎矣"之类的担忧从何而来呢？尤其是在晋铸刑鼎的场合，受众问题更值玩味。据《左传·昭公二十九年》杜预"正义"，"范宣子所用刑，乃夷蒐之法也"。[④]《左传·文公六年》又载：

　　　　宣子于是乎始为国政，制事典，正法罪，辟狱刑，董逋逃，由质要，治旧洿，本秩礼，续常职，出滞淹。既成，以授大傅阳子与大师贾佗，使行诸晋国，以为常法。

---

① 对持此观点或略作延伸的代表性论著，王沛在梳理相关学术史时曾有所列举。参见王沛《刑鼎、宗族法令与成文法公布——以两周铭文为基础的研究》，《中国社会科学》2019 年第 3 期。但不得不说，以笔者目力所及，还有一些需要注意的成果并未被王沛的大作提及，兹稍作罗列。Herrlee Glessner Creel, " Legal Institution and Procedures During the *Chou Dynasty*," in Jerome Alan Cohen etc. eds., *Essays on China's Legal Tradition*, Princeton University Press, 1980, pp. 34-36；刘笃才：《中国古代的誓、盟与成文法的关系》，《辽宁大学学报》（哲学社会科学版）1994 年第 6 期；岛田正郎：『東洋法史』，东京教学社，2001，第 44 页；宁全红：《春秋法制史研究》，四川大学出版社，2009，第 154~169 页；晁福林：《春秋战国的社会变迁》下册，商务印书馆，2011，第 786~790 页；Earnest Caldwell, "Social Change and Written Law in Early Chinese Legal Thought," *Law and History Review*, 2014, p.4；〔日〕仁井田陞：《中国法制史》，牟发松译，上海古籍出版社，2011，第 46 页；戴炎辉：《中国法制史》，三民书局，2015，第 1 页；孔许友：《论春秋时期的刑书书写——以铸刑鼎之争为中心》，《云南社会科学》2016 年第 3 期；等等。

② 参见冨谷至『漢唐法制史研究』，创文社，2016，第 15~16 页。

③ 参见王沛《刑鼎、宗族法令与成文法公布——以两周铭文为基础的研究》，《中国社会科学》2019 年第 3 期。

④ 李学勤主编《十三经注疏·春秋左传正义》（下），北京大学出版社，1999，第 1513 页。又，虽然学者们基本都认可范宣子之刑书本诸"夷蒐法"，但"夷蒐法"的制定者赵盾的谥号亦为"宣子"，因此诸家对孔子口中的"宣子"到底是范宣子还是赵宣子持不同主张。王沛的鸿文就认为，《左传·昭公二十九年》中出现的前后两个"宣子"分别指范宣子和赵宣子。参见王沛《刑鼎、宗族法令与成文法公布——以两周铭文为基础的研究》，《中国社会科学》2019 年第 3 期。私见以为，以认可范宣子之刑书乃"夷蒐法"之延续为前提，将孔子口中的"宣子"理解为"范宣子"似乎更有利于顺畅梳理《左传·昭公二十九年》的前后文义；否则，前文一直围绕范宣子之刑书展开，后文却突然提及"（赵）宣子之刑"，其内在逻辑未免曲折难明。

可见，"夷蒐法"曾"行诸晋国，以为常法"，彼时又有"县治象之法于象魏"的习惯，① 因此无论是"夷蒐法"，还是范宣子之刑书，至少应该为晋都的贵族乃至"国人"们所知。那么，真正需要"在鼎"的民只能是对"夷蒐法"之类的法令了解不多甚至全无所知者。在这一点上，籾山明的研究成果颇值关注。他认为，通过蒐礼公布法令以约束人们的言行实为一种军事性秩序形成原理，要将此种原理植入内政中，进而使军事集团内部的规范成为整个社会的法律制度有待于军事共同体的崩溃，而世族被灭及庶人地位的提升正是所谓崩溃的表现，这正是铸刑鼎事件发生的背景。② 也就是说，"民在鼎矣"中的"民"当是受到社会结构剧烈变动之冲击的贵族和庶民，尤其是后者，因此王沛的结论即铸刑鼎与法律公开无关，若是以贵族为检证范围，或尚可；若是以庶民为检证范围，则不尽然。进一步论，"弃礼而征于书"的郑国之民很有可能也是以庶民为主的全体臣民，因为铸刑书之后，邓析聚徒讲学，为其讼学所吸引者正是献"衣"与"襦裤"的庶民。③ 如果以上述判断为前提再次浏览叔向、孔子之言，铸刑书、铸刑鼎的目的就一目了然了。如上一节所述，所谓"议事以制"乃家事与国政混同之时较为便捷的政务处理方式，这实际上是把政务的裁决准则交给议政者尤其是宗族内的重要人物来确定，臣民们则往往处于宗族的统驭之下。但是，因为每位议政者各有其立场、思想，所以裁断就难以避免地具有随意性，春秋时人则已将其视为一种弊政，如《左传·僖公二十八年》《左传·襄公六年》就各记载了一件被时人评价为"同罪异罚，非刑也"的事例。④ 至铸刑书，"民知有辟，则不忌于上，并有争心，以征于书"一语表

---

① 虽然"县治象之法于象魏"乃《周礼》假想的古制，但从史籍记载来看，在春秋时代似确有此种公布法令的习惯。如，《左传·哀公三年》云："季桓子至，御公立于象魏之外，命救火者伤人则止，财可为也。命藏《象魏》，曰：'旧章不可亡也。'"杨伯峻注曰："此《象魏》可以藏，非指门阙……当时象魏悬挂法令使万民知晓之处，因名法令亦曰《象魏》，即旧章也。服虔主此说。"杨伯峻编著《春秋左传注》（四），中华书局，1990，第1622页。

② 参见籾山明「法家以前—春秋期における刑と秩序—」，『東洋史研究』1980年第39卷第2号，第3~24页。

③ 《吕氏春秋·审应览·离谓》："子产治郑，邓析务难之，与民之有狱者约：大狱一衣，小狱襦裤。民之献衣、襦裤而学讼者，不可胜数。"

④ 守屋美都雄据此二例指出，"法解释的矛盾、法的不确定性或变动性在某一时刻已演变到了需要不变的大典予以消解的程度"，而这正是守屋氏所说"制定成文法典的趋向"在春秋诸国中已日渐明显的原因所在。参见守屋美都雄『中國古代の家族と國家』，东洋史研究会，1968，第545~546页。

明，狱讼的解决将统一委诸刑书的规定、伫立于刑书背后的强权者及其官僚机构。这样一来，原为宗族所控制的臣民们尤其是逐渐从宗族中脱离出来的庶民们将被引入君—民的权力框架中，重视族长—族众的社会阶层关系的叔向痛心疾首的原因正在于此。又，在孔子看来，晋始封君唐叔之法乃晋的根本大法，亦可谓晋公受命的象征，卿大夫们最初只是世守此法。随后，他们通过擅乱国政①而公布的"夷蒐法"，范宣子之刑书、刑鼎等逐步废弃唐叔之法，进而以"法"为媒介凌驾于晋公的权力之上且控制庶民，这当然是对孔子念兹在兹的礼制亦即"度"的严重破坏。由此看来，叔向与孔子虽以不同言辞表达批评意见，却指明了郑、晋"擅作刑器"的同一目的，即摆脱宗族之干预，固化强权者与全体臣民之间的直接统治关系。

可是，"刑器"又有什么样的力量以致能承担如此重任呢？尽管如王沛所言，《左传·昭公六年》并未指出郑"刑器"究竟是什么器皿，诸家的注释也不过是根据不足的揣测，②《左传·昭公二十九年》则明言"遂赋晋国一鼓铁，以铸刑鼎"，即晋"刑器"为铁鼎，但无论如何，两国的"刑器"都应是同一形状的青铜器的替代品或青铜器本身。据考古遗物所示，至迟到二里头文化时期，青铜器已经完全取代礼玉，成为陪葬物的大宗，其原因在于青铜器以其原料之难得、铸造冶炼之工费事繁等缘故而获得了所谓"显著重要性"。③至商周尤其是西周时代，对生者而言，青铜器并非人人皆有，不同阶层所拥有的青铜器的组合方式等亦有差别，④而且青铜器及铸刻于其上的铭文往往会在器主的社交场合中成为器主及其宾客们观赏与品鉴

---

① 如杜预"正义"所言，"一蒐而三易中军帅，贾季、箕郑之徒遂作乱，故曰乱制"。李学勤主编《十三经注疏·春秋左传正义》（下），北京大学出版社，1999，第1513页。

② 参见王沛《刑鼎、宗族法令与成文法公布——以两周铭文为基础的研究》，《中国社会科学》2019年第3期。

③ 参见俞伟超、高明《周代用鼎制度研究（上）》，《北京大学学报》（哲学社会科学版）1978年第1期；杜正胜《古代社会与国家》，允晨文化实业股份有限公司，1992，第183~186页。另外，有关青铜器铸造技术之复杂，参见马承源主编《中国青铜器》，上海古籍出版社，2003，第510页；松丸道雄「西周青銅器製作の背景——周金文研究・序章」，载『東洋文化研究所紀要』第七十二册，第84~108页（松丸尤其强调了垫片技术在青铜器铭文铸刻中的重要作用）；李峰《青铜器和金文书体研究》，上海古籍出版社，2018，第190~206页。

④ 在以青铜器组合方式之别来标识社会阶层之差异这一点上，最具有代表性的应为用鼎制度。参见俞伟超、高明《周代用鼎制度研究（中）》，《北京大学学报》（哲学社会科学版）1978年第2期。不过，何树环对鼎簋组合形态及是否成列以及成列时鼎簋的数量等问题均有不同于通说的认识。此处提及其说，仅备一考。参见何树环《青铜器与西周史论集》，文津出版社，2013，第68、82页。

的对象，^①因此精美的青铜器实为贵者炫耀其身份、地位的资本；对逝者而言，青铜器既可成为其陪葬物以显示他们在亡灵世界中的地位，又可作为祭器置于其庙中，铭文则向子孙们讲述他们人生的灿烂时刻。正因为青铜器对阴阳两界皆有如此重要的意义，所以获得熠熠生辉的青铜器可谓时人的一大幸事，现在所能见到的青铜器铭文中经常出现的"对扬王休""对扬天子丕显休"之类的语句未必不是这种心态的反映，而通过青铜器划分阶层、权力也就以此种心态为基础实现了。随之，从西周至春秋，以鼎为代表的青铜器就与土地、社稷等紧密相连。如，《左传·桓公二年》云，"夏四月，取郜大鼎于宋"，此鼎就是宋在灭郜后从其宗庙取走的，表示宋对郜地的吞并；又如，作为春秋霸主之一的楚庄王所掌握的国力已远远凌驾于周王室之上，却仍借讨伐陆浑戎之机，"观兵于周疆"并"问鼎之大小、轻重"，^②其原因无非在于周王室的九鼎乃天下土地之象征，"问鼎"可谓庄王一统天下之雄心的表达。^③毫无疑问，种种重要象征意义及在祖先祭祀等重大场合中的频频出席使青铜器在时人心目中获得了比虚拟的血缘和想象的神明更为现实的神圣性，而子产等把刑书铸于器皿之上应当就是期望器皿的神圣性能为刑书中的各条法令注入权威，进而使强权者对臣民的直接统治真正处于不可置疑的地位。然而，在春秋时代尤其是春秋中后期，青铜器自身正面临难以等闲视之的转变。首先，从春秋中期至战国早期各阶层人群之墓葬的出土器物来看，如美国学者罗泰（Lothar von Falkenhausen）所指出的，礼器的常规组合较之西周晚期的情况更趋于简化，^④这表明青铜器在祭祖等礼仪活动中并不是以极为隆重的方式出现的。另外，不仅诸侯、卿大夫陆续僭用天子鼎制，而且至最后，连之前只

---

① 青铜器一直被认为是藏于宗庙之中的祭器，一般不会示人，但近年来，李峰先生的研究极具说服力地指出，青铜器往往会出现在器主的礼仪性社交活动中，其上的铭文则成为器主交往圈中的人们观赏与品鉴的对象，因此铭文的信息其实是极具传播可能的。参见李峰《西周的政体：中国早期的官僚制度和国家》，吴敏娜等译，生活·读书·新知三联书店，2010，第22~23页；同氏《青铜器和金文书体研究》，上海古籍出版社，2018，第124~129页；Li Feng, "The Western Zhou State," in Paul R. Goldin edited, *Routledge Handbook of Early Chinese History*, Routledge, 2018, p.89。

② 《左传·宣公三年》。

③ 有关青铜器与土地、社稷等的关系的更详细阐发，参见小南一郎『古代中国天命と青铜器』，京都大学学术出版会，2006，第30~31、55~85页。

④ 参见〔美〕罗泰《宗子维城：从考古材料的角度看公元前1000至前250年的中国社会》，吴长青、张莉、彭鹏等译，上海古籍出版社，2017，第401~406页。

用鬲、豆等日用陶器，始终不用鼎的庶人的墓中都出现了陶鼎及与之配套的仿铜簋，① 这又表明鼎及用鼎制度对权力、身份的象征意义已趋于弱化。其次，青铜器越来越多地表现为日常生活用器；其器型从旧式的厚重质朴转向新式的庄丽工巧，其纹样从呆板转向富有生气，其内容图案也多反映宴饮、狩猎等当时之社会生活场景。② 如此种种都表明青铜器已不再是宫廷贵族们的专有物，而是向平民的生活靠近，其神圣性自然也大打折扣。最后，《礼记·祭统》云：

> 夫鼎有铭。铭者，自名也，自名以称扬其先祖之美，而明著之后世者也……铭者，论撰其先祖之有德善、功烈、勋劳、庆赏、声名，列于天下，而酌之祭器，自成其名焉，以祀其先祖者也。

铸铭于青铜器之上是为了颂扬祖先的功与德，并期望后世子孙坚守宗族德义，永记宗族的荣光。这种与宗族精神力量之传承的内在联系使铭文成为青铜器之神圣性的重要来源，但自春秋中后期之后，像子禾子釜、陈纯釜等那样铸有与宗族基本无涉之事项的青铜器普遍出现，铭文与青铜器之神圣性的联系也走向淡化，而刑书又恰是此类铭文之一。这样看来，青铜器在春秋时代经历了地位下滑、缓缓退出宗族政治领域的变化过程。以此为背景，即便是把法令铸刻在真正的青铜器之上，也难以向法令的适用对象展现权威意识，更不必说作为青铜鼎之仿制物的铁鼎了，因此赵鞅、荀寅等强权者其实只是以族居尚有影响、晋公尚存之故借鼎的形制来掩盖或伪饰自己直接统驭臣民的权力意志而已，至于器皿的材料是铜还是铁则无关政治作秀之宏旨。

上文对立盟与铸刑鼎的探讨表明，尽管在春秋时代，令已在制度意义上成为君命的固定载体或者说一种法律形式，人们则试图借助传统因素来树立诸法令或令的权威，但现实却映衬出了传统的孱弱无力，并向人们宣告，令之权威的有无毋宁说只取决于布令者即强权者的地位和实力；舍此，任何包装都是无益的。当然，这并不意味着时人寻找令之权威的努力对先

---

① 参见俞伟超、高明《周代用鼎制度研究（下）》，《北京大学学报》（哲学社会科学版）1979 年第 1 期。

② 参见杜乃松《古文字与青铜文明论集》，故宫出版社，2015，第 202～208 页；马承源《中国古代青铜器》，上海人民出版社，2016，第 37～40 页。

秦法律发达史毫无贡献。事实上，关于铸刑书、铸刑鼎，另有一个涉及法律形式之演进的重要问题值得考究，即铸于器皿之上的法令是否为所谓刑书的全部。在前者，叔向的批评提到"今吾子相郑国，作封洫，立谤政，制参辟，铸刑书"，而对发生在铸刑书事件之前六年的子产政治改革，《左传》有如下记载：

> 子产使都鄙有章，上下有服，田有封洫，庐井有伍。①

两段文句的互相应证表明，铸刑书实为这场政治改革之余波，刑书的内容则极有可能是改革过程中发布的命令或令，而非郑国法令之全部。在后者，据前引《左传·文公六年》对"夷之蒐"的记载，在赵盾借"大蒐礼"发布的一系列法令（亦即"夷蒐法"）中虽有"本秩礼""续常职"等与旧秩序之维持相关者，更不乏对族居危机、人口流动等因素所引发的社会新情况的反馈，比如"董逋逃"，参考睡简《法律答问》对"逋事"的解释，"当繇（徭），吏、典已令之，即亡弗会，为'逋事'"，② 应与晋田制改革之后受田者们的徭役有关；又如"出滞淹"，据"孔疏"所云，"贤能之人沈滞田里，拔出而官爵之也"，③ 当是针对士阶层的崛起而发。可以说，"夷蒐法"或作为其延续的范宣子之刑书的内容是颇为庞杂的，这不禁令人怀疑刑鼎铭文究竟能吸纳范宣子之刑书的几成。杨伯峻先生对《左传·昭公二十九年》所载"一鼓铁"的注释云，"鼓为衡名，亦为量名……则以鼓为重量单位，当时之四百八十斤"。④ 出土的春秋战国时期的权的重量虽有轻至 198.4 克者，亦有重至 312.6 克者，但一般为 250 克上下，⑤ 相当于现在的半斤，而所谓 480 斤仅相当于现在的 120 公斤。铁与铜的密度差异并不大，因此可以目前刻有铭文字数最多（499 字）的青铜器即毛公鼎的重量 34.7 公斤为计算标准，再考虑到鼎类器皿的铸造技术之复杂而带来的损耗，120 公斤最多只能铸 4 个左右的鼎，所能镌刻的字数估计难超 2000 字。以如此少的文字，再刨除西周至春秋时代的重要青铜器铭文一般都具

① 《左传·襄公三十年》。
② 陈伟主编《秦简牍合集（壹）》（上），武汉大学出版社，2014，第 262 页。
③ 李学勤主编《十三经注疏·春秋左传正义》（上），北京大学出版社，1999，第 510 页。
④ 杨伯峻编著《春秋左传注》（四），中华书局，1990，第 1504 页。
⑤ 相关数据参见国家计量总局、中国历史博物馆、故宫博物院主编《中国古代度量衡图集》，文物出版社，1984，第 104~120 页。

备的介绍铸器背景、颂扬恩德的冗长语词，即使晋刑鼎铭文中的法令在形态上皆如睡简《秦律十八种》所收的较为精练的律文（平均每条 50～60 字）一般，其条文数量恐怕仍为有限，所以铸于晋刑鼎之上的应当只是"夷蒐法"或范宣子之刑书的一部分，而对活跃在战国前夕之政坛的赵鞅、荀寅来说，此部分很有可能是那些能适应春秋末期乃至即将到来的战国时代之社会形势的法令或令。进一步说，郑铸刑书其实也有宣示子产发布的改革法令乃当时条件下的国之大法的意图，正如子产回应叔向的批评时所说的，"侨不才，不能及子孙，吾以救世也"。易言之，铸刑书、铸刑鼎是对郑、晋的法令划线，并暗示只有部分法令需要附着于如鼎一般不轻易铸刻的器皿之上，以示其地位之优越和不可随意变动性。中田薰曾指出："周以来直至秦统一之前的中国古法可分为'刑书'与'令'两种，前者作为法典而以刑鼎的形式被永久公布，后者作为单行令则以悬挂之札的形式被随时公开。"[①] 虽然这一论断在时段划分、"法典"及"悬挂之札"等语言的使用上不够严谨，但将刑鼎上的刑书与其他令区分开来确为卓见。这样看来，除了作为一种制度的令及对令之权威的实质来源的最终领悟之外，对令的区分意识也是春秋时代留给后人的法律遗产，而战国法律形式的发展就是以这些法律遗产为起点的。

三　战国时代：编户民社会与令、律

战国时代的启幕并不意味着社会将出现断裂式发展，但春秋时代已日趋明显的族的分解之势确实得到了更为有力的推动。首先，战国在战争激烈和社会动乱程度方面较春秋有过之而无不及。在这种情况下，人们四散而逃应当是一种常态，正如主张仁政的孟子所说，"彼夺其民时，使不得耕耨以养其父母。父母冻饿，兄弟妻子离散"，[②] "凶年饥岁，君之民老弱转乎沟壑，壮者散而之四方者，几千人矣"。[③] 同时，地广人稀的环境及生产工具和技术的进步又为从族的共同体中分离出去的人们指明了新的生存之道，即至田舍村野寻找定居空间。《管子·问》云：

---

① 中田薰：『法制史論集』第四卷，岩波书店，1964，第 73 页。
② 《孟子·梁惠王上》。
③ 《孟子·梁惠王下》。

　　　　国之弃人，何族之子弟也……乡之贫人，何族之别也？问宗子之
　　　收昆弟者，以贫从昆弟者几何家？……子弟以孝闻于乡里者几何人？
　　　余子父母存，不养而出离者几何人？

　　这些问题之所以会被提出，无非是因为"弃邑居壄（野）"最终竟成
为一种时代风气，[①] 以至于宗族伦常被严重弱化。其次，战国秦在商鞅变法
之时颁布了所谓"分异令"，此令无疑会在缩小原家庭之规模的同时造就新
的小家庭，进而催生小家庭遍在的社会现象，所以贾谊评价道，"商君违礼
义，弃伦理，并心于进取，行之二岁，秦俗日败"。[②] 随着秦的东扩，"分异
令"想必也会往关东诸国推行，对诸国的家庭形态不会没有影响，这是堀
敏一已经指出的。[③] 最后，出于政治统治、军事防御之需，战国时代的列国
境内几乎"无邑不城"，城中居民的消费需求又带动了城市经济的发达，因
此不仅齐之临淄、赵之邯郸等都城为天下名都，连宋之定陶、魏之安邑等
都市也为时人提供了众多发展机遇。[④] 于是，都市人口逐渐膨胀，但以地
缘、职业分工而非血缘为标准划分居住区域，[⑤] 而且游侠、游士、游商等群
体的流动更增强了都市居民生活的独立性色彩。从以上几个方面的分析来
看，尽管不能认为族对战国社会毫无影响，[⑥] 但无论是在城里还是在乡间，
个体及其小家庭俨然已是社会的主要构成单位，进而成为战国时代的政治
家、思想家们设想社会制度时的出发点，如《汉书·食货志》提到了战国
初期李悝变法之事，其语曰"今一夫挟五口，治田百亩"；《孟子·梁惠王
上》也提到"百亩之田，勿夺其时，八口之家可以无饥矣"。反过来，要将
诸制度落实，控制人力资源自然就是要务，战国群雄遂开始严格编户，即

---

①　对战国乡野村舍之迅速发展的详细论述，参见张金光《秦制研究》，上海古籍出版社，
　　2004，第635~639页。
②　《新书·时变》。
③　参见堀敏一『中国古代の家と集落』，汲古书院，1996，第102~103页。
④　参见杜正胜《古代社会与国家》，允晨文化实业股份有限公司，1992，第720~723页；许
　　宏《先秦城邑考古》上编，西苑出版社，2017，第345~350页。
⑤　参见关野雄『中国考古学研究』，东京大学出版会，1956，第265~267页。
⑥　邢义田曾先后撰《从战国之西汉的族居、族葬、世业论中国古代宗族社会的延续》《汉代
　　的父老、僤与聚族里居——汉侍廷里父老僤买田约束石券读记》等二文讨论宗族社会在战
　　国至西汉时期的延续。参见邢义田《天下一家：皇帝、官僚与社会》，中华书局，2011，
　　第396~466页。

按户登录人口，① 而且如杜正胜所说，"绝大多数登录户籍的人口，其法律身分是齐等的"。② 如此一来，编户的完成至少在形式上意味着君主对所有臣民及其家庭的掌握或者说君与民之间的直接统治关系的彻底确立，战国君主遂成为比春秋君主更为强势的集权者；与之相适应，作为维系君与民之间的直接统治关系的法律手段，春秋时期已成为一种制度的令的重要性也被反复强调：

> 君尊则令行……民不从令，而求君之尊也，虽尧舜之知，不能以治。（《商君书·君臣》）
> 凡君国之重器，莫重于令。令重则君尊，君尊则国安；令轻则君卑，君卑则国危。（《管子·重令》）
> 令出于主口，官职受而行之……故令者，人主之所以为命也，贤不肖、安危之所定也。（《吕氏春秋·季春纪·圜道》）

另外，随着战国国家领土的扩张和政务的复杂化，有一定职责分工的官僚群体已成为君主治理社会之必需，如《周礼》诸篇"叙官"所云，"惟王建国，体国经野，设官分职，以为民极"，因此先前已有规模的官僚制的迅速发达就成为战国政制演进的极为重要的表现，如文武分途、选任、考课、玺印、薪俸、监察等制度无不趋于成熟，③ 而文书制度则尤其值得注意。应当指出，以中国古代"书于竹帛"之早，④ 以文书传递政务信息很可能也在较早的时代就开始了，但至铸刑书之时叔向仍强调"议事以制"似

---

① 尽管上一节曾提及周宣王"料民于太原"，且因《左传》等史料对与登录户籍相关的"书社"等亦有记载，杜正胜遂推测，公元前6世纪，楚、齐、晋等已开始实行户籍制度，但在文献资料中首次具体言及户籍制度之实施的是《史记·秦始皇本纪》所云秦献公十年（公元前375年）的"为户籍相伍"。参见张金光《秦制研究》，上海古籍出版社，2004，第774~777页；〔韩〕尹在硕《秦汉户口统计制度与户口簿》，载黎明钊编《汉帝国的制度与社会秩序》，（香港）牛津大学出版社，2012，第68~69页；杜正胜《编户齐民：传统政治社会结构之形成》，联经出版事业股份有限公司，2018，第22~25页。为此，私见以为，在中国古代何时开始实行完善的户籍制度这一问题上，或应持谨慎态度而界定于战国时期；战国之前或曾编户，但未必是定期举行的，且有关户之信息的记录很可能也不太完整。
② 杜正胜：《编户齐民：传统政治社会结构之形成》，联经出版事业股份有限公司，2018，第35页。
③ 参见杨宽《战国史》，上海人民出版社，2003，第214~220页。
④ 参见《钱存训文集》第一卷，国家图书馆出版社，2012，第186~187页。

表明，至春秋末叶，文书尚未成为行政运转的主要媒介。然而，至战国时代，因君主统驭编户民之权力模式的强化和行政机构的层级化，君主会通过文书向臣民表达其意志，官吏们则被要求必须使用文书处理政事以保证行政高效率及可追责，如睡简《秦律十八种》中的《内史杂律》所示：

> 有事请殹（也），必以书，毋口请，毋羁（羁）请。①

在此情况下，以当时文书之频发，文书分类及各类别的撰写格式要求必定会出现，君臣之间的往来文书也不例外。进一步说，以史料相对丰富的战国秦为例，记录在文书上的令就已形成三种固定样态。第一种为君主主动发布的令，《史记·秦本纪》所载秦孝公元年的"招贤令"即为一例。另，岳麓书院藏秦简（以下简称"岳麓简"）所收秦令也不乏君主主动发布者：

> ●十三年六月辛丑以来，明告黔首：相贷资缗者，必券书吏，其不券书而讼，乃勿听，如廷律。前此令不券书讼者，为治其缗，毋治其息，如内史律……内史郡二千石官共令第甲。②

众所周知，秦王政在灭六国后曾"更名'民'曰'黔首'"，③ 因此令文提及"黔首"二字似表明，该令为秦统一以后之物。但是，秦统一六国的时间为秦王政二十六年，且之后此年号并未重新起算，而秦二世当政不过三年，所以作为该令之起始的"十三年"三字已说明，令文本应是在战国秦时期发布的，但抄手在抄录令文时已值秦统一之后，故将原令文中的"民"改成了"黔首"。不过，无论如何，"明告黔首"一语表明，令文本身乃君主主动发布是确切无疑的。第二种为臣下上奏与君主裁断前后连接而成的令。岳麓简所收秦令文曰：

> 泰上皇时内史言：西工室司寇、隐官、践更多贫不能自给糧

---

① 陈伟主编《秦简牍合集（壹）》（上），武汉大学出版社，2014，第146页。另外，有关文书在战国秦汉行政运转中的重要作用的更详细说明，参见拙文《职位、文书与国家——秦官僚制中的史官研究》，《现代法学》2018年第2期。

② 陈松长主编《岳麓书院藏秦简（肆）》，上海辞书出版社，2015，第194~196页。

③ 《史记·秦始皇本纪》。

（粮）。议：令县遣司寇入禾，其县毋（无）禾当贳者，告作所县偿及贳。西工室伐干沮、南郑山，令沮、南郑听西工室致。其入禾者及吏移西工室。●二年曰：复用。①

虽然"泰上皇"是秦始皇在统一后对其父庄襄王的"追尊"，陈松长据此认为令文中的"二年"乃秦二世二年，②但陈伟依据岳麓简中的"质日"简等资料从四个方面提出质疑并颇具说服力地指出，"二年"乃秦王政二年，"泰上皇"字样不过是秦统一以后的某次令文抄录对原令文中的相应称号予以更改的结果。③另，岳麓简0519+0352所收令文与上引令文格式类似，其末尾写作"三年诏曰：复用"，所以，可以想见，上引令文中的"二年曰"乃抄手在抄写"二年诏曰"时漏抄"诏"字所致。综合一应信息，上引令文显然反映了如下场景：秦王政二年，官员将"泰上皇时"设定的规范再次提出，嬴政则通过诏认可该规范仍可行用。这正是第二种令之确立过程的实例。第三种为君主就某事项要求臣下讨论如何处理，臣下表达意见后，君主予以认可而形成的令。其最典型的例子就是学者们从《史记·秦始皇本纪》的记载复原而来且或可被视为战国秦的最后之令的"议帝号"令，④而岳麓简中又有在秦帝国建立之初出现的如下令文：

●廿六年四月己卯，丞相臣状、臣绾受制相（湘）山上：自吾以天下已并，亲抚晦（海）内，南至苍梧，凌涉洞庭之水，登相（湘）山、屏山，其树木野美，望骆翠山以南树木□见亦美，其皆禁勿伐。臣状、臣绾请：其禁树木尽如禁苑树木，而令苍梧谨明为骆翠山以南所封刊，臣敢请。制曰：可。●廿七。⑤

① 陈松长主编《岳麓书院藏秦简（肆）》，上海辞书出版社，2015，第204页。
② 参见陈松长《岳麓秦简中的两条秦二世时期令文》，《文物》2015年第9期。
③ 参见陈伟《秦简牍校读及所见制度考察》，武汉大学出版社，2017，第94~97页。
④ 有关该令的详细探讨，参见广濑薰雄『秦漢律令研究』，汲古书院，2011，第80~82页。
⑤ 陈松长主编《岳麓书院藏秦简（伍）》，上海辞书出版社，2017，第57~58页。应当指出，学者们在该令的纪年究竟是廿六、廿八还是廿九的问题上仍有争议，但无论如何，该令出现于秦帝国建立后未久当无疑义。参见陈松长主编《岳麓书院藏秦简（伍）》，上海辞书出版社，2017，第76~77页，注［68］；于振波《岳麓书院藏秦简始皇禁伐树木诏考异》，《湖南大学学报》（社会科学版）2018年第3期。

　　在该令文中，皇帝出言→臣下奏请→皇帝制可的出令流程得到了清晰的展示。尽管如代国玺所说，秦将战国君主批答臣民上书的标志即"王曰"改为"制曰"，① 但这只是用以凸显皇帝之至尊地位的文字调整，并不意味着出令流程的根本改变，因此被标为"廿七"的秦帝国之令的出令流程应当是从战国秦延续下来的，可与"议帝号"令一起证明第三种令在战国时代的切实存在。概言之，以现有史料论，虽然春秋时代令的形式不得而知，但至少战国时代令的三种样态与君臣之间就政事表达意见并最终确立规范的各种方式一一对应，从春秋时代传承下来的作为一种制度的令被细化并走向成熟，进而成为大庭脩所概括的汉令诸形态②之基石。由此，还可以引申出两点认识：其一，无论是君主直接颁布命令或者要求臣下就某事展开讨论，还是臣下主动向君主上奏，其初衷应当都是针对现实问题而发的，作为结果的令则无疑会表现出极强的灵活性、具体性和繁杂性；其二，因为令是由君主直接下达或通过君主之诏的认可而成立的，所以令的权威在本质上是以君主的强大权力为依托的，战国君主彻底摆脱了春秋时代的强权者们凭借被现实冲击的传统来为现实做合理性论证的矛盾心理。冨谷至在评价秦汉令尤其是汉令时曾指出："令是行政中的皇帝命令。毋庸置疑，皇帝拥有立法权，而令终究只是皇帝的个人命令。这种性质使令缺乏具备永续性、普遍性的绝对条件，但同样因为此种性质，令被赋予效力、法的权威和应予遵守的强制力。"③ 此语未必不能被视为对战国君权如何塑造令这一问题的准确解答。

　　不过，在战国政治架构的演变中，还有一种值得注意的趋势，那就是君主与国家的适度分离。至于其表现，例如，加藤繁曾指出秦汉时代的国家财政和帝室财政有别，前者归大司农主管，后者则是少府的职责所在，④

①　参见代国玺《汉代公文形态新探》，《中国史研究》2015 年第 2 期。

②　大庭脩总结了汉代皇帝发布命令的三种方式：第一，皇帝依据自身意志而单方面发出命令，此为最重要的命令，采取制书的形式；第二，官吏在授权范围内为履行自己的职责而建言献策，其建议被皇帝认可后，作为皇帝的命令予以颁布；第三，皇帝出于自身意志下达命令，但命令对象是部分特定的官僚，这些官僚需要对此作出回答。从内容上看，一种是皇帝就政策向官僚征询意见，在采纳了某种意见后，或再度下令，或直接以此意见为命令，其结果可归为第一种或第二种形式。另一种就是虽以政策大纲或皇帝意志为目标指向，但实现这一目标的具体立法则委托给官吏，其结果即为由第一种形式和第二种形式合并而成的第三种形式。参见大庭脩『秦汉法制史の研究』，创文社，1982，第 208~212 页。

③　冨谷至『漢唐法制史研究』，创文社，2016，第 64 页。

④　参见〔日〕加藤繁《中国经济史考证》（上），吴杰译，中华书局，2012，第 25~26 页。

而据增渊龙夫研究，在财政上区分君主与国家正是源于战国时代，战国君主以他们大力开发的原属于邑共同体的山林薮泽为其私财之来源；① 又如，虽然官僚的权力来自君主，但官僚集团一旦牢固确立，就会有自身的运转逻辑，从而出现与作为个人的君主有别的朝廷意识，《韩非子·难一》就尖锐地指出："臣尽死力以与君市，君垂爵禄以与臣市，君臣之际，非父子之亲也，计数之所出也。" 正是因为国与君有所区别，所以战国学者们在思考国家的整体利益时强调了公与私的界分，而君主个人意志的率性表达则被视为最大的私。② 在这一背景下，铸刑书、铸刑鼎时代遗留下来的有关令的区分意识进一步衍生，并形成了战国法家尤其是三晋法家对"法"的深刻认识：

> 法不平，令不全，是亦夺柄失位之道也。（《管子·任法》）
> 国之所以治者三：一曰法，二曰信，三曰权。法者，君臣之所共操也；信者，君臣之所共立也；权者，君之所独制也……惟明主爱权重信，而不以私害法。（《商君书·修权》）
> 法者，所以齐天下之动，至公大定之制也。（《慎子·逸文》）
> 明主之国，令者，言最贵者也；法者，事最适者也。言无二贵，法不两适，故言行而不轨于法令者必禁。（《韩非子·问辩》）

虽然上引史料中的"法"可以被理解为广义上的"制度"，③ 但《管子》之言明确使"法"与"令"并立，《商君书》《慎子》则似主张"法"为君权所不及，这与由君权创设的令迥异，所以法家所说的"法"在很多场合是不包含令的。易言之，在公私有别的语境中，因为令在本质上无法完全脱离君主之"独制"，在一定程度上有私的属性，所以公的领域自然也需要一种与令有别的"法"以维持国家、朝廷的规律性运转。而在这一观念兴盛的前后，变法运动正此起彼伏，诸国均颁布了与令有别的国"法"。有关此类"法"及其周边史事，尽管通说经常提及魏"法经"、秦商鞅"改法为律"，堀毅更据《韩非子·饰邪》等文献罗列了赵之"国律"等国

---

① 参见增渊龙夫『中国古代の社会と国家』，岩波书店，1996，第319~376页。
② 参见沟口雄三『中国の公と私』，研文出版，1995，第43~48页。
③ 参见马小红《礼与法：法的历史连接》，北京大学出版社，2004，第75页。

"法"并推测其出现时间，① 银雀山汉简又收入了齐《守法守令十三篇》，②
似表明作为一种法律形式的所谓国 "法" 有着各种名称，但正如学者们对
"法经" 的质疑③及对传世文献以 "法""令""约" 等来指称国 "法" 的
解释④所强调的那样，真正能被视为与令并列之法律形式的名称恐怕只有
"律"。至于秦、魏（很可能还有赵）为何以 "律" 指称国 "法"，先贤曾
给出各种解释，⑤ 而祝总斌的总结可谓全面深刻，如律以音律、度量衡、
"率" 为媒介进入政制领域，"法" 含有 "废" 义以致难以独立且准确地表
示 "法律" 之意等，⑥ 此处不再做多余的探讨。

　　当然，作为法律形式的律的样态在战国时代并非一成不变，所谓律与
令有别也并不意味着律与令毫无瓜葛，毋宁说律的样态是在律与令渐趋分

---

① 参见堀毅《秦汉法制史论考》，法律出版社，1988，第 345 页。需要指出，郑显文曾以堀毅
　　说为据进一步考察春秋战国时期各国的所谓 "法典" 的名称。参见郑显文《从秦〈法经〉
　　到汉萧何作〈九章律〉和傍章律——秦汉律典体系演进新论》，（台湾）《法制史研究》
　　2013 年第 23 期，第 36～37 页。
② 有关《守法守令十三篇》的介绍，参见吴九龙《银雀山汉简齐国法律考析》，载杨一凡总主编、
　　马小红卷主编《中国法制史考证》甲编第二卷，中国社会科学出版社，2003，第 1～14 页。
③ 有关 "法经" 的质疑意见，参见 Timoteus Pokora Praha，"The Canon of Laws by Li K'uei-A
　　Double Falsification?" *Archiv Orientálni*，Vol. 27，1959，pp.96~117；仁井田陞『唐令拾遗』，
　　东京大学出版会，1964，第 3 页；守屋美都雄『中國古代の家族と國家』，东洋史研究会，
　　1968，第 561～581 页；贝塚茂树『贝塚茂树著作集第三卷』，中央公论社，1977，第 311～
　　343 页；滋贺秀三『中国法制史論集法典と刑罰』，创文社，2003，第 31 页；张金光《秦
　　制研究》，上海古籍出版社，2004，第 18～23 页；池田雄一『中国古代の律令と社会』，汲
　　古书院，2008，第 131 页。另外，《中国法制史考证》也收入了李力、张警、何勤华、殷啸
　　虎所撰质疑 "法经" 的若干论文，此处不再一一罗列。另外，广濑薰雄对从 "法经" 到
　　"九章律" 的法典编纂史的整体提出了质疑，并详尽剖析了其层累的形成过程。参见广濑
　　薰雄『秦漢律令研究』，汲古书院，2011，第 41～53 页。
④ 池田雄一认为，在《史记》或《汉书》中，商鞅之法皆不称 "律"，而是以 "令""法"
　　"约" 之类为名。即便是托名商鞅的《商君书》的篇名如 "更法"、"垦令"、"错法"、"靳
　　令"、"刑约"（内容佚失）、"慎法" 等同样使用法、令、约之类的文字。银雀山汉墓出土
　　的《守法守令十三篇》的篇名也用 "法""令" 之语，但该文献为战国末至汉的编纂物，
　　当时的国法当然是以律为名的。因此，除非在因公职而提及律令的场合，因 "以吏为师"
　　之风气的存在，国法被称为律的同时在私议场合可能也会被称为 "法""令" 之类。参见池
　　田雄一『中国古代の律令と社会』，汲古书院，2008，第 315～317 页。
⑤ 参见沈家本《历代刑法考·律令一》，邓经元、骈宇骞点校，中华书局，1985，第 811 页；
　　《梁启超法学文集》，中国政法大学出版社，2000，第 79 页；李力《追本溯源：'刑'、
　　'法'、'律' 字的语源学考察》，《河北法学》2010 年第 10 期；武树臣《甲骨文所见法律
　　形式及其起源》，载杨一凡主编《中国古代法律形式研究》，社会科学文献出版社，2011，
　　第 16～32 页；等等。
⑥ 参见祝总斌《材不材斋史学丛稿》，中华书局，2009，第 447～457 页。

离的过程中发展的。那么，最早的律究竟是怎样的呢？祝总斌在探讨商鞅
"改法为律"之可信性时指出：

> 公元前4世纪中晚期的商鞅著作与重要的兵家、儒家著作，以及记
> 载、保存了商鞅变法可靠史实的后代著作，全都找不到法律意义上的
> "律"字。稍早的著作，情况同。全都只有作音律、约束、纪律、效法解
> 释的"律"字，虽与法律之"律"有渊源关系，但毕竟还不是法律之
> "律"。这就是说，在商鞅的时代，不但他本人没有"改法为律"，而且其
> 它各国也没有"改法为律"。稍早的时代，也没有它的萌芽、前兆。①

据此，再参照青川郝家坪木牍对秦武王二年（公元前309年）"更脩
（修）为田律"之事的记载，似可认为，至少在秦武王时期，作为法律形式
的律已经登场了。并且，即便商鞅"改法为律"之事可疑，② 但既然在商鞅
时代之前尚无法律意义上的"律"，而秦武王二年距商鞅变法未远，那么牍
文所载极有可能反映了最早的律的样态：③

---

① 祝总斌：《材不材斋史学丛稿》，中华书局，2009，第440页。
② 有关此问题的研究成果，除了上文已提及的祝总斌的论著之外，还有诸家众说。参见程天权《论
商鞅改法为律》，《复旦学报》（社会科学版）1983年第1期；江必新《商鞅"改法为律"质
疑》，《法学杂志》1985年第5期；古贺登《尽地力说考》，载刘俊文主编《日本学者中国史论著
选译（第三卷上古秦汉）》，黄金山、孔繁敏等译，中华书局，1993，第288页；张建国《帝制
时代的中国法》，法律出版社，1999，第6~8页；于振波《秦汉法律与社会》，湖南人民出版社，
2000，第6~7页；吉本道雅『中国先秦史の研究』，京都大学学术出版会，2005，第537页；浅
井虎夫《中国法典编纂沿革史》，陈重民译，中国政法大学出版社，2007，第11页；祝总斌《材
不材斋史学丛稿》，中华书局，2009，第440页；吴建璠《商鞅改法为律考》，载曾宪义主编《百
年回眸法律史研究在中国（当代大陆卷）》（下），中国人民大学出版社，2009，第344~345页；
武树臣《秦"改法为律"原因考》，《法学家》2011年第2期；戴炎辉《中国法制史》，三民书
局，2015，第2页；等等。
③ 不过，在牍文所载律名究竟是《田律》还是《为田律》的问题上，诸家见解不一。参见李
学勤《青川郝家坪木牍研究》，《文物》1982年第10期；黄盛璋《青川新出秦田律木牍及
其相关问题》，《文物》1982年第9期；胡平生《青川秦墓木牍"为田律"所反映的田亩
制度》，《文史》第19辑，中华书局，1983，第216页；张金光《论青川秦牍中的"为田"
制度》，《文史哲》1985年第6期；黄盛璋《青川秦牍〈田律〉争议问题总议》，《农业考
古》1987年第2期；陈伟主编《秦简牍合集（贰）》，武汉大学出版社，2014，第193页。
广濑薰雄基本认同李学勤、胡平生将"为田律"三字合并为一词的意见，但又指出所谓
"为田律"并非如《田律》那样的律篇之名，而是指与"为田"有关的特定的某一条律。
参见广濑薰雄「青川郝家坪秦墓木牍補論」，载藤田胜久、关尾史郎编『簡牘が描く中国
古代の政治と社会』，汲古書院，2017，第82~87页。此论在思路上与其他观点皆有差异，
可备一说。

二年十一月己酉朔朔日，王命丞相戊（茂）、内史匽氏臂更脩（修）为田律：田广一步，袤八则，为畛。晦（亩）二畛，一百（陌）道。百晦（亩）为顷，一千（阡）道。道广三步。封高四尺，大称其高。埒（埒）高尺，下厚二尺。以秋八月，脩（修）封埒（埒），正疆畔，及發千（阡）百（陌）之大草。九月，大除道及阪险。十月为桥，脩（修）波堤，利津█鲜草。虽非除道之时，而由陷败不可行，辄为之。章手。①

毋庸赘言，"章手"二字表明牍文由名为"章"者书写，而从"田广一步"至"辄为之"则为律的内容。问题在于，"二年十一月己酉朔朔日……为田律"云云究竟是否为律的一部分？睡简《为吏之道》收入魏《户律》和《奔命律》各一条：

廿五年闰再十二月丙午朔辛亥，告相邦：民或弃邑居壄（野），入人孤寡，徼人妇女，非邦之故也。自今以来，段（假）门逆吕（旅），赘壻后父，勿令为户，勿鼠（予）田宇。三枼（世）之后，欲仕仕之，仍署其籍曰：故某虑赘壻某叟之乃（仍）孙。螜（魏）户律
廿五年闰再十二月丙午朔辛亥，告将军：段（假）门逆關（旅），赘壻后父，或衛（率）民不作，不治室屋，寡人弗欲。且杀之，不忍其宗族昆弟。今遣从军，将军勿恤视。享（烹）牛食士，赐之参饭而勿鼠（予）殽。攻城用其不足，将军以堙豪（壕）。螜（魏）奔命律②

上引两条极有可能制定于魏安釐王廿五年（公元前252年）③的律文是以"年月日＋（王）告某官"的格式起首的。这与青川木牍文之首句的写法几乎相同，表明"二年十一月己酉朔朔日……为田律"同样是律的一部分。若回想前文曾提及的战国令的几种样态，此处所说的起首句其实正是令的第一种样态的惯用语。换言之，最早的律是通过如下方式确立的：君主发布令以创设规范，而令文的全部（包括年月日等在内）则原封不动地被称

---

① 陈伟主编《秦简牍合集（贰）》，武汉大学出版社，2014，第190页。
② 陈伟主编《秦简牍合集（壹）》（上），武汉大学出版社，2014，第345、346页。
③ 整理小组认为，两条律文起首的"廿五年"均指魏安釐王廿五年。参见睡虎地秦墓竹简整理小组编《睡虎地秦墓竹简》，文物出版社，1990，第174页。

为"某律"。《史记·商君列传》云：

> 孝公既用卫鞅，鞅欲变法，恐天下议己……以卫鞅为左庶长，卒定变法之令。令民为什伍，而相牧司连坐……其后民莫敢议令。

可见，商鞅也是以一系列令为依托来确立秦的新法的，此亦可谓最早的律乃令之改称的旁证。如此一来，律与令之间就出现了分离兼依赖关系。从分离的角度来看，之所以要将部分令改称为律，其原因或在于，最早的律出现之时正当战国变法运动之兴盛阶段，君主需要通过改称来凸显变法成果的重要性并使其成为可长久行用、不容随意质疑的国"法"或者说国家基本制度。比如，青川木牍所载田制很可能就是商鞅变法之后的秦田制的细化，且一直沿用到了秦末。① 从依赖的角度来看，之所以律的制定要以令为媒介，其原因或有二：一则在律出现之前，令作为一种法律形式已长久存在，人们难以在瞬间无视令的影响来设计另一种法律形式；二则在血脉、青铜器等传统因素与政治力量的关联性被极度弱化的情况下，作为新生事物的律的权威只能依赖君主的强大权力来维持，而令正是君权的制度表现。

不过，在君、国有别的政治架构下，一旦君主之令时时被改称为律，律作为国"法"的地位牢固确立，律与令的分离之势就必定会更趋明显。以简牍所载秦律为例，全无从令改称而来之踪迹的律可谓俯拾皆是，兹列一条于下以备分析：

> 春二月，毋敢伐材木山林及雍（壅）堤水不[泉]。夏月，毋敢夜草为灰，取生荔麛𪊧（卵）𤕤，毋□□□□□□毒鱼鳖，置阱罔（网），到七月而纵之。唯不幸死而伐绾（棺）享（椁）者，是不用时。邑之近（近）皂及它禁苑者，麛时毋敢将犬以之田。百姓犬入禁苑中而不追兽及捕兽者，勿敢杀；其追兽及捕兽者，杀之。河禁所杀犬，皆完入公；其它禁苑杀者，食其肉而入皮。田律②

---

① 参见张金光《秦制研究》，上海古籍出版社，2004，第112页；杨振红《出土简牍与秦汉社会》，广西师范大学出版社，2009，第159页。

② 陈伟主编《秦简牍合集（壹）》（上），武汉大学出版社，2014，第44页。

上引律文仅有规范内容，不见"年月日＋（王）告某官（或命某某）"之类的起首句，在形式上与早期的律根本不同，当为律的较为成熟的形态。还有些律在形式上正处于与令彻底分离的过程中，如：

> 官嗇夫免，□□□□□□其官亟置嗇夫。过二月弗置嗇夫，令、丞为不从令。内史杂
> 非史子殹（也），毋敢学学室，犯令者有辠（罪）。内史杂①

张建国认为，睡简简文提到的"犯令""废令""不从令"等词语中的"令"应为"秦令"的代称而非泛指"法令"，因此可以这些词语为提示语，复原藏于法律简中的已转化为律文的秦令，② 上引两条律文的画线部分即为实例。冨谷至、广濑薰雄则主张，"犯令"等词语中的"令"并非作为单行法令的令存留在律文中的遗迹，而是用来强调律的权威和当为、禁止等基本属性。③ 有关此二说，私见以为仍应以前者为是，因为后者似乎很难解释以下两个问题：在简牍所载秦律中，未提及"犯令"之类词语的条文可谓颇多，它们难道就不需要权威吗？汉承秦制，但检索张家山汉简所收汉初律文，含有"犯令"之类词语者近乎绝迹，莫非汉初律文就缺乏当为、禁止等基本属性？若以前者为基础进一步延伸，可以认为，"犯令"等词语在部分秦律中的出现表明，这些律文极有可能是经过如下程序成立的：在君主就某事发布的令行用一段时间后，朝廷主张该令有必要被改造为律，遂删去令的"年月日＋（王）命某某"之类的起首语，并从其中抽取规范性语句以为律文的主体，但因为律文终究来自令，所以就以"犯令"等语词提示违反律的后果。此类对令稍有留恋的律其实是以令补充既有之律的产物，④

---

① 陈伟主编《秦简牍合集（壹）》（上），武汉大学出版社，2014，第146、148页。

② 参见张建国《帝制时代的中国法》，法律出版社，1999，第22~27页。

③ 参见冨谷至『漢唐法制史研究』，创文社，2016，第22页；广濑薰雄『秦漢律令研究』，汲古書院，2011，第168页。

④ 此处需要提及的是岳麓简的相关简文。学者们曾认为整理小组对《岳麓简（肆）》之诸简排列有所不妥，并提出了各自的复原方案，如简60~简64乃《亡律》条文，其后应紧跟文句如下的简44和简45（参见欧扬《岳麓秦简〈亡律〉日期起首律条文初探》，载《第六届"出土法律文献与法律史研究"暨庆祝华东政法大学法律古籍整理研究所成立三十周年学术研讨会论文集》，上海，2016，第134~135页；宫宅洁「岳麓書院藏簡「亡律」の「廿年後九月戊戌以來」條をめぐって」，載京都大学人文科学研究所共同（转下页注）

从令到律的转变过程①也就是令作为王者之言的本质被否定，令文被节略、整理以至于上升为国家意志的过程。② 若再做略大胆的推测，这些留有令之残迹的律最终会以反复适用之故与令诀别；或许，这才是秦简中的很多律文不再包含"犯令"等字样的主要原因。大庭脩曾指出："秦将作为正文的'法'改称为'律'，追加法则亦称为'律'。"③ 此论大致妥当，但细绎之，其实可以稍加修正。也就是说，对战国秦而言，虽然在律这一法律形式被确立后，随着社会形势的变化，用于增补旧律的新律不断涌现，但直接作为追加法而发挥作用的其实是令，新律无非是从令彻底或稍有保留地蜕变而来的律。正如《尔雅·释诂》所言，"律……常也"，所谓蜕变也意味着令的具体性、灵活性让位于律的恒常性、普遍性，④ 律与令在形式上的差异使铸刑书、铸刑鼎时代遗留下来的对令的区分意识通过明晰的制度肉身而实在化了。

（接上页注④）研究班"秦代出土文字史料の研究"，http://www.shindai.zinbun.kyoto-u.ac.jp/archive.html；"秦代出土文字史料の研究"班「嶽麓書院所藏簡『秦律令（壹）』譯注稿その一」，載『東方學報』第九十二册，2017，第 184～187 頁；纪婷婷、张驰《〈岳麓肆·亡律〉编联刍议》，载李学勤主编《出土文献》第十三辑，中西书局，2018，第 253～256 页）：

　　廿年后九月戊戌以来，其前死及去乃后逮者，尽论之如律。卿，其家啬夫是坐之。

　　廿五年五月戊戌以来，匿亡人及将阳者，其室主匿赎死罪以下，皆与同罪。（陈松长主编《岳麓书院藏秦简（肆）》，上海辞书出版社，2015，第 53 页）。

上引简文从其起始句来看颇类令的一部分，在《亡律》律文之后紧跟上引简文而形成的一整段文字也似乎比睡简所载《内史杂律》律文更能说明以令补充律的问题。然而，岳麓简的简文乃抄本，所谓一整段文字也可能是抄手有意捏合在一起的，未必是律文的本来面貌。所以，笔者在这里仍以《内史杂律》律文为例来探讨律令关系问题，并列出岳麓简的相关记载以备一考。

① 张忠炜对较早时期令向律的转化也有所论述，具体参见张忠炜《秦汉律令法系研究初编》，社会科学文献出版社，2012，第 125～127 页。

② 应当指出，根据岳麓简所收秦令文，似乎在战国晚期至秦帝国阶段，秦令本身也有被整理以至于表现出脱离其王者之言的本质的倾向，如：

　　●令曰：制书下及受制有问议者，皆为薄（簿），署初到初受所及上年日月、官别留日数、传留状，与对皆（偕）上。不从令，赀一甲。●辛令乙五（陈松长主编《岳麓书院藏秦简（伍）》，上海辞书出版社，2017，第 101 页）。

不过，由于岳麓简的抄手身份不明，此令文文竟只是抄手根据需要摘录的，还是确为完整的令文也无法肯定，因此能否根据岳麓简中的令文就认为秦令在战国晚期至秦帝国阶段已不再是王者之言还有待探讨。另外，就本注及前注所提及的岳麓律令简的史料问题，徐世虹曾从整体上做出颇为深刻的分析，值得注意。参见徐世虹《出土简牍法律文献的定名、性质与类别》，《古代文明》2017 年第 3 期。

③ 大庭脩『秦汉法制史の研究』，创文社，1982，第 17 頁。

④ 有关这一点的更详细论述，参见冨谷至『漢唐法制史研究』，创文社，2016，第 64 頁。

需要指出，上文对律的样态之演进的考察是围绕着战国秦的情形展开的，这固然可归因于目前所能见到的战国律令史料主要是秦的遗物，但更应被视为秦在律之发展上的贡献或许超过了他国这一史实的投影。如，睡简所收魏安釐王时期的两条律乃战国末期之物，载于同一批简文之上的秦律却是商鞅时代以来逐渐形成的。两相比照，尽管如徐世虹已指出的，二者的语言风格皆显得质朴、不事雕饰，[①] 但前者与令的关联性之密切使其作为法律形式的成熟程度远不如后者。[②] 在此意义上，秦律的规范程度实可谓秦法治之深度落实的直接说明，亦可谓秦政之稳定、成熟度的外显。当秦的武力携作为国"法"的律与以王言为本质的令席卷天下之时，先秦法律形式之变迁亦终焉，汉唐间律令法体系之发达则由是而奠基。

结　论

滋贺秀三曾对中国法制史的研究任务做如下定位："为了面向中国历史与社会来寻求对法这种事物的更好的理解，就需要考察法在中国以什么样态存在，这就是中国法制史。"[③] 而本文的目的显然正是在先秦的社会变迁中发现法的存在方式。在史前时代，"满天星斗"式的分散聚落逐渐发展为由中心聚落统领的聚落群，在聚落内部则长期保持族居的生活状态。这种社会架构也延续到了文明时代，演变为层级化的诸邑并存之势，而商周统治者尤其是周人则在此基础上推行封建政治。一方面，周王被认为是天下大宗、天命的所有者；另一方面，各邑的相对独立性和特殊性也被认可，西周的权力运行遂以天命分授及政治行为的逐层展开为基本模式。与之相适应，虽然周王会在分封时对诸侯宣讲为政大纲，但似乎无意以全域为范围制定具体的法律规范，分有天命的各邑统治者则在军事、祭祀等礼仪场合依托祖先权威发布命令，从而确立邑中居民的行为准则。如此一来，西周的法律就表现为分散的诸邑之主的逐条命令，缺乏作为法律形式的专称，其发布、内容等也相对随意，可谓"令之雏形"。尽管如此，在族居之邑

---

① 参见徐世虹《汉代的立法形式与立法语言》，《内蒙古大学学报》（哲学社会科学版）1997年第 1 期。

② 杨振红也曾提出类似论断："律本来就是作为编辑加工后的稳定的令而出现的，它来源于令，这才是律的本质，而魏国编辑加工律的形式显然还不成熟。"杨振红：《出土简牍与秦汉社会》，广西师范大学出版社，2009，第 59 页。

③ 滋贺秀三『続・清代中国の法と裁判』，创文社，2009，第 226 页。

中，政务往往等同于家事，经族众议政或者说"议事以制"就能解决问题，因此略显随意的君主之命也不会影响社会治理。然而，到了春秋时代，周王权威的衰败而引发的连锁效应使族的分解成为社会变迁的大趋势，个体逐渐摆脱族的束缚并直接面对统治者，政制上的调整也在所难免，而政令的不断下发使西周时代用以引领君主之命的"命"或"令"产生了制度意义，令作为一种法律形式正式登上列国政坛。与此同时，在族逐渐分解的情况下，祖先的力量已难以维持法令的权威，以下凌上且未彻底摆脱传统之束缚的强权者们又需要为其法令寻找政治正当性，因此他们试图改造传统来说明其法令为何必须被遵守，立盟和铸刑鼎即为其尝试。遗憾的是，无论是作为血祭仪式的盟，还是作为国之重器的鼎，在当时都已逐渐失去其原有的神圣性，强权者们的尝试及其结果说明，一则并非所有法令都需要特定的书写载体，二则法令能否被遵守只取决于其制定者之实力的强弱而非任何外在装饰。至战国时代，编户民社会的形成为君主对臣民之直接统治的牢固确立创造了条件，令作为所谓直接统治的法律手段也得到了高度重视，而在君臣之间的频繁文书往来中，令的几种固定样态形成。另外，于战国政治之发展而言，君与国、公与私的适度分离也是一种不容忽视的趋势，所以法家尤其是秉承了铸刑书、铸刑鼎时代遗留下来的令之区分意识的三晋法家强调，以君主之命为本质的令最终带有私的属性，与国"法"有别。在此观念与列国变法运动的交融中，作为国"法"的表现形式之一的律出现了，律与令的并存成了先秦法律形式之变迁的最重要成果。

不过，必须强调的是，先秦法律形式的演变在一定程度上可谓王者之命不断被调整的过程。即便是战国中后期登场的律，也只是在形式上脱离了令文所包含的纪年、君臣言辞等要素，在语言上加以规范化，进而表现出稳定性、抽象性特征。易言之，先秦时代的"法"在本质上等同于或源于王者之言或者说令，在律一跃成为国"法"的重要表现之后，令则以其具体性、灵活性之故成为应对纷繁复杂之现实问题的"法"并时时转变为律。也正因为此，至战国末期，律与令的差异在很大程度上表现为规范形式之别而非内容性质之分，这也成了作为战国法制之继承者的秦汉法体系的基本要件之一。无论是张释之所云"法者，天子所与天下公共也"，[①] 还

---

① 《史记·张释之冯唐列传》。

是杜周的"前主所是著为律，后主所是疏为令"① 一语，其实都是汉律令之差异的本相在时人观念中的反映。学者们曾强调，隋唐时代的律与令皆为篇章完整的法典，它们在内容性质上的区分即刑罚法规与非刑罚法规的分野也是极为明确的；与之相比，秦汉律令既可被持续追加，亦无内容性质上的差异，因此可谓"前律令"或"律令的不成熟形态"。② 此说固然指明了秦汉（当然也可包括战国）律令与隋唐律令的根本性差异，但若略显苛刻地审视此说，就会发现它对遵循先秦至秦汉的法制发展逻辑而形成的秦汉律令的评价是站在后世的立场上做出的，而从秦汉律令的历史渊源上考虑，所谓"不成熟"云云毋宁说是非常自然且合理的。此处，不妨再来看看滋贺秀三有关中国法制史的理论认识，即以"法的三层结构"为名的观察视角。他认为，在中国史的任何阶段都有占据当时法制之中心地位并较为稳定的基本法典、根据现实所需而发布的无数的单行法（或王者之言）及处于二者之间的副次法典；在法的稳定性上，三者是按照基本法典、副次法典及单行法的顺序排列的，但在法的效力上，三者的顺序正好与之相反。③ 滋贺说是以其对中国主要朝代之法律形式的构成状况的深入研究为基础提出的，确实相当简练且富有解释力。若据此说评估先秦时代对中国法律之发达史的贡献，就应看到此时代不仅为帝制中国准备了律和令这两种规范样态，更为帝制中国提供了从稳定性和效力上对诸法律形式加以排序的最初且不乏参考价值的实例。因此，从法律史的发展逻辑而非中国史之开端的时间概念出发，无论给予先秦时代怎样的重要地位，都是不过分的。随着简牍法律文献的持续出土和公布及以之为参照而研读传世史料的工作的深入展开，此种重要性极有可能被更清晰地揭示出来，而将这一可能性转变为现实则是法律史学界在当下和今后都无法推卸的学术责任。

---

① 《史记·酷吏列传》。
② 参见滋贺秀三『中国法制史論集法典と刑罰』，创文社，2003，第 402~403 页；冨谷至『漢唐法制史研究』，创文社，2016，第 3 页。
③ 参见滋贺秀三『中国法制史論集法典と刑罰』，创文社，2003，第 16~19 页。

重审董仲舒"春秋决狱"成说

李俊强*

摘要：董仲舒既为王者师，并以《春秋》决狱，对中国古代的法制产生了深远的影响，这似乎是研究古史的人所共知的"史实"。实则不然，董仲舒历史地位的确立以及"春秋决狱"等问题，疑点重重。汉代以来诸多成说的形成，其实是一个"层累地造成古史"的典型案例，更是一个用"将错就错"的方法来传播圣人思想的过程，如今有正本清源的必要。

关键词：董仲舒　春秋决狱　层累说　儒术

顾颉刚先生曾提出中国的古史"是层累地造成的，发生的次序和排列的系统恰是一个反背"①。"层累地造成古史"学说一经提出，渐为学界公论，影响甚巨。该说主要是指出古人写的古史离事实越来越远。而笔者在爬梳古史时，发现很多思想、制度的发生、发展、适用，还是另一种古史创造方式——"将错就错"——的结果。古人说的一件事或一段话，在后人引用中逐渐被误解甚至曲解，动辄用"六经注我"的霸气来解释前人之意为我所用；之后，再次引用的人"将错就错"；后来就莫名其妙地成了"不刊之论"。因此，古史上许多言之凿凿的思想、制度，实在有正本清源的必要。历览古籍、今著，皆言董仲舒以儒学大师身份"春秋决狱"，是法

＊　本文作者系湘潭大学副教授。
① 　顾颉刚：《古史辨自序》，商务印书馆，2011，第64页。

律儒家化的标志性事件之一，标志着儒家的思想在法律上一跃而为最高原则，与法理无异。① 笔者认为：一则瞿同祖先生倡言的中国古代法律儒家化的问题，其说未必是事实，学界已有不少反对之声，此不赘言；二则董仲舒在当时并不受重用，个人影响力有限；三则董仲舒本人与"春秋决狱"之司法方式在历史上有个被"愈放愈大"的过程，而这应该是后世有些儒者有意为之。这些人中最具代表性的应该是东汉初期与末期的班固与应劭。前者着力于拔高董仲舒的思想影响、政治地位；后者更着力于吹嘘"春秋决狱"的社会影响。

一　董仲舒在当时政局中的地位

关于董仲舒生平，我们先来看《史记》之记载。《史记·儒林列传·董仲舒》："董仲舒，广川人。""今上即位，为江都相。以《春秋》灾异之变推阴阳所以错行……中废为中大夫，居舍，著《灾异之记》。是时辽东高庙灾，主父偃疾之，取其书奏之天子。天子召诸生示其书，有刺讥。董仲舒弟子吕步舒不知其师书，以为下愚。于是下董仲舒吏，当死，诏赦之。于是董仲舒竟不敢复言灾异。"又说："董仲舒以（公孙）弘为从谀。弘疾之，乃上言曰：'独董仲舒可使相胶西王。'胶西王素闻董仲舒有行，亦善待之。董仲舒恐久获罪，疾免居家。至卒，终不治产业，以修学著书为事。""（吕）步舒至长史，持节使决淮南狱，于诸侯擅专断，不报，以《春秋》之义正之，天子皆以为是。"

从引文可知，董仲舒在当时并不得势，反受排挤与打压。后来，他的学生及信徒用他的"术"来为政治服务，受皇帝认可，他的思想才得以广传。

《史记》中，董仲舒只是儒林传中众儒之一而已，《汉书》则为其单列传，且篇幅甚巨。这说明董仲舒的地位随着儒家的兴盛而日隆，后儒为了门楣光大来重新修饰拔高前儒。《汉书·董仲舒传》载其上疏言："《春秋》大一统者，天地之常经，古今之通谊也。今师异道，人异论，百家殊方……臣愚以为诸不在六艺之科孔子之术者，皆绝其道……然后统纪可一而法度可明。"这就是李斯"焚书令"的翻版，都是要搞文化专制。又说：

---

① 瞿同祖：《中国法律与中国社会》，中华书局，2003，第361页。

"仲舒在家，朝廷如有大议，使使者及廷尉张汤就其家而问之，其对皆有明法。自武帝初立，魏其、武安侯为相而隆儒矣。及仲舒对册，推明孔氏，抑黜百家。"

其实，汉武帝作为一个没受过多少儒学熏陶的青年皇帝，对新鲜事物的好奇之心有之，若说他爱好儒学，那是儒生们自作多情罢了；他更感兴趣的是神仙方术之道，虽屡被骗犹未悔。《史记·孝武本纪》载："孝武皇帝初即位，尤敬鬼神之祀。元年，汉兴已六十余岁矣，天下乂安，荐绅之属皆望天子封禅改正度也。而上乡儒术，……会窦太后治黄老言，不好儒术……后六年，窦太后崩。其明年，上征文学之士公孙弘等。"此后之文字，几乎皆是武帝求神拜仙及泰山封禅之事。《史记·儒林列传·申公》载："天子使使束帛加璧安车驷马迎申公……天子问治乱之事，申公时已八十余，老，对曰：'为治者不在多言，顾力行何如耳。'是时天子方好文词，见申公对，默然。然已招致，则以为太中大夫。"很明显，皇帝真正关心的不是"治国理政"的大道理，申公说的话皇帝不爱听，只是碍于面子，不能马上斥退，故留着备用。

真正提倡儒术的是当权派的太尉窦婴、丞相田蚡，但他们提倡的是"儒术"不是"儒学"。《史记·魏其武安侯列传》："魏其、武安俱好儒术。"而决策者"（窦）太后好黄老之言"。于是"免丞相、太尉"。但是，"武安侯虽不任职，以王太后故，亲幸，数言事多效，天下吏士趋势利者，皆去魏其归武安"。因此，在好儒术派中，由于政治利益不同，还有窦婴跟田蚡的矛盾。真正推行儒术的儒生则是当政者公孙弘。《史记·平津侯主父列传》说公孙弘是齐人。"少时为薛狱吏……年四十余，乃学《春秋》杂说……不合上意，上怒，以为不能，弘乃病免归。元光五年，有诏征文学，淄川国复推上公孙弘……策奏，天子擢弘对为第一。"他的行事风格是："每朝会议，开陈其端，令人主自择，不肯面折庭争。于是天子察其行敦厚，辩论有余，习文法吏事，而又缘饰以儒术，上大说之。"可能公孙弘在被免归的几年中，深刻反思了自己何以不得皇帝喜欢的原因，求思改变，后来的成功跟这段时间的反思关系重大。而他讨皇帝喜欢的方法是："奏事，有不可，不庭辩之。""尝与主爵都尉汲黯请间，汲黯先发之，弘推其后，天子常说，所言皆听。"故"日益亲贵"。后拜相封侯。对于同僚，他则是"为人意忌，外宽内深。诸尝与弘有隙者，虽详与善，阴报其祸。杀主父偃，徙董仲舒于胶西，皆弘之力也"。

《史记·儒林列传》:"及窦太后崩,武安侯田蚡为丞相,绌黄老、刑名百家之言,延文学儒者数百人,而公孙弘以《春秋》,白衣为天子三公,封以平津侯。天下之学士靡然向风矣。"公孙弘又上书立儒学,各级机关配备儒学之士为官,最终,汉朝出现了"公卿大夫士吏斌斌多文学之士"的情况。这种情况的实现也只有当权的政治人物才能办到,董仲舒等学术之士是万万办不到的。

我们再从地理区划上来看看儒、法两家之分布情形:酷吏多是秦国及其周边人①,儒者多为齐鲁人。秦地重法,齐鲁习儒。董仲舒乃河北广川人,地近齐鲁;公孙弘乃齐淄川薛人;主父偃亦淄川人;申公是鲁人。此四人中,董仲舒与申公乃真醉心儒学而试图有为者;而公孙弘与主父偃二人,属于以儒术伪饰法术者。公孙、主父二人早年不学儒,不得志,中年改学儒。二人知识结构的转变明显表征了当时的政治导向:汉初承秦制,重法;后儒学渐抬头得势,故老朽之人遂不顾年老思僵而学之,很多人伪饰儒术装儒生,但真正发挥作用的却还是起初所学的法家、纵横家之术。这恰证明儒术得志仅其表象而已。这种情况非一人一地之风,体现的应是时代学风扭曲之后的情形。

中国古代行政对司法的干涉很强,因此在司法领域里,占据话语权的仍是公孙弘之流。《史记·平准书》:"自公孙弘以《春秋》之义绳臣下取汉相,张汤用峻文决理为廷尉,于是见知之法生,而废格沮诽穷治之狱用矣。其明年,淮南、衡山、江都王谋反迹见,而公卿寻端治之,竟其党与,而坐死者数万人,长吏益惨急而法令明察。"太史公把公孙弘之"法"与张汤之"法"并举连言,说明二者相合共生不悖,而"沮诽"之罪产生与"寻端治之"之案增多,儒家《春秋》之义与法家之治毫不扦格地合而为一了。通过此法,儒、法两家合流以儒家效仿法家依偎皇权而告终。在为皇权服务面前,儒法平等了。因此,笔者认为,用《春秋》来"决狱",也许是公孙弘、董仲舒时代的"通例",未必就是董仲舒一人的发明;用此法多而又真正用于临民理案的反而是公孙弘、张汤之属。

---

① 张汤,杜人;赵禹,斄人;杜周,南阳人;王温舒,阳陵人。详见《史记·酷吏列传》,中华书局,1959。

二 "春秋决狱"之说的形成

《晋书·刑法志》载："献帝建安元年，应劭删定律令，以为《汉议》，表奏之曰：'夫国之大事，莫尚载籍也。载籍也者，决嫌疑，明是非，赏刑之宜，允执厥中，俾后之人永有鉴焉。故胶东相董仲舒老病致仕，朝廷每有政议，数遣廷尉张汤亲至陋巷，问其得失，于是作《春秋折狱》二百三十二事，动以《经》对，言之详矣。逆臣董卓，荡覆王室，典宪焚燎，靡有孑遗，开辟以来，莫或兹酷。今大驾东迈，巡省许都，拔出险难，其命惟新。臣窃不自揆，辄撰具《律本章句》、《尚书旧事》、《廷尉板令》、《决事比例》、《司徒都目》、《五曹诏书》及《春秋折狱》，凡二百五十篇，蠲去复重，为之节文。'献帝善之，旧事存焉。"①

笔者多次通读此段文字，总觉有不妥帖处，却又似乎无从怀疑。近来又细读之，发现"故胶东相董仲舒老病致仕，朝廷每有政议，数遣廷尉张汤亲至陋巷，问其得失，于是作《春秋折狱》二百三十二事，动以《经》对，言之详矣"这句话放在此处，似乎阻碍了文意的正常推演，有点掺入的意思；若把这句话拿掉的话，文意反而通顺无碍。而这段文字下面正好说到了应劭所整理的诸多汉代的"法律形式"，其中正好有《春秋折狱》之属。故笔者揣测这句话很有可能是对《春秋折狱》所作的注解，是后人在修撰或注解《后汉书·应劭传》时无意将之掺入正文中来，更可能乃手民误抄所致，使得此段文字逻辑有碍，难以卒读。而唐人修撰《晋书》时，又把这一错误承续下来。后人则将错就错，强为之解，一直至今。

我们把《史记·儒林列传》、《汉书·董仲舒传》、《后汉书·应劭传》及《晋书·刑法志》等所载列为表1。

---

① 此段文字应该是据《后汉书·应劭传》记载修删而成，但略有出入，可相互参看。《后汉书·应劭传》载："又删定律令为《汉仪》，建安元年乃奏之。曰：'夫国之大事，莫尚载籍。载籍也者，决嫌疑，明是非，赏刑之宜，允获厥中，俾后之人永为监焉。故胶东相董仲舒老病致仕，朝廷每有政议，数遣廷尉张汤亲至陋巷，问其得失。于是作《春秋决狱》二百三十二事，动以《经》对，言之详矣。逆臣董卓，荡覆王室，典宪焚燎，靡有孑遗，开辟以来，莫或兹酷……辄撰具《律本章句》、《尚书旧事》、《廷尉板令》、《决事比例》、《司徒都目》、《五曹诏书》及《春秋断狱》凡二百五十篇……'献帝善之。"

表 1 各史书关于董仲舒的记载

文献	曾任职	朝廷重视度	问策人员	问策范围	仲舒应对	应劭整理书名
《史记》	胶西相					
《汉书》	胶西相	如有大议	使者及廷尉张汤		其对皆有明法	
《后汉书》	胶东相	每有政议	数遣廷尉张汤	问其得失	作《春秋决狱》二百三十二事，动以《经》对	《春秋断狱》
《晋书》	胶东相	每有政议	数遣廷尉张汤	问其得失	作《春秋折狱》二百三十二事，动以《经》对	《春秋折狱》

从表 1 不难看出，关于此事的记载，《史记》无只言片语涉及，至《汉书》方有此记载。司马迁跟董仲舒同时稍后，既倾心儒学，又掌太史令职，自应知悉官方诸种文书，对此竟无一言涉及；反而是班固《汉书》有了关于此事的记载。我们从表 1 中也可看出，文献在传抄、流布过程中，小的乖谬处姑且不论，大的方面的流变尤其值得注意：董仲舒的地位明显地在被逐渐抬高，这显然是后人的"后见之明"在作祟，他们是有意为之，以拔高儒学大师存世时的地位。这反而掩盖了历史真实，层累地给历史遮上了迷雾，很不可取。

表 1 中尚存在一些细节问题。第一，董仲舒所著到底是《春秋决狱》还是《春秋折狱》抑或《春秋断狱》。三者意指也许无别，但是这一字之差也能反映出著述者严谨与否。《后汉书·应劭传》前段言董仲舒著《春秋决狱》，后段却说应劭整理的是《春秋断狱》；而唐人修《晋书》时可能意识到了《后汉书》的错谬，干脆全部改成了《春秋折狱》。这使得董仲舒所著书名称到底为何都成了谜。是否也有另外一种可能：董仲舒所著是《春秋决狱》，后人有不少用其法来"断狱"的案例；应劭则把这些"断例"与董氏《春秋决狱》整理为一书——《春秋断狱》。董氏只是开创了一种新的司法模式，正如律、令等法律形式时常地修订那样，未必后人以《春秋》"决狱"的典型案例就没人整理或者被再次比附使用过，而让仲舒一人独擅胜场。而这是否可以解释为什么留存于今的几个"春秋决狱"案例中，大多明言"仲舒曰"或"仲舒断之曰"，但亦有以"论曰"或"议曰"言说而不具言议者、论者的名姓者？有人可能会问，怎么被整理后，篇数却基本

不变呢？笔者认为，正如《唐律》到《宋刑统》，篇数皆为十二篇，但后者却是在前者基础上增加了一些内容的，篇数不变并不代表内中的具体章、节没有调整、变化。第二，《史记》《汉书》都说董仲舒做过"胶西相"；而《后汉书》《晋书》说是"胶东相"。这是应劭致误，《晋书》仍其误。前人论证明确，① 无须赘言。第三，有必要重审朝廷对董仲舒老病致仕后的重视度问题。对此，《史记》无言；《汉书》唯说"如有大议"，朝廷派"使者及廷尉张汤"去陋巷问询，至于朝廷问什么，不知，结果是"其对皆有明法"。我们来分析一下当时的情形：朝廷在遇到跟儒家思想相关的难题的时候有可能来找他，故"如有大议"充其量就是"偶有难题"。张汤作为得势者、司法最高长官，为了"大议"从长安千里迢迢去河北广川找被弃用的董仲舒问策。这既不合常情也太误事了，可能性很小，而且关键是公孙弘本身即儒者，且跟董仲舒不和。若是派"使者"偶去问策尚可理解为朝廷对董仲舒略示褒奖，倒也可能；而应劭提出朝廷"每有政议"，"数遣廷尉张汤"，"问其得失"，董仲舒则"作《春秋决狱》二百三十二事，动以《经》对"。听则很美，却经不起推敲。朝廷一有政议就派九卿之一的廷尉千里迢迢去"问其得失"，怕是天方夜谭吧！② 即使前言为实，那么董仲舒的对策也应是针对国家大政方针的一些主张、建议；而《春秋决狱》写些什么呢？其书虽失传，但尚有几例存世，③ 尽是些对一般案件甚至历史案件的处断建议，跟国家大事基本扯不上关系。很难想象，廷尉张汤千里迢迢去问国家大事的处理策略，而大儒董仲舒给他的答案却是如何处理一些

---

① 《晋书·刑法志》"校勘记"八："胶东相董仲舒。"各本及《后汉书·应劭传》原文俱作"胶东相"，但考之《史记》《汉书》本传及《春秋繁露·对胶西王》，"胶东"应作"胶西"，足见应劭执笔时已误"西"为"东"。唐修《晋书》沿袭其误。

② 2018 年 9 月，在常州大学史良法学院承办的"质疑成说重述法史"学术研讨会期间，承西南政法大学秦涛博士指出，董仲舒在致仕之后，并未回归老家，而是在长安附近居住。在此，对秦涛博士深表谢忱！为鼓励学术交流，促进研究不断进步之故，此处仍保留笔者原文。而且，即使董仲舒仍居于长安附近，以其避祸隐居之窘境（居于长安，没敢回乡，未必不是为避祸起见），与公孙弘、张汤辈得势之风光相比，张汤也不大可能经常去拜访他。

③ 《通典》卷六十九"养兄弟子为后后自有子议"条，东晋成帝咸和五年，散骑侍郎贺乔妻于氏上表曾引二则：一、时有疑狱曰："甲无子，拾道旁弃儿乙养之以为子，及乙长，有罪杀人，以状语甲，甲藏匿乙，甲当何论？"仲舒断曰："甲无子，振活养乙，虽非所生，谁与易之。《诗》云：'螟蛉有子，蜾蠃负之。'《春秋》之义，父为子隐。甲宜匿乙。"诏不当坐。二、甲有子乙以乞丙，乙后长大而丙所成育。甲因酒色谓乙曰："汝是吾子。"乙怒杖甲二十。甲以乙本是其子，不胜其忿，自告县官。仲舒断之曰："甲生乙不能长育以乞丙，于义已绝矣，虽杖甲，不应坐。"

"细枝末节"案件的方案！这么滑稽的事显然不符合史实。《通典》卷六十九"养兄弟子为后后自有子议"条引东晋成帝咸和五年散骑侍郎贺乔妻于氏所言，亦沿袭应劭观点，但稍有道理，"董仲舒命代纯儒，汉朝每有疑议，未尝不遣使者访问，以片言而折中焉"，即汉朝每有疑案时，会遣使者而非廷尉张汤去询问董仲舒的意见。《汉书》之言已无疑在拔高董仲舒，而东汉应劭的胆子更大，把董仲舒的地位吹嘘得过了头，《晋书》一仍其旧。我们不能信以为真。

《汉书·董仲舒传》记载董仲舒生平事迹甚详，这些记载基本都是在阐扬一些微言大义，未曾记载董仲舒曾经临民理案；亦可能是史臣缺载。上引《史记·儒林列传·董仲舒》说他的弟子"（吕）步舒至长史，持节使决淮南狱，于诸侯擅专断，不报，以《春秋》之义正之，天子皆以为是"。而当时的廷尉张汤鉴于"是时上方乡文学"，于是"汤决大狱，欲傅古义，乃请博士弟子治《尚书》《春秋》补廷尉史"。他们断案的方法是"所治即上意所欲罪，予监史深祸者；即上意所欲释，与监史轻平者……是以汤虽文深意忌不专平，然得此声誉。而刻深吏多为爪牙用者，依于文学之士"。这些方法效果很好，迎合了皇帝与执政大臣，故"丞相弘数称其美"。①《史记·汲郑列传》也说："上方向儒术，尊公孙弘……汤等数奏决谳以幸。而黯常毁儒，面触弘等徒怀诈饰智以阿人主取容，而刀笔吏专深文巧诋，陷人于罪，使不得反其真，以胜为功。"不难看出，张汤这一套全是法家"尊君卑臣"的伎俩，跟公孙弘的行事风格有很多相似处，难怪两人趣味相投了。董仲舒的思想主张需经得势的公孙弘、张汤以及有机会临民断案的学生吕步舒之流的实践才能发挥作用。这很像秦时法家思想集大成者是韩非，但把他的思想推至政治操作层面的却是他的同学兼死敌李斯，张冠李戴来炫世邀功。

汉武帝之世，在司法层面占领导地位的是司马迁所谓的"酷吏"，董仲舒等儒者似乎难以真正占据一席之地。加之，武帝穷兵黩武导致国家凋敝，社会问题层出不穷，法令滋彰、盗贼多有。更不得不用"酷吏"来收拾烂摊子。司法方法越发苛刻。《史记·酷吏列传·赵禹》："亚夫为丞相，禹为丞相史，府中皆称其廉平。然亚夫弗任，曰：'极知禹无害，然文深，不可以居大府。'今上时（武帝），禹以刀笔吏积劳，稍迁为御史。上以为能，

① 《史记·酷吏列传·张汤》，中华书局，1959。

至太中大夫。与张汤论定诸律令，作见知，吏传得相监司。用法益刻，盖自此始。"从赵禹的履历可看出，周亚夫当政用事的景帝之世，尚注意大臣的品行；而至武帝中后期，救急不迭，真正得势的是刀笔吏积劳而上位的众"酷吏"，已不得不用秦政矣。

董仲舒之后司法领域里所谓的"经义决狱"跟他很有关系，这无疑是历史事实，但需要注意的是：董仲舒公羊学说及其"春秋决狱"模式在其在世之时并不畅销，其弟子吕步舒平断淮南狱，不过也是缘饰儒术的"尊君卑臣"之法而已，与董仲舒的"春秋决狱"不是一回事。因此，汉武帝之世董仲舒有无亲自以《春秋》"决狱"事，不得而知。① 只是由于董仲舒的部分学术迎合了帝王用儒术掩饰贪欲的心理，被一些权臣拿来附会帝王号召，表面上很风光，其实其思想本质仅限于学术层面的传述；在政治实践领域则少有人深究、推演，仅留下一些表面化的东西与法术相结合而演变递嬗。究其实情，中国古代绝非"儒术独尊"，武帝时尚谈不上所谓的"法律的儒家化"，实情是"法术为本，儒术为饰"。史言武帝"罢黜百家，独尊儒术"，其实却是法家者流兴、酷吏横行。而酷吏亦有高下之分，张汤以刀笔吏为三公，尚伪饰以儒术，而以后的酷吏只一味以人主之意为准，不再恪守故事章法。

汉昭宣之世，鉴于武帝晚年国家混乱的局面，开始反思武帝重用酷吏之过，宣帝曾言"霸王道并杂之"，且"经义决狱"确实能解决政治上的疑难杂症，昭帝与霍光因此讲"公卿大臣，当用经术，明于大谊"。这有实效又利于维护统治，当然会被提倡。元帝好儒，大臣们以"经义决狱"的事例日多。至于"经义决狱"的源头在公孙弘、张汤之流还是董仲舒，没人提出异议，最终发明权归于董仲舒。

仿效董仲舒之判案方法的人在后世还是很多的，但这不能反证他在世时就很得势，更不能证明他自己就曾经常以此法来处断实际案件。董仲舒《春秋决狱》一书实有之；董仲舒"春秋决狱"得以定谳之事就难说，从今见的案例多以"甲、乙、丙"来指称当事人来看，它更可能是一本古今案件模拟判决的理论著述，唐代张鷟《龙筋凤髓判》与白居易《甲乙判》的

---

① 从程树德《九朝律考》所辑董氏"春秋决狱"的几个案例来看，除去历史案例不说，在几个跟当时社会相关的案例中，董氏是否亲自参与了案件的定谳，很难讲。笔者认为，很可能只是他对当时有影响的一些案件的学理性处断，未必是案件的真实判决结果。

法理依据应该就是董仲舒的《春秋决狱》。① 硬是把他与司法实务扯上关系的关键人物应该是应劭。

三 《春秋决狱》一书流布情形

最后，我们再来看看《春秋决狱》一书的流布情况。《汉书·艺文志》"春秋"类有《公羊董仲舒治狱》十六篇；《隋书·经籍志》有"董仲舒《春秋决事》十卷"。需要注意的是：班固跟魏徵都把它们放在"经"部，而非法家典籍中。可能在古人看来，儒学大师对于一些所谓"案例"的解释只是在继续公羊派的固有做法——把微言大义加于其上规劝世人，而非什么真的断案。而《旧唐书·经籍志》则大有变化，董仲舒的"《春秋决狱》十卷"被归于"法家"类十五部书之一，表明唐、五代人更注重从书的实质而非机械地从作者属性或者是否跟"春秋经"有联系来定性。宋人撰修《新唐书·艺文志》与元人修《宋史·艺文志》对董仲舒书的记载一仍《旧唐书》之旧。《元史》不设《艺文志》或《经籍志》，至《明史·艺文志》，法家书已很少收录，应是多已失传，收录者皆被并入"杂家"之中。法家旁门左道的性质被定谳了。董仲舒之书到底佚于何时，难以考实。程树德《九朝律考》中专列"春秋决狱考"，言："考《汉志》有《公羊董仲舒治狱》十六篇，《七录》作《春秋断狱》五卷，《隋志》作《春秋决事》十卷，董仲舒撰，《唐志》作《春秋决狱》，《崇文总目》作《春秋决事比》，并十卷。是书宋初尚存，后不知佚于何时……王应麟《困学纪闻》云，仲舒《春秋决狱》，其书今不传。"② 既然元人所修《宋史·艺文志》中仍载有该书，那么，程树德所说"是书宋初尚存，后不知佚于何时"，应是受了南宋大学者王应麟的影响。总结以上所引各书《艺文志》可知：《春秋决狱》应大致佚于明代。

结　论

笔者认为，"春秋决狱"之类的司法实践，充其量只是一种儒家介入之

---

① 参见霍存福《张鷟〈龙筋凤髓判〉与白居易〈甲乙判〉异同论》，《法制与社会发展》1997 年第 2 期。

② 程树德：《九朝律考》，中华书局，2006，第 163 页。

"判案方法、技巧"而已，绝非西方意义上的"判例"。因为，遇类似案件会依前判来决后案，才可称为"判例法"。"春秋决狱"则不同，它一般只是拿"春秋决狱"之"法"去找儒家之事例、原则来判案（后案内容与前案未必相同，而更重要的是，前案往往根本就不是案件，只是事件）而已！无原则地类比会搞乱文化交流的可行性与古代思想文化之实质。刘师培曾说，"春秋决狱"之法就是"掇类似之词，曲相附合，高下在心，便于舞文，吏民益巧，法律以歧。故酷吏由之，易于铸张人罪，以自济其私"。①这些做法与"判例法"有何关系呢？另外，临民理事者，不论是儒家的信徒，还是法家的拥趸，皆需用法律来绳民治顽。儒家的理论固然有大局面，但是没有刀笔吏斤斤计较所用的法，具体的事怕是没几件能做成的。

---

① 刘师培：《儒学法学分歧论》，《国粹学报》1907 年第 7 期。

晋《泰始令》的法典化成就[*]

邓长春[**]

摘要：晋《泰始令》是具有划时代意义的法典、从令篇到令典演进历程中的分水岭。外在形式上,《泰始令》合众令为一令,真正做到了令外无令。内部结构上,各篇章紧密契合,构成逻辑上相关联的十个单元。同时,立法者结合特殊的时代背景对法典内容做出经权结合的制度设计和技术安排,兼顾法典的稳定性与开放性,展现出高超的法典编纂技巧和法典化成就。《泰始令》还可以作为中国古代成文法法典化问题的一个样本,辅助学界摆脱现有学说的束缚,对法典成立与成功的判断标准形成更为深刻的理论认知。以这种理论反思的成果为依托,不仅可以对《泰始令》的法典化成就做出准确的定位,更可以对古今法典形成通贯无碍的评价参照系。

关键词：《泰始令》 令典 法典化 魏晋

《泰始令》以空前整合的面貌横空出世,乃中古法史演进之重大事件。其整体性、逻辑化、系统化的编纂风格,较之乱不成典的秦汉令和虽有整合却未成形的曹魏三令,在法典化方向上取得了极为突出之成就。而要探究《泰始令》的法典化成就,首先就必须要将视野放到广阔的历史进程中去。只有在战国秦汉以降从令篇汇编到令典编纂的整体演进历程中,方能

---

[*] 本文曾刊于《中西法律传统》第 14 卷（中国政法大学出版社,2018）。此处稍有增补修改。

[**] 本文作者系洛阳师范学院副教授。

对其形成深刻的理解。①

一　合众为一：从秦汉令到《泰始令》

（一）　前泰始时期令的编纂及其得失

《说文》曰："令，发号也。"沈家本汇总古今各说之后言道："令者，上敕下之词。命令、教令、号令，其义同。"② 在历史上，令出现得很早，脱胎于王命诏令。例如，商鞅变法时出现的一系列"初令"③，大都是以秦孝公君命的形式发布，并非纯粹的令条。由于令尚未脱于诏令之形，甚至引发日本学者大庭脩提出"秦令是否存在"的疑问。④

不过近年出土的岳麓秦简却表明秦令不仅存在，而且在不断的发展过程中走向成熟。⑤ 各种令按照一定顺序加以编号排列的天干令⑥在秦时就已

---

① 或许正是基于此种考量，目前已有的经典研究成果也大都是在梳理令的发展历史中讨论《泰始令》的地位和意义的。例如〔日〕堀敏一著、程维荣等译的《晋泰始律令的制定》（载杨一凡总主编《中国法制史考证》丙编第二卷，中国社会科学出版社，2003，第282～301页，又收录于杨一凡、〔日〕寺田浩明主编《日本学者中国法制史论著选·魏晋隋唐卷》，中华书局，2016，第222～238页），又如〔日〕冨谷至著，朱腾译、徐世虹校译的《通往泰始律令之路》（载中国政法大学法律史学研究院编《日本学者中国法论著选译》上册，中国政法大学出版社，2012，第124～189页，又收录于杨一凡、朱腾主编《历代令考》，社会科学文献出版社，2017，第108～147、223～248页）。然而，同样的历史，不同的梳理，往往会有不同的视角与发现，因而也就有了本文再次梳理的尝试。
② 沈家本：《历代刑法考》，中华书局，1985，第812页。
③ 《史记·商君列传》："令行于民期年，秦民之国都言初令之不便者以千数。"《索隐》曰："谓鞅新变之法令为'初令'。"
④ 〔日〕大庭脩：《秦汉法制史研究》，林剑鸣等译，上海人民出版社，1991，第10页。近期该经典著作又出徐世虹等的新译本（中华书局，2017），惜乎目前尚未见到该书。不过既然是原书再版新译，那么基本观点应该不会有大的改变。
⑤ 如有学者所指出的那样，岳麓秦简"不仅有秦律，还有很多秦令的内容"（陈松长：《岳麓书院所藏秦简综述》，《文物》2009年第3期）。这些令也按照一定的顺序汇编整理，表现出职官令、天干令等不同的编纂形式。
⑥ 秦汉所谓令甲、令乙、令丙之属，学界多称为"干支令"，然以笔者之见，则应称为"天干令"。因为所谓"干支"乃是"天干地支"之简称，即以十天干和十二地支依次相配，组成六十个基本单位的记数方法，其文字表述则为甲子、乙丑、丙寅之类，而汉令所见，则仅为天干顺序，并不见以地支为序，更不见以天干地支相配而记顺序的说法。近读楼劲教授《魏晋时期的干支诏书及其编纂问题》一文，其意乎汉令只见天干，不见地支，故不宜称为"干支令"。参见中国魏晋南北朝史学会、山西大学历史文化学院编《中国魏晋南北朝史学会第十届年会暨国际学术研讨会论文集》，北岳文艺出版社，2011，第3页，脚注①。然楼说与本文观点主张虽同，理由却略有差异。读者审之！

出现。随着令之内容日渐丰富，规模日益扩大，对令进行编纂就成为一种现实需要。然而正如日本学者池田雄一所说，秦代"能说明令典存在的确凿证据无从得见。其原因一方面来自于史料上的制约；另一方面则在于法典编纂的历史尚浅，形式化原则尚未确立"①。

　　与之相类似，汉令也不具有标准法典的特征，条文甚至带有原始、粗糙的特点。② 汉令内容没有抽象为逐条排列、普遍适用的形式，而是以往复问答的形式出现，还不具有典型法律条文的形式特征。这就如同刚刚被砍倒的整棵树木，连带着枝杈和树叶，全然没有经过加工程序剔除多余枝蔓，因而还不能被称为严格意义上的木材。可见当时的令，应该不过是将某一类事项的"上请"和"回复"不经提炼而直接进行简单归类汇编的产物，根本无法与后世的令典相提并论。③

　　经过缓慢的积累与发展，汉令逐渐呈现出事项令、挈令、天干令三种汇编形态。④ 然而，挈令该如何理解？天干令的分类依据何在？事项令、挈令、天干令三者之间是什么关系？这些疑团至今都不能完全解开。换个角度来说，有关汉令的争议究竟只是今人的主观疑惑还是当时的客观事实呢？一如南玉泉所说："汉令分界的歧义从另一个角度也说明汉令的划分并不是

---

① 池田雄一「秦代の律令について」，载『中央大学文学部紀要』史学科篇四二，1997，第70页。转引自〔日〕冨谷至《通往泰始律令之路（Ⅰ）：秦汉的律与令》，朱腾译，徐世虹校译，载中国政法大学法律史学研究院编《日本学者中国法论著选译》上册，中国政法大学出版社，2012，第161页。

② 例如，张家山汉简中的《津关令》，将原始、粗糙的令按照涉及事项内容进行简单的分类编排。在编排过程中，带有明显诏令痕迹的令被原封不动地直接抄录在一起。其内容往往是由御史、内史、相国等就渡口、关隘管理的具体规范内容上呈中央政府，请求批准或者给予答复。而中央则通常以"制曰可"的方式对其建议或请求给予批准或者认可。

③ 例如张家山汉简《二年律令》中的《关津令》大体上都是这种模式。参见张家山二四七号汉墓竹简整理小组《张家山汉墓竹简二四七号墓》（释文修订本），文物出版社，2006，第83~88页。又可参见〔日〕大庭脩《秦汉法制史研究》，林剑鸣等译，上海人民出版社，1991，第二编第一章"汉代制诏的形态"。

④ 事项令，即将规定内容关联性较大、较为集中的令汇编为一个令集，并以其所涉内容加以冠名，称为某令。"挈令"有的是以官署为名，有的是以地域为名，有的是以事项为名。此外还有以天干顺序为标签的令集。例如令甲、令乙、令丙等。此三种令集中，某些令简开头出现了表明简单排序的数字，展示出初步编纂的痕迹，然而仍去法典远矣。甚至，日本学者冨谷至在经过具体分析考证之后认为，汉代的挈令根本就是天干令的节抄本，而以"某某令"命名的立法根本是不存在的。参见〔日〕冨谷至《通往泰始律令之路（Ⅰ）：秦汉的律与令》，朱腾译，徐世虹校译，载中国政法大学法律史学研究院编《日本学者中国法论著选译》上册，中国政法大学出版社，2012，第148~158页。

很科学，这与当时的编辑技术水平有关系。"①

　　综合以上信息可知，秦汉令仍处在低级体系化状态之中。自微观角度而言，令文仍不脱于诏书之形式痕迹，抽象化程度仍然较低；自中观角度而言，诸令之间的整合也不能做到协调一致，汇为一体；自宏观角度而言，律令之别尚不明显，从内容到效力多有混同之处。这成为汉代及以后法律家们汲汲思索力求加以改变的状况。

　　汉末，曹操陆续发布"魏武令"，但其形式仍非典型意义上的抽象令文。② 而当时的"干支令"则是以颁布时间命名，亦非以逻辑关系而编纂。③ 令的体系化、法典化目标仍未达成。直至魏明帝时，陈群、刘邵④等人制定《州郡令》《尚书官令》《军中令》，才使这一进程向前一大步。

　　胡三省认为，这三种令分别适用于地方州郡、中央和军队。⑤ 但梁健博士考证，三者应是以令之内容性质加以分类。亦即，有关民政制度之规定归于《州郡令》，有关官政制度之规定归于《尚书官令》，有关军政制度之规定归于《军中令》。⑥ 如依其说，正可说明曹魏时期令典编纂和事项分类之抽象水准与体系化程度都有质的升华。

　　刘邵在制定曹魏《新律》时曾撰写《魏律序》，对《新律》的全新体系设计进行深入剖析与概要介绍，从中可以管窥当时立法者高超的立法技巧、抽象逻辑能力、概括整合水平以及清晰宏观的体系化思维。以此观之，同出于其手的这三种令，显然也应足以综合体现他们这些技巧能力和思维

① 南玉泉：《论秦汉的律与令》，《内蒙古大学学报》（人文社会科学版）2004 年第 3 期，第 29 页。
② 曹操发布的令，被后人编为《魏武令》。但是这些令，有的是就具体事项所下达的命令；有的虽然就抽象制度作出制度规范，但仍未能摆脱汉令的模式。就后者而言，虽然今天所见多为节抄，但仍可以发现其与汉令相类似的情况。即并非以抽象条文的形式加以体现，而是以叙事的口吻讲清颁布该令的前提背景、事理根据或者精神主旨，而令的纯粹规定则被夹裹于其中。因此，曹操的令仍非典型意义上的抽象令文。
③ 例如，《三国志·魏书·武帝纪》注引魏武庚申令、乙亥令、己亥令、甲午令，《文帝纪》注引有庚戌令、丙戌令、丁亥令等。但与汉代对令进行汇编整理而成的令甲、令乙、令丙有所不同，它们都是按照颁布日期的干支命名，显然仅仅具有标识时间、辨别同类的作用，而无汇编整理的意义。
④ 刘邵之名，《三国志》本传载为"劭"，《三国志·荀彧传》载为"邵"，而《晋书·刑法志》载为"邵"，其余文献转述迭相混淆，斟酌参详，不胜其扰。今据宋庠《〈人物志〉后记》考证当为"邵"，所辨精核。《四库全书总目》卷一百一十七《杂家类》、李慈铭《桃华圣解盦日记·甲集》六七、卢弼《三国志集解》卷二十一皆持其说，故笔者从之。
⑤ 《资治通鉴》卷七十一《魏纪三》胡注曰："州郡令，用之刺史、太守；尚书官令，用之于国；军中令，用之于军。"
⑥ 梁健：《曹魏法制综考》，博士学位论文，西南政法大学，2012，第 80~81 页。

方式。亦即是说，这三种令也应具有统一而又抽象的分类标准，如果真如此则民政、官政、军政为三分之推测应最为合理。

若此说成立，则更可证明曹魏三令的另一个重大成就，即将所有与国家基本制度相关的内容都熔于一炉，做一番统筹安排。故而，三令之外不应再有单行令。刘劭《魏律序》曾提及《邮驿令》《变事令》，但笔者赞同日本学者滋贺秀三的判断，即认为其应为归属于三令之令篇，而非单行令。理由很明白，就国家制度构成而言，民政、官政、军政三分法显然已经足够周延完备，从逻辑层面完全涵盖所有令的内容类别。依照陈群、刘劭等人之逻辑能力与思维模式，显然应以构建无所不包的令典为其追求目标，必定不会允许单行令的存在。刘劭《魏律序》曰："（《新律》）于正律九篇为增，于旁章科令为省矣。"① 这一原则放在令典编纂上理应同样适用。

但问题在于，既然当时立法者以令的体系化、法典化为追求，却又为何不将三令合而为一，编成一部令典呢？笔者认为，其最主要原因应是令篇过多。对于曹魏律令之规模，《晋书·刑法志》记载："《新律》十八篇，《州郡令》四十五篇，《尚书官令》《军中令》，合百八十余篇。"学者对该段文字理解略有分歧。较为主流的理解是，《新律》18 篇，《州郡令》45篇，《尚书官令》与《军中令》合计 180 余篇。意即，三令合计 225 篇以上。而据梁健博士分析当是，《新律》《州郡令》《尚书官令》《军中令》合计 180 余篇，其中《新律》18 篇，三令合计 160 余篇，《州郡令》45 篇，《尚书官令》《军中令》合计 120 篇左右。②

然而无论怎样，曹魏三令篇目过多当为不争事实，以至于如果将之统统编入一部令典之中，则显得篇章浩繁，览者益难。因而立法者将之一分为三，既便于阅览，也便于传抄。尤其是在书籍编订技术水准较低的情况下，职责所涉侧重各有不同的部门更可选择与其工作密切相关的内容加以挑选保存，传抄施行，三令的分类法反而更便利、更具实效。当然，这也同时说明，曹魏立法者归纳整合能力尚嫌不足，不能以更简练的条文和篇目、用更抽象的方式对各项制度加以涵摄提炼。三令具体篇目次序今不得知，故而没法进行具体分析。但仍可以想见，其具体篇目概括能力当较低，各篇之间交叉关联的内容规定当不在少数。正如日本学者富谷至所说："尽

---

① 《晋书》卷三十《刑法志》。
② 梁健：《曹魏法制综考》，博士学位论文，西南政法大学，2012，第 79~80 页。

管魏令从汉令阶段往前迈出了一步，接近了晋令与唐令，但它尚未形成法典的样态，与汉令一样仍然是对皇帝之诏予以文件汇编的命令。"① 曹魏令典整合未竟之事业，只能留待后人去完成。

（二）《泰始令》的聚合之功

魏晋之际，玄学盛行，"以简驭繁""执一御众"成为日益流行之学术风尚。流风及于律令，于是产生统一令典之新追求。魏晋禅代之际，贾充等人受命制定令典，对以往编纂水准并不满意，因而打破旧传统，建立新体系，此即《泰始令》。

关于《泰始令》之篇目顺序，《唐六典·尚书刑部》注载曰："一、《户》，二、《学》，三、《贡士》，四、《官品》，五、《吏员》，六、《俸廪》，七、《服制》，八、《祠》，九、《户调》，十、《佃》，十一、《复除》，十二、《关市》，十三、《捕亡》，十四、《狱官》，十五、《鞭杖》，十六、《医药疾病》，十七、《丧葬》，十八、《杂上》，十九、《杂中》，二十、《杂下》，二十一、《门下散骑中书》，二十二、《尚书》，二十三、《三台秘书》，二十四、《王公侯》，二十五、《军吏员》，二十六、《选吏》，二十七、《选将》，二十八、《选杂士》，二十九、《宫卫》，三十、《赎》，三十一、《军战》，三十二、《军水战》，三十三至三十八皆《军法》，三十九、四十皆《杂法》。"

据此可知其篇幅规模。《唐六典》称其为四十篇，《隋书·经籍志二》载《晋令》四十卷。然而是否据此可推定一篇即一卷呢？这要从"篇"与"卷"之差异说起。

"篇"与"卷"之差异因何而起？传统观点大都认为缘于书写载体之不同。《说文解字·竹部》曰："篇，书也。一曰关西谓榜曰篇。从竹扁声。"段注云："书，箸也。箸于简牍者也。亦谓之篇。古曰篇。汉人亦曰卷。卷者，缣帛可卷也。"② 余嘉锡谓："古之经典，书于简束，而编之以韦若丝，名之为篇。简册厚重，不能过多，一书既分为若干篇，则各为之名，题之篇首，以为识别。"③ 亦即是说，"篇"字与竹简密切相关，是标示古书简册之数量

---

① 〔日〕冨谷至：《通往泰始律令之路（Ⅱ）：魏晋的律与令》，朱腾译，徐世虹校译，载中国政法大学法律史学研究院编《日本学者中国法论著选译》上册，中国政法大学出版社，2012，第172页。

② （东汉）许慎撰，（清）段玉裁注《说文解字注》，上海古籍出版社，1991，第190页。

③ 余嘉锡：《目录学发微》，巴蜀书社，1991，第27页。

单位。据此，章学诚《文史通义·篇卷》云："大约篇从竹简，卷从缣帛，因物定名，无他义也。"① 孙德谦《汉书艺文志举例》之"篇卷并列例"条云："许叔重云：'著之竹帛谓之书。'考竹者，篇也；帛者，卷也。是篇、卷有分别也。"② 程千帆云："文字的体裁先是竹简，所以称篇；然后用帛，所以称卷。"③ 钱存训亦认为"篇"为简册单位，"卷"是缣帛和纸卷单位。④

然而出土实物却显示，古书简册也以卷方式存放，反倒是帛书以折叠方式存放。意即传统以竹、帛之别来理解篇、卷之别的思路并不符合历史事实。故刘传宾另做解释曰："'篇'与'卷'最初既可以作为简册的计量单位，表示简册编连的起讫，又可以作为文章的计量单位，表示文章内容的起讫。后来二者各有所侧重：'篇'渐渐失去表示简册编连的起讫、作为简册的计量单位的功能，而逐步变为仅表示文章内容起讫的计量单位；卷则逐步变为仅表示简册编连起讫的计量单位。"⑤

篇、卷之间是否存在特定对应关系？陈梦家在对战国秦汉竹简进行总结之后指出，存在三种情况：一是"合编"，即一卷包含若干篇；二是"分卷"，即一篇分为若干卷；三是"篇卷相当"，即一篇为一卷。⑥ 亦即是说，篇、卷原本并非完全一一对应。而由《泰始令》四十篇分为四十卷情况推之，当属陈梦家所谓第三种情况，即一卷当一篇。

然而，据《唐六典》注所载，其所谓"一篇"并非真是一篇。例如，《杂令》分为上、中、下三篇，实则为一篇；《军法令》名为六篇实则亦为一篇；《杂法令》名为二篇实则亦为一篇。其之所以如此，推想可能是由于每一篇的条文字数过多。⑦ 故可知《泰始令》中一个完整内容的篇章被拆分为数篇，实则是根据其条文字数分别撰写在不同卷帙上，并且标明上中下或者数字次序，因而

---

① （清）章学诚：《文史通义》，上海书店，1988，第88页。
② 孙德谦：《汉书艺文志举例》，载《二十五史补编》第二册，开明书店，1936，第1710页。
③ 程千帆：《校雠广义》，河北教育出版社，1988，第65页。
④ 钱存训：《书于竹帛——中国古代的文字记录》，上海书店，2006，第77~78页。
⑤ 刘传宾：《简书的合编与分卷——以上博、郭店等出土简册为中心》，《学灯》第7卷第1期，总第25期。
⑥ 陈梦家：《汉简缀述》，中华书局，1980，第304~307页。
⑦ 古代典籍的类似实例应以《孟子》《汉书》最为典型。《孟子》原本七篇，后每篇被分为上下篇，合为十四篇，而按内容来看实则仍为七篇。《汉书》中文字较多的篇章如《高帝纪》《杨雄传》之类，也被后人分为上下篇，而按内容来看仍为一篇。此类现象的出现既可能反映书籍传抄者出于方便的技术考虑，同时也表明时人的有意识编纂和注重篇章体量平衡协调的思维方式已经出现。

有其分属不同篇章之误解。因此，《泰始令》实为 32 篇，40 卷，《唐六典》所谓 40 篇当为误载，而其注文中所标数字次序当为卷次，而非篇次。

《泰始令》篇章内容早已失佚，但《晋书》《北堂书钞》《太平御览》等史料中多有零散摘引。近世以来，程树德、张鹏一两位先生分别对《泰始令》条文进行辑考。其所著《晋律考》①　与《晋令辑存》②，为今日考察其体系规模之重要参考。③　尽管二著对《泰始令》内在结构与法典成就少有论及，但其对《泰始令》辑佚工作的重视本身就足以反映出《泰始令》作为法典的独特历史地位。

总之，《泰始令》外在形态方面的最大特色在于，将汉魏之令进行再编排、再整合，删繁就简，提炼抽象，坚持"令外无令"原则，最终汇编成一部统一令典，令典一分为三的情况亦不再出现。曹魏三令 160 余篇（或 225 篇以上）的内容，被贾充等人压缩为 32 篇，必定是大量删并相似篇目与重复条文的结果。其之所以能够如此简约，正因为其制定者概括抽象能力更强，能将令文与篇章内容进行高度浓缩，用较之以往更为简练的方式和更为缜密的逻辑规定出国家各项基本制度。这就涉及《泰始令》内部篇章结构的层次关系问题。

二　结构严密：《泰始令》的十大单元

《泰始令》乃汇众令于一体之空前令典，历史上第一次展示出令典的统一性与整体性。从外在形式与内在逻辑上看皆如此。其外在形式之统一已如前述，而其内在逻辑结构之整体性则有必要进一步加以申说。

（一）堀敏一"三板块说"及其局限

日本学者堀敏一曾对《泰始令》内部结构进行界分，认为《泰始令》由三大板块组成：一是《户令》至《杂令》，二是《门下散骑中书令》到《赎令》，三是《军战》及以下。他说："晋令以户令开端，至杂上中下有个中断，然后从中央官职的门下散骑中书开始，至赎令再一次中断，最后是

---

① 参见程树德《九朝律考》，中华书局，1963，第 225~312 页。
② 张鹏一编著《晋令辑存》，徐清廉校补，三秦出版社，1989。
③ 关于张、程二著对《泰始令》条文的收集工作，目前来看尚有诸多不足。例如，程著辑佚标准过死，漏略较多；张著辑佚标准太宽，认定比较随意，有些令文似是而非。近有李俊强《晋令制订考》一文，对此问题做了考订，补苴前贤，蔚为可观。参见杨一凡、朱腾主编《历代令考》，社会科学文献出版社，2017，第 280~305 页。

军战以下的十篇。这种三分法大约是以魏令的州郡令、尚书官令和军中令为样板的，特别是晋令的第二组和第三组，完全与魏令的尚书官令和军中令相对应。"① 这就是堀敏一的"三板块说"。

《泰始令》是在汉魏令篇基础之上独立整合编纂而成的，同时又十分明显受到曹魏三令的启发。或者说，其制定者较为认同曹魏陈、刘等立法者对令典性质类别的划分模式，自觉地从民政、官政和军政三个角度去理解令的内容、作用与属性。应该说，堀敏一见识十分敏锐，对此中奥义洞若观火。他提示我们《泰始令》中存在三大板块黏合之痕迹。

首先，《杂令》上、中、下，带有明显界分意义。该篇将此前令篇划为一类，以与后面令篇相区分。因为所谓"杂篇"者，在法典编纂中，通常皆以"兜底篇章"的技术功能角色出现。亦即是说，它将此前篇章没有包括或难以包括的条款内容都收罗进来，混杂而成一篇。西晋律典中的《杂律》、令典中的《杂令》莫不如此。《杂令》于此出现，正是将与此前篇目内容相关而又暂时无法归入其中各篇的条文内容进行汇总杂收之结果。其次，《军战令》以下又是一个明显界分。将此后篇目划为一类，与此前的篇目相区分。此后篇目一望便知与军事相关，正与曹魏《军中令》相对应。最后，两个界分点之间的篇目应为独立板块，即堀敏一所说的第二组。

由此可知，《泰始令》确乎是由三大板块黏合而成，其中两个显著界分之处即为三大板块结合之处（见表1）。

表1 《泰始令》三大板块说概览

	板块一	分界	板块二	板块三
《泰始令》篇名	《户令》《学令》《贡士令》《官品令》《吏员令》《俸廪令》《服制令》《祠令》《户调令》《佃令》《复除令》《关市令》《捕亡令》《狱官令》《鞭杖令》《医药疾病令》《丧葬令》	《杂令》	《门下散骑中书令》《尚书令》《三台秘书令》《王公侯令》《军吏员令》《选吏令》《选将令》《选杂士令》《宫卫令》《赎令》	《军战令》《军水战令》《军法令》《杂法令》
对应的曹魏三令	州郡令		尚书官令	军中令
内容属性	民政制度		官政制度	军政制度

---

① 〔日〕堀敏一：《晋泰始律令的制定》，程维荣等译，载杨一凡总主编《中国法制史考证》丙编第二卷，中国社会科学出版社，2003，第291~292页。

然而，堀敏一依照曹魏三令结构对《泰始令》进行的结构分析，从宏观上看固然较为合理，就微观篇目顺序而言则存在一定疑问。亦即是说，其所谓三大板块只能作为一种笼统划分模式来看待，就具体情况来看仍然存在难以圆通之处。

例如，被划入第一组的《官品令》《吏员令》《俸廪令》《捕亡令》《狱官令》《鞭杖令》等篇以官制职守及相关责任为主要内容，显然应与属于第二组的《门下散骑中书令》《尚书令》《三台秘书令》《王公侯令》《军吏员令》《选吏令》《选将令》《选杂士令》诸篇更为接近，而与《户令》《学令》《服制令》《祠令》《户调令》《佃令》《复除令》《关市令》等一般民政制度相去较远。

又比如，被划入第二组的《宫卫令》《赎令》则与该组其他篇目不相协调，并不适宜被归为官政制度。

同时，第二组中的《军吏员令》《选吏令》《选将令》诸篇又与第三组篇章内容更为接近，第二、三组之间颇有穿插交织之感。

以上情况至少可以说明，贾充等人在制定《泰始令》时，固然有参考曹魏三令之可能，然而最后所成之篇目次序却是自出机杼。他们对令典结构的理解与构想，并不完全遵从前人，而是有一套自己的体系。

（二）《泰始令》十单元新说

依各篇章名目推测，较之三大板块的笼统分法，《泰始令》诸篇章实更可以说是由具体的若干单元所组成。各单元之间存在着或隐或显的逻辑次序。

第一单元：《户令》。《户令》以天下郡国的户籍管理与户口统计制度为主要内容，属立国为政之根本，故而自成一体，且标于篇首。一如堀敏一所说，《泰始令》之所以由《户令》开始，正是由于学校、选官和官品等一系列制度都建立在其基础之上，而这又是由魏晋时期九品官人法自乡选而后授官之官制构建顺序所决定。①

第二单元：《学令》《贡士令》。《学令》以学校教育制度为内容，《贡士令》以人才选举制度为内容。该二篇内容本就关系密切，又皆以

---

① 〔日〕堀敏一：《晋泰始律令的制定》，程维荣等译，载杨一凡总主编《中国法制史考证》丙编第二卷，中国社会科学出版社，2003，第293页。李俊强亦持此说，参见氏著《晋令制订考》，载杨一凡、朱腾主编《历代令考》，社会科学文献出版社，2017，第286页。

《户令》中郡国户籍与户口制度为基础，故而紧承其后。故高明士教授说："这样的设计，着重于儒家的政治主张，此即施政以民生、教育、用贤为首要。"①

第三单元：《官品令》《吏员令》《俸廪令》《服制令》《祠令》。《官品令》规定官名与官员品级制度，《吏员令》规定吏员编制。且该二篇遵循先官后吏顺序，轻重等差自有凭准。其后《俸廪令》则以官、吏俸秩爵禄制度为内容，《服制令》以公卿官吏车舆、冠服、印绶等制度为内容。观此四篇，内容密切联系，逻辑层次清晰。且皆由第二单元中《贡士令》所涉选举制度而产生，故而紧承其后。而《祠令》以郊社宗庙与山川祭祀之礼仪制度为主，与车服制度同属礼仪内容，故又与前篇《服制令》紧密衔接。

第四单元：《户调令》《佃令》《复除令》。该三篇内容以土地经济制度和赋税徭役制度为主。该单元与前两个单元区分较为明显，却又远承第一单元《户令》之户籍制度，可见其与第二、三单元分属两条并列线索。

第五单元：《关市令》《捕亡令》《狱官令》《鞭杖令》《医药疾病令》《丧葬令》。其中，《关市令》之中既有关市赋税制度，也有关津管制制度，既与前三篇衔接又与后一篇《捕亡令》密切相关，所以《关市令》可视为第四单元到第五单元之过渡。《捕亡令》之后有《狱官令》，《狱官令》之后有《鞭杖令》，《鞭杖令》之后有《医药疾病令》，《医药疾病令》之后有《丧葬令》，这一顺序之中隐约存在着一种按照事理程序发展之逻辑递进线索。

第六单元：《杂令》上、中、下。前已述及，《杂令》中内容应为前面篇章中所不能容纳而又必须加以规定之条文内容。张鹏一认为，散见诸史籍之《仓库令》《盐铁令》《酤酒令》《捕蝗令》《捕兽令》《兴擅令》《营缮令》《工作令》《禁土令》《给假令》《左降令》《元会令》《五时令》《朔望令》等令都应该归属于此《杂令》之中。② 观此前五个单元，篇章内容的逻辑脉络十分清晰，自成体系，此更可说明《杂令》条文难以融入其中的原因所在。

第七单元：《门下散骑中书令》《尚书令》《三台秘书令》《王公侯

① 高明士：《律令法与天下法》，上海古籍出版社，2013，第32页。
② 张鹏一编著《晋令辑存》，徐清廉校补，三秦出版社，1989，第193页。

令》《军吏员令》。其中，《门下散骑中书令》《尚书令》《三台秘书令》三篇以中央官职的职责权限制度为内容，而其显然是依据权位自高至低的顺序排列的。《王公侯令》建基于西晋封国制度，对三级封国诸侯之职权责任及相应待遇加以规定。《军吏员令》则对自中央到地方基层军事官员与吏员体制加以规定。其规定中央官制之内容与前四篇章紧密衔接，而其对中央以下各级军吏员之规定则体现出军事官制自成一体之特征。

第八单元：《选吏令》《选将令》《选杂士令》。《选吏令》《选将令》《选杂士令》三篇为对吏、将和杂士选拔任用制度之规定。而观其所处位置，则所选之人当与前一单元密切相关。其所选之吏当为充任中央各机关部门之吏，将则为军官体制之任，杂士则"当指乐、律、历、算、医、卜诸士"①，且最后都应归属中央各机关所用。亦即是说，此三篇所选之人，皆为中央官府的办事人员。

第九单元：《宫卫令》《赎令》。《宫卫令》规定皇宫、官府门卫廷禁制度，而《赎令》则应以罚则之收赎制度为内容。此二篇与前后篇目之间关系并不十分明朗，姑且归为一个单元。然此亦可见，《泰始令》并非逻辑体例完备无缺之令典。

第十单元：《军战令》《军水战令》《军法令》《杂法令》。此四篇内容较为明确纯粹，即以军事制度规范为主。然而其内部关系仍可进一步加以分析。《军战令》《军水战令》当以战阵兵法为主要内容，而《军法令》与《杂法令》则应以军事纪律为主。尤其应注意的是，《杂法令》显然是对《军法令》之补充规定，将该篇中无法容纳之条文杂汇而成新篇。那么，据此又可推知该《军法令》内当有更进一步之二级结构划分，自成一体系，故而才会将该体系难以容纳之条文又收罗进《杂法令》。惜乎难知其详。

综上可知，组成《泰始令》的十大单元层层递进，前后之间大都存在一定逻辑关系，此正是《泰始令》作为统一令典存在系统性、整体性之绝佳明证（见表2）。总之，《泰始令》既有三大板块的旧影子，也有十大单元的新设计。这说明立法者既参酌曹魏三大令典，也有独树一帜的新主张，《泰始令》乃独立创造、自成体系之全新令典。

---

① 张鹏一编著《晋令辑存》，徐清廉校补，三秦出版社，1989，第278页。

表 2　《泰始令》十单元结构简析

单元	篇目	篇章之间的逻辑关系
第一单元	《户令》	规定户籍、户口制度，作为此后四个单元的制度基础
第二单元	《学令》《贡士令》	先学后贡，《学令》以《户令》为基础，《贡士令》又与《官品令》存在关联
第三单元	《官品令》《吏员令》《俸廪令》《服制令》《祠令》	品阶编制，先官后吏；然后是官吏的俸秩爵禄、车舆、冠服、印绶、服制，最后由服制礼仪而转向祭祀礼仪
第四单元	《户调令》《佃令》《复除令》	上接《户令》，以土地经济制度和赋税徭役制度为主
第五单元	《关市令》《捕亡令》《狱官令》《鞭杖令》《医药疾病令》《丧葬令》	《关市令》以赋税制度与前三篇相连，又以关津管制与下篇捕亡相连。捕亡之后涉及狱官，狱官之中有鞭杖，鞭杖之后有医药疾病以及丧葬。该单元内诸篇存有或立法者认为存有一定逻辑顺承关系
第六单元	《杂令》上、中、下	前五单元所余条文内容的杂烩
第七单元	《门下散骑中书令》《尚书令》《三台秘书令》《王公侯令》《军吏员令》	规定中央衙署官员设置及其职责义务制度。《军吏员令》为过渡，与上下篇紧密相连
第八单元	《选吏令》《选将令》《选杂士令》	规定吏、将和杂士选拔任用制度，与前一篇密切相连
第九单元	《宫卫令》《赎令》	与前后篇目之间关系并不十分明朗
第十单元	《军战令》《军水战令》《军法令》《杂法令》	《军战令》与《军水战令》当以战阵兵法为主要内容，而《军法令》与《杂法令》则应以军事纪律为主。《杂法令》是对《军法令》之补充规定，将与军法密切相关但又无法融入其中的条文杂汇而成新篇

三　经权之辨：《泰始令》战时令篇的置废

（一）《泰始令》的经权二分法

《泰始令》在制定之初即秉承具有一定整体谋划、预先设计意味的宗旨，立法者对令典预定状态及其可能出现的变化有清晰的预案。这不仅体现在令典各篇之间的逻辑关系上，也体现在立法者对令典内容的取舍与定位上。这种宏观定位集中体现为"施行制度"与"权设其法"两个方面。亦即是说，从经与权的角度而言，《泰始令》又可分为两大部分。

一方面，《泰始令》乃是本着为后世设范立制的宗旨制定的。故而，令典囊括诸令，形成统一完备的法典。而且，《泰始令》的内容涉及国家各项根本制度，为国家长治久安提供了制度基础。

就各篇目而言，《泰始令》规定西晋之户籍管理制度、学校教育制度、官员选任制度、官员品级制度、吏员编制制度、官吏俸禄爵位及其他经济待遇制度、官员公卿车服制度、宗庙郊社祭祀等礼仪制度、土地赋税徭役等经济制度、关津治安管理制度、捕亡狱政刑罚司法制度、医事管理制度、丧葬礼仪制度、中央官职制度、王公侯封建制度、军事职官制度、中央官吏选拔制度、宫廷官府警卫制度、刑罚收赎制度以及各种军事活动制度。总而言之，基本涵盖了国家职能所涉诸事项的制度规范。通过这些制度设计，形成国家机关与普通百姓各自行为之规范、准则与模式。只要相应主体照章执行，遵守规范，国家就会秩序井然。如果违反这些规范达到一定程度，则构成犯罪，依照律典相关条文受到处罚。《晋书·刑法志》曰："施行制度……违令有罪则入律。"即为此意。

另一方面，由于制定令典的特殊时代背景，《泰始令》中有一部分内容被认为"不足经远"，故而"权设其法"。《晋书·刑法志》载："其余未宜除者，若军事、田农、酤酒，未得皆从人心，权设其法，太平当除，故不入律，悉以为令。"《隋书·经籍志二》亦曰："晋武帝命车骑将军贾充，博引群儒，删采其要，增律十篇。其余不足经远者为法令，施行制度者为令。"

据此可知，贾充等立法者对于律典、令典有不同的定位与期许。其在制定《泰始律》时，本着"蠲其苛秽，存其清约，事从中典，归于益时"①的原则，对律文内容进行大规模清理与删减。律典被认为是具有较强稳定性的基本法典，其内容不能随意改动，因而在制定之时就需审慎从事。② 对于制定之时就认为将来可能会有所变动的条文内容，便不能被编入律典之中。但将来要有所改变并不等于现在就要改变，因而这些内容就当时情况来说还需要被写入法典之中。因此就退而求其次地将其放进令典之中。可见在立法者眼里，令典定位与律典大有区别：一则律典较之令典更为重要，

---

① 《晋书》卷三十《刑法志》。

② 日本学者富谷至在探讨秦汉律简的时候曾指出，作为皇帝旨意的"令"，包含着临时性的规定。"令"演变为"律"以后，才开始带有普遍性、恒常性成文法规的性质。"律"的语义并非"皇帝的命令"，而是"应当遵循的标准"，这样"律"就被赋予了恒定性、普遍性（参见氏著《文书行政的汉帝国》，刘恒武、孔李波译，江苏人民出版社，2013，第36~37页）。尽管由秦汉至魏晋，律令体制又发生了若干重大的变化，但是这种对"律"高看一眼的思维定式，并未随着令典的成形而减弱。

二则令典对稳定性的要求不及律典。如此一来，《泰始令》中就有部分内容在被编入令典之时即被明确标识在将来会被改革或者废除。就此意义而言，也可以说"晋代之'令'还没有成为完整意义上的基本法"①。然而这种看似自相矛盾、多此一举的做法恰是在当时特殊时代背景下富有远见的一种设计，是"晋修律令时的一种特殊处理"②。

吕思勉先生曾谓："法学有所谓性法派、历史法派者，性法派谓有遍于四海永合人心之公理，历史法派则谓无之。中国之法学近性法派，故于律文不轻改动，此时以权设者为令，即系此意。后世之改例不改律，亦由于此。"③ 先生将"性法派"即西方自然法学派与中国古代法学相比附，固无足论，然其注意西晋不轻易改动律典，将权设之法归入令典之重要意义，则颇有见地。

观西晋以后之律令法制可知，西晋"权设之法"模式对后世立法实颇有影响。例如，北齐制定法典时将"不可为定法"的内容编为《权令》与律令法典并行，极有可能就是受到《泰始令》权设之法的影响而设。④ 只不过，其将稳定性较弱的"权设之法"排除在以较强稳定性为特征的律令法典之外，另设一部《权令》以便随时修改，最大限度保证律令法典之稳定性，又是对《泰始令》模式的一大改进。

（二）权设之法的战时色彩

泰始律令制定之初，曹氏政权尚未归为司马氏所有，虽然西蜀已灭，然而东吴尚存。三年半之后，律令法制体系建成之时已是西晋泰始四年。此三年半间，司马氏尽管已经完成禅代大业，但是尚未完成统一大业。对内，司马炎仍需化解来自各方的政治压力。而对外，东吴政权仍与西晋王朝隔江对峙。由此可知，泰始律令制定完成之时，西晋内部仍有不安定因素，仍处于与敌国军事对峙状态之中。因此，西晋各项制度或多或少仍带有战时色彩。

正如张建国教授所指出的那样："晋出于特殊原因所定之令，最初包括固定性和暂时性两部分。"⑤ 其所谓"特殊原因"即是战时状态，所谓"暂

---

① 〔日〕守屋美都雄：《中国古代的家族与国家》，钱杭、杨晓芬译，上海古籍出版社，2010，第 456 页。
② 张建国：《魏晋律令法典比较研究》，《中外法学》1995 年第 1 期。
③ 吕思勉：《中国制度史》，上海教育出版社，2005，第 498 页。
④ 参见张建国《魏晋律令法典比较研究》，《中外法学》1995 年第 1 期。
⑤ 张建国：《魏晋律令法典比较研究》，《中外法学》1995 年第 1 期。

时性规定"即"权设之法"，主要包括军事、田农、酤酒等内容。权设之法与战时状态相配合，自然随着战时状态的结束而废止。此即《晋书·刑法志》所谓"权设其法，太平当除"。西晋平吴在太康元年（公元 280 年），上距《泰始令》颁布（公元 268 年）有 12 年之久。令典之中由于战时状态而存在的权设之法，在此 12 年间长期有效。

权设之法中最突出、明显者即军事法令。《泰始令》后十篇都以军事法为内容，其中尤其值得注意者乃《军水战令》。西晋如欲平吴，最大难关当为水战。因而有理由相信，此篇即针对将来要进行的平吴战争而设置。此外，《军战令》《军法令》《杂法令》都以军事为内容，凸显出西晋重视军事、勤于练兵之国家政策。

事实上，在晋武帝平吴之前，武备未曾懈怠。"为国者不可以忘战"①成为晋初君臣一致共识。仅从《晋书·武帝纪》中所载密集讲武大阅活动就可见一斑（见表 3）。

表 3　平吴之前晋武帝讲武大阅活动统计

序号	时间	地点	起讫	历时	备注
1	泰始九年（公元 273 年）十一月	宣武观	丁酉至甲辰	8 天	
2	泰始十年（公元 274 年）十一月	宣武观	始于庚午		
3	咸宁元年（公元 275 年）十一月	宣武观	癸亥至己巳	8 天	
4	咸宁二年（公元 276 年）	无			五月，讨北胡。六月，鲜卑阿罗多等寇边
5	咸宁三年（公元 277 年）十一月	宣武观	丙戌至壬辰	8 天	
6	咸宁四年（公元 278 年）	无			十月，扬州刺史应绰伐吴
7	咸宁五年（公元 279 年）	无			正月，使马隆平树机能之乱。十一月，大举伐吴

据表 3 可知，泰始九年至咸宁五年国家级讲武大阅活动频繁。其中只有三年未进行大阅活动，还是国家大规模对外用兵所致。咸宁二年、咸宁四

---

① 《晋书》卷四十三《山涛传》记此言在平吴之后。但陈寅恪先生指出，当在平吴之前（万绳楠整理《陈寅恪魏晋南北朝史讲演录》，黄山书社，1987，第 33～36 页）。又，《世说新语·识鉴类》刘注引《名士传》曰："涛居魏晋之间，无所标明，尝与尚书卢钦言及用兵本意。武帝曰：'山少傅名言也。'"可见，不忘灭吴、重视武备为晋初君臣共识。

年多地发生边患，咸宁五年树机能攻陷凉州，当年底晋又进行平吴战争，至太康元年三月成功。可见，在《泰始令》颁行之后十多年间，西晋社会上下确实存在浓郁战时气氛，令典中之《军战令》《军水战令》《军法令》等权设之法必定发挥重大作用。

堀敏一将十篇军事法归为《泰始令》的第三组，并认定其为受曹魏《军中令》影响之产物。[①] 今则观之，其内容渊源固然可以追溯到曹魏《军中令》甚至汉初韩信《军法》[②]，但西晋当时的国家形势与政策侧重才是其对令典内容进行取舍之关键因素。有必要时则"权设其法"，无必要时则"太平当除"，一切依据国家形势变化而定。故而，《泰始令》中保留大量军事法这一现象更多取决于其时国家形势。

（三）权设之法的终结

随着平吴大业的完成，西晋国家形势逐渐进入正轨，战时状态下对军事制度过度偏重的倾向肯定会被逐渐扭转过来。在平定孙吴、完成一统之后的十年间，晋武帝仅有两次讲武大阅活动，较之前期大为减少。此即国家重心开始转移的明显信号。不仅如此，西晋平吴之后，晋武帝甚至出台"罢州郡兵"的新政策。在此新形势下，《泰始令》中军事规范肯定会大幅缩减，或者被以修令方式移出令典，或者被虚置令典之中而成为空文。笔者以为前一种处置方式可能性更高。

若依常理推之，《泰始令》中军事法令篇幅巨大，如大量删减必会见诸史籍。然而检索史书，并无此方面的蛛丝马迹。故张鹏一先生说："晋自太康平吴后，宇内统一，未闻再修令文。江左立国，限于一隅，财富兵力，非复太康之旧，一切制度，减于洛都。而令文之改，见于《晋书》明帝、哀帝纪。"[③] 然而此说似可商榷。

《泰始令》颁行之后是否曾经修改，并不能单纯以史无明载而轻易否认。换言之，即便修改，也不见得都会明载史籍。例如，咸宁二年，晋武

---

① 〔日〕堀敏一：《晋泰始律令的制定》，程维荣等译，载杨一凡总主编《中国法制史考证》丙编第二卷，中国社会科学出版社，2003，第291~292页。此外，李俊强亦持此说，参见氏著《晋令制订考》，载杨一凡、朱腾主编《历代令考》，社会科学文献出版社，2017，第293~296页。

② 《史记·太史公自序》曰："于是汉兴，萧何次律令，韩信申军法，张苍为章程，叔孙通定礼仪。"

③ 张鹏一编著《晋令辑存》，徐清廉校补，三秦出版社，1989，第2页。

帝依据《周礼》"贵游子弟"之说而创立国子学。① 国子学始建于咸宁二年，而《泰始令》颁行于泰始四年（公元 268 年），那么有关于国子学制度之法律规定是否会出现在令典《学令》之中？《太平御览》卷二三六《职官部三十四》引《齐职仪》曰："《晋令》：博士祭酒掌国子学，而国子生师事祭酒，执经，葛巾单衣，终身致敬。"据此可知，国子学虽设立于《泰始令》颁行之后，然而其制度仍然会通过律令修改方式被加入令典之中，具体而言即《学令》中。此恰可证明西晋令典相对较为开放，允许适时进行修改，而且其修改之事并未见于正史记载。

此外，国家由战时状态转入和平状态，在令典上的另一个表征是田农法令的修改。《泰始令》初颁布时，田农本为权设之法，意即战时特别田农法令。但正如张建国教授所指出的那样，晋平吴之后很快就开始推行占田课田制，贯彻新田农法令，而这正是《泰始令》中"权设之法"达到"太平当除"条件而加以删除的又一实例。② 至于其他有关官制、礼制的令文修订之例，可参见李俊强《晋令修订考》一文第三部分。③

况且，"权设其法，太平当除"原则的确立本身就足以表明令典的开放性与灵活性。时代变换，国家政策重心转移，军事法之类的旧有令文便不宜再做保留，给有司徒添烦恼。否则便与"太平当除"的最初立法预设相违背。众所周知，南梁令典大体沿袭晋令。与晋《泰始令》相较，《梁令》篇幅大有减少。其中最显著的变化就在于，大量删去《泰始令》之军法内容。然而此种删除，恐怕不是出于南梁的创造性发挥，而更有可能是由于在西晋时《泰始令》已经完成了自我矫正。④

---

① 关于国子学的设立时间，史书中有不同的说法。《晋书·武帝纪》记载："（咸宁二年）立国子学。"而《晋书·职官志》载："咸宁四年，武帝初立国子学，定置国子祭酒、博士各一人，助教十五人，以教生徒。"《南齐书·礼志上》载："晋初太学生三千人，既多猥杂，惠帝时欲辩其泾渭，故元康三年始立国子学，官品第五以上得入国学。"据《宋书·礼志一》所载"咸宁二年，起国子学。盖《周礼》国之贵游子弟所谓国子，受教于师氏者也"，则知《晋书·武帝纪》所载为准，事在咸宁二年。

② 张建国：《魏晋律令法典比较研究》，《中外法学》1995 年第 1 期。

③ 杨一凡、朱腾主编《历代令考》，社会科学文献出版社，2017，第 298～305 页。

④ 若依常理而言，南梁割据江南，同样面临统一宇内的历史任务，同样处于战时特殊状态，所以很有理由如同西晋那样在令典中设置大量军法乃至于军水战法。然而这些并没有发生。这说明什么？有可能是南北对峙时间太长，南梁已经无意北伐，放弃了一统南北的宏伟志向。但同时还有一种可能就是，当时流传下来的《泰始令》文本早已将大量军法内容剔除，而在实践中又证明有其效用。故而南梁仿效前贤，依葫芦画瓢。

四　理论检讨：法典的成立与成功

（一）作为法典的《泰始令》

西晋泰始四年正月十八日①，武帝下诏颁行新律令于天下。学者常称之为《泰始律》《泰始令》，视其为"中古时代法典大备的开始"②。然而细检史籍却可发现，此类称呼既不见于正史记载，也不见于类书辑佚，更不见于地下出土文献。纵观中古，以年号命名法典的做法最早见于南朝，③ 但其所谓"永明律"实则并未施行。④ 而以年号命名又真正施行的法典则属西魏《大统式》。⑤ 隋代开始出现以年号命名的令典，如《开皇令》《大业令》。⑥其后，以令典制定或颁布时年号命名之做法逐渐开始流行，于是出现《武德令》《贞观令》《永徽令》《开元令》《天圣令》⑦ 等一类称呼。然而关于西晋令典，史书中只称《晋令》，不见《泰始令》。可见，此说应属晚近，

①　《晋书·武帝纪》记载："泰始四年正月丙戌，律令成。"关于这个颁布日期，或以为是正月二十日，或以为是十六日。但经笔者考证当在十八日。《太平御览》卷六百三十七引《晋朝杂事》曰："泰始四年，岁在戊子，正月二十日，晋律成。"而丁国钧《晋书校文》则认为，泰始四年正月丙戌日当为正月十六日（丁国钧：《晋书校文》，载《二十四史订补》第6册，书目文献出版社，1996，第510页）。吴士鉴、刘承干以《太平御览》记载为准，认为丁说有误。其曰："丙戌为二十日，则是年正月朔为丁卯。丁氏《晋书校文》一误以上文辛未为月朔，故谓先后互差四日，而未细考本纪并无朔字也。丁卯朔日，辛未为月之四日。"〔（清）吴士鉴、刘承干：《晋书斠注》，中华书局，2008年影印版，第43页。标点为笔者所加。〕而考诸陈垣先生《二十四史朔闰表》，泰始四年正月之朔日为己巳日（陈垣：《二十四史朔闰表》，上海古籍出版社，1956，第48页），则丙戌当为正月十八日。意即，《泰始律》与《泰始令》正式颁布日期应为泰始四年正月十八日。可见吴说亦不准确。

②　杨鸿烈：《中国法律发达史》（上），商务印书馆，1930，第217页。

③　《南齐书》卷四十八《孔稚珪传》载，南齐永明年间修律，并称之为"永明定律"。《南齐书》作者为齐梁之际的萧子显。《旧唐书》卷四十六《经籍志上》、《新唐书》卷五十八《艺文志二》均载有"《齐永明律》八卷"。

④　参见邓长春、朱海《程树德〈九朝律考〉补遗一则——南齐永明定律考》，《西南政法大学学报》2013年第4期。又可参见〔日〕兼田信一郎《梁律编纂的背景——兼论南齐永明律》，程维荣译，载杨一凡、〔日〕寺田浩明主编《日本学者中国法制史论著选·魏晋隋唐卷》，中华书局，2016，第239~255页。

⑤　《隋书·经籍志二》载："《周大统式》三卷。"《新唐书·艺文志二》："苏绰《大统式》三卷。"大统为西魏年号，当时北周政权尚未建立，故应认其为西魏法典。

⑥　《隋书·经籍志二》载："《隋开皇令》三十卷、《隋大业令》三十卷。"

⑦　《新唐书》卷五十八《艺文志二》载，当时档案文阁中有武德七年的《武德令》、永徽三年的《永徽令》、开元七年的《开元令》。虽未记载《贞观令》为哪年修定的，但是据《旧唐书·太宗本纪下》记载，贞观十一年春正月庚子，颁新律令于天下，此令当即《贞观令》。

并非当时就有。尽管如此，笔者仍愿称之为《泰始令》。这是由于，此称呼不仅可以明示其颁布年代，更可充分展示其完整法典之基本特色。

关于究竟达到何种标准方可称为"法典"，滋贺秀三曾提出过一个著名的论断，即标准法典编纂应该符合两大条件：一为高度整合性，即法外无法；二为高度整体性，即整体存灭。① 滋贺秀三提出的这两个标准，从外部形式的角度对法典进行了简洁而又形象的描述。本文倾向于在并无历史依据的情况下使用《泰始令》之称谓，正是由于这一称谓可使观者一望便知，其所指乃是泰始年间一次性颁布生效的那一部令典，具有鲜明的特指效果。

然而关于《泰始令》的法典性标准，若仅停留在滋贺秀三基于外部形式而进行的表层勾勒，那就只能始终在问题的外围打转而无法接近问题的实质。首先应该明确的是，判定法典是否成立，外部形式固然重要，其内部逻辑结构才是更具有本质属性的标尺。因为如果仅从法外无法、整体存灭的视角看，大量法律的简单堆砌与归类整理也可以拼凑成法典。但这与现代法学一般的理解很明显是存在差距的。依照现代法理学的观点，这只能视作法的汇编而不能称为法的编纂。真正的法的编纂是将现存同类或同一部门法律加以研究审查，根据统一的原则，决定法律存废，修改、补充规范，从而编制成内容和谐一致、体例完整合理的系统化的新法律或新法典。而且即便是法的编纂，其成果也未必就能称为法典。② 亦即是说，法典与一般法律不同，除法外无法、整体存灭这种外在的形式要件之外，自然还有更为深刻的内在属性来决定其本质的特异性。③ 因此，在滋贺秀三的法典

---

① 〔日〕滋贺秀三：《关于曹魏新律十八篇的篇目》，程维荣等译，载杨一凡总主编《中国法制史考证》丙编第二卷，中国社会科学出版社，2003，第252~266页。

② 参见周旺生《法理学》，人民法院出版社，2002，第144~145页；孙笑侠《法理学导论》，高等教育出版社，2005，第260页。

③ 然而遗憾的是，法史学界普遍对于法典之于法律的特殊性不慎留意。例如，浅井虎夫《中国法典编纂沿革史》（陈重民译、李孝猛点校，中国政法大学出版社，2007）、中田薫《论支那律令法系的发达》（何勤华译，载何勤华编《律学考》，商务印书馆，2004）、大庭脩《秦汉法制史研究》（林剑鸣等译，上海人民出版社，1991；徐世虹等译，中华书局，2017）、张金鉴《中国法制史概要》（正中书局，1974）、陈顾远《中国法制史概要》（商务印书馆，2011）、张晋藩《中国法制通史》（法律出版社，1999）、曾宪义《中国法制史》（北京大学出版社，2000）等著作几乎无一例外地将"法典"一词运用于秦汉以来所有的律令身上，甚至李悝《法经》也被认为是最早的"封建法典"。笔者目力所及，对这一问题有着深刻洞察力和独到见解的，以几位日本学者为代表。例如，冨谷至曾敏锐地发现并犀利地指出，《隋书·经籍志》只列举了晋以降的律与令，《汉书·艺文志》也没有列出秦汉的律与令，之所以会如此，"无非是因为晋以前并不存在具有完成（转下页注）

外在形式要件之外，还应该强调其内在篇章条文的协调性、系统性和逻辑性。

同时，一部法律所规定的内容、调整的关系、形成的制度是否具有全局性、重大性、根本性、权威性、恒久性以及深远影响性，也应该是其能够升格为法典的关键性因素。例如，近代西方涌现出来的法德的民法典、美国的宪法典，无不具有这些独特的品性。而在我国的汉语言文化中，"典"字本身也蕴含着以上义项，带有某种独特的非凡属性。① 因之，今人使用"法典"二字时，自然要更多注意体会其内在属性方面的深刻含义，而不能仅仅停留在外在形式层面。

据此而言，中国自战国以降即有律令，然而却并不可说自始就有律令法典。律、令各自编为法典，至早也要自曹魏开其端绪，西晋始就其功业。正如冨谷至所指出的那样："律与令这两种法典的成立须要等到晋泰始四年（公元 268 年）泰始律和泰始令的诞生。"② 而按照形式与内容相统一的标准加以综合判断，《泰始令》则可谓中国古代令典最早的正式成果。在外在形式方面，《泰始令》是中国有律令制度以来，第一次真正实现令篇的系统整合，真正做到了令在典中，令外无令。同时，这一部高度浓缩的令典篇章不多，条文精练，在经过三年半精心准备之后于泰始四年正月一次性颁行天下。这些大体上也都符合滋贺秀三所提出的标准。而在内部构造方面，

（接上页注③）形态的律典及令典"（氏著《通往泰始律令之路（Ⅱ）：魏晋的律与令》，朱腾译，徐世虹校译，载中国政法大学法律史学研究院编《日本学者中国法论著选译》上册，中国政法大学出版社，2012，第 189 页）。广濑薰雄亦指出，日本学界长期争论的所谓"令典"说，无非以唐令来反观秦汉令得出的论断，秦令从其行政功能出发本就不存在典籍化的倾向（氏著《秦令考》，朱腾译，载杨一凡、朱腾主编《历代令考》，社会科学文献出版社，2017，第 148~181 页）。广濑薰雄的类似主张又可见氏著《秦汉时代律令辨》以及宫宅洁《广濑薰雄著〈秦汉律令研究〉》（顾其莎译，载中国政法大学法律古籍研究所编《中国古代法律文献研究》第七辑，社会科学文献出版社，2014，第 111~126、467~471 页）。此外，石冈浩等人所著《史料所见中国法史》一书也以西晋的律令为律令基本法典形成的标志。参见赵晶《中国法制史教科书编写臆说——评石冈浩等著〈史料所见中国法史〉》（前揭《中国古代法律文献研究》第七辑，第 496 页）。国内学者则以李俊强在表述上注意到此中要义，参见氏著《晋令制订考》，载杨一凡、朱腾主编《历代令考》，社会科学文献出版社，2017，第 285 页。

① 例如，《说文·丌部》云："典，五帝之书也。从册在丌上，尊阁之也。"《尔雅·释言》曰："典，经也。"

② 冨谷至：《通往泰始律令之路（Ⅰ）：秦汉的律与令》，朱腾译，徐世虹校译，载中国政法大学法律史学研究院《日本学者中国法论著选译》上册，中国政法大学出版社，2012，第 163 页。

《泰始令》诸篇章的排列顺序和逻辑思路也展示出一定的思维线索，给人以谋篇布局的文章创作之感。因而显得整个令典浑然一体，构思精巧，匠心独运。

当然，由于时代格局的剧烈变革，原本应该具有较强稳定性的《泰始令》又随着政策的调整而进行了篇章条文的修订增补，既有新令文加入令典，也有旧令文移出令典。因而，滋贺秀三关于律令法典"整体存灭"之说在《泰始令》中尚未实现。但是，与其说这种现象意味着《泰始令》法典成色的不足，不如说反映出滋贺秀三法典要件说的缺陷。法典编成之后因何不能修改？为何一定要整体存灭？局部修订对法典而言是否一定不被允许？这些疑问无论是在古代还是在今天都无法给出自洽合理的解释。①

总之，在使用"泰始令"一词称谓西晋初年所定《晋令》时，笔者用意乃在于强调其法典属性。滋贺秀三所提出的判断法典的两项条件，仅大体反映出法典的外在形式特征，还不足以在更深层次上对法典内在结构和内容逻辑等方面属性加以揭示。然而无论是从外在形式要件来看，还是就内在属性要件而言，《泰始令》毫无疑问都完全符合法典的基本特征。我们不必在学界前辈的经典命题内亦步亦趋，这当成为探讨《泰始令》法典化成就的理论自觉。

（二）永无止境的法典化之路

当前，我国业已宣布建成由七大法律部门构成的法律体系，其主体框架正是由几部重要的法典搭建而成。而在未来数年内，民法典的编纂工作也将成为法学界普遍关注的重大话题。从法律移植的角度而言，中国近代以来直至今日逐步形成的具有高度组织化、精密性的法典体系，从部门划分到篇章体例再到条文表述，自然都有来自大陆法系"六法"模式的深刻影响，但同时不可否认的是，中华法系成文典章制度的固有传统仍是在其中发挥重要影响的本土渊源。否则大陆法系成文法的影响与选择也便无从谈起。

---

① 黑格尔说："要求一部完备的法典，即看来绝对完整而无须作进一步规定的法典——这种要求主要是德国人犯的毛病，——以及借法典不可能修订得那么完整为理由，就主张不该让所谓不完整的东西产生……以上两种情况都是基于对像私法那样的、有限对象的本性的一种误解，其实，所谓私法的完整性只是永久不断地对完整性的接近而已。"（〔德〕黑格尔：《法哲学原理》，贺麟、张企泰译，商务印书馆，2017，第256页。）黑格尔此言尽管只是在批评德国历史法学派否认德国具备制定民法典的能力的主张，但是很显然其道理具有普遍的适用性。

　　在中国古代法典发展史中，西晋无疑是一个极为重要的时间节点。冨谷至说：“作为法典的律令只能从晋律和晋令开始。”①《泰始令》作为中国历史上首部令典，自然在法律史上占据重要的位置。然而，这并不意味着《泰始令》的出现就已宣布令典体例的成熟完备，再无改进空间。事实上，任何法典或者法律体系从制定完成到臻于完善，都是“一项只有起点没有终点的永无止境的宏远工程”②。《泰始令》也不例外。

　　尽管取得了前文所述的若干法典化成就，《泰始令》也仍旧处在法典化进程之中，始终在路上，永无完成时。作为法典的《泰始令》，其局限毋庸讳言是显而易见的。这一方面缘于抽象归类编纂技术的不足，另一方面则缘于时代形势的变幻。前者一如本文第二部分所言，尽管《泰始令》在外在形式和内在逻辑上超迈前贤，做出重大创新，但仍有瑕疵之处。若干篇章之间逻辑线索不甚清晰，前后篇章之间统属关系不甚明了。后者则主要表现在本文第三部分，即临时性的战时状态影响了令典篇章的设置，把一些战时规范加在令典之中，“太平当除”，影响了令典内容的合理性与形式的稳定性。

　　然而面对与此十分类似的情况，隋朝制定令典却没有采取权设之法的设计模式。隋《开皇令》颁行时（开皇二年，公元 582 年）③，距离消灭南陈政权（开皇九年，公元 589 年）尚有七年之久。然而《开皇令》却没有效法《泰始令》设置大量暂时性的军事、田农、酤酒法令。这又是出于何种考虑呢？回答这样的问题显然已经超出本文的讨论范围。然而无论怎样，在把握法典稳定性与开放性之间的尺度这一问题上，晋人做出了自己的选择。至于对其是非功过的评说，也只能是见仁见智。

　　至于其他直接针对西晋当时社会状况、政治文化的制度设计，紧密围绕司马氏儒学基本立场的逻辑架构，随着时代流逝、意识变迁，也会因时制宜、与时俱进。例如，按照西汉以来新儒学理论的解释，秦汉以后形成的法律形式“令”实际上成为教化的代位执行者与替代性法律方案。《盐铁论·诏圣》载“文学”言曰：“春夏生长，圣人象而为令；

---

①　冨谷至：《通往泰始律令之路（Ⅱ）：魏晋的律与令》，朱腾译，徐世虹校译，载中国政法大学法律史学研究院编《日本学者中国法论著选译》上册，中国政法大学出版社，2012，第 189 页。

②　俞荣根：《论法律体系的形成与完善》，《法治研究》2011 年第 6 期。

③　具体考证，详见韩昇《隋史考证九则》〔《厦门大学学报》（哲学社会科学版）1999 年第 1 期〕一文。

秋冬杀藏，圣人则而为法。故令者教也，所以导民人；法者刑罚也，所以禁强暴也。" 以令为教、以律为罚的观念，流播及于后代，发挥出重要的指导作用。晋初制定律令时，奉行"施行制度，以此设教，违令有罪则入律"① 的原则来界定律典与令典的地位，处理律令关系。故杜预说："凡令以教喻为宗，律以惩正为本。"② 令典不仅规定国家制度，而且负有教化功能，这成为儒家"教而后诛"理念③在律令时代的重要表征。其中最为显著的一例就是，以《户令》引领的民事教育规范（即本文所称的《泰始令》第一、二单元）占据令典先锋，而将《官品令》以下的政务制度（第三单元）列于次席。

晋《泰始令》以下，南朝梁令大体承袭这一思路不改。而在北朝，北齐令典则另起炉灶，一改以往依据事类逻辑设置篇章、编订次序的做法，采取以职官系统为分篇标准的编纂方法，"取尚书二十八曹为其篇名"④，在令篇设计上大力彰显官府主导性，突出中央职官的职权与地位，强调君权与国家权威。北齐令与西晋以来的令典传统形成强烈反差，其用意在于排除以往儒家礼教治国理念的影响，代之以国家中央集权与君主独断的治国思路。此与北朝政权整体强调君权主义与国家主义的政治风貌正相吻合。⑤然其改革过于激进，故不为后世令典所效法。

隋《开皇令》对晋、齐令典体例的冲突加以调和。一方面恢复晋《泰始令》的基本分篇模式，即以事类为标准；另一方面又将其中官职一类篇章位置提前，凸显其优先地位。其最显著变化即为，被视为《泰始令》各项国家制度根基的《户令》，由令典篇首降至第十篇，体现儒家教化思路的《学令》，由第二篇降至第十一篇。与之相反，原本位居第四的《官品令》则一跃而至篇首，紧随其后又有众多职员制度之令篇（见表4）。

---

① 《晋书》卷三十《刑法志》。
② 《官位令集解》，转引自〔日〕堀敏一《晋泰始律令的制定》，程维荣等译，载杨一凡总主编《中国法制史考证》丙编第2卷，中国社会科学出版社，2003，第297页。
③ 《论语·尧曰》："不教而杀谓之虐。"《荀子·富国》："不教而诛，则刑繁而邪不胜；教而不诛，则奸民不惩；诛而不赏，则勤励之民不劝；诛赏而不类，则下疑俗俭而百姓不一。"此外又可参见韩星《寓治于教——儒家教化与社会治理》，《社会科学战线》2012年第12期；刘华荣《儒家教化思想研究》，博士学位论文，兰州大学，2013。
④ 《唐六典》卷六《尚书刑部》注。
⑤ 参见邓奕琦《封建法制"国家·家族"本位在北朝的确立》，《贵州师范大学学报》（社会科学版）1995年第4期。

表 4　晋、梁、齐、隋、唐令典篇目对照

序号	《泰始令》	梁令	北齐令	隋《开皇令》	唐《开元令》
1	《户令》	《户令》	《吏部令》	《官品令》上下	《官品令》上下
2	《学令》	《学令》	《考功令》	《诸省台职员令》	《三师三公台省职员令》
3	《贡士令》	《贡士赠官令》	《主爵令》	《诸寺职员令》	《寺监职员令》
4	《官品令》	《官品令》	《殿中令》	《诸卫职员令》	《卫府职员令》
5	《吏员令》	《吏员令》	《仪曹令》	《东宫职员令》	《东宫王府职员令》
6	《俸廪令》	《服制令》	《三公令》	《行台诸监职员令》	《州县镇戍岳渎关津职员令》
7	《服制令》	《祠令》	《驾部令》	《诸州郡县镇戍职员令》	《内外命妇职员令》
8	《祠令》	《户调令》	《祠部令》	《命妇品员令》	《祠令》
9	《户调令》	《公田公用仪迎令》	《主客令》	《祠令》	《户令》
10	《佃令》	《医药疾病令》	《虞曹令》	《户令》	《选举令》
11	《复除令》	《复除令》	《屯田令》	《学令》	《考课令》
12	《关市令》	《关市令》	《起部令》	《选举令》	《宫卫令》
13	《捕亡令》	《劫贼水火令》	《左中兵令》	《封爵俸廪令》	《军防令》
14	《狱官令》	《捕亡令》	《右中兵》	《考课令》	《衣服令》
15	《鞭杖令》	《狱官令》	《左外兵》	《宫卫军防令》	《仪制令》
16	《医药疾病令》	《鞭杖令》	《右外兵》	《衣服令》	《卤簿令》上下
17	《丧葬令》	《丧葬令》	《都兵令》	《卤簿令》上下	《公式令》上下
18	《杂令》上中下	《杂令》上中下	《都官令》	《仪制令》	《田令》
19	《门下散骑中书令》	《宫卫令》	《二千石令》	《公式令》上下	《赋役令》
20	《尚书令》	《门下散骑中书令》	《比部令》	《田令》	《仓库令》
21	《三台秘书令》	《尚书令》	《水部令》	《赋役令》	《厩牧令》
22	《王公侯令》	《三台秘书令》	《膳部令》	《仓库厩牧令》	《关市令》
23	《军吏员令》	《王公侯令》	《度支令》	《关市令》	《医疾令》
24	《选吏令》	《选吏令》	《仓部令》	《假宁令》	《狱官令》
25	《选将令》	《选将令》	《左户令》	《狱官令》	《营缮令》
26	《选杂士令》	《选杂士令》	《右户令》	《丧葬令》	《丧葬令》
27	《宫卫令》	《军吏令》	《金部令》	《杂令》	《杂令》

续表

序号	《泰始令》	梁令	北齐令	隋《开皇令》	唐《开元令》
28	《赎令》	《军赏令》	《库部令》		
29	《军战令》				
30	《军水战令》				
31	《军法令》				
32	《杂法令》				

　　注：1. 与晋《泰始令》相比，梁令删除《俸廪》等7篇，增设《公田公用仪迎令》等3篇。

　　2.《开皇令》之《官品令》等8篇，直接来源于《泰始令》，甚而保持原篇名不变。《选举》等7篇，亦间接源自《泰始令》。

　　高明士对篇目次序的变化评价道："晋令是以民先于政，隋令则以政先于民……透露为政目标已有转变的讯息。"① 那么晋隋之间为政目标又是如何转变的呢？韩昇提出："南朝令系晋令一脉相传，按照儒家'衣食足而知荣辱'的理念，先生活、教化、生产，尔后才是有关政府军政制度的规定。北朝令则直接着眼于对社会的管理和控制，譬如北齐令就径取尚书省二十八曹为其篇名。《开皇令》除了篇目及其他若干调整外，其编撰原则完全继承北齐。"②

　　然而据表4可知，若从民、政先后关系来看，晋《泰始令》与梁令为一派，主张民先于政，体现儒家教化理念。而北齐令则为另一派，抛却令的教化职能，一味突出其国家行政职能。隋《开皇令》与唐《开元令》，虽然矫正了北齐令的激进改造，却受其影响而选择政先于民的令典编纂思路，走出了第三条路线。韩昇得出的《开皇令》完全继承北齐令的结论仍有待商榷，不过他对晋隋之间令典内容主题变迁的描述却可谓切中肯綮。然而，令典编纂思路与模式紧随时代变迁而不断演绎。晋、梁、齐、隋诸令，究竟孰是孰非？谁为正统？谁更完备？同样不宜做出非此即彼的简单判断。

　　《列子·天瑞》曰："太始者，形之始也。"司马氏建政洛阳中州，服膺儒家理念，意欲以礼法治国的洪范开创永垂后世的经典，故而首定年号为"泰始"。

---

　　① 高明士：《律令法与天下法》，上海古籍出版社，2013，第32页。

　　② 韩昇：《隋文帝传》，人民出版社，2015，第140页。

而《泰始令》也确实扮演着开创者的角色，担得起"令典之始"的名号，成为后世令典或效法或攻讦的嚆矢。在令的法典化之路上，《泰始令》迈出了具有划时代意义的第一步，然而法典化之路却是永无尽头的。《泰始令》的不足与缺憾也只能交给历史评说，并留下不竭的精神财富静待今人去体悟。

令、格、式何以称刑书

——《新唐书》"唐之刑书有四"解读[*]

李勤通^{**}

摘要：《新唐书》"唐之刑书有四"的说法需要从制度以及思想两个层面解读。"刑书"作为法典名称主要有三次，即周成王刑书、范宣子刑书以及子产刑书。刑书从最开始就不仅是刑法的载体，而且与制度变革有密切关系。应当说，制度变革与刑罚保障共同构成刑书的内容。这点也影响到后世。宋儒的刑书观点也带有相似色彩，令、格、式恰恰是制度变迁的载体。称令、格、式为刑书，也是指明令、格、式作为制度载体与作为改革派的法家思想之间的关系。具体到令、格、式与刑法的关系，则可以观察到从先秦到唐宋它们都与刑法有着或直接或间接的关系，直到唐代将之制度化与规范化。

关键词：律令格式　刑书　子产　新唐书　儒法

《新唐书·刑法志》载"唐之刑书有四，曰：律、令、格、式"①，《新唐书·职官志》又称"凡刑法之书有四：一曰律，二曰令，三曰格，四曰式"②。对于这一说法，黄秉心较早提出："要之，四法中，除律外，皆行政

＊　本文曾发表于杜文玉主编《唐史论丛》第 22 辑（三秦出版社，2016），修订增补后收入本书。

＊＊　本文作者系湖南大学讲师。

①　（宋）欧阳修等：《新唐书》卷五十六《刑法志》，中华书局，1975，第 1407 页。

②　（宋）欧阳修等：《新唐书》卷四十六《职官志》，中华书局，1975，第 1199 页。

上之法规；国家之政务，均须依此施行，有反此者，则据律处断。"① 多受此影响，20 世纪 80 年代以来的教科书多认为律为刑法典，令、格、式为行政法典。② 但几经发展，王立民引申为唐代律令格式皆刑法说；③ 钱大群、李玉生则认为唐代律令格式中律为刑法，令、格、式为综合性法典；④ 张中秋认为律为刑法，同时"令、格、式是刑法化的封建官僚机构组织和行政执行法（典）"；⑤ 徐忠明则认为"律是国家的基本法典，但是一部《唐律》五百条不可能规范庞大复杂的官僚体制，故有令、式为之规范；又有不足，皇帝的敕、格为之补充"，他不是在肯定意义上认为律令格式属于确切的部门法，而是否定将律令格式化为单一部门法的做法。⑥ 律、令、格、式是否是刑法首先与"刑书"的定位有关。分析为何欧阳修等称律、令、格、式为"刑书"，不仅能理解古代"刑书"观念，而且有助于在现代法律部门中归类律、令、格、式。

一 "刑书"用法探源

从古代观念来看，"刑书"的用法由来已久。⑦ 《新唐书·刑法志》开篇指出："古之为国者，议事以制，不为刑辟，惧民之知争端也。后世作为刑书，惟恐不备，俾民之知所避也。其为法虽殊，而用心则一，盖皆欲民

---

① 黄秉心：《中国刑法史》，改进出版社，1941，第 292 页。
② 胡戟等主编《二十世纪唐研究》，中国社会科学出版社，2002，第 140 页。本书引滋贺秀三《关于中国古代法的两分法——刑法与行政规则及其处罚规则》，但考察该文发现，滋贺秀三并未明确指出这是对律、令、格、式的判断，所以此处不将滋贺秀三之观点单列。20 世纪 80 年代的观点可参考张晋藩主编《中国法制史》，群众出版社，1982，第 205 页。翻阅该书，乔伟（该节为乔伟所写）并未在律、令、格、式的定向上明确指出律为刑法，令、格、式为行政法，但似乎大略有此意。
③ 王立民：《论唐律令格式都是刑法》，《法学研究》1989 年第 4 期，第 76~77、96 页。台湾学者桂齐逊亦采用这一观点。胡戟等主编《二十世纪唐研究》，中国社会科学出版社，2002，第 140 页。
④ 钱大群：《律、令、格、式与唐律的性质》，《法学研究》1995 年第 5 期，第 88~96 页；钱大群：《律令格式是否"皆刑法"辨》，载氏著《唐律与代法制考辨》，社会科学文献出版社，2013，第 8~20 页；李玉生：《关于唐代律令格式的性质问题》，《金陵法律评论》2002 年秋季卷，第 148~155 页。
⑤ 张中秋：《中西法律文化比较研究》，南京大学出版社，1991，第 81 页。
⑥ 徐忠明：《关于唐代法律体系研究的述评及其他》，《法制与社会发展》1998 年第 5 期，第 15 页。
⑦ 陈涛、高在敏认为"刑书"一词在广义上指一切法典法规，狭义上指夏商周三代至春秋时期的法典。陈涛、高在敏：《中国法典编纂的历史发展与进步》，《法律科学》2004 年第 3 期，第 110 页。但"刑书"一词是有专称的，夏商周也对法律各有专称。

之无犯也。然未知夫导之以德、齐之以礼，而可使民迁善远罪而不自知也。"① 其中，"刑书"既作为法典名被使用，也在观念上被使用。

（一）"刑书"在法典名称上的使用

"刑书"被认为是刑法之载体。但刑法之名起源时并不以"刑书"命名。黄帝作《李法》②，颜师古注曰："李者，法官之号也，总主征伐刑戮之事也，故称其书曰《李法》。"其后，《左传·昭公六年》载："夏有乱政，而作《禹刑》；商有乱政，而作《汤刑》；周有乱政，而作《九刑》。"③ 周又有《吕刑》。楚国有《仆区之法》，④ 晋国为《被庐之法》。⑤ 法典的命名规则包括以执法者、立法者、立法地之名为名，以刑罚之数命名。其中《九刑》来自《逸周书·尝麦解》。《尝麦解》原文称："维四年孟夏，王初祈祷于宗庙，乃尝麦于太祖。是月，王命大正正刑书……受太正书，乃降。太史策刑书九篇，以升，授大正，乃左还自两柱之间。"⑥ 由于《尝麦解》被认为是西周早期作品，⑦ "刑书"一词在西周就已经出现。《左传》称该法为《九刑》，但《九刑》之名当在周成王亲政之前。⑧

春秋时，刑法的称呼有刑书、刑器、刑鼎。《左传·襄公九年》载："使华阅讨右官，官庀其司。向戌讨左，亦如之。使乐遣庀刑器，亦如之。"⑨ 杜预注曰："刑器，刑书。"孔颖达正义曰："哀三年，鲁人救火，云

---

① （宋）欧阳修等：《新唐书》卷五十六《刑法志》，中华书局，1975，第1407页。
② （汉）班固：《汉书》卷六十七《胡建传》，中华书局，1962，第2910页。
③ 杨伯峻编著《春秋左传注》，中华书局，2009，第1275页。
④ 《左传·昭公七年》载："吾先君文王，作仆区之法。"杜预注："仆区，刑书名。"杨伯峻编著《春秋左传注》，中华书局，2009，第1284页。
⑤ 《左传·昭公二十九年》载："文公是以作执秩之官，为被庐之法。"杜预注："僖二十七年文公蒐被庐，修唐叔之法。"杨伯峻编著《春秋左传注》，中华书局，2009，第1504页。
⑥ 黄怀信等撰《逸周书汇校集注》，李学勤审定，上海古籍出版社，1995，第769~771、792页。
⑦ 李力：《〈九刑〉、"司寇"考辨》，《法学研究》1999年第2期，第124页。
⑧ 《左传·文公十八年》载："毁则为贼……在九刑不忘"一语，考其前后文，是出自周公所作的"誓命"："先君周公制周礼曰……，作誓命曰：'毁则为贼……在九刑不忘。'"（杨伯峻编著《春秋左传注》，中华书局，2009，第634~635页）又《礼记·郊特牲》："卜之日，王立于泽，亲听誓命，受教谏之义也。"（《礼记》，崔高维点校，辽宁教育出版社，2000，第88页）又《尚书大传》载周公"六年制礼作乐，七年致政成王"〔（汉）伏胜：《尚书大传》第三卷《洛诰传》，载（清）永瑢等编纂《影印文渊阁四库全书》第68册，台北商务印书馆，1986，第411页〕。可见周公这一段"誓命"很有可能是周公平定叛乱、制礼作乐，准备归政成王的时候，教诲成王之语。
⑨ 杨伯峻编著《春秋左传注》，中华书局，2009，第962页。

'出礼书、御书'。书不名器，此言刑器，必载于器物。郑铸《刑书》而叔向责之，晋铸刑鼎而仲尼讥之。彼铸之于鼎，以示下民，故讥其使民知。此言刑器，必不在鼎，当书于器物，官府自掌之，不知其在何器也。或书之于版，号此版为刑器耳。"春秋左传记载中，"刑器"之名先于"刑书"。

"刑书"之名在春秋左传中主要有两处。《左传·昭公六年》载："三月，郑人铸刑书。"① 又，《左传·昭公二十九年》载："晋赵鞅、荀寅帅师城汝滨，遂赋晋国一鼓铁，以铸刑鼎，著范宣子所为刑书焉。"② 这是中国刑法史上最著名的铸刑书、刑鼎事件。相当多的人采信杜预注"铸刑书于鼎，以为国之常法"，认为子产铸刑书就是铸刑书于鼎。孔颖达正义也认为刑器与刑书之别在于前者并非铸于鼎。但这里有两个问题。第一，范宣子也制刑书，为何未称铸刑鼎？若范宣子仅仅是颁布刑罚，为何不仅称范宣子之刑而称范宣子之刑书？第二，称孔子讥晋刑鼎最重要的理由就是"今弃是度也，而为刑鼎，民在鼎矣，何以尊贵？"③ 如果郑亦铸刑鼎，则意味着必将遭到孔子的批评，但孔子却并没有表达类似意见。王沛则根据考古和史料分析认为郑铸刑书并非一定是刑鼎，而且"刑鼎"一说早在西周末春秋初年已经出现。④ 如此，刑器、刑书、刑鼎三词在春秋左传中乃是各有所指。从被铸的对象来说，鼎的范围最小，器的范围最大。刑书不可能指代某种器具，因此作为突然出现的名词很可能具有专门的指代性，铸刑书于鼎这种看法本身就是把刑书与刑鼎分为两物，前者指向文本，后者指向载体，故范宣子与子产制刑时可能是以"刑书"为名。⑤

---

① 杨伯峻编著《春秋左传注》，中华书局，2009，第 1274 页。
② 杨伯峻编著《春秋左传注》，中华书局，2009，第 1504 页。
③ 杨伯峻编著《春秋左传注》，中华书局，2009，第 1504 页。俞荣根认为单纯以孔子的年纪来论证他对郑、晋两国铸刑书、刑鼎的态度并不足取。参见俞荣根《晋刑鼎再议》，《法学研究》1986 年第 3 期，第 69 页。而黄东海、范忠信的观点则提供了另一种解释视角。他们认为以鼎为代表的青铜礼器是当时礼乐制度的物化形态，铸刑鼎昭示着与礼治秩序的决裂是有道理的。参见黄东海、范忠信《春秋铸刑书刑鼎究竟昭示了什么巨变》，《法学》2008 年第 2 期，第 57 页。如此一来，只有刑书与刑鼎并非一回事才能解释这一问题。他们所持宋、郑两国铸刑鼎的观点并不为笔者认同。
④ 王沛：《刑鼎源于何时》，《法学》2012 年第 10 期，第 112 页。李燕引李零的观点认为铸刑鼎为铸于铜器。李燕：《子产铸刑书史料释义》，《北大法律评论》2012 年第 1 辑，第 321 页。不过她认为仅九鼎指代国家权力的观点不足取。
⑤ 李零认为郑国铸刑书是把法律文书铸于刑器，似乎不认为刑书为郑国制刑之名。李零：《简帛古书与学术源流》，生活·读书·新知三联书店，2007，第 51 页。但他并没有进行论证。

其后，以"刑书"为名之法典鲜矣，北周武帝建德六年（577）颁《刑书要制》，后杨坚为北周相时重订《刑书要制》。① 尽管"刑书"一词很少作为法典名，但经常被用来指称法律。一般而言，"刑书"多直接指称刑律，但也未尽然。黄裳《演山先生文集》卷四十四载："唐之刑书有曰令者，名分之所禀；有曰格者，有司之所效；有曰式者，事为之所守。百官违此三者及有罪戾之民，则断之以律焉。然则格令与式资律以行者也，律之义顾不大欤？"② 不言《新唐书》的说法，从黄裳来看，北宋以"刑书"称令格式的现象并非绝无仅有。要理解这一点首先需要梳理清楚"刑书"的起源。

（二）"刑书"用法之起源

"刑书"之名在西周已经出现，"周有乱政，而作《九刑》"。李力分析认为《尝麦解》作于周成王亲政元年。③ 刘笃才解"乱政"为"战争"。④ 从这些考证来看，"刑书"的产生主要为应对混乱的政局。《左传·文公十八年》记载《九刑》的内容为"毁则为贼，掩贼为藏，窃贿为盗，盗器为奸。主藏之名，赖奸之用，为大凶德，有常，无赦。在《九刑》不忘"。胡留元、冯卓慧解为贼罪、藏罪、盗罪、奸罪。⑤ 似乎《九刑》将主要犯罪都纳入其中。但分析这几句话，主藏之名与赖奸之用的罪行最重。贼罪为毁坏礼法罪可以让人接受，但奸罪被认为是盗窃宝器罪则不然。杜预注："器，国用也。"这显然不是一般宝器。《左传·文公十八年》载："夏，五月，戊戌，齐人弑其君商人。"孔颖达正义曰："弑君称臣臣之罪，贱臣弑君则称盗。哀四年'盗杀蔡侯申'是也。"因此，童书业也认为春秋时"作'法'对象之所谓'盗贼'，盖多指'杀人越货'及'犯上作乱'者"。⑥ 这里犯奸罪的主体更可能是窃国者，有问鼎之意。而西周早期的叛乱与征战也确实需要刑法控制。因此刑书出现的目的是稳定政治局面，保障周朝统治，后世亦称"王者之政莫急于盗贼"。周公制礼作为厘定统治阶层内部

---

① （唐）魏徵等：《隋书》卷二十五《刑法志》，中华书局，1973，第 709~710 页。

② （宋）黄裳：《演山先生文集》卷四十四《问法律》，载四川大学古籍研究所编《宋集珍本丛刊》第 25 册，线装书局，2004，第 107 页。

③ 李力：《〈九刑〉、"司寇"考辨》，《法学研究》1999 年第 2 期，第 126 页。

④ 刘笃才：《"乱政作刑"考释》，《辽宁大学学报》（哲学社会科学版）1986 年第 4 期，第 25 页。

⑤ 胡留元、冯卓慧：《夏商西周法制史》，商务印书馆，2006，第 331 页。

⑥ 童书业：《春秋左传研究》，上海人民出版社，1980，第 207 页。

秩序的措施，首要的也必然是保障周朝的统治地位。"刑书"最开始时就与整个政治体制内部的稳定联系在一起，而无论贼罪还是奸罪，其指向的主体大概也主要是统治阶层成员。

范宣子之"刑书"，孔子称为"夷之蒐也，晋国之乱制也"。① 杜预注"蒐，阅也"，它之目的是检阅军队。晋国检阅军队时立法已经成为制度。《左传·僖公二十七年》载："于是乎蒐于被庐。"杜预注曰："晋常以春蒐礼，改政令，敬其始也。"因此，夷之蒐成为范宣子"刑书"的权力来源。李孟存指明了这一点，但他认为范宣子刑书的内容仅限于刑事、奴隶逋逃法。② 这一论断并未见有什么根据。反而庆明提出一个重要见解。他认为铸刑鼎最重要的意义是开始了一种法与刑统一的法律制度。③ 这里的法，他认为是礼法制度。也就是说，范宣子之"刑书"将国家制度与刑直接联系在一起。范宣子"刑书"的内容可能不仅是关于刑罚的规定，而且包括国家的基本制度，只不过将违反基本制度的行为与刑罚做了密切对应。"刑书"的内容就包括了国家基本制度与刑罚。如果说这一点在范宣子"刑书"的线索中表现得不够明显，那么它在子产铸"刑书"的过程中则表现得更为清晰。

子产铸"刑书"，叔向提出："昔先王议事以制，不为刑辟，惧民之有争心也。犹不可禁御，是故闲之以义，纠之以政，行之以礼，守之以信，奉之以仁，制为禄位，以劝其从，严断刑罚，以威其淫。惧其未也，故诲之以忠，耸之以行，教之以务，使之以和，临之以敬，莅之以强，断之以刚；犹求圣哲之上、明察之官、忠信之长、慈惠之师，民于是乎可任使也，而不生祸乱。民知有辟，则不忌于上。并有争心，以征于书，而徼幸以成之，弗可为矣。"④ 不少学者基于这段话认为"刑书"为治民之具。因此，"刑书"当然仅指刑法。但这里有几个疑问。第一，《左传·襄公三十年》载："郑子皮授子产政。辞曰：'国小而逼，族大、宠多，不可为也。'子皮曰：'虎帅以听，谁敢犯子？子善相之。国无小，小能事大，国乃宽。'"⑤ 说明子产改革所面临的最大问题来自国外强敌和国内公卿，为何他不争取

---

① 杨伯峻编著《春秋左传注》，中华书局，2009，第1504页。
② 李孟存：《范宣子刑书探微》，《山西师大学报》（社会科学版）1983年第1期，第49页。
③ 庆明：《"铸刑鼎"辨正》，《法学研究》1985年第3期，第64页。
④ 杨伯峻编著《春秋左传注》，中华书局，2009，第1274~1275页。
⑤ 杨伯峻编著《春秋左传注》，中华书局，2009，第1180页。

民众支持反而以刑罚治民？第二，叔向提出的"制为禄位，以劝其从"的对象是民吗？在世卿世禄制度下，民能否被授予禄位，而且这还是先王之制？第三，《左传·昭公十四年》载，叔向认为"己恶而掠美为昏，贪以败官为墨，杀人不忌为贼。夏书曰：'昏、墨、贼，杀。'皋陶之刑也。请从之"。① 可见叔向并非不赞同刑罚法定，为何在此他又有截然不同的态度？笔者以为这与"刑书"所针对对象的变化有关。分析子产铸"刑书"的目标有助于理解"刑书"的内容。

《尚书·吕刑》载："墨罚之属千，劓罚之属千，剕罚之属五百，宫罚之属三百，大辟之罚，其属二百。五刑之属三千。"② 这说明西周时刑罚与罪行的对应性就已经很强。③ 但公卿在周朝体制下有特权。《周礼·秋官·小司寇》载："以八辟丽邦法，附刑罚：一曰议亲之辟，二曰议故之辟，三曰议贤之辟，四曰议能之辟，五曰议功之辟，六曰议贵之辟，七曰议勤之辟，八曰议宾之辟。"④ 这说明只有特殊群体的刑罚是"议事以制，不为刑辟"。而八辟之外的民众犯罪似乎罪有专条。那么子产铸"刑书"如果是针对普通百姓的话，叔向不太可能反应如此之大。只有当八辟之人的罪行被规定为法定刑时，叔向才更有可能出现这种反应。

这里的解释难题是叔向的反对意见中指出"刑书"针对的对象是"民"，这与公卿相矛盾。笔者认为这里的民包括公卿在内。《春秋穀梁传·成公元年》载："古者有四民，有士民，有商民，有农民，有工民。"⑤ 民一般指称被统治阶层。但民在春秋左传中会出现其他用法，兹举三种。《左传·桓公二年》载："惠之二十四年，晋始乱，故封桓叔于曲沃。靖侯之孙

---

① 杨伯峻编著《春秋左传注》，中华书局，2009，第1367页。

② （汉）孔安国撰，（唐）孔颖达正义《尚书正义》，黄怀信整理，上海古籍出版社，2007，第786页。

③ 庆明、栗劲、王占通、武树臣、马小红、郝铁川等认为当时是法、刑分立的。庆明：《"铸刑鼎"辨正》，《法学研究》1985年第3期，第64页；栗劲、王占通：《略论奴隶社会的礼与法》，《中国社会科学》1985年第5期，第195页；武树臣、马小红：《中国成文法的起源》，《学习与探索》1990年第6期，第50~54页；郝铁川：《从多元立法权和司法权到一元立法权和司法权的转变》，《华东政法大学学报》2005年第5期，第68页。但这种观点无法解释为什么会出现"五刑之属三千"的情况。如果将刑法规制的主体划分为两部分，一部分以公卿为主享有特权，对他们的刑罚临事议制，而另一部分为一般民众包括部分公卿（昏、墨、贼中的墨就指向了部分公卿），则有专门的法条规制。这样就能调和两种观点，而当公卿大夫之属的罪行被著于刑书时，叔向也才可能有这么大的反应。

④ 《周礼》，崔高维点校，辽宁教育出版社，1997，第64~65页。

⑤ 承载：《春秋穀梁传译注》，上海古籍出版社，2004，第436页。

乐宾傅之。师服曰：'吾闻国家之立也，本大而末小，是以能固。故天子建国，诸侯立家，卿置侧室，大夫有贰宗，士有隶子弟，庶人、工、商各有分亲，皆有等衰。是以民服事其上，而下无觊觎。'"① 天子、诸侯、卿、大夫、士、庶人、工、商作为严密的等级序列是通过"民服事其上，而下无觊觎"来指代的，这种表达就意味着君、民最终构成整个政治主体，而民的范畴仅排除君。《左传·昭公三十二年》载："赵简子问于史墨曰：'季氏出其君，而民服焉，诸侯与之；君死于外而莫之或罪，何也？'"② 季氏出其君，民与诸侯皆服，那么公卿的态度如何？从本段所欲表达的观点来看，公卿也是服的，那么君、权臣、民三者构成了全部政治主体。显然民的范围超出被统治阶层。《左传·昭公二十五年》载："子大叔见赵简子，简子问揖让、周旋之礼焉。对曰：'是仪也，非礼也。'简子曰：'敢问，何谓礼？'对曰：'吉也闻诸先大夫子产曰：'夫礼，天之经也，地之义也，民之行也。'天地之经，而民实则之。'"③ 揖让、周旋之礼显然属于贵族礼节，但在此还是用民来指代。故杜预注："行者，人所履。"孔颖达正义："民谓人也。"此时民的指称最大。天、地与民相对，天地之下皆生民也。

因此，"刑书"所指向的对象"民"未必就是指平民。从时代背景来看，"春秋之中，弑君三十六，亡国五十二，诸侯奔走，不得保其社稷者，不可胜数"。④ 从子产改革的背景来看，郑国公室衰微，七穆专权，形成了卿大夫执政制。⑤ 因此，有学者认为子产政治改革的前提在于加强郑国的中央集权。⑥ 子产政治改革的对象主要是公卿大夫阶层，他拉拢的是下层民众。这首先体现在作封洫上。作封洫是贵族极为反对之事。子驷曾在子产之前作田洫，但因之严重侵害司氏、堵氏、侯氏、子师氏的利益而遭到他们杀害。⑦ 子产执政后又推行封洫，可知他所面临的政治压力。相

---

① 杨伯峻编著《春秋左传注》，中华书局，2009，第93~94页。
② 杨伯峻编著《春秋左传注》，中华书局，2009，第1519页。
③ 杨伯峻编著《春秋左传注》，中华书局，2009，第1457页。
④ （汉）司马迁：《史记》卷一百三十《太史公自序》，中华书局，1959，第3297页。
⑤ 马卫东：《春秋时期郑、宋、卫世族政治的历史变迁》，《殷都学刊》2008年第4期，第40页。
⑥ 王梦林、李清文：《论子产的政治改革》，《齐齐哈尔师范学院学报》（哲学社会科学版）1990年第1期，第46页。
⑦ 杨伯峻编著《春秋左传注》，中华书局，2009，第980页。

比之下，作封洫将舆人的态度从反对变成彻底支持。① 因此如果说，子产铸"刑书"是为治民从政治策略上来说几乎是不可能的。故可以断言，子产铸"刑书"的主要目的在于重塑当时的政治秩序。而子产为政，使"都鄙有章，上下有服，田有封洫，庐井有伍。大人之忠俭者，从而与之；泰侈者因而毙之"，② 基本属于政治秩序的整顿，以维护中央集权为中心。但在公卿大族的冲击下，很难想象子产不想通过刑罚来维护这种脆弱的尊卑秩序。《左传·襄公十年》载："子孔当国，为载书，以位序、听政辟。"③ 由此可知载书的内容是很广泛的。故也有学者认为子产铸"刑书"是为保护改革成果。④ 因此，"刑书"此时的主要功能就是连接政治制度与刑罚，打破传统公卿大夫的司法特权，从而控制公卿大夫，而且也不排除"刑书"中就有政治制度与刑罚的直接对应。故叔向的这种反应才能被理解。

因此，从对这三次"刑书"的历史考察发现，"刑书"一开始就与政治制度的维护有密切关系。其时政治制度不仅受到所谓常见犯罪的冲击，而且受到统治阶层内部上下失序的破坏。礼法制度与"刑书"的关系更加密切起来。"刑书"不仅包括刑罚，而且包括礼法制度的具体内容。只有这样，礼法制度才能得到切实维护，礼法、刑罚之间的关系在政治制度变革的大背景下被融合在一起。与其说刑书是刑法的象征，不如说刑书意味着整个社会制度的大变动。因此，"刑书"的出现不仅意味着刑法由秘密走向公开，更重要的是意味着统治策略发生根本性转变。"刑书"指代了整个政治制度。受这种"刑书"观念影响的法家思想更加体现出以刑罚推行政治

---

① 童书业认为舆人属于参加军役、行役以及筑城等事的人员，是"国人"中从征从役者（童书业：《春秋左传研究》，上海人民出版社，1980，第145页）。《左传·闵公二年》载："卫懿公好鹤，鹤有乘轩者。将战，国人受甲者皆曰：'使鹤，鹤实有禄位，余焉能战？'"（杨伯峻编著《春秋左传注》，中华书局，2009，第265页）国人受甲而战，可知国人是社会中层级较低者。尽管国人以士为主，但当时士的地位相比公卿低得多，甚至有学者认为其是社会劳动的主要参与者〔晁福林：《论周代国人与庶民社会身份的变化》，《人文杂志》2000年第3期，第98页；蔡锋：《国人的属性及其活动对春秋时期贵族政治的影响》，《北京大学学报》（哲学社会科学版）1997年第3期，第116~117页〕。
② 杨伯峻编著《春秋左传注》，中华书局，2009，第1181页。
③ 杨伯峻编著《春秋左传注》，中华书局，2009，第981页。
④ 柯伦：《郑子产治国方略简论》，《湖北师范学院学报》（哲学社会科学版）1995年第2期，第37页。

制度的倾向。① 但嗣后"刑书"一词，主要用来指称刑法。如魏收《魏书》中的"刑书"多指刑法，《晋书·刑法志》称"刑书之文有限，而舛违之故无方……刑书征文，征文必有乖于情听之断",② 《贞观政要·俭约》称"失礼之禁，著在刑书",③ 《唐律疏议·名例律·八议》则称"犯法则在八议，轻重不在刑书也"。④ 这些"刑书"均指刑法。欧阳修等修《新唐书》时却以"刑书"指称律、令、格、式，超出通常意义上的刑法。这反映了古人对律、令、格、式与刑法关系的认识，出现这种情况既是因为两者存在制度关联，也是因为两者存在思想关联。

二　令、格、式称"刑书"之制度渊源

由于政治制度与刑法间的密切关系，推行政治制度的法律也常常直接与刑法相关。从礼法与刑分离的立场出发，礼法属于单独立法，法律形式的差异意味着内容的差异。但"刑书"发展所带来的政治制度与刑法之间的密切关系，则将法律形式与刑法的关系打破，即不同的法律形式都可能会规定刑罚。唐代形成的律、令、格、式法典体系从法律形式上来说由来已久，而令、格、式这三种不同的法律形式在不同时期与刑法都有着密切关系。

（一）令、格、式与刑法的直接关联

令、格、式在发展过程中与刑法有着直接关系。令的起源较律为早，战国以前已经出现。⑤ 商鞅变法"令民为什伍，而相牧司连坐。不告奸者腰

---

① 后世亦常常有这种特征。以唐宋为例，被称为"中国近世帝王建立独裁体制的基础"的专卖法基本以刑罚为后盾。参见戴建国《唐宋专卖法的实施与律令制的变化》，《文史哲》2012 年第 6 期，第 73~85 页。

② （唐）房玄龄等撰《晋书》卷三十《刑法志》，中华书局，1974，第 935 页。

③ （唐）吴兢编集《贞观政要》，齐鲁书社，2010，第 197 页。此处点校文为"失礼之之禁"，应有误。

④ （唐）长孙无忌等撰《唐律疏议》卷第一《名例》，刘俊文点校，中华书局，1983，第 17 页。

⑤ 张建国：《中国律令法体系概论》，《北京大学学报》（哲学社会科学版）1998 年第 5 期，第 94 页。胡留元等甚至认为商代就已出现令（胡留元、冯卓慧：《夏商西周法制史》，商务印书馆，2006，第 54 页）。不过部分日本学者认为秦代有令之称，但与作为单行法或法典的令并非一回事（〔日〕大庭脩：《秦汉法制史研究》，林剑鸣等译，上海人民出版社，1991，第 10、84 页；〔日〕冨谷至：《通往晋泰始律令之路（Ⅰ）：秦汉的律与令》，朱腾译，载中国政法大学法律史学研究院编《日本学者中国法论著选译》上册，中国政法大学出版社，2012，第 138~142 页）。不过多数国内学者认为秦时令就已存在。

斩，告奸者与斩敌首同赏，匿奸者与降敌同罚……令既具，未布，恐民之
不信，已乃立三丈之木于国都市南门，募民有能徙置北门者予十金"。① 李
斯议"焚书令"曰："臣请史官非秦记皆烧之。非博士官所职，天下敢有藏
诗、书、百家语者，悉诣守、尉杂烧之。有敢偶语诗书者弃市。以古非今
者族。吏见知不举者与同罪。令下三十日不烧，黥为城旦。"② 秦汉的律、
令在功能上有所混同，不过令要具有普遍效力需要经过特定的法律程序。③
杜周云："前主所是著为律，后主所是疏为令。"④ 令在权威性来源上与律也
有所不同，但从文献中看汉代的令与刑法的关系仍然比较紧密。⑤ 如汉律
《令甲》规定："令甲，诸侯在国，名田他县，罚金二两。"⑥《张家山汉墓
竹简·奏谳书》载："令曰：诸无名数者，皆令自占书名数，令到县道官，
盈卅日，不自占书名数，皆耐为隶臣妾，锢，勿令以爵、赏免，舍匿者与
同罪，以此当平。"⑦ 陈宠言及汉和帝时的律令时指出："今律令死刑六百一
十，耐罪千六百九十八，赎罪以下二千六百八十一，溢于甫刑者千九百八
十九，其四百一十大辟，千五百耐罪，七十九赎罪。"⑧ 随着律令制度的完
善，令与刑法之间的关系逐渐淡化。但即使在律令分野开始的魏晋，令与
刑法也并未完全脱离直接关系。⑨ 如魏武帝《明罚令》规定："令到，人不
得寒食，若犯者家长半岁刑，主吏百日刑，令长夺一月俸。"⑩《晋令》规

① （汉）司马迁：《史记》卷六十八《商君列传》，中华书局，1959，第2230~2231页。
② （汉）司马迁：《史记》卷六《秦始皇本纪》，中华书局，1959，第255页。
③ 李玉生：《略论中国古代令的发展及其特点》，载《法制现代化研究》第四卷，第359页。
④ （汉）司马迁：《史记》卷一百二十二《杜周传》，中华书局，1959，第3153页。
⑤ 张忠炜：《秦汉律令关系试探》，《文史哲》2011年第4期，第95~97页；刘广全：《令在
中国古代的作用》，《中外法学》2012年第2期，第373页。
⑥ （汉）班固：《汉书》卷十一《哀帝纪》如淳注，中华书局，1962，第337页。
⑦ 张家山二四七号汉墓竹简整理小组：《张家山汉墓竹简》（二四七号墓），文物出版社，
2006，第97页。
⑧ （宋）范晔：《后汉书》卷四十六《陈宠传》，中华书局，1965，第1554页。
⑨ 张建国：《魏晋律令法典比较研究》，《中外法学》1995年第1期，第30~31页；刘广全：
《令在中国古代的作用》，《中外法学》2012年第2期，第373页。《隋书·经籍志》载
"晋初，甲令已下，至九百余卷，晋武帝命车骑将军贾充，博引群儒，删采其要，增律十
篇。其余不足经远者为法令，施行制度者为令，品式章程者为故事，各还其官府。"（唐）
魏徵等：《隋书》卷三十三《经籍志二》，中华书局，1973，第967页。因此，晋以后称令
者，当多为常行法。
⑩ 程树德：《九朝律考》，商务印书馆，2010，第299页。

定："误举烽燧罚金一斤八两，故不举者弃市。"① 《晋令》又规定："凡民不得私煮盐，犯者四岁刑，主吏二岁刑。"② 《酤酒令》规定："凡民私酿私酤，其有婚姻及疾病者，听之；余有犯，罚金八两。"③ 同时北朝令也并未与刑法完全脱离直接关系。④ 《魏书·食货志》载："旧制，民间所织绢、布，皆幅广二尺二寸，长四十尺为一匹，六十尺为一端，令任服用。后乃渐至滥恶，不依尺度。高祖延兴三年秋七月，更立严制，令一准前式，违者罪各有差，有司不检察与同罪。"⑤ 这里的令可能是泛指法条，但也可能是指作为法律形式的令。北齐改定律令，"又上新令四十卷，大抵采魏、晋故事"。⑥ 如下文所言，魏晋故事可能尚未完全脱离与刑法的关系。而且，《隋书·刑法志》用刑制介绍来阐明这次北齐的改定律令活动，这或可反映出在唐人观念中北齐的律、令与刑法都有极为密切的关系。与此形成鲜明对比的是，在记载隋文帝开皇元年修订律令时，《隋书·刑法志》仅提及律与刑法有关系，而并未涉及令。北周武帝保定"五年正月，以布泉渐贱而人不用，遂废之。初令私铸者绞，从者远配为户"。⑦ 宋、齐令制略同于晋，⑧ 而梁律规定："其以职员应罚，及律令指名制罚者，不用此令。"⑨ 亦可知梁律之前的令有罚科。因此，无论魏律令的"施行制度，以此设教，违令有罪则入律"⑩，还是晋律令的"律以正罪名，令以存事制"⑪，可能都有限度，并未完全剥离令与刑法之间的直接关联。隋令未知与刑法的直接关联。

① （宋）李昉等：《太平御览》卷三百三十五《兵部六十六》，载（清）永瑢等编纂《影印文渊阁四库全书》第896册，台北商务印书馆，1986，第121页。

② （宋）李昉等：《太平御览》卷八百六十五《饮食部二十三》，载（清）永瑢等编纂《影印文渊阁四库全书》第900册，台北商务印书馆，1986，第606页。

③ （唐）虞世南等：《北堂书钞》卷一百四十八《酒食部》，载（清）永瑢等编纂《影印文渊阁四库全书》第889册，台北商务印书馆，1986，第768页。《晋令辑存》认定其为晋令，但说法有所不同。其称："凡民皆不问私酿酒酤，其有婚姻及疾病，听之。有犯罚酿药酒，皆金八两。"张鹏一编著《晋令辑存》，三秦出版社，1989，第199页。

④ 楼劲：《北魏天兴"律令"的性质和形态》，《文史哲》2013年第2期，第124页。

⑤ （北齐）魏收：《魏书》卷一百一十《食货志》，中华书局，1974，第2852页。

⑥ （唐）魏徵等：《隋书》卷二十五《刑法志》，中华书局，1973，第705页。

⑦ （唐）魏徵等：《隋书》卷二十四《食货志》，中华书局，1973，第691页。

⑧ （唐）李林甫等：《唐六典》卷六《尚书刑部》，中华书局，1992，第184页。

⑨ （唐）魏徵等：《隋书》卷二十五《刑法志》，中华书局，1973，第699页。

⑩ （唐）房玄龄等撰《晋书》卷三十《刑法志》，中华书局，1974，第927页。

⑪ （宋）李昉等：《太平御览》卷六百三十八"刑法部四"，载（清）永瑢等编纂《影印文渊阁四库全书》第898册，台北商务印书馆，1986，第765页。

格以禁伪正邪，或以为格源于故事，或以为格源于科。① 《隋书·经籍志二》载："汉初，萧何定律九章，其后渐更增益，令甲已下，盈溢架藏。晋初，贾充、杜预，删而定之。有律，有令，有故事。梁时，又取故事之宜于时者为梁科。后齐武成帝时，又于麟趾殿删正刑典，谓之《麟趾格》。"② 《唐六典·尚书刑部》载："汉建武有《律令故事》上、中、下三篇，皆刑法制度也。晋贾充等撰《律》、《令》，兼删定当时制、诏之条，为《故事》三十卷，与《律》、《令》并行。梁易《故事》为《梁科》三十卷，蔡法度所删定。陈依梁。后魏以'格'代'科'，于麟趾殿删定，名为《麟趾格》。北齐因魏立格，撰《权格》，与《律》、《令》并行。皇朝《贞观格》十八卷，房玄龄等删定。"③ 按此，格源于科，科为晋故事所改。④ 楼劲认为魏晋故事是由制诏编纂而成，但晋故事相比魏故事在编纂模式上从以编年为纲转变为以部门为纲。⑤ 由于制诏范围十分广泛，魏晋故事与刑法并未摆脱直接关联。⑥ 按前引《隋书·经籍志》刑法类载"晋初，贾充、杜预删而定之。有律，有令，有故事"，故事在当时就被认为与刑法有关。实例如《晋书·刑法志》载："而河东卫展为晋王大理，考摘故事有不合情者，又上书曰：'今施行诏书，有考子正父死刑，或鞭父母问子所在。近主者所称《庚寅诏书》，举家逃亡家长斩。'"⑦ 梁朝以科代故事。按《隋书·经籍志》及《唐六典·尚书刑部》的记载，若梁科源于晋故事，则很可能其中亦有刑法之内容。而东魏《麟趾格》则直接关乎刑法。《麟趾格》乃"草草迁革之际，狱讼更剧，刑法错杂更甚，亦尤有必要整顿之产物"，

---

① 如钱元凯认为格源于故事，钱元凯：《试述秦汉至隋法律形式"格"的递变》，《上海社会科学院学术季刊》1987年第2期，第86页；马小红则认为格源于科，马小红：《格的演变及其意义》，《北京大学学报》（哲学社会科学版）1987年第3期，第110页。

② （唐）魏徵等：《隋书》卷三十三《经籍志二》，中华书局，1973，第974页。

③ （唐）李林甫等：《唐六典》卷六《尚书刑部》，中华书局，1992，第185页。

④ 或以为格之起源不在《麟趾格》，晋末有"乙亥格"，梁朝有"梁勋选格""梁官品格"等，北魏有"考格""停年格"。如楼劲：《格、式之源于魏晋以来敕令的编纂》，《文史》2012年第2辑，第166、172、173页；周兆望：《北魏"停年格"述论》，《江西大学学报》（社会科学版）1990年第1期，第53~58页。又如钱元凯认为以格为名的法律在两晋已经出现。钱元凯：《试述秦汉至隋法律形式"格"的递变》，《上海社会科学院学术季刊》1987年第2期，第87页。

⑤ 楼劲：《格、式之源于魏晋以来敕令的编纂》，《文史》2012年第2辑，第154页。

⑥ 吕丽认为故事在晋代是作为一种特殊的刑法法源存在。吕丽：《中国古代刑法特色研究》，博士学位论文，吉林大学，2012，第126页。但她没有给出关于故事主要作为刑法的论证。

⑦ （唐）房玄龄等撰《晋书》卷三十《刑法志》，中华书局，1974，第939页。

或曰"刑事法条集"。① 实例如《魏书·窦瑗传》载："臣在平州之日，蒙班麟趾新制，即依朝命宣示，所部士庶忻仰有若三章……臣伏读至三公曹第六十六条，母杀其父，子不得告，告者死。"② 至唐初《武德格》，仍旧与刑法有着直接关联。③

式被认为由来已久。刘海年认为作为法律形式的式始于《封诊式》。但楼劲认为其不过是表达封诊之式的规定，不属于一种专门的法律形式，而且西晋的《户调式》、北魏的《丘井式》似乎也是如此。④ 同时，他认为西魏的《大统式》已经具有法典特征。⑤ 然而，如果不考虑法典化，仅考虑以"式"命名条制、敕例汇编的形式性做法，式的起源可能更早。从西晋"品式章程者为故事，各还其官府"⑥ 的说法来看，以"式"命名某种条制或敕例汇编的做法可能要在《大统式》之前，西晋的《户调式》可能就是适例，尽管它尚未有法典特征。那么，式与刑法究竟有无直接关系？北魏有所谓"丘井之式"，《魏书·高祖纪》载，延兴十四年"十有二月壬午，诏依准丘井之式，遣使与州郡宣行条制，隐口漏丁，即听附实。若朋附豪势，陵抑孤弱，罪有常刑"。⑦《丘井式》似乎与刑法有直接关联。《魏书·刑罚志》载，北魏宣武帝永平三年"律称和卖人者，谓两人诈取他财。今羊皮卖女，告回称良，张回利贱，知良公买。诚于律俱乖，而两各非诈。此女虽父卖为婢，体本是良。回转卖之日，应有迟疑，而决从真卖。于

---

① 楼劲：《北齐初年立法与〈麟趾格〉》，《文史》2002年第4辑，第79页；楼劲：《格、式之源于魏晋以来敕令的编纂》，《文史》2012年第2辑，第168页。
② （北齐）魏收：《魏书》卷八十八《窦瑗传》，中华书局，1974，第1908~1909页。
③ 《新唐书·刑法志》载："武德二年，颁新格五十三条，唯吏受赇、犯盗、诈冒府库物，赦不原。凡断屠日及正月、五月、九月不行刑。"（宋）欧阳修等：《新唐书》卷五十六《刑法志》，中华书局，1975，第1408页。
④ 参见刘海年《文物中的法律史料及其研究》，《中国社会科学》1987年第5期，第16页；楼劲《格、式之源于魏晋以来敕令的编纂》，《文史》2012年第2辑，第171页。需要说明的是，楼劲认为作为一种法律形式的"格"或者"式"应该具有法典编纂特征，内部条款需要被整理从而具有常法性质。但《户调式》《丘井式》等主要是对皇帝所颁布条制的汇编，内部可能未经整理、编纂，也没有常法特征，所以并非法律形式。
⑤ 楼劲认为《麟趾格》《大统式》等已经具有法典特征，是式从敕例、条制汇编上升为法典的重要一环。楼劲：《格、式之源于魏晋以来敕令的编纂》，《文史》2012年第2辑，第176页。还可参见霍存福《唐式性质考论》，《吉林大学社会科学学报》1992年第6期，第25页。
⑥ （唐）魏徵等：《隋书》卷三十三《经籍志》，中华书局，1973，第967页。
⑦ （北齐）魏收：《魏书》卷七下《高祖纪第七下》，中华书局，1974，第176页。

情不可。更推例以为永式"。① 这似乎也指明式与刑法的直接关联。邓奕琦猜测《大统式》可能与官员职务犯罪有关，但惜乎未给出证据。②

因此，令、格、式从沿革来说都或多或少与刑法有着直接关联。在从秦汉律令到隋唐律令格式的发展过程中，律作为排他性刑法载体的样貌是逐渐形成的。事实上，如果考察秦汉的律，秦律中有大量的非刑法内容。③非刑法内容是逐渐从秦汉的律中剥离的，令、格、式则逐渐成为被剥离的法律内容的形式载体。到唐代法律形式确定，"律是刑法"，"令文全都不是刑法条文"，"格绝大部分不是刑法条文"，"式基本不是刑法条文"的特征最终形成。④ 显然，令、格、式的唐代样貌是历史变迁的结果，三者在历史上与刑法曾经有密切关系。因此，一来格、式到唐代也并未与刑法完全脱离关系，二来后世因语言习惯或者历史传统称它们为"刑书"也有一定可能性，不过证据失之单薄。令、格、式之沿革与刑法还有间接关联，这也是为什么后世称之为"刑书"的另一制度原因。

（二）令、格、式与刑法的间接关联

令、格、式的内容作为制度性规定，并非总是规定刑罚，甚至到唐代基本不规定刑罚。但无论唐之前还是之后，令、格、式都与刑法有着内在的间接关联。这是因为刑法在维护政治制度的实施中具有重要作用。而这种间接关联逐渐取代直接关联成为主流。其中，令与刑法的间接关联最明显。

《周礼·夏官·大司马》载："犯令陵政则杜之。"⑤ 秦代时，《睡虎地秦墓竹简·语书》载："举劾不从令者，致以律。"⑥《法律答问》载："可（何）如为'犯令'、'废令'？律所谓者，令曰勿为，而为之，是谓'犯令'；令曰为之，弗为，是谓'法（废）令'殹（也）。廷行事皆以'犯

---

① （北齐）魏收：《魏书》卷一百一十一《刑罚志》，中华书局，1974，第2880~2881页。据《周书·文帝纪》，西魏文帝时"大统式"定名为"中兴永式"，此处以"永式"称判例应该可以判断式这种法律形式在北魏时已经存在。（唐）令狐德棻等：《周书》卷二《文帝纪下》，中华书局，1971，第28页。

② 邓奕琦：《北朝法制研究》，中华书局，2005，第119页。

③ 参见徐世虹《汉代社会中的非刑法机制》，载柳立言主编《传统法律中的理念与实践》，"中研院"历史语言研究所，2008，第318~320页。

④ 钱大群：《律、令、格、式与唐律的性质》，《法学研究》1995年第5期，第89~92页。

⑤ 《周礼》，崔高维点校，辽宁教育出版社，1997，第51页。

⑥ 睡虎地秦墓竹简整理小组编《睡虎地秦墓竹简》，文物出版社，1978，第16页。

令'论。"① 尽管在秦汉，律并非全部都是刑法，② 但犯令入律则主要关联刑法。汉代律令的间接关系表现得同样明显，如《张家山汉墓竹简·奏谳书》载："令：所取荆新地多群盗，吏所兴与群盗遇，去北，以儋乏不斗律论。律：儋乏不斗，斩。"③ 魏晋律令分野后，令与刑的间接关联被表达得简洁清楚："施行制度，以此设教，违令有罪则入律。"④ 晋制对宋、齐、梁、陈多有影响，也从北魏始被北朝沿袭。⑤ 如《魏书·郭祚传》载："《考察令》：公清独著，德绩超伦，而无负殿者为上上，一殿为上中，二殿为上下，累计八殿，品降至九……此条以寡愆为最，多戾为殿。未审取何行是寡愆？何坐为多戾？结累品次，复有几等？诸文案失衷，应杖十者为一负。罪依律次，过随负记。"⑥《考察令》将杖刑、律结合起来组成北魏考课制度，令与刑法的间接关联显然明确。

由于刑罚在推动制度变革中的作用，格、式的发展作为制度内容需要刑罚来保障，这点也毋庸置疑。格之来源于晋故事的内容包括品、式、章程，而"品式章程者为故事，各还其官府"。⑦ 除了故事里与刑法有直接关联的内容，故事也被认为与政府内部的规章制度有关。如果官员违反内部规章应该承担什么样的责任？受制于行政责任方式有限，违反内部规章可能也会受到刑罚处罚。⑧ 而格、式不仅关乎官员，也常常关乎百姓。以《户

---

① 睡虎地秦墓竹简整理小组编《睡虎地秦墓竹简》，文物出版社，1978，第 211 页。

② 张忠炜：《秦汉律令关系试探》，《文史哲》2011 年第 4 期，第 96 页。

③ 张家山二四七号汉墓竹简整理小组：《张家山汉墓竹简》（二四七号墓），文物出版社，2006，第 104 页。

④ （唐）房玄龄等撰《晋书》卷三十《刑法志》，中华书局，1974，第 927 页。内田智雄指出："从唐律来类推的话，违令罪大约是被规定于（晋）律中。"（内田智雄编《中国历代刑法志译注（补）》，创文社，1964，第 124～125 页）堀敏一也认为此条言及"违令之罪"，是例如唐律"诸违令者，笞五十；【注：谓令有禁制而律无罪名者。】别式，减一等"（《唐律疏议·杂律》"违令"）条的起源。〔日〕堀敏一：《晋泰始律令的制定》，载杨一凡总主编《中国法制史考证》丙编第二卷，中国社会科学出版社，2003；〔日〕冈野诚卷主编《日本学者考证中国法制史重要成果选译·魏晋南北朝隋唐卷》，程维荣等译，中国社会科学出版社，2003，第 297 页。

⑤ 陈寅恪：《隋唐制度渊源略论稿·唐代政治史述论稿》，商务印书馆，2011，第 111 页。

⑥ （北齐）魏收：《魏书》卷六十四《郭祚传》，中华书局，1974，第 1424～1425 页。

⑦ （唐）魏徵：《隋书》卷三十三《经籍志》，中华书局，1973，第 967 页。

⑧ 从先秦直至唐宋，刑事责任与行政责任、刑事处罚与行政处分还基本上处于交融混合的状态，直到明清时期，它们的分离和相对独立才越发明显（艾永明：《官当新论》，《比较法研究》2012 年第 6 期，第 29 页）。不过独立的行政责任与行政处分至少从战国时期就已经出现，如免职等（蒲坚：《中国古代行政立法》，北京大学出版社，2007，第 75 页）。当然这并不代表刑罚作为行政责任方式并不重要。

调式》为例，《晋书·食货志》载，西晋平吴后"又制户调之式：丁男之户，岁输绢三匹，绵三斤，女及次丁男为户者半输……"① 缴纳赋税者百姓，收缴赋税者官员。无论哪一方都有违反赋税征收规定的可能，也都有受到刑罚的可能。②

令、格、式与刑法的间接关联不仅表现为刑法保障令、格、式的实施，反过来，令、格、式在减少犯罪方面也发挥了重要作用。以官制法为例，在律令分野的时代显然官制不会规定在律中，但古代官制体制以行政控制为中心，带有强烈的限权色彩。③ 这样官员权力犯罪才能受到更优限制。又如北魏颁布俸禄制度，直接原因就是官员职务犯罪的恶化。④ 孝文帝因官员贪腐定俸禄制，一方面有助于减少贪腐，另一方面则使惩治贪腐的刑法更加合理。在百姓犯罪方面，户籍制度在控制社会、实行连坐等减少犯罪的措施中都能发挥作用。⑤

令、格、式的这种间接关联在唐律中进一步定型化和规范化。一方面，唐律对违反令、格、式的行为同样采取刑法控制的方式。《唐律疏议·断狱》"断罪不具引律令格式"条载："诸断罪皆须具引律、令、格、式正文，

---

① （唐）房玄龄等撰《晋书》卷二十六《食货志》，中华书局，1974，第790页。
② 擅自征收赋敛的官员所受之处罚从秦汉到魏晋有所变化。《张家山汉墓竹简·二年律令·杂律》载"擅赋敛者，罚金四两，责所赋敛偿主"〔张家山二四七号汉墓竹简整理小组：《张家山汉墓竹简》（二四七号墓），文物出版社，2006，第33页〕，秦及汉初擅赋敛受刑法规则约束。《汉书·平帝纪》载"遣谏大夫行三辅，举籍吏民，以元寿二年仓卒时横赋敛者，偿其直"〔（汉）班固《汉书》卷十二《平帝纪》，中华书局，1962，第349页〕，汉平帝时对擅赋敛的处罚不再是刑罚。到了三国时期，曹操定《收田租令》，规定"其收田租亩四升，户出绢二匹、绵二斤而已，他不得擅兴发。郡国守相明检察之，无令强民有所隐藏，而弱民兼赋也"〔（晋）陈寿：《三国志》卷一《魏书·武帝纪》，（南朝宋）裴松之注，中华书局，1959，第26页〕，文帝时对于擅赋敛"遣使者循行郡国，有违理掊克暴虐者，举其罪"〔（晋）陈寿：《三国志》卷二《魏书·文帝纪》，（南朝宋）裴松之注，中华书局，1959，第58页〕，举其罪但未知其所受处罚为何。但北魏多受魏晋影响，其规定"夫褒赏必于有功，刑罚审于有罪，此古今之所同，由来之常式。牧守莅民，侵食百姓，以营家业，王赋不充，虽岁满去职，应计前逋，正其刑罪……其遣开仓廪以赈之。有流徙者，谕还桑梓。欲市籴他界，为关傍郡，通其交易之路。若典司之官，分职不均，使上恩不达于下，下民不赡于时，加以重罪，无有攸纵"〔（北齐）魏收：《魏书》卷五《高宗纪》，中华书局，1974，第118页〕，可知北魏时擅赋敛要受刑罚。
③ 关保英：《〈唐六典〉的行政法文化研究》，《社会科学战线》2009年第5期，第190~194页。虽然关保英以《唐六典》为例，但这一观点应适用于唐代之前的官制法。
④ 黄慧贤、陈锋：《中国俸禄制度史》，武汉大学出版社，2012，第112页。
⑤ 户籍制度在晋时已规定在令中。如晋令规定："郡国诸户口黄籍，籍皆用一尺二寸札，已在官役者载名。"〔（宋）李昉等：《太平御览》卷六百六《文部二十二》，载（清）永瑢等编纂《影印文渊阁四库全书》第898册，台北商务印书馆，1986，第562页。〕

违者笞三十。"① 这一条强调令、格、式在定罪量刑中的功能，并且违反规定的司法官吏要受到刑罚。《唐律疏议·杂律》"违令"条又载："诸违令者，笞五十……别式，减一等。"② 违反令、格、式需受刑罚的人员则超出司法官吏的范围。因此，《贞观政要·刑法》称："有司断狱，多据律文，虽情在可矜而不敢违法，守文定罪。"③《新唐书·刑法志》亦称："凡邦国之政，必从事于此三者，其有所违及人之为恶而入于罪戾者，一断于律。"④ 另一方面，唐律的内容需要根据令、格、式补足。如：《唐律·捕亡律》第1~6条等律文，主要是规定"追捕罪人"等相关规定的"罪名"与"刑度"等处分方式；而《唐令·捕亡令》第1~4条等令文，则主要是规定"追捕罪人"的行政流程与相关细节。疏议引用令者上百条，均为有关行政等级制度的法规，以作为《唐律》律文制定之依据。故即使在唐代，刑法仍旧被认为与律、令、格、式有着内在的密切关系。⑤ 因此，《旧唐书·宣宗纪》载："五月，左卫率府仓曹张戣集律令格式条件相类一千二百五十条，分一百二十一门，号曰《刑法统类》。"⑥ 刑法之名下有律、令、格、式。

　　到宋代，《宋刑统》被认为上承《大中刑律统类》，而且"将唐开元二年以来至宋太祖建隆三年近一百五十年间敕令格式刑事法律规范一百七十七条，分门别类，按时间先后附在律文之后"。⑦ 因此《宋刑统》与令、格、式都有着极为密切的关系。如果联系《宋刑统》与《大中刑律统类》

① （唐）长孙无忌等撰《唐律疏议》卷第三十《断狱》，刘俊文点校，中华书局，1983，第561页。
② （唐）长孙无忌等撰《唐律疏议》卷第二十七《杂律》，刘俊文点校，中华书局，1983，第521页。
③ （唐）吴兢编集《贞观政要》，齐鲁书社，2010，第260页。
④ （宋）欧阳修等：《新唐书》卷五十六《刑法志》，中华书局，1975，第1407页。
⑤ 唐中宗神龙元年，赵冬曦上书："臣闻夫今之律者。昔乃有千余条。近者隋之奸臣将弄其法。故著律曰：'犯罪而律无正条者，应出罪则举重以明轻，应入罪则举轻以明重。'立夫一条，而废其数百条。自是迄今。竟无刊革。遂使死生罔由乎法律……臣请律令格式复更刊定其科条。言罪直书其事，无假饰其文。以准加减比附量情，及举轻以明重、不应得为而为之类，皆勿用之。"参见（宋）王溥《唐会要》卷三十九《议刑轻重》，上海古籍出版社，2012，第829页。
⑥ 《文苑英华》卷四百一十五载"宣宗皇帝命明法吏删刑书为统类十编"，未知此统类是否为《大中刑律统类》。（宋）李昉等：《文苑英华》卷四百一十五《宰邑》，载（清）永瑢等编纂《影印文渊阁四库全书》第1336册，台北商务印书馆，1986，第747页。
⑦ 郭东旭：《宋刑统的制定及其变化》，《河北学刊》1991年第4期。薛梅卿根据《宋刑统法制局本王式通序》也提出宋刑统与唐代大中刑律统类、后唐同光刑律统类、后周显德刑律统类间的演变关系。《宋刑统》，薛梅卿点校，法律出版社，1999，点校说明第3页。

的关系，欧阳修等称"唐之刑书有四"是有历史基础的，指明了刑书与律令格式的内在传承。当然进一步说，之所以存在这种说法也与宋代的观念有关。

三 令、格、式称"刑书"之思想渊源

欧阳修等以"刑书"指称律、令、格、式，既涉及律令分野下的令、格、式之定位，也涉及宋代对令、格、式的专门态度。故在此分述之。

在律令分野的法律传统中，律和令被赋予不同功能，但仍旧被共同纳入"刑书"的范畴。这与令的定性有关。令以存事制，何为事制？《新唐书·刑法志》总结为："令者，尊卑贵贱之等数，国家之制度也。"[1] 《宋史·刑法志一》则称宋神宗谕："禁于未然之谓令。"[2] 贾谊称："夫礼者禁于将然之前。"[3] 从这里来看，令似乎与礼有着密切关系。但朱熹在解读《论语·为政》中的"道之以政，齐之以刑，民免而无耻"时，提出"政，谓法制禁令也"。[4] 从这里来看，令又与政有着密切关系。德礼治世显然是儒家理念，政刑为国则透出法家色彩。令究竟与政还是与礼的关系更为密切？探讨这一问题需要考虑律令分野的根本原因。

律令分野的关键时期在魏晋南北朝，此时是法律儒家化的关键时期。论者多提出法律原则方面的儒家化，如八议、十恶等制度的确立。[5] "汉以后儒法确乎走向了合流，礼法确乎是趋于结合。"[6] 实际上，不仅法律内容受到儒法关系的影响，法律形式也受到这种影响。冨谷至认为律令分野中令典的出现在形式上受到新的书写材料之产生的影响，在内容上又受到汉

---

① （宋）欧阳修等：《新唐书》卷五十六《刑法志》，中华书局，1975，第1407页。
② （元）脱脱等：《宋史》卷一百九十九《刑法志一》，中华书局，1977，第4964页。
③ 《贾谊集校注》，王洲明等校注，人民文学出版社，1996，第436页。
④ （宋）朱熹：《四书章句集注》，中华书局，2011，第55页。
⑤ 法律儒家化被认为主要是内容原则的儒家化，如陈红太认为："所谓中国刑律儒家化问题本质上应该说就是仁、义、礼儒家核心观念及其相关主张在中国刑律的发展和变化中逐渐贯彻和落实问题。"（陈红太：《中国刑律儒家化的标准问题研究》，博士学位论文，中国政法大学，2006，第132页）这一观点提到了问题的一个方面，但法律形式的变化也涉及儒家化。儒家主张礼刑分离，但秦汉律令却保持政刑合立的方式。通过政、刑分离，统治者乃是在推行政令中模仿儒家礼刑分离的形式特征，也是一种儒家化的表现。
⑥ 郭建等：《中国法制史》，浙江大学出版社，2011，第59~60页。

代开始的礼典编纂成果的影响。① 这点固然重要，但同样重要的原因可能在于，儒家观念的影响使得政府的合法性诉求发生转变。法律儒家化使得德主刑辅的观念占据更为重要的地位。"西晋泰始律、令，所以被称为儒教化的法典之始，主要是因为从事立法诸臣大多为儒家，而立法原理则由礼刑合一改为礼主刑辅。"② 当统治者采取儒家观念作为主要治国策略时，"礼之所去，刑之所取，失礼则入刑"。③ 这样，统治策略就发生以教化为中心的转移。《盐铁论·诏圣》称："春夏生长，圣人象而为令。秋冬杀藏，圣人则而为法。故令者教也，所以导民人；法者刑罚也，所以禁强暴也。"④ 在儒家观念下，政府的教化功能与刑罚功能是区分开来的，这种区分不仅体现在治理程序上，而且体现在治理工具上。⑤ 作为统治工具，德、礼、政、刑从春秋时期就已经有着观念上的区分，如果刑渗透在政府的每一种法律形态中，就无法清楚地表现儒家的治国理念。因此，秦汉以来律令在功能上不加区分的做法已经不再能够适应新形势下的统治需求。令作为统治者治理国家、随时损益的工具需要体现出教化色彩，这种教化色彩应该是与刑相区别的。如果与刑不加区分，统治者仍旧会被认为是以刑推政。从这种意义上来说，律令分野是法律儒家化背景下，统治者对自身教化、惩罚两种功能进行区分及规范化的结果。通过律令分野，政刑分开了，德主刑辅在制度上也就变得清晰可见。但问题是律令从形式上分开后，在内容上却不可能完全合乎儒家要求，令以存事制与儒家政治理想存在隔阂，故从根本上仍旧有被认为是法家制度的可能。

现代学者解释德礼政刑中政的观念时提出："政是权柄，在所必争。各国统

---

① 〔日〕冨谷至：《通往晋泰始律令之路（Ⅱ）：魏晋的律与令》，朱腾译，载中国政法大学法律史学研究院编《日本学者中国法论著选译》上册，中国政法大学出版社，2012，第178～187页。

② 高明士：《律令法与天下法》，五南图书出版股份有限公司，2012，第30页。

③ （宋）范晔：《后汉书》卷四十六《陈宠传》，中华书局，1965，第1554页。

④ （汉）桓宽著，王利器校注《盐铁论校注》，天津古籍出版社，1983，第610页。

⑤ 徐忠明认为无论是法家还是儒家的治国方式最终都要落到刑治上，故此他称其为"刑治主义"（徐忠明：《刑治主义与中国古代法律观念》，《比较法研究》1999年第3、4期，第351页）。其实，刑治只是说政令的推行最终需要以刑罚为保障手段，故朱熹称："圣人之意，只为当时专用政刑治民，不用德礼，所以有此言。谓政刑但使之远罪而已，若是格其非心，非德礼不可。圣人为天下，何曾废刑政来。"〔（宋）朱熹：《朱子语类》卷二十三《论语五》，载朱杰人等主编《朱子全书》第15册，上海古籍出版社、安徽教育出版社，2002，第804页〕在儒家观念下，出礼才入刑，出令才会有罚。令承担着教化职能，需要单独制定推行，如果令中有罚就非为政以德，而是为政以刑了。

治者内部之争，首先是争政，有了政权，才可能有其他权力。比如有了政就可
以变礼，如季氏舞八佾、旅泰山等等。"① 法家之所以为法家，不仅是因为其崇
尚刑罚治世，更重要的是因为其要求变法。故商鞅称："治世不一道。便国不必
法古。汤、武之王也，不循古而兴。殷、夏之灭也，不易礼而亡。"② 而"儒家
崇信自然法，而思应用自然法以立人定法"。③ 儒家观念中的礼相比较政刑而
言"代表了一种不以人的意志为转移的永恒规律"。④ 后主所是疏为令，令、格、
式代表后世君主的革新以及革新工具，令以存事制与法家的关联通过变法就能
从可能变成现实。尽管后世会认为制度变革有着时代必然性或合理性，但在观
念上追溯三代、祖述先王是历代统治者与思想家的主要思维方式。⑤ 后世统治
者也不断试图模仿圣王所创的政治制度，但所标榜与所践行者充满隔阂。⑥
从这里来看，令、格、式所代表的政治制度是对理想政治制度的背离，不仅不
得不需要刑法来保障，而且本身就与法家所代表的变革观念相迎合。故宋儒常
谨守祖宗之法，即使向往三代，也并不主张轻易变法。⑦

　　前文已经提出"刑书"在春秋政治革新中的作用，破旧迎新必然需要
刑罚支撑，⑧ "刑书"的内涵不仅被认为包括刑罚在内，与理性政治形态不

---

① 刘泽华主编《中国政治思想史（先秦卷）》，浙江人民出版社，1996，第83页。

② 高亨译注《商君书译注》，中华书局，1974，第17页。

③ 梁启超：《梁启超论中国法制史》，商务印书馆，2012，第49页。

④ 徐燕斌：《礼与王权的合法性建构》，中国社会科学出版社，2011，第37页。

⑤ 以宋儒思想为例，尽管唐代出现两次治世，但宋儒仍旧认为唐代制度与理性政治制度有差距。如朱熹认为："国初人便以崇礼义，尊经术，欲复二帝三代，已自胜如唐人，但说未透也。直至二程出，此理始说得透。"〔（宋）朱熹：《朱子语类》卷第一百二十九《本朝三》，载朱杰人等主编《朱子全书》第18册，上海古籍出版社、安徽教育出版社，2002，第4020页〕苏亦工认为："在明代君王的心目中，唐代只能算是小康，其治法仍嫌简陋。要超越唐人到达理想的境界，何必舍西周而仿唐呢。"苏亦工：《明清律典与条例》，中国政法大学出版社，2000，第106页。

⑥ 如《唐六典》之编纂试图模仿周礼的政治体制，并模仿周礼的六官制度。但实际周唐官制根本不同。参见钱大群《唐六典性质论》，《中国社会科学》1989年第6期，第4页。唐代法制也被认为并非拟自先王，而是在精神上接续秦汉。参见陈顾远《中国法制史概要》，商务印书馆，2011，第25页。

⑦ 如司马光主张"且治天下譬如居室，敝则修之，非大坏不更造也"。（元）脱脱等：《宋史》卷三百六十六《司马光传》，中华书局，1977，第10764页。

⑧ 这一点宋代表现得极为明显。作为继体之君修订祖宗之法的工具，诏敕在制度改革中发挥了极为重要的作用，在宋神宗时甚至出现了以敕代律的现象，传统的律、令、格、式并称被敕、令、格、式并称所取代。由于宋神宗时敕基本上已经属于刑法典（戴建国：《宋代刑法史研究》，上海人民出版社，2008，第79页），在王安石变法的背景下可知刑罚对推动制度变迁的作用。

同的政治制度也被纳入其中。欧阳修提出"唐之刑书有四,曰律、令、格、式"时,也代表了宋人对令、格、式及其所代表的政治制度之态度。律、令、格、式作为主要法律形式,必然成为历代制度变革的载体。① 这一点如果联系王安石的案例会更加清楚。王安石变法在当时被认为以法家思想主导改革。② 熙宁二年(1069)刘琦等在《上神宗论王安石专权谋利及引薛向领均输非便》中称:"今安石反以管、商权诈之术,战国纵横之论,取媚于陛下。"③ 熙宁三年(1070),范纯仁在《上神宗论新法乞责降第二状》中称:"安石乃以五霸富国强兵之术,启迪上心,去其旧闻,以希速效,甚异孔子不言军旅,孟轲耻道桓文之意也。"④ 到南宋,儒生对王安石与法家间的关系解释得更清晰。⑤ 如时人称:"安石之学独有得于刑名度数,而道德性命则为有所不足。"⑥ 魏了翁则称:"荆公以法不豫道揆,故其新法皆商君之法,而非帝王之道,所见一偏,为害不小。"⑦ 在宋儒看来,王安石变法的内容根源于法家思想,然而其变法的方田均税法、免役法、保甲法、科举改革、青苗法等不能说全部事关法家。因此,问题的关键不仅在于王安石变法的指导思想,更在于变法所代表的政治态度。而变法的结果最终体现在令、格、式里面,令、格、式就成为王安石变法的载体。⑧《宋史·刑

---

① 在律、令、格、式制度集大成的唐代,格对制度变革的意义尤显,它具有修补律、令、式的功能,故戴建国称唐格有变通作用。参见戴建国《唐宋时期法律形式的传承与转变》,《法制史研究》2005年第7期,第105页。

② 今人对王安石变法的指导思想有不同观点,参见毕明良《王安石政治哲学研究》,博士学位论文,陕西师范大学,2012,第69页。但本文仅关注古人对王安石的评价,以此来推敲古人对法家思想内涵的看法。

③ (宋)赵汝愚编《宋朝诸臣奏议》,北京大学中国中古史研究中心点校整理,上海古籍出版社,1999,第1187页。

④ (宋)赵汝愚编《宋朝诸臣奏议》,北京大学中国中古史研究中心点校整理,上海古籍出版社,1999,第1187页。

⑤ 李华瑞、水潞:《南宋理学家对王安石新学的批判》,《河北大学学报》(哲学社会科学版)2002年第1期,第19页。

⑥ (宋)朱熹:《晦庵先生朱文公文集》卷七十《读两陈谏议遗墨》,载朱杰人等主编《朱子全书》第23册,上海古籍出版社、安徽教育出版社,2002,第3382页。

⑦ (宋)魏了翁:《重校鹤山先生大全文集》卷一百四十《天官冢宰第一》,载四川大学古籍研究所编《宋集珍本丛刊》第77册,线装书局,2004,第685页。

⑧ 又如保守派与变法派间争执甚深的阿云之狱在宋神宗期间以王安石获得神宗的支持而告终。《宋史·王安石传》载:"登州妇人恶其夫寝陋,夜以刃斫之,伤而不死。狱上,朝议皆当之死,安石独援律辨证之,为合从谋杀伤,减二等论。帝从安石说,且著为令。"(元)脱脱等:《宋史》卷三百二十七《王安石传》,中华书局,1977,第10544页。但实际上宋神宗是以敕的方式进行立法的。由此可见,令作为制度创新工具的观念根深蒂固。

法志一》载："宋法制因唐律、令、格、式，而随时损益则有编敕。"① 在皇权主导下，诏敕损益律、令、格、式，然后政治制度就发生或明或显的变化。故王安石因变法而被认为用刑名之学，令、格、式因承载着商鞅之法，也就有了被称为"刑书"的必然性。

令、格、式与制度变革间的关系，令、格、式与刑法之间的紧密联系，在古人的观念里也并未超越"刑书"范畴。律、令、格、式不过是后世制度变革中发挥不同作用的"刑书"之不同组成部分而已。故此提出"唐之刑书有四"的欧阳修自己解读说："书曰：'慎乃出令。'盖法令在简，简则明，行之在久，久则信，而中材之主，庸愚之吏，常莫克守之，而喜为变革。至其繁积，则虽有精明之士不能遍习，而吏得上下以为奸，此刑书之弊也。盖自高宗以来，其大节鲜可纪，而格令之书，不胜其繁也。"② 正是在因循与变革之间，令、格、式与刑书的联系如此密切。如此则黄裳所称"唐之刑书有曰令者，名分之所禀；有曰格者，有司之所效；有曰式者，事为之所守。百官违此三者及有罪戾之民，则断之以律焉。然则格令与式资律以行者也，律之义顾不大欤？"③ 也能得到很好的解读。

不过这一观点可以很好地解读"为与士大夫治天下"④ 的宋代，但不能解读明儒。明代及以后，专制主义达到顶峰，律、令、格、式所代表的制度变革不再轻易被否认。如邱濬称："我朝之律，仅四百六十条。颁行中外，用之余百年之兹。列圣相承，未尝有所增损。而于律之外，未尝他有所编类。如唐宋格敕者，所谓简而明，久而信，真诚有如欧阳氏所云者，万世所当遵守者也。"⑤ 失去了批评精神，制度革新与法家的关系也就不可能被认为那么密切。如此，则无法从令、格、式与制度变革的关系出发对明代观念进行解读。

结　语

从传统文化角度解读令、格、式与"刑书"的关系需要遵循传统思维。

① （元）脱脱等：《宋史》卷一百九十九《刑法志一》，中华书局，1977，第 4962 页。
② （宋）欧阳修等：《新唐书》卷五十六《刑法志》，中华书局，1975，第 1414 页。
③ （宋）黄裳：《演山先生文集》卷四十四《问法律》，载四川大学古籍研究所编《宋集珍本丛刊》第 25 册，第 107 页。
④ （宋）李焘：《续资治通鉴长编》，中华书局，2004，第 5370 页。
⑤ （明）邱濬：《大学衍义补》，蓝田玉等校，中州古籍出版社，1995，第 1310 页。

在传统观念里，"刑书"并非仅指称刑事法律制度，而且往往关系到制度变革。宋代正处于唐宋变革的重要时期，在制度大变革的背景下律、令、格、式都在发挥着工具作用，而后世所创之制度与宋人向往三代的理想并非若合符契，因此以"刑书"指称律、令、格、式实际表达着宋人对制度变革的态度，而大凡制度变迁又多与刑法密切联系在一起。从制度关联来看，令、格、式与刑法有着或直接或间接的关联，刑罚作为制度推行的主要手段一直为统治者所不舍。从传统观念出发分析，很容易分辨"刑书"与现代刑法基本是两个概念，那么就无法直接从"唐之刑书有四，曰：律、令、格、式"中将令、格、式直接解读为刑法。如此，则如何从现代部门法的角度定性令、格、式还需要进行重新解读。王立民、李玉生等从法律规则、刑法作为部门法的特征等角度出发解读令、格、式的部门法属性。① 这些观点有其时代的合理性，如王立民的观点建立在传统的法律规则三要素说的基础上，但法律规则理论已经经历三要素说、两要素说、新三要素说、新两要素说等变化，② 传统三要素说受到彻底批判，这也影响到如何理解完整的法律规则的形态认定问题。在划分法律部门时，调整对象与调整手段究竟有无第一位与第二位之说也是存疑。令、格、式的定位也会牵扯到中华法系的结构问题，因此对于令、格、式的现代部门法定位需要进行专门研究才能得到更加确切的答案。本文并不准备就这一庞大问题展开论述，而是留待以后。

---

① 王立民：《论唐律令格式都是刑法》，《法学研究》1989 年第 4 期，第 76~77、96 页；李玉生：《关于唐代律令格式的性质问题》，《金陵法律评论》2002 年秋季卷，第 148~155 页。
② 雷磊：《法律规则的逻辑结构》，《法学研究》2013 年第 1 期，第 68~71 页。

《宋会要·刑法》体例探析*

马泓波**

摘要：《宋会要·刑法》是研究宋代法制及社会最重要的资料之一，可惜的是其原本已经遗失，存世的只有清人所辑《宋会要辑稿》中的刑法部分。因是辑佚所得，故其不仅编排体例已被打乱，而且残缺零乱、舛误甚多。《宋会要·刑法》原本由类、门、条组成。"刑法"是类的名称，类下分门，门中含条。原书分卷，内容多时还可能有分卷，卷与门并不一一对应。以《宋会要辑稿·刑法》的门为基础，利用其他文献资料，剔除其中非《宋会要·刑法》之门，补入《宋会要辑稿·刑法》虽无但实属《宋会要·刑法》之门，即是对《宋会要·刑法》门的复原；以《宋会要辑稿·刑法》的条文为基础，对其校补、辑佚、调整顺序等，即能更进一步接近《宋会要·刑法》条文的原貌。《宋会要辑稿·刑法》有注，其有标明出处、指示门名、补充解释、表示缺漏、指示省略内容五种情况，其类型、作者、作用各不相同。此外通过具体的例证对其"空格"三种情况的分析，得到了空格数与实际字数并不一一对应的结论。通过这些努力，能够更好地认识、复原《宋会要·刑法》，能够更有效地利用《宋会要辑稿·刑法》来研究宋史及宋代法制史。

关键词：《宋会要》 《宋会要辑稿》 刑法

---

* 本文为教育部规划基金项目（18YJA820011）、陕西省社科基金后期资助项目（13HQ016）、西北大学社科繁荣项目、西北大学青年学术骨干资助项目的阶段性成果。

** 本文作者系西北大学副教授。

　　《宋会要》是记录宋代典章制度的政书，是有关宋代历史的最原始、最丰富的资料汇编。其原本已经遗失，存世的只有清人所辑的《宋会要辑稿》。《刑法》是其中的一类，共八卷。《宋会要辑稿·刑法》（以下皆简称为《辑稿·刑法》）与宋人所修的《宋会要》原本已有很大的不同。《宋会要》由类、门、条构成，其类下有门，门中有条。现以《辑稿·刑法》为源，探讨以下几个问题：《宋会要》是否有"刑法"类？如果有，其"刑法"类内有什么门？门之间关系如何？条的内容如何？格式如何？其正文注的情况如何？文中的空格数与实际字数是否对应？下文就这些问题加以探析。

一　《宋会要》有"刑法"类

　　《宋会要》确实有"刑法"类，这可从两个途径来考察。

（一）文献中记载了《宋会要》的"刑法"类

　　《群书考索·续集》记："王洙《会要》，总类十五：帝系三卷、礼三十六卷、乐四卷、舆服四卷、学校四卷、运历瑞异各一卷、职官三十三卷、选举七卷、食货十六卷、刑法八卷、兵九卷、方域八卷、蕃夷三卷。"① 可见，王洙编修的《国朝会要》中有"刑法"类。

　　《玉海》卷五一记元丰四年（1081）王珪上《元丰增修会要》共"二十一类，帝系、后妃、礼（分为五）、乐、舆服、仪制、崇儒、运历、瑞异、职官、选举、道释、食货、刑法、兵、方域、蕃夷"。由此知《元丰增修会要》中也有"刑法"类。②

　　从上文来看，《国朝会要》《元丰增修会要》的总类并不相同，分别为"十五"类和"二十一"类。这说明宋代各部《会要》的类数并不完全相同。虽然不能肯定宋代所修的每一部《会要》都有"刑法"类，但至少在《国朝会要》《续国朝会要》《中兴会要》《乾道会要》《孝宗会要》《光宗会要》《宁宗会要》中有"刑法"类，这从《辑稿·刑法》的注文可以看出。再从常理上推测，《会要》中应该有"刑法"类，因为《会要》是政

---

① 章如愚：《群书考索·续集》卷一六，书目文献出版社，1992，第 1015 页。
② 王应麟：《玉海》卷五一《庆历国朝会要·元丰增修》，江苏古籍出版社，1988，第 975 页。

书，是对典章制度的汇编，而刑法则是其中非常重要的内容，所以推测其他的《会要》也应当有"刑法"类。

（二）《辑稿》的门可旁证"刑法"类的存在

《辑稿·刑法》2/1① 的 "《宋会要》"下标有"刑法禁约"，"禁约"肯定是《宋会要》的门②，而"刑法"则应是《宋会要》的类。

可见，《宋会要》中有"刑法"类。其类内包括门和条。类、门、条应严格对应，即必须是同一主旨。

二　《宋会要·刑法》的门③

《辑稿·刑法》的门不等同于《宋会要·刑法》的门。两者之间大概有三种关系，分别为：《辑稿·刑法》的门即《宋会要·刑法》的门④；是《辑稿·刑法》的门，却非《宋会要·刑法》的门；不见于《辑稿·刑法》的门，却实属《宋会要·刑法》的门。所以要恢复《宋会要·刑法》的门，应分两步：一是以《辑稿·刑法》为基础，剔除掉不属于《宋会要·刑法》的门；二是依据其他线索补入《辑稿·刑法》没有但实属《宋会要·刑法》的门。将二者整理合并则应是《宋会要·刑法》的门。

《辑稿·刑法》现有的门为：格令、法律、刑法禁约、杂禁、定赃罪、

---

① 本文为了醒目及节省篇幅，凡《辑稿·刑法》的引文皆以此格式标注，此处《辑稿·刑法》2/1 即指引文出自《辑稿·刑法》二之一。再如《辑稿·刑法》2/147/17~19 即指引文出自《辑稿·刑法》二之一四七的第 17~19 行。以下皆同。

② 参见李焘《续资治通鉴长编》，中华书局，1995（下文中皆简称为《长编》），卷一三三庆历元年八月壬辰条（第 3165 页）注文"此据《会要》禁约篇追附"。

③ 此部分的详细内容，具体见马泓波《宋会要辑稿·刑法》点校说明（河南大学出版社，2011，第 2~8 页）。此处只保留了对《宋会要·刑法》门探讨的主要思路及结论，具体论证过程略之。宋代所修各部具体《会要》的门可能不尽相同（如《乾道续四朝会要》有666 门，而《光宗会要》则只有 364 门）。本文所指《宋会要·刑法》的门仍是总称，而不区别是哪一部《会要》的门。陈智超先生认为"只要它确实存在于其中一部会要中，就不妨碍其成为《宋会要》的一门。换句话说，是否是《宋会要》的一门，并非以是否包括从太祖初年至宁宗末年全部记事为必要条件"。参见陈智超《解开〈宋会要〉之谜》，社会科学文献出版社，1995，第 98 页。

④ 如《辑稿·刑法》的"矜贷门"可以肯定是《宋会要·刑法》之门。参见李心传《建炎以来系年要录》，中华书局，1956（下文中皆简称为《要录》），卷一〇六绍兴六年十一月丙戌条（第 1734 页）注文"苗亘事，《日历》不载，《会要》矜贷门亦无之"。

诉讼、田讼、勘狱、配隶、断狱、狱空、冤狱、断死罪、出入罪、亲决狱、省狱、检验、矜贷、禁囚、枷制、军制、赦宥。

陈智超先生在《解开〈宋会要〉之谜》一书中对《宋会要·刑法》门的复原已作了一些研究。① 其复原后的门为：格令、定赃罪、禁约、禁采捕、金禁、亲决狱、矜贷、断狱、配隶、勘狱、推勘、诉讼、田讼、狱空、冤狱、断死罪、出入罪、省狱、检验、诉理所、禁囚、枷制、兵令、复仇、守法。陈先生认为守法门、诉理所门、推勘门应从他类划入"刑法"类；而原来的"法律"门应从"刑法"类中剔除，归入他类。

由于陈先生着眼于整部《宋会要》，"刑法"只是其中一小部分，所以仍有一些可以补充和商榷的地方。主要表现为：其一，《辑稿·刑法》中的一些门不是《宋会要》的门，可能是后人所加，这些门的条文应归入其他门中；其二，有的门虽是《宋会要》的门，但不属"刑法"类，所以不应当划入《宋会要·刑法》"刑法类"；其三，初步推测《宋会要·刑法》的门在内容较多时还可能有子门，所以《辑稿·刑法》中的一些门应属于《宋会要·刑法》某门的子门，而不应该为独立的门，在子门中依旧以编年记事。主要的结论如下：

《宋会要·刑法》中应有"刑制"门，"刑制"门应以刑罚为主要内容，"枷制"应入"刑制"门；

《宋会要·刑法》中应有"禁约"门，"禁采捕""金禁"应归入"禁约"；

《宋会要·刑法》"断死罪"应入"冤狱"；

《宋会要·刑法》"出入罪"应入"断狱"；

《宋会要·刑法》"复仇"应入"矜贷"门；

"诉理所"门不应划入《宋会要·刑法》。

三　《宋会要·刑法》的条

《宋会要·刑法》的条是指门的具体内容，与《辑稿·刑法》条的内容不尽相同。恢复《宋会要·刑法》条的原貌，要以《宋会要·刑法》的门为框架，以《辑稿·刑法》的条文为基础，对《辑稿·刑法》中已遗失了的条文进行辑佚，对《辑稿·刑法》有缺漏的条文进行补充，对《辑稿·

---

① 陈智超：《解开〈宋会要〉之谜》，社会科学文献出版社，1995，第270~273页。

刑法》中顺序颠倒了的条文进行调整。如此所得，即是《宋会要·刑法》之条。

（一）遗文的辑佚

宋代法律禁止传抄《会要》，但仍有一些书引用了《宋会要》的内容。其中有官修史书，也有私人著述。它们间接地保存了《宋会要》的内容，但它们标注引文出处时只注"此据《会要》"或"《会要》"，很少言及出自《会要》的哪一类、哪一门。所以对《宋会要·刑法》的辑佚要把握三点：（1）所辑内容必须出自《宋会要》；（2）且必须是《宋会要·刑法》的内容；（3）应判定它属于《宋会要·刑法》的哪一门。

1.《事物纪原》卷二○《律令刑罚部》："《宋朝会要》曰：建隆四年三月张昭请，加役流，脊杖二十，配役三年；流三千里，脊杖二十；二千五百里，脊杖十八；二千里，脊杖十七，并役一年。徒三年，脊杖二十；二年半，十八；二年，十七；一年半，十五；一年，十三。杖一百，臀杖二十；九十，十八；八十，十七；七十，十五；六十，十三。笞五十，杖十；四十、三十，八下；二十、十，七下。旧据《狱官令·用杖》：受杖者，皆背臀腿分受。殿庭决者，皆背受。至是，始折杖。又徒流皆背受，笞杖者皆臀受也。"①

按：《辑稿·仪制》八之九载：建隆三年三月诏尚书省集议徒流合杖用常行杖制。四年三月二十一日张昭上奏。此内容，在建隆四年（963）成书的《宋刑统》中有具体的内容，即为非常有宋代刑罚特色的折杖法。此外，在《长编》《文献通考》中都有相同内容，所以《事物纪原》所记虽不见于《辑稿·刑法》，但属《宋会要·刑法》无疑。结合上文"门"的讨论，此条应归至"刑制"门中。

2.《事物纪原》卷二○《律令刑罚部》："（《宋朝会要》）又曰：旧制，杖皆削节目。常行杖，大头二分七厘，小头一分七厘；笞杖大头二分，小头一分半，皆长三尺五寸。建隆四年张昭等定常行杖。昭请官杖长三尺五寸，大头阔不过二寸厚，及小头径不过九分。小杖长四尺五寸，大头径

---

① 高承：《事物纪原》卷二○《律令刑罚部》，〔日〕长泽规矩也编《和刻本类书集成》（第二辑），上海古籍出版社，1990 年影印本，第 242 页。

六分，小头径五分。今官府常用者，是此盖其始也。"①

按：张昭等定常行杖的内容，在《长编》卷四乾德元年（963）三月癸酉条、《文献通考》卷一六六《刑考五》、《宋史》卷一九九《刑法一》中都有记载，它是杖具的具体规定，应归入《宋会要·刑法·刑制》中。

3.《长编》卷二七九"判司农寺熊本言：蒙朝旨令张谔并送详定盐法文字付臣。伏缘所修盐法，事干江淮八路，凡取会照应盐课增亏赏罚之类，系属三司。窃虑移文往复，致有稽滞，兼昨权三司使沈括曾往淮、浙体量安抚措置盐事，乞就令括与臣同共详定。从之"。注为"此据《会要》十二月八日事增入"。②

按：这是熊本请求令沈括与他一起详定《盐法》的内容，即是差详定官的问题。从《长编》的注文知，这是《宋会要》的内容，为熙宁九年（1076）十二月八日之事。《辑稿·刑法》无此条，但有相关的内容，即此前熊本请求立法、后来诏沈括为详定官。分别记载于《辑稿·刑法》1/9 和 1/10-12，内容为熙宁九年六月"二十四日判司农寺熊本言：乞取索本寺一司敕式，选官重行看详修定。诏只于本寺选属官一员编修，令本寺提举"；"十二月二十日中书门下言：重修编敕所勘会《熙宁编敕》，时系两制以上官详定，宰相提举。乞依例差官。诏知制诰权三司使公事沈括、知制诰判司农寺熊本详定"。这三条的时间分别为六月二十四日、十二月八日、十二月二十日；内容上依次是申请立法、请求令沈括为详定官、诏沈括和熊本同详定。可见它们是同一件事的三个不同阶段。所以"十二月八日"条既是《宋会要》的内容，且应和"六月二十四日"条、"十二月二十日"条一样，归入《宋会要·刑法·格令》中。

（二）缺文的补充

缺文有两种，一种是指《辑稿·刑法》空格处的文字，有的加注"缺"等，另一种虽无缺的标志但内容缺失。这些缺文，有的无伤大雅，有的却影响对句意的理解，所以应尽量把这些空缺的字补足。本节所补的主要是第一种，后一种可参看已经出版了的《辑稿·刑法》点校本的相关内容。

① 高承：《事物纪原》卷二〇《律令刑罚部》，〔日〕长泽规矩也编《和刻本类书集成》（第二辑），上海古籍出版社，1990 年影印本，第 242 页。
② 李焘：《续资治通鉴长编》，中华书局，1995，第 6832 页。

1. 《辑稿·刑法》4/75 中缺一行又五个字，但意义完整，且有按语"接下页"。可不补。

2. 《辑稿·刑法》4/77 哲宗元祐元年（1086）十二月十七日尚书省言："左司状，失入死罪未决，并流徒罪已决，虽经去官及赦降原减，旧中书例各有特旨。昨于熙宁中始将失入死罪修入海行敕，其失入死徒罪例为比元罪稍轻，以此不曾入敕，只系朝廷行使。近准朝旨，于敕内删去死罪，（原缺）[4格]① 罪例在刑房者，依旧不废。即是重者（原缺）[4格]，反异于轻者，于理未便。本房再详，徒罪已决例既不可废。即死罪未决例仍合存留。乞依旧存留《元丰编敕》全条。从之。"

按：《长编》卷三九三记"辛丑尚书省言：左司状，失入死罪未决，并流徒罪已决，虽经去官及赦降原减，旧中书例各有特旨。昨于熙宁中始将失入死罪一项修入海行敕，其失入流徒罪例为比死罪稍轻，以此不曾入敕，只系朝廷行使。近准朝旨，于敕内删去死罪例一项，其徒流罪例在刑房者，依旧不废。即是重者不降特旨，反异于轻者，于理未便。本房再详，徒罪已决例既不可废，即死罪未决例仍合存留。乞依旧存留《元丰编敕》全条。从之"。②

将两段文字相比较③，知第一处（原缺）的 4 个空格似应为"例一项，其徒流"6 字。第二处（原缺）4 格应为"不降特旨"4 字。

3. 《辑稿·刑法》4/78 元符三年（1100）五月二日臣僚言："大理寺谳断天下奏案，元丰旧法，无失出之罚，后因臣僚建言，增修失出比较，逮绍圣立（原缺）[1格] 遂以失出三人比失入一人，则一岁之中偶失出罪三人者，便被重谴，甚可惑也。（原缺）[4格]者，臣下之小过。好生者，圣之大德。（原缺）[3格] 失出之罚。诏绍圣四年十一月二十九日指挥勿行。"

按：《宋史》卷二〇一"元符三年，刑部言：祖宗重失入之罪，所以恤刑。夫失出，臣下之小过；好生，圣人之大德。请罢失出之责，使有司谳议之间，务尽忠恕。诏可"。④

---

① "（原缺）[4格]"中"（原缺）"是原文的注，"[4格]"为笔者所加，表示此处有 4 个空格，下文的格式同此。
② 李焘：《续资治通鉴长编》，中华书局，1995，第 9563 页。
③ 这两段文字的不同处还有：其一，《长编》多"一项"两字；其二，死徒罪—流徒罪，比元罪—比死罪。《辑稿·刑法》错，《长编》对。
④ 脱脱：《宋史》卷二〇一《刑法三》，中华书局，1977，第 5024 页。

《文献通考》卷一六七"刑部言：祖宗以来重失入之罪，所以恤刑。绍圣之法，以失出三人比失入一人，则是一岁之中偶失出死罪三人，即抵重谴。夫失出，臣下之小过；好生，圣人之大德。请罢理官失出之责，使有司谳议之间，务尽忠恕。从之"。①

由上知，第一处空 1 格疑为"法"。第二处空 4 格，应补"夫失出"3 字。第三处空 3 格，《宋史》为"请罢"2 字，而《文献通考》为"请罢理官"4 字，两者与空格数不一致。

4.《辑稿·刑法》4/80/8-9"四年二月丁亥都省言大［3 格］② 百姓孙昱等案内，孙昱所杀人，系尸［3 格］，作疑虑奏裁"。

按：《建炎以来系年要录》卷七二记"右治狱近断孙昱杀一家七人，亦系尸不经验"③。据《要录》的"右治狱近断"，推测第一个空处似应为"理寺断"3 字。因为右治狱属于大理寺。第二个空处应补入"不经验"3 字。

5.《辑稿·刑法》4/81/6-9 有两处空缺，"光则上奏曰：如赵倩等所犯，皆得免死，则强盗加盛，良民无以自存。殆［2 格］恶劝善之道。乞自今后应天下州军勘到［2 格］理无可愍，刑名无可虑，辄敢奏闻者，并令刑部举驳，重行典宪"。

按：司马光《传家集》卷四八中有此，即《乞不贷强盗白札子》，其原文为"如赵倩等所犯如此，皆得免死，则是强盗不放火杀人者，尽得免死。窃恐盗贼转加恣横，良民无以自存。殆非惩恶劝善之道。其赵倩等，欲乞并令本州依法处死。仍乞立法，自今后应天下州军勘到强盗情理无可愍，刑名无疑虑，辄敢奏闻者，并令刑部举驳，重行典宪"。虽然《辑稿·刑法》并没有一字不差地引原文，但空缺处还是可以补出，应分别为"非惩""强盗情"。

《长编》卷三五八记"窃恐盗贼转加恣横，良民无以自存，殆非惩恶劝善之道"。"门下省言：自今应天下州军勘到强盗情无可愍刑名无疑虑辄敢奏闻者，并令刑部举驳，重行朝典。不得用例破条。从之。"④《要录》卷八

① 马端临：《文献通考》卷一六七《刑考六》，中华书局，1986，第 1451 下~1452 上。
② 缺字处无注文，但空 3 格。
③ 李心传：《建炎以来系年要录》，中华书局，1956，第 1200 页。只是两书所记月份不同，有正月、二月之别。
④ 李焘：《续资治通鉴长编》，中华书局，1995，第 8570~8571 页。

八记"乞天下州军勘到强盗，情理无可悯"，① 可进一步证实所补四字是正确的。

6.《辑稿·刑法》4/83 的十八年闰八月七日"大理寺丞石邦哲言：伏睹绍兴令，决大辟皆于市。先给酒食，听亲戚辞决，示以犯状，不得窒塞口耳、蒙蔽面目及喧呼奔逼，而有司不以举行，殆为文具。无辜之民至有强置之法。如枉年抚州狱案（原缺）［2 格］陈四闲合断放，陈四合依军法。又如泉州（原缺）［3 格］陈翁进合决配，陈进哥合决重杖。姓名略同而罪犯迥别。临决遣之日，乃误设以陈四闲为陈四，以陈公进为进哥。皆已决而事方发露，使不窒塞蒙蔽其面目口耳而举行给酒辞诀之令，则是二人者，岂不能呼冤以警官吏之失哉？欲望申严法禁。如有司更不遵守，以违制论。从之"。

按：《文献通考》卷一六七"大理寺丞石邦哲上疏曰：伏睹绍兴令，决大辟，皆于市，先给酒食，听亲戚辞诀，示以犯状，不得窒塞口耳、蒙蔽面目及喧呼奔逼而有司不以举行，视为文具。无辜之民至是强置之法。如近年抚州狱案已成，陈四闲合断放，陈四合依军法。又如泉州狱案已成，陈翁进合决配，陈进哥合决重杖。姓名略同，而罪犯迥别。临决遣之日，乃误以陈四闲为陈四，以陈翁进为陈进哥，皆已配而事方发。倘使不窒塞蒙蔽其面目口耳而举行给酒辞诀之令，是二人者岂不能呼冤以警官吏之失哉？欲望申严法禁，否则以违制论，从之"。②

《辑稿·刑法》与《文献通考》的两处文字大致相同，只有个别字不同，《辑稿·刑法》的空缺处可据《文献通考》补入。第一处当为"已成"2 字。第二处当为"狱案已成"4 字。

7.《辑稿·刑法》4/85/28－29"十月十三日朝奉郎试大理（缺）［1 格］汲言：大理寺断绝狱空，诏付史馆。以汲试刑部侍郎"。

按：《长编》卷三四〇记"朝奉郎试大理卿杨汲试刑部侍郎。初，汲言：大理寺断绝狱空，诏付史馆。因有是命"。③ 可知，缺处应补入"卿杨"2 字。《辑稿·刑法》4/85 元丰五年（1082）四月七日条、九月十三日条可旁证。

8.《辑稿·刑法》6/45/16"盖缘坐（缺）［1 格］官，虽贷而不死，世为奴婢"。

---

① 李心传：《建炎以来系年要录》，中华书局，1956，第 1469 页。
② 马端临：《文献通考》卷一六七《刑考六》，中华书局，1986，第 1454 页。
③ 李焘：《续资治通鉴长编》，中华书局，1995，第 8185 页。

按：《文献通考》卷一七〇《刑考九》有"盖缘坐没官，虽贷而不死，世为奴婢"。[1] 可见，缺处应为"没"字。

此外，《辑稿·刑法》中尚存待补的空格还有：4/79 空了 3 处，共 9 个空格；4/80 有 4 个空格；4/82 有两处"原缺"，空 5 格。[2]

（三）条文位置的调整

条文位置的调整包括不同门间的调整及同一门内部的调整，以使门与条对应，条与条之间以编年相继。

1. 不同门之间的调整

如《辑稿·刑法》4/84 记"二年四月二十七日臣僚言：狱者，愚民犯法，固其自取。然亦有迁延枝蔓而情实可悯者，窃见春夏之交，疫疠方作，囚系淹抑，最易传染。一人得疾，驯至满狱，州县谓之狱瘟。乞明诏诸路监司守臣遵守成宪，入夏之初，躬亲或差官虑囚，如犯大辟，立限催促勘结，不得迁延枝蔓。其余罪轻者，即时断遣。见坐狱人或遇疾病，亦须支破官钱为医药膳粥之费，具已断遣人数及有无疾病以闻。仲夏，复命宪臣断行疏决，无致后时。务令囚系得脱疫疠炎暑之酷。从之"。这一条本在"配隶"门，但从内容上看应放在"禁囚"门中。

2. 同一门内的调整

如《辑稿·刑法·禁约》中条的排列顺序有问题，应作调整。《辑稿·刑法·禁约》中 2/1-60 为建隆四年（963）至政和二年（1112）、2/60-117 为政和三年（1113）至绍兴二十七年（1157）、2/118-135 为淳熙元年（1174）至嘉泰四年（1204）、2/135-146 为开禧元年（1205）至嘉定十七年（1224），2/147-159 为绍兴三年（1133）至乾道九年（1173）。以编年体应遵循的编年原则来看，上述所列条文的顺序颠倒，即 2/147-159 绍兴三年至乾道九年的内容应放到 2/118-135 淳熙元年至嘉泰四年的内容之前。

---

① 马端临：《文献通考》卷一七〇《刑考九》，中华书局，1986，第 1478 页。

② 除了上面所列的之外，还有几处缺文。《辑稿·刑法》1/14 应补入"宰臣富弼韩琦编修"；1/14 应补入"右正言王规"，1/64 应补入"习法律望""众官举奏""今臣等参""州县官但历任""前敕但""公平""否""右正""烨""臣僚"；3/52/5 有一处"原空"，空 1 格，当为"依"或"从"字；4/84 有一处"原缺"，空 3 格，当为"诏刑"2 字；5/2 有六处"缺"，共有 14 个空格：一处实不缺，两处待补，其他的为"夜逾垒垣""因徧索""得数百余人不"。

四　《宋会要·刑法》的格式

（一）《宋会要·刑法》分卷

《辑稿》不分卷，可《宋会要》是分卷的，且卷与门不一定对应。从晁公武《郡斋读书志》、陈振孙《直斋书录解题》、王应麟《玉海》和马端临《文献通考》中可知《宋会要》是有卷数的，一卷不一定只包括一门。对此，陈智超先生已有论述，故不详谈。①

此外，还可从其他途径来证明《宋会要》分卷的事实。

1. 从修会要的传统推知《宋会要》应该分卷

《唐会要》始修于唐，最终成于宋初。唐德宗贞元间苏冕开始写时是四十卷，武宗时崔铉又续了四十卷，宋建隆初王溥在苏冕、崔铉的基础上又增添了宣宗以后的内容，共为一百卷。宋代的《会要》都成书于《唐会要》之后，很有可能参考《唐会要》分卷记事的体例。

南宋徐天麟所撰的《西汉会要》有四十六卷、《东汉会要》有四十卷。分别成书于南宋嘉定四年（1211）、宝庆二年（1226），此时宋代所修的《会要》除李心传《十三朝会要》外，其他的都已修好。徐天麟的书很有可能参考了当时官方修会要的体例，即从徐天麟书分卷的情况可推知《宋会要》也可能分卷。

2.《长编》注证明《宋会要》有总卷，门内有时也分卷

《长编》卷四八一哲宗元祐八年（1093）二月壬申条的注为"《政和会要》第三十八卷《郊议》第四卷，元祐八年二月二十五日苏轼奏六议，诏

---

① 陈智超先生认为："一、《宋会要》原书分卷，卷或作册。晁公武《郡斋读书志》、陈振孙《直斋书录解题》、王应麟《玉海》和马端临《文献通考》等书著录《宋会要》，都称分卷。《南宋馆阁续录》卷4《修纂》门也称宋代各部《会要》分卷，但同书3《储藏》门载秘书省所藏《会要》，却称分册。如《孝宗皇帝会要》，卷4作三百六十八卷，卷3则作三百六十八册；又如《光宗皇帝会要》，卷4作一百卷，卷3则作一百册。可见册与卷其实是一样的。二、《宋会要》并非按门分卷，一卷不一定包括一门。据《玉海》卷51知《光宗会要》分23类364门，而各书所载《光宗会要》都是100卷，可见并非按门分卷，一般一卷不只包括一门。三、各卷卷首题提举官衔名。《馆阁续录》卷4《修纂门》载，嘉泰元年七月十一日奉安《总修孝宗皇帝会要》于秘阁，秘书省'乞依逐次已进朝会要体例，卷首书写提举官衔名，撰述序文'，得到同意。可见《会要》的规格同正史一样，卷首书提举官衔名。既然并非按门分卷，这里所说的序文，不是每卷的序文，而应指每门的序文。这从《辑稿》中也可以看到。"陈智超：《解开〈宋会要〉之谜》，社会科学文献出版社，1995，第50页。

令集议闻奏，即载四月十一日罢集议诏，不载乞加反复诘难札子"。① 《辑稿·礼》3/12-18"郊祀议论"中保存了苏轼此议。"郊议"是门，它至少有四卷，可见门内也分卷。这可能与此门内容较多有关。

由上知，《宋会要》全书分总卷，卷与门并不一一对应，有的是几门属于一卷，有的门内容多时可能会分属于几卷。此外，门内也可能分卷。

"刑法"作为《宋会要》的一部分，也应当是这样的格式。从《辑稿·刑法》"禁约三"来看，"禁约"是《宋会要》的门，"三"可能是禁约门内的第三卷。

（二）《宋会要·刑法》的书写格式

陈智超先生认为《宋会要》的格式应有三个特征：（1）每门之前，必著其所属之类，而且很可能分两行著录，首行为类名，次行为门名；（2）在原本中，在著录类名时，只录名称，并无类字，如作职官而非作职官类；（3）每类之下，还分一、二、三、四等次序。②

陈先生是针对《宋会要》的格式而言，但其看法也同样适用于"刑法"部分。笔者同意他的看法。现以成书于南宋的《西汉会要》《东汉会要》加以验证。

《西汉会要》和《东汉会要》是南宋徐天麟所撰。徐天麟"以二史所载汉家制度典章散于纪、传、表者，仿唐以来会要体分门编纂"，③ 那么也很有可能参考官方编的《宋会要》。

《西汉会要》的卷六十一至六十三为"刑法"，以卷六十二为例，其书写格式为：

"《西汉会要》卷六十二宋徐天麟撰

刑法二

疑谳"

《东汉会要》的卷三十五至三十六为"刑法"，以卷三十五为例，其书写格式为：

"《东汉会要》卷三十五宋徐天麟撰

刑法上

———————————

① 李焘：《续资治通鉴长编》，中华书局，1995，第11459页。
② 陈智超：《解开〈宋会要〉之谜》，社会科学文献出版社，1995，第53~54页。
③ 马端临：《文献通考》卷二百一《经籍考二十八》，中华书局，1986，第1684页。

法令"

由以上知,《宋会要·刑法》的格式似应如下:

"《宋会要》卷××（代表数字,以下同）,提举官衔名（每卷不一定包括一门,有的可能几卷为一门）

刑法××

门名××

条"

五   《宋会要·刑法》的注

《宋会要·刑法》的注是指在正文中出现的单行或双行的小字。它们分散在刑法一至七的各部分之中,数量不等,长短不一,内容迥异。以下从注的类型、注的作者、注的作用等方面加以考查。

（一）标明出处的注

标明出处的注,即"以上某某会要"型注,"以上"指正文的内容,"某某会要"是指正文出自哪一部《会要》。这类注在刑法一、刑法六中表现得非常充分,而其他部分则只是偶尔出现,并不齐全。现以刑法一为例,列出其中标明出处的注,见表1。

表1   《辑稿》刑法一"格令"门中标明出处的注

出处	注文	正文记事范围
1/6	以上国朝会要	建隆四年至治平二年六月
1/33	以上续国朝会要	治平四年十月至靖康元年九月
1/47	以上中兴会要	建炎二年四月至绍兴三十年八月
1/49	以上乾道会要	隆兴二年正月至乾道九年三月
1/54	以上孝宗会要	淳熙元年四月至淳熙十五年五月
1/57	以上光宗会要	淳熙十六年八月至绍熙三年六月
1/61	以上宁宗会要	庆元二年十一月至嘉定十五年十月

由此注知,宋代曾修过《国朝会要》《续国朝会要》《中兴会要》《乾道会要》《孝宗会要》《光宗会要》《宁宗会要》,而这七部《会要》都有

"格令"门。其他部分也可如此推断。

这类注有可能是《宋会要》的注，也有可能是《永乐大典》的注。

（二）指示门名的注

指示门名的注，即"见某某门"型注。这类注的作用在于它保留了《宋会要》门的信息。《宋会要》编纂时有将同一事件依不同的侧重点修入不同门的情况，为了让检阅者更方便地找到与此相关的内容，编纂者以注的形式，注出另一条应见哪一门，即指示找寻的途径。如注"立法见刑制门"，即指有关正文中提到的立法的具体内容，载于"刑制门"中。而注中所提到的门，恰是《宋会要》原来的门。利用这种注，可以认识《宋会要》的门。

《辑稿·刑法》中提示门名的注文有四处，指示了《宋会要》的三个门名。

1. 表明《宋会要·刑法》中有刑制门，这样的注有两处（见前文）。

2. 证实《辑稿》"大理寺"门在《宋会要》中确实存在。

《辑稿·刑法》1/68"熙宁五年五月十四日诏：大理寺详断官每二人同共看详定断文案外更于奏状上系衔仍同点检。从本寺所请也"。下面的注为"事具大理寺"。

由此可知，《宋会要》中有"大理寺"门。《辑稿·职官》24/5 现存"大理寺门"，其中有此内容，共 226 字，① 比《辑稿·刑法》同条记事更为详细，既有新改条法的内容，也记述了旧制的情况，说明了改动的原委。两者详略不同，是因两门的主旨不同，因为有参考的必要，所以注明"事具大理寺"。

3. 表明《辑稿》中没有的"黜监门"在《宋会要》中曾经存在。

《辑稿·刑法》3/45-46 有绍圣元年十一月十六日左司谏商英上言之事，其下有注"同并后由此罢，事具黜监门"。由此注知，"黜监门"是《宋会要》的门，《辑稿》无此门，说明已遗失。

---

① 具体内容为"神宗熙宁五年五月十四日：大理寺官旧条详断官八员为定制，每二人连签同看详。如有失错，本断官与连签官一等科罪。勘会旧来定断公案，或不详审及有积滞。盖是方案稍多，断官员少，今来新法试中八人。欲乞增置断官二员，以为定制。所有久远不致淹留差失兼自来连签官，虽有条约并承例不同看详文案，只候本断官断草检书字后虽主判与审刑院改动刑名，以至奏上，更不经由连签官，深属不便。乞依条详断官每二人同共看详定断文案外，更于奏状上系衔，仍同点检。所贵二人协立递相照管文字。从之"。

（三）补充、解释型的注

1. 对诏令颁布的原因、背景进行补充

《辑稿·刑法》正文条的书写有两种格式。

一是奏请式，即由臣僚或某一机构上奏建议朝廷应如何，然后得到朝廷批准。通常格式为"×年号×年×月×日×人言（奏）××"。后接"从之""诏可""诏××以闻"。这种格式一般不加注。

另一种格式即为诏令型，往往是"×年号×年×月×日诏×"。如果只是诏文，也不加注。但如要介绍此诏颁布的原因、当时的背景等，则会有两种形式。一是在这一诏令后空1格，再接"先是……，故有是诏"等来体现。二是以注的形式来体现这些内容。通常的形式为"先是……条约之""以……故也""从……请也""时……故有是诏"等。这一种格式在《辑稿·刑法》出现过，刑法七中最多，基本上都是以注来表示。这种注应是书吏所为。但还不能确定是《永乐大典》的书吏，还是《全唐文》的书吏。因为这涉及《宋会要》原文有没有一个统一的格式来表示原因或介绍背景的问题。在《宋会要》原书中，这类内容是以空一格表示，还是以注来表示，还是两者都可，尚待进一步考查。

2. 解释时间

《辑稿·刑法》中有十处注为"×宗即位未改元"，见表2。加此注是为了更明确地说明是何时发生的事。这类注应是《宋会要》原本就有的注。

表2　《辑稿·刑法》中解释时间的注

注的位置	注的内容	注所指的内容	备注
1/6	神宗即位未改元	治平四年十月九日	
1/18	徽宗已即位未改元	元符三年七月二十四日	
2/33	神宗已即位未改元	治平三年七月十二日	
2/156	即□未改元	绍兴三十三年十月	缺"位"字
3/30	孝宗即位未改元	绍兴三十年八月二十三日	
4/75	英宗已即位未改元	治平四年十一月二十六日	"英宗"错，当为"神宗"
4/78	徽宗已即位未改元	元符三年五月二日	
5/7	仁宗即位未改元	乾兴元年五月七日	
5/11	徽宗已即元民	元符三年十二月九日	"已元民"当为"位未改元"
7/14	神宗已即位未改元	治平四年五月三日	

3. 解释文中字词的注

有些话语是对句中某个字或某个词所作的解释或补充，为了不影响对整个句意的理解，以注的形式注出。这也应是《宋会要》的原注。如《辑稿·刑法》1/31 的宣和元年八月二十五日条。

（四）表明文字有缺漏的注

《辑稿·刑法》正文中有缺字的地方，以空格表示，通常标以"原缺""原空""缺"等注。将《辑稿·刑法》1/14 与《辑稿·刑法》4/77-78 处的此类注相比较，可得出如下的结论。其一，刑法一与刑法四的正文出自两人之手，字迹不同。其二，它们的注属两种笔体，但分别与正文的字迹相同。说明这类注是书吏所加。至于是《永乐大典》的书吏所加，还是《全唐文》的书吏所加，还需今后再证。[1]

（五）指示省略了相同内容的注

《辑稿·刑法》正文中一条内容记述完毕后，如果又有与其同样的内容，只是时间不同而已，那么一般会在第一处正文下加上注"……同此制"。目的是省去相同条目反复抄写的劳苦，同时也利于对此内容作整体把握，这类注也应是书吏所为。

但是有的地方的文字从表述上看应是注的内容，却不以注的形式出现，而是直接大字书写在正文后。如《辑稿·刑法》5/9"治平四年十九日神宗即位，未改元，上御崇政殿录在京诸司系囚，杂犯死罪已下递降一等，杖已下释之。熙宁元年三月二十八日、三年八月九日，四年六月十三日，五年四月五日、六年七月十三日、七年三月五日，八年五月一日，十年三月二十一日，元丰元年三月七日、四年四月十五日，六年五月十五日、七年五月十四日并同此制"。同样的情况还有《辑稿·刑法》5/6、5/7、5/9、5/10、5/11、5/12 等。

总的说来，《辑稿·刑法》注的种类要少于其他部分，如没有"详见×

---

[1] 陈智超先生认为，这应该是《大典》的注文，"原本"即指《宋会要》原本。如果是《宋会要》原注，"原本"无所指（见陈智超《解开〈宋会要〉之谜》，社会科学文献出版社，1995，第 58 页）。其实也不一定，因为也有可能是《全唐文》的书吏从大典中辑《宋会要》时所加的注，"原"也有可能指《永乐大典》。而王云海先生恰也认为是第一种，即"明初修《永乐大典》时，所根据的《宋会要》底本就是残缺的"。

字"型的注，也没有引其他书作的注。

六　《宋会要·刑法》的空格

《辑稿·刑法》中的空格指缺失文字之处。空格的存在有时会影响对文意的理解，所以有必要将其补齐。为此，有必要搞清楚空格的类型及空格数与原文文字数的对应关系。

空格的类型共有三种：其一是正常的空格，即《辑稿·刑法》正文中一条记述完后，如果要交代颁布的原委或臣僚有此奏请的原因、当时的背景等与此相关的内容，通常在中间空一格，将文字隔开，但前后的内容相互衔接；其二是标明"原空"或"原缺"字样，表示正文缺字；其三是没有任何标志的空缺。三者中后两种情况都缺了文字，需要补充。

空格数与实际字数有一致的情况。

如《辑稿·刑法》1/14/28-30"先是，六年三月二十四日诏御史中丞刘挚、（原空）[5格]刑部郎中杜纮将元丰敕令格式重行刊修。至是上之"。

按：《长编》记为"诏御史中丞刘挚、右正言王觌、刑部郎中杜纮将元丰敕令格式重行刊修"。① 《文献通考》记为"哲宗元祐元年诏御史中丞刘挚、右正言王觌等刊修元丰敕令格式"。② 将三条材料相对照，可知原空处应补入"右正言王觌"5字，而原空处也恰为5格。

但是，有时空格数与所缺字数并不一致，空格数与实际字数并不一一对应。③ 如下文三例。

例一：《辑稿·刑法》1/14/14-16有"四日中书省言：刑房断例，嘉祐中（原空）[6格]，今二十余年。内有该在不尽者，欲委官将续断例及旧例策一处看详情理轻重，去取编修成策，取旨施行。从之"。

按：《长编》卷391记戊午中书省言"刑房断例，嘉祐中宰臣富弼、韩琦编修，今二十余年。内有该载不尽者，欲委官将续断例及旧例策一处看

---

① 李焘：《续资治通鉴长编》，中华书局，1995，第9025页。
② 马端临：《文献通考》卷一六七《刑考六》，中华书局，1986，第1450页。
③ 陈智超先生认为："这些所谓'原缺'是指原本有缺字或空围，或漫漶不清，其所缺字数，即所谓空格数。"（见《解开〈宋会要〉之谜》第58页）本文以具体的例子证明这一结论不一定正确。

详情理轻重，去取编修成策，取旨施行。从之"。①

《辑稿·刑法》原空 6 格，而据《长编》应补入"宰臣富弼韩琦编修"8 字。

例二：《辑稿·刑法》1 的"试法律"与《辑稿·职官》3"法官"是复文，所以它们的文字应该是一样的。现将它们相比对。

《辑稿·刑法》1/64 共有 10 处空缺，前 6 处各空 4 格，所缺文字分别为"习法律望"4 字、"众官举奏"4 字、"今臣等参"4 字、"州县官但历任"6 字、"前敕但"3 字、"公平"2 字；第 7 处空 1 格，为"否"1 字；第 8 处空 2 格，为"右正"2 字；第 9 处空 1 格，为"烨"1 字；第 10 处空 4 格，为"臣僚"2 字。

例三：《辑稿·刑法》5/6 的"七年正月十四日，御崇政殿录在京诸司系囚，多所原减"。注为"以车驾［1 格］行幸故"，虽然行前空一格，但并没有缺字。同样 5/11 的"六月十一日［1 格］并同此制"虽然中间有一空格，但并没有缺字。

从以上分析可见，有的空格数与实缺数一致，有的却不一致。究其原因，可能是书吏疏忽而致。所以在补充这些空缺时并不一定要严格按照空格数的多少。

---

① 李焘：《续资治通鉴长编》，中华书局，1995，第 9509 页。

"典例法律体系"形成之前夜[*]

——元代"弃律用格例"及其法律史地位

谢红星^{**}

摘要： 在蒙古族法制传统的影响下，以及考虑到元代建立之初的特殊政治形势，元廷废弃了律令法典，同时编集条格和断例，将宋代以来各种法律形式按其内容整合为刑事和非刑事两大类，整体表现为"弃律用格例"的倾向。随着律令法典被废弃，判例在元代的地位和作用达到顶峰，元代法律出现了强烈的"例化"的特点，这既是蒙古民族法制传统的延续，也是唐代后期以来古代中国法律体系整体发展趋势之结果。明清王朝恢复了法典传统，但其法律体系不再是"律令法律体系"的简单重复，而是一种典为纲、例为目，成文法与判例相混合、互为补充、相互转化的"典例法律体系"，这一法律体系的形成及特点，与元代"弃律用格例"之下法律体系的变迁及特点有着密切联系。由此，元代成为明清"典例法律体系"形成之前夜，元代法律体系在中国法律史上具有承前启后的承接和中转地位，再次佐证了中华法律文化之整体性和连续性。

关键词： 格例　律令　律令法律体系　典例法律体系

关于元代法律体系变迁与特点，长期以来，孟森、蒙思明等前辈学者将其概括为"惟以判例惯例为典制，无系统精密之律文"，进而做出"政治

---

* 本文曾发表于《江西社会科学》2020 年第 3 期。

** 本文作者系江西财经大学副教授。

简陋，法令粗疏""不知礼法刑政为何事""元无制度"的评价。① 然而，法史学界并不满足于这一概括与评价，而是深入探讨元代"弃律用格例"法律现象之内在机制，并得出"蒙古本位"说、"家产制国家"说、"草原法文化"说、"族群复杂"说、"儒吏矛盾"说、"判例法上升趋势"说等观点。② 总体而言，大部分学者将元代"弃律用格例"现象归于蒙汉二元划分、蒙古本位的政治观念及体制、蒙古习惯法的强大影响等外在因素，一部分学者则从中国传统法制自身的"内在理路"出发，认为元代法律体系"弃律用格例"更多是唐中后期以来律典地位相对下降，格、敕等单行法以及断例地位持续上升趋势之必然结果。

客观地说，元代"弃律用格例"现象之形成，外在因素的影响和传统法制的内在历史惯性二者皆有之，也很难确定哪一方面的因素占主导。但法史学界长期以来更为关注外在因素影响，对传统法制内在惯性对于元代法律体系的影响着墨不多。然而，阐明元代法制与秦汉以降中国传统法制之间的内在联系，实为证成元代法制为五千年中国法制之有机且重要组成部分，以及中华法系整体性、一贯性之关键。宫崎市定先生、胡兴东先生等对元代法律体系与唐宋法制变迁之间的联系有一定阐述，但对元代"弃律用格例"对于明清法制之影响，则未做进一步探讨。近年来，杨一凡先生、陈灵海先生相继提出明清"典例法律体系"一说，认为明清法律体系是以典为纲、以例为目的"典例法律体系"，③ 本文基本赞同杨、陈二先生

① 孟森：《明清史讲义》（上），中华书局，1981，第14页；蒙思明：《元代社会阶级制度》，中华书局，1980，第36页。
② 仁井田陞、岩村忍认为元代未能颁布律典的原因在于族群之间差别过大，矛盾重重，故在统治上实行分治主义（〔日〕仁井田陞：《中国法制史研究：刑法》，东京大学出版会，1959，第525~537页）；姚大力认为元代拒绝颁行律典的原因是蒙古本位下对汉民族和中原法律文化的防范 [姚大力：《论元朝刑法体系的形成》，李治安主编《元史论丛》（第3辑），中华书局，1986，第105~129页]；宫崎市定认为元代放弃律典一方面是宋金以来律典地位持续下降的结果，另一方面是专制君主不断强化对法律创制干预的必然结局，此外，元代官僚体系中胥吏势力的抬头也是修律长期未果的重要原因 [〔日〕宫崎市定：《宋元时期的法制与审判机构——〈元典章〉的时代背景及社会背景》，杨一凡主编《中国法制史考证》（丙编第三卷），中国社会科学出版社，2003，第94页]，胡兴东也提出了类似观点（胡兴东：《中国古代判例法运作机制研究：以元朝和清朝为比较的考察》，北京大学出版社，2010，第2~57页）。
③ 参见杨一凡《明代典例法律体系的确立与令的变迁——"律例法律体系"说、"无令"说修正》，《华东政法大学学报》2017年第1期；杨一凡《重新认识中国法律史》，社会科学文献出版社，2013，第19~68页；陈灵海《〈大清会典〉与清代"典例"法律体系》，《中外法学》2017年第2期。

观点，并进一步从古代中国法律体系整体变迁之视角，探讨元代"弃律用格例"之由来、在中国法律史上之地位，以及对明清"典例法律体系"生成之影响。

一　废而后立："弃律用格例"及元代法律体系之再造

自春秋战国以降，古代中国法律体系便表现为一种成文法的体系，律和令是这一法律体系的主要构成部分。秦汉时期，律令以单行法的形态存在，繁多而芜杂。魏晋之际，法典化运动兴起，制定出以唐律、唐令为代表的律令法典，生成强大的律令法典传统，这一传统自唐中期后虽不断遭遇格后敕、编敕等单行法地位上升与断例作用扩大之挑战，但仍顽强维续并存在于宋代。

（一）"弃律用格例"的发生

到了元代，以律和令为主要构成部分的"律令法律体系"基本解体。以至元八年（1271）十一月忽必烈废止金《泰和律令》为标志，① 元廷中断了借用汉化的金代法律创制本朝法律体系及法典之进程，废弃了律令法典传统。之后，虽有朝臣试图在承认南北异制的基础上，寻求制定集蒙俗汉制于一体的律令法典的折中方案，但"中朝大官恳恳开陈，而未足以回天听。圣意盖欲因时制宜，自我作古也"。② 被废弃的律令法典传统在元代始终没有恢复，元代法律体系及法律形式，整体表现出一种轻视法典、强化格例的倾向，即"弃律用格例"。

重视条格和断例，并不意味着一定要废弃律令法典。元朝之前的宋朝，编敕和断例的作用大幅强化，却并未根本动摇律令法典的地位；元朝之后的明清王朝虽然以例作为法律体系的主要构成部分，高度重视和充分发挥例的作用，却重新制定了律典、令典乃至会典等法典。无论从逻辑还是历史事实而言，"用格例"并不以"弃律"为必要前提。因此，元代废弃律令法典传统，在中国法律史上就显得尤为特异，并不能仅从唐中期以来律令

---

① 至元八年十一月，忽必烈宣布："《泰和律令》不用，休依着那者。"（《元史》卷7《世祖纪四》，中华书局，1976。）

② （元）吴澄：《大元通制条例纲目后序》，黄时鉴辑点《元代法律资料辑存》，浙江古籍出版社，1988，第83页。

法典地位相对下降，格、敕、例日益受重视的趋势中寻求解释，而必然存在其他更为特殊的因素。

从表面看，废弃律令法典传统，与元代建立之初的政治和社会形势有密切关系。蒙古政权入主中原之初，基于治理中原汉地之需要，曾有一段时期继续采用以《泰和律》为核心的金代法律体系，以其为创制新法的重要参照和中原汉地司法审判的法律依据。但是，忽必烈作为虽对中原文化有一定了解却并不服膺的征服型统治者，对被他和蒙古铁骑征服的金朝及其法制文化，内心深处很难说不存在强烈的轻蔑和警惕之意，此其一。其二，李璮叛元降宋严重影响忽必烈对汉族臣僚的信任。中统三年（1262）二月，驻扎山东的李璮叛元降宋，并牵连到他的岳父、忽必烈非常信任的平章政事王文统，由此严重影响了忽必烈对汉族臣僚的信任，自此，忽必烈大力削夺汉人世侯的权力，有意疏远汉族朝臣和地方官吏，汉臣的失势使元廷中推行汉法的力量大为减弱，反之维护《大札撒》等蒙古旧法的力量却在增强。其三，海都等叛乱诸王对忽必烈有限"遵用汉法"方略的责难，加大了行用汉法的阻力。面对公开的叛乱和潜在的抵制，忽必烈认识到继续推行汉法的阻力和不利，以及以《大札撒》为核心的蒙古旧制旧俗对于凝聚蒙古贵族人心、维护大汗权威和黄金家族内部统一的重要价值，他不可能全面行用律令法典传统的中原汉法来削弱蒙古旧制，只可能为了维护蒙古旧制而废弃中原王朝向来的律令法典传统。

从深层次讲，以《大札撒》为最高权威的蒙古族法制传统对元代废弃律令法典传统起到了决定性的作用。《大札撒》是由铁木真统一蒙古草原期间和大蒙古国建立初期颁布的一系列命令、向臣民发布的训示以及部分蒙古族习惯构成的纲领性法律文件。对黄金家族来说，《大札撒》是必须共同遵守的最高准则，是大蒙古国内普遍通行、具有最高权威的行为规范。元朝虽然是忽必烈仿效中原传统王朝的结构建立起来的政权，但从根本上仍是蒙古帝国的延续，统治基础还是蒙古贵族。忽必烈绝不可能全盘否定和抛弃蒙古国的制度，相反，他保留了大量的蒙古旧制，尤其是，为了彰显自己取代阿里不哥的正当性，他必然也必须表现出对《大札撒》的遵循与认同。而无论从内容还是形式上看，《大札撒》都很难说是严格意义上的法典，其既不具备法典严谨之结构与精练之语言，内容也多为成吉思汗针对具体事件、案件发布的命令、训示和蒙古族的习惯，是在生活习惯基础上形成的习惯法和从具体判决中总结、引申出来的司法成例的汇编，较为原始和粗疏，缺乏抽象性和概括性，并且表现出强调遵循先例以及从案例中总结规则的"例化"的特征，这一特征及传统深刻影响了元代建立后的立法。《泰和律》被禁用后，元廷并没有像历代王朝一样制定出一部自己的律典，仅仅是颁行了一些单行的条格和法令，至元二十八年（1291）的《至元新格》"宏纲大法，不数千言"，① 表现出简短粗疏的风格。元成宗大德三年（1299），朝廷委任何荣祖更定律令，辑成《大德律令》，但因为过多地援引中原汉地的法律条文和内容，"与《泰和律》相差无几"，② 违背了《大札撒》的风格与传统，《大德律令》没有通过，未能颁行。英宗朝的《大元通制》和顺帝朝的《至正条格》的内容都是对单个制诏、条格、断例的整理和汇编，其以条格和断例为主体，不具备以律令法典为范式的中原法典的特点。虽然对条格和断例进行汇编可能也借鉴了宋代编敕和编集断例的做法，但更多是立足于蒙古族自身的法制传统，遵循了《大札撒》的立法方式和风格，即针对特定场合、特定情况、特定罪行而个别立法，"给每一个场合制一条法令，给每个情况制定一条律文；而对每种罪行，他也制定一条刑罚"。③ 由此反映出《大札撒》在蒙古族法制传统中的一以贯之的至高权威，以及对元代废弃中原王朝律令法典传统的决定性影响。

（二）"弃律用格例"后元代法律体系的再造

废弃中原王朝的律令法典传统，拖延施行中原汉法的进程，使得元代立法整体上严重滞后于适用的需求。蒙古统治者以军事征服者之姿态，希望扩展以《大札撒》为核心的蒙古本族法制在中原地区的适用范围，但与其意愿相悖的是，中原汉地发生的各种复杂的司法案件很难适用简易宽疏的蒙古旧法。在前朝法典被明令禁止适用、蒙古旧法不可用，又没有本朝其他成文立法可资引用的情况下，各级司法部门便陷入了无法可依的困境。为解决这一问题，中书省以皇帝的名义不断发布圣旨条画，为司法实践提供临时性法律依据，同时各级司法官吏在司法实践中不断产生具有指导意义的案例，为类似案件的处理提供章程。

圣旨条画和判例的大量及无序涌现，必然给法律的适用带来严重的消

---

① （元）苏天爵：《滋溪文稿》，陈高华等点校，中华书局，1997，第85页。
② 吴海航：《元朝法文化研究》，北京师范大学出版社，2005，第244页。
③ 〔伊朗〕志费尼：《世界征服者史》，何高济译，内蒙古人民出版社，1981，第28页。

极影响，妨碍国家统一法律秩序之形成："今天下所奉行者，有例可援，无法可守，官吏因得并缘为欺。内而省部，外而郡府，抄写格条多至数十。间遇事有难决，则检寻旧例，或中无所载，则旋行比拟，是百官莫知所守也。"① 元廷虽然决定废弃中原王朝的律令法典传统，不想以制定律令法典的方式解决法律适用混乱不一的问题，但还是在实践中存在的各种诏令、条画、判例的基础上，通过辑录、增删、修改、创制，将其汇编成综合性法律文件，努力形成较为统一的法律适用规则，《大元通制》和《至正条格》即是这种努力的代表性成果。

《大元通制》颁布于元英宗至治三年（1323）二月，共 2539 条，具体包括制诏 94 条、条格 1151 条、断例 717 条、令类 577 条，"格例成定，凡二千五百三十九条，内断例七百一十七、条格千一百五十一、诏敕九十四、令类五百七十七，名曰《大元通制》，颁行天下"。② 现存《通制条格》系其中条格部分的残本，仅 653 条。条格部分的篇目，据元人沈仲纬《刑统赋疏》，包括《祭祀》《户令》《学令》《选举》《宫卫》《军房（防）》《仪制》《衣服》《公式》《禄令》《仓库》《厩牧》《关市》《捕亡》《赏令》《医药》《田令》《赋役》《假宁》《狱官》《杂令》《僧道》《营缮》《河防》《服制》《站赤》《榷货》27 篇，残本《通制条格》存《户令》《学令》《选举》《军防》《仪制》《衣服》《禄令》《仓库》《厩牧》《田令》《赋役》《关市》《捕亡》《赏令》《医药》《假宁》《杂令》《僧道》《营缮》19 篇。③可见，条格部分的篇目采用的是唐宋时期令的篇目结构，且与金《泰和令》篇目表现出高度的相似性，足以表明《大元通制》的条格部分性质上属于非刑事方面的法规。关于断例部分的篇目，沈仲纬《刑统赋疏》的记载是："名令提出狱官入条格，卫禁，职制，户婚，厩库，擅兴，贼盗，斗讼，诈伪，杂律，捕亡，断狱。"足以表明《大元通制》断例部分属于刑事方面的法规。

《至正条格》颁行于元顺帝至正六年（1346）四月，共 2909 条，其中制诏 150 条、条格 1700 条、断例 1059 条，"书成，为制诏百有五十，条格千有七百，断例千五十有九。至正五年冬十一月有四日，右丞相阿鲁图、左丞相别里怯不花、平章政事铁穆尔达识、巩卜班、纳麟、伯颜、右丞相

① 邱树森等辑点《元代奏议集录》（下），浙江古籍出版社，1998，第 82 页。
② 《元史》卷 28《英宗纪二》，中华书局，1976。
③ 《大元通制条格》，郭成伟点校，法律出版社，2000。

搠思监、参知政事朵儿职班等入奏，请赐其名曰《至正条格》"。① 在体例上，《至正条格》不再包含"令类"，仅有制诏、条格、断例三纲。其条格部分，据《四库全书总目》卷八十四《史部四十·政书类存目二·至正条格》，共有 27 篇，分别是《祭祀》《户令》《学令》《选举》《宫卫》《军防》《仪制》《衣服》《公式》《禄令》《仓库》《厩牧》《田令》《赋役》《关市》《捕亡》《赏令》《医药》《假宁》《狱官》《杂令》《僧道》《营缮》《河防》《服制》《站赤》《榷货》，韩国发现的《至正条格》残本条格部分见《仓库》《厩牧》《田令》《赋役》《关市》《捕亡》《赏令》《医药》《假宁》《狱官》10 篇，缺 17 篇，篇目名与《大元通制·条格》诸篇高度相似。从内容上看，《仓库》篇是仓库管理、运输、钞法方面的规定，《厩牧》篇是关于驼马草料供应的规定，《田令》篇是农村、农业生产和土地管理方面的规定，《赋役》篇是征收税粮、豁免、摊派杂役及免除方面的规定，《关市》篇是关于和雇和买、市舶的规定，《捕亡》篇是关于追捕盗贼和逃人方面的规定，《赏令》篇是赏赐方面的规定，《医药》篇是医药和医疗机构管理方面的规定，《假宁》篇是因事给假及期限方面的规定，《狱官》篇是审判制度和监狱管理方面的规定，都是非刑事方面的规定。断例部分，从《至正条格》残本看，《至正条格·断例》有 11 篇，包括了《名例》之外的所有 11 个篇目，与《大元通制·断例》一样，均属于刑事方面的规定。

总之，虽然元代"选择了省事的办法，直至灭亡，既没有编纂律令格式，也没有编纂敕令格式"，② 但元廷在尽可能保留法律文献原貌的前提下，力求删繁就简，将宋代以来各种法律形式按其内容整合为刑事和非刑事两大类：凡内容以刑事为主的规定，不管是律敕格式申明还是断例，都纳入"断例"之中；凡内容以非刑事为主的规定，不管是令格式还是敕例，都纳入"条格"之中。从而把唐后期至宋金分类越来越繁杂的法律形式，以及元初以来中央和地方产生的各种圣旨条画、判例简化为两大类，努力使国家立法更易于分类，适用起来更加方便。这种将国家法律重新体系化的尝试和努力，虽然在元代没能也不可能形成以严格的法典为核心，各种法律

---

① 欧阳玄：《圭斋文集》卷 7《至正条格序》，黄时鉴辑点《元代法律资料辑存》，浙江古籍出版社，1988，第 87 页。

② 〔日〕宫崎市定：《宋元时期的法制与审判机构——〈元典章〉的时代背景及社会背景》，载杨一凡主编《中国法制史考证》（丙编第三卷），中国社会科学出版社，2003，第 94 页。

形式相辅相成、互为补充的严谨规范的法律体系，却为明清"典例法律体系"的形成奠定了基础。

二 元代法律体系之"例化"

"例"字在古代中国使用较广，含义不一。考之原义，例在古代中国原指判例或先例，此乃例本源之义，后来其含义逐渐拓展，被用来指法律原则或规定。本文主要从例本源之义即判例①、先例来使用例、"例化"等术语。

（一）元代之前的判例

春秋战国以降，中国古代法律生活中逐渐形成了成文法的传统，但重视经验、援引先例的做法发自先民敬天法祖的观念深处，并在成文法产生及成文法传统形成后继续深刻影响帝制中国的法律生活。在敬天法祖的观念下，先民认为已经发生的事实具有可供借鉴的功能，祖辈的行事方式和成功做法不仅必须纪念，也值得模仿，由此，他们把以往的实践活动作为理论的证明，重视寻求和援引历史上正面的事例，作为今后行事之指引，换言之，经验胜于逻辑，事实胜于雄辩。判例是西周礼、刑的主要存在形态，西周礼是源于习俗和惯例的习惯法，是习俗和成文法之间的一种法律形态，西周刑书很可能是以刑罚为目，将相应的判例附于其后，通过"以刑统例"，部分实现"以刑统罪"的不成文刑法。

战国以降，成文法上升为主要的法律形态，但判例并未消失，相反，借由早期成文法存在的过于具体、狭窄的缺点，判例在秦汉法律体系中继续滋生和成长。秦代有廷行事，是从具体案件中归纳和提炼出来的断案成例；汉代有决事比，同样是由司法裁量权行使而产生的断案成例。魏晋之际，法典化运动兴起，律典、令典的产生使成文法体系的发展越出了秦汉以来因循的轨道，完成了成文法产生以来的关键转折，对法典的推崇必然趋向于限制判例的产生与作用，因而在魏晋隋唐，判例没有太多正常生存

---

① 法史学界很少有学者直接作出中国古代不存在判例的结论，但也大都认为古代中国的"判例""判例法"绝不同于普通法意义上的"判例""判例法"，古代中国不是判例法国家。本文遵从法史学界的习惯用法，同时认为古代中国判例不同于普通法上判例，古代中国也不是判例法国家。

和发展的土壤。

　　唐中期之后，随着停止修纂律令法典，不但格后敕成为主要的法律形式，对判例的运用也开始增加，如《开成格》规定大理寺和刑部可以"比附"断案，而且"比附"断案"堪为典则"者，可以"编为常式"，① 明确赋予了中央司法机关比附成例断案和编撰判例的权力。至宋代，长期以来的法典化运动发生重要转向，法律体系中的非法典化成分大为强化，其表现之一就是作为司法判例之断例被大量编纂，其法律效力得到了成文法的认可和司法实践的支持，朝廷明确指出："有司所守者法，法所不载，然后用例。"② 在法典化运动兴起后沦为成文法体系之边缘化异己物、不被正式认可长达上千年后，判例终于获得认可，通过编修断例集的方式，被接纳为正式的法律渊源。

（二）判例与元代法律体系

　　元代，随着律令法典被废弃，判例的地位和作用达到顶峰，出现了"审囚决狱官每临郡邑，惟具成案行故事"③ 的现象，而这种援例断案的做法也得到了元廷的认可："至元元年，准江西省咨，但该有罪名，钦依施行。圣旨：依例，泊都省明文检拟外，有该载不尽罪名，不知凭何例定罪，都省议得：遇罪名，先送法司检拟，有无情法相应，更为酌古准今，量情为罪。"④ 在朝廷的许可下，各种判例飞速增长，加之成文立法的滞后，出现了"有例可援，无法可守"的局面。判例成为元代法律的重要存在形态，元代的许多法律是通过判例构建起来的，判例起着补充和证成成文法的作用，而且很多时候就是在创制规则。在元廷编修的法规《大元通制》和《至正条格》中，各种法律形式被归纳为非刑事类的条格和刑事类的断例两大类，而无论条格还是断例之中，判例都是重要存在形态。

　　第一，条格中的判例。条格虽是非刑事方面的立法，但很多条格中的规定乃是从判例中总结和引申出来的，此外，判例本身又对条格中的一般性规定进行修改和补充。以《通制条格·户令》为例，其下首先列"户例"

---

① 《宋刑统》，薛梅卿点校，法律出版社，1999，第551页。
② 《宋史》卷199《刑法一》，中华书局，1985。
③ 邱树森等辑点《元代奏议集录》（下），浙江古籍出版社，1998，第83页。
④ （清）沈家本编《枕碧楼丛书》，知识产权出版社，2006，第199页。

一目，是为户籍、婚姻、家庭、财产继承制度方面的一般性规定，之后
"投下收户"等 49 目中，罗列了大量的圣旨条画和判例，如"嫁娶"目之
下，就列举了马元亨告刘友直案、大德七年十一月吉文烈告孙邦练案、至
元十六年五月樊裕告刘驴儿案、至元十一年六月樊德告王招抚案、庚子年
十二月十八日王荣案、至元二十一年七月李秀告令狐坤案、至元八年三月
张德用一案、大德七年正月陈天佑案、大德七年四月王钦案等案例，对
《户例》中的一般性规定进行补充和修改。"亲属分财"目下至元三十一年
阿张案和至元十八年王兴祖案，则是以判例直接确立了不同子女继承权以
及可以继承财产范围的规则。① 此外，据胡兴东考证，《通制条格》现存
653 条中，以案例（判例）形式表达的有 114 条，占总数的 17.45%。② 从
现存残本来看，《至正条格》同样如此，其条格部分包含了大量的判例，补
充、修改乃至直接创制一般性规定，如大德六年（1302），陕西省安西路惠
从案通过否定前朝地产所有权，确立了解决"异代地土"纠纷的法律规则。
元贞元年（1295），安西路普净寺僧人侁吉祥告西邻王文用将门面并后院地
基卖给宫伯威不问本寺院一案，礼部通过"僧道寺观田地，既僧俗不相干，
百姓虽与寺观相邻住坐，凡遇典卖，难议为邻。合准王文用已经卖西邻宫
伯威为主"的判决，否定了寺院与相邻百姓法律上相邻关系的存在及两者
相互间的优先购买邻人资格，构成对不动产买卖邻人优先购买权的一般规
定的补充。至元十年（1273）二月，御史台在魏阿张一案中，以"魏阿张
孝奉老姑，守节不嫁"为由，奏请对魏阿张不仅"官为养济"，而且"免除
差役，更加旌表"，获得都省的批准，从而拓展了"孤老幼疾贫穷不能自存
者，仰本路官司验实，官为养济"的圣旨规定。至治二年（1322），刑部在
象州知州周德贤一案中，以周德贤"持权弄法，挟私任情，民有小过，辄
生罗织，锻炼成狱，擅立红壁，以仇其民"为由，确立规则，对立红泥粉
壁惩戒犯人的职权行为进行规范，"今后果有例应红泥粉壁之人，开具本犯
罪名，在外路分申禀省，腹里去处申达省部，可否须侯许准明文，然后
置立，仍从监察御史、廉访司纠察"。③

　　第二，断例中的判例。在元代，断例本身并非指判例，而是指刑事方
面的立法规定，正如殷啸虎所言，元代断例是"将那些'断一事而为一例'

① 《大元通制条格》，郭成伟点校，法律出版社，2000，第 48~56 页。
② 胡兴东：《宋思断例新考》，《思想战线》2018 年第 1 期，第 85 页。
③ 韩国中央研究院：《至正条格》（校注本），韩国城南影印元刊本，2007，第 63、67、86 页。

的典型判例及中央官署对此发布的有关命令分类汇编以后，上升为对同类案件具有普遍约束力的通则性的规定"，但也正因为如此，元代断例立法中包含了大量的判例，是"成文法与判例法的一种有机的结合"。① 更准确地说，判例是元代断例的基础，断例中的一般性规则、通则性规定是从判例中总结和提炼出来的。《大元通制》断例部分已经佚失，但根据它与《至正条格》的关系，可以推定其中包含许多判例。《至正条格》残本和《元典章·刑部》中保留了许多断例，据胡兴东考证，《至正条格》残本断例部分以案例形式表达的法律共有 232 条，占所存 423 条的54.85%，《元典章·前集·刑部》共 752 条，其中，以案例为载体的有516 条，占总数的 68.62%，《元典章·新集·刑部》共 95 条，其中，以案例为载体的有 59 条，占总数的 62.11%。② 判例构成元代断例的主体部分。或创制规则，作为之后同类案件判决的直接依据，如大德三年（1299）三月，保定水军万户审理其下属百户刘顺奸占民户何大妻子案时，在是否除去刘顺为官资格上，直接适用了至元二十三年（1286）四月神州路叙浦县丞赵璋与舁用妻子陈迎霜通奸案，进而判决"百户刘顺所犯，若依赵璋例除名不叙相应"。③ 又如延祐五年（1318）十月初六，宁国路宣城县捉获武多儿偷盗陈荣祖桎木板舡案，在处罚上直接适用了先例钱庆三偷铁猫案，判决"比依钱庆三偷铁猫例，将本贼刺字拘役相应"。④ 或作为法律适用过程中的说理依据，强化判决的合法性和正当性，"遵循先例的典型特征是既有案件的判决会成为后来案件的判决依据"，⑤ 如延祐七年（1320）六月，地方司法机关在审判信州路余云六与徐仁三、陈嫩用武力抢夺客人王寿甫财物案时，适用了窃盗罪条款，判令刺配，"比依窃盗一体刺配"，但呈报刑部时，刑部援引先例"杨贵七"案，认为余云六等人的行为属于"同谋白昼持仗截路，虚指巡问私盐为由，将事主王寿甫用棒打伤，推入水坑，夺讫钱物"，应以强盗而非窃盗定罪，最后决定对已经判决的刺断不再改判，但加重发配到奴儿干地区充军。⑥

---

① 殷啸虎：《论〈大元通制〉"断例"的性质及其影响》，《华东政法大学学报》1999 年第1 期。

② 胡兴东：《宋元断例新考》，《思想战线》2018 年第 1 期，第 87 页。

③ 《元典章》，陈高华等点校，中华书局，2011，第 1540 页。

④ 《元典章》，陈高华等点校，中华书局，2011，第 2170 页。

⑤ 伊卫风：《推翻先例、追溯性造法与法治》，《东方法学》2017 年第 3 期，第 29 页。

⑥ 《元典章》，陈高华等点校，中华书局，2011，第 2183 页。

　　总之，元代通过立法将法律形式归纳为条格和断例两大类，严格来说，条格和断例中既有判例，也有成文法，但判例是基础，是主要的存在形态，是各种法律形式的主要载体。换言之，在废弃律令法典传统的同时，元代法律出现了强烈的"例化"的特点，元廷虽努力将各种法律形式重新体系化，却未改变其法律"例化"的特点。

（三）元代法律体系"例化"的法律史观照

　　一方面，元代法律"例化"是蒙古民族法制传统的延续。以《大札撒》为核心的蒙古法制，具有强烈的非成文化的特点。《大札撒》的内容多为蒙古旧俗和成吉思汗对一些案件的判决和训示，是在生活习惯形成的习惯法和从具体判决中总结、引申出来的判例的汇编，较为原始和粗疏，表现出强调遵循先例以及从判例中总结规则的特征。蒙古族入主中原后，在思维习惯和法律适用方面，仍遵循蒙古法制传统，以《大札撒》为最权威的法律，以遵循先例为适用法律规则、修正法律规则甚至创制法律规则之基础。

　　另一方面，元代法律"例化"也是唐代后期以来古代中国法律体系整体发展趋势之结果。自唐后期始，成文法典的地位和实际作用呈现出下降的趋势，格后敕、编敕等单行法和判例的地位上升，尤其到了宋代，作为判例的断例大量编纂，南宋和金代大量吏员出身的官员更为重视司法实务中形成的先例，客观上又增加了对成文法典的轻视，并在元代时到达巅峰。元廷不再像以往中原王朝一样费时费力制定律令法典，而是编集条格与断例结合的汇编式法规，同时，条格、断例中又包含了大量的判例，并以判例为适用、修正、创制法律规则的基础。日本学者认为："元代未曾颁布律令，这绝非因为元是异族统治的王朝，相反，它正是中国自身在经历了唐至宋的社会大变迁后，已无暇顾及像中世一样立法的后果。对此表现得最充分的，就是宋以后所见的法律权威的动摇。"① 这种动摇，反映的是唐代后期以来，随着中国社会的急剧变动，相对稳定的成文法典不适应社会快速变迁之需要，成文法典的实用性下降，国家对法典的需求和热情大为减弱，"试阅二十年间之例，较之三十年前，半不可用矣。更以十年间之例，较之二十年前，又半不可用矣"。② 蒙古族的固有法制传统和唐后期以来古

---

① 〔日〕宫崎市定：《宋元时期的法制与审判机构——〈元典章〉的时代背景及社会背景》，载杨一凡主编《中国法制史考证》（丙编第三卷），中国社会科学出版社，2003，第94页。
② 邱树森等辑点《元代奏议集录》（下），浙江古籍出版社，1998，第82页。

代中国法律体系的发展趋势结合在一起，导致元代呈现出强烈的"例化"特点及倾向。

元代法律的"例化"特点及倾向，对明清法律体系的形成和发展产生了深远影响。明清两代恢复了被元代中断的法典传统，重新制定了律典甚至令典，同时又继承了宋元立法重视判例的做法，形成以条例、则例、事例为主的例的体系，构成对成文法典的重要补充和修正。"例"正式成为明清法律体系的主要构成部分，与元代法律的"例化"特点不无关系。

三　"弃律用格例"对明清法律体系的影响

明清两代恢复了被元代中断的成文法典传统，但是，明清的法律体系与唐宋时期相比，已大为不同。唐宋法律体系中的法典，是律典和令典，明清法律体系中的成文法典，包括会典、律典和令典。会典乃"大经大法"，载"经久常行之制"，律典与条例合编，名为"律例"，实际地位和作用有所下降，令典则有名无实，逐渐消失。唐宋法律体系中判例的适用一开始受到严格限制，不被认可为正式法源，在宋代虽获朝廷正式认可，被接纳为正式法律渊源，但宋廷在立法实践中尚未摸索出行之有效的处理例与其他法律形式相互关系的办法，未能建立起系统的例的体系，以例为构造元素的法律术语多而复杂，有条例、则例、断例、旧例、近例、定例、常例、优例、乡原体例等，明清法律体系则不仅以例为法律体系之主要构成部分，而且努力将元代各种例整合，最终形成了条例、则例、事例三者有机配合、互为补充的体系。换言之，明清法律体系已不再是律令法典传统的简单重复，而是一种典为纲、例为目，成文法与判例相混合、互为补充、相互转化的"典例法律体系"，这一"典例法律体系"的形成及特点，与元代"弃律用格例"之下法律体系的变迁及特点有着密切联系。

（一）律典地位和作用相对下降

元代废弃律令法典传统，"正刑定罪"的刑事法律规范主要规定在"断例"之中，较多体现为判例的形态。明王朝建立后，在光复汉唐法律正统思想的指导下，恢复了被元朝中断的法典传统，制定了《大明律》。但《大明律》在明代法律体系中的地位已不能与唐宋鼎盛时期的律典相比，有以下两方面原因。第一，在明代大量的"常经之法"中，《大明律》仅仅是其中一种。明代初期的"常经之法"包括《大明律》《大明令》《诸司职掌》《大明集礼》《宪纲》《皇明祖训》《御制大诰》《孝慈录》《洪武礼制》《礼仪定式》《稽古定制》《军法定律》《教民榜文》等，其中《诸司职掌》规定各衙门职掌，《军法定律》是军事方面的法律，《宪纲》规定监察制度，《皇明祖训》更是皇室家法，《大明律》对它们不可能居于统率地位，而至多是同等位阶的法律。第二，朱元璋基于"明刑弼教"的立法观念，重视律典的传播和遵守，将《大明律》从十二篇体例改为六部体例，语言风格一变为文字浅显，通俗易懂，力图打破"法在有司，民不周知"的局面。因此，与唐律相比，《大明律》更易于传播、更便于遵守、更加实用，但从法理的角度看，《大明律》体系结构的逻辑性稍逊，文字凝练典雅稍逊，立法技术也逊色于唐律，"明律虽因于唐，而删改过多，意欲求胜于唐律而不知其相去远甚也"。① 对"实用"的过分强调使《大明律》"泯然众人"，不再像唐律一般具备统率其他法律的风范、气质和水准，而是下降为与《大明令》《诸司职掌》《宪纲》《皇明祖训》《御制大诰》《军法定律》一般无二的法律。

《大明律》在明代法律体系中的地位和作用相对下降，不能不说与元代对律典的废弃有密切联系。在律典被废弃近百年之久后，成长及生活在元代条格、断例约束之下的明初君臣，其法律记忆与习惯，更多是对"弃律用格例"的因循，即使在恢复汉唐正统之政治意识的主导下重新制定律典，其律典体例、内容也较多受到了《至正条格》等元代法律的影响。《大明律》第一次制定即吴元律令，"凡为令一百四十五条，律二百八十五条"，②令在前而律在后，这与《至正条格》"令"性质的条格在前、"律"性质的断例在后体例相同。此外，"吴元年律"仅"吏律""户律""礼律""兵律""刑律""工律"六篇而无"名例"，"洪武七年律"虽恢复唐律十二篇体例却置"名例"于末尾，直到洪武二十二年（1389）才改"名例"为篇首，显然与《至正条格·断例》"名令（例）提出"有相当关联。另外，有学者以有关婚姻的条文为例，指出《大明律》各篇条目与《至正条格》篇目更为接近。③

---

① （清）薛允升：《唐明律合编》，怀效锋、李鸣点校，法律出版社，1999，例言。
② 《明史》卷93《刑法一》，中华书局，1974。
③ 张帆：《重现于世的元代法律典籍——残本〈至正条格〉》，《文史知识》2008年第2期，第38页。

《大清律》沿用《大明律》的六部体例，语言风格一如《大明律》，决定了它仍不能承担起统领整个法律体系的重任。与此同时，条例的地位不断上升，虽说律还起着提纲挈领的作用，但具体案件审理中征引越来越多的却是例。此外，就位阶关系而论，《大清律》和各部院则例处在同等的位阶上，两者是平等位阶下相互分工和配合的关系，《大清律》不存在凌驾于各部院则例之上的法律效力和位阶。尤其是，在《大清律》之外，清代通过《吏部处分则例》已经形成一套独立于律例所规定刑罚的行政处分体系，《大清律》不再是规定法律制裁的唯一法典，如果违反则例但后果尚不严重，则适用《吏部处分则例》进行行政处分，无须一断于《大清律》。可见各部院则例内部已经初步形成了一个从行为模式到行政处分的闭环体系，其实施和运转不一定非得要借助《大清律》，自然，《大清律》也不具备凌驾于各部院则例之上的位阶，不存在统领各部院则例的可能，只是作为一部"正刑定罪"的普通刑事法典而存在，它仍然是国家生活中的重要法典，在"明刑弼教"的理念下，仍然因为其"正刑定罪"内容的重要性受到统治者的特别重视，但并不是清代法律体系中的"根本法"、"基本法"或"基础规范"。这既是唐后期以来律典地位持续下降趋势之延续，更可以说是元代"弃律用格例"之余波所致。

（二）令典逐渐消失

令作为法典而编纂始于晋代，至唐代，令典几经修订，蔚为大观，与律典共同构成法律体系的支撑。北宋神宗元丰二年（1079）后，随着敕、令、格、式被重新定义，① 令的数量急剧扩张，令典篇幅增加，盛极一时。随着宋王朝的覆亡，盛极一时的令典迎来命运的转折。元代废弃了律令法典传统，不制定律典，也未制定令典，自晋代以来一直作为国家基本法典的令典戛然而止。当然，元代法律体系中条格部分的内容和功能大致与传统令典相当，"名废而实不废"，但以条格为载体的元令与唐宋令实际上存在较大差别，其既不以法典形式出现，又表现出强烈的"例化"特点。

明王朝建立后，朱元璋出于光复汉唐法律正统的想法，重新制定了《大明令》，但篇数、条数远远少于唐宋令典。虽然朱元璋在颁布《大明令》

---

① 《宋史·刑法一》载神宗改制："禁于已然之谓敕，禁于未然之谓令，设于此以待彼之谓格，使彼效之之谓式。"

的圣旨中声称令文减省的原因是"芟繁就简，使之归一，直言其事，庶几人人易知而难犯"，[①]但是，一部删减到不到原来十分之一、只有区区100多条的法典，如何还能像原来那样"设范立制"！何况《大明令》中纳入了刑法通则性内容，虽然这主要是因为制定令典时律典尚不完备之故，但不可避免淆乱了令典的体例和内容。《大明令》虽具备令典之外表，其体例、内容及在国家生活中的实际地位和作用却不能与唐宋令典相比。当然，在《大明令》之外，《诸司职掌》等典章实际上也起到了令的作用，发挥了令"设范立制"的功能，在《大明令》《诸司职掌》之外，明王朝仍保留了以诏令形式发布国家重大事项的传统，历朝君主发布的诏令如诏、制、诰、敕、册、手诏、榜文、令中，许多可视为单行令，但大量单行令的存在，反而凸显出《大明令》作为令典的名不副实：唐宋令典之外无令，《大明令》之外尚有《诸司职掌》和大量单行令！退一步说，明代即使有令，亦非以严格意义的法典形态存在，《大明令》作为令典名不副实。这与以条格为载体、纷繁复杂的元令有何实质差异！明初君臣虽制定所谓令典，其真正所习惯及因循的，仍是元代随事而立、随时编集的条格而已。到了清代，令之名从法律体系中消失，则例和行政类事例承担起令"设范立制"的实质功能，如果说实质意义的令仍然存在，作为法典的令典则于名于实俱不复存在。清代之令不仅不以法典形式出现，而且如同元令一般，再度表现出强烈的"例化"特点。总之，在元代"弃律用格例"的影响下，明清时期的令再也没有恢复为严格的法典形态。

（三）对例进行整合与规范

元代法律体系呈现出"例化"的特征，各种例"野蛮成长"，漫无限制，不可避免会对法律秩序的稳定性造成严重破坏。明代建立后，一方面继承元代的做法，承认例为法律体系的必要组成部分，重视例的制定，将例广泛应用于刑事、国家行政、民事、经济、军政和社会管理等各个领域；另一方面，从明孝宗弘治十三年（1500）开始，明廷开始制定《问刑条例》，将经久可行的刑事例进行辑录整理，整合为具有长久效力的"常法"，改变了刑事例只以权宜之法存在的状态，实现了对例的初步整理与规范。

清代建立后，把明代各种纷繁复杂的例进一步简化为条例、事例、则

---

① 《大明律》，怀效锋点校，法律出版社，1999，第231页。

例三种主要类型，并明确其性质、用途和生成程序。清代条例主要指《大清律》所附刑事例，乾隆十一年（1746）定为五年一小修、十年一大修，实现了修例的经常化、定期化和规范化。清代则例调整范围进一步扩张，已不限于经济立法，而成为非刑事例的主体，清王朝充分运用则例这一法律形式，建立起空前完善的行政法律制度。清代事例内容基本是非刑事方面，很少涉及定罪量刑的刑事内容，与同属非刑事方面的则例相比，事例更为具体，抽象性和概括性不如则例。例的制定也实现了规范化。清代条例除了一部分是承袭明代条例而来，其生成途径包括：根据皇帝的谕旨或大臣的建言直接创制；从典型案件的判决中归纳出一般规则定为例，具体又包括皇帝在审批案件时直接以上谕创制条例、督抚题奏案件时附请定例、九卿议准定例、群臣遵旨会议定例、理藩院议复定例、军机大臣会同刑部议奏定例等。则例的生成途径也是两种：一是以上谕创制；二是臣工条奏，经皇帝批准后产生。事例在清代有经过由下而上方式形成的，如"奏准""议准""覆准""题准"等，有自上而下产生者，如诏、敕、谕、旨、令等，但无论以何种方式，事例的产生都有明显的"因事立法"、一事一例的特点，都是在出现问题之后，针对具体情况提出解决对策，经有关部门讨论，最后仍须皇帝批准，形成事例。

从条例、则例、事例的生成途径来看，明清例的形成与判例、先例关系极为密切。事例本身就是因事立法，一事一议。则例的规定较为简约和抽象，但许多则例的规定本身就是从事例发展而来，是对多个事例规定的概括和抽象。条例的生成包括"因案生例"和"因言生例"。"因案生例"之"案"指成案，是典型案例，虽然，成案作为典型案例，在乾隆三年（1738）之后不再具有必然的法律效力，但毫无疑问，成案是条例的重要来源。"因言生例"表面上似乎是皇帝的谕旨或大臣的建言成为条例的来源，实际上不排除皇帝的谕旨或大臣的建言也是基于处理具体案例的需要而发，实质上仍是"因案生例"。要言之，明清条例、则例、事例广义上讲都是因判例而生成，与判例有着极为密切的联系，这显然是对"弃律用格例"的元代法律体系"例化"特点的继承。但是，与元代直接以典型案件作为判决依据从而形成断例不同，清代更多是对典型案件进行一定的概括和抽象，将其升华为具有某种一般性的条例和则例，因此其法律体系更为稳定、一致和简约，更多具备成文法体系的特点。

总之，明清"典例法律体系"重新制定了律典，但律典在法律体系中的地位相对下降，已不能和唐宋鼎盛时期律典相比，而是较多受到了元代法律体系中"断例"的影响；表面上重新制定了令典，却令典外有令，名不副实，终于在清代令典于名于实俱不复存在，各式各样的则例作为实质意义上单行令的汇编，与元代条格名异实同；以例作为法律体系之主要构成部分，某种意义上是元代法律体系"例化"特点之延续，同时，又吸取了元代法律体系中例"野蛮成长"、漫无限制进而破坏法律秩序稳定性的教训，对各式各样的例进行整合与规范，逐渐形成以条例、则例、事例为主的例的体系，延续并升华了元代法律体系"例化"的特点。由此而论，元代确为明清"典例法律体系"形成之前夜。

四　结语

传统中国的法律体系，向来被日本学者认为是一种"律令法体系"，但是，正如将"律令法体系"概念引入中国法律史学界的张建国教授所指出的，虽然"唐以后的各代法，也可以视为律令法体系嬗变之一阶段"，但"此后律令法系嬗变的结果，与早期中华帝国律的地位已有所不同，而令更是逐渐消失了，但这种变化正是新的研究起点"。[1] 唐宋之后的古代中国法律体系，整体上已与此前颇为不同，刘笃才将其称为"律例法律体系"，[2] 杨一凡、陈灵海进一步称其为"典例法律体系"。从"律令法体系"到"典例法律体系"，元朝正是一个关键的转变期。元统治者凭借塞外游牧民族之强大武力，摆脱中原王朝"律—令"法律构成之千年定式，果断废弃了在宋代就已经摇摇欲坠、难以为继的"律令法体系"，初步发展起以条格和断例为主体、带有强烈"例化"特点的法律体系，为明清成文法典传统与成文法体系的再造提供了丰富多样和更加直观的参考素材。

正如忽必烈建立元朝时从未想过自己的王朝不足百年即被汉族王朝所取代，元代统治者废弃法典传统和"律令法体系"更不是为了将来的恢复和再造，但是，历史的发展具有偶然性与戏剧性。宋代朝廷通过对令、格、式关系的重新调整，竭力维持"律令法体系"的基本格局，却无法解决编敕、断例、申明、看详、指挥等单行法和判例大量增加及冲击律令法典实

---

① 张建国：《中国律令法体系概论》，《北京大学学报》（哲学社会科学版）1998 年第 5 期，第 99 页。
② 刘笃才：《律令法体系向律例法体系的转换》，《法学研究》2012 年第 6 期。

施的问题，整个法律体系变得极为庞杂，检索困难，适用不一，"律令法体系"名实不副、难以为继。元代朝廷放弃"律令法体系"，自己虽尚未能成功另起炉灶，却为明清法典传统和成文法体系的再造另辟蹊径，真可谓"有心栽花花不开，无意插柳柳成荫"。元代是明清"典例法律体系"形成之前夜，元代法律体系在中国法律史上具有承前启后的承接和中转地位。

　　本文之目的，不仅在于阐述元代和元代法律体系在中国法律史上的重要及特殊地位，也在于借此佐证中华法律文化之整体性和连续性，进而启发学界重新审视和珍惜中华先贤寻求"良法善治"的过程、努力与经验。虽然，儒家坚称"有治人，无治法"，但事实上，关于法律体系如何才能变得更加严谨、科学、实用，兼具稳定性和灵活性，中华先贤一直都在不断地思考、探索与努力尝试。从"议事以制，不为刑辟"到"条章备举，何为更须作例"，再到"律者，常经也。条例者，一时之权宜也"，中华先贤在经验理性与逻辑理性、形式正义与实质正义、法条繁多与简要、法律稳定性与灵活性之间不断做出选择和进行调适，其探索大国"良法善治"的历史轨迹，给今人留下了弥足珍贵的历史资源和想象空间。

散见明代则例资料考述

杨一凡[*]

摘要： 则例作为明代的重要法律形式，主要用于表述食货管理等方面的标准及运作规则。在各地自然状况千变万化的情况下，则例为及时调整社会经济关系、保证国家财政收入和经济正常运转发挥了巨大作用。本文就法典法规和官修典制专书、法律汇编文献、《明实录》和其他史籍所载则例及明代各朝颁行则例的称谓、数量等进行了考述，比较充分地展现了现存明代则例资料的状况。

关键词： 则例　法典法规　法律汇编　《明实录》

"则例"由法律用语转化为法律形式，由法律效力位阶较低的法律形式上升为国家重要或基本法律形式，经历了上千年漫长的演变过程。唐、五代时，"则例"一词作为"标准"的同义语，偶尔用之，是表述官吏俸禄、税收、礼仪等方面标准的法律用语，不是独立的法律形式。宋、元时期，则例是称谓诸多"例"的一种，虽颁行的则例数量大大超过唐、五代，但法律效力位阶较低且影响有限。明代时，则例成为国家重要的法律形式。明例的称谓和功能有条例、事例、则例、榜例的区分，"则例"作为"例"的一种，主要用于表述食货管理等方面的标准及运作规则。此外，还有不少则例收入《会典》，成为国家"大经大法"的组成部分。明代则例的名类

---

* 本文作者系中国社会科学院荣誉学部委员，法学研究所研究员，博士生导师，西北大学法史创新工程首席专家。此文为国家社科基金重大项目"明清孤本法律典籍整理与研究"（项目批准号：16ZDA125）阶段性成果之一。

甚多，主要有赋役则例、漕运则例、开中则例、钱法则例、钞法则例、商税则例、马政则例、宗藩则例、官吏俸给则例、官吏考核和处罚则例、军士供给和赏赐则例、捐纳则例、赎罪则例、救荒则例等。则例是国家法律的细则性规定，具有因地制宜，法律规范具体、详细和数字化的特点，有利于在执法中准确遵行。

以往法史研究甚少涉及明代则例，发表的成果较少。① 资料匮乏，是明代则例研究滞后的主要原因。终明一代，除崇祯三年刊刻的吕维祺等辑《四译馆增订馆则》② 外，明人没有进行过则例的系统编纂。现存于世的明代则例，散见于这一历史时期编纂的法律、史籍和档案中，数量浩瀚。要全面地了解和深入研究明代则例，必须从辑佚资料着手。为了比较准确地阐述则例的内容、发展、演变、性质、功能，也为了给后人研究提供必要的资料，多年来，笔者在整理明代法律文献的同时，对有价值的则例资料作了比较全面的辑佚。最近三年间，又集中精力进行了这一工作，凡是利用现代检索手段可以查阅的中国古籍图书都已检索。明代法律典籍大多未数字化，笔者对许多文献通读后进行了则例资料的整理。到目前为止，查阅古籍上千部，经选编整理，辑佚明代则例 600 余件。在这些成果中，许多资料是从网络上检索不到的。辑佚工作可能还有不少遗漏，但最代表性的明代则例应该说已基本收入。

记述明代则例的文献众多，一些则例被史籍重复记载，很多则例记述杂乱，或冠于其他称谓，为使辑佚达到 "尽可能穷尽资料，力图全面、准确" 的要求，整理时采取了下述选编原则：（1）仅选编明确标有 "则例" 字样且含有例的具体内容的资料，只记有则例称谓但未涉及其内容的资料未予收录。（2）根据文献的性质、类别，所记则例的可靠程度及表述形式，把辑佚到的资料分为 "法典、法律和官修典制专书所载则例" "法律

---

① 到目前为止，已发表的研究明代则例的论文有：杨一凡《明代赎罪则例刍议》（载陈金全、汪世荣主编《中国传统司法与法传统》，陕西师范大学出版社，2009）、杨一凡《明代则例的编纂及其对调整社会经济秩序的作用》（收入杨一凡《重新认识中国法律史》，社会科学文献出版社，2013）、杨一凡《明代的则例》（收入杨一凡《明代立法研究》，中国社会科学出版社，2013）。又，杨一凡、刘笃才《历代例考》（杨一凡主编《中国法制史考证续编》第 1 册，社会科学文献出版社，2009）中有 "明代的则例" 一节，王旭《则例沿革辑考》（中国民主法制出版社，2016）中有 "明代则例的扩张" 一章。

② （明）吕维祺辑，（清）许三礼、霍维翰增辑《四译馆增订馆则》，中国国家图书馆藏崇祯刻清康熙袁懋德重修本。

汇编文献所载则例""《明实录》所载则例""其他记述明史的文献所载则例"四类，凡是前一类文献已收入的则例，后一类文献不再收入。（3）同一类文献中记载的则例，按照原书颁行或刊刻的时间先后为序选编。同一则例，凡前一种文献收入的，后一种文献不再编入。在法律法典辑佚中，凡是单行法律收入而《会典》重复收入的，从《会典》中辑佚时不再收入和统计。

资料辑佚为明代则例研究奠定了比较扎实的基础，也向我们清晰地展现了明代则例编纂的概貌。

（一）法典、法律和官修典制专书所载则例考述

就法律效力层级而论，明代法律体系由"大经大法""常经之法""权宜之法"组成。《明会典》为大经大法，于正德、万历年间分别颁行，世称正德《明会典》、万历《明会典》。明廷颁布的"常经之法"，现存于世的有《诸司职掌》、《大明律》、四编《大诰》、《大明集礼》、《皇明祖训》、《洪武礼制》、《礼仪定式》、《教民榜文》、《学校格式》、《军政条例》、《宪纲事类》、《吏部条例》、《问刑条例》等 20 余种。皇帝以制书形式颁行的法律文件，都是国家的重要法律，现有明张卤校勘的《皇明制书》存世。[①] 在朝廷颁行的《会典》和法律中，有 14 种收入了一些则例。现把这些文献的版本、内容和收入则例的情况简述于后。

（1）《御制大诰续编》。该书是明初朱元璋颁布的四编《大诰》中的一编，其他三编为《御制大诰》《御制大诰三编》《大诰武臣》。四编《大诰》系明太祖朱元璋于洪武十八年（1385）至二十年（1387）间分别颁行，共 236 个条目，其中初编 74 条，续编 87 条，三编 43 条，武臣 32 条。各编《大诰》诰文由案例、峻令和明太祖的"训诫"三个方面内容组成，是具有教育作用和法律效力的特种刑法。朱元璋亲自编纂的《大诰》峻令，风行于洪武十八年至二十五年（1392）间。洪武二十六年（1393）后，朱元璋

---

① 现见的《皇明制书》的版本，主要有嘉靖年间（1522～1566）南直隶镇江府丹徒县官刊《皇明制书》十四卷本（简称十四卷本），及该书万历四十一年（1613）镇江府知府康应乾补刻本（简称十四卷补刻本）；明万历七年（1579）钦差巡抚保定等府地方兼提督紫荆等关都察院右副都御史张卤校勘、大明府刊《皇明制书》二十卷本（简称二十卷本），以及《皇明制书》不分卷明刻本（简称不分卷本）。1976 年（日本昭和 42 年），日本古典研究会影印《皇明制书》。笔者校刊整理的《皇明制书》，2013 年 7 月由社会科学文献出版社出版。

采用引诰入例的方法，屡减轻其刑罚，《大诰》峻令逐渐废止不用。明《大诰》有多种版本传世，本次辑佚使用的是明洪武内府刻本。《御制大诰续编》收有洪武则例 1 件。

（2）《诸司职掌》。明太祖朱元璋敕定，洪武二十六年三月内府刊印。该文献以职官制度为纲，下分十门，分别详细地规定了吏、户、礼、兵、刑、工六部及都察院、通政司、大理寺、五军都督府的官制及其职掌。《诸司职掌》全面规范了国家的各项根本制度，《大明律》门目也收入其内，是明朝的国家"大法"。现见的《诸司职掌》版本有多种。本次辑佚使用的是明嘉靖刊《皇明制书》十四卷本，该书收有洪武则例 14 件。

（3）《皇明祖训》。明太祖朱元璋为朱氏天下长治久安、传之万世，给子孙制定的"家法"。《皇明祖训》是在《祖训录》多次修订的基础上形成的。洪武年间，朱元璋曾多次修订《祖训录》，洪武二十八年（1395）闰九月庚寅，"重定《祖训录》，名为《皇明祖训》"①。在《皇明制书》诸版本中，仅不分卷本收录了《皇明祖训》。此外，中国国家图书馆藏有《皇明祖训》明洪武礼部刻本，故宫博物院图书馆、台湾"中研院"史语所藏有该书明刊本。本次辑佚使用的是明刊《皇明制书》不分卷本，该书收有洪武则例 1 件。

（4）《宪纲事类》。明英宗正统四年（1439）十月刊行。全书 95 条，其中《宪纲》34 条，《宪体》15 条，《出巡相见礼仪》4 条，《巡历事例》36条，《刷卷条格》6 条，内容均系风宪官的职守、行事规则、礼仪、纪纲禁例及对违背纪纲者如何处置的法律规定。在《皇明制书》十四卷本、十四卷补刻本、二十卷本中收录有《宪纲事类》。另外，上海图书馆藏《宪纲事类》明嘉靖三十一年（1552）曾佩刻本，南京图书馆藏《宪纲事类》三卷明刻本。本次辑佚使用的是明嘉靖刊《皇明制书》十四卷本，该书收有则例 1 件。

（5）《吏部条例》。弘治十一年（1498）七月吏部奉敕编纂刊行。全书辑官吏违碍事例 97 条，其中给由纸牌违碍事例 2 条，给由官吏违碍事例 40条，丁忧起复官吏违碍事例 33 条，听选官吏并阴阳、医生人等给假等项违

---

① 《明太祖实录》卷二四二。关于《皇明祖训》的定本和颁行时间，学界尚有不同看法。张德信在《〈祖训录〉与〈皇明祖训〉比较研究》（《文史》第 45 辑，中华书局，1998）一文中认为："《皇明祖训》颁行，不是一般论者所说洪武二十八年（1395）闰九月的定本，而应该是洪武二十八年十月的定本，或者洪武二十九年（1396）十二月的定本。"

碍事例 16 条，听拨吏典违碍事例 3 条，除授给由官员违碍新例 3 条。这些事例大多为先年旧例，因各级官吏常不遵守，故重新申明，并将有关现行事例与其通类编纂，颁示天下大小衙门施行。在《皇明制书》十四卷本、十四卷补刻本中，收录了吏部条例，本次辑佚使用的是明嘉靖刊《皇明制书》十四卷本，该书收有则例 1 件。

（6）正德《明会典》和万历《明会典》。《明会典》始修于弘治十年（1497），十五年（1502）书成，凡 180 卷，但未及颁行，明孝宗去世。明武宗即位后，于正德四年（1509）五月命大学士李东阳等重校，六年（1511）颁行，世称"正德《明会典》"。嘉靖年间，两次续修《会典》然未颁行。神宗万历四年（1576）六月，重修明《会典》，十三年（1585）书成，十五年（1587）二月刊行，世称"万历重修《会典》"。《明会典》以职官制度为纲，全面规定了明朝的各项基本制度，是国家的"大经大法"。这次辑佚使用的是明徐溥等纂修、明李东阳等重校正德《明会典》明正德六年刻本，内收有则例 29 件；明申时行等重修万历《明会典》中华书局1989 年影印本，内收有则例 53 件。

（7）《漕运议单》。不分卷，明嘉靖二十一年（1542）户部议定，天一阁藏明蓝丝栏抄本。漕运是以水路转运南粮运往京师或其他指定地点的运输方式。该书系户部根据旧例重新议定的有关漕运的各种规制，内有漕运总额、各省兑运米数额、改兑米额数、每年秋粮夏税折米因灾停免拨补之数等。该书收入则例 2 件。

（8）《洲课条例》。不分卷，明嘉靖时南京工部营缮司员外郎王俭编，台湾"中研院"傅斯年图书馆藏明抄本。书前有嘉靖七年（1528）敕谕一道，正文由"各府州县课银总数""各卫课银总数""本部每年取用课银""芦课各年题准条例""各年领敕部司酌处芦课事宜"五部分组成，其中"芦课各年题准条例"记弘治元年（1488）二月至嘉靖二十一年工部奏章八件；"各年领敕部司酌处芦课事宜"记弘治九年（1496）至嘉靖二十六年（1547）八月历任奉提督芦洲官员提出的酌处事宜奏章九件。全书对明时芦洲分布、课银数目、洲田管理等作了详细规定。该书收入则例 2 件。

（9）《问刑条例》。《问刑条例》是明代中后期最重要的刑事法律。初颁于明孝宗弘治十三年（1500），计 279 条。嘉靖二十九年（1550），刑部尚书顾应祥奉诏主持重修《问刑条例》，增至 385 条。万历十三年（1585），刑部尚书舒化主持再次重修《问刑条例》，计 382 条，并以律为正文，将例附于各相关刑名之后，律例合刊，颁行于世。现存的《问刑条例》版本有多种，本次辑佚使用的是明雷梦麟撰《读律琐言》嘉靖四十二年（1563）歙县知县熊秉元重刊本，该书所载嘉靖《重修问刑条例》，内收有则例 1 件。

（10）《万历会计录》。43 卷，明人张学颜等奉敕撰，万历十年（1582）刊行。该书详记全国田亩、户数、税额、各项费用和沿革事例、新订章程，是当时国家财政收支的依据，要求各级衙门遵行。本次辑佚使用的是中国国家图书馆藏明万历十年刻本，内收有则例 129 件。

（11）《大明律附例》（附万历十三年《问刑条例》）。明舒化奉敕纂修，万历十三年颁行。该书收入《大明律》，内容同洪武三十年（1397）颁《大明律》，只改动了当时误刻误传的 50 字。书后附万历十三年颁行的《问刑条例》382 条。这次辑佚使用的是明万历十三年刻本，该书收入则例 1 件。

（12）《重订赋役成规》。明熊尚文等撰，明万历四十三年刻本。该书系明南直隶扬州府及所属高邮州、通州、泰州三州和江都、泰兴、兴化、宝应、仪真、海门诸县，每年应承担各类赋役的数额与相关事项的规定，其内容多为各州县"田亩起派则例""丁田起派则例"。这是一部不可多见的篇幅较大的地方法规。该书收有则例 17 件。

（13）《南京都察院志》。40 卷，明祁伯裕等纂辑。明代是我国历史上少有的两都并立的朝代，于南京保留着一整套包括司法机构在内的相对完整的中央机构。该书分皇论、廨宇、职官、职掌、仪注、奏疏奏议、公移本式、艺文志、人物、志余等部分，就明初至隆庆年间南京都察院的沿革变化情况作了详细记述。本次辑佚使用的是日本内阁文库藏明天启刻本，内收有则例 7 件。

从上述 14 种文献中，辑佚则例 259 件（见表 1）。

表 1　法典、法律和官修典制专书散见则例

文献名	文献作者及版本	所载则例总数	内容	发布则例的朝代及件数
《御制大诰续编》	（明）朱元璋颁布，明洪武内府刻本	1 件	路费则例	洪武 1 件

续表

文献名	文献作者及版本	所载则例总数	内容	发布则例的朝代及件数
《诸司职掌》	（明）朱元璋敕定，明嘉靖刊《皇明制书》十四卷本	14件	吏部类2件 户部类7件 礼部类2件 工部类3件	洪武14件
《皇明祖训》	（明）朱元璋撰，明刊《皇明制书》不分卷本	1件	亲王钱粮则例	洪武1件
《宪纲事类》	（明）官修，明嘉靖刊《皇明制书》十四卷本	1件	开垦荒田起科则例	未记时间1件
《吏部条例》	（明）吏部奉敕编纂，明嘉靖刊《皇明制书》十四卷本	1件	繁简则例	洪武1件
正德《明会典》	（明）徐溥等纂修，（明）李东阳等重校，明正德六年刻本	29件	户部类16件 礼部类2件 兵部类4件 刑部类1件 工部类6件	洪武5件 永乐4件 宣德1件 正统2件 景泰3件 天顺1件 成化4件 弘治4件 通代2件 未记时间3件
《漕运议单》	（明）户部议定，明抄本	2件	兑运粮米加耗则例 折银则例	嘉靖1件 未记时间1件
《洲课条例》	（明）王俒编，明抄本	2件	洲地起种则例 草地则例	弘治1件 嘉靖1件
《问刑条例》	（明）顾应详等纂修，明嘉靖四十二年重刊本	1件	原行赎罪则例	嘉靖1件

续表

文献名	文献作者及版本	所载则例总数	内容	发布则例的朝代及件数
《万历会计录》	（明）张学颜等奉敕撰，明万历十年刻本	129件	税粮则例，减轻起科则例，屯田则例，盐引米豆则例，官吏俸粮则例，主兵月粮则例，主兵兼食行粮则例，主兵马骡料草则例，冬衣布花则例，放粮折银则例，俸给则例，民田则例，马匹草料则例，客兵行粮料草则例，南兵粮料工食则例，卫所官员俸粮则例，中盐则例，楚府则例，在京文官俸粮本折则例，各衙门吏典监生等役月粮则例，五军都督府并京卫武官俸粮则例，席木则例，脚价则例，折色则例，卫仓支放则例，正耗则例，杂支则例，长船则例，河赣船则例，船料则例，空船则例，减定积谷则例等	洪武1件 正统2件 景泰5件 成化1件 弘治6件 正德5件 嘉靖10件 隆庆4件 万历94件 通代1件
《大明律附例》	（明）舒化奉敕纂修，明万历十三年刻本	1件	王府及功臣之家佃户则例	成化1件
万历《明会典》	（明）申时行等重修，中华书局1989年影印本	53件	户部类31件 礼部类4件 兵部类7件 刑部类1件 工部类9件 太常寺1件	洪武8件 景泰1件 成化4件 弘治3件 正德6件 嘉靖19件 隆庆4件 万历4件 通代1件 未记时间3件
《重订赋役成规》	（明）熊尚文等撰，明万历四十三年刻本	17件	田亩起派则例，丁田起派则例，田粮起派则例等	万历17件
《南京都察院志》	（明）祁伯裕等纂辑，明天启刻本	7件	征收则例，优免则例，兵部则例，抽分杉条苗竹则例，审编则例，船只则例等	洪武1件 嘉靖1件 万历1件 天启4件

文献名	文献作者及版本	所载则例总数	内容	发布则例的朝代及件数
合计		259件		洪武32件 永乐4件 宣德1件 正统4件 景泰9件 天顺1件 成化10件 弘治14件 正德11件 嘉靖33件 隆庆8件 万历116件 天启4件 通代4件 未记时间8件

表1大体反映了《明会典》、制书、国家常法所载则例的概况。这里有三点需作补充说明。

其一，上述文献记载的则例，因编入《会典》或国家常法，与君主因时因事颁行的"变通之法"性质的则例法律效力不同，法律地位已由原在法律体系中处于下位的事例上升至常法的地位，具有长期稳定的法律效力，是各级行政和司法机关必须遵守的法律。

其二，《诸司职掌》所记则例基本上都被《明会典》收入。表1中所列各种其他法律所载则例，也有一些被收入了《会典》。凡是《诸司职掌》和其他法律所载者，均未统计在《明会典》栏目下，因此，《会典》记载的则例，实际上比表中所列的件数要多。

其三，因图表篇幅所限，《诸司职掌》《明会典》内容栏未列则例的名称，这里补充如后：《诸司职掌》所载则例，有繁简则例、官田则例、犯人田土房屋没官则例、农桑起科则例、赏赐则例、盐法则例、刍草征收则例、优给则例、工役囚人则例、铸钱则例、夫役优免则例等。《明会典》除收有《诸司职掌》所载则例外，还载有民田则例、屯田则例、田粮起科则例、灾伤去处散粮则例、折银则例、水淹去处给米则例、征收则例、折纳布绢则例、开中纳米则例、收税则例、王府则例、客兵行粮则例、给赏则例、协济水夫则例、马匹则例、赎罪则例、给价则例、准工则例、成造军器则例、造浅船遮洋船则例等。

（二）法律汇编文献所载则例考述

法律汇编型文献大多是官员或谙熟法律的文人编纂的。在当时"事例浩繁"的情况下，编纂的目的主要是方便司法官员查阅使用。这类文献虽然不是官方编刊，但收入的包括则例在内的事例应是朝廷允准或颁布的，是可信的。

明代私家编纂的法律汇编型文献有上百种，有23种记载了则例。现把这些文献的版本、内容和所记则例情况述后。

（1）《条例全文》。不分卷，辑者不详，明抄本。原书40册，天一阁博物馆存8册，即第11、13～15、19、35、39～40册。这8册收入《天一阁藏明代珍本丛刊》第3、4册，已于2010年由线装书局影印出版。该书是成化、弘治年间条例题奏文书的汇编，按年月先后编排。中国国家图书馆存《成化二十三年条例》1册，收入成化二十三年（1487）正月至十二月条例34条。据黄彰健《明代律例汇编》，台北"中研院"史语所刊有成化七年、十一年、十三年、十四年、十六年至十九年、二十二年条例，共9册；另存一部2册本，为成化十四年、十五年条例各一册；还存有弘治元年至四年（1491）条例20册，史语所存成化、弘治条例抄本与天一阁藏本是否属于同一个系列，也有待查阅后确定。笔者曾把国图藏《成化二十三年条例》、天一阁藏《条例全文》中的《弘治六年条例》，与《皇明条法事类纂》所辑《成化二十三年条例》和《弘治六年条例》逐字作过对勘，发现《皇明条法事类纂》所收条例与此两朝条例不仅条数篇名大多一致，各篇内容也基本一样。不同的是，两朝条例是以题本、奏本的进呈时间为序编排，而《皇明条法事类纂》是以类编次。据初步考证，笔者认为两朝条例成书在前，《皇明条法事类纂》成书在后。《皇明条法事类纂》作为成化、弘治两朝条例的分类汇编，二者参照对校，可以厘正彼此的失错之处。本次收入的《条例全文》所载则例8件，有4件源于天一阁藏明抄本，另4件为台湾"中研院"傅斯年图书馆藏明抄本。

（2）《皇明条法事类纂》。正编50卷，书后《附编》不分卷。全书实辑的1259件文书中，除个别外均属于刑事事例，其中除有英宗正统朝、世宗嘉靖朝各1件外，均系明宪宗、孝宗两朝各部及都察院等衙门于天顺八年

（1464）至弘治七年（1494）31 年间事例。这次辑佚使用的是日本东京大学总合图书馆藏明抄本，该书收有则例 16 件。

（3）《吏部四司条例》。不分卷，原抄本注录该书系明蹇义编。蹇义系明初四川巴县人，字宜之。洪武十八年（1385）进士，授中书舍人。建文时超擢吏部右侍郎。明成祖废建文帝登基后，其被任为吏部尚书，于永乐朝 22 年间和仁、宣两朝，长期担任吏部尚书一职，宣宗宣德十年（1435）卒。书前无序目，天一阁藏明抄本 6 册。前 2 册是有关中央、地方官制和职掌的规定，为永乐初吏部尚书蹇义奉诏恢复洪武旧制呈奏永乐帝的造册文书。后 4 册分别为文选、验封、稽勋、考功四清吏司条例，其内容是洪武至正德年间各朝奏准、题准的定例。其中《文选司条例》168 件，是关于官员秩迁、改调的定例；《验封司条例》144 件，是关于封爵、荫叙、褒赠及散官、吏役、皂隶管理制度的定例；《稽勋司条例》41 件，是关于官员丁忧、俸给方面的定例；《考功司条例》128 件，是关于官吏考课、黜陟的定例。现存文选、验封、稽勋、考功四司条例中，许多条例为英宗、景帝、宪宗、孝宗时制定。原注录有误，该书后 4 册应是后人续编而成。该书收有则例 3 件。

（4）《兵部武选司条例》。不分卷，不著撰者，天一阁藏明嘉靖抄本。该书所辑条例，均是正德《明会典》未载或"略节"的明初至正德十六年（1521）间皇帝钦准的规范兵部武选司选授武官的各类条例。全书仿照《会典》体例，采取"先分门，次分类"、每类"以编年为序"的编辑方法。按书前所列"目录"，该书分为"铨选""除授""升赏""推举""考选""袭替""比试""旗役""贴黄""优给""诰敕""赏赐" 12 门。其中"铨选"门下"官制""勋禄""武官资格""土官资格" 4 类因《会典》有详载而未刊；"赏赐"门下"给赏""加赏""量赏" 3 类无文。其他门下各类虽有不少正文标题、内容与目录相异之处，但多数类名及其包括条例的内容，与目录相符。如"除授"门下记有"有功升除""调除别卫""为事复职""王府官选授""都指挥铨注""军官给凭"等类条例；"升赏"门下记有"北方功次""番贼功次""流贼功次""内地反贼功次""升赏通行"等类条例；"诰敕"门下有"本部题准事例""钦定新旧条例""本部续议事宜""土官诰敕"等类条例。如把正德《明会典》所载兵部武选司职掌与该书结合研究，就能够对明代的武官选授制度有更全面的了解。该书收有则例 2 件。

（5）《军政备例》。不分卷，明嘉靖年间广信府知府赵堂辑，天津图书馆藏清抄本。该书是明代军政事例的汇编，收入宣德四年（1429）至嘉靖三十九年（1560）130 余年间，累朝制定的重要军政事例 894 件，分为清理、册籍、逃故、清解、优恤、替放、首补、调卫、改编、逃绝等 10 类编纂。在这些事例中，除各朝颁布的事例外，还收入明宣德四年制定的《军政条例》33 件。该书收有则例 3 件。

（6）《六部事例》。不分卷，不著撰者，明抄本，原著 6 册，天一阁博物馆藏该书《礼律》《兵律》《工律》，中山大学图书馆藏该书《吏律》《户律》《刑律》。是书各册首页题"某律"，但书根处分别标为"某部事例"。其内容为各部臣工题准事例，共计 122 件，起自成化元年（1465），止于弘治三年（1490），推测其成书应在弘治初年。其中《吏律》17 件，系文官尤其是风宪官，选任、出巡等方面的事例；《户律》19 件，系转解官物、守掌在官钱物等方面的事例；《礼律》26 件，系祭享、仪制等方面的事例；《兵律》29 件，系清解军人、卫所军人犯罪，官军失班等方面的事例；《刑律》14 条，系犯奸、阉割、放火及其他杂犯等事例；《工律》17 件，系营造、物料等方面的事例。该书收有则例 2 件。

（7）《六部纂修条例》。不分卷，不著撰者，明抄本，现藏于天津图书馆。此书所载条例，起自弘治五年（1492），止于嘉靖三十二年（1553），其中尤以嘉靖年间条例最多，故成书应在嘉靖后期。是书以六部分类，主要是明代官员的题本，涵盖官员举劾、钱粮征收、科举、军解、人命、成造等事，共计 456 条。该书收有则例 3 件。

（8）《律解附例》。30 卷，明胡琼纂辑，明正德十六年刻本。书前有明太祖朱元璋洪武三十年五月《御制大明律序》、洪武七年（1374）刑部尚书刘惟谦等《进大明律表》及五刑、狱具、丧服、本宗九族五服正服、妻为夫族服、妾为家长族服、出嫁女为本宗降服、外亲服、妻亲服、三父八母服、六赃等图。书后附胡琼正德十六年（1521）仲春望日《律解附例序》、正德十六年十一月都察院右副都御史兼云南巡抚何孟春《书九峰胡侍御律解后》。正文辑明太祖洪武三十年颁 460 条《大明律》，分名例、吏、户、礼、兵、刑、工七门。律条下"解"栏阐明律意，"取诸家之说折衷之，删繁节要，略其所易知，补其所未备"。律条下"例"栏，附弘治《问刑条例》与律文相关的条款。"名例"门相关条款下附有在京罚运则例、在京折收钱钞则例、王府事例十二条、厨役里甲犯罪例、在京妇人余罪收赎折钱例、收赎则例、在京老疾折钱例、徒年限内老疾收赎则例、奏行时估则例；"刑律"门"诬告"条后附诬轻为重反坐所剩未论决例，"官司出入人罪"条后附官司出入人罪例。《律解附例》是现存的完整收入《大明律》的较早版本之一。该书收有则例 2 件。

（9）《大明律疏附例》。30 卷，8 册，不著撰者。编纂体例为首录律文，而于诸律条后附以《问刑条例》，再附以《续例附考》及《新例》。书末附有《新例补遗》。其所附《问刑条例》与单刻本弘治《问刑条例》例文文句相同。其所附《续例附考》，辑者注云："凡正德年间事例，已悉停革。间有题行于弘治十八年以前，可以参酌遵行者，兹附载备考。"可知《续例》系弘治十三年（1500）颁行《问刑条例》以后至弘治十八年（1505）明孝宗死以前陆续制定的条例。此外，从吏律"官吏给由"条所附例下注有"正德五年九月吏部题准"看，亦有少数例为明武宗正德年间所定。其所附《新例》，均注明为嘉靖某年所定，最晚者制定于嘉靖二十二年（1543）四月。据此推测，《大明律疏附例》一书应写于明嘉靖二十二年后不久。又，此书末所附《新例补遗》的例，有嘉靖二十四年（1545）十月所定者，而此书原刊本系河南巡抚李邦珍于嘉靖二十九年（1550）中进士、初筮仕时即已购得，所以，增补《新例》和刊刻此书的时间当是嘉靖二十四年后不久。其书原刊本已不得见，今北京图书馆藏有该书明隆庆二年（1568）河南府重刊本，兹据之整理点校。本次辑佚使用的是该书明嘉靖刻本，内收有则例 2 件。

（10）《盐法条例》。不分卷，不著撰者，明万历十三年刻本。书前有万历四年（1576）两淮盐运使崔孔昕序，正文收录万历三年（1575）至十五年（1587）两淮巡盐御史的题本 17 篇，大多是针对当时的盐政弊端，就两淮食盐的生产、运输、行政建制、管理制度的改善及赈济灾荒等提出建议的奏疏，反映了这一时期两淮盐政制度的演变。这些奏疏由户部等上奏，经皇帝批准作为条例颁行。此书系孤本，现藏中国社会科学院近代史研究所图书馆。该书收有则例 1 件。

（11）《六部条例》。不分卷，不著撰者，明抄本，现藏中山大学图书馆。原书 7 册，前 6 册分别为吏、户、礼、兵、刑、工六部条例，第七册为都察院条例。全书收入弘治朝至嘉靖朝条例 233 条，其中吏部 29 条，户部 48 条，礼部 22 条，兵部 64 条，刑部 20 条，工部 23 条，都察院 27 条。内容涉及职掌、举劾、钱法、防边、恤刑、审囚、营造等方面。该书收有则例 1 件。

（12）《条例备考》。24 卷，不著辑者。该书辑明初至嘉靖三十七年（1558）明代累朝皇帝敕准颁行的各种定例共 1474 件，分为 8 类编辑。其中，吏部条例 3 卷，90 件；户部条例 2 卷，98 件；礼部条例 3 卷，82 件；兵部条例 9 卷，890 件；刑部条例 3 卷，84 件；工部条例 1 卷，37 件；都察院、通政司、大理寺条例 1 卷，108 件；都察院条例 2 卷，85 件。本次辑佚使用的是日本尊经阁文库藏该书明嘉靖刻本，内收有则例 3 件。

（13）《皇明诏令》。21 卷，明人傅凤翔于嘉靖十八年（1539）任巡按浙江监察御史、福建按察司副使期间辑成刊行。斯后，浙江布政使司又于嘉靖二十七年（1548）校补重刊。此书收录自小明王韩林儿龙凤十二年（1366）至明嘉靖二十六年（1547）共 182 年间明代十位皇帝的诏令 507 篇。这些以皇帝名义发布、具有最高法律效力的诏敕和文告，内容涉及军国大政、律例刑名、职官职掌、户婚钱粮、赋役税收、钱法钞法、马政漕运、监茶课程、祭祀礼仪、宗藩勋戚、科举学校、军务征讨、关津海禁、营造河防、外交事务、抚恤恩宥等各个方面，均系明代十朝有关朝政要事和法律、制度的决策性文献。现知的该书善本，有美国国会图书馆藏《皇明诏令》二十一卷明嘉靖刻本、《皇明诏令》二十七卷明嘉靖刻本和中国国家图书馆藏《皇明诏令》二十一卷明嘉靖二十七年刻本。本次辑佚使用的是该书嘉靖二十七年刻本，内收有则例 3 件。

（14）《嘉靖新例》。1 卷，明嘉靖年间御史萧世延、按察使杨本仁、左参政范钦编，该书收入嘉靖元年（1522）至二十四年（1545）各部题准的事例 202 条。现见的此书版本有：天一阁藏《嘉靖新例》不分卷明抄本，日本东京大学东洋文化研究所藏明嘉靖二十七年（1548）梧州府知府翁世经刊本，我国南京图书馆藏翁世经原刊本《玄览堂丛书三集》影印本。本次辑佚使用的嘉靖二十七年梧州府知府翁世经刻本，内有则例 2 件。

（15）《嘉靖各部新例》。不分卷，原书辑者及抄录者姓名不详，台北“中研院”史语所傅斯年图书馆藏明崇祯抄本。该书辑明世宗嘉靖元年至二十六年（1547）间兵、礼、刑诸部题奏经皇帝钦准的定例及重申行用的历朝定例计 477 条，其中历朝定例 362 条，分为考选、推举、袭替三部分，下分在外军政、两京军政、腾骧等卫、锦衣卫官、留守官、都司官、流官承袭、犯赃减革、土官袭替、夷人袭替、更名复姓、在京优给、诰敕、比试等类编辑。嘉靖朝题奏的新例中，有嘉靖十三年（1534）至二十三年

（1544）兵部题奏 28 件，嘉靖元年至二十二年（1543）礼部题奏 54 件，嘉靖七年（1528）至二十六年刑部题奏 31 件，兵部、大理寺题奏各 1 件。该书系孤本，收有则例 1 件。

（16）《嘉靖事例》。不分卷，明人梁材等辑。中国国家图书馆藏有该书明抄本。该书辑录明嘉靖八年（1529）至十九年（1540）间，朝臣所上题奏经皇帝敕准颁行的事例 73 件。其中嘉靖八年 20 件，九年 23 件，十年 7件，十五年 9 件，十六年 5 件，十八年 2 件，十九年 4 件，题奏时间不明确者 3 件。这些事例的内容是有关屯田、征田、国公田土、寺田、屯种、田粮、田租、赈田、盐法、茶法、钱法、酒醋、马羊、鱼课、草料、瓜果蔬菜、菜户、积谷造册、桑园、采矿、边储、边饷、禄米、香钱、军粮及内府收纳、米俸、仓粮除耗、赈济灾民、议处荒政、商税门摊、内府丝料、织染所填缴、官引、违例支俸等方面的法律规定。《嘉靖事例》是现存的不多见的同一朝经济管理类事例的汇编。该书收有则例 5 件。

（17）《军政条例类考》。6 卷，明嘉靖间侍御史霍冀辑。中国国家图书馆、日本尊经阁文库藏有该书明嘉靖三十一年刻本。该书辑录了明代宣德四年至嘉靖三十一年 120 余年间，累朝颁布的军政条例 169 条，还辑录了朝臣有关清理军务的题本、奏本 24 件。这些题本、奏本均是经皇帝圣旨"准拟"的通行之例，具有法律效力。这次辑佚使用的是中国国家图书馆藏该书明嘉靖三十一年刻本，内收有则例 1 件。

（18）《读律琐言》。30 卷（附 1 卷），明嘉靖时刑部郎中雷梦麟撰。该书采取在《大明律》条文后附琐言的形式，对 319 条律文和该书所附嘉靖《问刑条例》的文本、律义和司法适用诸问题作了甚有见解的诠释。《读律琐言》是明代律学名著，有明嘉靖三十六年（1557）庐州府知府汪克用刻本，另一种为明嘉靖四十二年（1563）徽州府歙县知县熊秉元重刻本。本次辑佚使用的是熊秉元重刻本，内收有则例 2 件。

（19）《嘉隆新例》（附万历新例）。6 卷，明张卤辑，明万历刻本。张卤，明河南仪封人，字召和，号浒东。此书辑嘉靖朝、隆庆朝及万历元年（1573）至六年（1578）定例 338 条，依吏、户、礼、兵、刑、工六例分类逐年编排，其中：吏例 71 条，户例 59 条，礼例 16 条，兵例 126 条，刑例57 条，工例 9 条。在这些定例中，嘉靖朝定例 166 条，隆庆朝定例 76 条，万历朝定例 96 条。嘉靖新例中的许多定例，为嘉靖、万历年间重修《问刑条例》时所采纳。本次辑佚使用的是台湾"中央图书馆"藏该书明万历刻本，内收有则例 2 件。

（20）《增修条例备考》。24 卷，明人翁汝遇等辑，史继辰等校定。因嘉、隆以来条例文书甚繁，辑者奉江西巡抚之命，对原《条例备考》重新删定并续入嘉、隆以来部、院通行条例而成此书。该书收入吏、户、礼、兵、刑、工六部和通政司、大理寺、都察院条例 1062 件。日本尊经阁文库藏该书明万历刻本，我国南京图书馆藏明万历刻本残卷本。这次辑佚使用的是日本尊经阁文库藏该书明万历刻本，内收有则例 7 件。

（21）《吏部职掌》。不分卷，此书是记载明代吏部职掌及铨选、考核与勋封等文官制度的重要文献。嘉靖三十年（1551），吏部尚书李默主持、属官黄养蒙等编纂的《吏部职掌》首次刊行，其书在万历、天启年间多次增订。现存的该书版本主要有：中国国家图书馆藏嘉靖刻残卷本，北京大学图书馆、台北市“国家图书馆”藏万历刻本，哈佛燕京图书馆、上海图书馆藏明天启刻本。本文收入的“积谷则例”选自上海图书馆藏张瀚纂、宋启明增补的明天启刻本。该书收有则例 1 件。

（22）《皇明诏制》。孔贞运辑，崇祯七年重刻本，收入明太祖洪武元年（1368）至明思宗崇祯三年（1629）间，明代十五位皇帝发布的代表性诏令 249 篇，其中太祖 76 篇，成祖 32 篇，仁宗 6 篇，宣宗 14 篇，英宗 28 篇，景帝 4 篇，宪宗 12 篇，孝宗 8 篇，武宗 8 篇，世宗 23 篇，穆宗 8 篇，神宗 16 篇，光宗 2 篇，熹宗 9 篇，思宗 3 篇。内容多是有关国家重大事项的政令、军令。除极少数属于祭祀天地、遇灾异自省、慰谕公卿、告诫朝臣的诏、敕外，绝大多数是具有法律效力的命令文告，内容涉及军国大政、律例刑名、职官职掌、户婚钱粮、赋役税收、钱法钞法、马政漕运、盐茶课程、祭祀礼仪、宗藩勋戚、科举学校、军务征讨、关津海禁、营造河防、外交事务、抚恤恩宥等各个方面，均系明初至嘉靖年间有关朝政要事和法律、制度的决策性文献。该书收有则例 2 件。

（23）《新刻校正音释词家便览萧曹遗笔》。4 卷，明豫人闲闲子订注，清道光二十五年刻本。萧、曹，指辅佐刘邦创建汉朝基业的开国功臣萧何、曹参。萧何任宰相定法度规章，曹参继任宰相随之。因二人原为秦朝刀笔吏，熟律令，精诉讼，后世民间讼学常以“萧曹遗墨”标榜。闲闲子订注此书亦是如此。该书内容涉及讼师管见、词状格式、法家箴规、串招之法、词状用语、呈禀说帖、律学要领、审语判语等方面，并结合案例，列举了盗贼、坟山、人命、争占、骗害、婚姻、债负、户役、斗殴、继立、奸情、脱罪、执照、呈结等法律文书的写作范式，是供讼师和基层官吏写作司法文书的参用之书。该书收入则例 1 件。

上述 23 种文献记载了则例 73 件，现列为表 2。

表 2　法律汇编文献散见则例

文献名	文献作者及版本	所载则例总数	内容	发布则例的朝代及件数
《条例全文》	（明）不著辑者，天一阁藏明抄本	4 件	纳粟赎罪则例，罪囚罚纸则例，纳米赎罪则例，收受粮斛则例	成化 4 件
《条例全文》	（明）不著辑者，台湾"中研院"傅斯年图书馆藏明抄本	4 件	捐纳则例，接银则例，减轻则例，公使人役金拨则例	弘治 4 件
《皇明条法事类纂》	（明）不著辑者，明抄本	16 件	赎罪街市行使则例，在京杂犯死罪并徒流笞杖纳豆则例，纳马赎罪则例，有力囚人运石则例，修砌道路则例，囚犯关领粮米则例，问囚纸札则例，赃物估钞则例，申明办事官吏纳豆则例，在京各衙门办事官吏纳豆出身则例，许令军民耕赁住起科则例，各钞关税课司局钱钞折银则例，折纳条石则例，定拟巡捕官兵拿贼不获住俸等项则例等	成化 12 件弘治 4 件
《吏部四司条例》	（明）蹇义编，明抄本	3 件	纳草则例，纳米充参吏典则例，考满官员纳米则例	成化 2 件弘治 1 件
《兵部武选司条例》	（明）不著撰者，明抄本	2 件	存留俸粮养亲则例，都司地方支俸则例	成化 1 件嘉靖 1 件
《军政备例》	（明）赵堂辑，清抄本	3 件	折色事体则例，存留俸粮养亲则例，地方则例	成化 1 件嘉靖 2 件
《六部事例》	（明）不著撰者，明抄本	2 件	成造军器则例，加耗脚价银两则例	未记时间 2 件
《六部纂修条例》	（明）不著撰者，明抄本	3 件	折银则例，积粮则例，运炭折收赎银则例	弘治 1 件嘉靖 1 件未记时间 1 件

文献名	文献作者及版本	所载则例总数	内容	发布则例的朝代及件数
《律解附例》	（明）胡琼纂辑，明正德十六年刻本	2件	在京罚运则例，在京折收钱钞则例	正德2件
《大明律疏附例》	（明）不著撰者，明嘉靖刻本	2件	见行纳工银则例，赎罪收赎钱钞则例	嘉靖2件
《盐法条例》	（明）不著撰者，明万历十三年刻本	1件	中盐纳银量减则例	弘治1件
《六部条例》	（明）不著撰者，明抄本	1件	廪给口粮则例	嘉靖1件
《条例备考》	（明）不著辑者，明嘉靖刻本	3件	工价工食则例，时估则例，运炭折收赎银则例	嘉靖3件
《皇明诏令》	（明）傅凤翔辑，明嘉靖二十七年刻本	3件	茶课则例，关给则例，庄田租银则例	成化1件 正德1件 嘉靖1件
《嘉靖新例》	（明）萧世延、杨本仁、范钦编，嘉靖二十七年梧州府知府翁世经刊本	2件	在京运灰赎罪则例，王府高墙则例	嘉靖2件
《嘉靖各部新例》	（明）不著撰者，明抄本	1件	廪给口粮则例	嘉靖1件
《嘉靖事例》	（明）梁材等辑，明抄本	5件	挈支则例，运茶则例，开中盐粮则例，收税则例，楚府则例等	嘉靖5件
《军政条例类考》	（明）霍冀辑，明嘉靖三十一年刻本	1件	成造军器则例	成化1件
《读律琐言》	（明）雷梦麟撰，明嘉靖四十二年徽州府歙县知县熊秉元重刻本	2件	原行赎罪则例，徒限内老疾收赎则例	嘉靖2件
《嘉隆新例》	（明）张卤辑，明万历刻本	2件	完粮分数则例，纳赎则例	嘉靖1件 万历1件
《增修条例备考》	（明）翁汝遇等辑，（明）史继辰等校定，明万历刻本	7件	议给水脚则例，灾伤改折银数则例，酌议派征粮差则例，输银助边升赏则例，中盐规则，军职调卫存留俸粮养亲则例，班匠则例	嘉靖3件 万历4件

文献名	文献作者及版本	所载则例总数	内容	发布则例的朝代及件数
《吏部职掌》	（明）张瀚纂、（明）宋启明增订补，明天启刻本	1件	积谷则例	隆庆1件
《皇明诏制》	（明）孔贞运辑，明崇祯七年重刻本	2件	关给则例，庄田租银则例	正德1件 嘉靖1件
《新刻校正音释词家便览萧曹遗笔》	（明）豫人闲闲子订注，清道光二十五年刻本	1件	纳纸则例	通代1件
合计		73件		成化22件 弘治11件 正德4件 嘉靖26件 隆庆1件 万历5件 通代1件 未记时间3件

由于不少文献记载的则例往往重复，表2只列举了彼此不重复的则例，各文献实际收入的则例，要比表中所记为多。

这些文献记载的73件则例中，有成化朝22件，弘治朝11件，正德朝4件，嘉靖朝26件，隆庆朝1件，万历朝5件，通代1件，未记时间3件。

23种文献所辑则例，绝大多数是题奏的条例文书全文或删节件，内容包括臣工题本、事例的内容和皇帝的圣旨，读后可使人了解当时则例的本来面貌，尤为珍贵。

（三）《明实录》所载则例考述

《明实录》系明朝官修史书，也可以说是明代皇帝的编年记。现存的明代各朝"实录"有多种版本，学界通常使用的是台湾"中研院"史语所校印的红格抄本。"实录"记载的是皇帝和朝廷的活动，其依据的资料为各级衙门的档案文册及其他记述皇帝活动的材料。虽然该书的纂修存在"为尊者讳"的缺陷，亦因受统治集团内部斗争的影响，曲笔甚多，但所记基本制度和法律法规的内容还是可信的。《明实录》中记述则例的数量较多，因则例当时也被称为事例，"实录"记载的许多事例，实际上也属于则例。也有不少则例，"实录"记述时未书其名称。"实录"所记则例，都属于摘记性质。笔者在从《明实录》中辑佚则例时，为确保准确无误，仅辑佚了明确标明称谓是则例的资料。现把《明实录》所载126件有例文内容规定和定例名称的则例列为表3。

表3　《明实录》所载则例

书名	年号	所载则例件数	内容
《太祖实录》	洪武	1件	云南乌撒中盐则例
《太宗实录》	永乐	1件	开中四川、河东、云南、福建盐粮则例
《仁宗实录》	洪熙	1件	用钞中盐则例
《宣宗实录》	宣德	4件	中纳盐粮则例，官军兑运民粮加耗则例，松潘中纳盐粮则例，淮浙盐开中则例
《英宗实录》	正统	8件	中盐运粮则例，民粮来京输纳加耗则例，召商中纳盐粮则例，税钞则例，陕西沿边中盐则例，定边等卫中盐纳马则例，云南腾冲卫指挥司中纳盐粮则例，运米则例
《英宗实录》	景泰	21件	中盐则例，因犯减轻纳米则例，开中盐粮则例，召商中盐则例，赎罪则例，减轻起科则例，官民田征粮则例，纳粮冠带则例，纳粟冠带则例等
《英宗实录》	天顺	4件	召商中纳盐粮则例，赎罪则例等
《宪宗实录》	成化	56件	中盐则例，纳豆则例，纳草赎罪则例，开中盐粮则例，开中盐草则例，四川盐引纳米则例，淮浙官盐粮草则例，河东盐运司开中银马则例，官粮则例，长芦盐则例，大同玉林等草场开中盐草则例，辽东开中盐米则例，淮浙长芦河东盐则例，淮安等处开中盐引随纳米麦则例，临清等仓中盐课则例，辽东各仓开中成化九年十年盐引则例，辽东军士冬衣布花折色则例，时价则例，宣府开中河东盐引则例，陕西秦等四府第工价则例，辽东杂犯死罪以下纳草赎罪则例，因犯运米则例，辽东开中淮浙河东盐课则例，宣府沿边开中成化十三年引盐则例，辽东等仓中盐则例，开垦荒田则例，救荒则例；成化十年以后两淮盐引则例，银钱通融则例，周府庄田征租则例，陕西纳粟则例，山陕纳银冠带则例，陕西庆阳等地中盐则例等
《孝宗实录》	弘治	6件	捕盗则例，盐课则例，岁办皮张折收则例，各役工食则例等
《武宗实录》	正德	3件	征收则例，西宁洮河三卫茶马则例，京城九门车辆纳税则例

书名	年号	所载则例件数	内容
《世宗实录》	嘉靖	6 件	蠲免则例，王府禄米折银则例，赎罪与收赎钱钞则例，楚府则例，逋欠屯粮降罚则例等
《穆宗实录》	隆庆	5 件	户丁田粮则例，边商仓钞则例，赐祭则例，屯田则例，价银则例
《神宗实录》	万历	9 件	买马则例，拖欠钱粮主俸开俸降级革职改调则例，物料则例，杂物则例，查参则例，灾免则例，升赏则例，商税则例，科场则例
《熹宗实录》	天启	1 件	佃田户则例
合计		126 件	

表 3 所列则例，大多是中盐、钱粮、税收、赎罪等方面的则例，并集中在英宗、宪宗两朝"实录"。与《明会典》等书比较，许多有关职制、军政、礼仪等方面的则例没有记载。然把"实录"所载事例、榜例、条例与其他文献记述的则例比较，就可清楚地看到，明代颁布的各类代表性则例，"实录"大多都有记载，只是未标明名称而已。

为何"实录"所记有些朝颁行的则例较多，而有些朝甚少？其原因可能是复杂的，或者因所收集的档案文册内容所限，或者是因君主、纂修官对记载则例的重视程度不同。从上述记载中可以得出景泰、成化年间注重制定则例的结论，但不能因此就断言某一朝代不重视则例的颁行。

（四）其他记述明史的文献所载则例

除《会典》、基本法律、官修典制专书、法律文献汇编、《明实录》外，明代史籍及通史类文献中也记载了大量的明朝则例。笔者查阅了目前可供检索的中国古籍上千种，其中记载有明代则例的古籍上百种。这些文献记载的明代则例资料，很多与表 1～表 3 所列文献的记述重复，彼此的记载也多有重复，且大多记述得比较简单。这部分文献辑佚整理工作量巨大。经辑佚整理，删除重复，按照"仅选编有实际内容的则例"的原则，从下述42 种文献中，辑佚则例 165 件。

表4　其他记述明史的文献散见则例通览

文献名	文献作者及版本	所辑则例件数	内容	发布则例的朝代及件数
《明史》	（清）张廷玉等撰，中华书局1974年版	7件	中盐则例，军士月粮则例，本折则例，四夷馆则例，耗羡则例等	洪武1件 永乐1件 洪熙1件 宣德2件 通代1件 未记时间1件
《明史》	（清）万斯同撰，清抄本	8件	监生则例，加耗脚米则例，中盐则例，官员岁俸本色折色则例，赏罚则例，海运则例等	洪武1件 永乐2件 成化2件 崇祯1件 通代1件 未记时间1件
《国榷》	（明）谈迁撰，中华书局1988年版	6件	减徐淮中盐则例，盐生拨历则例，赎钱钞则例，京运则例，钱粮分定则例，岁收屯田籽粒则例	永乐1件 成化2件 嘉靖1件 万历2件
《明经世文编》	（明）陈子龙选辑，中华书局1987年影印本	3件	兑运粮米加耗则例，民田则例，收税则例	成化1件 弘治1件 未记时间1件
《明文海》	（清）黄宗羲编，中华书局1987年影印本	1件	征税则例	正德1件
《续文献通考》	（明）王圻撰，明万历三十年松江府刻本	26件	没官则例，减轻起科则例，改折则例，支给草料则例，民田则例，审编则例，优免则例，价银则例，都城九门税课则例，关给则例，加耗脚米则例，太仓起剥则例，江南折银则例，楚府则例，时估则例等	洪武4件 宣德1件 正统1件 成化2件 弘治2件 正德1件 嘉靖6件 隆庆2件 通代5件 未记时间2件

续表

文献名	文献作者及版本	所辑则例件数	内容	发布则例的朝代及件数
《续文献通考》	（清）嵇璜撰，清文渊阁四库全书本	22件	减轻起科则例，屯田则例，收课则例，收税则例，都城九门税课则例，中盐则例，水淹给米则例，借米则例，纳米赎罪则例等	洪武2件 永乐5件 洪熙1件 宣德1件 正统1件 景泰6件 天顺1件 成化1件 弘治1件 嘉靖1件 隆庆1件 万历1件
《续文献通考补》	（清）朱奇龄撰，清抄本	4件	减轻起科则例，灾伤免粮则例，收税则例等	天顺1件 弘治1件 通代2件
《天下郡国利病书》	（明）顾炎武撰，稿本	22件	赎罪则例，清查则例，起科则例，征收则例，时估则例，收税则例，均徭则例，官田则例，抽分则例等	天顺1件 正德2件 嘉靖3件 隆庆1件 万历2件 通代2件 未记时间11件
《名臣经济录》	（明）黄训编，清文渊阁四库全书本	1件	征粮则例	嘉靖1件
《秘阁元龟政要》	（明）不著撰者，明抄本	6件	军士月粮则例，折纳则例，吏员升用则例，寺观僧道则例，中纳边米则例等	洪武6件
（弘治）《徽州府志》	（明）汪舜民撰，明弘治刻本	1件	夏税改科数目则例	成化1件
（正德）《松江府志》	（明）顾清撰，明正德七年刻本	1件	加耗则例	未记时间1件
《漕运通志》	（明）谢纯撰，明嘉靖七年杨宏刻本	2件	遮洋兑军加耗米则例，蓟州交洋耗米则例	正德2件
《燕对录》	（明）李东阳撰，明嘉靖十二年刻明良集本	1件	均徭则例	弘治1件

文献名	文献作者及版本	所辑则例件数	内容	发布则例的朝代及件数
《南京太仆寺志》	（明）雷礼撰，明嘉靖刻本	6件	贴户则例，马数瘦损倒失不即报官则例，马匹征银则例，丁田则例，荒熟顷亩三等则例等	成化2件 弘治2件 嘉靖2件
《盐政志》	（明）朱廷立撰，明嘉靖刻本	2件	秤掣则例，编审则例	嘉靖1件 未记时间1件
《国朝列卿纪》	（明）雷礼辑，明万历徐鉴刻本	1件	折纳绢匹灾伤去处散粮中纳米则例	洪武1件
《皇明大政纪》	（明）雷礼撰，明万历刻本	2件	用钞中盐则例，苏松加耗则例	景泰1件 天顺1件
《刚峰集》	（明）海瑞撰，明刻本	2件	量田则例，均徭则例	嘉靖1件 隆庆1件
《四镇三关志》	（明）刘效祖撰，明万历四年刻本	4件	中纳则例，挖运则例，主客官军马匹支粮则例等	隆庆2件 万历2件
《皇明疏钞》	（明）孙旬辑，明万历自刻本	2件	知人则例，官人则例	嘉靖2件
《备忘集》	（明）海瑞撰，清文渊阁四库全书补配清文津阁四库全书本	1件	丈田则例	万历1件
《三云筹俎考》	（明）王士琦辑，明万历刻本	1件	应追桩银则例	万历1件
（万历）《温州府志》	（明）汤日昭撰，明万历刻本	1件	卫军食粮则例	万历1件
《王国典礼》	（明）朱勤美撰，明刻增修本	3件	楚府则例，钦赐田土佃户则例，王府禄米则例	成化3件
（万历）《绍兴府志》	（明）张元忭等撰，明万历刻本	1件	渔船监税则例	未记时间1件
《客座赘语》	（明）顾起元撰，明万历四十六年自刻本	1件	官军粮赏则例	未记时间1件
《金陵梵刹志》	（明）葛寅亮撰，明万历刻天启印本	1件	布施则例	洪武1件
《国朝典汇》	（明）徐学聚撰，明天启四年徐与参刻本	6件	征粮则例，减凉州盐粮则例，代州纳米中盐则例，官军兑粮民粮加耗则例，赐祭则例，各处卫所逋欠屯粮降罚则例	永乐1件 宣德1件 景泰1件 天顺1件 嘉靖1件 通代1件

续表

文献名	文献作者及版本	所辑则例件数	内容	发布则例的朝代及件数
《皇明从信录》	（明）沈国元编，明末刻本	1件	王府造坟夫价物料则例	成化1件
《度支奏议》	（明）毕自严撰，明崇祯刻本	1件	水灾漕粮改折则例	天启1件
《救荒策会》	（明）陈龙正撰，明崇祯十五年洁梁堂刻本	3件	劝借则例，赈放则例，稽考则例	未记时间3件
《炎徼纪闻》	（明）田汝成撰，清指海本	1件	梧州商税则例	成化1件
《古今鹾略》	（明）汪砢玉撰，清抄本	1件	均徭则例	正德1件
《东西洋考》	（明）张燮撰，清惜阴轩丛书本	2件	陆饷货物抽税则例，物抽税见行则例	万历2件
《白谷集》	（明）孙传庭撰，清文渊阁四库全书补配清文津阁四库全书本	1件	应支廪粮料草则例	崇祯1件
（嘉靖）《仁和县志》	（明）沈朝宣撰，清光绪刻武林掌故丛编本	2件	征解夏税丝绢则例，秋粮加耗则例	正统2件
《内阁藏书目录》	（明）孙能传撰，清迟云楼抄本	1件	开国以来节次赏赐则例	通代1件
《弇山堂别集》	（明）王世贞撰，清文渊阁四库全书本	1件	成化二十三年赏赐则例	成化1件
《典故纪闻》	（清）余继登撰，中华书局1981年版	2件	文官品级则例，庄田则例	正统1件正德1件
《春明梦馀录》	（清）孙承泽撰，清光绪七年孔氏三十有三万卷堂重刻本	4件	钱粮则例，配铸则例，僧人则例等	天顺1件崇祯2件未记时间1件

续表

文献名	文献作者及版本	所辑则例件数	内容	发布则例的朝代及件数
合计		165 件		洪武 16 件 永乐 10 件 洪熙 2 件 宣德 5 件 正统 5 件 景泰 8 件 天顺 6 件 成化 17 件 弘治 8 件 正德 8 件 嘉靖 19 件 隆庆 7 件 万历 12 件 天启 1 件 崇祯 4 件 通代 13 件 未计时间 24 件

　　史籍在记载明代则例时，因作者编写的宗旨和视角不同，记述有简有繁，全面介绍某一则例制定的背景、内容和实施情况者有之，但为数有限。更多的情况是，或记述则例内容，或记述臣工要求制定则例的题奏，或仅记某一则例的实施，或仅提及则例称谓而不言其他。有关明代则例的记载不胜枚举，本文收入的只是记述内容有法律规定的则例。这类记述占相关记述的一小部分。

　　综前述四部分所述，笔者从 91 种文献共辑佚则例 623 件。各类文献收入则例的情况是：（1）法典、法律和官修典制专书收有则例 259 件；（2）法律汇编文献收有则例 73 件；（3）《明实录》收有则例 126 件；（4）其他记述明史的文献收有则例 165 件。

表 5　91 种文献所载则例分类统计

单位：种，件

文献类别	文献数	所收则例件数
法典、法律和官修典制专书散见则例	14	259
法律汇编文献散见则例	23	73
《明实录》所载则例	12	126

文献类别	文献数	所收则例件数
其他记述明史的文献散见则例	42	165
合计	91	623

已辑佚的 623 件则例，按年号分类的情况是：（1）洪武朝则例 49 件；（2）永乐朝则例 15 件；（3）洪熙朝则例 3 件；（4）宣德朝则例 10 件；（5）英宗正统年间则例 17 件；（6）景帝景泰年间则例 38 件；（7）英宗天顺年间则例 11 件；（8）成化朝则例 105 件；（9）弘治朝则例 39 件；（10）正德朝则例 26 件；（11）嘉靖朝则例 84 件；（12）隆庆朝则例 21 件；（13）万历朝则例 142 件；（14）天启朝则例 6 件；（15）崇祯朝则例 4 件。另外，记述的各代通行的则例有 18 件；未记则例发布时间的则例有 35 件。

表 6　91 种文献所记明代各朝则例统计

单位：件

年号	则例件数
洪武	49
永乐	15
洪熙	3
宣德	10
正统	17
景泰	38
天顺	11
成化	105
弘治	39
正德	26
嘉靖	84
隆庆	21
万历	142
天启	6

年号	则例件数
崇祯	4
通代	18
未记时间	35
合计	623

　　表6统计的各朝颁布则例情况表明，从明初到明末，累朝都制定了则例，这类立法活动从未间断。现存的明代法律文献，以记载洪武、永乐、宣德、成化、弘治、嘉靖、万历和英宗正统年间、景帝景泰年间制定的法律为多。史籍记载的各朝代表性则例的颁行情况，与现存文献记述的明代立法活动的总体情况相吻合。

　　考察诸多史籍中有关明代则例的记述，能够揭示这一时期颁行则例的大体面貌。大量的资料表明，明代朝廷发布的则例，都是经过一定的立法程序，经皇帝批准，或官府、长官奉旨制定的，主要用于表述食货等方面管理的标准及运作规则，具有法律效力。由于明代社会经济处于不断发展变化之中，各类则例的制定、修订和实施都很频繁，它作为明王朝的法律形式之一，始终处于变通之法的地位。

　　则例在调整明代社会经济关系方面，具有其他法律形式不可替代的功能。

　　第一，它是国家经济立法的重要形式和法律细则性定例，具有因时、因地制宜实施国家基本经济法律制度的功能。明代各地自然条件千差万别，经济发展状况前后多变，无法制定通行全国的经济法典或比较系统的经济管理方面的法律，统一规范全国的经济、财政、金融活动。在明代法律体系中，律是刑事法律；经统治者精心修订的条例，除《问刑条例》外，基本上都是有关行政、军政管理方面的单行法律，是与刑律并行的国家基本法律；事例、榜例往往是一事一立法，其内容涉及刑事和非刑事的多个方面，但较少涉及经济管理事项的标准和实施细则。为了健全国家经济法律制度和加强经济活动的管理，明王朝在《大明令》《诸司职掌》《明会典》中，对田制、赋役、税粮、会计、库藏、盐法、茶法、钱法、钞法、税法和漕运、马政、俸饷、营造、河防等方面的法律制度作了原则性规定，在

《明会典》中编纂了可通行的现行、远年事例。但这些法律往往不能适应千变万化的各地经济活动的实际状况。在这种情况下，因时因地、有针对性地制定则例，就成为保障国家经济正常运转的重要立法举措，国家经济政策、社会生活中经济关系的调整及相关法律的执行，主要是通过实施各种则例得以实现的。

第二，则例具有法律规范具体、详细和数字化的特点，有利于在执法中准确遵行。则例基本上是根据经济、行政、军政、司法等管理中遇到的与钱物、运作相关的问题制定的，内容多是钱粮、税收、供给、赏赐、财政、俸禄等方面的收支标准。它与条例、事例、榜例内容的表述方式的不同之处在于，绝大多数则例的规定都是用具体的数字表示的。譬如，对不同田土的性质和土地瘠肥的等级，分别规定不同的赋役数量；根据不同的物品，规定不同的价格；等等。这样做，是为了使地方官员在执法中有具体的标准可以遵循，可以有效地加强经济管理，也有利于防范官吏曲法为奸。

第三，则例兼有立法适时和稳定性的优点。则例的内容针对性很强，有些适用于某一地区，有些适用于某一群体，也有些适用于全国。在明代例的体系中，单行条例是统治者精心制定的，立法的周期相对较长，稳定性也较强，其公布后往往多年或数十年后才进行修订。榜例、事例是统治者针对随时发生的问题及时制定的，立法适时，但稳定性相对较差。则例同榜例、事例一样，也是及时制定和颁行的，遇到经济条件变化时才修订则例，或颁行新的则例，因此，则例的稳定性虽然不及条例，但多数则例较榜例、事例的时效性要长。比如，"救荒则例"在完成赈灾任务后就失去效力，但针对某一地区制定的"赋役则例"则在较长时间内实施。

第四，则例是国家经济、财政、金融管理类基本法律和重要法规的法律渊源。明代统治者在立法过程中，很重视把那些能够普遍适用于全国的则例，编入国家的"大经大法"、"常经之法"和重要法规。如《诸司职掌》收入则例 14 件，正德《明会典》收入则例 29 件，万历《明会典》收入则例 53 件。《万历会计录》是规范万历朝财政收支的重要法规，收入则例 129 件。这些则例被编入法典、法律和重要法规后，较长时间内在全国通行，从而极大地完善了国家的基本经济法律制度。

明王朝在长达 276 年的治国实践中，针对不同时期、不同地区、不同行业的社会经济的变化情况，制定了大量的各种各样的则例，用以调整各种错综复杂、不断变动的社会经济关系。虽然由于国家基本政治、经济制度方面存在的重大缺陷，各地经济发展失衡、贫富悬殊和社会矛盾激化的问题始终没有得到有效解决，但是则例的制定和实施，对于调整经济关系和缓和社会矛盾、保障国家经济在绝大多数时间内仍能基本正常运转发挥了重大作用。

明代以则例为经济立法重要形式的实践，对清代法制建设产生了深刻影响。清初在法律未备的情况下，曾在经济、财政管理的许多方面援用明朝则例。自顺治朝后期始，清朝突破了明代把则例局限于钱粮事务方面立法的模式，扩大了则例的适用范围，把这一法律形式运用于钱粮之外的其他领域立法，则例被提升为国家的基本法律形式，用以表述国家机关活动和重大事务管理的规则，成为行政立法的核心内容。清代则例编纂之所以能够取得辉煌成就，是与清代统治者重视吸收明代则例立法经验分不开的。

清代法律位阶关系新论[*]

——以《大清律例》和《户部则例》之关系为例

粟铭徽[**]

摘要： 作为清代法律体系的主干法律，《大清律例》与包括《户部则例》在内的部门则例均是具有重要实用功能的基本法典，它们分属于不同的门类，在调整方法和条文内容等方面具有互补性。就法律体系内部的效力等级而言，《大清律例》并不具有凌驾于《户部则例》之上的法律位阶，它们在不同的领域发生作用，彼此间是一种分工与配合的关系。部门则例是中国传统法律部门发展完善的最后阶段，标志着清代法律体系已发展成为中国传统法制的完备形态。

关键词： 法律位阶　大清律例　户部则例　部门则例　法律部门

一　问题的提出

"律"以其强制性、普遍性与稳定性而成为中国古代法律最基本与最重要的法律形式，[①]　自战国秦相商鞅"改法为律"登上历史舞台，前后延续了

---

　*　本文系清华大学自主科研项目"清代回变与清代法制"（苏亦工教授主持，编号：2014z04082）的阶段性成果。

＊＊　本文作者系清华大学法学院博士后。

　①　参见北京大学法学百科全书编委会编《北京大学法学百科全书：中国法律思想史·中国法制史·外国法律思想史·外国法制史》，北京大学出版社，2010，第509页。

两千年之久。自秦律至《大清律》，中国历朝立法无不围绕修律而进行，尤其是明清之际，随着"明刑弼教"①取代"德主刑辅"成为当时中国的立法指导思想，以刑事法为主体内容的《大明律》和《大清律例》作为国家的基本法典，受到统治者的特别重视与推崇，在国家法律体系中具有特殊重要的地位。

清朝作为在时间上距离我们最近的一个帝制王朝，是中国传统法制发展的最后阶段，立法活动频繁并取得了显著的成就，而清朝法制建设的一个突出特点或者说重要成果，是"则例"②这种法律形式脱颖而出，在国家法律体系中占有举足轻重的地位。有学者统计，有清一代，以"则例"表述的立法成果，占全部立法总数的一半以上，③而仅现存的清代则例专书就有数百种，文字以数千万计。可以说，不了解清代的则例，就很难正确阐述清朝的法律制度。

清代则例尤以部门则例④为主干，晚清著名律学家薛允升在其《读例存疑》一书序言中指出，"各部则例，俱系功令之书"，⑤部门则例作为国家"常法"，具有相当的权威性，所谓"百司庶政，咸在六部。而六部办案，

---

① 语出《尚书·大禹谟》："明于五刑，以弼五教。"意为严明刑法，以为施行教化的辅助手段。后经宋代著名理学家朱熹的阐释，"刑"在国家治理中的地位提升。明初以降，"明刑弼教"成为"重典治国"的理论依据。

② "则"是准则、法则、规则之意，"例"是指先例、成例或定例。在中国古代法律体系中，"则例"作为一种法律术语始于唐代，但在当时只是偶尔使用，还不是独立的法律形式；宋元时期，"则例"作为"例"的一种，在立法中多被用来表述经济管理方面的事例；明朝时期，"则例"作为规范国家经济管理规则的主要法律形式被大量使用，在整个国家法律体系中的地位逐渐上升；到了清代，"则例"成为国家最重要和基本的法律形式，尤其是各部院衙门系统编纂的部门则例，成为与《大清律例》相比肩的主干法律。

③ 参见杨一凡《清代则例纂修要略》，载杨一凡主编《中国古代法律形式研究》，社会科学文献出版社，2011。

④ 本文所称的"部门则例"，指的是清朝中央各部院衙门为保证本部事务的有法可依，经皇帝"钦定"，由本部院长官主持，以本部院综合性事务的办事规则及惩处措施为基本内容，由"律例馆"或"则例馆"等专门的法律编纂机构整理刊印，通过系统的法律编纂活动与法律公布制度制定出来的具有法典化形态与独立立法地位的部门法典（非现代法学意义上的"部门法"，而是清代"部院衙门"意义上的"部门法"）。另外，清代中央机构除"吏、户、礼、兵、刑、工"六部之外，另有理藩院、都察院、太常寺、太仆寺、光禄寺、国子监乃至宗人府、内务府等，它们大都也制定有各自的法典化则例，相比于六部管辖面对全国范围且以综合性事务为主，这些部门管辖范围相对狭小或处理事务比较单一，限于篇幅，本文不再对它们进行专门讨论。因此，本文所称"部门则例"专指"吏、户、礼、兵、工"五部中枢机构的部门则例。

⑤ （清）薛允升：《读例存疑·序言》。

唯则例是守",① 部门则例是清代包括六部在内各个衙门行政、执法的依据，是各级政府官吏日常办事所须依循的准则。

那么同样是国家重要的制定法，同时作为清代法律体系重要组成部分的《大清律例》与部门则例，它们之间是一种什么样的关系？这是个兼具理论与实践意义的重要问题，回答它将有助于厘清清朝法律体系的构成方式，而回答这个问题有赖于二者法律位阶关系的澄清。这是因为，首先，一般而言，无论是古代国家还是现代社会，一国法律体系内部两部法典的法律位阶关系构成二者各方面关系的基础；其次，《大清律例》以"吏、户、礼、兵、刑、工"六部划分篇目，而这种体例并未随着各部部门则例的陆续颁布而改变，这就造成在当时属于同一领域的事务由两部国家制定法来规范，而法律位阶制度的一个重要功能就是确定同一领域不同法律的使用秩序。

法律位阶理论由奥地利法学家梅尔克首先提出来，后得到规范法学派创始人凯尔森的继承与发展。该理论认为，法律是一个有等级秩序的规范体系，在这个体系中，由最高地位、最抽象的规范通向越来越具体的规范，各较高位阶的制定法规范优先于各较低位阶的规范，不同等级的法律规范之间存在创造与被创造、决定与被决定的关系，而法律位阶即这些不同级法律之间所形成的一种等级体系。② 目前该理论已成为现代法理学的一个基础性理论。

法律位阶制度兼具理论与实践意义。一国法律体系应该是一个内部和谐的整体，各部法律之间不应互相排斥、矛盾，否则不仅会造成人们无所适从，司法机关也很容易因为法律依据的混乱而制造不公平的判决结果。由于法律的发展是个逐步累积、膨胀的过程，不同法律之间的碰撞与冲突在所难免，而法律位阶理论的提出，恰能比较有效地解决法律间的冲突问题——通过确定法律多元背景下各种规范的优先顺序，明晰各法律在具体适用中的实效，来维护法律体系的内部秩序。

法律位阶制度的设置同时也是一种政治性要求。一国内部各种法律具有不同等级的效力，往往是由于其制定者在权力体系中的高低位置不同，可以说，法律位阶既是产出法律的权力体系格局必然呈现的一种"镜像"，反过来，又是维持权力体系所必需的。

---

① 王钟翰：《清代则例及其与政法关系之研究》，载《王钟翰清史论集》，中华书局，2004。
② 参见顾建亚《法律位阶划分标准探新》，《浙江大学学报》（人文社会科学版）2006 年第 6 期。

　　因此，法律位阶是现当代世界各国法律体系中一项基本且普遍存在的制度。在我国，虽然现有的法律规范中还没有直接使用"法律位阶"这一概念，但按照《宪法》和《立法法》等规定的立法体制，我国的法律位阶大致分为六级，从高到低依次为：根本法律、基本法律、普通法律、行政法规、地方性法规和规章。

　　法律位阶的划分依据主要有两个。第一，形式标准，即根据制定机关划分位阶。"通常，效力更大并不是说规则在效力方面更完美，只是表明其制定者在政府金字塔中处于更高地位。"① 也就是说，一部法律的效力等级取决于其制定主体的法律地位，制定主体的法律地位越高，制定出来的法律的效力自然也越高。第二，实质标准，即根据制定依据与效力水平来划分位阶。高位阶法是低位阶法的制定依据且在效力上优于后者，低位阶法不得与高位阶法相抵触。"实质标准"一般还意味着存在上、下位阶关系的两部法律之间，上位法的内容具有抽象性与包容性，下位法只是在上位法确定的框架内将其抽象性的规定进行具体与细化。

　　既如前述，"律"这种法律形式以强制性、普遍性与稳定性为其特征；而在"明刑弼教"立法指导思想的影响下，《大清律例》受到清朝统治者的特别重视与推崇，如顺治皇帝在《大清律例》"原序"中写道，"尔内外有司官吏，敬此成宪，勿得任意低昂"，② 乾隆皇帝也称，"《律例》一书，原系提纲挈领，立为章程，俾刑名衙门有所遵守。至于情伪无穷，而律条有限，原有不能纤悉必到，全然该括之势"。③ 若仅从字面理解，"成宪""勿得任意低昂""提纲挈领""不能纤悉必到"这些表述很容易被解读出"权威性""抽象性""综合性"之类的含义，如果按照法律位阶制度的理论与概念，《大清律例》在清代就应当属于"纲领"性质的国家法令，占据着国家"基本法"或"母法"的位置，而部门则例仅仅作为某个或某几个领域的专门法律，自然就应当处在《大清律例》的下位，属于最高法下面的低位阶法律。那么《大清律例》与部门则例之间的法律位阶关系究竟如何？《大清律例》在清代法律体系中，是否具有类似于现代法律体系中"宪法性质"或者"基础规范"的意义？这是本文将要探讨的问题。

　　清代部门则例的数量甚为庞大，其中尤以户部衙门的部门则例——

---

① 〔美〕弗里德曼：《法律制度》，李琼英、林欣译，中国政法大学出版社，1994，第46页。
② 《大清律例·御制序文》，田涛、郑秦点校，法律出版社，1999。
③ 《清高宗实录》卷一百五十二，乾隆六年十月。

《户部则例》① 部头最大、修订最频繁、内容最丰富、涉及法律门类最多而对国家法制建设的影响最为突出，因此，本文选择清代《户部则例》作为清代部门则例的代表，通过分析、揭示《大清律例》与《户部则例》二者关联的具体方式，探讨《大清律例》与部门则例之间的法律位阶关系问题，以增进对清代法制整体规范设计的观察与理解。

二　《大清律例》与《户部则例》基本信息略述

"详译明律，参以国制"② 是清朝统治者入关之初确立的修律思路，而《大清律例》的前身、清朝第一部综合性法典、完成于顺治四年（1647）的《大清律集解附例》从体例到内容一准《大明律》，被后世学者视为明律的翻版；康熙十九年（1680），刑部完成《现行则例》二百六十余条，后附于《大清律》内；雍正五年（1727），修订后的《大清律集解》问世；乾隆五年（1740）《大清律例》修订工作完成，经高宗皇帝御览鉴定后，"刊布中外，永远遵行"，至此，有清一代最重要的基本法典《大清律例》最终定型。

《大清律例》是清代最有代表性的立法成就，内容规定广泛涉及清代政府与社会事务的诸多方面，是清代国家以法律手段调整社会关系的基本依据，因此人们常将《大清律例》作为清代法律的总称。而清政府甚至通过立法的方式，要求各级官吏必须学习掌握包括《大清律例》在内的各项国家律令，如《大清律例·吏律·公式·讲读律令》规定如下：

> 凡国家律令，参酌事情轻重，定立罪名，颁行天下，永为遵守。百司官吏务要熟读，讲明律意，剖决事务。每遇年终，在内、在外各从上司官考校，若有不能讲解、不晓律意者，官罚俸一月，吏答四十。③

---

① 本文所称的"户部则例"是指户部的部门则例，即由清代户部主持编纂并定期续修，内容系统全面、集大成地规定了户部衙门各项事务的章程法规而一直被时人与学界称为"户部则例"的这一部分法律（即前文所称"部门则例"意义上的"户部则例"）。限于篇幅，本文不再对户部就某些特定领域制作的具有法律性质的专书如《漕运全书》《鼓铸则例》等进行专门讨论。

② 《大清律例·御制序文》，田涛、郑秦点校，法律出版社，1999。

③ 《大清律例》，田涛、郑秦点校，法律出版社，1999，第157页。

户部是清代国家经济管理的主要机构，掌管着全国户籍、田土、钱粮征收及一切财政事宜。乾隆四十一年（1776），户部的部门则例《钦定户部则例》首次修成颁布，而从乾隆四十六年（1781）到同治十三年（1874），清政府在第一部《钦定户部则例》的基础上，又接连续纂了十四部《钦定户部（续纂）则例》。①

各时期《户部则例》基本完整地反映了清代户部的全部职责。以第一部《户部则例》即乾隆四十一年《钦定户部则例》为例，该部则例"计一十二门、共例二千七百二十九条、汇为一百二十六卷"，② 其"一十二门"的内容依次为"户口""田赋""漕运""钱法""盐法""关税""税则""仓庾""库藏""廪禄""兵饷""杂支""蠲恤""通例"，③ 梳理下来，它们多数属于与经济有关的行政类和经济管理类法律法规，也有少量民事规定，因而对于《户部则例》的法律属性，不能完全按现代法学划分部门法的标准来判定。根据其各类规定都与经济有关的特点，将其视为广义上的"经济行政类"法律是比较恰当的。

从现代法学的角度来看，《户部则例》是清代各门类法律中最重要的主干法律之一，而在清人眼里，它是具有重要实用功能的基本法典。《户部则例》的颁发，中央包括京城各衙门及户部各司处，地方则从各省督抚、将军一直到盐政、关差、司、道、府、厅、州、县，④ 即同时涵盖了户部各级专职机构和清朝各级政府部门。北京大学图书馆藏清嘉庆七年刻本《户部则例摘要》卷首指出，《户部则例》为人们所"遵行"，因为它是国家不可或缺的"成宪"：

> 我国家富有四海，丰亨裕大，举凡开源节流之道，裁成辅相之宜，靡不因地因时斟酌尽善，煌煌乎真千载一时之盛。内而司农握算，外而守土养民，计所以输帑课、核经费、定岁入者，非有成宪之秉，何

---

① 十五部《户部则例》的修成年份依次为：乾隆四十一年、乾隆四十六年、乾隆五十一年、乾隆五十六年、嘉庆元年、嘉庆七年、嘉庆十一年、嘉庆十七年、嘉庆二十二年、道光二年、道光十一年、道光十八年、咸丰元年、同治四年、同治十三年。

② 乾隆四十一年《钦定户部则例·奏章》。

③ 按照道光二年《钦定户部则例》卷首户部奏章的说法，乾隆、嘉庆时期的《户部则例》将"通例"附入"户口"门，因此此处虽然有十四大类，依然是十二门（"关税"与"税则"也同属一门）。

④ 同治四年《钦定户部则例·奏章》。

所考盾而遵行乎？①

同样地，清政府十分重视各级官吏对部门则例的学习与掌握，甚至将能否"谙习"本部门则例作为人员去留的标准：

> 著各部堂官于学习人员奏留时，考以本部则例，条对详明者，方准奏留。如不能谙习，或咨回吏部，或再留学习三年，由该堂官随时酌定……将此通谕知之。②

可见在清代当时，《户部则例》作为部门则例的一种，它与《大清律例》一样是大小臣工与内外官吏日常行政与司法活动中基本的裁判依据，而非可有可无的一般知识。

三 "形式标准"视角下《大清律例》与《户部则例》的法律位阶关系

前文已经提到，法律位阶划分依据的第一个标准即形式标准认为，一部法律的效力等级取决于其制定主体的法律地位（制定者在权力体系中的高低位置），制定主体的法律地位越高，制定出来的法律的效力自然也越高。那么在清代，《大清律例》与《户部则例》的制定主体分别处于权力体系的什么位置呢？

清政府于顺治二年（1645）置"律例馆"，专掌纂修法律之书，前文提到的顺治朝《大清律集解附例》、康熙朝刑部《现行则例》、雍正朝《大清律集解》以及乾隆五年最终定型的《大清律例》均出自律例馆，而这一时期的各部部门则例的修订也是由律例馆负责：

> 吏部议覆，监察御史陈豫朋奏称，吏户两部，档案繁多，请开馆纂辑成书，其礼工两部事宜，亦请增辑。查吏部则例，原系归并律例馆修辑，所有新增条例，仍请附律例馆汇集成书，礼部现开礼书馆，

---

① （清）冯应煜：《户部则例摘要·序》，北京大学图书馆藏清嘉庆七年刻本。
② 《清穆宗实录》卷一百七十二，同治五年三月。

一切更定条例，即在礼书馆一体编辑，均毋庸开馆。惟户工两部，事务纷繁，节年增改甚多，应令自行开馆纂辑。从之。①

......

国初以来，凡纂修律例，类必钦命二三大臣为总裁，特开专馆。维时各部院则例陆续成书，苟与刑律相涉，馆员俱一一厘正，故鲜乖牾。自乾隆元年，刑部奏准三年修例一次。十一年，内阁等衙门议改五年一修。由是刑部专司其事，不复简派总裁，律例馆亦遂附属于刑曹，与他部往往不相关会。②

这两段史料均反映出从清朝入关到乾隆初年，无论是《大清律例》还是部门则例，其制定均由专掌"法律之书"修订的律例馆来负责，那么既是同一制定主体，自然也就不存在制定机关层级高低的问题。

当然，户部的部门则例《户部则例》在这一时期尚未出现，但至少可以确定在清早期，那些与户部同级别部院衙门的部门则例与《大清律例》在制定机关方面是平级（相同）的。

上述两段史料还表明，大致在乾隆初年，就有臣工提出"律例馆"已经难以胜任同时负责律例与各部门则例的制定了，在获得了清廷的同意之后，《大清律例》与部门则例的修订主体开始分开，即《大清律例》的修订仍由"律例馆"负责（此时"律例馆"由一个相对独立的机构沦为刑部衙门的附属机构），而各部部门则例的制定则由其所属部门开设的"则例馆"（礼部为"礼书馆"）负责。

那么接下来要考察的一个问题是，"律例馆"与"则例馆"这些机构之间，是否存在法律地位的差异呢？在清代，无论是律例馆，还是则例馆、礼书馆，它们都是修书制度的产物，当时的修书程序为：由清廷钦点总裁，并抽调人员参与律令法规、文献典籍的整理与纂修，事毕则撤。而这里的"总裁官"，均由各部尚书或侍郎充任。考察各时期《大清律例》与各部院部门则例纂修"总裁官"的级别与职务，并未发现二者间存在高低之分或隶属关系，因此这些修书机构也不存在法律地位的差异。

因此，从编纂机构来看，在清早期（此时户部尚未开始编纂部门则

---

① 《清高宗实录》卷七十五，乾隆三年八月。
② 《清史稿》卷一百二十四。

例)，《大清律例》与各部部门则例的制定机构统一为"律例馆"，因此不存在制定机关层级高低的问题；自乾隆以降，《大清律例》及各部部门则例的制定分别由"律例馆"和"则例馆"负责，而这一时期的"律例馆"与"则例馆"分别为刑部和吏、户、礼、兵、工各部的下属机构，它们之间既无隶属关系，也不存在权力层级的高低之分。

事实上，在"形式标准"的视角下，一个能更有力地说明《大清律例》与《户部则例》属于同一法律位阶的理由，是《大清律例》与包括《户部则例》在内的各部部门则例的制定与颁布均来自皇帝的"钦定"。所谓"钦定"，《辞源》解释为"旧称皇帝的著述，或经皇帝指令修纂审定的著述"，① 而对于法律之书而言，在那个"法自君出"的帝制时代，"钦定"除了"皇帝指定修纂"的含义外，还具有一层重要的法律意义，即由皇帝确认并宣布其法律效力的生成。历部《大清律例》与《户部则例》的制定颁布，均系由皇帝"钦定"，② 所以从"钦定"这个古代中国富有特色的法律生成程序来看，理论上《大清律例》与各部部门则例的"制定机关"依然是平级的，因为"皇帝"这个清代"最高国家机关"就是《大清律例》与《户部则例》共同的制定主体。

综上，根据"制定主体的法律地位"这个形式标准，《大清律例》并不具有凌驾于包括《户部则例》在内的各部部门则例之上的法律位阶。

四　"实质标准"视角下《大清律例》与《户部则例》的法律位阶关系

法律位阶划分的第二个标准即实质标准认为，"制定依据"与"效力水平"是判断两部法律间是否存在位阶关系的依据，现分别考察之。

1.《大清律例》与《户部则例》的"制定依据"

《大清律例》是清政府"详译明律，参以国制"修律思路下的产物，况且在乾隆五年《大清律例》基本定型之际，《户部则例》尚未出现，后者自然不会是前者的制定依据。虽然后期《大清律例》在修订的过程中也会采择部门则例的条文，但那属于各部院衙门因权力交叉、管辖重合以及立法

---

① 《辞源》，商务印书馆，1979，第 1655 页。
② 笔者注意到清代全部（十五部）《户部则例》均印有"钦定"字样，且每一部则例卷首都有户部请修则例的奏章及皇帝应允的批示。

资料来源相同而不可避免地出现例文重叠的情况，与现代法律位阶制度中"下位法的创制应当符合上位法的内容"这一原则完全是两个概念。因此，《户部则例》不是《大清律例》的制定依据。

关于《户部则例》的制定，也没有发现《大清律例》在起作用。首先，《户部则例》的例文直接来自那些与户部事务有关的"谕旨、内外臣工条奏、准行事件"，①虽然有时也吸收包括《大清律例》在内的各部部门则例中与户部事务有关的条文，②但这种吸收是相互而非单向的，性质上属于"拿来主义"；其次，虽然清代各部部门则例的编纂有清政府系统规划的成分，但是其产生与制定的最根本原因仍是各自衙门办事的实际需要，而不是以"下位法"的身份去辅助、扩充《大清律例》。而且，以笔者的目力所及，清代关于各部门则例编纂的史料中从未出现过"依照《律例》"字眼或可以解读出《大清律例》是本部部门则例效力依据含义的文字；就各时期《户部则例》而言，它们的编纂动机与续纂缘由在其各自卷首奏章中均有详细记录，笔者从中并未发现《大清律例》在起作用。

"制定依据"这个标准通常还意味着存在上、下位阶关系的两部法律之间，上位法的内容具有抽象性与包容性，下位法只是在上位法确定的框架内将其抽象性的规定进行具体与细化，而通过对比《大清律例》与《户部则例》的内容，笔者发现确实能在两部法典里分别找到"抽象、包容"的规定及与之对应的"具体、细化"的条文，但是非常关键的一点是，这种对应是相互的而非单向的，也就是说，不仅存在《户部则例》将《大清律例》的抽象规定具体化的例子，同样也存在（且出现频率与绝对数量并不低于前者）《大清律例》将《户部则例》的抽象规定具体化的情形，现各略举一例以说明之。

《大清律例·户律·仓库·钱法》关于"鼓铸制钱"的规定仅有短短三十余字的一句话：

> 凡钱法，设立宝源、宝泉等局，鼓铸制钱，内外俱要遵照户部议定数目，一体通行。③

---

① 乾隆四十六年《钦定户部则例·奏章》。
② 如乾隆五十六年《钦定户部则例·奏章》中称，此次修订则例时采纳了"吏、礼、兵、刑四部则例有与臣部攸关各条"。而此处"刑部则例"即指《大清律例》。
③ 《大清律例》，田涛、郑秦点校，法律出版社，1999，第216页。

而乾隆四十一年《钦定户部则例·钱法·鼓铸》则用了整整一卷来规定"鼓铸制钱"的具体办法，分为"监铸""铸式""配铸""炉耗""工料""钱价""淘洗渣土"七个部分，例文十一条，总量五千字左右。详细列举了各地铸钱机构设置、制钱式样、制钱重量、制钱原料比例、京城与外省各地铸钱配额、炉耗计算办法、铸钱工匠工资、制钱与白银换算办法等与"鼓铸制钱"有关的各类规定。①

在这里，就属于《户部则例》将《大清律例》的笼统规定予以细化的情形。

乾隆四十一年《钦定户部则例·漕运·禁令·稽查私贩》中规定：

> 重运回空粮船，每船准带食盐四十斤，多带者照私盐例治罪。②

而《大清律例·户律·课程·盐法》下有条例对"回空粮船夹带私盐"处理办法如下：

> 凡回空粮船，如有夹带私盐，闯闸、闯关，不服盘查，聚至十人以上，持械拒捕，杀人及伤三人以上者，为首并杀人之人，拟斩立决；伤人之犯，斩监候；未曾下手杀伤人者，发边卫充军。其虽拒捕，不曾杀伤人，为首，绞监候；为从，流三千里。十人以下，拒捕杀伤人者，俱照兵民聚众十人以下例，分别治罪。头船旗丁、头舵人等，虽无夹带私盐，但闯闸、闯关者，枷号两个月，发近卫充军。随同之旗丁、头舵，照为从例，枷号一个月，杖一百，徒三年。不知情，不坐。卖私之人及灶丁，将盐私卖与粮船者，各杖一百，流二千里。窝藏寄顿者，杖一百，徒三年。其虽不闯闸、闯关，但夹带私盐，亦照贩私加一等，流二千里。兵役受贿纵放者，计赃以枉法从重论；未受贿者，杖一百，革退……③

在这里，《户部则例》只是原则规定要对"回空粮船夹带私盐"的相关人员"照例治罪"，而《大清律例》则详细规定了治罪的具体办法。因此其

① 参见乾隆四十一年《钦定户部则例》卷四十二，钱法，鼓铸。
② 乾隆四十一年《钦定户部则例》卷四十一，漕运，禁令。
③ 《大清律例》，田涛、郑秦点校，法律出版社，1999，第254~255页。

可被视为《大清律例》将《户部则例》的抽象规定具体化的情形。

上面这样的例子在《大清律例》和《户部则例》里面还有不少，它们的存在可以说明，按照"下位法只是在上位法确定的框架内将其抽象性的规定进行具体与细化"这个标准，并无法证明《大清律例》与《户部则例》存在上下位阶的关系。

因此，根据"制定依据"这个"实质标准"，仍无法发现《大清律例》与《户部则例》存在位阶差别。

2.《大清律例》与《户部则例》的"效力水平"

高位阶法的效力高于低位阶法，低位阶法的规定不得与高位阶法相冲突，这既是法律位阶制度的一项基本原则，也是判断两部法律是否存在上下位阶关系的一个重要依据。按照这个标准，虽不能说《大清律例》与《户部则例》效力完全相同，但二者至少没有明显的位阶差别。

光绪三十三年十二月初七日，修律大臣沈家本上奏清廷《变通旗民交产旧制折》，指出关于"旗民交产"问题，《大清律例》与《户部则例》的例文互相矛盾，请朝廷裁判：

伏查例载："一、旗地、旗房概不准民人典卖。如有设法借名私行典卖者，业主、售主俱照违制律治罪，地亩、房间、价银一并撤追入官。失察该管官俱交部严加议处。至旗人典买有州县印契跟随之民地、民房，或辗转典卖与民人，仍从其便。一、凡八旗人员置买产业于各省者，令该员据实首报，交与该督抚，按其产业之多寡，勒限变价归旗。如有隐匿不首及首报不实者，该督抚访查题参，将所置产业入官。其隐匿不首者，照侵占田宅律治罪……"各等语。此二条载在《大清律例·户律·典卖田宅门》内。

又例载："顺天、直隶所属旗地，无论京旗屯居，老圈自置，俱准旗户、民人互相买卖，照例税契升科。其（同治三年）例前置买，诡寄旗产者，准令呈明更正。除酌定赋额外，业主、售主概免治罪，并免从前花利。如例后匿不首报，一经查出，地亩概追入官，仍照隐匿科罪。一、民人置买旗房一二间至五间，连走道、院落统计，所占地基不得过一亩；六间至十间，不得过二亩；十间至四十间，不得过三亩；五十间至百余间，不得过五亩。或原买房间本少，续行添建者，核其房间，不得过酌定地数，均准投税纳契执业。如多占地基，即照上等地则征租报部。"各等语。此二条载在《户部则例·旗民交产门》内。①

沈家本指出，《大清律例》与《户部则例》关于"旗民交产"的问题处理办法不同：《大清律例》予以严禁，而《户部则例》不仅允许，甚至还规定了"交产"的办理细则。之所以出现这样的局面，是因为《大清律例》收录的是嘉庆朝的例文，而《户部则例》收录的是咸丰朝的规定，实际上后来光绪朝又出台有新的规定，但《大清律例》与《户部则例》在当时的近几十年都没有及时续修，因此内容也都没有再更新。②最后，沈家本提出按照当时的社会实际情况，应废除《大清律例》的过时条文，但也不要采纳光绪朝的新规，而应继续保留《户部则例》相关各条。该提议获得了清廷的同意：

> 嗣后旗民房地，准与民人互相买卖。其外出居住营业者，准其在各省置买产业。《户部则例》旗人交产各条，仍一律遵用，将旧时刑部例文二条删除，照该大臣等所奏办理。③

这段史料显示出当《大清律例》与《户部则例》条文发生冲突、需要做出取舍的时候，当时的人们只是根据历史的记录和当时的社会实际情况来做决定，而不考虑这些条文出自哪部法律。比如在这里，自始至终也没看到相关各方提出以"低位阶法的规定不得与高位阶法相冲突"为由来判定以《大清律例》为准。这也印证了这两部法典并不存在明显的位阶差别。

事实上，在清代司法专业人士的观念里，《大清律例》与包括《户部则例》在内的各部门则例之间不存在效力水平的高低之分，这一点本无疑问。薛允升在《读例存疑》序言中提到："各部则例，俱系功令之书。有与刑例互相发明者，亦有与刑例显相参差者。兹采录数十条，或以补刑例之缺，或以匡刑例之误。"④这里透露出来的一个重要信息是，在薛允升这位清朝专职司法官员的意识中，"各部则例"可以"匡刑例之误"，即可以通过部

---

① 李贵连编著《沈家本年谱长编》，山东人民出版社，2010，第210页。
② 李贵连编著《沈家本年谱长编》，山东人民出版社，2010，第210~212页。
③ 李贵连编著《沈家本年谱长编》，山东人民出版社，2010，第212页。
④ （清）薛允升：《读例存疑·序言》。

门则例发现并纠正《大清律例》错误的地方，这显然不符合法律位阶制度中下位法与上位法冲突时适用上位法优于下位法的原则，说明在当时专业法律人士的眼中，《大清律例》与包括《户部则例》在内的部门则例之间并不存在效力水平方面的差异。

因此，通过"效力水平"这个"实质标准"来分析，仍然不能得出《大清律例》与《户部则例》存在位阶差别这样的结论。

3. 关于《大清律例》"权威性"的表述

行文至此，一个需要解决或者说需要澄清的问题，是应当如何理解前文提到的清朝统治者关于《大清律例》"权威性"的各种表述，如顺治帝所称"敬此成宪，勿得任意低昂"与乾隆帝口中的"提纲挈领"之类？毕竟从字面来看，将这些表述解读出"权威性""抽象性""综合性"之类的含义似乎没有什么问题，况且《大清律例》的律文部分自乾隆五年定型之后一直到清末变法修律之前确实没有被改动过，这不正是这部法典"权威性"的体现吗？那么为何在司法实践中，《大清律例》并未显示出具有凌驾于包括《户部则例》在内的各部部门则例之上的法律位阶？

笔者认为，上述关于《大清律例》"权威性"的各种表述，在当时只不过是清统治者对"明刑弼教"理念的确认以及对《大清律例》所调整的社会关系相较于部门则例更加广泛这一客观事实的陈述，而并不能用现代法律位阶理论的知识与逻辑，望文生义地将其解读为《大清律例》是清代"基本法"、"根本法"或国家法律体系中的"基础规范"，这主要是因为《大清律例》本质上只是一部刑法典。① 在古代中国法律体系中，刑事法律制度固然占据着重要位置并受到统治者的特别重视，但刑法自身的性质决定了它不可能成为其他类型法律的"基础规范"，② 因此它的"重要"或"特殊"无法转化为法律位阶制度上的意义。

---

① 清末变法修律，人们将《大清律例》归类于刑法典，宣统二年颁布的《大清现行刑律》便是以《大清律例》为基础略加增改而成。晚清作为中国法律体系由传统形态向现代化转型的重要时期，当时立法者在对中国法律有着深刻理解的同时，已经开始学习并运用近现代西方法学的知识与概念，因此他们对中国传统律典性质的判断应当具有较强的说服力。其实在更早之前，包括清朝最高统治者在内的人们就已经在使用"刑部则例""刑部律例"这样的表述来指称《大清律例》了。据此推断，《大清律例》在当时人们的意识当中，其实质便是刑部衙门的部门则例，本质上就是一部刑法典。

② 《大清律例》律文多为刑法原则或定罪量刑规定，与吏、礼、兵、户、工各部部门则例宗旨较为疏远，因此后者的立法活动既不需要，甚至也无法以前者的内容规定作为原则。

　　清人关于律、例关系的一些描述同样也很容易误导今人对《大清律例》和《户部则例》关系的判断。薛允升在其《读例存疑》一书序言中总结道："律为一定不易之成法，例为因时制宜之良规。故凡律所不备，必藉有例，以权其大小轻重之衡，使之纤悉比附，归于至当……律者，万世之法也；例者，一时之事也。"① 这些表述从字面上理解：由律文和例文两部分内容组成的《大清律例》内部，律文在理论上具有更高的稳定性与权威性，而例文只是对律文的补充和延伸，这就又回到了"抽象、包容"与"具体、细化"的逻辑上来。

　　关于这个问题的回答，首先，"有例不用律"甚至"以例破律"是当时人们断罪量刑时经常的做法，② 即在实际操作中，《大清律例》的律文相比于例文并没有体现出法律效力方面的优势地位；其次，就本文的研究而言，虽然部门则例与刑部条例均属广义上的清"例"范畴，但由于薛氏的上述观点是在讨论《大清律例》内部律例关系的特定语境下做出的，加之笔者一直未发现包括《户部则例》在内的各部门则例从制定到实施的过程中有《大清律例》在起作用，因此认为该论点不能延伸至《大清律例》与部门则例的关系中去；最后，清朝的人们对《大清律例》律文地位的推崇，一个不应忽视的因素是中国传统的"崇古"与"法祖"思想在起作用，即当时的人们将"律"确立为"万世之法"，不过是为了表达对"先王成宪"或"祖宗遗命"的"敬意"与"尊重"，但是这种"尊重"同样没有转化为法律位阶制度上的意义，因为当时人们对律文"尊重"的具体做法仅仅是停留在在历次修律的过程中不去删减、改动律文文字这个水平（也因此导致了"有例不用律"）。所以，《大清律例》中的例文部分与部门则例不存在法律位阶意义上的高低之分已无疑义，而《大清律例》中的律文部分与部门则例亦找不到"上位法优于下位法"之类含义的理论支撑或事实证据。

　　总之，对于古人关于《大清律例》的地位以及律例关系判断的种种说法要放到特定历史语境中进行具体分析，而不能直接按照现代法律位阶理论的概念与逻辑去做字面上的理解。在清代法律体系当中，《大清律例》不

---

① （清）薛允升：《读例存疑·序言》。
② 《清史稿·刑法志》："盖清代定例，一如宋时之编敕，有例不用律，律既多成虚文。而例遂愈滋繁碎，其间前后抵触，或律外加重，或因例破律。"另如吉同钧在《大清现行刑律讲义》"断罪引律令"条下写道："凡断罪有例不引律，有章程不引例，必章程与例均无明文，方始引律，此亦问案者所当知也。"等等。

占据"基础规范"的地位，它不是包括《户部则例》在内的各部门则例的制定依据，亦不存在相比于《户部则例》更高或优先的法律效力。

五 平等位阶关系下《大清律例》与《户部则例》的分工与配合

清末修律大臣沈家本在论述从西方引进的近代部门法与中国历史上法律体系的关系时，提出中国传统法典虽以"诸法合体"为主要特征，但也存在一些类似于西方近代部门法划分的方式——"中国旧制，刑部专理刑名，户部专理钱债田产，微有分析刑事、民事之意"。① 本文认为，清代法律体系也是由"法律部门"组成的，而清代"法律部门"的一大特点，是按"六部职掌"划分，所谓"百司庶政，咸在六部。而六部办案，唯则例是守"，② 正反映出清代法律体系按"六部职掌"划分法律部门这一特点。

法律位阶大致平等的《大清律例》与《户部则例》同属清代"法律部门"，在清代法律体系中是一种分工与配合的关系。这种分工与配合具体而言有两种内涵，一是法律调整方法的功能性互补，二是法律条文的相互补充。其中第一种即"法律调整方法的功能性互补"是二者关联的主要方式。

1. 《大清律例》与《户部则例》法律调整方法的功能性互补

《大清律例》以"吏、户、礼、兵、刑、工"六部划分篇目，在各部院部门则例陆续产生之后，《大清律例》并没有改变"吏律、户律、礼律、兵律、刑律、工律"的划分，其"六部"条例仍在不断地扩充，这是因为，《大清律例》与各部部门则例虽然在调整对象上有所重合，但是双方的调整方法却有很大不同，正是由于这种不同，《大清律例》与各部部门则例发生了法律调整方法上的功能性互补。清史专家王钟翰先生提出的"刑例专属刑名，而则例则兼赅庶事"③ 便蕴含此意，即《大清律例》的特点（或者说它与部门则例最显著的区别）是它以刑事手段对违法违规行为进行处理，而部门则例以"刑名"以外的方式调整各类社会关系。

作为户部衙门章程法规的集大成者，《户部则例》主要规定户籍管理、钱粮征收乃至国家经济管理各项工作的具体办法与一般程序，在这个过程

---

① 李贵连编著《沈家本年谱长编》，山东人民出版社，2010，第137页。
② 王钟翰：《清代则例及其与政法关系之研究》，载《王钟翰清史论集》，中华书局，2004。
③ 王钟翰：《清代则例及其与政法关系之研究》，载《王钟翰清史论集》，中华书局，2004。

中也经常会涉及对一些违法违规乃至犯罪行为的处理，与清代其他"功令之书"一样，《户部则例》也包含有大量的禁止性规定与惩罚性措施，希图通过赏罚手段来维系相应的社会关系，但是户部衙门作为"钱粮之总汇"，以管理国家财政为其职责，对违规违法人员并没有罢免、拘捕乃至施以刑罚的法定权限与实际能力，而没有强制执行力作为后盾的法律难免沦为一纸空文，为此，《户部则例》通过规定"准用性规范"与《大清律例》联系起来，通过《大清律例》规定的赏罚手段来保障《户部则例》的实施。

所谓"准用性规范"，是指没有规定行为模式和法律后果，而只规定援引、比照某法律条文的法律规范。在这里则是指《户部则例》里就某些应由刑部定罪量刑的内容，通过"照某某律"或"照某某（刑）例"之类的方式来宣布对《大清律例》的适用，其做法颇类似于现代行政法规、经济法规中"情节严重者将追究其刑事责任"的规定。在《户部则例》中，这样的规定占有很大比重，前文所引两部法典关于"回空粮船夹带私盐"处理办法的例子便属于这种情况，现再略举一例以说明之。

乾隆四十一年《钦定户部则例·户口·保甲》第二款规定：

> 凡绅衿之家，与齐民一体编列，听保、甲长稽查，违者照脱户律治罪。地方官徇庇，照本例议处。凡金充保、甲长并轮值支更，看栅等役，绅衿免充；齐民内老疾寡妇之子孙未成丁者，亦俱免派；兵丁、书役与民户同编，本身免充保、甲长。①

大致同一时期的《大清律例·户律·户役·脱漏户口》规定如下：

> 凡一户，全不附籍，有赋役者，家长杖一百；无赋役者，杖八十。附籍当差。若将他人隐蔽在户不报及相冒合户附籍，有赋役者亦杖一百；无赋役者，亦杖八十……若隐漏自己成丁人口，不附籍及增减年状，妄作老幼废疾，以免差役者，一口至三口，家长杖六十，每三口加一等，罪止杖一百。不成丁，三口至五口，笞四十，每五口加一等，罪止杖七十，入籍，当差……若隐蔽他人丁口不附籍者，罪亦如之。

---

① 乾隆四十一年《钦定户部则例》卷三，户口，保甲。

所隐之人与同罪。发还本户，附籍当差。①

对比发现，就户籍管理领域的"保甲"事宜，《户部则例》规定了工作内容、工作方法及工作注意事项等，而《大清律例》负责其中所涉及的违规乃至违法行为的"治罪"办法。

可见，《大清律例·户律》与《户部则例》在调整对象方面多有重合，《户部则例》主要就一般工作程序与工作方法做出规定，而《大清律例·户律》负责定罪量刑。正是在这个意义上，《大清律例·户律》与《户部则例》各司其职，并通过法律调整方法的功能性互补完成了有机的结合。

2. 《大清律例》与《户部则例》法律条文的相互补充

除了法律调整方法的功能性互补这一基本模式外，《户部则例》与《大清律例》之间的分工与配合的另一种方式便是法律条文的相互补充，即调整对象与调整方法均相同的法律规定，有些收录于《大清律例·户律》，有些收录于《户部则例》，以致人们在处理这一类事务时只有同时参看《户部则例》与《大清律例》才能保证其所需信息的完整与准确。这种现象的产生，源自这两部法典的编纂机构沟通机制的断裂。

已如前述，清朝入关至乾隆初年，包括《大清律例》与各部门则例在内的所有重要法律均由"律例馆"统一负责制定，在这种体制下，人们可以及时发现并纠正《大清律例》与各部则例条文的抵牾，"维时各部院则例陆续成书，苟与刑律相涉，馆员俱一一厘正，故鲜乖牾"。②但自乾隆初年以降，各部院衙门纷纷"自行开馆"编纂各自的部门则例，而无论是《大清律例》的条例还是《户部则例》的则例，其主要来源都是皇帝上谕或者是获得皇帝批准的臣工条奏，而皇帝上谕与臣工条奏有时并不严格针对某一个部门做出，因此经常是每个部门自己发现皇帝上谕与臣工条奏中涉及本部门事务的指示或决定并将其摘取出来，整理后编入本部部门则例（刑部为《大清律例》）。由于（条）则例编纂当事人取舍标准不同，彼此又不沟通，将本不属于本部职掌的内容收入本部门则例，或者将本应收录的例文遗漏，两种情况都不可避免：

---

① 《大清律例》，田涛、郑秦点校，法律出版社，1999，第170~171页。
② 《清史稿》卷一百二十四。

承追一切赔项银两，均载在《户部则例》，有与刑例相同者，亦有彼此互异者，且有此有而彼无，彼有而此无者，缘修改旧例时未能会同具奏，是以诸多参差也。①

为了保证信息的完整与准确，当时的人们在处理各类事务时就得同时参看《户部则例》与《大清律例》两部法典，因而形成了二者条文在实践中的相互补充。

如《大清律例·名例律·给没赃物》项下，同治九年续纂条例规定：

窃盗案内无主赃物，及一切不应给主之赃，如系金、珠、人参等物，交内务府；银、钱及铜、铁、铅、锡等项有关鼓铸者，交户部；硫磺、焰硝及砖石、木植等项有关营造者，交工部；洋药及盐、酒等项有关税务者，交崇文门。其余器皿、衣饰及马、骡牲畜一应杂货，均行文都察院，劄行该城御史，督同司坊官，当堂估值变价，交户部汇题，并将变价数目报都察院及刑部查核。倘有弊混及变价不完，由该御史查参。②

而同一时期（同治十三年）《钦定户部则例·库藏·随时解款》的规定为：

一、在京衙门交纳现审赃罚银、钱，数在十两以上者，随时交户部查收；数在十两以下，随案先交刑部收储，岁底由刑部汇交户部。一、外省随时带解赃罚银两，除原文投送刑部外，其银随批径投户部，俟收足后知会刑部查案完结。……一、现审有关赃罚银、钱、什物变价等项，定案时抄录全案，并赃罚银、钱，立即咨送户部。如勒追未交者，随案声明，户部查催交纳后，知照刑部完结。……一、一切赃罚银、钱，年终汇册，开列案由分晰数目，已交者注明银库兑收日期，未交者声明何年月日追出，造册送部综核。③

---

① （清）薛允升：《读例存疑》卷十四，户律，仓库。
② 郭成伟主编《大清律例根原》，上海辞书出版社，2012，第162页。
③ 同治十三年《钦定户部则例》卷十三，库藏，随时解款。

通过对比可以看出，关于"赃物"的没收事宜，《大清律例》与《户部则例》均有规定，《大清律例》列举的赃物种类更加全面，《户部则例》规定的赃物没收程序更为完备，可以说二者各有欠缺又各有所长。在这里，由于两者的规定都不涉及定罪量刑方面的内容，因而可以视为《大清律例》补充《户部则例》。

另如《大清律例·名例律·流囚家属》项下，关于"酗酒行凶旗下家奴"家属的处理，有乾隆五十二年定例：

> 旗下家奴酗酒行凶，经本主报明该旗、送部发遣之犯，所有妻室子女，俱一体发遣，赏给兵丁为奴，不必官为资送。其有年老、残废及子女幼小不能随带者，或令于亲属依栖，或听本妇另嫁，不准仍留原主处服役。①

而同一时期（乾隆五十六年）《钦定户部则例·户口·奴仆》中，该条内容为：

> 旗下家奴酗酒行凶，罪应发遣者，令将其妻一同带往。如实有不能带往者，或令于亲属依栖，或听本妇改嫁，不许本主仍留服役。②

在此，就"酗酒行凶旗下家奴"家属的处理方案，《户部则例》的规定相对简略，而《大清律例》的内容则明显更加细致，因此当时的人们在具体处理时，仅依据《户部则例》的条文规定恐怕是不够的，还应同时参看《大清律例》。

在上面的这几个例子中，《大清律例》与《户部则例》就同一事项内容规定的"参差不齐"，大都属于"此有彼无"或"此无彼有"的情形，因此二者之间是一种较为良性的互补关系。但是有些时候，这种"参差"则表现为彼此矛盾、互为否定，如前文所举"旗民交产"的例子便是这种情形，此时《大清律例》与《户部则例》例文的"互相歧异"无疑给当时的人们造成了困惑与不便。

---

① 郭成伟主编《大清律例根原》，上海辞书出版社，2012，第62页。
② 乾隆五十六年《钦定户部则例》卷二，户口，奴仆。另外，此条规定在《户部则例》中从乾隆朝一直到同治十三年最后一部《钦定户部则例》颁布时也没有发生变化。

不同的法律部门各司其职是一国法律秩序内部协调有序的基础，清代的法律编纂者们也一直在努力区分各部部门则例之间的界限，尽量避免不同的部门则例出现重复与矛盾的内容规定。道光二年《户部则例》卷首奏章中就曾专门规定，"至'议叙'、'议处'，事隶吏、兵二部，臣部例内毋庸详载，此次概从节删，以符体制"，① 指的就是之前《户部则例》的编纂者们不小心将本属吏部、兵部负责的"议叙""议处"等规定也收录了进来，这与"体制"不符，故而应当删掉。不过在实际操作中，由于各部法典编纂机构的沟通机制一直没有得到恢复，《大清律例》《户部则例》依然收录有对方职掌范围内的例文。

综上，《大清律例》与《户部则例》由于调整对象的重合以及自身功能的不同，在实际工作中形成了分工与配合的关系，其中，"法律调整方法的功能性互补"是二者衔接的基本方式，该种方式亦是清代法律编纂者们所希望实现的状态；"法律条文的相互补充"是二者关联的另一种方式，但该方式实产生于《大清律例》与《户部则例》各自编纂机构信息沟通渠道的断裂，属于一种消极的既成事实。

3. 清代部门则例与"法律部门"

法律部门又称"部门法"。作为源自近现代西方的法学术语，"法律部门"主要是以西方的近现代法律为对象归纳出来的，所以从理论上讲清代应该不会存在现代法学意义上的"部门法"。但是考察清代法律实际会发现，诸如《大清律例》与包括《户部则例》在内的各部部门则例，它们在功能与划分标准方面与现代部门法还是有一些相通之处的："六部"颁布实施的各种法律，它们的主要区别便在于法律调整对象与法律调整方法的不同，而"法律调整对象"与"法律调整方法"又恰是现代法学"法律部门"的分类标准。

具体来说，"六部职掌"所颁布实施的各种法律如刑部《大清律例》、吏部《处分则例》与户、礼、工、兵各部院部门则例的区别在于：户、礼、工、兵各部部门则例负责规定其各自部院专业领域特定事务的具体办理方法与实施细则，但是遇到涉及刑事处罚或行政处分的情况时，则一般不做规定；而《大清律例》与《处分则例》均以"吏、户、礼、兵、刑、工"六部划分篇目，其中虽然也收录有各部门的一些具体办事规则，但主体内

---

① 道光二年《钦定户部则例·奏章》。

容则分别是对违法违规行为当事人进行定罪量刑（《大清律例》），以及对各部门相关责任人进行行政奖励或行政处罚（《处分则例》）。也就是说在清代，户、礼、兵、工四部部门则例之间是以"法律调整对象"相区别，①而刑部《大清律例》和吏部《处分则例》则以"法律调整方法"与其他部门则例相区别，可见，清代以"六部职掌"划分法律做法的实质暗合了现代法学"法律部门"的分类标准，正是从这个意义上，可以认为清代存在根据"六部职掌"而划分的"法律部门"，它们的法律位阶大致平等，并通过法律调整方法的功能性互补及法律条文内容的相互补充这两种衔接方式，构建出一个多元、复杂却不失协调的法律规范体系。

清代这种"法律部门"的构成方式在历史上曾间接地减少了中华法系向近代法制文明过渡的障碍。一般认为，清末变法修律导致了中华法系的解体，一个重要标志是刑法、民法、商法、行政法、诉讼法等现代法学意义上的"部门法"在这一时期被制定出来并开始取代中国固有法律类型。清代传统法律体系当然也属于中华法系范畴，但是以"部门则例"形式出现的清代"法律部门"将中华法系的发展推向了一个新的阶段，作为清代法制发展的一个重要特色，它的划分方式更接近现代"部门法"的分工模式。1910 年《大清律例》在稍加修改之后便以《大清现行刑律》即刑法典的面貌呈现在世人面前，这是清政府按照西方"部门法"的分类办法"被迫"对中国固有法律所做的调整，但如果考虑到清代"法律部门"分工协作的历史传统及其发展深化的趋势，《大清律例》在清代法律体系中原本就是平等法律位阶下充当刑法典角色的部门法，此时的转变实质上不过是"正名"而已；与此同时，清末立法者们在很短的时间内就修成并颁布了民事法、商事法、诉讼法以及新刑法原则指导下的《大清新刑律》等多部部门法典，他们的工作之所以如此高效、顺利，其原因是否也包括清朝统治者与立法者们对于这种"部门法"的划分方法并不感到陌生，也不存在意识形态的偏见？目力所及，在清末变法修律的整个过程中，争论各方并没有对新式法典的立法形式或部门分类提出过质疑。

从这个意义上或许可以说，平等位阶关系下《大清律例》与部门则例分工配合的传统，客观上为中华法系向近代法制文明的转型提供了缓冲。

---

① 《户部则例》负责国家的经济、财政方面事务，《礼部则例》负责国家各项礼仪与科举考试，《工部则例》负责国家各项工程，兵部《中枢政考》负责国家军队管理事宜。

六 结语

中国古代法制有四五千年之久的发展史，各个时期的法制状况多有不同，而且由于时间久远，大部分朝代的法制材料灭失严重。而清朝作为在时间上距离我们最近的一个朝代，是中国传统法制发展的最后阶段，不仅最完整地继承与总结了中华法系发展过程中产生的各种制度与传统，存世文献也最为丰富，尤其是国家制定法层面的资料大都仍存于世，这就为我们的研究提供了很好的基础与前提。"清代法制是中国封建法制的完备形态，剖析清代法制，有助于了解整个封建法制的发展趋向和规律性。"① 但是长期以来，法史学科关于清代法制的研究主要以《大清律例》为中心，这主要表现在，除了对《大清律例》这部法典本身的考察，学界关于清代法制的讨论亦经常从《大清律例》的角度出发，其对清代社会关系、法律制度的分析判断，往往主要依据《大清律例》的内容规定而得出相应的结论。②

《大清律例》固然是清代立法最主要的成就之一，但是对清代法制史的研究，若仅将视野局限于一部《大清律例》，则将无法了解清代法制的整体规范设计，从而不可避免地得出一些偏颇甚至有悖事实的论断。③ 在清代，各部院衙门所制定颁布的部门则例便是清朝政府于《大清律例》之外最重要的立法成就，它们的出现是中国传统"法律部门"发展成熟的一个重要标志，可以说，部门则例作为清代法制的一大特色，它的存在有力地印证了"清代法制是中国封建法制的完备形态"这一论断。

由于传统观点一般认为"律"有普遍性、稳定性的特点，而"例"则可以随时变通，加之《大清律例》又往往被视为清代法制的代表，这就很容易让人们先入为主地对《大清律例》在清代法律体系中的实际地位产生

<hr>

① 张晋藩主编《中国法制通史》（清代卷），法律出版社，1999，绪言，第3页。
② 此现象不仅存在于清代法制史的研究中，人们对唐代以降（唐代之前刑事律典均已亡佚）各朝法制史的考察，均存在过度依赖以刑法规范为主体内容的"律典"诸如《唐律疏议》《宋刑统》《大明律》的情况。
③ 其中一个比较典型的例子是，关于中国古代法典乃至中华法系的特征，"以刑为主"是一种较为流行且影响较大的说法，如中国当代刑法学家蔡枢衡先生在其《中国刑法史》一书中称："在历史上，中国刑法史是中国法制史的重心，除了刑法史的法制史，便觉空洞无物。"（蔡枢衡：《中国刑法史》，广西人民出版社，1983，第4页。）

错觉，进而干扰到对部门则例所处地位的认识，且部门则例作为清代新出现的立法形式，没有可资借鉴的历史参照，因此，从法律位阶的考察入手厘清部门则例与《大清律例》之间的关系，不仅有助于从位阶关系角度增进对清代法律体系规范设计的理解，对于清代部门则例研究本身也是一项有意义的基础性工作。

清代法制有二百余年的发展历史，立法成果丰富，各种法律形式纷繁复杂，法律体系的构成在不同的时期也呈现出阶段性的特点，限于篇幅及个人能力，本文仅选取清代存在时间最长、使用范围最广、规范程度最高的主干法律①即《大清律例》和部门则例（以《户部则例》为例）的法律位阶关系作为考察对象，所得结论当然也只能部分地（仅限于《大清律例》与部门则例之间）反映清代法律体系的构成模式。本文认为，作为清代主干法律的《大清律例》与《户部则例》之间是一种分属于不同"法律部门"，而在法律位阶上又大致处于平等地位的关系，它们在不同的领域发生作用，在调整方法和条文内容等方面具有一定的互补性，这也是《大清律例》与部门则例，以及各部部门则例之间相关联的基本方式。在清代的法律体系中，《大清律例》并不具有凌驾于包括《户部则例》在内的各部部门则例之上的法律位阶。

---

① 法史学界一般也将《大清会典》视为清朝的主要立法成就之一，并将其定性为"行政法典"，不过笔者经过考察后认为，严格来讲《大清会典》在性质上并不属于国家制定法，主要理由是历部《大清会典》是作为"史"按时间顺序去记载以往的制度（往往包含大量已经失效的法律规定），这既不符合法典编纂的规律，也会导致人们在实际操作中无法将《大清会典》当作法典来使用，换句话说，《大清会典》记录了清代各主要法典（包括《大清律例》和部门则例）的发展历程，但它本身并非法典。因此笔者比较认同史学界按照传统史学的观点将《大清会典》定义为"典章制度的断代史"（或称为"断代史政书"）的做法。《大清会典》既不属于清代法律体系的组成部分，与《大清律例》《户部则例》等国家制定法自然不存在法律位阶方面的关系问题，故本文未做讨论。

清代《都察院则例》与《钦定台规》之关系辨析[*]

清代《都察院则例》与《钦定台规》之关系辨析[*]

王斌通[**]

摘要：《钦定台规》与《都察院则例》的制定都是清代重要的监察立法活动，但二者的内容、性质并不完全相同。《都察院则例》系乾隆朝为纂修会典提供底稿而作，并未经过"钦定"颁行，不属于实质意义上的监察法典，其内容为《大清会典则例》所采纳；而《钦定台规》是清代发生效力的统一监察法典。嘉庆朝续修《钦定台规》时参考会典，使《都察院则例》的立法成果最终被《钦定台规》所吸收，但《钦定台规》与《都察院则例》之间不存在"总则—分则"的关系。

关键词：清代　监察法　都察院则例　钦定台规

一　引言

清代是中国古代政治法律文明的最后阶段，以《大清律例》《大清会典》《大清会典事例》以及各部院则例等为代表的国家制定法粲然大备，无论是立法技术，还是立法规模，均达到前所未有的高度。监察法

---

* 本文是中国政法大学博士学位论文资助项目"明清监察立法比较研究"（2020BSLW03）的阶段性成果。原文发表于《中国史研究》（韩国）第130辑。

** 本文作者系法学博士，西北政法大学法治学院讲师，中华法系与法治文明研究院研究人员。

是国家制定法的重要组成部分，也是监察活动不断制度化、规范化、法律化的集中体现。清代监察法在承继前代立法经验的基础上实现重大发展，不仅形成了相对独立的监察法体系，而且在体例编排、内容纂辑、法典化水平等方面，都取得了显著的成就。除了附录于《大清会典》《大清律例》等国家法典中的监察条款之外，清代专门性的监察立法活动主要有两个，即制定《钦定台规》和《都察院则例》，二者皆规定了都察院的职掌，明确了监察官员开展监察活动的程序、方式和注意事项。20 世纪 80 年代以来，清代监察法多有研究成果问世，近年来渐成热点，但学界在《都察院则例》与《钦定台规》的性质、关系等问题上尚未达成一致，代表性观点有以下几个方面。

张晋藩提出，《钦定台规》与《都察院则例》皆成书于乾隆朝，《钦定台规》始纂于乾隆八年，是中国古代"第一部较为完整的监察法规"，《都察院则例》（上下卷）截止于乾隆十三年，《都察院则例》（六卷本）截止于乾隆二十年，"名为则例，实则监察法典"，[1] "为避免内容相似的两法并用所造成的混乱"，乾隆三十九年之后，不再续修《都察院则例》；邱永明提出，《钦定台规》自乾隆八年由乾隆皇帝钦定颁行，是"我国监察制度史上第一部由皇帝的名义编纂和颁行的监察法规"，《都察院则例》则是在《钦定台规》颁布之后，都察院对新形成的若干规则的汇编，属于"都察院实施监察的细则规定"；[2] 吴吉远提出，乾隆时期，颁布了《钦定台规》与《都察院则例》，前者为监察纲领，后者为实施细则；[3] 焕力提出，《钦定台规》始纂于乾隆八年，初为八卷，是"都察院职掌事务的官方文书"，也是"中国第一部全面的监察法典"，其实质是"行政监察的基本纲要"，以及"监察法总则"，而

---

[1] 张晋藩：《中国监察法制史稿》，商务印书馆，2007，第 540～543 页。在最新的研究成果中，不再续修《都察院则例》的时间改为乾隆二十年（1755）以后，见张晋藩、林中《法史钩沉话智库》，中国法制出版社，2016，第 132 页。张晋藩先生是较早关注并研究中国古代监察法问题的学者，在其主编的《中国法制史》（1991）和《中国法制通史》（清代卷）（法律出版社，1999）中，明确提出《都察院则例》成书于《钦定台规》之后，是《钦定台规》的实施细则，此说在学界产生较大影响，目前几种学说皆受其影响，但是，自 2007年《中国监察法制史稿》推出后，张晋藩先生对于此说已进行了修正，重新界定了《都察院则例》与《钦定台规》的关系，不再主张《都察院则例》为《钦定台规》的实施细则之说。

[2] 邱永明：《中国古代监察制度史》，上海人民出版社，2006，第 440～444 页。

[3] 吴吉远：《清代地方政府司法职能研究》，故宫出版社，2014，第 37 页。

《都察院则例》成书于嘉庆朝，是"监察法分则"，二者"相互配合"，使监察官员依法履职。①

可以发现，学界的争议集中于三个方面：第一，在成书时间上，《都察院则例》存在刊行于乾隆时期与嘉庆时期两种看法；第二，在性质定位上，《都察院则例》有自成监察法典、内容与《钦定台规》相似和虽为监察法规但属于《钦定台规》的实施细则两种观点；第三，在相互关系上，存在二者在清代监察实践中互补互用与在乾隆朝之后《都察院则例》被《钦定台规》所替代两种认识。同一中央部院，在立法上并行数典，在清代并不罕见，如六部中，吏部有《钦定吏部则例》《钦定吏部处分则例》，户部有《钦定户部则例》《钦定户部漕运则例》《钦定户部军需则例》，礼部有《钦定礼部则例》《钦定科场则例》等，但多系基本规则与特别规则之分，《都察院则例》与《钦定台规》是否也属此种关系，抑或存在其他关系，与上述某一观点一致，需从法律文本、规范内容及其性质定位等方面加以厘清。

二　《都察院则例》与《钦定台规》成书时间之辨正

（一）《都察院则例》成书时间考

有关《都察院则例》的颁布时间，现存史书中的明确记载暂付阙如，与其相关者也寥寥无几，但仍可通过史料窥得一二。据《清高宗实录》记载，乾隆三十九年壬申，"御史陈朝础奏请修内阁《都察院则例》"，乾隆皇帝特颁谕旨，"殊可不必"。② 可知乾隆朝已有《都察院则例》。

而考诸实例，国家图书馆现藏乾隆内府抄本《都察院则例》两种，一为上下卷，二为六卷（缺第二卷），上下卷本中所载内容，时间截止于乾隆十三年，而六卷本中所载内容，时间截止于乾隆二十年。两种《都察院则例》均为乾隆年间监察立法的明证，同时可知上下卷本《都察院则例》在六卷本之前。故《都察院则例》颁布于嘉庆朝之说可不攻自破。

---

① 焕力主编《中国历史廉政监察研究》，武汉大学出版社，2015，第167~169页。
② 《清高宗实录》卷九六三，乾隆三十九年七月。

（二）《钦定台规》成书时间考

清初，有关都察院职掌的法律规定汇集一书，称为《台规》。顺治十五年五月，"吏部、都察院议复掌河南道上官铉条奏，台规宜照会典，参酌时宜，订正成书，刊刻颁行。从之"。① 这是清代《台规》的最早记载。

乾隆八年，都察院左都御史杭奕禄等在进呈《台规》时曾经追溯《台规》编纂的源流，详细如下："为进呈台规仰祈睿鉴事，查乾隆四年，山东道监察御史博尔和奏请增辑《台规》一事，经吏部议覆，'都察院旧时《台规》原系自行刊刻，卷帙无多，毋庸另行开馆纂辑，应交与都察院堂官，将旧有《台规》如有现行条例应行增减之处，酌量编辑，刊刻存贮，以便查阅遵守'等因，奉旨依议，'钦此'。钦遵在案，臣等随派科道各员，将旧有《台规》与《会典》所载详参互校，自康熙五十一年以后所有钦奉上谕及议准条例，分类编入，其一切旧规照《会典》之例仍行备载，并将历代建立台省与革原委，采辑附录，谨缮写二帙进呈御览。伏祈皇上训诲，俟命下之日，臣衙门刊刻成书，存贮查阅，为此谨奏。"该奏折于乾隆八年十二月初十日进呈，十二日奉旨："知道了，钦此。"②

可知，所谓《钦定台规》，是在乾隆四年之后参考《大清会典》③的基础上，增加康熙五十一年之后谕旨与条例而形成的。与此前不同的是，顺治以来的监察法称"台规"，但乾隆朝普遍于修订条例之前冠以"钦定"二字，以突出法律规范的权威性和严肃性，监察法概莫能外。所以自乾隆朝开始，称"钦定台规"。乾隆八年十二月，《钦定台规》奉旨刊行，是为《钦定台规》的成书时间。

值得注意的是，乾隆朝《钦定台规》在监察法典之前冠以"钦定"之名，在中国古代的监察立法史上属于首次。明代《皇明条法事类纂》卷二

---

① 《清世祖实录》卷一一七，顺治十五年五月。
② 乾隆朝《钦定台规》（八卷），收入杨一凡编《中国监察制度文献辑要》（第四册），红旗出版社，2007，第397~399页。
③ 乾隆四年之后修订《台规》时所参考的《大清会典》，并非乾隆朝《大清会典》。《大清会典》最早于康熙二十九年刊行，雍正五年续修，并于雍正十年修成。乾隆朝《大清会典》于乾隆二十九年刊行。可知，《钦定台规》在成书之前，参考的是雍正朝《大清会典》。

十四"兵部类"之成化元年所定《御史惩戒军职及御史等官出差边境用军防送例》中，已有"节该伏读《钦定宪纲》内开""查前项《钦定宪纲条例》并戒谕事理"等字样①。明代以《宪纲》为基本监察法典，成化元年出自监察官员之口的"钦定宪纲"是目前所见史料中监察法典名称上冠以"钦定"二字的最早记载。但是，同样在该事例中，明代皇帝则称《宪纲》，如"今后御史出巡，务要悉遵《宪纲》行事"；而且，现存明代刊印颁行的《宪纲》，都未加"钦定"二字，所以明代《宪纲》前的"钦定"只见于监察事例之中，朝廷刊印的监察法规仍以《宪纲》为标准名称。清代乾隆时期，才正式在官方刊行的监察法典《台规》前冠以"钦定"二字，此后，"钦定台规"成为监察法典的统称，不管是《钦定台规》的续修，还是君臣的日常称谓，都固定为"钦定台规"，这也成为乾隆朝修订监察法典的鲜明特色，既与此前历代王朝有所不同，也与清初有所差异。

三 《都察院则例》与《钦定台规》基本内容之辨正

乾隆时期，除两种单行的《都察院则例》外，《钦定大清会典则例》中也辑录"都察院"六卷，而单独成书的《钦定台规》共有八卷，都为中央统一的监察立法。四者在编纂体例、目录编写与主要内容上皆不尽相同。

四者的基本信息统计见表1。从表1中可见，两种《都察院则例》与《钦定大清会典则例》"都察院"卷高度相似，而与乾隆朝《钦定台规》在立法风格上存在显著差异。

（一）乾隆朝《钦定台规》与监察立法的法典化

在乾隆朝监察立法中，《钦定台规》成书最早，而且自成体例，对清代监察立法的法典化有着重要的奠基意义。其独特之处表现为以下四个方面。

---

① 见《皇明条法事类纂》卷二十四"兵部类"，杨一凡主编《中国珍稀法律典籍集成》（乙编，第四册），科学出版社，1994，第1033~1034页。

表 1　两种《都察院则例》与《钦定大清会典则例》（都察院卷）和《钦定台规》的基本信息统计

立法成果	《钦定台规》（八卷本）	《都察院则例》（上下卷）	《都察院则例》（六卷本）	《钦定大清会典则例》都察院卷（六卷）
时间	纂成于乾隆八年（1743）	纂成于乾隆十三年（1748）	内容止于乾隆二十年（1755）	刊行于乾隆二十九年（1764）
目录	卷之一：公署，官制，掌故 卷之二：宪纲，纠弹，建白，	上卷：合纲，稽察部院事件，注销期限，稽察部院书吏，京畿道刷卷，稽察户部三库，稽察工程，稽察宗人府卷，稽察内务府事件，稽察理藩院银库，内外馆及照看俄罗斯斯来使，稽察八旗事件，稽察五城事件，稽察步军统领衙门事件，稽察直省朴参事件，稽察直省难结事件，稽察移咨直省事件，稽察会议会审 下卷：京察，大计，军政，盐政考核，议处，验看月官，验看因公降格人员，科道降格留任，议叙，六科笔帖式，满洲荫生，笔帖式，六科笔帖式，司坊官荤满保提，会审，热审，侍秋审，巡视监狱状，勾决，州县揭报，纠合纠仪，祭祀纠察，殿试监察，乡会试监察，会同审音，出差，武乡会试任笔帖式，考试贴写中书汉中书见任笔帖式，巡城，巡仓，巡盐，巡漕，巡察台湾，巡察盛京，船厂，黑龙江，台制沿革，御内升外转，补授掌道，补授掌事中，两月分掌，笔史定额，直月，督催所，帖式定额	都察院一：宪纲 第二卷缺	都察院一：宪纲 都察院二：六科技本，发抄，史书，录书，封驳，陈奏，注销，京察，大计，文职画凭，支领财物，直省钱粮交盘，易知由单，秋成分数，漕粮奏销，漕粮全单，奏缴粮簿白粮册，盐课考核，岁科学差领批，关差考核，直省解部批文，军政，武职画册，岁科试卷，乡试卷磨勘，军政，武职考试，官兵奏销，奏销，提塘，复奏，择递奏销，各差爰书，各差领批，六赃赎，内外工程，直省爰书，监视行刑，各差领批，六赃赎，监视行刑，直省奏销，御门传班，科给发教书，稽核朝审，直宿，衙门行走，升转，书吏御经筵侍班，验看月官，掌印

续表

立法成果	《钦定台规》（八卷本）	《都察院则例》（上下卷）	《都察院则例》（六卷本）	《钦定大清会典则例》都察院卷（六卷）
目录	卷之三：考核、稽察、理刑		都察院三：稽察部院事件，注销期限，京畿道刷卷，稽察工程，稽察内务府事件，稽察宗人府银库，内外馆及照看俄罗斯事件，稽察八旗事件，稽察步军统领衙门事件，稽察直省难结事件，稽察移各直省事件，军政，盐政考核，会议，议处，科道降格留任，验看人员，议叙人员，六科帖式，满洲荫生，笔帖式考试翻译，司坊官俸满保提	都察院三：稽察部院事件，注销限期，稽察部院书吏，刷卷，稽察户部三库，稽察内务府事件，稽察宗人府银库，内外馆及照看俄罗斯来使，稽察理藩院银库，稽察八旗事件，稽察五城事件，稽察步军统领衙门事件，稽察直省补参事件，稽察移各直省事件，稽察直省难结事件，稽察会议，会审，京察，大计，验看月官，验看人员，议叙人员，科道降革留任，满洲荫生，考试翻译，笔帖式，六科笔帖题，司坊官俸满保题，献狱，会勾，监狱，勾决，秋审，朝审，秋审，州县揭报
	卷之四：朝会、察祀		都察院四：会议、会审、勾决、祭祀纠仪、州县揭报、侍仪、乡会试监察、殿试监察、考试、会同审音、出差、巡城、巡察台湾、巡盐、巡漕、巡盐、黑龙江、台制沿革、御史掌道、补授给事中、内升外转、直月、督催所、两厅分掌、笔帖式定额、武定额	都察院四：侍仪，朝会纠仪，祭祀纠仪，武乡会试监察，殿试监察，巡城，巡察京仓，巡漕，巡盐，巡察台湾，巡察盛京，巡察吉林，黑龙江，考选御史，台制沿革，直月，授御史道，补授给事中，内升外转，直月，督催所，两厅分掌，笔帖式定额

续表

立法成果	《钦定台规》（八卷本）	《都察院则例》（上下卷）	《都察院则例》（六卷本）	《钦定大清会典则例》都察院卷（六卷）
目录	卷之五：监试，巡城，巡盐，巡仓 卷之六：巡漕，巡盐，巡察 卷之七：考选，升转 卷之八：仪注，艺文，杂缀		都察院五：巡城职掌，司坊分理，事件拘限，五城地界，条教，米厂，饭厂，栖流所，禁止遗弃婴孩，救火，巡夜，羁禁，命案，盗案，窃案，发冢之案 都察院六：官员赴任，书吏役满，私会试禁约，私铸，吓诈，拐骗，邪教，谣言，赌博，质当军器及藏造，戏馆，火房，耕牛，经纪，收管，保结，石路，民房，清理街道，沟渠，河垡，承追，羁禁，逓解，书吏，皂隶，供应，教场，河垡，供应夫役，甲，捕役，作作，所夫	都察院五：巡城职掌，司坊分理，事件拘限，五城地界，条教，米厂，饭厂，栖流所，孤贫银米，救火，捕蝗，禁止遗弃婴孩，巡夜，命案，盗案，窃案，发冢之案 都察院六：官员赴任，废员回籍，乡会试私会试禁约，私铸，吓诈，拐骗，邪教，谣言，赌博，质当军器铸造，戏馆，经纪，马匹，耕牛，收管，保结，石路，保房，火房，民房，客店，清理街道，沟渠，河垡，承追，羁禁，书吏，皂隶，逓解，供应，教场，供应夫役，甲，捕役，作作，所夫

资料来源：参见《都察院则例》（上下卷），乾隆内府抄本，国家图书馆藏古籍善本，胶片号 A03584 号；《钦定台规》（八卷），乾隆刊本；《钦定大清会典则例》（六卷），乾隆内府抄本，国家图书馆藏古籍善本，胶片号 A03583 号；《都察院则例》（六卷本），乾隆二十九年内府刊本，卷一百四十五至卷一百五十，收入杨一凡主编《中国监察制度文献辑要》（第四册）、第五册，红旗出版社，2007；《都察院则例》（八卷），乾隆刊本，收入杨一凡主编《中国监察制度文献辑要》（第五册），红旗出版社，2007。

第一，《钦定台规》于卷首罗列了康熙朝《御制台省箴》[①]，以示皇帝对监察官员履职的重视，开启了清代在监察法典之前辑录官箴的先例。这一点受明代监察立法中增加谕旨等以贯彻皇帝意志的影响，但与明代监察法《宪纲》又有不同，明代正统四年修订《宪纲》之后，于正统、嘉靖、万历等朝皆有刊本问世，卷首均置以正统四年皇帝有关监察法规修订的谕旨。正统之前，宣德朝颁布《御制官箴》，其中包括《御制都察院箴》，而正统四年《宪纲》纂修时并未录入。

第二，《钦定台规》共八卷二十二目，简明扼要，总分有别，集组织法与实体法、程序法于一体。卷一“公署、官制、掌协”三目都是有关都察院设官分职的基本规定，带有鲜明的“组织法”色彩；卷二“宪纲”一目，是清代皇帝对监察官员基本职责的诫谕，所谓“是程是式，谨拟宪纲”[②]；卷二“建白、纠弹”二目，主要涉及监察官员的言谏与纠察双重职掌，反映了雍正朝台谏合一之后监察职能的综合性；卷三“考核、稽察、理刑”三目，分别涉及监察官员会同吏部，通过京察、大计等对中央及地方各级官吏进行行政监察，以及会同刑部、大理寺等官员通过复核、会审、录囚等方式对刑名案件进行司法监察；卷四“朝会、祭祀”与卷五“监试”三目，都属于礼部事项相关的监察内容，特别是对于朝会纠仪，规定尤为严格；卷五“巡城、巡仓”二目，加之卷六“巡漕、巡盐、巡察”三目，都与监察官员外出巡察有关，清代于顺治朝废除一度沿用的巡按御史制度，改为派遣监察官员对城市治安、仓库管理、漕粮运输、食盐采运等重点事务进行专项监察，所谓“本朝裁巡按，间设巡察”[③]，巡按御史出差纠弹地方不法官吏的职权改由督抚负责，因而，以专项监察替代普遍的巡按监察，

---

① 御制台省箴曰：“台省之设，言责斯专。寄以耳目，宁取具员。通明无滞，公正无偏。党援宜化，畛域宜捐。洞达政体，斯曰能贤。古昔诤臣，风规凛然。吁谟谠论；垂光简编。朕每览绎，如鉴在悬。居是官者，表里方直。精白乃心，克广其识。国计民生，臧否黜陟。凡所敷陈，敬将悃愊。风霜之任，以惩奸慝。搏击之威，以儆贪墨。毋摭细务，苟塞言职。毋纷成宪，妄逞胸臆。书思入告，当宁对扬。沽名匪正，营私孔伤。或藏嫌怨，谬为雌黄。受人指嘱，尤为不臧。形诸奏牍，有玷皂囊。职司献替，亟宜审详。敬尔在公，风纪岩廊。词箴用勖，诞告联常。”见乾隆朝《钦定台规》卷二“宪纲”，收入杨一凡编《中国监察制度文献辑要》（第四册），红旗出版社，2007。

② 乾隆朝《钦定台规》卷二“宪纲”，收入杨一凡编《中国监察制度文献辑要》（第四册），红旗出版社，2007。

③ 乾隆朝《钦定台规》卷六“巡察”，收入杨一凡编《中国监察制度文献辑要》（第四册），红旗出版社，2007。

出巡监察权受到压缩和限制，是清代监察方式的一大变化；卷七"考选"一目，针对监察御史、给事中等监察官员遇缺额时的考选程序（如翰林院官员、地方知县等补为监察官员，须经翰林院学士、吏部等选择保奏）详加规定；卷七"升转"一目，则是对监察官员晋升及转任其他职务，即"内升外转"（如监察御史升为太常寺少卿或者转任地方官）的具体规定；卷八"仪注"一目，规定都察院各级监察官员见面时各自应遵守的礼仪，如在都察院大堂中、赶路途中、私宅相会等情况下，皆有不同的礼仪要求；卷八"艺文、杂缀"二目，列于全书之尾，分别对谏院题名记中"可为训诫"的内容和见于古代传记中的古训、遗文进行辑录。

在《钦定台规》中，既有"公署、官制、掌协"等组织法性质的法律规定，也有对具体监察事项的实体性规定和程序性规定（几乎存在于每一具体事项的规定之中），因而，使《钦定台规》具有集组织法、实体法、程序法于一体的鲜明特色；同时，"掌协""宪纲"等目具有监察法总则的功能，而自"建白"直至"仪注"等目，具有监察法分则的性质，因而，《钦定台规》也体现出总则与分则互为补充的立法特征，"总分有别"的编纂方法在元代监察法《设立宪台格例》中就已采用，《钦定台规》对其予以继承并进一步规范化。这些都体现出清代监察立法技术的进步与发展。

第三，《钦定台规》延续了明代监察立法法典化的趋势，并正式定型为统一的监察法典。中国古代的监察法自汉代《刺史六条》以诏令的形式颁布之后，至唐宋，仍以诏令或附录于国家律令典章中的监察法内容为监察立法的主要法律渊源；元代开始探索监察立法的法典化，如出现《设立宪台格例》《行台体察等例》等，但因政局纷乱，多流于具文；明代中央在汲取前代立法经验的基础上，注重建立以《宪纲》（正统之后又称《宪纲条例》）为中心的监察法体系，地方监察官员更将《宪纲》《宪体》《出巡相见礼仪》《刷卷条格》等单行的监察立法汇编成书，统称《宪纲事类》，一方面突出了《宪纲》在监察法中的核心地位，另一方面，也促使监察法的法典化进一步加强，但《宪纲事类》只是陆续由督抚等地方官员刊行，中央仍遵循分别颁行的《宪纲》《宪体》《出巡相见礼仪》《刷卷条格》以及日渐增多的监察事例等单行监察法规。所以，清代乾隆年间，监察立法既有历朝历代丰富的逐渐法典化的监察立法经验可资借鉴，也有清初特别是顺治朝颁行《台规》的立法实践可供参考，终于形成了首次由皇帝钦命颁行，在编纂体例和适用对象上都实现高度统一的监察法典——《钦定台规》。

第四，在内容上不仅以清代皇帝的谕旨、诏令直接作为法律条文，使法律条文的表现形式更加丰富，而且大量使用小注，对个别词语或条文进行说明，还在目后附录了历代相关的文献记载。

首先，《钦定台规》中，法律条文存在多种表现形式。一是平铺直叙的陈述。如"公署"目下，仅列一条："都察院在皇城东西向，与刑部、大理寺并列为三法司。"其目的在于介绍都察院的衙署位置和地位。再如"官制"目下，列"满汉左都御史各一员，从一品"，是对都察院长官员额、品秩的规定。"理刑"目下，列"六道（河南道、江南道、浙江道、山西道、山东道、陕西道）分理在京衙门及直隶盛京各省刑名事件"。该条授予了河南道等六道监察御史对全国刑民案件的复核权限。二是与都察院有关的上谕经过选择，直接充作法律条文。如"宪纲"目下，列关外时期天聪十年、崇德元年上谕和入关以后自顺治九年至乾隆五年的上谕。"建白"目下列自顺治十年至乾隆七年的上谕。"纠弹"目下列自顺治九年至雍正二年的上谕。上谕在《钦定台规》中通篇可见，但都经过特别甄选，且与《清实录》所载高度重合，然而并非与监察有关的所有上谕都可列入，如乾隆之前清代皇帝对因监察御史纠劾而惩治权臣、巨贪等颁发的上谕多不见于《钦定台规》。三是乾隆八年之前所定有关监察的事例，充为法律条文。如"考核"目下，列"顺治二年定""顺治八年都察院题定""顺治十六年吏部覆准""康熙元年题准"等。在三种类型的法律条文中，上谕和事例占比最大，简单明确的陈述性条文十分少见。上谕与事例的表述较为相似，几乎都集事由、监察官员或其他有司的观点、皇帝对该问题的认识与最终意见于一体，使条文的来龙去脉能够清晰地呈现出来。

其次，《钦定台规》大量使用小注，起到解释说明之作用，不仅针对现行条文中的词汇，也针对附录历代记载中的词汇。如"官制"目下，于"十三道御史"下增添小注："满洲、汉军御史初系三品，顺治六年改为七品，雍正七年改定正五品；汉御史原系七品，雍正七年改为正五品……"旨在说明不同时期对满汉监察御史品秩的调整。又如"公署"目下，在附录的《明会典》所载"洪熙元年称行在都察院，正统中去行在字"等文字中间添加小注："按永乐北都燕京，故加'行在'字样，以别于南京也。"反映出明代都察院机构的变化情况。

最后，在目后附录历代文献的记载，展现出清代监察机构及职掌与历代的承袭关系。如"公署"目后，附录有："汉谓之御史府，亦谓之御史大夫寺，亦谓之宪台；后汉以来谓之御史台……"，"汉御史大夫署在大司马门内，无塾，其门署用梓板，不腏色，题曰'御史大夫寺'。……"这些文字并非清代自撰，而是摘自历代典章图籍，"公署"所附摘录的文字后注有《通典》《玉海》《唐会要》《文献通考》《叶梦得石林燕语》《宋史》《续文献通考》《明史》《明会典》《王士正古夫于亭杂录》等。"建白"目后，附录有《汉书》《旧唐书》《通典》《唐会要》《叶梦得石林燕语》《孙承泽春明梦余录》等有关监察官员谏诤职责的记载。虽然于目后附录历代文献记载是全书通行的做法，但仍有个别目后未附历代文献记载，如"宪纲"一目中，全为清代皇帝谕旨的摘录，未附前代相关谕旨。

以上可见，乾隆八年《钦定台规》已经基本实现了目录编排的合理化、覆盖事项的全面化和监察立法的法典化，在总结吸收前代监察立法经验基础上取得了显著的进步，也为此后监察法的续修提供了范文与先验。

（二）乾隆朝《都察院则例》为《钦定大清会典则例》的纂修提供底本

从现存乾隆年间纂修的《钦定台规》、两种《都察院则例》和《钦定大清会典则例》"都察院"卷的目录可以看出，不管是《都察院则例》（上下卷本），还是《都察院则例》（六卷本），在成书时间和结构体例上都更加接近《钦定大清会典则例》。因而，《都察院则例》更像是乾隆朝纂修会典时监察法规部分的主要参考，换言之，两种《都察院则例》似为《钦定大清会典则例》的底本。

就《都察院则例》的立法原意而言，乾隆朝在纂修会典时，以"采取群书，折衷参定"为重要原则，对于《清实录》所载内容和已经刊印颁行之书如"吏部《品级考》、户部《赋役全书》《漕运新书》《关税则例》、礼部《学政全书》《科场条例》、兵部《中枢政考》《军衔道里表》、刑部《律例全书》《督捕则例》《三流道里表》、工部《河防一览》《军器则例》《工程做法》、钦天监《数理精蕴》、乐部《律吕正义》、《大清一统志》、《盛京通志》"等，要求直接参考；而其他未汇编成书的法规，则需各衙门按照"因官分职，因职分事，因事分门，因门分条"的原则分别纂辑成册，作为纂修会典的凭据。① 都察院原有《钦定台规》一书，会典凡例中并未提及，

---

① 乾隆《钦定大清会典》凡例。

且会典"全书告成于乾隆二十三年，……展辑条例至乾隆二十七年"。《钦定台规》成书于乾隆八年，乾隆八年之后有关都察院职掌的上谕、事例等屡有增加，参考《钦定台规》似已不合会典编纂的要求。因此，需要重新纂辑都察院相关法规，这就催生出两种《都察院则例》。特别是《都察院则例》（六卷本）的诞生，将内容伸展至乾隆二十年，几乎完整地反映了监察官员的具体职掌自清代建立至乾隆二十年的源流演变，不仅在内容上实现了对《钦定台规》和《都察院则例》（上下卷本）的承继和发展，更在目录上进一步细化和充实，将《钦定台规》已有但《都察院则例》（上下卷本）缺失的司法监察、经济监察、五城御史及监察官员管理的相关内容予以补充，成为最符合《钦定大清会典则例》纂修要求的参考之作。

就乾隆朝典、例并行的会典编纂方法而言，一方面，在已有康熙《大清会典》和雍正《大清会典》提供范本的前提下，乾隆皇帝别出心裁，将会典区别典、例，分开纂辑，创新了会典的编纂方法。《御制会典序》有言："夫例可通，典不可变……区会典、则例各为之部，而相辅以行。"因此，《钦定大清会典》所载乃"经久常行之制"，不仅为国家"大经大法"，还起着"总括纲领"的作用；而《钦定大清会典则例》则是汇集须"随时损益"的"诸司事例"的专门之作。① 另一方面，在康熙《大清会典》中，已经出现"都察院"卷（卷一四六），雍正《大清会典》中，"都察院"也独立成卷（卷二二三至卷二二四），既然"盖此日所辑之会典犹是我皇祖、皇考所辑之会典"，则乾隆朝《钦定大清会典》中自然会沿袭康熙、雍正时的做法，专列"都察院"卷（卷八十一），记载都察院设官分职的基本情况。这就不难理解，两种《都察院则例》中并未纳入《钦定台规》有关都察院建制和基本职掌的内容，而是以更加细致和系统的方式展现都察院的具体职掌。这也造成监察法规在实质上被一分为二，唯有统筹《钦定大清会典》及《钦定大清会典则例》两大部分都察院卷的内容，才能一窥自清朝建立至乾隆朝前期监察法规的完整面貌。

综上，两种《都察院则例》是为适应《钦定大清会典则例》的编纂而产生的，其主要功能在于为后者的顺利成书提供底本，同时也起到了对乾隆二十年之前清代监察立法进行汇编的作用，其目录设计之悉心、内容记载之丰富、法律条文之排列，符合一般法典所需要的基本形式，无异于

---

① 乾隆《钦定大清会典》凡例。

《钦定台规》之后的专门监察立法活动。

四　《都察院则例》与《钦定台规》文本性质之辨正

六卷本《都察院则例》的纂修，为监察立法提供了新的体例和结构，在为监察活动开展提供法律依据方面几乎可以完全替代《钦定台规》，但《钦定台规》并未废除，那么，二者是否皆为中央认可的适用于监察实践的专门性法规？

（一）《都察院则例》并非真正独立意义上的部门则例

与《都察院则例》一起纂辑并以"内府抄本"形式面世的，还有《户部则例》《兵部则例》《盛京户部则例》《盛京礼部则例》《盛京兵部则例》《盛京刑部则例》《盛京工部则例》《通政使司则例》《翰林院则例》《钦天监则例》《詹事府则例》《太常寺则例》《鸿胪寺则例》《大理寺则例》《理藩院则例》《起居注馆则例》等，现均藏于国家图书馆，这些则例都系乾隆《大清会典》"凡例"中尚未提及的、根据纂修会典的需要而对现行法律规范进行集中编纂而成的部门则例。如乾隆内府抄本《大理寺则例》，虽不似《都察院则例》有多种、多卷之分，仅撰成一卷，但同样起到为《钦定大清会典则例》提供底本的作用。《大理寺则例》条目有十——"具题重辟事件、会覆事件、会审事件、会审限期、重囚称冤、秋审、朝审、热审、热审期限、永远枷示"[1]，《钦定大清会典则例》"大理寺"卷（卷一五一）中，将"秋审、朝审、热审、热审期限、永远枷示"修订为"秋审朝审、热审、永远枷示之犯"，其余均保持不变。

有学者提出，乾隆内府抄本所见则例的性质，"是《大清会典则例》在各部门的编纂稿，并不是这些部门也出现了独立的部门则例，它们不能与此后出现的六部及六部下属部门的则例相提并论"。[2] 这一观点是较为中肯的，即应该对乾隆内府抄本所见则例与实际刊印并颁行的部门则例加以区分。在乾隆内府抄本中，各则例均直呼其名，未冠以"钦定"字样，与乾隆时期颁行的其他部门则例如《钦定工部则例》（乾隆二十四年颁行）、《钦

---

① 《大理寺则例》，乾隆内府抄本，国家图书馆藏古籍善本，胶片号 A03581。
② 参加王旭《则例沿革稽考》，中国民主法制出版社，2016，第 255 页。

定户部则例》（乾隆四十一年颁行）等形成鲜明对比。不过，内府抄本所见则例虽与各"钦定"本则例有别，却在客观上为"钦定"本则例的编纂与刊行提供了扎实的文本参考。《钦定大清会典则例》颁行后，中央各部皆掀起了编纂部门法规的热潮，相继产生了一系列冠名"钦定"字样的则例。在这一背景下，续修《都察院则例》，使之成为名副其实的"钦定"监察法典，也成为合乎修例潮流的必由之举。

　　乾隆三十九年，御史陈朝础奏请续修《都察院则例》，但被乾隆皇帝明确否定："御史陈朝础奏请修内阁都察院则例一折。殊可不必。各部为直省案件总汇，其常行事例，多有因地因时，斟酌损益者，不得不纂为则例，俾内外知所适从。然甫届成书，辄有增改。故每阅数年，或十余年，又复重辑一次，并不能为一成不易之计。……若都察院，虽风纪攸司，而事非繁剧，如监礼纠仪、稽察巡查、奏派诸务，悉系奉行成宪，并无庸临事权衡。是阁务院规，均不过恪守旧章。非若六部比拟例案，必须互证兼资者可比。又何必附纂例之故套，而为无益之虚文乎。"① 乾隆皇帝在谕旨中指出了《都察院则例》与六部则例在修订时的不同规律，即都察院为风宪机关，职责简要，"奉行成宪""恪守旧章"已经足够，不似六部衙门，事务繁冗，每每面对的事件情形多端，不得不纂成则例，以备不时之需。实际上，在乾隆三十九年，已有刊行天下的《钦定台规》及《大清会典》《大清会典则例》中的"都察院"部分等为监察活动的开展提供有力的法律支撑，即所谓"成宪""旧章"。因此，《都察院则例》的修订无须与六部同步，"附纂例之故套"，"为无益之虚文"。这就使原本有望借修订六部则例的热潮这一"东风"得到最高统治者支持而产生的"钦定都察院则例"化为泡影。

　　乾隆皇帝对修订《都察院则例》的建议予以否定，避免了《都察院则例》与《钦定台规》两部内容类似的成文法规调整同一衙门事务的可能性，符合立法统一适用的基本规律。虽然《钦定大清会典》和《钦定大清会典则例》已经修成，但二者作为体量庞大且"官司所守，朝野所遵"皆统而纳之的"大经大法"，"成一代之治功"和"昭万世之道法"② 的象征意义更加明显，并非一切监察官员都能人手一册，因而，在会典之外，独立纂

---

① 《清高宗实录》卷九六三，乾隆三十九年七月。

② （清）允裪等纂《大清会典（乾隆朝）》卷首"进呈会典表"，杨一凡、宋北平主编，李春光校点，凤凰出版社，2018。

修并刊行都察院本衙门的监察法规，更便于实践应用。吏、户、礼、兵、刑、工各部，亦是如此。在六部中，几乎没有任何一个衙门同时用两部调整同样事务、内容高度相似的单行法规。《都察院则例》既不是《钦定台规》的特别法，也不是《钦定台规》的下位法，所以，不批准《都察院则例》的修订是完全合乎情理和立法规律的。《都察院则例》虽在形式上具备一般法典的要素，但仍属于纂修《钦定大清会典则例》时的底本，并非经过"钦定"颁行的真正独立意义上的部门则例。

（二）《钦定台规》是清代统一的监察法典

乾隆三十九年谕旨的出台，使《都察院则例》彻底失去晋升为正式的监察法典的机会，乾隆八年颁布的《钦定台规》便成为都察院唯一集中化、系统化、完备化的成文法典，终乾隆一朝，未再大修。

嘉庆七年，嘉庆皇帝批准左都御史恭阿拉等人修纂台规的奏议，始续修《钦定台规》，由左都御史恭阿拉等总阅，监察官员多福等具体修纂，历时两年，至嘉庆九年成书，大量增加自乾隆九年至嘉庆初年的谕旨及"自国初至嘉庆初年事例，间有旧书未载者"等内容，[1] 在乾隆八年《钦定台规》八卷的基础上扩展为二十卷。嘉庆朝《钦定台规》虽基本承袭乾隆朝《钦定台规》的编纂体例，但在部分内容上有小范围调整。如嘉庆朝《钦定台规》将"官制""掌协"二目并于"员额"一目，将"建白""纠弹"二目并为"陈奏"一目，使都察院设官分职与言谏职责更趋明确；另将"理刑"放置于"监试"之后，将"艺文"并入"公署"之中，将"杂缀"一目裁汰，使监察法典在体例与内容上更加协调，并贴近清代监察实践的需要。

道光六年，左都御史松筠等奏请增辑台规，得到道光皇帝的支持，由松筠等总阅，刑科给事中景文等分修，笔帖式德克谨等收掌，候补都事陶定中等详校，候补都事韩宸等校对，于道光七年完成《钦定台规》的续修事宜。[2] 道光朝《钦定台规》在参考旧有《钦定台规》《钦定大清会典》

---

① 嘉庆朝纂修《钦定台规》的情况在道光朝《钦定台规》卷首辑录奏折《都察院谨奏为增辑台规告成恭呈御览仰祈钦定事》中有所提及，见故宫博物院编《钦定台规二种》（第一册），海南出版社，2000，第1页。

② 道光朝《钦定台规》卷首辑录奏折《都察院谨奏为增辑台规告成恭呈御览仰祈钦定事》，见故宫博物院编《钦定台规二种》（第一册），海南出版社，2000，第1页。

《钦定大清会典事例》① 的基础上，将"自嘉庆九年以后所有钦奉圣谕、上谕及议准各条，分类编辑"，形成四十卷的规模。② 道光朝《钦定台规》在许多地方都对乾隆、嘉庆《钦定台规》有所突破和创新，体例更加合理，内容更加完整，表述更加流畅，条款更加简明，是清代监察立法的转型之作，具有承前启后的重要意义。其"凡例"交代了此次续修的基本情况。

臣等谨案，台规始成于乾隆八年，为目二十有二；至嘉庆七年重修，于原书门类有删有并，为目十有八；此次奏准重修，臣等详核旧书，其编纂之例，尚有宜分而合、宜合而分者，爰就本书稍加厘次，旁稽会典，参定成编，为总目八，每卷各有子目。庶几条分缕析，开卷瞭如。谨列其凡例于左：

一、旧书首列《公署》，圣祖仁皇帝《御制台省箴》、御书"都俞吁咈"赐额，均载入《公署》卷中，至列圣谕旨所以风励台谏者，则散见于《宪纲》《陈奏》两卷，似于尊崇之义犹未尽协，今敬纂《训典》第一，恭载"圣制"、"圣谕"，继以皇上谕旨弁冕全书，昭法守也。

一、旧书《宪纲》与诸目并列，今案风宪攸司，纪纲宜肃，所该者广矣。谨纂《宪纲》第二，其目六，曰"序官"、曰"陈奏"、曰"典礼"、曰"考绩"、曰"会谳"、曰"辨诉"，乃都御史、副都御史、给事中、监察御史所同有事者也。

一、六科自雍正初年改隶都察院，旧书于《六科》甚略，自因沿袭前规，未经辑补。今纂《六科》第三，其目二，曰"通掌"、曰"分掌"，以此列焉。

一、各道常行坐办之事，旧书散见各门，惟职有专司，则事宜分系，今纂《各道》第四，其目二，曰"通掌"、曰"分掌"，如《六科》例。

一、五城管理地方，事繁责重，今纂《五城》第五，其目十：曰

① 嘉庆初年，在续修会典时，沿用乾隆时典、例分纂的方法，但改《钦定大清会典则例》为《钦定大清会典事例》。道光七年，便于参考的会典即为嘉庆朝修订的《钦定大清会典》及《钦定大清会典事例》。

② 道光朝《钦定台规》卷首辑录奏折《都察院谨奏为增辑台规告成恭呈御览仰祈钦定事》，见故宫博物院编《钦定台规二种》（第一册），海南出版社，2000，第1页。

"纲领"、曰"条教"、曰"听断"、曰"保甲"、曰"纠捕"、曰"赈恤"、曰"禁令"、曰"界址"、曰"司坊"、曰"街道"。

一、科道官奉命稽察之事，自与本隶各科道官之注销、刷卷不同，旧书参错互陈，不若分门类列，且查仓、监试皆属稽察，而查库设自近年，所宜增辑，今纂《稽察》第六，其目六：曰"京通十六仓"、曰"户部三库"、曰"八旗"、曰"宗人府等衙门"、曰"考试"、曰"铨选"。

一、科道官奉使出京，爰名巡察，旧书列巡察于巡漕、巡盐之后，其实巡漕、巡盐皆巡察之事也，今纂《巡察》第七，其目三：曰"漕粮"、曰"盐政"、曰"游牧"。

一、旧书所载考选、升转、仪注，是为通例，今纂《通例》第八，其目四：曰"考选"、曰"升转"、曰"仪注"，而"公署"一卷殿焉。

一、旧书告成于嘉庆九年，今所纂辑自嘉庆九年以后至道光七年九月止，其自国初至嘉庆初年事例，间有旧书未载者，今亦酌为补入，冀臻详备。

一、旧书各条，有现在已停已改者，虽无关于奉行，而掌故攸资，不容径削，今各以其类附载卷后，以备稽考。[①]

咸丰、同治之时，国势衰微，内忧渐起，外患频仍，无暇顾及监察法的修订工作，至光绪十六年，方以原任左都御史延煦等领衔重新续修《钦定台规》，光绪十八年纂成，增补道光、咸丰、同治、光绪四朝的监察法内容，共四十二卷。光绪朝《钦定台规》被誉为清代监察立法的集大成者，但其体例不过是沿袭道光朝《钦定台规》，只是在内容上略作扩充，增加了二卷。

五　结语

综上所述，《都察院则例》系乾隆朝为纂修会典提供底稿而作，虽属立法活动，但并未经过"钦定"颁行，因而，不属于实质意义上的监察法典，

---

① 道光朝《钦定台规》"凡例"，见故宫博物院编《钦定台规二种》（第一册），海南出版社，2000，第4~5页。

由于其内容为《大清会典则例》所吸收，而《大清会典则例》本身又属于则例的汇编，是《大清会典》的"实施细则"，因此《都察院则例》具有监察法"实施细则"的特色。但这一"实施细则"是与《大清会典》都察院卷相对应，而非与《钦定台规》相对应，加之《钦定台规》本身总分有别，内容完整，故存在《大清会典》都察院卷与《大清会典则例》都察院卷的"总则—细则"关系，不存在《钦定台规》与《都察院则例》之间的"总则—细则"关系。

除此之外，《都察院则例》与《钦定台规》的关联之处在于，以《都察院则例》为底本的《钦定大清会典则例》为嘉庆朝《钦定大清会典事例》提供了蓝本，而《钦定大清会典事例》又成为嘉庆朝续修《钦定台规》的重要参考，因此，《都察院则例》的立法成果最终被《钦定台规》所吸收。乾隆朝以后，《钦定台规》才是持续发生效力的统一监察法典。

日藏稀见清初监察史料《巡城条约》考略

梁　健*

摘要：清康熙年间，曾担任巡视东城御史兼陕西道监察御史的吴震方撰有《巡城条约》一书，国内未见有相关版本传世，公私书目也未见著录。该书收录了吴氏任职巡视东城御史时期所撰颁的 38 份文书，有告示榜谕、信票、信牌等样式，应是其卸任后根据保留的文稿自行整理而成，基本保存了原始面貌。目前所知，仅日本国立公文书馆内阁文库藏有该书的刊本、写本，可证此书曾载舶东渡流布，因此具有较高的文献价值。该书不仅为研究吴氏的人生轨迹和治政经历提供了珍贵的资料，所收录的文书详细反映了当时京师东城的社会治安、民生经济、人文风俗等，为研究康熙朝巡城御史制度提供了鲜活的案例；而且对研究清初基层社会治理特别是京师五城地区治理，地方治理中官商、官民关系的互动，同时期的慈善、赈灾制度等具有较高的史料价值。

关键词：汉籍　《巡城条约》　巡城御史　监察　地方治理

据史料记载，顺治、康熙时期名臣魏裔介撰有《巡城条约》一卷，然未见传世。[①] 近世以来一些著述对此略有提及，因不得观其内容，故对此书的

---

* 本文作者系西南政法大学行政法学院讲师。

① 魏氏《兼济堂文集》自序（作于康熙甲寅，即康熙十三年）称：其著有《巡城条约》，并属"已刻"之书。《四库总目提要·子部·法家类存目》记载："《巡城条约》一卷（直隶总督采进本）"，"国朝魏裔介撰，裔介有《孝经注义》，已著录。顺治丁酉，裔介为左都御史，立此约以厘清五城之事，凡四十条。然其中有琐屑过甚者，如禁铺户唱曲，禁击太平鼓，禁小儿踢石抛球之类，皆必不能行之法。即令果能禁绝，于民生国计，亦复何裨，徒滋吏役之扰而已"。《清史稿·艺文志》"法家类"记载："《巡城条约》一卷，《风宪禁约》一卷。魏裔介撰。"

介绍仅停留在《四库全书》相关提要上，且对此书性质多界定为"违警法"。① 在魏氏去世的同年，康熙二十五年（1686），吴震方所撰《巡城条约》亦随之面世。魏氏在顺治朝曾任都察院左都御史，吴氏则在康熙二十四年官任巡视东城御史兼陕西道监察御史。二人同为台宪之官，又撰有同名之书，这种巧合恰是我们考察清初监察制度，特别是巡城御史制度的幸运材料。

魏氏《巡城条约》后世虽有著录，但书亡已久。与之相反，吴氏《巡城条约》，公私书目虽未见著录，但其书尚存。日本国立公文书馆内阁文库藏有吴氏《巡城条约》两种版本（均1册，不分卷），即今所能见者。其一为红叶山文库旧藏的清康熙二十五年（1686）刊本，其二为昌平黉大学头林氏家族旧藏的宽政八年（1796，清嘉庆元年）昌平黉写本。② 江户时期，中国典籍大量流播日本，作为幕府藏书机构的红叶山文库和昌平黉（亦称昌平坂学问所）曾大量购置、收存汉籍。吴氏《巡城条约》应是在这种书籍流通大背景下载舶东渡的。可以推断，红叶山文库旧藏康熙二十五年刊本（以下简称刊本《巡城条约》），应是较早传入日本的版本，属当时清人刊本，但因条件所限无缘得见原貌。如学者所论，"古代法律文化典籍的对外译介与传播，是宣示中国文化自信和扩大中国古代典籍文化域外影响的重要举措"。③ 自隋唐以降，无数汉籍流播海外，像《巡城条约》这样的法律书籍东渡同风同文的异域，无疑是文化传播交流的见证。兹就所掌握的宽政八年昌平黉写本吴震方《巡城条约》（以下简称写本《巡城条约》），④ 对吴氏的生平、经历，以及此书的内容和史料价值略作考述。

---

① 如李钟生认为"盖属违警罚法、社会秩序法之性质"，见李钟声《中华法系》，台北：华欣文化事业中心，1985，第765页。薛梅卿认为其是"清朝施行于北京的第一部违警法"，见薛梅卿主编《中国法律史教程》，中国政法大学出版社，1988，第295页。另外，武树臣对《四库全书·子部·法家类》书目进行考察后，认为魏氏的《巡城条约》以及《风宪禁约》属于"官箴类"，见武树臣《法家法律文化通论》，商务印书馆，2017，第650页。关于魏氏《巡城条约》及相关问题，笔者将另文探讨，此暂不展开。
② 这两种版本的信息，是据日本国立公文书馆网站（https：//www.digital.archives.go.jp/）检索而得。
③ 熊德米：《古代法律典籍文化异语传通比较》，《西南政法大学学报》2018年第5期。
④ 本文所征引《巡城条约》相关文字，皆出自（清）吴震方撰《巡城条约》，不分卷，宽政八年（1796年，清嘉庆元年）昌平黉写本，日本国立公文图书馆内阁文库藏本。以下不再逐一标注。

一　关于宽政八年昌平黉写本《巡城条约》

现存写本《巡城条约》，书首题"巡城条约"，内有"林氏藏书""述斋衡新收记""浅草文库""日本政府图书""内阁文库"等钤印；书末有"昌平坂学问所""内阁文库"二印。江户时期，幕府的最高学府昌平黉大学头一职，一直由林氏（江户初期儒学家林罗山家族）世袭。宽政九年（1797）昌平黉改革，大学头林述斋（林衡）将林罗山以来所有藏书加以"林氏藏书"钤印移交昌平黉。因此，此本原出昌平黉，是可与"林氏藏书""述斋衡新收记""昌平坂学问所"等钤印互证的。究其本源，恐怕是源自红叶山文库所藏的载舶而来的清人刊本。林氏家族有人抄写了刊本《巡城条约》，并存于昌平黉。明治维新后，昌平黉藏书为浅草文库所承，浅草文库关闭后，其藏书为内务省接管，最终转入内阁文库。值得注意的是，写本《巡城条约》全文有朱笔断读以及校字，书末有"宽政丙辰夏五朔学生松崎密校"等识语。宽政丙辰，即宽政八年，这或许是日本国立公文书馆网站将此写本的年代界定为"宽政八年"的原因。松崎，即松崎慊堂（1771~1844），是江户晚期的儒者和考证大家，早年求学于昌平黉，师承昌平黉大学头林述斋。由此可知，松崎在昌平黉问学时曾阅校此本。但从写本文字和松崎本人识语字迹判断，抄写此本的应另有其人，并非松崎。以上是关于写本《巡城条约》流布、收藏的大致情况。

写本《巡城条约》书首有序，序末称"康熙丙寅秋日河北梁清标拜撰"。康熙丙寅，即康熙二十五年（1686），前文提到红叶山文库旧藏《巡城条约》亦为康熙二十五年刊本。可以推断，吴氏《巡城条约》成书及初刊在康熙二十五年无疑。梁氏序云，"侍御吴青坛，奉命巡视东城"，"行之一年，都市肃然，士氓爱戴，及其满岁而去也"；书内有"巡视东城察院吴""东城察院吴公""震方"等行文。结合这些信息和清代相关史志，可知此书作者为康熙年间巡视东城御史吴震方。

《四库全书总目提要》在介绍吴氏著述时，未提及《巡城条约》。《四库全书总目提要·小说家类存目二》"《述异记》三卷（大学士英廉购进本）"条云，是书"旧本题东轩主人撰。不著名氏。所记皆顺治末年康熙初年之事，多陈神怪，亦间及奇器，观其述江村杂记一条，其人尚在高士奇后也"。"东轩主人"实为吴氏字号，可见乾隆时人已不太知晓其事迹，故其《巡城条约》流传不广也属正常，迄今直接参阅并征引者仅一二人而已。如日本学者夫马进在研究清代北京育婴堂设置时，曾引用此书相关内容。① 早稻田大学熊远报在研究"八大胡同与北京城的空间关系"时，也引用过书中关于禁包养旗娼、驱除娼妓的材料。② 除此外，国内并无针对此书内容的直接征引和专门论述。

二　吴震方生平考略

吴震方，《清史稿》无传，《三十三种清代传记综合引得》《清代官员履历档案全编》等皆无著录，其事迹散见于官私册籍。吴氏生于崇祯十五年（1641），卒年不详，约康熙五十一年（1712）前后在世。其《冬夜笺记序》云"康熙己酉公车入都"，即康熙八年入京应试举人。③《恭纪圣恩诗》小序云："康熙己未科蒙皇上亲拔二甲第一名进士，由庶常改授御史，二十五年以言事落职。四十二年恭遇皇上南巡幸浙，四月十七日奉特旨复还原职。"④ 这段吴氏自述，简略交代了其大半生的际遇。

吴氏著述颇丰，其《读书正音》《岭南杂记》《晚树楼诗稿》《朱子论定文钞》《述异记》分别为《四库全书》"小学类""地理类""别集类""总集类""小说类"等存目所著录。故《四库全书》史臣在撰写提要时，对其生平亦有交代："震方字青坛，石门人。康熙己未进士，官至监察御史。"⑤ "初，震方以御史罢归，康熙癸未，恭逢圣祖仁皇帝南巡，以所辑《朱子论定文钞》进呈，蒙恩复职。"⑥《国朝御史题名》记载康熙十九年任御史的三人当中即有吴震方，云其"字右绍，号青坛，浙江仁和籍石门人。

---

① 〔日〕夫马进：《中国善会善堂史研究》，伍跃等译，商务印书馆，2005，第146～147页。据夫马进称，其查参的《巡城条约》是"康熙二十五年序刊，内阁文库藏本"。
② 熊远报：《八大胡同与北京城的空间关系——以清代和民国时期北京的妓院为中心》，《近代史研究》2016年第1期。据熊氏称，其引用的《巡城条约》为"康熙二十五年刊本，藏于日本内阁文库"。
③ （清）王崇简撰《冬夜笺记》卷首，清康熙四十一年吴震方编《说铃》丛书本。
④ （清）吴震方撰《晚树楼诗稿》卷五《恭纪圣恩诗》，清康熙刻本，北京大学图书馆藏。
⑤ （清）永瑢、纪昀等编《四库全书总目提要》卷四三《经部四十三·小学类存目一》"《读书正音》四卷"条。
⑥ （清）永瑢、纪昀等编《四库全书总目提要》卷一八三《集部三十六·别集类存目》"《晚树楼诗稿》四卷"条。

康熙己未进士，由翰林院庶吉士改陕西道御史"。[①] 光绪《石门县志》云其"字右弨。康熙己未二甲第一名进士，由翰林改陕西道监察御史。京师无赖纠党争斗，震方严禁之，鲠直敢谏，以参关弊罢归，家居著述为事。尝辑《朱子论定文钞》进呈，蒙复原官"。[②] 吴氏的字号记载虽各有异同，但籍贯为浙江石门、康熙十八年中进士及官场经历等，各种史料是可以互证的。

（一）吴氏通籍经过

据《康熙起居注》《康熙朝实录》等记载，康熙十八年三月，传胪赐"吴震方等四十人二甲进士出身"。[③] 五月，谕翰林院从当科进士中选拔庶常，吴氏由此着改为庶吉士。[④] 康熙十九年十月，玄烨亲试汉科道官于体仁阁。[⑤] 康熙二十年六月，玄烨听取部院官员奏陈云，"适行取官员，吏部已经引见，此皆在外知县，在内各部主事等官，原因办事才干而举，非以其文学之优也，故停其考试。今虽引见，俱系汉官，朕实未知共人。科道官为耳目所关，选择不可不慎。尔等即传谕九卿、詹事、科、道各举所知，将居官洁清，办事才能者，从公保举"。[⑥] 康熙二十年七月，以庶吉士"教习已久"，谕吏部加以考试并分别授职，吴氏遂得"以科道用"。[⑦]

结合以上材料可知，当时充任科道官需通过考试，吴氏显然参加并通过康熙十九年的体仁阁科道官考试（《国朝御史题名》将吴氏转任御史系在康熙十九年，恐是基于此次考试时间而定），但其正式转任御史应在康熙二十年七月。官场经历低浅，却能与在外知县、在内各部主事等前辈一同充任科道官，或可说明在吏部官员眼中，初涉仕途的吴氏应具备"居官洁清、办事才能"的潜质，并非完全凭借二甲第一名进士的"文学之优"而冒进。

---

① （清）黄叔璥撰《国朝御史题名》，康熙十九年，不分卷，清光绪十三年刻本。

② （清）余丽元纂修，谭逢仕等纂《石门县志》卷八上《人物志一·政绩列传·吴震方》，清光绪五年刊本。

③ 《康熙起居注》，中国第一历史档案馆整理，中华书局，1984，第405页。

④ 《清实录·康熙朝实录》卷八一，康熙十八年五月乙未。

⑤ 《康熙起居注》，中国第一历史档案馆整理，中华书局，1984，第626页；《清实录·康熙朝实录》卷九二，康熙十九年十月辛丑。

⑥ 《康熙起居注》，中国第一历史档案馆整理，中华书局，1984，第718页；《清实录·康熙朝实录》卷九六，康熙二十年六月辛亥。

⑦ 《清实录·康熙朝实录》卷九六，康熙二十年七月己卯。

（二） 吴氏担任巡视东城御史及罢官时间

据载于《巡城条约》篇首的《为预革陋规以清积弊事》牌文记载，吴氏是在康熙二十四年九月十三日辰时到任巡视东城御史。

梁清标《巡城条约序》称吴氏巡视东城"行之一年""满岁而去"，又云"近代则遣绣衣使者巡视五城，其权与京兆等，国朝因之。往例半岁一更，今改期年。……究如传舍及瓜而代耳"。"及瓜而代"意指任官期限届满而由他人接掌，在此指代当时巡城御史的任期。据《清实录》记载，顺治十五年都察院条奏："缉奸禁暴，巡城所关最重。三月一换，未免太速。以后应六月一换，如无人更换，仍在城办事。"① 此即梁氏所云"半岁一更"的任期往例。康熙十五年，经左都御史介山疏请，以京师"五方杂处"，巡城御史"六月差满"之制不足以"访询民隐，究察奸宄"，遂改"一年更换"。② 可知自康熙十五年至吴氏任巡城御史时，任期施行的是期年之制。这一规定，吴氏和梁清标都应熟悉和遵奉，所以才有"满岁而去"之说。《巡城条约》所附两封东城士民代请留任吴氏的呈文中，也有"无何任满一年，例将回道……为此连名上控总宪各大老爷，俯顺舆情，大破常格，恩准代题留任，愿再借一年"和"今当任满高升"等语，不仅反映出士民对"及瓜而代"规定的知晓，也印证吴氏是循规正常离任。也就是说，吴氏在巡视东城御史任上只有一年时间，其罢官当在"回道"即重回都察院专司陕西道监察御史期间，结合梁氏《巡城条约序》落款时间为"康熙丙寅秋日"，或可推断在康熙二十五年九十月间。

（三） 吴氏政绩及罢官原因

吴氏的史迹政绩，主要是在巡视东城兼陕西道监察御史任上。除《巡城条约》有较为详细的反映外（所记事迹自康熙二十四年九月至二十五年六月），其他史料记载寥寥无几，且均不超过《巡城条约》所涉及的时间段。如"清户部档案抄件"载有康熙二十四年十二月初三日"巡视东城陕西道监察御史吴震方题奏"，疏陈苏州浒墅关贸易关税情况，直斥税吏把关剥商、私派浮收等恶弊。③《康熙起居注》记载，康熙二十五年六月，玄烨

① 《清实录·顺治朝实录》卷一一七，顺治十五年五月戊午。
② 《清实录·康熙朝实录》卷六一，康熙十五年五月丙戌。
③ 彭泽益编《中国近代手工业史资料（1840—1949）》（第一卷），中华书局，1962，第454~455页。

听政讨论直省水旱饥荒事宜时，明珠上奏提及"御史吴震方自言有救荒良策，欲具疏另奏"云云。[①] 从这些简略资料来看，吴氏勤政敏事，对府情民瘼颇为关注，这与其任官职掌相吻。

关于吴氏的为人为官，梁清标《巡城条约序》有详细描述："吴君奉命巡视东城，念习尚浇漓，非教化浸渍，虽严刑重罚，不能革心而迁善也。我皇上加意文治，兴起礼教，特颁十六谕，取前代六谕而广之，化民成俗，犁然具备。侍御乃详为注释，讲读有期，集众有地，家喻户晓，耳濡目染，使之渐摩而向道。又多方劝诫，严立科条，视一城如一家，一岁如百年。凡关都之人利病，爬搔厘剔，不遗余力。以是豪强敛手，狙狯屏迹。行之一年，都市肃然，士氓爱戴。及满岁而去也，东城之士大夫以及父老叩长安门请留者几千人。嗟乎！教化之废久矣。如侍御可谓修举厥职，不负风宪者，即古之埋轮避骢，何以过焉。"通过这篇出自任兵部尚书，且辈分上已属吴氏祖父辈的梁清标"拜撰"之序，吴氏"不负风宪"的循吏形象跃然纸上；梁氏作序屈称"拜撰"，足见其对这位后起之秀的嘉许和厚望。吴氏在担任巡视东城御史期间，化民向道以致士氓爱戴，最直接的证据则是《巡城条约》所存两封东城士民代请留任的呈文。如是看来，梁氏关于士民攀恋吴氏留任的赞述实非虚言。反言之，这种联名留任，绝非出于吴氏权威的裹挟，而是士民对其为人为官的认可。

关于罢官，吴氏本人及同好多称"以言事"，因何事而罢，并未直言。然相关方志有这样的透露："京师无赖纠党争斗，震方严禁之，鲠直敢谏，以参关弊罢归。"[②] 好友徐釚则称"抗疏劾关吏，遂罢官"。[③] 前文提及，吴氏曾疏陈浒墅关"关弊"，但事在康熙二十四年。据《清实录·康熙朝实录》记载，康熙二十六年二月，户部题奏浒墅关监督桑额除征收正额外，还"溢银二万一千二百九十六两零"。玄烨就此事下旨："设立权关，原欲稽查奸宄。照额征收，以通商贾。桑额征收额课，乃私封便民桥，以致扰害商民。著该衙门严加议处。关差官员，理应洁己奉公，照例征收。嗣后有不肖官员，希图肥己，种种强勒，额外横征，致害商民，亦未可定。尔

---

① 《康熙起居注》，中国第一历史档案馆整理，中华书局，1984，第 1502 页。

② （清）许瑶光修，吴仰贤等纂《嘉兴府志》卷三一《宦绩列传·石门县·国朝》，清光绪五年刊本；（清）余丽元纂修，谭逢仕等纂《石门县志》卷八上《人物志一·政绩列传·吴震方》，清光绪五年刊本。

③ （清）徐釚撰《南州草堂集》卷一二《古今体诗·寄吴青坛侍御二首》，清康熙三十四年刻本。

部通行严饬。"① 可知浒墅关"关弊",直至吴氏罢官后亦未解决,但玄烨谕旨或可说明吴氏参奏"关弊"并不违背统治者意图。因此,吴氏罢官不能单纯以"参关弊"来推断。结合同时代人及后人评价,吴氏并非庸官污吏之属,"参关弊"实在职掌内秉公直言。通过吴氏《晚树楼诗稿》所存《哀巧宦》《诮读书》《悯久旱》《买吴儿》《甘口鼠》诸诗,确实可见其对民生疾苦的关心和对官场钻营货殖、骄奢淫逸的批判。除上述方志称述吴氏"鲠直敢谏"外,如同好劳之辨云其"直声著朝野";② 毛奇龄云其"进中执法,直声震天下";③ 吴涵云其"严气正性,抱负弘远"。④ 这些评价或可勾勒出吴氏为人身直、为官严正的形象。

以上史料所反映的吴氏"严气正性",能禁京师无赖纠党争斗,又为士民拥戴;作为御史,料其"鲠直敢谏"的事例当有不少。既能直谏而声著朝野,开罪权贵也就在所难免。因此,吴氏在众多美誉之下落职,看似悬案,实有线索可寻。在吴氏罢官一年多后,康熙二十七年,御史郭琇上疏参奏明珠及余国柱、佛伦等背公结党,纳贿营私之罪状云,"科道官有内升出差者,明珠、余国柱率皆居功要索。至于考选科道,即与之订约:凡有本章,必须先行请问,由是言官多受其牵制";又云,"明珠自知罪戾,见人辄用柔颜甘语,百般歎曲,而阴行鸷害,意毒谋险。最忌者言官,恐发其奸状,当佛伦为总宪时,见御史李时谦累奏称旨,御史吴震方颇有参劾,即令借事排陷,闻者骇惧"。⑤ 郭琇此奏除将明珠一党拉下马外,也揭露了一段往事,即吴氏身在台宪,正值明珠柄政及其党羽佛伦担任左都御史期间。初涉官场,与明珠一党没有交情的吴氏,以其鲠直秉性当不会奸谋附和,"参关弊"固为事实,被明珠等所忌而"借事排陷",方是其罢官的真正原因。

（四）吴氏罢官之后及复出

罢官后的吴氏离京返乡,开始了著述游历、应酬唱和的"太平民"生

---

① 《清实录·康熙朝实录》卷一二九,康熙二十六年二月壬申。

② （清）吴震方编《说铃续集》卷首《（劳之辨）说铃续集序》,清康熙五十一年刊本。

③ （清）吴震方撰《读书正音》卷首《（毛奇龄）读书正音序》,清康熙四十四年刻本,浙江省图书馆藏。

④ （清）吴震方撰《晚树楼诗稿》卷首《（吴涵）晚树楼诗稿序》,清康熙刻本,北京大学图书馆藏。

⑤ （清）郭琇撰《华野疏稿》卷一《特纠大臣疏》,文渊阁四库全书本。

活，这些在《晚树楼诗稿》中有众多印记。对曾经的台宪经历，其尝感慨："今之御史，即古之柱下史也。周时藏书于柱下，故李伯阳为是官。孔子从而问礼，然而纂述者乃予职也。"① 豸冠虽卸，但不忘著述本职，此后吴氏或撰编或刊刻，给后人留下了数量颇丰、有较高文献价值的作品。

作为传统的知识分子，标榜远离朝市不失为一种情怀，但在体制与文化之内，实难做到"朝廷无关事"。康熙四十一年，吴氏编成《朱子论定文钞》（以下简称《文钞》）一书。吴氏在论及编撰此书缘由时，通过对"文章""性道"的探讨，流露了对世道世风的深切关注。吴氏认为，孔子删定六经是"文章"和"性道"之学，"性道由文章而传，故舍文章无以求性道"。但孔子之后，诸儒驳异，流为门户之见。自康熙以来，"崇儒重道""首重理学"，士风方"一轨于正义"。故以朱子之书为本，摘录"论及经传子史暨秦汉唐宋之文者"，以明"文章""性道"之理，以"共臻一道同风之盛"。② 可见，虽退居乡里十余年，但吴氏所奉所治仍然是政治的学问，并未脱离崇儒重道的时势轨道。相反，身居朝堂之外的忧思，更使其努力承担"一道同风"之责。也恰因吴氏的这种担当，其晚年命运发生了转机。

康熙四十二年二月，玄烨南巡至浙，吴氏献呈《文钞》。玄烨大加褒奖，御书白居易诗以赐，并诏吴氏官复原职，重返宪台。时人称云吴氏所辑《文钞》，"为从来未见之书，进呈睿览，天子鉴其实学，亲加奖赏，累赐御书，特旨复原职，真异数也"。③《文钞》的面世，未必是吴氏专门为南巡而准备。但玄烨南巡及其对理学的推崇，却为吴氏复官提供了良机。因此，吴氏复官与其说是因献书而改变，不如说是时势造就。原因有二：其一，玄烨重理学，《文钞》切中所好；其二，南巡作为当朝盛典，也是对臣民的恩典，如吴氏这般献书而获赐诗赐物、获诏复官之人，并非个例，而是较为普遍的现象。就算自称"寡营闲居"的吴氏在晚年仍有"货与帝王家"的心态，所"货与"的也非一般"文武艺"。诚如此次献书事件的亲历者仇兆鳌所赞，吴氏"合理学、文章为一书，不特弘被后学，实则有功考亭。诚从来所未有也。……《文钞》巨集，根据紫阳，包罗数千年文字，

---

① （清）吴震方编《朱子论定文钞》卷首《（仇兆鳌）朱子论定文钞序》，清康熙四十四年刻本，清华大学图书馆藏。

② （清）吴震方编《朱子论定文钞》卷首，清康熙四十四年刻本，清华大学图书馆藏。

③ （清）吴震方编《说铃续集》卷首《（劳之辨）说铃续集序》，清康熙五十一年刊本。

抑可以知其向往大儒，学有原文，非汲汲以古文名世者比也"。① 当朝理学名臣礼部尚书陈廷敬得吴氏寄书来信，更"喜而为之序"云："是书上佐乙夜之观，益广文明之化，又不仅为学士大夫诵说服习之资而已。"② 能为帝师所称，足证吴氏在弼佐理学方面尚有一得之功。

据吴氏自述，其在康熙四十二年四月十七日奉旨复还御史原职。至于回京重戴豸冠后，分掌何道何差、有何事迹、何时致仕等，已无史料可考。③

三 《巡城条约》考析

写本《巡城条约》现存梁清标序 1 篇，附于卷首；卷末附有东城士民具呈东城察院代请吴氏留任的呈文 2 篇，其一为"候选进士袁桥"等 70 余人进呈，其二为陈国璧等 51 余人进呈。正文凡有 38 份官府文书，皆为下行文书并以颁文时间为序排列，起自康熙二十四年九月，迄于二十五年六月；颁于康熙二十四年者 24 份，其余 14 份颁于康熙二十五年。④ 结合梁序所称吴氏"兹役竣，勒成一帙，属余识其后"及卷末具呈内容，可以确定这 38 份文书为吴氏任职巡视东城御史时所撰颁，其卸任后根据所保留的文稿自行整理成书。

据写本《巡城条约》，这 38 份文书正文前皆附有标题，依次为：《预革旧规》《宅门禁约》《颁行十劝》《原告自拘》《查革陋规》《查无主人命》《严行保甲》《严绝情弊》《劝惜字纸》《严禁门示》《严饬访拿》《清查栖流所》《施舍棺木》《添修栅栏》《清查育婴堂（康熙二十四年十月）》《严饬印契》《严禁药术》《赈济条约》《修理栖流所》《严禁查拿牌》《严饬滥禁》《移查兵番》《严饬协拿》《清查育婴堂（康熙二十四年十二月）》《讲读上谕》《临讲仪注》《公选育婴堂司事启》《禁革供应》《查革随役》《育婴堂示谕》《驱逐娼妓》《递解口粮》《举报笃行》《买地埋骨》《严拿人犯》《永禁卖男点水》《禁卖新闻》《递解人犯》。

---

① （清）吴震方编《朱子论定文钞》卷首《（仇兆鳌）朱子论定文钞序》，清康熙四十四年刻本，清华大学图书馆藏。

② （清）吴震方编《朱子论定文钞》卷首《（陈廷敬）朱子论定文钞序》，清康熙四十四年刻本，清华大学图书馆藏。

③ 关于吴震方的更多史实考证，参见拙文《吴震方生平、家世及交游考》，《嘉兴学院学报》2019 年第 3 期。

④ 《巡城条约》所存 38 份文书的颁发时间只注明到月，如标作"康熙二十四年九月日"，具体日期不详，只有个别可据行文考得日期。

根据文书内容、行文程式结构及通行用语判定，这 38 份文书主要有告示榜谕、信票、信牌三大类样式。

（一）告示榜谕（22 份）

明代以来，告示榜谕作为官府常用发布政令的下行文书，已经形成比较固定规范的行文模式和发布程序，清代也基本沿用这套程式规则。一般以"为……事"，如"为禁约事""为晓谕事"等作为开头语，以概要表明所要警示、劝谕或禁约的事项。接叙告示榜谕内容，多以"照得……"为起首，在行文中具体阐述施政的原因、提出措施。尾文则标"须至（告）示者""特示"等字样作为结束语加以强调，以表明公文类型。末尾附有年号日期。《巡城条约》的文书，基本符合告示榜谕的行文模式。

如《宅门禁约》即以"为禁约事"为开头，正文云："照得东城衙门积弊甚多，本院视事伊始，实心兴革，彻底澄清，诚恐本院长班家人为积蠹愚惑，暗中作弊，理应严防，为此示谕本宅长班家人等，不许与本衙门各役聚谈讲话，不许在地方与闻闲事，书办、皂役止于衙门禀事，如有紧要文书金押者，俱交门上传进发出，不许衙役入宅禀话，以滋巧蠹指骗之弊。至于各项陋规小礼，已经本院痛革全除，毋得违反，自取罪戾。"末以"特示"作结尾，颁文时间为"康熙二十四年九月日"。

《巡城条约》中，以"须至（告）示者"或"特示"作为结束语，并据内容可判定为告示榜谕的尚有《原告自拘》《查革陋规》《查无主人命》《严绝情弊》《严禁门示》《清查育婴堂（康熙二十四年十月）》《赈济条约》《修理栖流所》《严饬协拿》《讲读上谕》《育婴堂示谕》《举报笃行》《买地埋骨》《严拿人犯》《永禁卖男点水》《禁卖新闻》等。

此外，《颁行十劝》内文开列"劝谕"十条，末云"除大书粘示通衢外，另刻小幅刷印，每户颁给，务期人人共晓""须至劝谕者"等，由此可断定此份文书属于告示榜谕。《劝惜字纸》文末虽无"须至（告）示者""特示"标注，但行文称将劝惜字纸事宜"特书小幅布示本城地方"云云，也符合告示民间性质。《清查育婴堂（康熙二十四年十二月）》虽无"特示"标注，但行文提及"照前各示"云云，考其内容，无疑是对《清查育婴堂（康熙二十四年十月）》告示的重申，故也属告示榜谕。《讲读上谕》告示提到，"讲读仪注另行开列晓示"，因此，紧接其后的《临讲仪注》也属单独的一份告示。《公选育婴堂司事启》虽标作"启"，考其内容，是吴氏为维持育婴堂运作而晓谕东城乡绅荐举育婴堂管事人选的布告，具有公文性质，也属告示之类，并非一般意义的书启信札。

（二）信票（11 份）

信票，亦称信票、宪票、差票，是清代官府常用以发布政令、催派公事、饬查政务、递解口粮、递解人犯等事项的下行文书，或作为受票者执行票文事项的凭证。

根据传世的清代信票样式，行文有票仰对象，票文内一般都有"计开"事项，即向下属所布置的任务；票文末一般以"须票"或"特票"标注。此外，票末一般应有如"限文到×日缴"或"定限×日销"之类限定注销文字，但这些在《巡城条约》中都未记录入文。

《巡城条约》凡有信票 11 份，其中《严行保甲》《添修栅栏》《移查兵番》《驱逐娼妓》《递解人犯》等以"须票"为结尾；《严饬访拿》《清查栖流所》《施舍棺木》《禁革供应》《查革随役》《递解口粮》等以"特票"为结尾。这 11 份信票的下行对象，基本是东城所辖兵马司，朝阳、崇南二坊及各坊总甲隶役等，如《驱逐娼妓》云"票仰司坊官吏立着各坊总甲"；唯有《移查兵番》是针对兼管的巡捕营（与兵部职方司共管）而颁。

（三）牌文（5 份）

牌文，又称信牌、宪牌，其样式与作用，与信票较为相似，也是官府用于派遣执行公务的下行文书。牌文一般以"为……事"为起首，接以"查得""照得"等简述缘由，然后叙陈相关牌晓事项，末以"须至牌者"标注，并书具牌日期。

如《预革旧规》有"先行牌示严禁"云云，末又云："仰该司坊官传谕总甲肩牌，遍谕本城地方军民人等，通行知悉，毋得玩视。取究未便，须至牌者。"据此可知此份公文的样式为牌，即信牌。以"须至牌者"作为结尾以标明文书样式的，尚有《严饬印契》《严饬滥禁》2 份文书。此外，《严禁药术》行文有"此牌仰该司坊官吏，即传谕各坊总甲"云云；《严禁查拿牌》标题中称"牌"，行文有"着总甲肩牌遍谕军民"云云，这 2 份文书虽未以"须知牌者"结尾，但据行文和标题也可以判定为信牌。

有学者在梳理清代巴县档案所见乾隆年间牌文、信票时，曾指出二者在受文对象上存在一定差异，即"牌的行文，或者是地方官府对下级官府的，或者是基层官府对本衙吏役或所管民众的；而差票的行文，则一律是基层官府对差役的"。① 这点差异，同样可以通过《巡城条约》所见信票与牌文得以印证。前文提到，《巡城条约》所见信票的下行对象，基本是东城所辖兵马司，朝阳、崇南二坊及各坊总甲隶役。但《巡城条约》所见 5 份牌文的下行对象，既有单独针对所辖司坊官吏的，也有同时针对所辖司坊官吏与民众的，如表 1 所示。

表 1　《巡城条约》所见 5 份牌文的受文对象

牌文	受文对象
《严饬印契》	司坊官吏
《严禁药术》	司坊官吏；各坊总甲
《严饬滥禁》	司坊官吏
《预革旧规》	司坊官吏；各营司坊衙门番役、书办、皂役、班头、总甲人等；本城军民
《严禁查拿牌》	各坊总甲；本城军民

以上 38 份告示榜谕、信票、牌文，受文对象和晓谕事项各有侧重，因此在发布方式和途径上也略有差异。

如《严饬印契》《严饬滥禁》等，晓谕事项主要是东城察院政务，受文对象是司坊官吏。又如《严饬协拿》告示，为吴氏与巡视南城御史所共同颁发，以缉拿东、南两城无赖棍徒，受文者为东、南两城总甲兵番应。类似这些文书，应主要粘贴于东城察院或兵马司衙署，并由司坊官吏向各方总甲等进行传谕。

如吴氏在《严绝情弊》告示中提到"东城军民杂处，淳顽相半"，要杜绝"钻营请托"，自然需要东城民众配合遵守，而不仅是司坊官吏之责。如《颁行十劝》不仅要求将"劝谕"十条"大书粘示通衢"，更令"另刻小幅刷印，每户颁给，务期人人共晓"；《劝惜字纸》亦命称将劝惜字纸事宜"特书小幅布示本城地方"云云。因此，类似这些涉及东城百姓事务的文书，自然要选择有利于信息传播的场所进行粘贴，如闹市、通衢等，甚至每户颁给，这样才能昭示于众，让相关事项和法律信息传达到民众当中。

如《预革旧规》是吴氏莅任伊始颁发的首份文书，务在树立权威，志

---

① 吴铮强：《信牌、差票制度研究》，《文史》2014 年第 2 期。

于革除旧弊。因此，受文对象不仅针对该司坊官员以及各营司坊衙门番役、书办、皂役、班头、总甲人等，也是向东城百姓表明自己"严气正性""兴利务滋，除害务尽"的决心。因此，像这样关乎东城政风民情的文书，吴氏还特命"司坊官传谕总甲肩牌，遍谕本城地方军民人等"，使之通行知悉。将告示贴于木牌巡视街巷，并差专人负牌巡视辖地，其警示性和传播性无疑强于固定粘贴的方式。以"总甲肩牌"方式进行传谕，令"本城军民人等知悉"的，尚有《严禁查拿牌》《查革陋规》等。

总体上，这些文书注重东城地方治理，侧重劝谕民俗，旨在让东城官民众便于观解，进而配合、遵行相关施政。故而在行文上，采用的并非长篇累牍形式，而是以四言八句韵语为主；词简意明、平和通俗、条理清晰，不仅便于撰写，且易于使民众接受、省览，也有利于政策的贯彻落实。其行文主题简明扼要，多平铺直叙，并无冗繁晦涩之感；语气少有命令之辞，也无逼迫之意；对于存在的弊政陋规，多辨明是非厉害，对突出的社会问题，有很强的针对性解决措施，并无推卸推诿责任之意，往往强调以身作则。康熙中期的京师，军民混杂，东城更处于京师重要的通衢之地，各类社会问题频发，难以根治。吴氏通过这些文书的颁布和传播，不仅传达了中央地方政令，也起到扬规立范、警示告诫、化善民俗的作用，一定程度上促进了东城辖地得到有效的治理和管控。

四 《巡城条约》的史料价值

杨一凡先生认为，古代榜文告示内容涉及吏治、安民、词讼、乡约、保甲、风俗等社会生活的各个方面，作为"兼有法律和教化双重功能的官方文书"，是古代重要的法律形式，也是国家法律体系的有机组成部分。[①] 如果按照此标准，《巡城条约》中的不少告示、榜谕无疑兼具这样的法律性质。《巡城条约》详细记载了清康熙年间京师东城的社会治安、民生经济、人文风俗等资料，是研究清代地方法制特别巡城御史制度的珍贵史料，对研究同时期的慈善、赈灾制度等也具有重要的史料价值。具体而言，有以下几个方面。

首先，《巡城条约》为研究吴氏的人生和治政经历提供了珍贵材料，同

---

① 杨一凡：《注重法律形式研究，全面揭示古代法律体系和法制的面貌》，《法学研究》2009年第 2 期。

时其中所述也是清初御史官员治政能力的缩影。在国内无版本流传，其文献价值自不待言。加之目前暂未发现吴氏巡城时期的其他题本、奏折，该书无疑是见证吴氏御史经历仅存的"硕果"。吴氏自康熙八年入京至二十四年就任巡视东城御史，可以说其对京师政况政情、民情民风是十分了解的，也明白东城地处京师核心地带所发挥的重要作用。综观是书，可以发现吴氏善于运用榜文告示等手段开展地方治理，不仅循循善诱宣讲国家政令，且诚心为民申命讲理，不仅展现了吴氏施政的态度和措施，也展现了其善于解决民间诉求、兴利除弊的基层治理能力。

其次，《巡城条约》为研究清康熙朝巡城御史制度提供了鲜活的案例。吴氏所发布的告示榜谕、信票、牌文，与其巡城御史一职密不可分。由于缺乏具体实证材料，以往关于清康熙朝巡城御史制度的研究，往往流于罗列相关职权；相关制度如何运作、巡城御史如何施政鲜有个案佐证，更少有结合当时京师社会变迁作讨论的。清初史料中保留着不少顺、康时期关于五城方面的题准、覆准，在吴氏离任巡城御史之前所题准、覆准的事例规定，自然是其巡视东城的主要依照。以康熙二十四年九月《颁行十劝》为例，这份劝谕中提到东城军民人等需遵奉"各院禁约条款"和"都宪所禁十大弊"。"各院禁约条款"是指六部、都察院等颁布施行，涉及京师地方治理的相关禁约，也包括经过题准、议准颁行的定例。如关于"奸棍布散揭帖，有司官不行察缉"的处分例，康熙二十一年，吏部等曾议定"奸棍布散揭帖"之事，"应交与五城三营、八旗步军不时严查，凡不系两造对理，布散匿名揭帖，首告部院衙门投送者，将出首送揭之人，缉拏移送刑部，照律治罪"。① 关于京师盗贼查拿之事，康熙二十三年，议政王大臣等曾遵旨会议："巡捕三营兵丁，并番役、司坊官与营官一同管辖，严缉盗贼。其村庄看坟屋内藏匿无藉之人、为盗者，亦令巡捕司坊官员，不时严行查拏。"② 类似这些部院禁约或议定则例条款，皆颁布施行在康熙二十年以后，离吴氏上任时间不远，应是吴氏所熟知的。"都宪所禁十大弊"指的是康熙二十四年，时任都察院左都御史陈廷敬所拟定的都察院堂示。陈氏在堂示中开列了"禁盗源""禁唆逃""禁抄抢"等十条禁约，并令五城严拿禁除。③ 这些禁约反映了当时京

---

① 《清实录·康熙朝实录》卷一〇四，康熙二十一年八月庚寅。
② 《清实录·康熙朝实录》卷一一八，康熙二十三年十二月丁未。
③ （清）陈廷敬撰《尊闻堂集》卷七九《札示·都察院堂示为严饬剔病民十大弊以靖地方以安民生事》，收入李豫主编《阳城历史名人文存》第4册，三晋出版社，2010，第221~224页。

师存在的弊相，是都察院对京师社会生态、民生利弊提出的除害御暴措施，吴氏此份告谕正是对都察院十条禁约堂示的具体执行。

再次，《巡城条约》为研究清初基层社会治理，特别是京师五城地区治理提供了不可多得的一手材料。康熙二十四年前后，正值"海内一统，环宇宁谧，满汉人民相同一体"之时，吴氏任职恰好在这一历史节点上。可以说，此时的清廷对国家各方面的治理渐入佳境。京师属于多元管理的典型，包括步军统领、五城御史、顺天府等多个机构都能参与其中，互相协调，职能又多有重叠。在东城这一狭小而又重要的地域内，吴氏却要应对各种积弊和层出不穷的社会问题，来匡护首善之区。在此背景下，《巡城条约》的每一份告示榜谕、信票、牌示，不仅是研究康熙朝巡城御史制度实践运作的第一手资料，也是当时政治法律制度、社会民生的鲜活反映，更是康熙朝走向盛治在地方治理上的写照。

最后，《巡城条约》也为考察地方治理中官商、官民关系的互动提供了新鲜的资料。如在书末附载有东城士民代题留任吴氏的两则具呈，从中可以看到在吴氏短短的施政期间，地方官府与民间存在很大程度的沟通互动，而并非一味对立之态。《巡城条约》的每一份榜谕、信票、牌示，无疑扮演了媒介角色，其在发挥治理基层社会作用的同时，其中的礼教劝谕，也可以促进人际关系的融洽。在这些具呈名单中，有一个人的名字颇值得关注，即北京同仁堂的创办者"乐凤鸣"。乐氏多年后撰成《同仁堂药目》传世，《同仁堂药目》附有两篇同仁堂告示，提及同仁堂在咸丰、同治年间打击假冒本堂字号、私刻堂印、出售假药时，得到五城都察院等衙门配合通告户晓之事。[1] 乐、吴二人是否有交往无从得知，但从乐氏"攀恋"联名以及咸、同年间同仁堂之告示，或可推断，同仁堂在康熙年间创办之初与五城都察院衙门就有所联系，而这种交往传统的建立，或许是其产品质量、信誉在有清一代得以延绵保障的基础。

---

① （清）乐凤鸣撰《同仁堂药目》卷首，清光绪十五年京都同仁堂木刻初印本。

清代成案非"司法判例"辩[*]

王若时^{**}

摘要： 把清代成案的性质界定为"司法判例"的观点，曾长期在学界流行。本文从成案的内涵及其历史沿革、成案文献的编纂、成案的性质及功能等方面对这一通说提出质疑，认为从唐代到清代，成案的本义向来是已完结的公文卷宗，清代成案的内容既有司法成案，也有行政成案。与之相应，清代成案文献既有《刑科成案》等司法类成案集，也有《襄堤成案》等行政公务类成案集。在司法审判活动中，清朝历来禁止援引司法成案作为断案依据进行判决。"判例"说对成案的内涵作了错误的表述，混淆了"成案"与"通行成案"、"参阅"与"法律依据"的区别，因而不能成立。

关键词： 清代成案　司法判例　文献编纂

以往发表的研究清代判牍案例的论文，多把成案界定为"司法判例"，认为其具有法律效力，在实际裁判中可以援引成案进行裁决。但由于成案文献等材料的匮乏，对成案的研究大都止步于刑部相关案卷，因而多把成案界定为判例、法源。诸如"成案就是案例、判例"^① 等论断比比皆是。

---

   * 本文为国家社科基金重大项目"明清孤本法律典籍整理与研究"（批准号：16ZDA125）的阶段性成果。

  ** 本文作者系西北大学讲师。

  ① 郑秦：《清代司法审判制度研究》，湖南教育出版社，1988，第157页。

2009 年，杨一凡、柏桦等学者对这一通说提出质疑。① 为进一步推动学界对清代成案性质的探讨，本文从成案内涵的沿革、文献的编纂、成案的性质与功能等方面辨析，就"判例说"的偏颇及认识上的误区发表一些看法。

一　成案的本义并非"判例"

"判例"一词出现在清末，属于外来语。在清末以前的法律古籍中，尚未发现有哪部法律以"判例"命名，也未发现有哪部文献把"成案"说成"判例"。何为"成案"？从现存的大量成案文献资料看，古人所说成案的本义，通常指已办结的公文卷宗，也指诉讼中判定的案件或办理的行政、经济诸事务的先例。② "判例"说首先在"成案"概念的认定上发生了误会。

"成案"一词，较早出现在唐代。《唐律疏议》卷九《稽缓制书官文书》后《疏议》曰："制书，在令无有程限，成案皆云'即日行下'，称即日者，谓百刻内也。写程：'通计符、移、关、牒，满二百纸以下，给二日程；过此以外，每二百纸以下，加一日程……成案及计纸程外仍停者，是为'稽缓'，一日笞五十。"③ 此段话中，"成案"出现两次。这里所说的"成案"，显然是指"符、移、关、牒"等文书，并非特指司法案牍。

据《资治通鉴·唐纪三十一》记载，唐玄宗时，陈希烈为宰相，却受制于宰相兼吏部尚书李林甫。李林甫"军国机务皆决于私家，主书抱成案诣希烈书名而已"。④ 唐制，宰相总览政务，大理寺"掌邦国折狱详刑之事"。⑤ 主书要陈希烈签署的"成案"，只能是与宰相职权相关的"军国机

---

① 2009 年 8 月出版的杨一凡、刘笃才著《历代例考》第 4 部分第 4 节论述了清代司法成案，认为"清代的成案，除司法成案外，还有大量的行政和经济管理等方面的成案"，指出把司法成案的性质界定为判例是错误的，见第 456 页以下。同年发表的柏桦、于雁《清代律例成案的适用——以"强盗"律例为中心》一文，持成案的内容还包括行政成案的观点，"清代所谓'成案'，并非仅指司法案例，各个行政领域过去形成的办事方案，都可称为'成案'。从这个角度讲，'成案'即先例"，但仍认为司法"成案作为法律渊源，发挥的作用并不大"。参见柏桦、于雁《清代律例成案的适用——以"强盗"律例为中心》，《政治与法律》2009 年第 8 期，第 134、136 页。

② 参见杨一凡《清代成案选编》前言，收入杨一凡编《清代成案选编》甲编第 1 册，社会科学文献出版社，2015，第 1 页。

③ （唐）长孙无忌等：《唐律疏议》卷 9，刘俊文点校，中华书局，1983，第 196 页。

④ （北宋）司马光编著，（元）胡三省音注《资治通鉴》卷 215《唐纪三十一》，中华书局，1956，第 6872 页。

⑤ （唐）李林甫等：《唐六典》卷 18《大理寺》，陈仲夫点校，中华书局，1992，第 502 页。

务"类公文，而不可能是归大理寺管辖的司法案件。又韩愈《昌黎集》卷13《蓝田县丞厅壁记》载："文书行，吏抱成案诣丞，卷其前，钳以左手，右手摘纸尾，雁鹜行以进，平立睨丞曰：'当署'。"县丞为县令之佐，主要职责是负责文书、仓库的管理。韩愈在此文中描写唐代县丞有职无权，还要受吏胥的欺凌。该文中所说的成案，内容应是与一县事务相关的公文，不应仅限于司法文书。从笔者查阅到的资料看，唐人所说的"成案"，大多是指行政公务类公文案卷。

宋代史籍中，"成案"一词出现的频率远多于唐代，记载南宋成案的史料多于北宋。宋人眼中的"成案"，与唐代同，既用来表示已结案的行政公务成案，也用以表述司法案件。比如《续资治通鉴》记，宋高宗时，年仅30岁的范宗尹任同中书门下平章事，行宰相职权，"事多留滞"，绍兴元年（1131）被宋高宗罢免。"其罢相制下，省吏抱成案就宗尹书押者不可胜计，故有是命。"① 省吏在范宗尹罢职之时，抱给他要求书押的成案，只能是丞相职权范围内处理的文书。

与唐代稍有不同的是，史籍记载的宋代成案，以司法成案为多。《宋史·慎从吉传》载："景德初，上言求领事务，判刑部。颇留意法律，条上便宜，天下所奏成案率多纠驳，取本司所积负犯人告身鬻之，以市什器。"② 这里所说的慎从吉纠驳的各地奏报的成案，无疑是指司法案件。又如，宋人陈襄在《州县提纲》一书中，就北宋仁宗时期百姓申冤无门的状况上书建言："有倦于出厅者，吏雁鹜行，终日抱成案伺于阶前，幸其一出，纷挐呈押。"③ 记述宋高宗一朝事迹的《建炎以来系年要录》载："一日，法寺以成案上大辟，九成阅始末，得其情由，请覆实，因果诬服者也，奏黜之。"④ 这两段话中的"成案"，也是指以刑案为主的公文卷宗。

元代史籍中"成案"的用法，承袭唐宋，或泛指已办结的公文卷宗，或具体指具有行政先例性质的文书，或指某一判决的案件。《元史·本纪第十五》云："省部成案皆财谷事。"⑤ 此处所说的成案，是"财谷事"方面

---

① （清）毕沅：《续资治通鉴》卷109《宋纪一〇九》，清嘉庆六年递刻本。
② （元）脱脱等：《宋史》卷277《慎从吉传》，中华书局，1985，第9445页。
③ （宋）陈襄：《州县提纲》卷1《情勿壅蔽》，清文渊阁四库全书本。
④ （宋）李心传：《建炎以来系年要录》卷121，清文渊阁四库全书本。
⑤ （明）宋濂：《元史》卷15《世祖十二》，中华书局，1976，第321页。

的公文。又据《元史》载，元成宗时，浙东大灾，同知脱欢察私留二十五万赈灾款，暂时托管于胡长孺处，"长孺察其有干没意，悉散于民。阅月再至，索其钱，长孺抱成案进曰：'钱在是矣'"①。这里所说的成案，应该是指发放灾款形成的文册。《元史》卷137记载了这样一则故事："刑部尝有狱事，上谳既论决，已而丞相知其失，以谴右司主者。奕赫抵雅尔丁初未尝署其案，因取成案阅之，窃署其名于下。"② 关于这个故事的发生时间，《元史》语焉不详。据初步考证，此事发生在元成宗大德年间奕赫抵雅尔丁任刑部员外郎时。刑部上报并经皇帝"论决"的狱案出现错判，无疑是重大事件，宰相迁怒右司主管官员，奕赫抵雅尔丁不惜代人受过承担责任，其品质可敬可佩，这则故事中记载的成案，明显是指结案的狱案。

　　明代禁止使用判例，但允许在司法审判活动中参考司法成案。至于行政公务类成案，经皇帝钦准或上级批准，可以在行政管理中援用。正是在这种情况下，行政执法中援引成案和断案前参考成案成为因循相袭的做法。吴遵的《初仕录》载："有司所以取重上官，见畏吏书者，皆在文移。须先参以成案，润以词采，裁定体式，酌量事宜务求详确明白，不拘大事小事。"③ 弘治十四年（1501），南京翰林院侍读学士马廷用的《清江船厂记》评论官府将抽分用于清江造船事，内云："今计费而给之，虽锱铢必较；计艘而督之，虽沉覆不恤。加以罗织多事之吏争衔虚名，远谤避嫌之人仅守成案。数运之后，为弊日滋。"④ 针对这种弊端，朝臣要求"勿拘成案"的呼声越来越高，史籍中有关此类言论的记载比比皆是。正德十六年（1521），朝臣杨廷和在为嘉靖皇帝起草的《嘉靖登极诏草》中说，审问犯人"不许拘执成案，逼勒招认，符合前问官吏，致令枉抑无伸违者罪之"⑤。嘉靖二年（1523），明世宗朱厚熜又下令："毋惑于浮言，毋拘于成案，务得真情，以全民命。"⑥ 万历年间，潘季驯担任总理河漕都御史时就黄河水汛上疏："或应修复旧河，或应别求利

---

① （明）宋濂：《元史》卷190《列传第77·儒学二》，中华书局，1976，第4332页。
② （明）宋濂：《元史》卷137《奕赫抵雅尔丁传》，中华书局，1976，第3318页。
③ （明）吴遵：《初仕录》，明崇祯金陵书坊刻官常政要本。
④ （明）席书编次，朱家相增修《漕船志》卷8，玄览堂丛书本。
⑤ （明）黄训：《名臣经济录》卷14，清文渊阁四库全书本。
⑥ （明）吕本等：《大明世宗肃皇帝宝训》卷8，皇明宝训本。

涉，勿拘成案，勿避烦劳。"① 从上述记载可知，明代时成案已在行政管理和司法实践中被广泛利用。

清人对成案内涵的认识，依然沿袭前代。康熙时刊刻的《定例成案合镌》，是现存的清朝最早成书且影响较大的成案集。辑者在论述"成案"与"定例"的相互关系时说，"夫定例，法也。成案，事也"②，明确指出"成案"为"事案"而不是"例"。现存的数百部清代法律文献和《清实录》《清史稿》等史籍，涉及成案的论述不胜枚举。清人除借用"成案"一词把"通行成案"确定为一种特殊的立法形式外，对成案内涵的表述都是从"已办结的公文卷宗"的意义上讲的。清代成案集的命名也贯穿了这一认识。清沈沾霖的《江苏成案》③，收入乾隆四十年至五十九年的江苏刑事案件133件，均系已判决的充军、徒流罪案件，辑者从"已审结的案件"角度将其称为成案。又如《南河成案》④记载有关办理南河水利事务的皇帝上谕、大臣章奏等公文共715件，作者是从"已办结的公文卷宗"意义上将其称为成案。

从唐至清末，成案是"已办结的公文卷宗"的这个基本含义没有变化，可谓一以贯之。"判例"说借用西方法律术语论证清代成案时，没有按照它的本义和客观面貌表述其内涵，造成了概念上的张冠李戴。

二　清代成案的内容并非都是"司法成案"

从清代成案编纂的实际看，"司法判例"说仍难以成立。

注重成案的编纂，是清代法制建设的一大特色。清初，在国家尚未统一、战事连绵、无暇精心制定完备法律的情况下，统治者曾发布了一些钦准"通行"的成案，以弥补法律的不足。顺治朝以后，清廷在编纂六部则例、《大清会典》等法律、法典及健全法律体系的过程中，将有普遍适用性的行政先例和司法案例，通过删整上升为规范性的则例、条例，作为立法的重要措施。终清一代，纷繁的行政执法、司法审判活动和层出不穷的新问题，又迫使各级官员不得不参阅成案。随着人们对成案关注度的提高，

---

① （明）潘季驯：《河防一览》卷7《两河经略疏》，清文渊阁四库全书本。
② （清）孙纶：《定例成案合镌》序，清康熙六十年刻本。
③ （清）沈沾霖：《江苏成案》16卷，清乾隆五十九年刻本。
④ （清）佚名：《南河成案》，不分卷，清刻本。

成案集的编纂随之兴起，官府编者有之，官员和文人编者有之，书商编印者有之，可谓盛况空前。据初步统计，现存于世的成案集仍有百余种。

清代成案资料汗牛充栋，依照内容可将其分为两类：一类是司法成案，另一类是行政公务成案。

司法成案是在审判活动中产生的，以案例为基本形式，凡是已结案的案件都属于司法成案的范畴。现见的清代司法成案，既有史籍中记载的个别具体案例，也有编纂的成案集。代表性成案集主要有《成案汇编》①、《成案杂抄》②、《新增成案所见集》③、《成案质疑》④、《成案备考》⑤、《西曹成案》⑥、《刑部比照加减成案》⑦、《秋审成案》⑧、《秋审实缓比较成案》⑨、《两歧成案新编》⑩、《刑科成案》⑪、《驳案汇编》⑫ 等。

行政公务类成案是在具体的行政活动中产生的，以公文文书为基本形式，凡是各级衙门办理公务形成的文案，都属这类成案，其内容涉及行政、经济、礼仪、军政管理等多个领域。在清代成案中，行政公务类成案的数量要比司法成案多，其性质、功能与司法成案也不尽相同。这类成案集大多以文书档案的形态保存，其中有一些成案是中央各部院及地方长官就具体公务上奏皇帝或上级长官并经批准的规范性的文件，对行政事务具有指导意义。在以后的行政管理中，如出现则例无明文规定的情况，可报请皇帝或上级批准，在特定的事务或特定的区域、特定的时限内援用。作为先例被援用的行政成案，是则例编纂的基本来源，有"权宜"或"临时"被选择使用的性质，但没有普遍的适用性。

清代行政公务类成案数量众多，这里仅列举 13 种代表性成案集于后（见表 1）。

---

① （清）雅尔哈善等：《成案汇编》，清乾隆十一年刻本。
② （清）陈乃勋：《成案杂抄》，清光绪抄本。
③ （清）马世璘：《新增成案所见集》，清乾隆五十八年刻本。
④ （清）洪皋山、饶敦夫：《成案质疑》，清乾隆十一年刻本。
⑤ （清）佚名：《成案备考》，清抄本。
⑥ （清）佚名：《西曹成案》，清抄本。
⑦ （清）许梿、熊莪：《刑部比照加减成案》，清道光刻本。
⑧ （清）刑部各司：《秋审成案》，清道光刻本。
⑨ （清）英祥：《秋审实缓比较成案》，清光绪二年刻本。
⑩ （清）李逢辰：《两歧成案新编》，道光十三年刻本。
⑪ （清）佚名：《刑科成案》，清抄本。
⑫ （清）全士潮：《驳案汇编》，清光绪刻本。

表 1   清朝代表性行政公务类成案集举例

书名	编者	卷数及主要内容	版本
襄堤成案	（清）陈广文、胡子修	4 卷。明末至清光绪十九年书、札、呈、奏疏、禀等文书 188 件	光绪二十年竟陵阁邑活字版印本
湖南省例成案	（清）佚名	82 卷首 2 卷。清雍正四年至乾隆三十八年湖南省省例、成案 805 件	清刻本
关税成案辑要	（清）佚名	15 卷。清雍正七年至乾隆五十七年税务相关成案 98 件	清抄本
南河成案	（清）佚名	54 卷首 2 卷。清乾隆元年至五十七年上谕 91 件，雍正四年至乾隆五十六年臣工奏本 624 件	清刻本
松所盐务成案	（清）韩锡胙	15 卷。清乾隆三十七年至四十年江苏松江府公文等 18 件	清乾隆四十年刻本
内务府庆典成案	（清）内务府	3 卷附录 2 卷。内务府奏稿 2 件，清乾隆四十四年、五十二年谕旨 2 道，乾隆四十五年庆典奏案 1 件，乾隆五十五年庆典奏案 1 件	清刻本
海盐县新办塘工成案	（清）汪仲洋	3 卷。清道光元年四月初九至道光三年十二月二十日捐办朝垂章爱四号工段卷宗节录，奏办岁修黎首伏周宇号工段卷宗节抄，境内集工分别估计及各塘字号丈尺图说卷宗节抄	清道光刻本
藩司衙门奏销地丁成案	（清）佚名	不分卷。清道光十三年以后"藩司衙门奏销地丁""灾歉缓带银米起限办法"等文书 20 件	清抄本
栗恭勤公砖坝成案	（清）栗毓美	不分卷。清道光十六年至十七年往来文书 8 件	清光绪八年刻本
直省洋教成案	（清）佚名	不分卷。清同治元年至光绪二年教务管理文书 12 件	清光绪二年刻本
同治年间内务府与户部交涉款项成案	（清）户部	不分卷。清同治八年至同治十一年大婚拨款奏底 7 件，同治至光绪年间户部奏稿 18 件	清抄本
援照蒙古承袭成案	（清）佚名	不分卷。清光绪二十七年官员奏稿 1 件	清末刻本
山东运河成案	（清）曾藩	一卷。清光绪二十八年山东巡抚、河督为治理河务奏折 2 件及编者评论	清抄本

　　显然，清代成案不仅包括司法成案，还有大量的行政公务类成案。行政成案中既有大量一般性成案，还有少数因特殊需要被赋予法律效力的行

政先例。由此可知，清代成案的内容相当广泛，将其概括为"司法成案"失之偏颇，再把它的性质演绎为"司法判例"更是不妥。

三 "判例"说在清代成案性质认识上的误区

持清代成案"司法判例"说的学者，其论证使用的都是司法资料。现存的清朝刑事案例有数十万件。研读浩瀚的、形形色色的案件，同样无法证明"判例说"可以成立。

清代司法成案的含义有广义、狭义之别。从广义上讲，所有结审案件都是司法成案。狭义的司法成案，特指经皇帝钦准或皇帝批准后有可能上升为定例的那部分案件。

清人之所以注重司法成案的整理和编纂，是因为它具有两方面的功能。

其一，审判活动中的参考功能。清人认为，律例有定而案无定，案情千变万化，罪情不一，尤其是那些案情律例无明文可援引判决的案件，需经各级司法官在细心勘查和研究律例的基础上，参考情罪相近的成案提出拟定意见。这样做，有利于加深对律例精义的理解，防止刑罚畸轻畸重。清人对审判活动中参考成案的必要性有许多精彩的论述。《刑部比照加减成案》曰："不释成案，无以观律例之通。"[1]《问心一隅博平成案》作者胡秋潮主张审案参考成案，"将事比事"，"以事拟事"，他说："案案皆足法，事事皆可师。"[2] 读清人撰写的各类司法成案集，可知当时司法官在断狱过程中普遍参阅成案。《成案加减新编》作者李逢辰在该书"序"中这样描述当时司法官参阅成案的情况："曩官刑科，日会节抄成案两册，一则例无专条，而比附以按之，一则情涉两歧，而重轻比酌之。"清朝统治者虽然禁止谳狱援引成案，但允许在审判律例无明文规定的案件时参阅成案。嘉庆皇帝在审阅张杨氏殴伤伊翁张昆予身死一案后下达谕旨："着刑部详查律例，定拟具奏。如例无明文，并着通查成案，比照定拟，奏闻请旨。"[3] 刑部主张"在案问刑衙门遇有此等案情，惟当推原律意，查照成案，定拟罪名自无错误"[4]，但反对过于遵循成案，史籍中有关刑部强调"勿拘成案""毋

---

① （清）许槤、熊莪：《刑部比照加减成案》，清道光刻本。
② （清）胡秋潮：《问心一隅博平成案》，清光绪三十二年刻本。
③ （清）全士潮：《驳案续编》卷7，清光绪七年刻本。
④ （清）全士潮：《驳案新编》卷24，清光绪七年刻本。

拘成案"的记载不胜枚举。

其二，案生例的功能。司法成案是刑例的重要来源。清代的刑法，以律为基本法律。《大清律》颁行以后，长期保持稳定不变。然"法有限而情无穷"，随着社会的发展变化，新的案情不断出现，律文往往不能适应新的情况。为此，统治者主要通过不断颁布新的定例，弥补刑律的不足。清代案生例的途径主要有四：一是督抚提起修例动议，督抚创制例文；二是刑部或三法司提起修例动议，刑部创制例文；三是皇帝提起修例动议，刑部单独或会同九卿等衙门创制例文；四是皇帝直接创制例文。① 但无论哪一种生成方式，其制例的动因皆是从新发生的案情而起，每一定例中的量刑标准，都是通过与已判决的相同或相近的成案比较而确定的。

在清代法律文献中，有关案生例的记载甚多。比如，嘉庆十七年（1812），山西人刑杰强奸儿媳吴氏未成，被吴氏咬落唇皮，长官晋杰比照律条将吴氏拟斩。刑部认为吴氏犯罪情节"与无故干犯尊长者迥别"，奏请皇帝钦准"免其治罪"，并列举了以前审理的两起案件：嘉庆十四年（1809），河南民妇赵氏被伊翁张万言按压在床、强欲行奸，该氏情急顺取铁扎伤张万言右臀案；嘉庆十七年六月十七日，安邱县民人王锡强奸子媳王孟氏未成，被王孟氏咬落舌尖案。通过比照前述两案，刑部建议："将来遇有似此案件，自应分别钦遵核办。"经皇帝钦准，依据吴氏案制定了《子妇拒奸伤翁，实系猝遭强暴，免其治罪》例。

现存的乾隆、嘉庆、道光、同治《各部院条例册》中，记载了大量"案生例"的题本。以嘉庆元年至嘉庆五年为例，刑部题奏计53件，其中有29件是请求以新出现的罪情制定新例的题本。"纠科抢夺及同谋共殴等案首犯在逃，先将从犯拟罪监禁俟逸犯获后质明起解""嗣后军营逃兵投首在军务未竣以前，概拟监候永远监禁""嗣后凡遇卑幼殴死尊长，虽情因救护并非危急者，皆应照例定拟不得声请减等""因盗成奸拟斩立决"等事例，就是根据这些题本制定的。乾隆至同治的其他年间，制定刑例的情况亦大致如此。可以说，几乎每年都有因案生成的定例颁布。

然而，司法成案与例的功能、性质毕竟不同。例是法律，案是事案而不是法，不能作为判决的依据。倘若案、例不分，就会给官吏曲法为奸留下可乘之机。有清一代，奸吏乱引成案曲法的事件时有发生。正如《新增

① 孙斌：《因案生例：从〈驳案汇编〉看清代条例的生成》，《苏州大学学报》2017年第2期。

刑案汇览》中所言："州县贤愚不齐，无论奸胥猾吏，高下其手，因缘为奸，所在不免即久膺民社。熟悉刑名者，有时拘泥成案，附会例文，意见一偏即不免有畸重畸轻之故。"①

为防止官、吏曲法为奸，清代历朝都强调"依律例判决"，严禁援引成案。顺治四年（1647）颁布的《大清律集解附例》规定："凡断罪皆须具引律例，违者笞三十。""其特旨断罪临时处治不为定律者，不得引比为律。"②康熙二十九年（1690）颁行的《康熙会典》，又重申了审判严禁援引成案的规定。雍正十年（1732）编成的《雍正会典》进一步详化了该规定："一应审拟事件，有例者引例，无例者引律。与律例不吻合者，量其情罪，比照律例定拟。"③乾隆五年（1740）颁布的《大清律例》，除明确规定"断罪皆须具引律例"外，增加了一条不得援引成案的定例："除正律正例而外，凡属成案未经通行、著为定例，一概严禁。毋得混行牵引，致罪有出入。"④嘉庆十七年（1812），朝廷又制定条例重申："嗣后审断案件必以现行律例为凭。其未经通行之案，概不准援照办理。"可见，在审判活动中禁止援引成案进行判决，是清代长期坚持的一条重要的司法原则。

那么，为什么有些著述会把司法成案界定为"判例"呢？仔细分析这些文章的论述，应是与下述认识上的误区有关。

其一，混淆了"刑部说帖、督抚题本中引用成案"与"以定例判决"二者性质的区别。

清代刑部说帖中的案例，有一些后经立法程序被上升为定例。有的论文以此为据，把成案的性质界定为"判例"。这种观点的失误之处，是混淆了成案的参考功能和判决案件必须依律例为法律依据二者的界限。

什么是说帖？如用现代语言表述，说帖即"建议书"的意思。曾任官刑部主事的熊裁说："说帖者，皆诸曹旧案，疏其罪名之所以出入而著为说者。"《说帖摘要抄存》（又称《刑部说帖各省通行成案摘要抄存》）中说："刑部说帖系三法司会议往来札商，及刑部堂、司酌定准、驳各案。律例馆抄录存查，俟大修律例之年，酌量纂入为例。其未经著为定例者，仍存馆

---

① （清）潘文舫：《新增刑案汇览》卷15，清光绪绪紫英山房刻本。
② （清）刚林等：《大清律集解附例》，清顺治间内府刻本。雍正年间颁布朱轼纂修《大清律集解附例》沿袭了这一规定。
③ （清）允禄等：《大清会典》（雍正朝）卷191《律例四二·断狱五》，清刻本。
④ （清）徐本、三泰等：《大清律例》，清文渊阁四库全书本。

备查。"又说："说帖非颁行者可比，不可遽作成案声叙，引以辩驳也"，"未奉颁行，不能援引"。① 由此可知，编写说帖时，要对案件是否罪刑相当及符合律义作出分析。编写说帖，主要是为了刑部"酌定准、驳各案"，并为"三法司会议往来札商"所用，也为以后制例提供基础资料。"说帖"本身并不是法律，特色是突出一个"说"字，其行文中援引成案也只是为了论证臣工建议的合理性。

为了使读者了解说帖及引用的成案的性质，这里举一例说明。嘉庆十九年（1814），浙江省义乌县民龚奴才误伤其父被拟斩立决，其父母声请留养。皇帝谕准，并强调"此系法外施仁，嗣后不得援引为例"。在此之后发生的翟小良案、樊魁案，② 罪情都是子误伤父母。《大清律例》规定，卑幼致伤期功尊长不准声请留养，但"若所犯情节实可矜悯，准于疏内声明恭候钦定"③。如何处理这两起案件？刑部向皇帝进呈的说帖中，援引了龚奴才成案，并以"重孝道"为由，建议颁布特旨、法外开恩，得到了嘉庆皇帝的钦准。

有些论文引用《刑案汇览》辑录的一些说帖，作为论证成案是"判例"的依据。有学者曾对《刑案汇览》中52例说帖援引的成案进行了剖析，认为这些成案并非"判例"，指出"说帖既不是对具体案件的有效判决，也不是对各省定拟案件的正式批复，它只是对于各省案件定拟正确与否做出判断，并在法理上进行分析论证，供刑部堂官参阅"④，并不是判例。

督抚题本中引用的成案，与说帖中的成案是同一性质。清代流罪以上的刑事案件和其他重大案件，要由地方最高长官题奏，由刑部核准，死刑案件还要经皇帝钦准。凡案情律例无明文规定如何判决的案件，须由地方长官题咨，由刑部覆核请旨。在清代司法案例中，也有极少数督抚在题咨中引用成案的情况，这类题咨均是"轻重失平、律例未协之案"。《嘉庆会典》规定："如有轻重失平、律例未协之案，仍听该督抚援引成案，刑部详加察核，将应准应驳之处，于疏内声明请旨。庶条例不致纷更，而情罪胥

① （清）泰庵：《说帖摘要抄存》凡例，清道光十一年刻本。
② （清）祝庆祺：《刑案汇览》卷2，清道光棠樾慎思堂刻本。
③ （清）徐本、三泰等：《大清律例》，清文渊阁四库全书本。该书卷28《刑律》斗殴下"殴期亲尊长"条规定："凡卑幼误伤尊长至死罪干斩，决审非逞凶干犯，仍准叙明可原情节，夹签请旨。其本犯父母因而自戕殒命者，俱改拟绞决，毋庸量请末减。"
④ 杨一凡、刘笃才：《历代例考》（修订本），社会科学文献出版社，2012，第390页。

归平允。"① 督抚题咨中引用的成案，是用来与以往判决的相近案件比较的，说明拟判的合理性。这类题本仍然是"建议书"性质，最终是准是驳，要由刑部覆核并报皇帝决定。如果皇帝圣旨批为"通行"，则成为事例。总之，案件的判决只能以包括事例在内的律例为法律依据，而不能以成案为据。比如，乾隆年间峄县民李王存与李方新之妾王氏通奸，被李方新捉获将王氏勒死一案，山东巡抚富明安援照乾隆二年（1737）直隶总督审拟刘二与王氏通奸被母张氏勒死成案，将李王存拟以满徒。刑部以张氏以母杀女与夫杀妻妾不同，"况远年成案不准援引"为由，将其驳回。② 又如嘉庆三年（1798），邵兴拒奸伤雇主潘溶亭身死一案，③ 山东巡抚援引乾隆十二年（1747）侍卫厄林保图奸仆妇白姐被白姐割伤茎物将白姐减等拟流案、五十一年（1786）"赵群儿因妻关氏被伊主六十四奸占，谋毒六十四未死，按律问拟斩决，奉旨改为绞监候"案，将邵兴照斗杀拟绞。刑部以"此案未经通行，例不准引"为由驳回，后此案改判为"邵兴依拟斩监候，秋后处决"。在清代判牍中，类似因援引成案判决而被驳回的题咨还有多起。

其二，混淆了"通行成案"与"成案"的区别。

也有一些论文以"通行成案"为据，认为成案是"判例"性质。这种观点只看到"通行成案"一词中有"成案"二字，而没有对其内涵和性质作进一步的考察，便把它与成案等同相观，以致出现了结论的失误。

"通行"的本义是"通令遵行"。通行是清代法律体系中作为律、例补充的一种重要法律形式，是指尚未被编入条例或则例、由各部院通令在全国范围内遵行的皇帝谕旨或议准臣工条奏的统称。④ 在清代法律体系中，"通行"作为律、例的补充，是一种比较灵活的立法形式。

清人编纂的"通行"类立法文献并不多见，主要有《历年通行》⑤、《通行条例》⑥、《刑部通行章程》⑦、《新增通行章程》⑧、《说帖摘要抄存》⑨

---

① （清）托津等：《钦定大清会典事例》（嘉庆朝）卷655《刑部七二·刑律断狱》"断罪引律令"，清刻本。
② （清）全士潮：《驳案新编》卷12，清光绪七年刻本。
③ （清）祝庆祺：《刑案汇览》卷53，清道光棠樾慎思堂刻本。
④ 胡震：《清代"通行"考论》，《比较法研究》2010年第5期。
⑤ （清）佚名：《历年通行》，清道光二十九年抄本。
⑥ （清）佚名：《通行条例》，清光绪刻本。
⑦ （清）佚名：《刑部通行章程》，清光绪三十三年刻本。
⑧ （清）佚名：《新增通行章程》，清光绪铅印本。
⑨ （清）泰庵：《说帖摘要抄存》，清道光十一年刻本。

等。就其立法形式和称谓而言，大致可以分为通行成案、通行条例、通行章程三类。就其颁行的时间而言，大多是嘉庆以后制定的，这可能与嘉庆朝以后外敌侵入、朝廷未能按期修例有关。

"通行成案"表面上借用了"成案"二字，但其产生方式、性质、功能与成案迥异。

其一，通行成案作为一种立法形式，是经立法程序产生的。清代前期实行不定期修例，清乾隆十一年确立定期修例制度，① 嘉庆以后定期修例制度没有得到认真执行，实际上是不定期修例。在两次修例期间出现律例没有明文规定新的法律问题时，基于适时立法的急需，中央司法审判机关和其他部门选择内外臣工条奏中具有广泛适用意义的成案，经皇帝批准，在全国或某一地区通行。《说帖摘要抄存》云："各直隶省通行，系律例内所未备载，或因时制宜、或随地立法、或钦奉谕旨、或奏定章程，均宜遵照办理者也。"通行成案属于可及时变通的法律规范，它的颁行没有修例的烦琐程序，具有立法快捷的特点。

其二，通行成案有法律效力，允许在审判活动中援引使用。《大清律例》规定："除正律正例而外，凡属成案未经通行、著为定例，一概严禁。"② 也就是说，法律禁止援用的是未经通行的成案，并不包括通行成案。从现存的通行成案看，在臣工的题本或皇帝圣旨中，通常都写有"通行各省督抚将军都统府尹，一体查照办理""通行直隶等省，一体遵行""俟修例时纂入例册，以资遵守"等字样。通行成案发布后，要求各级司法和执法机关必须严格遵行，可作为审案判决的法律依据，如规定"至犯别项罪名，致父母自尽。如讯明平时并无忤逆实迹，即应援乾隆二十七年通行，比照子孙不能养赡例办理""查听从尊长，共殴期亲尊长，案内下手伤轻之卑幼，止科伤罪，系照乾隆四十五年通行办理"等，③ 清道光至光绪间的法律文献中，就记载有不少以"通行成案"判决的案例。在清代司法审判活动中，案件判决的法律依据是律例，只有在律例无文适用的情况下，才可以援引通行成案。因此，现存的清代判牍案例中，以"通行成案"判决的案件数量有限。

---

① （清）徐本、三泰等：《大清律例》序，清文渊阁四库全书本。
② （清）徐本、三泰等：《大清律例》卷37《刑律·断狱下》"断罪引律令"，清文渊阁四库全书本。
③ （清）泰庵：《说帖摘要抄存》卷4，清道光十一年刻本。

其三，通行成案作为一种特殊的立法形式，属于例的范畴。清代对例的各种立法形式及其功能的划分，彼此有重合之处，远没有现代立法这样规范。清代的变通性法律主要是用"条例"和"事例"表述的。条例的含义有狭义和广义之别，广义性质的条例是把各种形式的具有"条例"与"事例"特征的例都称为"条例"，狭义性质的条例是指经统治集团精心修订的单行法规。事例的本义是指可以作为依据的先例，清人通常把凡是通过处理某一事件或某一案件形成的具有法律效力的例称为"事例"，它是条例的一种形式。条例和事例又称为定例。通行成案与编入律例的定例的区别主要是，定例经过删整、抽象，更加规范化，而通行成案则未经过纂修，通常是以题本、奏本的形态存在的法律文书。虽然通行成案与定例的外部形态存在差异，但二者都属于成文法的组成部分，具有法律效力。因此，就通行成案的性质和功能而言，它属于例的范畴，也可以说是事例的初级形态。

把通行成案与成案进行比较，可知二者的产生途径、功能、性质有重大的区别，通行成案是"法"，而成案是"事"。"司法判例"说把成案与通行成案混为一谈，进而又把成案演绎为"判例"，无疑是很不科学的。

四　结语

无论是从成案的概念沿革、内容构成、文献编纂、性质、功能哪个角度分析，清代成案"司法判例"说都不能成立。成案无法成为西方判例，恐怕也与帝制中国的大背景相关。其一旦具有判例功能，高级官员所断案件对低级官员产生重大影响，官员选择成案断狱也会导致自身权力范围扩大等，而这与皇帝想要保持自身权威的唯一性及约束官员、防止曲法为奸的"治吏"方针相悖，因此需要对成案的效力作严格规定。如果成案转化为通行成案或直接提炼上升成为定例，不但对律例未载之情形进行了弥补，也对官员的权力范围作出了限制，不可谓不高明。

从古典法治走向现代法治

——读段秋关教授新作《中国现代法治及其历史根基》

武树臣[*]

摘要：《中国现代法治及其历史根基》关于法治古今纵横多元之说为中国古典法治安顿了不容忽视的一席之地；古典法治从初级形态向常规形态的经历酿造了法治的原始精华和实践成果；纳礼治、德治、法治于一炉的人治说概括了古典法治的本质特征；对儒家之礼和法家之法进行了现代审视；中国法治观念经过了从法制到法治、从法治到法治与德治相结合、从法治到自治的三度升华。

关键词：古典法治　现代法治　自治

自从党和国家确立依法治国、建设社会主义法治国家的策略以来，我们正在积极全面进行史无前例的现代化建设。法治中国建设既是长期实践的过程，也是理论思索的过程。此间，一些挥之不去的问题常常影响着我们的思考：我们今天所谓法治何以称其为法治？当今社会主义法治在人类历史当中居于何种位置？西方的法治思想是如何在近代中国传播的？西方的法治精神和经验给我们提供了什么样的启示？中国历史上有没有法治思想或法治传统？它们对于当今法治建设是否具有借鉴意义？当今法治建设的基本框架应当是什么样的？我们应当树立什么样的法治观念？我们怎样完成由古典法治向现代法治的转化？等等。这些问题，在段秋关新作《中

---

[*]　本文作者系西北大学特聘教授。

国现代法治及其历史根基》当中，都一一得到了充分的阐释。因此，该书一经出版就在法史学界引起热烈反响。

段秋关教授长期从事中国法律史、法理学研究，著作丰，立意高，造诣深，一直为学界所关注。近年来，受商务印书馆之邀，于七十高龄之际，整理长期思索之课题，写成规模宏大、贯通古今中西的鸿篇《中国现代法治及其历史根基》（以下简称《根基》），不论对法史法理还是当今法治理论建设，均可谓功不可没。该书上卷七章，论及现代国家的运行模式、法治国家的不同类型、法治理念的共同原则、法治中国建设的特征；下卷七章，探究中国古代的法治观念和实践的演进、法治观念的古今之别以及中国古典法治的本质特征，从而揭示中国法治的历史根基。作者坚持论从史出的路径，运用比较的方法，对中国古代法律思想的基础性概念如法治、礼治、德治、人治、自治以及礼治法治相结合、德治法治相结合等命题进行重新梳理。其论证新颖而不落俗套，其结论深刻而令人信服。总之，《根基》一方面以西方法治实践的历史成果为视野，总结了西方法治的不同类型及其共同特征；另一方面又从中国现代法治出发溯及中国古典法治，从中国古代法律文化中寻找法治的源头。在古今对比之中剖析现代法治与古典法治的区别的同时，指出中国古代法治思想的精髓。全书既体现了中国传统文化的自信精神，又体现了对现实理论的探索精神，堪称中国法史学界不可多得的上乘之作。

一　法治的古今纵横多元之说为中国古典法治安顿了不容忽视的一席之地

《根基》运用相当笔墨论证现代法治的起源、基本原则及不同类型。同时论证了中国古典法治的存在及其特征，从而将中国法治置于人类法治园地之中。

首先，作者从现代西方法治入手，运用横向比较的方法，向我们展示了西方现代法治的不同类型，即君主立宪制、联邦制、责任内阁制和普通法的英国式法治，实行宪政联邦制度、分权制、总统制和司法中心主义的美国式法治，实行三权分立的宪法体制的法国式法治，作为特例，还有二

---

① 段秋关：《中国现代法治及其历史根基》，商务印书馆，2018。

战前德国的法西斯国家主义的法治。西方国家法治具有共同的法治理念，即法律至上、人权神圣、维护正义、制约权力。

其次，作者运用纵向比较的方法，引出了中国法治的概念。中国法治之所以能够进入人类法治园地，是基于法治存在不同形态：形式法治和实质法治。前者要求政府机关和民众均受法律约束，这实际上属于法制国家，它可以和民主、君主政体相结合；后者则强调主权在民和公民权利至上，强调对权力的制约和实现公平正义。中国古典法治表现为形式法治，而中国现代法治更注重实质法治。

最后，世界之所以出现法治的不同类型，完全基于各国的历史和具体国情。西方法治的多元形态并非取决于某个国家思想家的主观创造，而是取决于历史传统和当时的政治、经济、文化发展的状态。出于同样的原因，古代中国的古典法治和当代中国的实质法治，都是历史传统和具体社会条件的产物。回顾中国历史，我们不必妄自菲薄；审视欧陆北美，我们亦不必望洋兴叹；面对法治建设事业，我们更不能失去自我，唯西方是从。同时，也不能实行文化虚无主义，无视古代"法治"的历史和本土的"法治"资源。习近平同志说："我国古代法制蕴含着十分丰富的智慧和资源，中华法系在世界几大法系中独树一帜。要注意研究我国古代法制传统和成败得失，挖掘和传承中华法律文化精华，汲取营养、择善而用。"① "中华法律文化精华"，其中就包含古典法治的智慧和资源。

二　中国古典法治从初级形态向经常形态的经历酿造了法治的原始精华和实践成果

《根基》提出中国古典法治说，并指出中国古典法治经过初级形态和经常形态两个主要发展阶段。

第一，中国古典法治的初级形态。经历先秦道家以"道"统法、墨家"兼爱交利"、儒家"天下为公"等思想的陶冶，法家的"法治"学说奠定了古典法治的理论形态。法家主张"以法治国"，其"法"文字通俗易懂并公布于众，同时还有专职官员加以讲解，从而使普通百姓"以法自治"，知晓什么是合法、违法与犯罪，如何为新型国家耕战、获得赏赐或立功。要

---

① 习近平：《加快建设社会主义法治国家》，《求是》2015 年第 1 期。

求君主"唯法为治"，官吏有"法"必循、执"法"必信，社会各方面"皆有法式"。造成一种以执法和司法为视角的"法治"国家图景，即《管子·法法》所说的："生法者，君也；守法者，臣也；法于法者，民也。君臣、上下、贵贱皆从法，此之谓大治。"在法家思想支配之下，秦国自商鞅变法后由弱而强，终于统一六国，创立了中国历史上首个君主集权的官僚制国家，也是世界史上最具典型性和影响力的中央集权制度。法家主张成为古代中国重要的治国方略并形成制度，在建立与维护中央集权的统一国家、发展经济、社会安定等方面发挥了重要的作用。

第二，中国古典法治的常规形态。此间，先秦儒家、法家、道家等诸家思想已经经过深度融合，结束了壁垒森严的对立与隔膜，形成新的思想体系即古代正统法律思想。黄老学派、先秦末期的荀子和西汉的董仲舒等思想家为正统法律思想的确立贡献良多。此后所谓儒家、法家、道家思想，实际上只是表明其原产地的一个符号。在长期的法律实践过程中，儒家的德治仁政思想始终把握着法治发展的价值方向，道家"清静无为"的思想酿造了国家政治生活的太平盛世，墨家的"兼相爱，交相利"和否定"不与其劳而获其实"的价值观在低层民众中经久不衰，法家的法治则对维系君主集权制的泱泱大国的正常运转做出不可或缺的贡献。这种法治的常规形态是古代法律实践经验的结晶，也是中华法系的基本形态与显著特征，是保证中国古代法律持续地从野蛮走向文明的思想与制度的基础。

第三，作者指出中国古典法治常规形态及古代正统思想的本质特征是"礼法合治"。"礼治"是西周的思想产物。"礼治"的价值特质是宗法血缘意识。"礼治"在国家政权形式上表现为世袭分封的宗法贵族政体。"礼治"在社会行为准则上表现为宗法家族的伦理规范。春秋以后，"礼崩乐坏"，法治思潮、变法运动、成文法登上历史舞台。"礼治"思想受到冲决。荀子的贡献之一是"把过去国与家合一的一元化的礼，变成了国与家相分的二元化的礼"，从而使"宗法世袭制下任人唯亲的旧礼，变成了任人唯贤的新礼"。① 其结果是使"礼"失去宗法贵族政体的依托，而仅仅在社会家族领域发挥作用，从而悄悄地完成了先秦儒家从坚持贵族政体向拥护集权君主制政体的政治转移。西汉以后，"礼"在思想学术领域表现为以"孝"为核

① 张国华、饶鑫贤主编《中国法律思想史纲》上册，甘肃人民出版社，1984。

心的意识形态，在朝廷日常行为领域表现为国家礼仪，在民间则表现为以血缘和姻亲为纽带的实行于熟人群体的礼俗，在刑事立法司法活动领域表现为与国家刑法典并行或高于国家刑法典的刑法原则。

荀子最早提出"礼法"一词，它似乎传达了三个信息：一是礼和法都是行为规范，在社会生活的某些领域，它们存在融合的可能性，这个领域就是刑法；二是战国的法过于强调国家的创制功能，相对忽视法对文化传统和民间习俗的包容或维护；三是"礼"的精神常常是创制适用"判例"的前提，"礼"又靠"判例"加以维持。"判例"创制适用又以肯定法官的主观能动性为条件，否定了法官的主观能动性必然使成文法出现危机。可见荀子既否定了世袭的贵族政体，又主张在坚持成文法的同时继承"判例"传统。荀子的"有治人，无治法"（有十全十美的人而没有十全十美的法）与"隆礼重法"是一脉相通的。

中国古典法治经常形态中的"礼法合治"，简言之，是在国家政治层面坚持集权君主政体，即坚持法家"以法治国"的法治，用庞大的无所不包的成文法系统来治理国家社会的各个领域，约束各级官吏的职业行为，使官僚群体既不能欺君瞒上又不能鱼肉百姓；在社会领域则维系父系家族秩序，国家以维护父系家长特权为筹码，换取父系家长对朝廷的效忠，让他们发挥无俸之吏的职能，在皇权鞭长莫及的领域，共同维系王朝的社会基础；在思想领域则倡导以"孝"为核心的宗法伦理之"礼"，通过教育使百姓习得伦理观念，自我约制，杜绝"犯上作乱"；值得强调的是，学界通行"中国法律儒家化"之说，认为汉魏以后儒家思想已取代法家，成为法律的主干。其实，不仅"汉承秦制"，后世各代都延续着集权、郡县、选官等法家创设的基本制度，尤其是刑律体系。虽然增补了通称为"礼制"的《礼仪》《礼律》等专项法律制度，但除刑事法规之外并未出现所谓"儒家化"现象，更不存在法制结构与内容上明显的"儒家化"趋势。刑律之外的大多数法律法规不具备儒家色彩，也不全是在儒家思想指导下制定的。即使在刑事法律领域，法家思想及其法制实践仍然发挥着不可忽视的作用。"一准乎礼"的《唐律疏议》，全文502条，与"礼"即宗法伦理直接相关的仅98条，维护国家政治秩序的条文却超过半数。可见，"一准乎礼"只是赞许之辞，"半准乎礼、半准乎法"才合乎实际。因此，作者将"礼法合治"作为中国古典法治的常态表现与主要特征，是值得肯定的学术判断。

三　纳礼治、德治、法治于一炉的人治说概括了　中国古典法治的本质特征

《根基》指出："从性质类型上看，中国古代的礼治、德治或法治、礼法合治都属于人治范畴。"这一判断表明，在中国古代的思想库里，礼治、德治或法治、礼法合治等主张虽然能够自圆其说，然而其本身既不具有独立的权威性也不具有实践的必然性。或者说，统治阶级可以实行也可以不实行，它们是否被重视、被实行并不取决于其理论自身是否完善，而是取决于统治阶级的政治觉悟。

第一，推行"礼治"离不开对民众的教化。《论语·为政》："道之以政，齐之以刑，民免而无耻；道之以德，齐之以礼，有耻且格。"相对于政令刑罚这些外在的以国家强制力为后盾的行为规范，与耻相联系的以人的内在伦理感情为基础的行为规范更为合理，因而也就更为有效。如何使民众获得以礼为内容的伦理观念？只能靠教化。于是，统治者必须淡化官僚的身份，把自己视为民众的父母、社会的教师。因此你必须是循规蹈矩的谦谦君子，即孔子所谓"其身正，不令而行"。

第二，要对民众施行教化，首先要解决民众物质生活的问题，即必须施行"德政""仁政"。孟子提出施行"仁政"的路径："仁政必自经界始"，首先解决土地问题，使"有恒产者有恒心"。然后获得人民的拥护，在此基础上对民众进行教化，自然会事半功倍。否则，人民穷困无着、流离失所，教化焉能奏效。为此，统治者必须从统治阶级的长远利益出发，约束自己的贪婪之心，实行轻徭薄赋、与民休息。此刻，统治者的政治觉悟起着主导作用。

第三，在实行"法治"之际，皇帝、贵族和官僚群体的态度起着重大作用。在中国古代庞大的法律体系之中，没有一条法律规定皇帝必须做什么和不得做什么。尽管皇帝的权力实际上受到来自各个方面的多种因素的制约，但是，国家的法治状态在很大程度上受到皇帝的影响。在司法领域，国家的司法状况在很大程度上也受到官僚群体的影响。法家感叹"法之不行，自上犯之"，"智法之士与当涂之人不可两存之仇也"，此乃世代忠于国家法律之劲士永恒不绝之孤愤也。

"中国古代的礼治、德治或法治、礼法合治都属于人治范畴"一语，道

出在中国古代实行礼治、德治的复杂性和或然性，更道出实行法治的艰难险阻，法治乃先知先觉者非付之以生命热血不足以奏效之事业也。

四　是坚守族亲规范还是拓展公共规范：对儒家之礼和法家之法的现代审视

春秋战国时代，儒家尊崇的礼与法家倡导的法曾经处于对立状态。西汉以后，儒法合流、礼法兼容，实现了礼法统一。礼法合治成为古代中国法律实践的主旋律。今天，作为一种思想意识，传统的"礼"和"法"是否已经绝迹？是否与当今法治建设毫无关系？答案是否定的。

"礼"是一个历史悠久且十分复杂的概念。从礼的概念又可以演化出礼治、礼制、礼仪、礼义、礼法、礼数、礼俗等具体概念。从行为规范的角度来看，"礼"是血缘亲族的道德观念和行为规范。古代的"礼"字正反映了人们对祖先神祭祀的活动。人们通过祭祀以期获得神祇的保佑，同时获得神祇的指示。久而久之，"礼"就成为血缘群体的行为规范的代名词。"国之大事，在祀与戎"，能够把祭祀与戎事联系在一起的就是战争祭祀。战争把所有有联系的氏族团结在一起，形成生存共同体，他们通过祭祀发布誓命，指挥战事。这些誓命军令明示何种行为系违法又当如何处罚，故可以视其为最早的"成文法"。战后献祭，论功行赏，所谓"用命赏于祖，弗用命戮于社"。"祖"是血缘之神，"社"是地域之神。战争结束后，如果在赏罚方面遇到争议，则由法官来断案。古代"灋"（法）字就反映了独角兽"廌"神判的痕迹。甲骨文有"御廌"，当即司法职官。可见，在远古时代，"礼"与"法"本来是相通的。

简而言之，"礼"是血缘群体的内部行为规范，它与风俗习惯密不可分，它靠着人格魅力、道德舆论、风俗习惯来实现。"礼"体现了血缘内部的差异性精神，它注重人们先天的血缘身份。"法"则在一定程度上跨越了血缘族亲的栅栏，相对注重个体自然人的存在和后天的行为，并且以超血缘的氏族共同体的集体暴力作为后盾。

春秋战国时代，诸家涌现。经过孔子的改造，"礼"脱离了原先的神祇外衣和钟鼓玉帛的贵族形式，成为适用于所有人的道德伦理观念和行为规范。孔子的"道之以德，齐之以礼"，孟子的"仁政"和"谨庠序之教"，均旨在向民众灌输宗法伦理道德。孔子主张的"父子相隐"不仅与"父子无讼"的精神相一致，且与后世秦律的"非公室告"如出一辙。法家的"法"是国家制定的成文法。成文法是改革的产物，又是改革的催化剂。法家倡始的改革以冲决血缘贵族政体为手段，以建立集权君主政体为目的。此间，尊君与尚法相辅相成——尊君是行法的前提，尚法是尊君的手段。法治与赏罚并行，赏罚提高了法的权威。推行法治的结果是在血缘贵族废墟之上建立了超血缘的地域国家。此时，国家正式按地域划分居民，在个体自然人之间、个体自然人与国家之间建立了简洁的权利义务关系。维系这种关系的就是新式成文法。这就使法家之"法"成为陌生人群体的法，成为以个体自然人为基础的法。而墨家之天义，"兼相爱，交相利"的信条，正是陌生人群体的新型道德。纵观春秋战国思想学术，其最可贵之观念，莫过于"仁"和"法"，就其启蒙意义而言，"仁"有可能成为个体自然人的圣经，"法"有可能成为个体自然人的圣典。

当然，就现代法治建设而言，我们应该借鉴儒家仁德教化的优良传统，以德育人，也应当注意消除传统的亲疏有别的族亲观念。我们应当汲取法家"以公去私"、持法平等、赏罚公正等主张，也应当消除尊君为上、以法制民等糟粕。

法家所主张的"法治"有四个显著特征：一是既"尚法"又"尊君"，强调建立和维护集权君主政体；二是实行"刑无等级""一断于法"，强调国家法律在治国中的普遍作用；三是要求各级官吏严格依法办事，不得以私害公；四是富国强兵、终止割据、统一国家。他们崇尚的"君臣上下贵贱皆从法""刑无等级""行罚不避权贵，赏善不遗匹夫"等主张，作为古典法治的初级形态（形式法治）的成果，对我们今天的法治建设仍然具有借鉴意义。在司法实践中，我们没有理由逊色于法家的形式法治，相反，我们有理由和条件远远超越古代法家。

五 中国现代政治实践的经验教训与艰难选择彰显了中国法治道路的必然性和优越性

《根基》回顾了中国近代以来引进法治思想和探索实践的历史，总结了新中国成立以来国家政治生活的经验教训，给我们三点启示：第一，只有社会主义才能拯救中国；第二，只有改革开放才能富裕中国；第三，只有法治道路才能强盛中国。

可以将新中国前 30 年称为"阶级本位·政策法"时代。"阶级本位"的法律观宣布：法律是阶级社会特有的现象，是统治阶级意志的体现，其最重要的职能是镇压敌对阶级的反抗，实现并巩固无产阶级专政。这样，法律管理社会的巨大职能无意之间被大大弱化了。"政策法"的理论支柱是："政策优于法律"，"政策是法律的灵魂，法律是政策的表现"，"政策的社会职能高于法律"，"法律束缚人民群众手脚"。这就极大地限制了立法和司法活动的正常开展。国家管理的形式仍然是"三合一"模式——政策·干部·群众。在这种特殊的历史条件和文化背景下，"人治"因素逐渐发展并且支配一切，随之陷入"文化大革命"的劫难之中。痛定思痛，这场浩劫又促进了中华民族的觉醒，并迎来了中国法治建设的崭新时代。

中国共产党和中华民族经过长期的艰难探索，终于选择法治模式作为治理国家的根本策略。正如习近平同志所说："人类社会发展的事实证明，依法治理是最可靠、最稳定的治理"；"历史是最好的老师。经验和教训使我们党深刻认识到，法治是治国理政不可或缺的重要手段。法治兴则国家兴，法治衰则国家乱。什么时候重视法治、法治昌明，什么时候就国泰民安；什么时候忽视法治、法治松弛，什么时候就国乱民怨"。① 这一历史性选择来之不易，异常珍贵，值得全体中国人永远坚守、永不放弃。

六　从古典法治走向现代法治：中国现代法治观念的三度升华

（一）从法制到法治——法治的启蒙阶段

1978 年党的十一届三中全会在彻底否定和反思"文化大革命"的基础上，提出"发扬社会主义民主，健全社会主义法制"的原则，实行"有法可依，有法必依，执法必严，违法必究"的法制方针，并强调："要保证人民在自己的法律面前人人平等，不允许任何人有超越于法律之上的特权。"从而开启了走向法治的大门。1997 年党的十五大报告首次明确提出"依法治国""建设社会主义法治国家"的治国方略。1999 年九届全国人大二次会议通过的《宪法修正案》，将"中华人民共和国实行依法治国，建设社会主义法治国家"入宪。2018 年十三届全国人大一次会议的《宪法修正案》，将"健全社会主义法制"修改为"健全社会主义法治"，从而使"法治"这一

---

① 本书编写组编《法治中国》，人民出版社、学习出版社，2017。

方略上升为宪法原则，拥有了自身的合法性和权威性。

（二）法治的第一次升华——法治与德治相结合

亚里士多德指出，"良法之治优于一人之治"，法治即"法律得到普遍遵从"。法律支配社会预先排除了恶法的统治，其前提是法律体现人的理性。

习近平同志强调："道德是法治的基石。法律只有以道德为支撑，才有广泛的社会基础而成为维系良治的良法"；"不是什么法都能治国，不是什么法都能治好国。越是强调法治，越是要提高立法质量"。党的十八届四中全会确立了"良法善治"的基本理念。"良法"是"善治"的前提，应当以保障人民的福祉为宗旨，以维护公民的权利为首务，以制约公权力为手段。"德治与法治相结合"体现了中国法治建设对于道德的追求。"德治"与"法治"共同构成了中国法治建设的重要话语。道德作为一种价值体系，对于法律而言是一种内在的支配力量，它在向法律渗透的过程中赋予法治以价值合理性。新时代社会主义核心价值观是实现"良法善治"的基本前提。

中国古典法治具有自身的道德话语体系，这就是德治仁政。古代法律和司法实践只有符合德治仁政的精神才是良法善治。现代中国法治建设当然不能离开传统道德的支撑，传统的道德价值应成为中国法治建设的有机组成部分。一个有着几千年传统的道德大国的法治建设必然要吸收传统的道德价值。

（三）法治的第二次升华——法治与人治相结合

当我们使用"人治"一词时，其实正面对着三种"人治"。首先是先秦儒家的"为政在人"的"贤人政治"，所谓"其人存则其政举，其人亡则其政息"。这种源于古老宗法贵族政体的"人治"思想，要求统治者首先要符合做统治者的标准，做到仁、义、恭、宽、信、敏、惠等，才能获得人民的拥戴。其次是法理学上的与"法治"相对应的"人治"，即"法"与"人"哪个最重要、孰为第一性，这是个法哲学上的命题。法家认为"人"具有许多弱点和不确定性，主张治理国家应当靠法律。儒家认为法律既为"人"所立，又为"人"所行；"法"的缺误要靠"人"来补救，所以治国应当靠"人"。最后是当今社会用语中的"人治"。一般指独断专行，一言堂瞎指挥的长官意志，还泛指不遵守法律制度，不民主，不尊重群众，甚至还可以延伸到裙带关系、任人唯亲、权钱交易、滥用特权、贪污腐败等。

笔者是从第一种、第二种视角说明法治与人治的相结合。

习近平同志在党的十八届四中全会第二次全体会议上的讲话中指出："法治和人治问题是人类政治文明史上的一个基本问题，也是各国在实现现代化过程中必须面对和解决的一个基本问题。"法治建设是一项巨大的社会工程，离不开全体人民的自觉实践行动。

首先，法律的制定和实现离不开公权力职业群体的作用。习近平同志说："各级领导干部在推进依法治国方面肩负着重要责任，全面依法治国必须抓住领导干部这个'关键少数'。"① 领导干部对法治的态度影响着社会大众对法治的态度。领导干部以身作则、身先士卒，才能带动全社会信法遵法守法。党的十八届四中全会决定建立领导干部干预司法活动、插手具体案件处理的记录、通报和责任追究制度。实施依法治国，必须有一支具有合格政治、业务、道德素质的法治工作队伍。从某种角度而言，今天的"以德治国"和历史上"以德治吏"的吏治传统是相通的。因此，"以德治国"的本质是强调国家公务人员特别是法治队伍的素质，其中特别强调的是政治思想和道德品质。他们既是依法治国的重要组织者和推动者，也是道德建设的积极倡导者和示范者。

其次，司法实践离不开法官群体的主观创制精神。一方面，中国古代素重成文法。社会生活的各个领域"皆有法式"；我们今天也形成了较为完备的社会主义法律体系，从而有法可依。另一方面，也应注意克服成文法的弊端——既不可能包揽无遗又不可能随机应变，这就要发挥"人"即专业人员的能动性了。先秦的荀子最先发现成文法的不足，首倡"有法者以法行，无法者以类举，听之尽也"的混合法理论。经过长期实践，古代形成了"人法并用"的思想、"律例结合"的司法原则以及"比附援引"传统。我国当前的成文法体系尚缺少"判例"制度，以致司法遇到新问题，常常要等待立法解决。这也是造成同案异判、"司法不一"的重要原因。

（四）法治的第三次升华——法治与自治相结合

"自治"是民众实行自我管理的一种方式，也是国家运行的高级模式。民众通过社会组织或者团体进行自治，往往能取得其他模式不可企及的效

---

① 江照信：《中国法律"看不见中国"——居正司法时期（1932—1948）研究》，清华大学出版社，2010。

果。自治秩序是法治秩序的坚实基础。现在，依法治国被纳入"四个全面"战略布局，加快法治国家、法治政府、法治社会一体建设。法治社会离不开群众自治。党的十八届四中全会决定指出："支持各类社会主体自我约束、自我管理，发挥市民公约、乡规民约、行业规章、团体章程等社会规范在社会治理中的积极作用。"因此，在法治建设中如何引导和加强群众自治建设，是一个不容忽视的实践课题。

在我国古代社会管理方式中，"自治"并不是僻冷的术语。《根基》指出："首倡民众自治的是中国春秋战国时期的老子道家。"老子主张统治者"无为而治"，让人们依照"道"的规律自由生存发展。老子的"自治"是返回蒙昧时代"小国寡民"的"自治"。孟子对"仁政"的设计，五亩之宅，树之以桑，忙时劳作，闲时学习礼乐，以伦理道德自律，人民富庶，与人无争，正是一幅农耕田园式的"自治"图景。法家主张公布成文法，使百姓"知所避就"，"定分止争"。又实行地域管理，什伍相保，使百姓互相监督匡正。"治主无忠臣，慈父无孝子，欲无善言皆以法相司也，命相正也。"① "故圣人立，天下而无刑死者，非不刑杀也，行法令明白易知，为置法官吏为之师，以道之知，万民皆知所避就，避祸就福，而皆以自治也。"② 这是法家法治之下所谓"治不听君，民不从官"③ 的自治。在古代社会，家族共同体是社会自我管理的基本细胞。家族共同体凭借族长的个人威信、家族规范和习惯、日常纷争的自我调解机制，共同维系着王朝的社会基础。地方官员既是朝廷的官僚又兼任社会的教师，他们运用地方条教和儒家经义来维持着一方安宁。中国的"混合法"除了成文法与判例制度相结合之外，还包括法律规范与非法律规范相结合。非法律规范常表现为党纪党规、行业惯例、家法族规、乡规民约等，作为"国法"即成文法律规范的补充，它们在社会治理，尤其是国家法律鞭长莫及的领域，发挥着重要的不可替代的实际作用。

七　结语

在我国社会科学领域，法学"西化"最早，程度最深。现今之法律和

---

① 见《商君书·画策》。
② 见《商君书·定分》。
③ 见《商君书·说民》。

法学，其理论、原则、语言、逻辑、名词、术语、形式，等等，似已全盘西化，甚至几乎找不到传统法律文化的影子了。如果说民国时期的中国法律已经"看不见中国"，那么今天的中国法律几乎看不到传统文化。在有意无意之间，我们习惯于用如今的视野去看待古人而不自知，同时又用西方价值观或理论去研究衡量中国问题而不自觉。当我们把西方的理论当作指导当今实践的唯一圭臬之际，便不可避免地上演生吞活剥、曲高和寡的一幕幕戏剧。但是，现实是历史的继续，历史不会中断，传统也不会自动退出生活舞台。只有实事求是地对待自己的文化传统和域外法律文化成果，才能通过批判、继承和借鉴，为当今法治建设提供信心、智慧和营养。在这方面，《根基》留给我们很多启示，它被学界所关注，原因就在于此。

秦汉法律与方术之关系

——陆威仪"秦汉法律与宗教信仰观"述评

林　丛[*]

摘要：秦汉时期，受方术文化的影响，律令体现出一定的"神性"，具有诸多类似于宗教信仰的因素。斯坦福大学陆威仪教授以此为据，较为全面地阐述了秦汉法律与"宗教信仰"之间的关系。他以盟誓与青铜器铭文为例，认为先秦时期的法律即具有神圣特征，至秦汉时期也并未完全消失。法律文书在秦汉随葬品中的特殊作用及其本身与占卜文书之间的相似性即是重要表现。此外，秦汉时期的诸多"政府行为"亦仿效自然规律的运行，如秋冬行刑、大赦等，这也说明了国家法律制度的建构浸淫于方术文化之中。虽然陆威仪教授的论述可能存在值得商榷甚至穿凿附会之处，却为我们深入挖掘秦汉法律史提供了启示。

关键词：法律　秦汉　方术

秦汉时期既是我国传统法律文化繁荣发展的时期，又是我国传统方术文化颇为流行之时。在秦汉法律史与秦汉思想史两个研究领域内，有不少成果与二者相关。令人好奇的是，法律与方术都于秦汉时期呈兴盛之态，那两者之间是否会产生某种联系或发生某种作用呢？根据西人雷德菲尔德（Robert Redfield）的观点，人类社会的文化大致可分为"大传统"和"小

＊　本文作者系山东师范大学博士研究生。

传统"两类，"大传统"亦可称为上层文化、正统文化、学者文化等，主要由少数社会精英创造；"小传统"亦可称为下层文化、民间文化、通俗文化、世俗文化等，主要由为数众多但不善思考的一般民众创造。① 具体而言，建立在文本基础上的、系统化的、体现统治者价值观念的文化传统即为"大传统"，如民族国家的规范、官方意识形态等，而存在于民间社会的、反映民间观念的、不必然文本化与系统化的文化传统即为"小传统"，如巫术、民间宗教、地方习俗等。以此而论，礼乐教化、典章制度属于"大传统"，而数术方技、民间信仰则属于"小传统"。"根据中国人的一贯观点，大传统是从许多小传统中逐渐提炼出来的，后者是前者的源头活水。不但大传统（如礼乐）源自民间，而且最后又必须回到民间，并且在民间得到较长久的保存。"② 也就是说，作为文化大传统的法律与作为文化小传统的方术是不相隔绝甚至是相互交流的。法律的内容与样式来源于民间，反映民间生活，受到民间文化的极大影响，而它能否得到有效的遵行并起到维护安定的作用亦有待于民间的检验。从这一点来看，秦汉时期十分流行的方技数术对法律是存在影响的。最为明显之处即它在法律观的形塑以及法律实践的运行中发挥了一定的作用。例如，西汉中期以后的诸多法律思想与法律制度同儒家经典之间关系紧密，而六经在彼时已全面受到阴阳五行的"侵蚀"，此阴阳五行虽已被理论化、系统化处理，但其根源确是长久以来流行于民间的观点。遗憾的是，这一问题并未引起国内学界的太多兴趣。虽然学者们对汉人信奉天人感应理论并强调在政治生活中贯彻落实已达成共识，亦有诸多论著对此加以阐述，却鲜有学者谈及方术文化背景下时人如何认识法律，以及方术文化究竟于何种程度上在法律实践乃至法律制度构建中发挥作用。这并非单单介绍彼时盛行的诸如秋冬行刑制度所能解决的问题，而需要形成一个比较完善的叙事体系。西人陆威仪教授（Mark Edward Lewis）便试图完成这一任务。他在"哈佛中国史"之《早期中华帝国：秦与汉》一书中专门探讨了法律与方术的关系。他名之为"秦汉时期法律与宗教信仰"，认为"它（法律）是和宗教信仰、宗教行为紧密相连的一套权威主张"③。当然，方术是否可以被称为"宗教"尚需讨论，

---

① 参见 Robert Redfield, *Peasant Society and Culture* Ⅲ：*The Social Organization of Tradition*, Chicago：The University of Chicago Press, 1956, p. 70。

② 余英时：《士与中国文化》，上海人民出版社，2003，第 120 页。

③ 〔美〕陆威仪：《早期中华帝国：秦与汉》，王兴亮译，中信出版集团，2016，第 230 页。

对方术的接受与信奉可否被视为"宗教信仰"亦待商榷，但这于本主题的阐释并无大碍。本文试图于三个层次详细阐释陆威仪教授之理论，同时，援引传世文献与出土文献，对其进行印证、补充与完善，从而窥探秦汉时期的法律文化与方术文化之间的关系，以乞教于方家。

一　先秦时期法律的神化

在谈及秦汉时期之前，陆威仪教授先从先秦入手，提出中国古代早期的法律已经开始了"神化"的历程。此处的"神化"实际上是指"神圣化"，其不仅仅出现于神权法的语境中，即便是在世俗法中也有表现。它是指因法律具有某种"写作形式"故而被赋予强制性与权威性，使人们不敢去触犯、违背它。"写作形式"即是法律的表现形式或曰载体，其本身又体现了对某种超验实体或终极存在的尊崇与敬畏。当然，这一超验实体或终极存在并不局限于"神""天"等超自然体，亦包括"家""族""君王""圣人"等与超自然体有关甚至代表超自然体的社会实体与政治实体。也就是说，先秦时期法律神化的来源不仅存在于超验世界，还存在于经验世界，尽管后一种来源亦在人们的观念中具备某些超验特征。具体而言，陆威仪教授列举了两种能够表明先秦时期法律被神化的"写作形式"。

（一）盟誓

盟誓是先秦时期诸侯或卿大夫为了巩固内部团结、打击外部势力而举行的一种具有制约作用的仪式。《礼记》云："约信曰'誓'，莅牲曰'盟'。"① 则"盟誓"最为主要的构成要素有二：一为杀牲，一为发誓。故盟誓是通过杀牲结盟、发表誓言来对某件事情进行保证。"盟者书其辞于策，杀牲歃血，坎其牲，加书于上而埋之。"② 盟誓的具体过程为先挖好坑，再歃血为盟，将盟书与牺牲埋入坑中，也就是陆威仪教授所说的"在参加者的嘴唇上涂抹祭物（牺牲）的鲜血或者坑埋'牺牲'"。而这样做的目的则是邀约神灵，请其扮演见证人、监督者和裁判者的角色，即"把它们送

---

① （汉）郑玄注，（唐）孔颖达疏《礼记正义》卷五《曲礼下》，北京大学出版社，1999，第141页。

② （汉）郑玄注，（唐）贾公彦疏《周礼注疏》卷三十六《司盟》，北京大学出版社，1999，第950页。

到神灵的世界"，"通过血祭仪式来唤醒那些强有力的神灵，召集这些神灵来推动他们的誓言"①。故盟誓更多地倾向于在神灵面前起誓，向神灵陈述自己的意愿和遵守诺言的决心，再将记录誓言的载书埋入土坎之中，象征将誓言送达神灵的意图。如秦楚为盟时便"昭告昊天上帝、秦三公、楚三王"②。正因为这种行为是在神灵面前进行，因而该行为就在神灵的见证之下被赋予了神圣性，而埋书于坎送达神灵的举动则又进一步强化了这种神圣性。在神权法时代，法律的权威来源于神意，神意认可的神圣性行为自然具有了规范性，是参与者不得不遵守的。如有违背，便会受到作为见证者的神灵的惩罚，惩罚方式通常是承载着神灵意志的刑杀，即"天之罚"。如夏启讨伐有扈氏所作的《甘誓》，就有"用命，赏于祖；弗用命，戮于社"③之说。故盟誓对参与者而言具有相当强度的约束性，可以被视为具有神圣意味的法律规范。而它的强制性与权威性即源于它独特的"写作形式"，即神灵见证下的"盟"与"誓"，这归根结底可追溯于人们对神灵的信仰与敬畏。"正由于人类信仰和崇拜神灵所拥有的神秘的威力，并在此延长线上惧怕来自神灵的神罚，才有了制约自身行动的原动力。"④

（二）青铜器铭文

青铜器铭文又称金文，是铸刻在青铜器上面的文字，陆威仪教授释其为"在宗教崇拜仪式中使用的青铜器上的刻划符"。这些古代文字是研究先秦历史乃至整个古代史的重要文物材料，具有不容忽视的作用。陆威仪教授认为，青铜器铭文"具有和祖先联系的作用，并且使任何君主所赐的礼物或者政治权威的赏赐变成永恒"⑤。从功用上看，青铜器常常被作为礼器而应用于国与家之中，在祭祀、婚姻、宴饮等仪式中随处可见它们的身影。各级贵族在使用青铜器的种类、数量上都有严格的规定，种类的多少和数

---

① 〔美〕陆威仪：《早期中华帝国：秦与汉》，王兴亮译，中信出版集团，2016，第230~231页。
② 《十三经注疏》整理委员会整理，李学勤主编《十三经注疏·春秋左传正义》卷二十七《成公十三年》，北京大学出版社，1999，第760页。
③ 《十三经注疏》整理委员会整理，李学勤主编《十三经注疏·尚书正义》卷七《甘誓》，北京大学出版社，1999，第172页。
④ 吕静：《中国古代盟誓功能性原理的考察——以盟誓祭仪仪式的讨论为中心》，《史林》2006年第1期。
⑤ 〔美〕陆威仪：《早期中华帝国：秦与汉》，王兴亮译，中信出版集团，2016，第231页。

量的众寡直接代表了贵族等级的高低，成为其彰显自己家族身份的标志。同时，青铜器还是君主对功臣、血亲的赏赐，是一个家族得到最高统治者褒奖的凭证。如周王室封鲁时即"分之土田陪敦、祝、宗、卜、史，备物、典策，官司、彝器，因商奄之民，命以伯禽，而封于少皞之虚"①。故将青铜器存放于祖庙之中既是享食先人之举，又有光宗耀祖之意，还有请求祖先将自己的功绩上达天听之说。换言之，对"家""族"的认可与尊崇成为贵族重视青铜器的主要理由。

青铜器本身亦是国家权力的体现与彰显。作为古代社会政治、经济权力的象征，王、侯所制造的鼎、簋通常被视为国家权力合法性的来源。"禹贡金九牧，铸鼎于荆山下，各象九州之物，故言九鼎"②，是一匡诸侯、统治中原的夏王朝立国的标志。而每一次王朝的代兴，"九鼎"便随之易手。春秋时，楚庄公向周定王的使者问鼎之大小轻重，使得"问鼎"一词成为觊觎国家权力或试图取得权威性的经典说法。青铜器的转移代表了权力与财富的重新分配，实质上成为政权更替的象征。自西周晚期以后，青铜器上开始出现关于土地田产物品交易等事例的记载，如《五祀卫鼎》铭文记载了恭（共）王五年裘卫以五田交换邦君厉带有两条河流的四田的事例，《曶从盨》铭文则记载了厉王时曶从两次以土地交换十三名奴隶的事例。③这些事例之所以被铸刻于青铜器上，正源于青铜器背后的权力象征。也就是说，这些活动得到了当时拥有最高权力的周王的许可，是国家允许、授权的行为。更有司法判决被刻铸于青铜器之上。陆威仪教授指出，"陕西岐山董家村窖藏中发现了一个青铜器具，记载了一位受罚的牧人，他被处以鞭打和（黥）墨之刑"④。他所说之案例见于《训匜》铭文，讲述了司法官伯扬父对于牧牛起诉其上司所作的判决："鞭女五百，罚女三百锾。"⑤此外，陆威仪教授还提及了郑晋两国的铸刑鼎事件，认为这也是赋予法律以国家强制性的表现。综合来看，将判决刻铸在青铜器上，不仅便于保存查阅，还以国家权力的形式将判决固定下来，在公开案件、警示后人一体遵行的同时，亦对日后可能发生的类似案件起到指引与约束作用。故青铜器

---

① 《十三经注疏》整理委员会整理，李学勤主编《十三经注疏·春秋左传正义》卷五十四《定公四年》，北京大学出版社，1999，第1545~1547页。
② 《史记》卷五《秦本纪》，（唐）张守节正义，中华书局，1999，第156页。
③ 参见洪家义编著《金文选注绎》，江苏教育出版社，1988。
④ 〔美〕陆威仪：《早期中华帝国：秦与汉》，王兴亮译，中信出版集团，2016，第231页。
⑤ 参见洪家义编著《金文选注绎》，江苏教育出版社，1988。

背后的国家权力使刻铸于其上的法律文本及其判决具有了规范性与强制性。也就是说，此时使青铜器铭文这种"书写形式"具有神圣性的根源在于"君王"。当然，"君王"与"天""神"之间亦可通过君权天（神）授联系起来，但在这种情况下，"天""神"更多地起到修饰王权合法性与正当性的作用，君王所掌握的世俗权力才是真正意义上赋予法律神圣性的依据。

盟誓与青铜器铭文这类使法律神圣化的载体并未在秦汉一统之后完全消失。"汉代文献中保留了好几个资料，记录了秦汉之际到汉代早期用歃血仪式来郑重发布新的法令。"① 如陈胜"为坛而盟，祭以尉首"②，遂带领徒众举事，在他与起义徒众之间形成了一定的约束；又如汉高祖杀白马歃血为盟，约定"非刘氏而王者，天下共击之"③，成为汉室分封的一条基本规则。"当然这个时候的重点转移到了作为约束力量的誓言文本——一种对神圣的文字内容的认识和理解。"④ 也就是说，秦汉以降，法律的规范性与强制性不再主要来源于其载体或表现形式的特殊性，而是与强势的君权相关。正所谓"前主所是著为律，后主所是疏为令"⑤，律令文书在很大程度上是统治者个人意志的体现。换言之，法律的规范性与强制性来自君王至高无上的权威，经验世界中的君王成为法律效力的最终依据。但这绝非说法律不再具备"神性"。事实上，秦汉时期的律令于帝制时代最具"神性"特征。这不仅由于秦汉上承先秦而去古未远，还缘于秦汉正是方术文化普及流行之时，人们习惯于以阴阳五行来建构系统论宇宙图式。在阴阳五行所描绘的世界中，君王作为天之元子又具有一定的超验属性，在人们心目中被作为天的代理人。因此，法律既是人主之令，又是"天宪"。君王的世俗权威与君王的天子形象反而强化了法律的"神性"。

二　秦汉时期的法律文书与"宗教信仰"之间的相似性

在陆威仪教授看来，秦汉时期法律普遍实现了文书化，即通过成熟文

---

① 〔美〕陆威仪：《早期中华帝国：秦与汉》，王兴亮译，中信出版集团，2016，第231页。
② 《史记》卷四十八《陈涉世家》，中华书局，1999，第1569页。
③ 《汉书》卷四十《张陈王周传》，中华书局，1999，第1584页。
④ 〔美〕陆威仪：《早期中华帝国：秦与汉》，王兴亮译，中信出版集团，2016，第231页
⑤ 《汉书》卷六十《杜周传》，中华书局，1999，第2017页。

本的形式表现出来，但仍具有"神性"，尤其是其中存在诸多"宗教"因素，故秦汉法律与"宗教信仰"之间有一定的关系。陆威仪教授所指与其说是"宗教"，倒不如说是"方术"。"方术"实际上是"方技"和"数术"的合称。"中国古代研究'天道'的学问是叫'数术之学'，而研究'生命'的学问是叫'方技之学'。"① 根据《汉书·艺文志》的归纳，"数术"主要包括天文、历谱、五行、蓍龟、杂占、形法，其目的在于以阴阳五行、天人感应之理趋吉避害并制定人事；"方技"主要包括医经、经方、房中、神仙，其目的在于通过医药、养生、修炼使人祛病延年、健康长寿、长生不死。"早期的数术方技并非如后世那样被视为迷信，除了作为当时人们生活的基本规则外，有识之士也已经探讨数术方技与人事、天道和王政之间的关系，并自觉地将数术方技纳入自己的知识体系，进而推演出自己的行世之道。"② 也就是说，周秦两汉时期的方术实际上是在时人中盛行的认识世界、解释世界、改造世界的理念与路径，其终极目的是将天道与人事集合起来，顺天道而行人事，仿效天道来治己与治人。由此而论，方术带有很强的功利性与经世性，虽然其具有类似于糅合了巫术与原始科学的原始宗教的样式，但它多是服务于人事的，是为了确保个人、国家能够以一种更合于天道的方式存在于世俗世界，其对彼岸世界的追求反而是次要的。因此，从这个角度而言，方术与宗教之间存在一定的差异。因此，陆威仪教授对法律与"宗教信仰"的探讨更宜表述为法律与方术关系的探讨。对此，他主要从墓葬与占卜两个方面来进行论述。

（一）法律文书在随葬品中的特殊作用

秦汉墓葬中出土法律文书本是颇为常见的现象。云梦秦简、包山楚简、张家山汉简中皆有法律文书面世。"秦汉墓葬出土资料中，常见法律文书一类，此为中国古代墓葬陪葬物品的特色之一，在简牍时代以后，法律文书少见于墓葬之中。"③ 对此，法律文书作为随葬品究竟有何意义渐渐成为学者们关注的焦点。日本学者富谷至提出，"律令是以镇墓、辟邪的目的被随

① 李零：《中国方术考》（修订本），东方出版社，2001，第 19 页。
② 王德华、印志远：《论数术方技观念的演变——以史传、目录为中心》，《江西社会科学》2019 年第 3 期。
③ 陈中龙、杜思慧：《从秦汉的墓葬资料看"以吏为师"制度》，载全滢坤主编《童蒙文化研究》（第二卷），人民出版社，2017。

葬的，如果说与法律有关系的话，那么在现世社会中具有作为威吓恶行为效果的律与令，转而用于对黄泉世界的邪气、恶鬼进行威吓"①。台湾学者邢义田则主张随葬的法律文书是特别抄录的、无实用性的明器，"由于是'貌而不用'的明器，不免露出他们的'不实用性'，例如不顾使用上的困难，将数百简编联成一册（如随州孔家坡日书简）；内容有错误脱衍，却不见任何在使用过程中应有的更正痕迹"②。对这两种观点，已有学者提出质疑，认为值得商榷。③ 陆威仪教授则另辟蹊径，他认为，"法律文书被埋入地下，是为了把它传递到魂魄的世界"。具言之，"在静静的、层层叠加的丧葬礼仪和政治权威的空间里，这些法律文书起着类似周代青铜器的纪念作用。墓主人通过君主赠予而获得这些文书，表明其对下属拥有权力，也是行使其特权的工具。既作为约束，又作为授权，这些文书被带到死后的世界，以保持死者生前所拥有的地位"④。从这里不难看出，这些律令作为随葬品，与自古以来"事死如生"的埋葬习俗以及当时的政治环境有关。我们可以从以下两个角度来理解。其一，墓主人生前的身份与地位可以通过随葬的律令表现出来。在身份可考的墓主中，其均为县级吏员，职责即是运用律令条文来处理日常行政事务。在"事死如生"的观念下，他死后的生活与工作就如同生前一样，因而这些法律文书也是其在彼岸世界所必备的。其二，部分文书是由君主所赠予的，实际上代表着皇权对其身份与权力的认可。在这个层面上，其作用确实类似于先秦的青铜器，只不过所宣示的对象不是墓主的子孙，而是墓主的先人。综而论之，律令以随葬品出现，说明了墓主人意欲在彼岸世界确认自己生前的身份与地位，并继续以之作为自己谋生的工具。这恰如数术中的"形法"，即"大举九州之势以立城郭室舍形，人及六畜骨法之度数、器物之形容以求其声气贵贱吉凶"⑤，具体可归为"相墓"的内容。而这一切也反映了法律文书在经验世界中所处的重要地位：秦汉时期，律令的权威性得到统治阶层的一体认可与维护，

---

① 〔日〕冨谷至：《江陵张家山二四七号墓出土竹简——特别是关于〈二年律令〉》，李力译，《简帛研究》2008 年第 1 期，第 309~310 页。

② 邢义田：《从出土资料看秦汉聚落形态和乡里行政》，载黄宽重主编《中国史新论：基层社会分册》，台北：联经出版公司，2009，第 85 页。

③ 参见张忠炜《墓葬出土律令文献的性质及其他》，《中国人民大学学报》2015 年第 5 期；周海锋《秦律令之流布及随葬律令性质问题》，《华东政法大学学报》2016 年第 4 期。

④ 〔美〕陆威仪：《早期中华帝国：秦与汉》，王兴亮译，中信出版集团，2016，第 231~232 页。

⑤ 《汉书》卷三十《艺文志》，中华书局，1999，第 1395 页。

律令治国成为共识，违法乱纪行为往往被严惩不贷，这就使得广大官吏为了日常行政之便利以及避免违反规定而祸及己身的考虑不得不勤奋研习律令。故律令实质上成为向彼岸世界传递个人信息的媒介。这也使律令具有了神圣性，而且这一神圣性依然来源于君王，即君王权力的至上性与绝对性不仅通过律令展现于现世，还通过律令传达于死后的世界。

（二）法律文书与占卜文书的相似性

律令在墓葬中的特殊传递作用与方术的"形法"相关。除此之外，律令还与另一种方术——占卜（蓍龟与杂占）具有联系。这便是陆威仪教授指出的法律文书本身与占卜文书之间的相似性。首先，他从用语上的相似性入手，提出"诘"字为两种文书所常用。《说文》："诘，问也。"[1]"这是一个技术术语，在法律文书中的意思是'审讯'，但同时也指通过书写文书的作用来命令神灵。"如《睡虎地秦墓竹简》之《日书》中有《诘》章，专门讲述鬼、怪、神、妖危害人的各种表现以及防治、驱除的多种方法。此处之"诘"有通过"责问""究问"鬼怪而命令其不再害人、离开人间之意。同时，秦简之《法律答问》《封诊式》等法律文书中亦多次使用"诘"字，指"责问""讯问"，暗含命令证人与犯罪嫌疑人回答问题之意。"在这里，一个表示和神灵的文字联系的术语被运用到法律实践中，通过证人提供的证据来制作书写文书。信仰和法律语言之间的这种紧密关系在云梦出土文献中随处可见。"[2]除相同词汇外，占卜文书与法律文书还有相同的行为模式。陆威仪教授将其归结为都是"对不吉的事物进行确认，并根据其不同的严重程度，采取足以对抗威胁或者能够弥补损失的反制措施"[3]。也就是说，这两种行为模式均为先确认不吉不利之事的存在（或为鬼神灾祸，或为违法犯罪），再采取措施对其进行祛除（或为厌胜，或为刑罚）。祛除手段之轻重缓急同不吉不利之事的严重程度呈正相关。"法律刑罚具有微小而明确的级别层次，如同商代以来用不同的祭祀来对付作祟的鬼神。"[4]此种相似性由来已久。陆威仪教授引《韩非子》之言为证："鬼祟也疾人之谓鬼伤人，人逐除之之谓人伤鬼也。民犯法令之谓民伤上，上刑戮民之谓

① （汉）许慎撰，（清）段玉裁注《说文解字注》，上海古籍出版社，1981，第200页。
② 〔美〕陆威仪：《早期中华帝国：秦与汉》，王兴亮译，中信出版集团，2016，第233页。
③ 〔美〕陆威仪：《早期中华帝国：秦与汉》，王兴亮译，中信出版集团，2016，第232页。
④ 〔美〕陆威仪：《早期中华帝国：秦与汉》，王兴亮译，中信出版集团，2016，第233~234页。

上伤民。”[①] 在韩非看来，“鬼祟疾人”和“民犯法令”是类似之事，均危害人身安全乃至社会安定，皆为百姓与统治者所不容，故当采取“逐除鬼”与“刑戮民”的方式加以解决。这两种解决方式也具有相似性，盖“逐除”本身便可视为广义上的一种“刑戮”，就好比驱逐、流放被作为一种刑罚一样，其对承受者的肉体与精神都有一定程度的损害。因此，不论从言辞表达还是从行为模式上来看，占卜文书与法律文书确实有一定程度的相似性，这也从一个方面说明了法律与方术之间的关系。

实际上，法律文书与占卜文书不仅在形式上具有相似性，其内容——法律行为也可以被作为占卜的对象。陆威仪教授已经注意到了这一现象，他以《日书》为例来说明：“这种文书旨在帮助人们判断日期的吉凶，即某一个具体日期是有利于做某事，还是不利于做某事——里面还包括了一个通过占卜来对抓贼（这是一项法律关注的事务）的指导。它描述说，当贼实施犯罪时，可以通过日期来判断其外形特征。”[②]《日书》是古人从事诸种活动时选择时日吉凶宜忌的参考书，其本质就是古代民间一种选择时日吉凶的数术，是作为小传统的方术文化的产物。以往通常认为，《日书》的主要应用范围是婚嫁、生子、丧葬、农作、出行、动土等民间日常活动，与业务性较强的法律实践活动似乎无关。既然是民间日常活动，那依循《日书》而行事者大部分应为平民百姓（当然贵族、官员、皇室的日常生活也受其影响），官员在执行公务时的行为当不受其影响。但秦简《日书》的出土却颠覆了这种认识。睡虎地《日书》、放马滩《日书》和孔家坡《日书》里皆有《盗者》一篇，内容是按十二地支所配之日的动物属相来推测、判断的盗贼容貌、身形、性格特征、藏匿之处甚至其姓名中可能出现的字，如“子，鼠也。盗者兑（锐）口，希（稀）须，善弄，手黑色，面有黑子焉，疵在耳，臧于垣内中粪蔡下。多〈名〉鼠鼷孔午郢”[③] 等。由此可见，秦汉时期基层官吏按《日书》来追踪盗贼的方式在生活当中颇为流行。秦汉官吏对盗贼的抓捕十分关心，这是皇权与律令赋予他们的职责，此于传世文献与出土文献中都有印证。而《日书》恰恰反映了官吏们的希求。因

① 《韩非子》校注组校注《韩非子校注》，江苏人民出版社，1982，第196页。

② 〔美〕陆威仪：《早期中华帝国：秦与汉》，王兴亮译，中信出版集团，2016，第234页。

③ 睡虎地秦墓竹简整理小组：《睡虎地秦墓竹简》〈日书〉甲种，69~82背简，第219~220页；甘肃省文物考古研究所编《天水放马滩秦简》〈日书〉甲种，22~41简，第84~85页；湖北省文物考古研究所、随州市考古队编《随州孔家坡汉墓简牍》，367~378简，第175页。

此官吏们也同一般百姓一样，相信《日书》的内容，并且善于积极地利用它。或者说，官吏们虽不一定完全依照《日书》所提供的相盗法来抓捕盗贼，但当出现把握不准、难以决断的情况时，便会以之作为参考。这可能也是官吏们会以《日书》这类数术之作随葬的重要原因。进而言之，将法律文书随葬体现了皇权对其身份与职务的认可，而将占卜文书随葬则是为了更便利地为该身份与职务服务。故陆威仪教授指出："由于这些占卜文书和法律文书埋在一起，很有可能墓主人（死去的官吏）或者他的下属在其日常行政管理活动中都在运用这些原理，这进一步模糊了法律活动和宗教行为的界限。"① 这也表明，以《日书》为代表的方术在官吏的法律实践活动以及公务行动中都发挥了一定的作用，甚至有利于通过更好地行使职权来强化其官吏身份，因此墓葬中同时出土法律文书与占卜文书也就不难理解了。

三　秦汉时期的政府行为对天道的仿效

从上面的论述不难看出，秦汉法律与方术之间具有一定的联系。或者说，法律文化和方术文化互有影响。众所周知，方术文化自产生之日起便具有相当广泛的信奉群体。至秦汉时，方术更成为时人认识世界与解释世界的基本方式。例如秦代曾接受邹衍的五德终始说，并以此润饰专制主义中央集权体制。汉代的"齐学"影响巨大，今文经学与谶纬神学都受其影响，彼时的改制说、灾异说等政治理论亦由此而生。因此不得不承认，秦汉的政治文化除受法家文化与儒家文化的影响之外，还有深刻的方术文化之烙印。事实上，汉代儒家之所以具有旺盛的生命力，也与其吸收、借鉴流行于世的方术文化密切相关，这可以从董仲舒吸纳阴阳五行创立新儒学并被立为官方意识形态看出。故从理论上来看，秦汉时期的法律文化也应或多或少地浸淫于方术文化之中。从另一个角度来看，秦汉时期法网繁密，律令规制着社会生活的方方面面，"诸产得宜、皆有法式"。而方术又是具有广泛民间基础的，与人们的日常生活息息相关，因此两者势必在政治生活中发生联系。这一论断也可由前面所谈到的文化"大传统"与文化"小传统"之间的关系得出。因此，陆威仪教授提出，"早期中华帝国法律和宗

---

① 〔美〕陆威仪：《早期中华帝国：秦与汉》，王兴亮译，中信出版集团，2016，第234页。

教的联系造成了政府行为和天地、自然的一致"①，并从三个角度加以具体
阐释。

（一）秋冬行刑

所谓秋冬行刑，是指秦汉时期的统治者规定除谋反大逆"决不待时"
以外，一般死刑犯须在霜降以后、冬至以前执行，春夏两季不执行死刑。
陆威仪教授解释道："法律规定死刑只能在秋季进行，因为这个季节是腐败
和死亡的时间。"② 古人观天文而得知，春夏是万物生长的季节，生机勃勃；
秋冬是万物凋零的季节，宁静肃杀，这是天道永恒不变的规律。人类的行
为要与天道秩序相适应，就应当顺四时而动。而王者作为天之子，治国理
政更应当仿效天道，如此才能得到天的认可，名正言顺地成为天的代言人，
巩固自身的统治，因此"圣人副天之所行以为政，故以庆副暖而当春，以
赏副暑而当夏，以罚副清而当秋，以刑副寒而当冬"③。也就是说，根据方
术文化中的天人感应理论，王之四政欲行之有效，必须与天之四时相对应，
刑罚杀戮之举正类似秋冬凋零肃杀之象，故当因时而为政，于秋冬之时行
刑罚。"四政者不可以易处也，犹四时不可易处也。"④ 在汉人的世界观中，
四政与四时的对应关系似乎比较严格，不能轻易变更。如若在春夏两季行
秋冬之政，就妨碍了万物的繁殖和生长，从而引发灾害，具体表现在《吕
氏春秋》《礼记》等经典著作都有详细论述。陆威仪教授也指出，"如果一
个被判死刑的人由于司法程序延期，或者因故拖延而侥幸活过了冬天，那
他就很有可能不再会被处决"⑤。随后他援引《汉书》中所记王温舒事例为
证："其颇不得，失之旁郡，追求，会春，温舒顿足叹曰：'嗟乎，令冬月
益展一月，卒吾事矣。'"⑥ 王温舒本为酷吏，以执法严苛著称，但其亦不
敢于春日行杀戮而只能慨叹冬月未能"益展一月"，足见秋冬行刑之观念已
深入人心。汉代类似的事例不在少数，如"吏劾更生铸伪黄金，系当死。
更生兄阳城侯安民上书，入国户半，赎更生罪。上亦奇其才，得逾冬减死

---

① 〔美〕陆威仪：《早期中华帝国：秦与汉》，王兴亮译，中信出版集团，2016，第 234 页。
② 〔美〕陆威仪：《早期中华帝国：秦与汉》，王兴亮译，中信出版集团，2016，第 234 页。
③ （清）苏舆撰，钟哲点校《春秋繁露义证》卷十三《四时之副》，中华书局，1992，第 353 页。
④ （清）苏舆撰，钟哲点校《春秋繁露义证》卷十三《四时之副》，中华书局，1992，第 354 页。
⑤ 〔美〕陆威仪：《早期中华帝国：秦与汉》，王兴亮译，中信出版集团，2016，第 234 页。
⑥ 《汉书》卷九十《酷吏传》，中华书局，1999，第 2708 页。

论"①。本注引服虔注曰:"逾冬,至春行宽大而减死罪。"② 即刘向也是因为度过冬月而得以减免死罪。实际上早在西汉初期,就已有在司法实践中贯彻秋冬行刑的举动,"萧何草律,季秋论囚,但避立春之月"③。至迟在东汉时,此一理念已被正式写入律文当中:"律十二月立春,不以报囚。月令冬至以后,有顺阳助生之文,而无鞠狱断刑之政。朕咨访儒雅,稽之典籍,以为王者生杀,宜顺时气。其定律,无以十一月、十二月报囚。"④ 在实践中,如若不遵行此规定而在春夏行刑是不能够被接受的,如张敞因冬月已尽而于春日行刑,"使者奏敞贼杀不辜"⑤。更有甚者,统治根基也会因此动摇,如王莽"春夏斩人都市,百姓震俱,道路以目于此"⑥。故方术天文、五行中的四政类于四时之说完全被汉官方所接受,对汉世乃至后世都产生了深远影响。

(二) 大赦

陆威仪教授提出,大赦也是统治者上应于天道的行为。"这类大赦通常是在一些与皇室有关的庆典场合作为恩赐之举而进行,比如皇子出生或者立太子。发生自然灾害时,朝廷会认为它们可能是由政府苛政造成的,在这样的情况下,也会举行大赦。皇帝的角色决定了他操纵着人的生杀大权,因此他的大赦是在模仿上天的好生之德,在模仿他的精神之父以及其他相关神灵。"⑦ 根据沈家本的考证,汉代皇帝在践祚、元服、立后、立储、改元、郊祀、封禅、祀明堂、临雍、立庙、巡狩、徙宫、定都、克捷、年丰、祥瑞、灾异、劝农、饮酎、遇乱等各种情况下,都颁布过大赦。⑧ 在这些大赦中,以践祚和灾异行赦居多。两汉共一百四十多次的大赦,主要集中在正月至六月,即春夏两季颁布,其目的即在于春夏时万物生长发育,万象更新,故人事亦应顺时气而涤荡旧秽、同归治化、与民更始:"其赦天下,

---

① 《汉书》卷三十六《楚元王传》,第 1501 页。

② 《汉书》卷三十六《楚元王传》注,第 1501 页。

③ 《后汉书》卷四十六《郭陈列传》,中华书局,1999,第 1046 页。

④ 《后汉书》卷三《章帝纪》,第 105 页。

⑤ 《汉书》卷七十六《赵尹韩张两王传》,第 2407 页。

⑥ 《汉书》卷九十九下《王莽传下》,第 3050~3051 页。

⑦ 〔美〕陆威仪:《早期中华帝国:秦与汉》,王兴亮译,中信出版集团,2016,第 234 页。

⑧ 参见(清)沈家本《历代刑法考》,中华书局,1985。

与士大夫厉精更始"①；"其赦天下，令厉精自新，各务农亩"②；"夫基事之元命，必与天下自新，其大赦天下"③；"昔岁五谷登衍，今兹蚕麦善收，其大赦天下。方盛夏长养之时，荡涤宿恶，以报农功"④；"将稽中和，广施庆惠，与吏民更始。其大赦天下"⑤。所谓更始，即否定旧秩序，调整紊乱的社会，创制新秩序，恢复合于天道的和谐状态。除顺天应时而与民更始之外，大赦在更多情况下同应对灾异息息相关。汉人普遍认为，"盖灾异者，天地之戒也"⑥；"人君不德，谪见天地，灾异娄发，以告不治"⑦，即灾害的出现，是为了警告君主的不德。根据天人感应说，天与君之间实有一种双向互动的关系。一方面，人君为天之子，应当效法上天施政并满足民众的需求。另一方面，人君施善政，上天会出现祥瑞以示褒扬奖赏，而人君施恶政，上天就会降下灾异以示警诫惩罚。因此，灾异的作用就是对人君进行遣告，使人君能够认识到自己施政行为的不当之处，并采取措施补救之，而大赦便成了君主纠正政刑之失度，改过自新的常用手段："六年春，星昼见。夏四月，赦天下"⑧；"夏四月壬寅，郡国四十九地震，或山崩水出。……大赦天下"⑨；"夏五月丁巳朔，日有蚀之。大赦天下"⑩；"比阴阳错谬，日月薄食。百姓有过，在予一人，大赦天下"⑪；"癸巳，郡国九地震，夏四月，六州蝗。丁丑，大赦天下"⑫。因此，大赦其实是君主"代天牧民"的表现，是展示自己具有上天所赋予的统治资格的重要手段。

（三）刑罚的适用

刑罚的适用也是满足宇宙运行之规律的必然要求。根据汉人的观念，

---

① 《汉书》卷六《武帝纪》，第120页。
② 《汉书》卷九《元帝纪》，第202页。
③ 《汉书》卷十一《哀帝纪》，第237页。
④ 《后汉书》卷二《显宗孝明帝纪》，第77页。
⑤ 《后汉书》卷四《孝和孝殇帝纪》，第133页。
⑥ 《汉书》卷八《宣帝纪》，第172页。
⑦ 《汉书》卷十《成帝纪》，第215页。
⑧ 《汉书》卷三《高后纪》，第71页。
⑨ 《汉书》卷八《宣帝纪》，第172页。
⑩ 《汉书》卷十二《平帝纪》，第246页。
⑪ 《后汉书》卷一下《光武帝纪下》，第36页。
⑫ 《后汉书》卷五《孝安帝纪》，第145页。

"天道之大者在阴阳。阳为德，阴为刑；刑主杀而德主生"①。从宇宙运行层面来看，阳与阴缺一不可。从社会运行层面来看，作为阴之对应物的刑虽然处于次要位置，但也不是可有可无的。故刑罚的存在本身便是合理的，亦是必须的。在陆威仪教授看来，刑罚之主要功能为恢复自然平衡，他"认为人类的不端行为会影响自然秩序，这种思想导致了一种确切的与刑罚有关的法律观念的形成。刑罚会被施加'报'，暗示着将被犯罪扰乱的自然平衡恢复正常"②。刑罚这种恢复平衡的功能也来自天人感应学说。人类的不端行为会导致自然失衡，从而降下灾祸。如欲使自然秩序恢复原来的状态，则必须对这种不端行为加以刑罚惩罚。这种观点并非陆威仪教授独创，而是在西方广为流行。如莱顿教授就认为，"自然界和人在自然界的地位这一概念导致了这样一种看法，就是因扰乱和谐的行为而引起的不平衡，必须用另一个行为去抵消这个不平衡而使其平衡。因此，必须用刑罚来抵消罪行，如所用术语的'当'和'报'等的含义就是如此；用刑罚去'压倒'罪行或进行'回报'，这样，原来被错误行为所打乱了的和谐就得以恢复"③。布迪与莫里斯教授也提出，在古代中国人看来，人类与自然界之间存在和谐的秩序。人类的任何犯罪行为，尤其是杀人行为，是对宇宙间和谐秩序的破坏，而要恢复被破坏了的秩序，只有通过对等偿还的方式才能达到。④ 西方学者的这一观点在汉代史料中并无直接表述，却可以由推理而得：犯罪是破坏社会秩序的行为。根据天人感应理论，人的行为会上感于天，对社会秩序的破坏亦会影响宇宙秩序的运行，上天会降下灾异以示警戒。在这种情况下，就应当对罪魁祸首适用刑罚，以顺应天意，这即是"恭行天之罚"。其目的便是代表上天惩处罪恶，使宇宙运行回归和谐的状态。在此基础上，陆威仪教授还提到了罪刑相称的问题："为了起到预期效果，一项刑罚既不能太严酷，也不能太仁慈；如果刑罚和真实的犯罪不能平衡，自然秩序就无法再恢复了。"⑤ 也就是说，罪刑相称亦是维持自然秩序之必需，如果"刑罚不中，则生邪气；邪气积于下，怨恶蓄于上。上下

---

① 《汉书》卷五十六《董仲舒传》，第 1904 页。
② 〔美〕陆威仪：《早期中华帝国：秦与汉》，王兴亮译，中信出版集团，2016，第 235 页。
③ 〔英〕崔瑞德、鲁惟一主编《剑桥中国秦汉史：公元前 221 年至公元 220 年》，中国社会科学出版社，2007，第 496 页。
④ 〔美〕D. 布迪、C. 莫里斯：《中华帝国的法律》，朱勇译，江苏人民出版社，2004，第 217 页。
⑤ 〔美〕陆威仪：《早期中华帝国：秦与汉》，王兴亮译，中信出版集团，2016，第 235 页。

不和，则阴阳缪戾而妖孽生矣"①，这便又回到了天道秩序受到破坏而产生灾异的老路上。因此，汉人皆强调罪刑相称，认为"赏不当功，刑不当罪，不祥莫大焉"②，"罚当罪，则奸邪止"③。故刑罚的适用本身亦是仿效天道的重要表现。

四　结语

综而论之，陆威仪教授认为秦汉时期的法律中具有诸多"宗教"因素。自先秦时期法律的神化开始，尽管人的因素在不断增多，神的因素在不断减少，但其自始至终带有一定的"神性"。如盟誓是出于对神灵的崇敬与畏惧，青铜器铭文、随葬律简以及占卜文书与法律文书之间的相似性则说明君权的至上性得到了上天的认可，君王开始成为法律权威性与神圣性的来源。而汉代治国对天道的模仿正是君权、神权合二为一的表现。进而论之，君权本身得到上天的认可而具有至上性其实可以从方技数术层面来进行论证，这便是"天人感应"之下的"君权神授"理论。从单纯的对神灵的敬畏与崇拜，到作为政治权威的君权影响逐渐增大，再到君权与神权之间的完美结合，由先秦到秦汉这一漫长时期最终完成了"天人感应"在政治实践中的落实。在其中，方术发挥着巨大的作用：法律文书所具有的在彼岸世界传达政治权威的功能实际上类似于方术中的"形法"，而它也同作为方术的"占卜"在言辞表达、行为模式上具有一定的相似性，甚至其本身亦可以作为"占卜"的内容。天人感应说是彼时最为流行的方术理论，而在它指导下的种种仿效天道的法律制度建设则是方术理论的现实化与政治化。因此，我们不得不承认，虽然陆威仪教授的论述可能存在值得商榷甚至穿凿附会之处，例如对"宗教"一词的使用、对法律文书在墓葬中作用的认识等，但他确实注意到了曾被我们长期忽视的方术对法律所可能造成的影响，以及方术文化与法律文化之间的关系，并试图利用有限的材料在两者之间架设一座桥梁。其立论角度是颇为新颖的，而且能够从此出发将秦汉时期的部分法律实践以及法律制度纳入方术文化的框架之下，因此可以为我们深入挖掘秦汉法律史提供一定的借鉴。

---

① 《汉书》卷五十六《董仲舒传》，第 1902 页。
② 《汉书》卷二十三《刑法志》，第 939 页。
③ 《汉书》卷五十八《公孙弘卜式儿宽传》，第 1986 页。

当代中国法律史研究的进步与保守
（1980～2020）

陈灵海[*]

摘要： 1980 年代以来，中国法律史研究取得了瞩目成绩，其中史料整理成果突出，史料主义学风勃兴，在新生代学者中表现尤为明显。与此同时，从 1986 年起，中国法律史学界围绕中国传统法律文化、中华法系、判例、法律形式等热点，展开了一系列有益争鸣，积极推动了学术的发展，至 1999 年前后达到高峰，从 2008 年后逐渐走向平静。在取得成绩的同时，法律史学者并未停止自我反思，其中以"史学化""法学化"之争最引人注目，但迄今为止，反思并未带来突破，从争鸣渐歇、泛史料主义、与实践脱节等现象看，法律史研究中的史料主义与保守主义正并肩而行。对于这种"转向内在"的趋势，学者应积极地以"转向外在"相因应。

关键词： 法律史　史料主义　保守主义　学术争鸣　学术回顾

1980 年代以来，民主集中制的恢复和改革开放的实行，对政治、经济、立法、司法乃至教学、科研、学术、思想等领域都产生了巨大而深远的影响，对于年轻的中国法律史学来说，甚至表现得比各部门法学科更为明显。将当代中国法律史研究分为 1949～1979 年、1980～2020 年两阶段，可以很

---

[*] 本文作者系上海师范大学教授、博士生导师。

清楚地看到，后 40 年的成果数量、论题广度、研究深度，都远非前 30 年所能及。①

学者已对此前若干年的中国法律史研究作过回顾，他们的评价基本是符合事实的。② 本文的侧重点，是对 1980~2020 年间的中国法律史研究进行简要的回顾和评述。限于篇幅和积累，笔者只能对当代中国法律史研究的两个"动向"作一些观察：一是法律史料整理；二是法律史学术争鸣。这样做或许是片面的，佀可以减少与已有回顾文章的重复，也可避免沦为令人厌倦的流水账。近年发表的法律史研究成果，十中有九难以提及，这当然不是有意遗漏，而是"Mission Impossible"，力所不能及。③ 文中人名不冠头衔，祈请师长同仁谅解。

一　史料整理与"史料主义"

史料对于法律史研究的重要性，如同实验材料对于物理学、化学、生物学研究的重要性一样，是方法科学性、论据可验证性、结论可靠性的基础。近 40 年来中国法律史学最重要、最可喜、最显而易见的成绩，在于大量法律史料的整理刊布和与之相关的"史料主义"的勃兴，法律史学研究风尚实现了从"以论代史"到"论从史出"的转变。④ 尽管不少人仍认为

---

① 参见张晋藩《砥砺为学再创佳绩》，《法学研究》2009 年第 2 期。按，以赵九燕、杨一凡编《百年中国法律史学论文著作目录》（社会科学文献出版社，2014，第 3~8、770~785 页）"通论"之法律史学的研究对象、范围和方法为例，近 100 篇论文中仅有 2 篇早于 1978 年；"中国少数民族法律史"综论 300 多篇论文则全部为 1978 年之后。

② 顾元、曾尔恕：《中国法律史学三十年（1978—2008）》，《北京大学宪法与行政法研究中心会议论文集》（2008）；中国社会科学院法学研究所法制史研究室编《中国法律史学的新发展》，中国社会科学出版社，2008，第 28~36 页；吕丽、张姗姗、刘晓林、冯学伟：《中国法律史学发展 30 年理论创新回顾》，《法制与社会发展》2009 年第 1 期。上述学者认为，改革开放以来中国法律史研究成绩喜人，包括科学界定了学科研究对象，摆脱了苏联"国家与法权历史"模式；不断尝试突破旧有研究框架，借鉴西方人文社科研究成果，寻求研究的新方法、新视角；法律史料的挖掘与整理汇编取得重大突破；学术成果日益丰厚，研究领域不断拓展；学科体系建设逐渐完善，法律文化史、法律文献学、区域法律史、民族法律史等分支诞生；研究队伍不断壮大，人才培养取得显著进展等。

③ 上引《百年中国法律史学论文著作目录》收入 19 世纪末至 2010 年 100 余年间公开发表的论文（索引）21000 余条，著作（索引）3100 余条，合计 24100 余条，仅将其中 1978 年之后的成果列具目录可能接近 1000 页。

④ 中国社会科学院法学研究所法制史研究室编《中国法律史学的新发展》，中国社会科学出版社，2008，第 8 页。

"历史学就是史料学"是一种过于激进的看法，但毋庸置疑，"历史学研究必须建立在史料基础之上"已成为中国法律史学者的基本共识。

（一）　法律史料的整理

1949~1979 年，法律史料整理近乎停滞。除商务印书馆、中华书局、国务院法制局先后影印《唐律疏议》《宋大诏令集》《宋刑统》，贾静涛、王兰生、王铁崖分别整理《洗冤集录》《折狱龟鉴》《中外旧约章汇编》之外，法律史料整理不受重视，也不成规模，对史料的发现、解读、比勘等更是举步不前。学者将大部分精力投入"苏维埃国家与法权""中国国家与法权"等资料整理事务，意识形态色彩浓厚，其研究带有强烈的"以论代史"色彩也自不待言。

与之形成鲜明对比的是，1980 年代以来的法律史料整理工作，变化翻天覆地。从西南政法学院法制史教研室编《中国法制史参考资料汇编》及《唐〈永徽律〉及〈律疏〉摘录》、上海社会科学院政治法律研究所编《〈宋史·刑法志〉注释》、北京政法学院汉语教研室编《中国历代法学文选》、中国人民大学法律系法制史教研室编《中国近代法制史资料选编》的陆续出版，可以清楚地看到：尽管尚处起步阶段，学者对法律史料的热情一下子释放出来，展现出摆脱"以论代史"束缚的良好姿态。思想解放迅速推动了学术解放，令人感叹政治形势对学者影响之既深且巨。

当然，万事开头难，特别是起点低的时候。法律史料整理的明显进展，要等到 1983~1993 年间。其中影响较大的，立法文献方面有刘俊文、钱大群、曹漫之等分别校释《唐律疏议》，吴翊如点校《宋刑统》，黄时鉴完成《通制条格》点校和《元代法律资料辑存》，上海古籍出版社影印宋刻本《律（附音义）》，汪潜出版《唐代司法制度——〈唐六典〉选注》，怀效锋点校《大明律》，罗茅昆校订《天盛改旧定新律令》，徐清廉校补《晋令辑存》，陈仲夫点校《唐六典》，洪丕谟等点校《唐大诏令集》，栗劲与霍存福等编译《唐令拾遗》，道润梯步（Doronatib）校注《卫拉特法典》，董克昌主编《大金诏令释注》，张济民主编《青海藏区部落习惯法资料集》，张荣铮等点校《大清律例》等。这些古代法典的整理和点校，单看没什么特别，整体看却是一股洪流，遍及现存各朝重要法典，集中度为过去未有。

1983~1993 年间完成历代司法文献整理，代表成果如中国人民大学清史研究所和中国第一历史档案馆编译《盛京刑部原档》，刘鹏云和陈方明注解《鹿洲公案》，中国社会科学院历史研究所点校《名公书判清明集》，马建石、杨育棠、徐世虹编注《中国历代判词选注》，杨奉琨出版《无冤录校注》《疑狱集》，胡星桥、邓又天主编《〈读例存疑〉点注》。此外，张紫葛与高绍先编《〈尚书〉法学内容译注》，陆心国注《晋书·刑法志》，高其迈注《明史·刑法志》和《隋唐刑法志注释》，马建石等注释《历代刑法志》，也有很高的学术质量。

根据刘海年、杨一凡等学者的回忆，中国法律史料的大规模整理，始于 1980 年代中期，标志性成绩包括：完成国内图书馆藏明代法律史料调查、《明实录》法律史料辑录（1985），召开全国法律古籍整理会议（1986），完成海外稀见明代法律史料搜集（1989），召开首届"中国法律史国际学术讨论会"（1989）等。① 在笔者看来，1993 年是一座分水岭，从 1994 年起，法律史史料整理的分散化和小规模，逐渐转向集中、大规模和高质量，标志性成果是《中国珍稀法律典籍集成》。究其原因，一是与学术环境改善、学术经费供给有关，二是与学者的积累和工作条件改善有关，两者缺一不可，同等重要。这些工作大致可分出版社（集体）和学者（个人）两方面。

前者主要表现为几种大型丛书中集中影印的法律史料。如自 1990 年代起，全国图书馆文献缩微复制中心陆续影印清代、民国时期的档案文献，其中包含多种重要法律史料，如《清代六部文案手折》《清刑部通行饬令汇存》《北平地方法院刑事判决案卷（1935 年）》《清宪政编查馆奏稿汇订》《清臬署珍存档案》等。还有地方档案、专职部门档案，如《京兆尹公署档案》《稀见清咸丰军事外交谕令秘件》《民国外交档案文献汇览》《中国近代邮政史料》《清季兵部武选司奏疏公牍》《（民国）教育部文牍政令汇编》《（清末）民政部奏折汇存》《清（乾隆）会典馆奏议》《盐务档案》《洋务档案》《伊犁文档汇钞》《户部奏稿》《库伦奏议》《清内阁政务处奏稿汇订》《清内务府档案文献汇编》《镶白旗满洲公牍》《步军统领衙门文件汇编》等。

知名度更高的大型丛书，有上海古籍出版社 1998 年起陆续影印出版的《续修四库全书》，收书 5000 余种，其中"史部诏令奏议类"收入《宋大诏令集》《皇明诏令》《皇明诏制》《大清诏令》《太平诏书》等，"史部政书类"收入《律》《庆元条法事类》《重详定刑统》《御制大诰》《大明律》《大清律集解附例》《钦定大清现行新律例》《刑部比照加减成案》《钦定王公处分则例》《三流道里表》《督捕则例》《提牢备考》《刑案汇览》《驳案

---

① 刘海年：《中国珍稀法律典籍集成》甲编序，科学出版社，1994，第 1~4 页。

汇编》等。还有海南出版社 2001 年影印出版的《故宫珍本丛刊》，其 1100
余种文献中也包括不少法律史料，特别是"政书通制类"收入了大量清代
则例。① 再如 2006 年线装书局影印出版的清代五部《会典》，以及 2016 年
完成部分成果的清代五部《会典》的点校。② 这些史料此前大多分散于各地
图书馆，一般学者很难轻易查阅，如今陆续集中影印出版，对法律史研究
的推动力极大，后续效应不可估量。

后者主要表现为一些从 1980 年代起着力收集法律史料的学者，经过十
多年的积累沉淀，陆续推出他们的成果。

田涛（1946~2013）在中国古代契约文献的收集、整理和刊布方面贡献
很大，他的藏书楼"信吾是斋"中收藏法学书籍达数万种，除大量明清版
法律古籍外，还有一些珍贵的宋元版书。1993 年后，他陆续出版了《日本
国大木干一所藏中国法学古籍书目》《田涛说古籍》《龙筋凤髓判》《清末
北京城市管理法规》《大清律例》《清朝条约全集》《田藏契约文书萃编》
《千年契约》等，其中《田藏契约文书萃编》最著名，收入明代永乐六年
（1408）至当代（1969）500 余年间 150 多个县市的契约文书，包括买卖、
租赁、典当、借贷、合伙、遗嘱、婚姻等各种民事文书，在学界引起很大
反响，成为学者研究明清法制的珍贵史料。

杨一凡在中国古代法律史料的收集、整理和主持法律文献编辑出版方
面投入了很多精力，成果非常丰硕。代表性成果有《中国珍稀法律典籍集
成》（1994，刘海年合编）、《中国珍稀法律典籍续编》（2002，田涛合编）、
《中国律学文献》（2004~2007）、《古代乡约及乡治法律文献十种》（2005）、
《历代判例判牍》（2005，徐立志合编）、《中国古代地方法律文献》（2006~
2010，刘笃才合编）、《古代榜文告示汇存》（2006，王旭合编）、《中国监察
制度文献辑要》（2007）、《刑案汇览全编》（2007，尤韶华合作）、《历代珍
稀司法文献》（2012）、《古代判牍案例新编》（2012）、《皇明制书》
（2013）、《清代成案选编》甲编（2014）、《清代成案选编》乙编（2016，

---

① 如《宗人府则例》《宫中现行则例》《吏部处分则例》《吏部铨选满官则例》《吏部铨选汉
官则例》《户部则例》《户部鼓铸则例》《旗务则例》《户部军需则例》《兵部军需则例》
《工部军需则例》《礼部则例》《督捕则例》《军器则例》《工部则例》《工部续增则例》
《工部保固则例》《理藩院则例》《王公处分则例》《太常寺则例》《光禄寺则例》《宗室觉
罗律例》《总管内务府现行则例》《总管内务府会计司现行则例》《总管内务府续纂南苑现
行则例》等。这些则例原名均有"钦定"二字。
② 《大清会典（康熙朝）》，关志国等校点，杨一凡、宋北平主编，凤凰出版社，2016。

陈灵海合编）、《中国古代民间规约》（2017，刘笃才合编）、《大清会典
（康熙朝、乾隆朝）》（2016、2018，宋北平合编）等。近年又出版了《古
代珍稀法律典籍新编》（30 册）、《中国律学文献》第五辑（14 册）、《清代
判牍案例汇编》甲乙编（100 册），完成了国家"十三五"规划项目"中华
法律古籍基本库"（收入文献 1700 余种）文献的编辑。2020 年，又出版了
《明清珍稀食货立法资料辑存》（10 册）。

　　由国家图书馆出版社影印室编的《明清法制史料辑刊》于 2008 年出版
了第一编（37 册，国家图书馆出版社），收入地方公牍类文献 44 种，包括
《资治新书》《凭山阁增辑留青全集》《未信编》《东兴纪略》《徐雨峰中丞
勘语》《切问斋集》《理堂外集》等。2014 年、2015 年又分别出版了第二编
（72 册）和第三编（88 册）。

　　黄源盛的法律史料整理聚焦于近代阶段，包括《平政院裁判录存》（2007），
《景印大理院民事判例百选》（2009），《晚清民国刑法史料辑注》（2010），《大理
院民事判例辑存》（总则编、亲属编、承继编、物权编、债权编，2012），《大理
院刑事判例辑存》（2013），《晚清民国民法史料辑注》（2014），《最高法院判例
辑存（1928~1934）》（民事编、刑事编，2014）等。

　　除了上述规模化整理外，可圈可点的工作成果还有不少，如徐秀丽编
《中国近代乡村自治法规选编》（2004）、北京图书馆出版社影印《清代漕运
全书》（2005）及《清末民初宪政史料辑刊》（2006）、张培田编《重庆档
案：中华民国司法裁判案例》（2006）、尹全海编《清代巡台御史巡台文献》
（2009）、张双智编《元代至民国治藏政策法规汇要》（2010）、怀效锋编
《清末法制变革史料》（2010）、李启成点校《资政院议场会议速记录——晚
清预备国会论辩实录》（2011）、华东政法大学与中国政法大学等高校学者
合校《大清新法令》（2011）、高汉成编《〈大清新刑律〉立法资料汇编》
（2013）、李贵连等校订《清国留学生法政速成科纪事》（2015）、张希坡编
著《革命根据地法律文献选辑》（第一至四辑，2017~2019）等。这些史料
整理为拓宽中国法律史研究范围、提升研究水准提供了重要素材，其学术
价值将在今后不断彰显。①

---

　　① 高全喜主编的"现代立国法政文献编译丛书"也是近期出版的重要的比较法律史史料，已
　　　出版《日本明治前期法政史料选编》《德国魏玛时期国家法政文献选编》《英国革命时期法
　　　政文献选编》《俄国 19、20 世纪之交法政文献选编》《美国建国时期法政文献选编》《法国
　　　革命时期法政文献选编》等若干种。

此外，电子检索系统的渐趋成熟，也使法律史研究变得更为便利。2000年代，一些学者开始使用"文渊阁四库全书""四部丛刊"等检索系统，文献范围较窄。2010年代，陆续出现了"中国基本古籍库"、"大成老旧刊全文数据库"、"中国历代人物传记资料库"（CBDB）等检索系统，使研究更为得心应手。"中国基本古籍库"收入了不少即使在省级图书馆也很难检索到的史料，录入也较为准确。这些史料基础建设，为法律史研究的方法科学性、论据可验证性、结论可靠性提供了良好保障。

（二）"史料主义"研究风尚

法律史料的整理出版，有助于提高研究成果的数量，长期来看也有助于产生累加效应，提升研究的质量和深度，是学者改变"以论代史"、走向"论从史出"研究风尚的基础。当然，这也是近40年来法律史学者与历史学者走得越来越近、与部门法学者越来越疏离的重要原因之一。法律史学者经常参与历史学（较少参加部门法学）的研讨会，经常邀请历史学者（较少邀请部门法学者）参与法律史学的研讨会，也成为学术交往不是基于学科行政划分和"不是一家人，不进一家门"的人脉因素，而是基于问题意识、研究方法和学术风尚等现实因素的例证。

以秦汉简为例，1978年《睡虎地秦墓竹简》由文物出版社出版，次年只有4位学者引用，却指明了方向："这批出土的秦简极为珍贵，对于研究文献失征的秦代法律、刑狱及社会制度，给我们提供了非常重要的史料。"[①] 此后，秦汉简在论著中的引用量不断递增，1980～1985年间，朱绍侯、裘锡圭、高恒、林剑鸣、俞伟超、马克垚、高敏、林甘泉、黄留珠、李学勤、朱德熙、宁可、王占通、栗劲、张金光、王子今等分别撰文，围绕秦简中"刑期""隶臣妾"等热点，就秦代若干法制疑难问题展开讨论。

从数据看，近40年来围绕睡虎地秦简、张家山汉简、岳麓秦简的研究，已逐渐超过了《唐律疏议》《宋刑统》等传统热点，成为法律史研究的新标杆。2010年，《睡虎地秦墓竹简》引用量比1990年增加了近9倍，《张家山汉简》增加了50倍多（见表1）。简牍法律史研究不断吸引法律史学者进入

[①] 参见刘海年、张晋藩《从云梦秦简看秦律的阶级本质》，《学术研究》1979年第1期；刘海年、陈春龙《略论经济立法和经济司法》，《学习与探索》1979年第3期；黄贤俊《从云梦秦简看秦代刑律及其阶级本质》，《现代法学》1979年第2期。

原属于历史学、考古学、古文献学、古文字学的学术领地，拓展了研究空间，改进了研究方法。

表1   "中国学术期刊网"年度引证数据统计

单位：次

	1980年	1985年	1990年	1995年	2000年	2005年	2010年	2015年	2020年（截至6月）
《唐律疏议》	9	37	44	15	88	338	646	603	221
《睡虎地秦墓竹简》	13	37	36	15	59	235	354	385	212
《大清律例》	6	4	14	17	47	160	338	355	124
《张家山汉简》		1	5	6	7	157	258	347	130
《宋刑统》	3	8	15	6	32	108	206	211	64
《岳麓秦简》							16	98	82
《天圣令》						4	55	79	38

睡虎地秦简、张家山汉简之外，《天圣令》是近40年法律史研究的另一热点。1999年，戴建国在宁波天一阁图书馆查阅古籍时发现，书标为"明代官品令"的古籍实为佚失已久的宋代《天圣令》。① 2006年，天一阁博物馆与中国社会科学院历史研究所"《天圣令》整理课题组"合作出版了《天一阁藏明钞本天圣令校证》。此后《天圣令》研究成果日多，2008年，中国社会科学院历史研究所、中国人民大学历史学院、《唐研究》编委会共同主办了"《天圣令》研究——唐宋礼法与社会"学术研讨会。2009年，台湾师范大学也举办了"新史料、新观点、新视角——《天圣令》国际学术研讨会"。

不过，作为历史学者的基本功的"史料主义"，对1980年代的法律史学者来说，仍有点陌生，谈不上共识，更谈不上不言自明。当时，法律史学与部门法学更接近，受其影响，对应然研究（"应当如何""最好如何"）更熟悉，对实然研究（"是怎样""不是怎样"）仍然较难着力，或者兴趣不大。因此，"史料主义"仍是一种需要倡导的学风，这方面的代表作可举1987年刘海年《文物中的法律史料及其研究》和1988年高潮与刘斌《铜器铭文中的法律史料——兼论周代的财产所有权》《简牍法律史料探

---

① 参见戴建国《天一阁藏明抄本〈官品令〉考》，《历史研究》1999年第3期。

源》等文章。①

正是获得了"史料主义"的科际哺育，法律史学才找到了全新的、部门法学不可能提供的学术进路和视野。睡虎地秦简、张家山汉简法律史料的适时出现，则为这种哺育和更新提供了契机。尽管目前的简牍法律史学界，历史学者仍多于法史学者，但后者在不断增多。② 更重要的是，从秦汉简领域风行起来的"史料主义"风尚，不断扩展到了唐宋明清法律史领域，成为其学术研究的共同底色，尤其体现在年轻一代。③ 有关睡虎地秦简、张家山汉简、岳麓秦简及以明清近代司法档案为主题的硕士、博士学位论文，几乎每年都在增多，有些论文直接以某史料"集释"为题，甚至比史学作品更具"史料主义"。④

总体来说，近40年来法律史学"史料主义"的兴起，与法律史、历史学、考古学、古文献学、古文字学、人类学等学者走得越来越近的进程是

---

① 参见刘海年《文物中的法律史料及其研究》，《中国社会科学》1987年第5期；高潮、刘斌《铜器铭文中的法律史料——兼论周代的财产所有权》，《中国法学》1988年第6期；高潮、刘斌《简牍法律史料探源》，《政法论坛》1988年第5期。刘海年指出："本文比较系统地……阐明了研究和利用文物中法律史料的重要意义：填补了某些断代法律史料的空白；印证和充实了史籍对有关事件的记载，订正或改变了某些史籍对有关史实记载的失误和后人对某些问题所作的不正确结论和推断。……只要我们在继续发掘整理和研究史籍中法律史料的同时，加强对文物中法律史料的搜集整理和研究，并在实践中将二者密切结合，就能使中国法律史的研究展现出新的面貌。"文章虽侧重于文物史料，但蕴含的"史料主义"的基调，在当时学界产生了非常积极的影响。
② 相关著作如张伯元《律注文献丛考》、杨振红《出土简牍与秦汉社会》、李均明《简牍法制论稿》、李明晓等《散见战国秦汉简帛法律文献整理与研究》、陈松长《岳麓书院藏秦简的整理与研究》、赵久湘《秦汉简牍法律用语研究》、徐世虹《秦律研究》、陈伟《秦简牍整理与研究》等。
③ 如吴昊《睡虎地秦简法律文化研究》、邬勖《秦地方司法诸问题研究——以新出文献为中心》、周海锋《秦律令研究——以〈岳麓书院藏秦简〉（肆）为重点》、程政举《汉代诉讼制度研究》、田振洪《汉唐时期损害赔偿制度》、鲁家亮《张家山汉简〈二年律令〉释文补遗与相关问题研究》、宋洁《西汉法制问题研究》等。
④ 如王娜《明清时期晋陕豫水利碑刻法制文献史料考析》、符超翔《法律史中的"阐释"与"史料"——以苏力的〈法律与文学〉为切入点》、苏日塔拉图《清代鄂尔多斯蒙旗司法制度运行研究——以清代蒙文档案中的司法案例为中心》、李艳君《从冕宁县档案看清代民事诉讼制度》、谢志民《江西各县司法处研究（1936~1949）——以司法档案为中心》、穆红琴《山西省永济县家事审判实践变迁及启示——以永济县家事诉讼档案为基础（1949—1999）》、钱泳宏《清代夫妻相犯研究——基于〈大清律例〉与刑科档案的法文化考察》、王锦《1950—1953年镇压反革命刑事政策在贵筑县的实践研究——以贵筑县司法档案为中心的考察》、苏光《清代中叶妇女财产纠纷诉讼案研究——以档案及判牍资料为例》、周海峰《秦律令研究——以〈岳麓书院藏秦简〉（肆）为重点》等。

基本同步的。法史学者越来越多地注意与法学以外领域的学者交流，援引其研究成果，将学术成果刊发于这些领域的学术刊物，参加这些领域的学术会议。论著中的史料（尤其是一手史料）引用率不断提高，越来越注意史籍版本、史源、成书年代、真实作者、异同比对等。新一代法史学者越来越多地进入原属历史学、考古学的领域，而不少历史学青年学者则选择专攻法律史，学科交融正不断突破旧有行政划分格栅。此种风尚的兴起主因，一是受到清代乾嘉史学和日本法史学者实证学风的哺育，二是得到思想解放和史料环境改善的滋养，是二者共同促成的结果。

（三）人与作品

随着"史料主义"的兴起，法史学者的提问方式、行文风格（甚至口气）逐渐与部门法学者产生一定的疏离。法史论文与部门法学论文一眼可见其别，与历史学论文的界限反而模糊。在"中国学术期刊网"检索论文时，如果限定"法理法史"，将遗漏大量法史论文。由于同一原因，"中国法学创新网"、《中外法学》（以及一些网络文章）发布的年度法史成果统计，往往只计入了部分论文。同样，下文的举例也只是蜻蜓点水，远非法律史研究的全部。

1984 年，中国政法大学成立了全国第一个"法律古籍整理研究所"，以"搜集、整理、研究古代法律文献"作为主要宗旨。该所编辑的《中国古代法律文献研究》已出版 11 辑，内容均与史料整理和研究有关。① 徐世虹领衔整理了《沈家本全集》（2010），她的研究围绕秦汉简展开，代表作有《秦律研究》等。李雪梅在碑刻法制资料整理研究领域取得显著成绩，其著作《法制"镂之金石"传统与明清碑禁体系》多次获奖。上海古籍出版社"中国古代法律文献研究丛刊"已出版该所赵晶、孙旭的作品。南玉泉的秦汉律令和刑罚研究也富有史料特色。

华东政法大学法律史团队的史料色彩也很明显。何勤华的史料整理工作侧重于近代法制和法学，成果包括《民国法学论文精萃》（2004）、《新译日本法规大全》（2007）、《清末民国法律史料丛刊》（2013）、《新中国民法典草案总览》（2017）等，还参与了"中国律学丛刊"王明德《读律佩觿》

---

① 该出版物也刊载了不少日本学者的文章，成为展示日本学者中国法律史研究进展的一个很好的窗口。

和"二十世纪中华法学文丛"《华洋诉讼判决录》《董康法学文集》《丘汉平法学文集》《赵琛法学论著选》的整理，以及李秀清主持的《大清新法令》（2011）的整理。《中国法学家访谈录》收录大量现当代法学家的采访，为当代法学史留下了宝贵的口述史料。此外，王立民的租界法制史研究，龚汝富的民国地方司法档案研究，王沛、王捷、姚远等围绕金文、楚简、秦简、汉简法律史料的研究也都富有特色。他们编辑的《出土文献与法律史研究》《法律史研究》等定期出版物，也以史料整理和研究为主旨。

西南政法大学陈金全主张用"上穷碧落下黄泉，动手动脚找东西"的采风问俗、田野调查的方法，寻找、发现、整理那些沉睡在民间的浩如烟海的法律档案和文书，拓宽法史学生存与发展的空间，促进法史学不断创新。① 龙大轩的《汉代律家与律章句考》、梁健的《曹魏律章句研究》也都是史料特色鲜明的作品。西北政法大学汪世荣、王健、闫晓君、陈玺分别致力于根据地法、近代法、秦汉简、唐代法制研究，中南财经政法大学陈景良、春杨、李力分别致力于宋代、明清和早期中国法制研究，也是史料特色鲜明、断代布局合理的学术团队，《中西法律传统》已出至第 15 辑，刊发了不少很有影响力的文章。

四川大学近代法文化研究所主办的《法律史评论》出至第 15 辑，以清代至近代法及区域法律史为特点，重视对近代司法档案的利用，曾收录《民国新繁县债务案卷选录》。里赞的研究则基于清代南部县司法档案及民国新繁县司法档案，出版了专著《晚清州县诉讼中的审断问题：侧重四川南部县的实践》，发表了不少研究晚清州县诉讼的论文。② 樊英杰的研究则围绕民国荣县司法档案展开。

2003 年，杨一凡主编《中国法制史考证》，甲编 7 册收入《历代法制考》论文 133 篇，乙编 4 册收入《法史考证重要论文选编》112 篇，丙编《日本学者考证中国法制史重要成果选译》4 册收入日本学者中国法律史考证论文 50 篇。这一成果以其高水平、代表性和史料特色鲜明，取得了相当大的成功，不但有力推动了中国法律史学的进一步发展，也充分展示了法律史料整理和研究相得益彰的一面。

2005~2009 年，左平等编写《清代南部县衙档案目录》三卷，2011~

---

① 参见陈金全《走人类学的路，开创法史学新天地》，《法学研究》2009 年第 2 期。
② 里赞：《晚清州县诉讼中的审断问题：侧重四川南部县的实践》，法律出版社，2010。

2016 年，吴佩林、蔡东洲、左平等整理出版《清代四川南部县衙门档案》（308 册）。吴佩林的研究主要基于这批档案，其成果涉及官制婚书、嫁卖生妻、户婚案件、闹衙、县丞、巡检司法等。[①] 2012～2014 年，浙江大学学术团队陆续整理出版了《龙泉司法档案选编》（2 辑 46 册）。[②] 杜正贞的研究大多基于这批档案，就某专题展开讨论，如关于族规与国法、招赘婚书、招赘婚诉讼、祭田轮值纠纷、女性诉讼、契约活动、土地所有权状、寡妇立嗣等。

2014～2018 年，上海交通大学历史系团队整理出版了《石仓契约》（5 辑 40 册），收录了浙江松阳石仓村保留的明清土地契约约 8000 件、民间文书数百种。2016 年，曹树基又主持整理了《鄱阳湖区文书》，公布了从鄱阳湖区渔村发掘出来的契约文书及诉讼抄底。对于中国古代至近代农村社会形态的研究来说，这些文书提供了极好的史料。曹树基在研究方面卓有建树，先后发表了研究退契、土地典当、税率、送户票与收粮字、土地分种、划分右派等有关的研究论文。梁洪生完成了基于鄱阳湖区文书的一些研究成果。

此外还有吴艳红基于明代司法档案的研究、李典蓉基于清代司法档案的研究、邓建鹏基于黄岩诉讼档案对清代州县司法的研究、赵娓妮基于南部县档案及《广东省调查诉讼事习惯第一次报告书》对清代基层诉讼的研究、魏顺光基于巴县档案对清代坟产纠纷的研究、王有粮基于民国新繁县诉讼档案的研究、冯学伟的明清契约研究等。不再一一列举。

（四）不同的声音

对于法律史研究的"史料主义"倾向，多数学者持肯定态度。顾元等认为："法律史学界对历史学界的文献成果的利用也不断增多。尤其是被称为 20 世纪古代文献的四大发现：殷墟甲骨文、秦汉简牍帛书、敦煌吐鲁番文书、明清档案，对历史研究的推动作用已经有目共睹，近年来法律史学界对其的利用也越来越多。"[③] 王有粮也认为："近年来，中国法律史的研究

---

① 吴佩林：《清代县域民事纠纷与法律秩序考察》，中华书局，2013。其主编的《地方档案与文献研究》已出至第 4 辑。

② 吴铮强、杜正贞编《龙泉司法档案选编》（第 1 辑），中华书局，2012；包伟民编《龙泉司法档案选编》（第 2 辑），中华书局，2014。

③ 顾元、曾尔恕：《中国法律史学三十年（1978—2008）》，《北京大学宪法与行政法研究中心会议论文集》（2008）。

也明显受到了'史料学'的影响。从法律制度史的研究视角看，一方面随着史料的不断考订，促成了对某些重要法律典籍的探佚与复原；另一方面，随着对既有主要法律史料'律'文的理解之加深，有学者认为中国法律史研究的史料应'不能局限于"律"'；也有学者在挖掘、整理和运用法律史料上做出了有益尝试。"①

一些学者认为法律史学的"史料主义"还须进一步加强，或认为对于史料的重视不是太多了，而是还不够。如吴佩林认为："中国法律史研究亟须系统整理和挖掘文献，用扎实的材料重现法律的基本面貌"，"对立法、司法制度史的研究工作远未结束，譬如对府、道一级司法制度的梳理，至今仍很薄弱。又如，中国的传统法律有律、令、典、比、科、品、格、式、故事、编敕、制书、断例、条例、则例、榜例、事例和各类皇帝诏令等多种形式，对这些法律形式的起源、内容、功能、体系、演变及其相互关联，厘清者甚少"。②

一些学者从史料本身的局限和陷阱入手，试图对高歌猛进的"史料主义"泼些冷水。徐忠明在多篇文章中反思这一问题，其对档案史料可靠性的疑虑，从篇名即一望可知。如《制作中国法律史：正史、档案与文学——关于历史哲学与方法的思考》《关于明清时期司法档案中的虚构与真实——以〈天启崇祯年间潘氏不平鸣稿〉为中心的考察》《办成"疑案"：对春阿氏杀夫案的分析——档案与文学以及法律与事实之间》。他对司法档案作为史料的可靠性和使用方法提出新见，与娜塔莉·戴维斯《档案中的虚构》中的观点相呼应，对当下法律史研究中对于"一手史料"的过度崇拜，确实也是一种矫正。

刘顺峰也从史料的真伪、可证实性的角度，提醒人们不要陷入对史料的过度崇拜："史料"不等于"历史真相"，史料中的"道德想象"更不等于"历史真相"，史料中的语言表达与特定的历史真相之间，存在无法避免的断裂。他认为只有以"当时特定的'社会情境'为'历史真相'的参照，从关系、历史、过程中重新建构起一套客观的'史料/法律史事实'，惟此，我们的法律史研究的经验素材——史料，

---

① 王有粮：《司法档案、史料与中国法律史研究：以傅斯年"史料学"思想为基本视角的略述》，《社会科学研究》2012年第3期。

② 吴佩林：《〈"法史热"背后的冷思考〉，《中国社会科学报》2015年1月19日。

才会更接近于'历史真相'"。①

　　李启成反思了法律史研究中的文学史料运用问题，提出了谨慎的意见，认为"法史研究能利用的所有材料中，其重要性并非无高低之别，而是有基本的位差存在。这种位差，简言之，就是包括档案资料、传世法典、正史、方志，乃至习惯调查和家法族规在内的基本材料，较之包括各种野史笔记和文学作品在内的其他材料具有更大的资料价值"。② 杜金则反驳说，以"乔太守乱点鸳鸯谱"为例，其司法风格也与明清牧令没有本质差异。文学作品固然存在虚构成分，但并不必然与司法实践相背离，同时也具有思想史和文化史研究的史料价值。③

　　更直言不讳的观点来自胡永恒，他认为法史学者的史料运用水平，整体上未达到政治史、经济史学者的水准，这是他们被边缘化的重要原因："不少法律史研究侧重于法理辨析，史料只是必要的点缀，'以论代史'的问题较为突出。很多法律史学者惯于引用二手资料，不愿意下功夫去阅读和引用一手史料。……同类主题的论文中，所使用的史料往往大同小异。更有甚者，转引他人史料而不注明，这种现象在法律史研究中屡见不鲜。此外，法律史研究中还经常存在史料种类不够多样化、使用太过随意、简单堆砌史料、史料与观点不够契合等弊端。"④

　　反对之声也一直不绝于耳，或认为"法律史研究过于史学化了"，或认为"历史学入侵法史学！"对这些反对之声的反驳，则主张与其说"入侵"，不如说1980~1990年代法史学先"入侵"了历史学，2000~2010年代历史学在"反扑"中重新夺回一些阵地。这些声音虽只局限于小范围、私人场合，既未成为热点，也不具眼球效应，却毋庸置疑地标示出法史学的学科焦虑。未参与讨论的学者，直接用脚投票，扮演"法学—史学"学者的双重角色：论文既发表于法学期刊，也发表于史学期刊；既参加法史学的会议，也参加历史学的会议，后者比例不断提高。

　　综之，"史料主义"是近40年来中国法律史研究的基本趋势之一，这

---

① 刘顺峰：《史料、技术与范式：迈向科学的中国法律史研究》，《江苏社会科学》2016年第2期。
② 李启成：《文学作品、司法文书与法史学研究——以审理"妄冒为婚"案件为中心的研究》，《政法论坛》2010年第2期。
③ 杜金：《献疑与商榷：从"乔太守乱点鸳鸯谱"说起——〈文学作品、司法文书与法史学研究〉读后》，《政法论坛》2012年第3期。
④ 胡永恒：《法律史研究的方向：法学化还是史学化》，《历史研究》2013年第1期。

是值得肯定的，也值得进一步推进和拓展，但还有很多工作要做。正如学者所言："虽然对以司法档案为代表的史料加以运用，业已成为中国法律史研究的一种学术典范，但法律史学界对史料学问题的共识尚在建立之中。……史料问题已经成为制约'中国近代法律史'研究的瓶颈。结合对司法档案及其他史料的运用，就中国法律史研究中的史料学问题进行一个基础性的思考和梳理则尤显必要。"①

没有史料，研究无法开展；资料不完整，研究的精度和准确性会大打折扣。法史学是舟，史料是水，没有不依托于史料的法史学研究，对史料的认识和运用的进步，是法史学进步的必由之路。以"唐律"为例，1980年代，学者甚至难以获得较好的唐律版本，如今不但有刘俊文、钱大群、岳纯之、曹漫之、滋贺秀三等多种点校译注本，还有唐令、唐格、唐式、唐判、六典等足资参照。再以"会典"为例，1990年代以后，《文渊阁四库全书》（乾隆）、《近代中国史料丛刊》（康熙、雍正及嘉庆）、《续修四库全书》（光绪）陆续影印，将帮助学者将清代法制研究推进到新阶段。

距离刘海年1987年提出加强法律史料的搜集整理和研究，"使中国法律史的研究展现出新的面貌"已超过30年，我们仍然不能说，对于现存中国法律史料到底有哪些，分别保存在哪里，已经完全搞清楚了。建立"论从史出"的学风并不那么容易。一些研究中也还存在引用史料不严谨的情况。在"论从史出"的基础上强化问题意识，提高论证的扎实度，使研究具有方法论上的可参照性，这些都还有很长的路要走。

二　争鸣的盛与衰

学术争鸣最繁荣的时期，往往也是社会转型最剧烈、阶层流动最活跃、思想创见最丰富、个人才能得到最充分发挥的时期。纵观1980年代以来的中国法律史学研究的主要动向，除了"史料主义"学风的兴起之外，应该要算法律史研究从奠基走向争鸣，复而从争鸣回归平静：从经世致用、宏大叙事，走向精细考据、莫关宏旨；从针锋相对、风起云涌，走向皆大欢喜、风平浪静；从亦敌亦友、共行大道，走向闭关独炼、各过小桥。

---

① 王有粮：《司法档案、史料与中国法律史研究：以傅斯年"史料学"思想为基本视角的略述》，《社会科学研究》2012年第3期。

（一）　短暂的奠基期

1980 年代初，距离中国人民大学招收首届法制史硕士生、中国法律史学会成立大会在长春召开，仅仅过了一两年，学科名称得以恢复，研究对象得以确认，学刊《法律史论丛》得以创办，随后的发展可以用"雨后春笋般的"来形容。1981 年，中国人民大学出版社出版了《中国法制史》第一卷。1982 年，张晋藩主编统编教材《中国法制史》出版，他又作为中美互派学者，代表中国法律史学者走出国门。1983 年，国务院学位委员会批准中国法制史学科设博士点，中国法律史学会在西安召开第一届年会。1984 年，朱勇、怀效锋、郑秦被录取为第一届法律史博士生，三年后顺利答辩毕业。①

1989 年召开的首届"中国法律史国际学术讨论会"，代表了 1980 年代中国法律史的繁荣面貌。代表济济一堂，包括武树臣、马小红、胡留元、冯卓慧、李力、李学勤、李均明、刘海年、钱大群、李玉生、高潮、孔庆明、史金波、杨一凡、刘笃才、俞荣根、李贵连、倪正茂、苏亦工、徐立志、吴建璠、薛梅卿、韩延龙、张希坡、杨永华、段秋关等，以及应邀参会的日本学者大庭脩、池田温、利光三津夫、寺田浩明等，囊括了当时最积极、其后影响最大的法律史学者。②

然而，与中国经济腾飞并未经过很长的准备期一样，中国法律史学的奠基期也只经历了很短时间，很快就转入了争鸣期。正当郑秦抱怨"法制史研究的领域有待拓宽，学术争鸣的风气还未形成"时，③ 一股巨大的争鸣风潮正在涌动。争鸣涉及的热点问题，包括中国传统法律文化、法律形式、中华法系、判例等。率先举起质疑与争鸣旗帜的是当时还非常年轻的梁治平，其论文《"法"辨》是这一转变的里程碑之作。④

---

① 张雷：《20 世纪中国法律史学研究》，人民出版社，2016。

② 参见华志石《挖掘和研究珍稀法律史料的重大收获——首届中国法律史国际学术讨论会综述》，《法学研究》1989 年第 4 期；方人《中国法律史国际学术讨论会综述》，《中国法学》1989 年第 3 期。

③ 参见张晋藩主编《中国法制史研究综述（1949—1989）》，中国人民公安大学出版社，1990，第 344 页。

④ 邓正来曾评价说："梁治平在 1980 年代所做的'法律文化'研究，在中国法律史研究中确实构成了一种具有相当独特意义的理论模式，进而对当时的整个中国法学的研究和发展产生了相当重要的影响。"参见邓正来《中国法学向何处去（续）——对梁治平"法律文化论"的批判》，《政法论坛》2005 年第 4 期。另请参见王人博《那些"曾经"的文字——重读梁治平的〈法辨〉》，《中国法律评论》2015 年第 3 期。

（二）蓬勃的争鸣期

1. 关于"传统法律文化"

1985 年，毕业留校任教不久的梁治平，参加了一次法律史学术会议，对当时的一些状况不太满意，"之后再也没有参加任何一次法学界的会议"，转而深入思考。① 经过一年的埋头写作，他在《中国社会科学》发表《"法"辨》一文，对中国传统法律文化提出了较尖锐的观点，认为汉语"法"难以译出西文"jus"中的权利、自由、正义等含义，中国传统法是镇压的工具，是治人者随意运用的统治手段之一。"中国古代，从理论上说，有治人，无治法；征诸史实，可以说，有治吏，无治法。法既然只是人格化的统治工具，也只好满足于一种附庸的地位，更何况，受其功能的局限，它的作用也是非常有限的。……中国历史上对于'法'的强调总是与加强君权联系在一起的。"②

针对"礼就是中国古代的自然法"的观点，他也提出了批评意见："中国古代不仅没有西方那种有着神圣渊源的'自然法'观念，而且根本缺乏产生这种观念的超验思维背景。'自然法'的观念在西方文化史上具有重要意义，而对中国古代法以至古代文化产生深刻影响的则是'法自然'。'法自然'观念是一种独特的宇宙观和秩序观，它是经验的而非超验的，是自然的而非理性的。……'自然法'实际并非'自然'的，而是理性的，它有神圣的渊源，源自至高无上的立法者——理性的存在。……根据汉语本义，'自然法'翻译为英文应当是'Spontaneous Law'，而不是'natural Law'。"③

当时对于梁治平的观点，支持者和反对者都有一些，后者逐渐占据上风。如段秋关表示，尽管用"西方先进，中国落后……这一沉重结论，激励人民勇于变革、大胆学习西方优秀法律文化成果，是有一定的积极意义"，但是"以西方法制和法律观念作为标准来衡量中国古代的法制和法律观念，并且只重视二者的不同，很少比较它们的类似之处。这种比较方法值得商榷"。他认为："古代西方和古代中国的法律及法观念，都各有其精华与糟粕"，"以古代西方法律的精华与中国古代法律的糟粕相比，至少因

---

① 梁治平：《在边缘处思考》序，法律出版社，2010。
② 梁治平：《"法"辨》，《中国社会科学》1986 年第 4 期。
③ 梁治平：《"法自然"与"自然法"》，《中国社会科学》1989 年第 2 期。

比较面过于狭隘，而很难得出令人信服的结论"。①

段氏关于"就像现代化不等于西方化一样，中国法律和法律观的现代化既不能彻底脱离传统，也无法完全纳入西方模式"等观点是有道理的，但他批评说，不能对"中国古代法律文化传统中不少内容有着积极的意义"视而不见，将梁氏观点等同于传统文化否定论，至少部分误解了梁氏的观点。从其后出版的《清代习惯法》（1996）、《寻求自然秩序中的和谐》（1997）看，毋宁说梁氏对中国传统文化还是有很深的感情的，他否定的只是"作为统治工具""处于附庸地位""总是与加强君权联系在一起"的传统国家法。② 与之商榷的学者站在为传统文化辩护的立场上，双方着眼点始终未能聚焦，就像两位医生一起诊治病人，一位说病人"感冒很严重"，另一位却说"可他的胃没毛病啊！"

马作武不认同梁氏关于古代讼师的观点，认为他一方面肯定讼师"确实有存在的理由，而且表明其存在的理由在道德上也可能是正当的"，在承认"讼师的活动，也包含了对于社会中某种正常需要的满足"的情况下，却又称其为"社会赘疣"，断言其"对于社会的作用，很难是有益的"。马氏认为："讼师的存在，恰恰在唤醒个性和权利意识方面具有潜在的推动作用。虽然这种作用在古代难于产生效果，但对一个个人权利意识几为空白的国度来说，弥足珍视。对讼师历史偏见的形成，骨子里的根源在于对个人权利的否定甚至仇视。"③

2005年，邓正来连撰四篇长文（17万字），对1978~2004年间中国法学界的四种主要理论模式［"权利本位论""法条主义""本土资源论""法律文化论"（即梁治平模式）］进行反思。他肯定了苏力对梁治平"辨异的学术进路""不加反省地强调差异""以对中国传统的批判来例证西方法治发展之正宗"的看法，是相当犀利的洞见，但认为还不够严厉。他认为梁

① 段秋关：《中国古代法律及法律观略析——兼与梁治平同志商榷》，《中国社会科学》1989年第5期。另有学者对梁治平的观点提出质疑，如宋飞《黄州商帮、帮会行规在民间法与国家法博弈中所起的作用——兼与梁治平先生商榷》，《原生态民族文化学刊》2015年第1期。

② 邓正来总结说，梁治平的研究主要凸显为两个基本的论题："一是有关对'中国文化类型'的批判和否定与对'中国文化类型'的同情性理解之间的关系论题，二是有关对作为'大传统'的中国国家法的批判和否定与对作为'小传统'的中国习惯法的研究之间的关系论题。"参见邓正来《中国法学向何处去（续）——对梁治平"法律文化论"的批判》，《政法论坛》2005年第4期。

③ 马作武：《为讼师辩护——兼与梁治平先生商榷》，《比较法研究》1997年第3期。

氏的"'文化基因'决定论或'本质主义'等思维方式而表现出来的那种反'文化类型'甚至是反历史的倾向，在根本上规定了它不需要也不可能去关注和研究中国社会的当下现实，更无力将中国的现实世界置于当下的世界结构之中做'问题化'的理论处理……根据梁治平的'法律文化论'，中国所有当下的现实，在本质上早都由他所建构的中国固有的那种'文化类型'之胚胎决定了，而且关于中国现实的'答案'也完全可以从对他所定义的那种'文化类型'胚胎的分析中获致"。① 与苏认为梁"不加反省地强调差异"不同，邓认为梁一旦划分"文化类型"就等于预定了结论，反而有点绝对化了。分类和辨异不但是人文社会学科，而且甚至是所有学科认识其研究对象的基本手段，否定分类辨异难保不倒向诡辩和不可知论。

2. 关于"中华法系"

1997 年，针对梁治平观点的争鸣尚未结束，围绕郝铁川《中华法系研究》的争鸣又开始了。与此前围绕"传统法律文化"争鸣的形而上特点不同，此次争鸣焦点"中华法系与中国古代法的特征"相对更为具象化一些。

郝铁川创造性地总结了中华法系的三大特征："法典法家化""法官儒家化""民众法律意识鬼神化"。他认为从汉至清，历代法典都是按法家的思想制定的，法官都是按儒家思想培养出来的，民众的法律观则是按佛道二教的粗俗蜕变部分即鬼神信仰、因果报应观念建立起来的。除"法官儒家化"之外，"法典法家化""民众法律意识鬼神化"都是新颖的观点，与人们对于中国古代法律活动的通常印象也有吻合之处。② 但范忠信反对说，反映法系风格的，是法律的形式及风格、法律设施和制度、法律内容和观念三者，郝氏未从这些方面，而是从法典篇名出发，仅以"五刑""十恶""共犯""从重"等内容大多已见于秦律，就得出"法典法家化"的结论，是不可靠的。③

也有学者不同意郝氏"民众法律意识鬼神化"的观点。如陈林林认为，中国古代的鬼神信仰与法律意识之间，虽然存在一定的联系和相互作用，但并不能得出"中国古代民众法律意识鬼神化"的结论，总的来说，中国

---

① 参见邓正来《中国法学向何处去（续）——对梁治平"法律文化论"的批判》，《政法论坛》2005 年第 4 期。另请参见王人博《那些"曾经"的文字——重读梁治平的〈法辨〉》，《中国法律评论》2015 年第 3 期。
② 郝铁川：《中华法系研究》，复旦大学出版社，1997。
③ 范忠信：《中华法系法家化驳议——〈中华法系研究〉之商榷》，《比较法研究》1998 年第 3 期。

传统法律运作始终朝着伦理化、理性化和理想化的方向发展，这种趋势的结果是古代民众法律意识的道德化，而非鬼神化。① 萧伯符等认为，中国古代民众虽然没有受到系统的儒家教育，但儒家思想还是通过各种途径渗入心中，民众的法律意识和士大夫阶层的一样，也是儒家化的，鬼神信仰对民众法律意识的影响是相当低的，不宜夸大。②

郝铁川对争鸣表现出坦诚和欢迎的态度，他约请张晋藩、王召棠、张中秋、徐忠明等学者就"中华法系研究这一中国法学的重大课题"进行讨论，其成果是发表于《南京大学法律评论》1999 年春季号的系列文章，可惜烟火味已大为减少。如王召棠肯定法系研究是有科学性的，中国法系研究是有其价值的，未直接讨论"法家化""鬼神化"命题；③ 张中秋谦称"对中华法系的认识大致停留在学习和偶有思考的层面"，"要在法理特别是法系理论的研究上付出更大的努力"。他批评一些研究"方法单一、材料有限、理论单薄"，"概括不够，拓展不深，导致学理上的价值受到限制而少受重视"，主要针对方法而非观点。④

如今看来，这次讨论没有达到预定目的，尽管张晋藩在文中主张"中华法系并未消亡，而是处于艰难的蜕变、转型、更新与重塑之中"，其基础是法律义务与亲情义务的统一、重视法的治国作用及法与吏的结合、教与罚的综合为用、制定法与判例法的互补等，显然并不认同郝氏观点。⑤ 但总体来说，"郝范之争"未能进一步延伸和深化是颇为可惜的，不但一定程度上使郝氏的学术贡献有所削减，也是法史学争鸣风气渐衰的一个信号。

按照郝氏的观点，中华法系的重构、重建、重生是困难的，甚至是不现实的。因为如果法典是"法家化"的，法官是"儒家化"的，民众法律意识是"鬼神化"的，那么至少就这三大特征而言，中华法系的主体部分是不具有可继承性的。"法家化"虽有严格执法之利，却有轻赏重罚、轻罪重刑之弊；"儒家化"虽有调解息讼之利，却抽离了严格执法；"鬼神化"

---

① 陈林林：《对古代鬼神信仰的一种法文化观察——与郝铁川先生交流》，《法律科学》1999 年第 5 期。

② 萧伯符、李伟：《中国古代民众法律意识是儒家化而非鬼神化——兼与郝铁川教授商榷》，《法商研究》1998 年第 4 期。

③ 王召棠：《法系·中国法系的再议论》，《南京大学法律评论》1999 年春季号。

④ 张中秋：《回顾与思考：中华法系研究散论》，《南京大学法律评论》1999 年春季号。

⑤ 张晋藩：《重塑中华法系的几点思考——三论中华法系》，《南京大学法律评论》1999 年春季号。

虽有实效之利，在现代社会却全无用武之地。然而，随着"儒家化""弘扬传统文化"等讨论的重新回潮，新生代学者中继轨郝氏观点、阐扬其观点者尚乏其人。

相反，从1990年代后期开始，传统文化的肯定日益回潮，对"中华法系""传统文化"的表彰，相对于批评来说优势日益明显。2010年代以来，以弘扬传统文化为合法性支持的"中华法系重建论""儒家法律文化优秀论"得到了不少学者的支持。俞荣根的观点最具代表性，他在《中华法系学述论》（2005，与龙头大轩合著）、《正本清源　折中融西——重建新的中华法系》（2010）、《和：法文化的思考》（2011）、《贵和求和的司法文化——以"〈春秋〉决狱"为例》（2010）、《儒学正义论与中华法系》（2014）、《认真对待中华法系传统》（2016）、《礼法之治：传统良法善治方略钩沉》（2017）、《古代中国追求"良法善治"的六个面相》（2018）等论著中，都表达了对中华法系文明的积极评价和对重建中华法系的肯定。

正如学者所说的那样，大学天然地具有保守性，也天然地具有超越性，"保守与超越并不是彼此平行或分离的两种性格，而只是大学完整性格中可析的两个方面。保守与超越作为大学的一对孪生姐妹的生存状况越好，大学的发展越好"。① 作为国家发展的重要智囊，大学是"真理越辩越明"的重要舞台，缺少争鸣，学科将难以获得迅速发展，但争鸣的前提是：必须用同一套语言说话。稍显遗憾的是，尽管将上述争鸣一方归于"激进派"或"改革派"，另一方归于"保守派"或"稳健派"，可能引起不少争议，但就近40年的主体趋势看，越来越多的学者更愿藏身于"史实"的精耕细作，无意于"主义"之争，热心"主义"的学者比例在减少，但有关"主义"的隔阂只是被隐藏了，假以时日或许仍可迸发。

3. 关于"判例"

稍晚于"中华法系"之争并更为具象化的是关于"判例"的讨论。中国古代史籍中保存了大量刑事、民事和其他案例，如《名公书判清明集》中保存了大量宋代官员的判决文书，现存清代刑事判决量更是数以万计，学者对《刑案汇览》《刑部比照加减成案》《秋审实缓比较成案》等案例集的使用率已经很高。不过，与英美法系的判例相比，中国古代判决文书和案例的写作逻辑、制度功能是截然不同的，将它们放在一起比较，尤其是

---

① 参见张楚廷《大学的保守与超越》，《高等教育研究学报》2018年第1期。

带有实用意图的比较，应当非常谨慎。

从 1990 年代起，判例作为"中外学界瞩目"的课题，逐渐成为法律史学者的讨论热点之一。[①] 仅仅积累了很短时间，就在 1997～1998 年形成了一个"判例"论著发表高峰。汪世荣的两部著作《中国古代判例研究》《中国古代判词研究》于 1997 年同时出版，其后又陆续发表了几篇关于判例的论文，对中国古代存在判例及判例的功能总体表示肯定。[②] 何勤华也长期关注"判例"问题，并认可中国古代存在判例制："从《大清律例》以及清代保留下来的判例汇编中可以看出，中国存在着实质意义上的判例法乃至判例法体系。在清代，已经存在一种判例法的形成机制：国家审判机关（主要是督抚、刑部和皇帝）将判例（成案）认可适用，并将其定为例，使其通行全国，获得普适的权威，成为判例法，进而将这些例按照国家大法（大清律）的体系分别附于其后，成为一种判例法体系或制度。"[③]

同样是在 1997 年，武树臣发表了关于"判例法"的论文。[④] 这不是巧合，而是当时法史学界关注"判例"问题、关心中国司法实践、满怀经世情怀的证明。武氏提出了新颖的立论，认为中国古代社会的法律样式经过了西周、春秋的判例法时代和战国、秦代的成文法阶段，自西汉至清末，形成了成文法与判例法相结合的混合法样式；中国古代已跨越了西方世界的两大法系样式，走出将两者混合的第三种样式，"从一定意义上讲，中国法律样式所具有的特征实际上体现了人类法律实践活动的某种共同规律"。[⑤] 杨师群对此提出不同意见，认为"中国在进入成文法以前不曾经历一个判例法时代"的论断才是合乎历史实际的，没有必要杜撰出一个所谓的三段式理论演进方式。即使中国古代在以成文法为主体的同时出现了判例法样

① 参见王志强《中国法律史叙事中的"判例"》，《中国社会科学》2010 年第 5 期。
② 参见汪世荣《中国古代判例研究》《中国古代判词研究》，中国政法大学出版社，1997；汪世荣《判例在中国传统法中的功能》，《法学研究》2006 年第 1 期；汪世荣《中国古代的判例研究：一个学术史的考察》，《中国法学》2006 年第 1 期；汪世荣《中国的判例文化传统》，《法律适用》2017 年第 1 期；汪世荣、刘全娥《陕甘宁边区高等法院编制判例的实践与经验》，《法律科学》2007 年第 4 期。
③ 参见何勤华《"司法超前"与判例创制》，《法学》1991 年第 5 期；《秦汉时期的判例法研究及其特点》，《法商研究》1998 年第 5 期；《宋代的判例法研究及其法学价值》，《华东政法学院学报》2000 年第 1 期；《明清案例汇编及其时代特征》，《上海社会科学院学术季刊》2000 年第 3 期；《清代法律渊源考》，《中国社会科学》2001 年第 2 期。
④ 稍早他也发表过其观点的简短版本，参见武树臣《"混合法"——成文法与判例法相结合》，《政法与法律》1996 年第 5 期。
⑤ 武树臣：《中国古代法律样式的理论诠释》，《中国社会科学》1997 年第 1 期。

式，其实质性文化内涵也与西方两大法系相去甚远。①

上述两文发表之间的 1997~1999 年，武、杨二人还围绕"横的法"与"纵的法"、法家的"法治"等问题，展开了多次争鸣，其频繁和激烈的程度，达到了中国法律史学术史的一个高峰。② 与十年前发生在梁、段等学者之间关于"传统法律文化"的争鸣相比，武、杨之间的争鸣主题虽转至"判例"，实质却是雷同的：一者求其同，一者辨其异，几乎注定很难认同对方。更微妙的变化在于"攻守之势异矣"：前者以辨异为攻方，求同为守方，守方始拙而终胜其巧；后者则求同为攻方，辨异为守方，守方即百口亦难辩。

王志强对判例问题也相当关注。1998 年，他发表了《南宋司法裁判中的价值取向——南宋书判初探》，谨慎地将《名公书判清明集》中的判决称为"司法裁判""书判"而非"判例"。③ 其后，他又陆续发表一系列与"判例"有关的文章。他认为成案"在清代司法中具有相当重要的地位。中央刑部的成案在司法实践中对地方和刑部自身处理类似案件都具有指导性的作用，在不少案件中具有法源的意义"，不过"成案的效力和其运用中的论证方式始终不能得到充分发展，始终处在从属于制定法的地位"。④ 其后，他又陆续发表了《中国法律史叙事中的"判例"》等论文，认为 18 世纪中叶至 19 世纪中叶，中国和英格兰刑事先例"在产生影响力和传播的方式、影响的程度等方面具有相似之处，但在推理技术上存在深刻差异"，前者更强调蕴含在先例中的原则，后者则强调事实的相似性。⑤

---

① 杨师群：《中国古代法律样式的历史考察——与武树臣先生商榷》，《中国社会科学》2001年第 1 期。
② 参见武树臣《"横的法"与"纵的法"——先秦法律文化的冲突与终结》，《南京大学法律评论》1996 年秋季号；杨师群《评"横的法"：对商周法律文化的思考——与武树臣先生商榷》，《南京大学法律评论》1998 年春季号；武树臣《再论"横的法"：对先秦法律文化的再探讨——对杨师群先生的答复》，《南京大学法律评论》1998 年春季号；杨师群《论法家的"法治"及其法律思想》，《史林》1997 年第 4 期；武树臣《法家法治思想的再评判——兼与杨师群同志商榷》，《华东政法学院学报》1998 年创刊号；杨师群《法家"法治"思想再探讨——答武树臣先生》，《华东政法学院学报》1999 年第 2 期。
③ 参见王志强《南宋司法裁判中的价值取向——南宋书判初探》，《中国社会科学》1998 年第 6 期。
④ 参见王志强《清代成案的效力和其运用中的论证方式——以〈刑案汇览〉为中心》，《法学研究》2003 年第 3 期。他发表于《法学研究》2006 年第 5 期的《制定法在中国古代司法判决中的适用》也与此文论题有关。
⑤ 王志强：《中英先例制度的历史比较》，《法学研究》2008 年第 3 期。在发表于《中国社会科学》2010 年第 5 期的《中国法律史叙事中的"判例"》一文中，他提出以"将普适功能与特定功能相结合"的"双向功能主义"的思路来讨论"判例"问题。

刘笃才则对中国古代存在判例尤其是存在判例制持否定态度。他认为近十年来学者对中国古代判例的研究存在问题，将古代的例、条例、案例和判例混同，不加分析地将廷行事、决事比、法例和判例等同起来。他认为判例在中国古代始终居于辅助的地位，无法与成文法平分秋色，甚至与成文法制度存在原则性冲突，因此受到排斥。明清时期，通过编例活动，判例被改造并纳入法律体系之中，律例实现了一体化，这是中国古代法律发展的最高形态，从判例的角度看也是其异化和消亡的过程。①

4. 关于"法律形式"

1983 年，张晋藩在中国法律史学会第一次年会（西安）提出了"诸法合体，民刑不分"是中国古代法典的体例，就法律体系而言是"诸法并存，民刑有分"的观点，认为中国传统法律体系中不但有刑法，而且有民法、行政法等部门法的存在。② 1984 年，他在《再论中华法系的若干问题》一文中把"民刑不分，诸法合体与民刑有分，诸法并用"概括为中华法系的重要特征之一，并对这一认识进行了论证："民刑不分，诸法合体就主要法典的编纂形式而言，是一个特点，也有它的客观根据"；"但就封建法律体系而言，却是由刑法、民法、诉讼法、行政法、经济法等各种法律部门所构成的，是诸法并用，民刑有分的"。③ 1997 年，他再次强调："那种从中国古代代表性的法典的体例与结构出发，断言中国古代只有刑法，没有民法，无疑是混淆了法律体系与法典体例两个不同概念所致。"④

杨一凡指出，无论是从历朝的法律形式还是从法律的内容看，都不能得出"诸法合体"是中华法系特征的结论。中国古代存在多种法律形式，

---

① 刘笃才：《中国古代判例考论》，《中国社会科学》2007 年第 4 期。

② 参见顾元《中国古代的法律体系与法典体例——张晋藩教授"诸法并存，民刑有分"理论述评》，《政法论坛》2001 年第 3 期。

③ 张晋藩：《再论中华法系的若干问题》，《中国政法大学学报》1984 年第 2 期。

④ 参见张晋藩《中国法律的传统与近代的转型》，法律出版社，1997。他陆续撰写（或主编）了《中国古代行政管理体制研究》（1988）、《中国行政法史》（1991，李铁合著）、《中国刑法史新论》（1992 林中、王志刚合著）、《清代民法综论》（1998）、《中国民事诉讼制度史》（1999）、《中国民法通史》（2003）、《中国司法制度史》（2004）、《中国古代监察法制史》（2007）等著作。同期，学界同类著作还有陈汉生与杨光伟《中国古代经济立法史》（1985）、熊先觉《中国司法制度简史》（1986）、邵伯岐等《中国监察史》（1991）、张善恭《中国立法史论》（1994）、郭建《中国经济立法史》（2019）、乔伟《中国刑法史稿》（1982）、张希坡《中国婚姻立法史》（2004）、张兆凯《中国古代司法制度史》（2005）、徐式圭《中国监察史略》（2016）、陈光中《中国古代司法制度》（2017）、刘社建《古代监察史》（2018）等。

各代的法律形式也不尽相同。历朝于律典之外之所以采用了其他法律形式，是因为它们具有律典所不能代替的功能。历代的法律，虽名称和法律形式有所差异，法律的体例结构也有综合与以类单编之分，但刑事法律与民事、行政等非刑事类法律是有明显区分的。各代于综合性法律外，也都颁布了大量的单行法。所谓"民刑不分"也不是中华法系的特征，律典"诸法合体、民刑不分"说也是值得商榷的。律典是刑法典，大量的行政、民事诸方面的法律并未包括在其内。律典调整的是刑事而不是全部法律关系。综合性的编纂形式是中国成文法典普遍采用的，并非为律典所独有。律典的编纂体例为多种形式的法律和法律文献所采用，不宜将其表述为"特征"。他认为，用"诸法合体"表述律典的特征，无法清晰和科学地解释中国古代律典编纂的复杂情况。①

从 1990 年代至今，围绕中国古代各朝法律形式的论文数量极多，不胜枚举，如张建国关于秦令、汉律、汉魏科、魏晋律令等的研究；郑秦关于宋代律敕、清代律例的研究；孟彦弘、王伟关于秦汉律的研究；杨振红提出"秦汉律篇二级分类说"；王侃关于宋明清例、汉魏晋比的研究；吕丽关于清代会典、律、例、礼的研究；闫晓君、吕丽、霍存福等关于"故事"的研究。霍存福的《唐式辑佚》是近年唐代法律史领域的重大突破，他还与徐志卿针对黄敏兰等学者将唐代的"故事"视为一种"不成文法"的观点提出不同意见，认为唐代的"故事"中包含着大量令、式等成文法内容，不能视为"不成文法"。唐人思维中从来没有"成文法"或"不成文法"的划分，用"成文法"与"不成文法"硬套"故事"，有削足适履之嫌。②

在个别法律形式的具体问题上，也取得了很多进展。如王超与钱大群等就《唐六典》的性质展开论辩。王超认为《唐六典》是一部"伟大的行政法典"，规范了国家行政机构的设置、官员编制与职掌权限的组织原则，各级官吏的选拔、任免、考课、奖惩、监督、退休等人事行政制度，国家资源、营建、税收、官俸、宫廷靡费等财务行政，以及各级行政部门的政

---

① 杨一凡：《中华法系研究中的一个重大误区——"诸法合体、民刑不分"说质疑》，《中国社会科学》2002 年第 6 期。

② 参见霍存福《唐故事惯例性论略》，《吉林大学社会科学学报》1993 年第 6 期；徐志卿《唐故事为"不成文法"说质疑》，《史学月刊》2009 年第 7 期；黄敏兰《论中国古代故事现象的产生》，《陕西师大学报》（哲学社会科学版）1992 年第 1 期；黄敏兰《论中国古代故事制度的不成文法特征和功能》，《人文杂志》1992 年第 3 期。

务原则、相互关系和工作程序等。① 钱大群、李玉生不同意其观点，反驳说："《唐六典》主要是根据唐代当时在行令、式的内容编写而成。而《唐六典》编成后，这些令、式仍象以前一样作为法律继续生效。……不能把《六典》编写当时及编写以后一直在生效的国家的令、式的效力，都说成是《六典》的作用。"② 其后针对宁志新的质疑，他们进一步论证说，"《唐六典》的编写与引用，绝不同于法律的制度与遵行；唐代起主要作用的行政法规是《令》《格》《式》而不是《唐六典》"，坚持认为当时《唐六典》只起到了征引备考的作用，没有必要人为拔高其地位和意义。③

再如现存《唐律疏议》的论争。郑显文撰文认为，根据最近在敦煌吐鲁番出土的唐代法律文书，现存《唐律疏议》为永徽律疏，而岳纯之则认为："检讨郑显文先生的各项证据，发现并不足以支持现存《唐律疏议》为《永徽律疏》的观点，唯一可以肯定的就是，现存《唐律疏议》并不是永徽四年（653）的《永徽律疏》。"④ 相对来说，这些研究产生的争鸣效果较小，影响只及于法律史学界，较少及于法律史学界之外。

（三）回归"平静"

当然，40 年来中国法律史学界发生的学术争鸣，绝不止以上所列几次。比如关于法家"法治"是不是真正的"法治"、中国古代是否只有"人治"而无"法治"、中国古代司法官员是否"依法裁判"、中国古代有无"民法"等，⑤ 限于篇幅，无法一一讨论。就个体而言，很多学者在争鸣最激烈的时候，也只遵循自己的学术兴趣，对于争鸣不感兴趣。但就总体趋势而言，可以说从 1986 年开始，到 1996～1999 年争鸣达到高峰，从 2006～2008 年开始则走向平静和衰落。

2009 年，侯欣一敏锐地注意到，法律史研究应倡导"争鸣"，鼓励良性

---

① 王超：《我国古代的行政法典——〈大唐六典〉》，《中国社会科学》1984 年第 1 期。
② 钱大群、李玉生：《〈唐六典〉性质论》，《中国社会科学》1989 年第 6 期。
③ 钱大群：《〈唐六典〉不是行政法典——答宁志新先生》，《中国社会科学》1996 年第 6 期。
④ 参见郑显文《现存的〈唐律疏议〉为〈永徽律疏〉之新证——以敦煌吐鲁番出土的唐律、律疏残卷为中心》，《华东政法大学学报》2009 年第 6 期；岳纯之《所谓现存〈唐律疏议〉为〈永徽律疏〉的新证——与郑显文先生商榷》，《敦煌研究》2011 年第 4 期。
⑤ 参见俞江《关于"古代中国有无民法"问题的再思考》，《现代法学》2001 年第 6 期；张生《中国"古代民法"三题》，《法学家》2007 年第 5 期；张朝阳《中国早期民法的建构》，中国政法大学出版社，2014；梁治平《"事律"与"民法"之间——中国"民法史"研究再思考》，《政法论坛》2017 年第 6 期。

的学术批评，促进积极的学术自省。正如郑秦 1990 年抱怨"争鸣太少"恰好是争鸣开始一样，侯氏呼吁"应当多一点争鸣"，差不多正好发出于争鸣开始衰落之年。两者相距 20 年整，当然不是巧合。从最近几年的情况看，发表论文较多的几位"高产学者"大都对学术争鸣兴趣不大。在"史料主义"高歌猛进的另一边，保守主义正在缓慢地侵蚀法史学者的进取心，尽管许多学者可能并未发现，或者并不在意，或者不愿承认。

三　危机与反思

1980～2020 年中国法律史研究取得了瞩目的成绩，危机和忧虑同时存在，学者们从未停止过自我反思。1990 年，张晋藩主编《中国法制史研究综述（1949—1989）》，对共和国成立 40 年来的中法史研究进行回顾，各章总结文字虽少却富有见地。2007 年，刘广安、高浣月、李建渝等编写《中国法制史学的发展》，选择了"比较了解的代表人物的代表作进行评论"，未讨论中国法律思想史、文献史、文化史、社会史及断代法制史、行政和经济法制史方面的论著。2009 年，《法学研究》编辑部邀请张晋藩、蒲坚、张希坡、刘新、韩延龙、高恒、刘海年、邱远猷、杨一凡、何勤华等法律史学者，围绕如何进一步推进法律史学研究进行研讨，学者们的意见范围很广，既有回顾历史、端正学风、提高认识等内容，也有开辟新领域、使用新方法、搜集新材料等建议。

（一）　与实践的脱节

现象与本质之间总是有不小的距离。中法史学会的历届年会主题，都充满现实关怀，关心当代建设，希望从中国传统法律精神、司法智慧、法文化中挖掘有用资源，不过具体到参会论文的情况就不同了，不少学者把会议主题视为一个"大而化之"的包容范围（见表 2）。较多"40 后""50后"学者仍较习惯宏大叙事，关注当代实际问题；而"70 后""80 后"学者中则有不少史料迷或考据狂，与"法治"等实践命题愈行愈远。这种疏离背后蕴藏的深刻变化，是值得注意的。①

---

① 以陈晓枫《中国基本法文化的特征及其当代变迁》（《中国法学》2015 年第 1 期）一文为例，该文的理论风格如果出现在 1986 年，可能会出现如同梁治平《"法"辨》一样的热烈讨论，然而该文只获得较少学者援引，一定程度上反映出当下考据法史学的"反宏大"倾向。

表 2　近十年中国法律史学会年会主题

时间地点	会议主题	承办
2009 年长春	中国法律传统与法律精神	吉林大学
2010 年银川	吏治与中国传统法律文化	西北政法大学、宁夏司法警官学院
2011 年昆明	辛亥百年与法制变迁	中国人民大学、云南大学
2012 年海口	法律与国情：中华法制文明再探讨	中国政法大学、海南大学
2013 年杭州	中华传统法智慧与百年移植法制本土化改良	杭州师范大学
2014 年西宁	中国边疆法律治理的历史经验	西北政法大学、青海民族大学
2015 年沈阳	传统法律文化与现代法治文化	沈阳师范大学
2016 年天津	法制转型与政治文明	天津财经大学
2017 年太原	中国传统司法的智慧	中国人民大学、山西大学
2018 年徐州	中华法文化与法治中国建设	中国政法大学、江苏师范大学

　　不妨再以"判例"为例，对法史学研究与当下中国法律实践的脱节作一次近距离观察。如前所述，1997～2001 年，武树臣、杨师群等就"中国古代是否存在判例制"问题展开争鸣，2003～2007 年，王志强、刘笃才等学者也参与了讨论。一个重要而很少有人注意的现象出现了：就在法史学者专注于"是否存在""功能如何"的史实讨论时，最高人民法院与一些部门法学者在很短时间内将"案例指导制"从纸面推向了现实，法史学者并不"在场"。

　　部门法学者对"判例"的讨论，只比法律史学界的争鸣稍晚一些。① 2002 年，司法学研究者张骐发表论文，主张建立中国的"判例"制度，认为其有助于保证司法机关依法独立公正行使权力，在中国具有特殊的重要性，文中引用了武树臣、汪世荣、沈宗灵等法史法理学者的论著。同年，刑法学者张庆旭提出反对意见，认为"判例"概念的引进反而导致了中国司法体制的混乱，其也引用了法史学者张晋藩、武树臣的论著。② 随后张骐

---

① 较早提出建立案例指导制度的是张骐，其后是来自最高人民法院的蒋惠岭和杨洪逵（2004）。刘作翔（2006）、周佑勇（2006）、徐昕（2009）、孙谦（2010）、赵娟（2011）、王晨光（2012）等也陆续发表相关论文。据统计，2004 年以来，篇名中包含"案例指导制度"的论文多达 600 余篇，其中《关于案例指导工作的规定》公布次年的 2011 年，共有 115 篇之多。

② 参见张骐《判例法的比较研究——兼论中国建立判例法的意义、制度基础与操作》，《比较法研究》2002 年第 4 期；张庆旭《"判例法"质疑》，《比较法研究》2002 年第 4 期；张骐《建立中国先例制度的意义与路径：兼答〈"判例法"质疑〉——一个比较法的视角》，《法制与社会发展》（双月刊）2004 年第 6 期。

又反驳了张庆旭的观点。但这一时期讨论"判例"问题的法律史学者，或许没有看到，或许不愿介入部门法学者的讨论，没有引述上述部门法学者的文章。

面对实务领域的热论，法史学者有点过于冷静了，因此没有参与其后最高人民法院启动的"案例指导制"的设计，此前及此后的讨论，一定程度上成了"为学术而学术"。旺盛的改革冲动，使改革者忘记了"判例"不仅是一种判决援引方式，更是一种立法司法权力配置模式；不是一种可以主动"构建"的制度，而是一种特定政治结构下逐步"形成"的制度。2010 年 11 月26 日，最高人民法院发布了《关于案例指导工作的规定》（10 条），实际上已经采取了成文法模式，与《大清律例》附例雷同，与英美法系判例制则大相径庭。① 法史学领域关于"判例"的讨论，令人唏嘘地与之貌合神离。

法史学界关于"判例"的讨论，与实务领域"案例指导制"的独立构建，对中国法律史学来说，颇有警示意义。因为正是以 2010 年为转折点，从 1980 年以来一直呈上升趋势的以"对外开放"为主旨的有关"判例""法系"的研究，数据掉头向下。其中"法系"研究下降尤为明显，"英美法系"研究已迫近 2000 年以前的数据。2011 年开始，"指导案例"研究数据已持续超过"判例"，"判例"研究数据则不升反降，其研究数据也主要由部门法学者供给，而非法史学者（见图 1）。从这些数据看，与实践脱节及与部门法学交流减少，是法史学边缘化的重要原因之一。

图 1　1980~2020 年中国学术期刊网"判例""法系"等研究数据

---

① 参见李相森《当前案例指导制度存在的若干问题及其完善——以民国判例制度为参照》，《东方法学》2016 年第 1 期。

没有完全脱离现实的研究，即使表面上看来与现实关系不大的研究，也会因为现实的变化而受到冲击：2002 年，国家统一司法考试方案拟定考试范围，有人主张取消中国法制史，因遭到法史学界的反对，而于 2003 年列入考试科目。2004～2008 年间，上述数据急剧上升，显示法律史学仍在走上坡路。2012 年，教育部高等教育司《普通高等学校本科专业目录和专业介绍（2012 年）》中，中国法制史、经济法最初未被列为法学主干课（必修课），再次引起轩然大波。经中国法律史学会、中国经济法学研究会等的努力，教育部高等教育司随后承认其为"编辑疏漏"，两门课程仍列为"法学专业核心课程"。再看图 1，2012 年正是"法系""判例"等法史研究数据较大下跌的一年。大数据不会说谎。

（二）危机和焦虑

一个明显的迹象是，随着高校短期功利主义弥漫，人文社会学科不受重视，核心期刊崇拜严重，表格秤砣成为衡量学术的工具，对法史学冲击越来越大。朱勇正确地指出，"实用理性的法律史学，通过与现实的密切关联，从功利主义色彩极为浓厚的当代社会中获取了较多的资源"，但另一方面，"那些相对远离社会现实、难以为当代社会发展与政治进步提供直接借鉴的领域，因资源不足以及关注度低而发展艰难"。他呼吁"对只钟情于法律史本身、无视当代法治需求的纯粹法律史学、学术法律史学研究给予适当的关怀"。①

李交发批评"民法、刑法、诉讼法为代表的部门法学科都成了热点，而传统理论法学科似乎被打入冷宫"，呼吁重视理论法学，因为"法治需要的是法学家式的人才，而不是执法的工匠"。② 可惜曲高和寡，难阻颓势，立法司法实践部门、部门法学者乃至学生，对于法史研究和法史学者兴趣索然。法史学逐渐处于类似汉代《盐铁论》中被"大夫"嘲弄的"文学"的处境：衣冠不完，处贫而非富。③

---

① 朱勇：《"学术法律史学"与"应用法律史学"》，《法学研究》2009 年第 2 期。

② 李交发：《法治需要的是法学家式的人才，而不是执法的工匠——李交发教授访谈》，程波主编《湘江法律评论》（第 15 卷），2017，湘潭大学出版社。

③ 《盐铁论·地广》："能言而不能行，居下而讪上，处贫而非富，大言而不从，高厉而行卑，诽誉訾议，以要名采善于当世。夫禄不过秉握者，不足以言治，家不满檐石者，不足以计事。儒皆贫羸，衣冠不完，安知国家之政，县官之事乎？"参见王利器校注《盐铁论校注》（定本），中华书局，1992，第 209 页。

这种忧虑的氛围，在 2000 年后变得更为浓重。一些学者表示："长期以来，中国法律史学科处于非驴非马的尴尬地位：一方面，脆弱的考实能力使其难以获得史学界的承认；而另一方面，匮阐释能力又让其无法进入法学界的法眼。什么是中国法律史？怎样研究中国法律史？学界可能分歧多于共识。"① 还有学者指出，法律史研究成果"累累可观，但其中精品之作不多，重复性研究现象严重"，应当"及时把握最新学术前沿的动态，避免重复性研究"。②

这些忧虑并非无的放矢或杞人忧天，而是可以得到数据支持的。即使是"中国法学创新网"的不完全统计，也已经有足够说服力：2012~2016年，16 种 CLSCI 刊物中发表的法律史论文篇数（比例），分别为 73（5.17%）、79（5.82%）、63（4.05%）、62（4.08%）、51（3.37%），"三大刊"法律史论文的同期数据为 10（5.40%）、9（4.97%）、5（2.62%）、8（4.29%）、5（2.72%），很短的时间内减少近半，与其说是"滑坡"，不如说是"崩盘"。③

从《法学译丛》到《外国法译评》再到《环球法律评论》的刊名变化中，也可管窥当代法史学衰退之一斑。1979 年首刊的《法学译丛》以"深入了解外国法学研究和政治法律与司法等方面的情况"为宗旨，"历经 15 载，为我国的立法、司法、法学教育和研究事业提供了可供借鉴的大量外国法资料"，1993 年更名为《外国法译评》后，"从简单翻译外国法进入到译评兼顾的时期"，大幅增加了中国元素。④ 2000 年再次更名为《环球法律评论》，从"译评"到"评论"，对外开放因素大幅淡化，实际用稿也转向中国学者的论文，与其他法学期刊已没有明显区别。

2000 年来，法律史学者如徐忠明（2001、2006）、王志强（2002）、李力（2005）、刘广安（2006）、邓建鹏（2008）、尤陈俊（2008）、里赞（2009）、汪雄涛（2014）等，对学科自身性质、特点、方向、未来命运不断进行反思，试图提出具有可操作性的解决方案。尽管在一些人看来，这些有关学科自身的讨论，似乎印证了拉德布鲁赫（Gustav Radbruch，1878~

① 参见汪雄涛《迈向生活的法律史》，《中外法学》2014 年第 2 期。
② 参见李力《重视日本学者的研究成果，避免重复研究》，《法学研究》2009 年第 2 期。
③ 此处借用了"中国法学创新网"仅统计了"16 种 CLSCI"的相对狭隘的数据，或许只概括了当前法律史学的二分之一或三分之一的面貌，而非其全部的真实的面貌。
④ 《法学译丛》编辑部：《致读者》，《法学译丛》1979 年第 1 期；《环球法律评论》编辑部：《编者前言》，《环球法律评论》2005 年第 5 期。

1949）的名言"如果忙于探讨方法论，就是带病的科学"，但这些探讨对于直面学科问题，并尝试予以解决仍是很有意义的；如果讳疾忌医地否认学科存在的问题，坚持"埋头苦干不管方向""按老路走"的话，只会更快被历史抛弃。

徐忠明在 2000 年代初就指出，尽管法律史研究取得了长足进步，但"缺乏必要的、自觉的省思"。他反对将恢复法律历史的"本来面目"作为法律史家的使命，认为那只是解决问题的初步阶段，并不能保证客观真实，法律史研究的真正目的在于"揭示它的意义结构，它与我们之间的关系"。其后他又提出了"从中国本土的环境里渐次形成一套比较有效的解释范式"，用"内在视角"认识中国法律史的固有内涵，用"外在视角"照亮中国法律史的独特意蕴，从而摆脱西方法学宰制并"真正理解和深刻领悟中国法律史的独特性和真精神"的设想。①

梁治平也认为，当代中国法律史研究的繁荣表象，掩盖了"一望而知的套路、一成不变的方法、现成的结论、固定的表述"等影响学术发展的隐患，不少成果缺乏问题意识，更像是教科书。② 李力也较早提出了中国法律史研究"边缘化"的危机，认为法律史研究中"六多""三少"。"六多"即专著和论文多、雷同作品多、粗糙作品多、"法理化"作品多、教材多、合著多，"三少"即"精品"著作少、个性作品少、学术批评少。③

王志强认为，近几十年的法史教科书和部门法史的论著中，大都以近代西方法学的概念、分类和理论来整合史料。其结果，往往是在中国的历史上寻找西洋的对应物或类似痕迹，使中国"历史上的法律"成为一个西方标准模式在中国不太完美（或太不完美）的反映和实践。对中国法律传统的否定性倾向，以及对法律史在法学学科中作用的日益轻视，恐怕都多少与此相关。④

---

① 参见徐忠明《关于中国法律史研究的几点省思》，《现代法学》2001 年第 1 期；《中国法律史研究的可能前景：超越西方，回归本土?》，《政法论坛》（中国政法大学学报）2006 年第 1 期。林乾的观点与之不同，参见林乾《辉煌与隐忧：法律史学六十年评述》，《西南大学学报》（社会科学版）2009 年第 5 期。

② 梁治平：《法律史的视界：方法、旨趣与范式》，收入杨念群、黄兴涛、毛丹主编《新史学——多学科对话的图景》（下册），中国人民大学出版社，2003，第 586 页。

③ 李力：《危机、挑战、出路："边缘化"困境下的中国法制史学——以中国大陆地区为主要对象》，《法制史研究》2005 年第 8 期。

④ 参见王志强《法史学研究的两个视角》，《法学研究》2009 年第 2 期。

汪世荣主张借鉴社会学方法，深化法史学研究，强调将法律置于特定历史场景中予以考察，既从宏观层面综合考察法律对社会的政治、经济、文化等方面所起的作用，也从微观层面反映具体纠纷的解决，揭示法律的社会功能。实现法史学研究从规范分析到价值和功能分析的转变，不仅考察制度文本，而且考察"事实运作中的法律"，并对制度实施环境与条件、制度实际运作、制度发挥的作用等予以充分的重视。①

（三）"法学化"还是"史学化"？

2010年后，关于中国法律史学的性质、特色、方向等的讨论，逐渐聚焦到法史学究竟应当"法学化"还是"史学化"的问题上。虽说人们早已谈及这一问题，但较大规模的讨论，应该说是在胡永恒的文章发表之后。

2013年，胡永恒明确提出"法律史研究应当走向史学化"的观点，他说："目前法律史研究出现的主要问题是史料基础薄弱、西方中心主义与现代化范式泛滥。近些年大量史学出身的研究者进入法律史领域，为法律史研究带来新气象。基于史学基础薄弱的现状，法律史研究应当走向史学化。"② 胡氏就职于中国社会科学院近代史研究所，其观点在不少法史学者看来颇为激进。就职于黑龙江大学法学院的魏建国反驳说："当下中国法律史研究面临的主要问题是史学化有余而法学化不足；不应以史学的学术评价标准而应以法学的学术评价标准评价法律史……法律史研究进路应该是法学化而不是史学化……必须坚守法学学术传统而非史学学术传统。"③

其实在此之前，关于法史学应该"史学化"一点还是"法学化"一点，学者们的观点反而更加中肯。如刘广安主张更好地将法史学与历史学结合起来："在法律史料的运用上，采取'以论带史'或'六经注我'的作法，可能写出有价值的法律哲学或法律思想方面的论著来，却不可能写出成功的法律史学的论著来。其原因就是法律史学是一门建立在具体材料基础之上的学问，而不是一门建立在抽象推理基础之上的学问。"④ 林乾也认为："法律史学是历史学与法学的交叉学科……必须以大量的史料作为支撑。从

---

① 汪世荣：《借鉴社会学方法，深化法史学研究》，《法学研究》2009年第2期。
② 胡永恒：《法律史研究的方向：法学化还是史学化》，《历史研究》2013年第1期。
③ 魏建国：《法律史研究进路的法学化：重申与再构——兼与胡永恒先生商榷》，《法学评论》2015年第6期。
④ 刘广安：《二十世纪中国法律史学论纲》，法律出版社，2001，第185页。

某种意义上来说，法律史学的'命题'也应该从历史实际、历史的客观存在出发，应该避免'先入为主'，即先有一个假设性'命题'，再寻找支持该命题的材料。"①

总的来说，法史学应该"史学化"多一点还是"法学化"多一点，即使不是伪命题，也没有必要纠缠其间，更没有必要悲观地认为，法史学要么"傍"法学，要么"傍"史学，不傍就无处可去。如刘顺峰认为法史学处境尴尬，"史学界认为其所探讨的不是具有史学学术意义的历史问题，法学界认为其所叙说的不是规范意义上的法学问题。这种'非法非史'的定位，道出的是中国法律史知识生产/研究背后所面临的尴尬境地"。② 其实，如果换成乐观的视角，不也可以解释为法史学既有一些历史学没有的特长，也有一些部门法没有的技能吗？

从诞生的那天起，就注定了法史学"法律+历史"的交叉学科命运。法史学的学术使命，既不可能全由历史学者，也不可能全由部门法学者完成。③ 这是法史学科存在的基本前提。法史学全面"史学化"或全面"法学化"的必然结果，是学科本身特点的退化和随之而来的整体衰亡。结合史学方法和法学方法，是法律史研究的基本特征。至于哪种方法多一点、哪个学科的特色多一点，要看涉及的问题和论证的需要，没有必要预先规定和强求。

四　结语："转向外在"

至此，本文对 40 年来中法史研究的动向进行了观察，得出了史料主义风尚勃兴、学术争鸣从激烈到平静的初步结论。1980 年代，中国历史学界出现过一股"回归史料"的研究动向，呈现出"把目光集中在史料的搜集和整理上""回避理论研究""史料派治学旨趣的抬头"等特点。④ 近 40 年

---

① 林乾：《辉煌与隐忧：法律史学六十年评述》，《西南大学学报》（社会科学版）2009 年第 5 期。

② 刘顺峰：《史料、技术与范式：迈向科学的中国法律史研究》，《江苏社会科学》2016 年第 2 期。

③ 如杨天石所言："任何人、任何学派对真理的认识都是有限的、局部的，以为一个人、一个学派可以穷尽全部真理，以为在这个人、这个学派的思想学说中不包含任何谬误，可以适用于一切时代、一切领域，并以之作为检验真理的标准，是一种可笑的幻想和迷信。"参见杨天石《儒学在近代中国》，氏著《寻求历史的谜底——近代中国的政治与人物》，中国人民大学出版社，2010，第 341 页。

④ 参见王学典《近五十年的中国历史学》，《历史研究》2004 年第 1 期。

来的中国法律史研究，总体动向虽不完全相同，但从其史料主义盛行、争鸣由盛转衰、保守主义抬头等迹象看，也多少有些相似之处。[1] 焦循（1763~1820）、王引之（1766~1834）批评一些乾嘉学派"凡古必真，凡汉皆好""考古虽勤而识不高""见异于今者则从之，大都不论是非"的执迷，罗志田认为近代中国史学存在"史料的尽量扩充与不看二十四史"的偏执。[2]

如梁启超所言："蛰处于一小天地之中，不与大局相关系，时势既奔轶绝尘，而我犹瞠乎其后，于此而甘自澌灭则亦已耳；若不甘者，则诚不可不急起直追，务使一化今日之地位，而求可以与他人之适于天演者并立。"[3] 用刘子健"转向内在"一词来描述近 40 年来的法史学研究倾向，或许更为恰当：由积极进取的外向型研究，转向冷静保守的内向型研究。[4] 法律史学者叹息的"学科边缘化"，本质上并非"被边缘化"，而是法律史学自我退守、局促于安全话题、避免触碰关键命题而导致的"自我边缘化"。就此意义而言，如何既继承实证史学精密科学的优点，又不陷于其琐碎、脱离实际的陷阱，答案就不言自明了：转向外在！更积极开放，避免画地为牢和自我禁锢，更积极广泛地运用部门法学、历史学等学科的研究手段，更多地与国内外部门法学、历史学等学者交流和合作，直面关键和焦点问题，敢于突破陈见和思想创新。

---

[1] 如学者所言，近十年至二十年来中国法律史的研究，更多的是"法律的历史"式的研究，"注重考证性研究，承续了中国古典史学、特别是乾嘉学术重视史料整理、无征不信的传统"。参见王志强《法史学研究的两个视角》，《法学研究》2009 年第 2 期。

[2] （清）王引之：《王文简公文集》卷四《与焦理堂先生书》，民国 14 年罗氏高邮王氏遗书本；罗志田：《史料的尽量扩充与不看二十四史——民国新史学的一个诡论现象》，《历史研究》2000 年第 4 期，氏著《近代中国史学十论》，复旦大学出版社，2003，第 83 页。

[3] 梁启超：《饮冰室合集》文集之九《释革》，中华书局，1988 年影印版，第 41 页。

[4] 〔美〕刘子健：《中国转向内在——两宋之际的文化内向》，赵冬梅译，江苏人民出版社，2001。法理学界的"转向内在"甚至更早。1996 年苏力出版《法治及其本土资源》，2004 年出版修订版，2016 年出版第三版，又在《法律与文学：以中国传统戏剧为材料》中收入了大量研究中国传统法的文章。以研究西方法理学见长的刘星，于 1998 年出版《法律是什么》后，在 2016 年修订版中增加了副标题"二十世纪英美法理学批判阅读"，还出版了研究中国法的《古律寻义——中国法律文化漫笔》。亦请参见夏锦文《中国法律史学研究的范式转换与思路创新》，《法学研究》2009 年第 2 期。

图书在版编目（CIP）数据

重述中国法律史．第二辑／杨一凡，陈灵海主编
．--北京：社会科学文献出版社，2022.1
ISBN 978-7-5201-9455-6

Ⅰ．①重…　Ⅱ．①杨…　②陈…　Ⅲ．①法制史-中国
-文集　Ⅳ．①D929-53

中国版本图书馆 CIP 数据核字（2021）第 249379 号

重述中国法律史（第二辑）

主　　编／杨一凡　陈灵海

出 版 人／王利民
组稿编辑／宋月华
责任编辑／吴　超
文稿编辑／郭锡超　许文文
责任印制／王京美

出　　版／社会科学文献出版社·人文分社（010）59367215
　　　　　　地址：北京市北三环中路甲 29 号院华龙大厦　邮编：100029
　　　　　　网址：www.ssap.com.cn
发　　行／市场营销中心（010）59367081　59367083
印　　装／三河市尚艺印装有限公司

规　　格／开　本：787mm×1092mm　1/16
　　　　　　印　张：27.25　字　数：461 千字
版　　次／2022 年 1 月第 1 版　2022 年 1 月第 1 次印刷
书　　号／ISBN 978-7-5201-9455-6
定　　价／198.00 元

本书如有印装质量问题，请与读者服务中心（010-59367028）联系